普通高等教育“十一五”国家级规划教材
普通高等学校科学社会主义与国际共产主义运动专业课教材

赵明义　主编

科学社会主义（2011年版）

Kexue Shehuizhuyi

山东大学出版社

新修订本说明

山东大学科学社会主义系以我为首席专家的团队，自1980年开始编著与出版全国第一本《科学社会主义》专业教材以来，该书在新修订本之前，已出三版：1980年"初版本"、1983年"增订本"（1980年版和1983年版由山东人民出版社出版）、1996年"新版本"（开始由山东大学出版社出版），先后印刷七次，共约十万册，为全国科学社会主义的学科建设与教材建设作出了自己的贡献。2004年，中共中央向全国人文社科工作者发出号召，要求编写反映中国特色社会主义理论体系的教材，其中就包括科学社会主义。我主持的教材编写组决定在28年教学与科研的基础上，继续完善自己的《科学社会主义》专业教材，对新版本进行修订，出版新修订本（第四版）。2006年经批准，列入普通高等教育"十一五"国家级规划教材，山东大学出版社和山东大学教务处并给予资金资助，从而为编写好该教材提供了重要条件。

经过编写组五年的艰苦努力，《科学社会主义》新修订本现已出版，呈现在读者面前。新修订本较原新版本又有较大变化。总体来说，是稳定性与变动性有机统一，科学社会主义基本原理同其中国化的最新理论成果——中国特色社会主义理论体系紧密结合，融为一体；同时，还较好地吸收了国外社会主义学界新研究成果中的科学成分。具体地说，有如下变动和新特点：(1)增加了一编的内容，即"科学社会主义理论形态：不断发展创新的科学与价值有机统一的理论体系"，用约14万字的篇幅，从历史的纵向系统阐述了科学社会主义理论形态的历史、理论和现状，除重点阐述马克思、恩格斯、列宁经典科学社会主义和科学社会主义中国化的理论成果——毛泽东思想和中国特色社会主义理论体系之外，还简明概括地论述了其他马克思主义者对科学社会主义的贡献，如威廉·李卜克内西、倍倍尔、拉法格、考茨基、普列汉诺夫和布哈林、季诺维也夫、卡尔·李卜克内西、卢森堡、葛兰西、季米特洛夫等。(2)新修订本的体系结构,由原新版本的"绪论和三编二十三章"改为"绪论和四编二十五章",一纵(即第一编)三横(即第二、三、四编)。改动后,其突出优点是把历史的纵向和逻辑的横向结合得较好。(3)新修订本,不仅重点更加突出(用占全书一半的篇幅阐述以中国为主现实社会主义国家的理论和实践),而且更加实事求是。这表现在:把原新版本"第二编:关于社会主义社会的本质及其一般发展规律"的编名,改为新修订本的"第三编:科学社会主义制度形态理论在经济文化比较落后国家的初步实现——现实社会主义发展、建设、改革的一般规律"。之所以作这样的改动,是因为原提法包括发达国家搞社会主义的内容,而实际是世界上至今没有一个发达国家走上社会主义道路。关于社会主义建设、改革、发展的一般规律,都是从十月革命之后产生的现实社会主义国家正反历史经验中总结出来的。所以,这种改动更加切合实际。(4)把现实社会主义国家发展、建设、改革的一般规律,概括为"九个有机统一"。这与全国同类教材相比,很具特色。

《科学社会主义》新修订本,新设各编、章、节和其他一般修改、较大修改的各章节执笔人(以撰写首章节为序)是:

赵明义(山东大学终身教授、博士生导师,助手、在读博士李后东协助)——绪论,第一至四编序,第一、二、三、五、六、七、八、十一、十九章,第二十一章第一节,第二十三、二十四、二十五章;

吕连仁(山东大学副教授、硕士)——参与第三章起草;

崔桂田(山东大学教授、博士、博士生导师)——第四章第一节,第二节一、三;

方雷(山东大学教授、博士、博士生导师)——第四章第二节二(其中"白俄罗斯共产党、南斯拉夫共产党"由主编所写),第二十章;

成伟(山东大学副教授、博士)——第九、十章;

纪培荣(山东大学教授)——第十二、二十二章;

杨鲁慧(山东大学教授、博士、博士生导师)——第十三章,第二十一章第二、三节;

徐艳玲(山东大学教授、博士、博士生导师)、龚培河(山东大学副

教授、博士)——第十四章;

刘廷合(山东大学副教授、硕士)——第十五章;

赛晓序(山东师范大学教授、博士)——第十六章;

杨岭华(山东大学副教授、硕士)——第十七章;

孟宪霞(聊城大学政治与公共管理学院副教授、博士)——第十八章。

主编确定全书的指导思想,设计写作大纲和统修定稿。吕连仁作为编写组的秘书,做了一些联络工作。统修定稿期间,李后东做了大量具体而细致的工作,王增剑、刘兴波也做了一些具体工作。

在本书编写过程中,吸收了社会科学界,特别是科社界的一些新的研究成果,在此特致谢意。在该书出版问题上,获得了山东大学教务处和山东大学出版社的资金资助,并得到了两单位领导和有关负责同志的大力支持和帮助,特别是责任编辑谭学秋同志,在较短的时间内非常认真负责地完成了该书的编辑任务,作者十分感激。

尽管在编写过程中作者做了很大努力,但由于水平所限,书中仍难免有缺点、疏漏甚至错误之处,望读者批评指正。

赵明义

2011年6月

目 录

第二编　科学社会主义制度形态的产生:资本主义转变为社会主义的一般规律

第三编 科学社会主义的制度形态:各具本国特点的现实社会主义发展、建设、改革的一般规律

绪 论 科学社会主义的含义及研究对象

研究社会主义问题，须从考察“社会主义”概念的由来、沿革及含义入手。科学社会主义又称“科学共产主义”，它与空想社会主义以及其他形形色色非科学的社会主义有本质区别。科学社会主义又有广义和狭义之分。广义的，是指包括马克思主义哲学、马克思主义政治经济学在内的整个马克思主义学说；狭义的，是指马克思主义三个主要组成部分之一的科学社会主义。本书则主要是从狭义方面阐述科学社会主义的，但为了更好地从整体上把握狭义科学社会主义，在“绪论”中则首先对广义科学社会主义即马克思主义的科学含义、本质特征、理论结构和理论体系加以阐述，在正文内则将马克思主义哲学和马克思主义政治经济学所提供的哲学世界观和科学依据渗透和贯穿其中。当今世界正在发生广泛而深刻的变化，当代中国正在发生广泛而深刻的变革。在这种形势下，学习研究科学社会主义具有重大的理论和实践意义。

第一节 “社会主义”概念的由来、沿革及含义

一、“社会主义”概念的由来、沿革

社会主义，曾经在乌托邦的荒野徘徊了很久。自从马克思和恩格斯把它引出乌托邦的荒野，由空想变成科学之后，它在其发展的征程中，首先从思想的传播进到运动的实践，继而通过运动的实践将科学理论变成了伟大的现实，第二次世界大战后又由一国现实变成了多国现实。20 世纪 80 年代末 90 年代初，苏联、东欧和蒙古等 10 个现实社会主义国家发生制度性逆变，开始由社会主义向资本主义转变的痛苦过程，使世界社会主义遭受史无前例的重大挫折。社会主义在一个半世纪的时间内，尽管遭到一系列挫折，但整体说来，它毕竟已取得了几个历史性的伟大胜利。第二次世界大战后，特别是 20 世纪 90 年代初进入冷战后阶段，社会主义在世界范围内遇到一些新情况，出现了许多新问题。反映在社会主义思潮与派别上，呈现出种类繁多，五花八门，简直使人眼花缭乱的情况。为分清哪些是科学的社会

主义，哪些是非科学的社会主义，以及各种社会主义派别中哪些东西是我们在建设有中国特色社会主义中可以借鉴与吸收的，哪些东西是我们只能弃置不用的，就要首先从考察“社会主义”概念的由来、沿革及含义入手。

根据一些中外研究社会主义问题的学者的考察，“社会主义”一词，是由拉丁文“社会的”(socialis)这一形容词衍生出来的，系指一般称得上“社会的”学说。

何时由谁首先使用“社会主义”和“社会主义者”这一概念，至今还没有完全一致的说法。据《马克思主义、共产主义和西方社会大百科全书》第7卷说，汉斯·谟勒在其《社会主义一词及其同义词的起源和历史》一书中认为，“社会主义者”一词是安塞尔姆·德生(1699～1772)曾将基督教学者和自然规律的现代倡导者区别开来，而把后者称为“社会主义者”。德国经济学家、社会主义运动史专家卡尔·格林贝格认为，“社会主义”和“社会主义者”这两个新词，最早是1803年意大利维琴察地区的传教士贾科莫·朱利阿尼在《驳斥反社会主义》一文中提出的。朱利阿尼在该文中抨击了18世纪的个人主义理论，认为社会等级制度的产生是由于在肉体上、精神上、道德上的差别和不同所造成的必然结果，并把个人主义视为反社会主义。所以格林贝格认为，朱利阿尼虽然提出了“社会主义”这一新词，但其词义与今天大不相同，仅在反对个人主义这一点上有些相似。英国的柯尔在其所著《社会主义思想史》一书中也认为，这两个新词是1803年首先出现在意大利的出版物中，可是当时的含义却同后来的不相干。英国学者马克斯·比尔在其所著《英国社会主义史》一书的“社会主义一词的来源”一节中则认为，“社会主义”一词是在1827年11月底出版的正统欧文主义定期刊物《合作》杂志中第一次出现的。在该杂志第509页的脚注中写道：“主张资本归公有的人就是公有主义者和社会主义者。”1832年2月13日，法国圣西门主义者戒西埃雷(H. Jonciepes，中文还有译为乔西叶尔的)在《世界》(又译为《地球》)杂志上发表了一篇评雨果的《秋叶》的文章，文章也将个性与社会主义相对立。在他看来，个性就是个人主义，而“社会主义”一词则是指人们之间的有机联系。《世界》杂志当时是由圣西门派的著名活动家比埃尔·勒鲁编辑的，是圣西门派的主要刊物，该刊用“社会主义”一词来表述圣西门学说的特征。

由上述可看出，“社会主义”一词最初是同个性或个人主义相对立的，发展到19世纪初便得到了在公有制基础上重建社会、经济、法律秩序的概念。当时西欧出现了三大空想社会主义者。圣西门、傅立叶在世时从未使用过“社会主义”一词，而欧文逝世较晚，到1840年之后，则正式使用了“社会主义”一词，并自称为“社会主义者”。

二、马克思、恩格斯赋予“社会主义”科学含义

赋予“社会主义”概念以科学意义的是全世界无产阶级的伟大导师马克思和恩格斯。科学社会主义的诞生，是社会主义思想史上的一场大革命。马克思主义的“社会主义”概念，既是指思想、理论、学说，又是指现实运动和社会制度。这三个方面是有机联系在一起的。如果用一句话来表达它们之间的内在联系的话，那就是：以社会主义制度必然代替资本主义制度的思想或学说为指导，由无产阶级政党领导本阶级和广大人民群众进行社会主义—共产主义运动，通过这种运动建立社会主义、共产主义社会制度。

在马克思和恩格斯的著作中，社会主义作为“无产阶级所进行的斗争的性质、条件以及由此产生的一般目的”①的学说，与“共产主义”含义相同。这一概念在马克思和恩格斯著作中的出现，最早见于1842年12月15日马克思写的《共产主义和奥格斯堡〈总汇报〉》一文。文中使用了“社会主义—共产主义思想”②的提法。在这之后马克思和恩格斯在不同时期，针对不同对象阐述无产阶级解放斗争的理论时，还使用过“革命的社会主义”、“现代社会主义”、“无产阶级社会主义”、“现代的国际社会主义”等提法。所有这些不同提法，都是把社会主义作为理论或学说的，与“科学社会主义”或“科学共产主义”含义相同。

在马克思和恩格斯的著作中，社会主义作为运动是指推翻资产阶级的旧政权和破坏资本主义社会的旧关系的社会行动，与“社会主义革命”或“共产主义革命”的含义相同。1844年7月31日，马克思在《评“普鲁士人”的“普鲁士国王和社会改革”》一文中指出：“每一次革命都破坏旧社会，所以它是社会的。每一次革命都推翻旧政权，所以它具有政治性。”“一般的革命——推翻现政权和破坏旧关系——是政治行为。而社会主义不通过革命是不可能实现的。社会主义需要这种政治行为，因为它需要消灭和破坏旧的东西。”③这里的“社会主义”，就是指的推翻资产阶级旧政权和破坏资本主义旧关系的社会主义政治行为，也即社会主义运动或共产主义运动。具体些说，就是当无产阶级尚未掌握政权的时候，这个运动的主要任务是夺取政权，打碎旧国家机器，建立无产阶级的新型政权；在无产阶级夺取政权之后，社会主义运动的任务就是利用无产阶级国家政权这一杠杆，实行生产资料私有制的社会主义改造，消灭私有制，建立公有制，大力发展生产力，建设富强、民主、文明、和谐的社会主义社会制度，消灭阶级和阶级差别；

---

① 《马克思恩格斯选集》第4卷，人民出版社1995年版，第197页。

② 《马克思恩格斯全集》第1卷，人民出版社1956年版，第131页。

③ 《马克思恩格斯全集》第1卷，人民出版社1956年版，第488页。

当完成了这些历史任务，即社会主义取得完全胜利之后，人类就将进入最美好的共产主义社会。可见，社会主义作为运动，其含义与马克思、恩格斯通常所说的“社会主义革命”、“共产主义革命”都是一个意思。

在马克思和恩格斯的著作中，社会主义作为社会制度与“共产主义”社会的含义一致。在我国1981年前中译本马克思的著作中，一直未发现“社会主义社会”这一概念，只是1875年马克思写的《哥达纲领批判》一书，才把共产主义社会分为低级阶段和更高阶段。1981年我国翻译了一个新材料，即1876年马克思修改的德国社会民主党人约翰·莫斯特的小册子《资本和劳动——卡尔·马克思〈资本论〉浅说》一书时，用过“社会主义社会形态”这一概念。马克思写道：“社会主义社会形态的前提是工人有较高的需要。因此，它不能把工作日限定在生产必要生活资料所需的时间内。但是，在这里，生产者劳动只是为了自己，而不是为资本主义的土地所有者的高贵的游手好闲者。工作日将比现代社会中大大缩小，因为每一个有劳动能力的人都将参加劳动，资本主义经济中那种不可避免的力量浪费将得以避免，并且随着工人全面增长，社会劳动生产率将取得前所未有的发展。”马克思在这里是把“社会主义”社会形态与“共产主义”社会形态作为同一含义使用的。恩格斯在1874年之后，曾七八次使用过“社会主义社会”、“社会主义社会制度”这些概念，但也都是将其当作包括低级阶段和更高阶段在内的共产主义社会形态的同义语。

把共产主义社会的低级阶段明确为社会主义社会的是列宁。1917年8～9月间，列宁在写作《国家与革命》一书时，在研究了马克思的《哥达纲领批判》中阐述的共产主义社会发展阶段理论的基础上，第一次明确地将社会主义社会看作是共产主义社会的“第一”阶段或低级阶段。列宁写道：“通常所说的社会主义，马克思把它称作共产主义社会的‘第一’阶段或低级阶段。既然生产资料已成为公有财产，那么，‘共产主义’这个名词在这里也是可以用的，只要不忘记这还不是完全的共产主义。”①

俄国十月革命胜利后，列宁、斯大林在领导苏联的社会主义革命和社会主义建设过程中，中国共产党人在领导中国新民主主义革命、社会主义改造和建设与发展中国特色社会主义的历史进程中，其他各国共产党人，特别是现实社会主义各国共产党，在长期革命、建设和改革实践中，都丰富和发展了“社会主义”这一科学概念的含义。今后，随着社会主义、共产主义建设实践的发展，这一概念的含义、基本内容及其特征还将会继续不断地得到丰富和发展。

① 《列宁选集》第3卷，人民出版社1995年版，第199～200页。

第二节 科学社会主义的研究对象、理论结构和理论体系

一、广义科学社会主义即马克思主义内涵的科学界定

(一)科学含义

马克思主义具有功能、内容和研究对象三方面的含义。恩格斯在一系列著作中,从马克思主义伟大功能的角度论述了何谓马克思主义的问题。他认为,马克思主义是工人阶级及其政党的科学世界观和方法论。恩格斯在1859年为《政治经济学批判》所写的“序言”中指出:“我们党有个很大的优点,就是有一个新的科学的观点作为理论的基础。”①1895年3月11日,恩格斯在《致威纳尔·桑巴特》的信中写道:“马克思的整个世界观不是教义,而是方法。它提供的不是现成的教条,而是进一步研究的出发点和供这种研究使用的方法。”②恩格斯的以上论述说明:从整体上说,马克思主义是世界观和方法论,它的政治经济学和科学社会主义学说也是世界观;马克思主义的自然观、社会观、思维观、资本主义观、社会主义观和共产主义观,是一个严整的科学世界观和方法论体系。

列宁在《卡尔·马克思》一书中,从马克思主义基本内容的角度回答过什么是马克思主义的问题。他指出:“马克思主义是马克思的观点和学说的体系。”③它包括辩证唯物论和历史唯物论的观点、马克思主义政治经济学学说和科学社会主义学说这三个主要组成部分,是一个完整的科学体系。

斯大林则从马克思主义研究对象的角度,试图回答什么是马克思主义的问题。他认为:“马克思主义是关于自然和社会的发展规律的科学,是关于被压迫和被剥削群众的革命的科学,是关于社会主义在一切国家中胜利的科学,是关于建设共产主义社会的科学。”④这一概括的一大优点,是从马克思主义研究对象角度下定义;其不足之处,则是所下的判断是并列的,没有明显揭示出三个主要组成部分的内在联系,而且重点不突出。

在我国,首先是毛泽东针对民主革命时期一些人教条主义地理解马克思主义,使中国革命事业遭受严重损失的惨痛教训,从理论和实践相互关系的角度,对什么是马克思列宁主义作了科学表述。他指出:马克思列宁主义“是根据实际

---

① 《马克思恩格斯选集》第2卷,人民出版社1995年版,第39~40页。

② 《马克思恩格斯选集》第4卷,人民出版社1995年版,第742~743页。

③ 《列宁选集》第2卷,人民出版社1995年版,第418页。

④ 《斯大林选集》下卷,人民出版社1979年版,第538页。

创造出来的理论,从历史实际和革命实际中抽出来的总结论","是从客观实际产生出来又在客观实际中获得了证明的最正确最科学最革命的真理"[①]。邓小平则针对我国几十年社会主义建设过程中忽视发展社会生产力的惨痛教训,多次严肃地提出"什么是马克思主义"的问题。他经过深入研究和思考之后,从马克思主义最注重什么问题的角度,明确指出:"马克思主义最注重发展生产力","马克思主义的基本原则就是要发展生产力"[②],共产党就是为发展生产力的,否则,就违背了马克思主义的基本原则。江泽民则认为:"马克思主义是严密而完整的科学的思想体系,始终是我们党、工人阶级和劳动群众认识世界、改造世界的行动指南。"[③]胡锦涛也指出:"马克思主义是指导人们正确认识世界与改造世界的普遍真理。"[④]

基于以上论述,我们可以对"马克思主义"的科学含义或定义作如下概括:马克思主义是其创始人及其继承、捍卫和发展者的观点和学说的体系,是工人阶级及其政党的科学世界观和方法论,是关于自然、社会和人的思维发展的一般规律的科学,特别是关于资本主义的本质、资本主义必然被社会主义代替、社会主义和共产主义的本质及其一般发展规律的科学。这样给"马克思主义"下定义,首先把马克思主义看成是一个不断发展的理论,即不只是其创始人的观点和学说,而且将其继承、捍卫、发展者对马克思主义新发展的成果也包含进去了;同时,它既全面又突出了重点,还明显地反映出了马克思主义哲学、政治经济学和科学社会主义这三个主要组成部分的内在逻辑联系。

(二)理论结构和理论体系

马克思主义的理论,就其结构来说,是由多部分组成的,比如哲学、政治经济学、科学社会主义、历史学、人类学、社会学、政治学、法学、伦理学等等。然而最主要的还是哲学、政治经济学、科学社会主义这三个组成部分。

马克思主义哲学是研究自然界、人类社会和人的思维最一般发展规律的科学,是无产阶级认识世界和改造世界的伟大工具,是批判旧世界和建设新世界的强大思想武器,它为无产阶级指明了摆脱精神奴役的出路,是马克思主义全部学说的理论基础。

马克思主义政治经济学,运用马克思主义哲学研究社会经济形态,主要是研究生产关系及其发展规律的科学。它特别揭示了资本主义生产关系的本质及其

① 《毛泽东选集》第3卷,人民出版社1991年版,第814、817页。
② 《邓小平文选》第3卷,人民出版社1993年版,第63、116页。
③ 江泽民:《关于加强党建设的几个问题》,载1990年8月12日《人民日报》。
④ 胡锦涛:《用"三个代表"重要思想武装头脑、指导实践、推动工作》,载《求是》2004年第1期。

产生、发展与灭亡的历史规律性、资本家阶级剥削工人阶级的秘密，阐明了无产阶级在资本主义社会中的真正地位，为无产阶级完成解放全人类的伟大事业提供了科学依据。“使马克思的理论得到最深刻、最全面、最详尽的证明和运用的是他的经济学说。”研究资本主义“社会的生产关系的发生、发展和衰落，就是马克思的经济学说的内容”①。

科学社会主义以马克思主义哲学和政治经济学为理论基础和科学依据，给无产阶级和广大劳动群众指明并使其认识到变资本主义为社会主义的行动条件和正确途径。它是直接指导无产阶级完成其历史使命的理论原理和策略原理，是活的行动中的马克思主义。

马克思主义的三个主要组成部分是一个严密的整体，像一块整钢密不可分，但其内部又各有自己确定的地位和作用。没有哲学这个理论基础，没有政治经济学提供的科学依据，便不会有科学社会主义；而哲学、政治经济学则以科学社会主义为落脚点和归宿。马克思和恩格斯创立自己的哲学和政治经济学本身并不是目的，其目的在于使负有解放全人类伟大使命的无产阶级认识到自己所进行斗争的性质、条件以及由此产生的一般目的，正是从这个意义上，恩格斯认为科学社会主义是马克思主义观点的一个核心问题，是马克思主义的理论终结。

马克思主义的基本原理及其内在联系，构成了马克思主义的理论体系。马克思主义哲学中的辩证唯物论、唯物辩证法、辩证唯物主义认识论、唯物主义历史观，马克思主义政治经济学中的劳动价值论、剩余价值理论、再生产理论、垄断资本主义理论、资本主义上层建筑理论，科学社会主义中的由资本主义转变为社会主义的理论和策略，社会主义社会及其发展、建设和改革的理论和策略，社会主义成长为共产主义的理论和策略，都是阐述马克思主义原理的最基本内容的。这些原理揭示了自然界、人类社会、人的认识的本质及其一般发展规律，资本主义社会的本质及其一般发展规律，资本主义转变为社会主义的一般发展规律，社会主义社会的本质及其发展规律，社会主义成长为共产主义的一般发展规律，共产主义社会的本质及其一般发展规律。马克思主义的基本原理及其揭示的上述一系列一般发展规律，为全世界无产阶级和一切被压迫、被剥削人民提供了认识世界和改造世界的立场、观点和方法，它们是马克思主义的精神实质即灵魂。

二、狭义科学社会主义的研究对象和理论体系

(一)研究对象

关于马克思主义三个主要组成部分之一的科学社会主义研究对象的表述，

① 《列宁选集》第2卷，人民出版社1995年版，第428页。

在我国自1956年起至今已经历了五个阶段:(1)先是认为科学社会主义是关于无产阶级反对资产阶级阶级斗争问题的学说。(2)后来,一般认为恩格斯在1847年写的《共产主义原理》一文第一条中,在回答"什么是共产主义"时讲的"共产主义是关于无产阶级解放的条件的学说"这一论断,是科学共产主义或科学社会主义的研究对象。(3)科学社会主义理论界经过进一步研究之后,又大都认为,恩格斯在1885年所著《关于共产主义同盟的历史》一书中讲的,共产主义是关于"无产阶级所进行的斗争的性质、条件以及由此产生的一般目的"这句话,是科学社会主义研究对象的更为全面和准确的表述。(4)经过一个时期,人们又提出一个问题,即其他学科都是研究某个领域中的某种规律,而科学社会主义也应以研究某种发展规律为研究对象。于是,有的教科书,就在科学社会主义是关于"无产阶级所进行的斗争的性质、条件和由此产生的一般目的"后边加上一个说明:"它就是研究无产阶级解放运动发展规律的科学。"(5)1986年在天津召开的科学社会主义讨论会上,不少人对上述四个阶段对科学社会主义研究对象的种种表述提出了质疑,并提出了一些科学社会主义研究对象的新表述。比如,有人认为,"它是关于社会主义社会产生和发展规律的学说"。这种看法公开发表之后,又有人提出不同见解,认为这种表述早已有之,而且它实际上是"社会主义社会发展史"的研究对象。"科学社会主义"和"社会主义社会发展史"尽管联系密切,但它们毕竟不是一个学科,二者的研究对象不容混淆。进入20世纪90年代直至今天,人们仍在提出种种关于狭义科学社会主义研究对象的界定。

为了准确界定科学社会主义的研究对象,有必要先弄清楚马克思主义的社会主义学——科学社会主义,在我国已形成的分支学科群中各分支学科研究对象的联系和区别。就科学社会主义学科在我国发展的现状看,这一学科群至少已有七个分支学科,它们分别研究科学社会主义的理论、历史和现状(见下表)。

理　论	科学社会主义原理
历　史	科学社会主义学说史 社会主义(或共产主义)运动史 现实社会主义社会发展史 中国科学社会主义发展史
现　状	当代国外社会主义 中国特色社会主义理论体系

通常所说的"科学社会主义研究对象",实际上是指科学社会主义原理的研究对象。这个问题的概括与表述,如上所说,已经历了几个发展阶段。我们认

为,现在似需再作出新的概括:科学社会主义或科学社会主义原理是关于资本主义转变为社会主义的一般发展规律和社会主义、共产主义的本质及其一般发展规律的科学。它是无产阶级及其政党实现由资本主义转变为社会主义,完成社会主义发展、建设和改革的历史任务,促使社会主义成长为共产主义的理论原理和策略原理,是在完成自己伟大历史使命的漫长过程中制定和实施各个历史阶段的纲领、路线、方针和政策的理论根据和策略基础。

作为马克思主义哲学和政治经济学的“理论终结”和“归宿”的科学社会主义,不只是研究社会政治发展规律的一门政治科学,而是从政治的高度研究人类社会如何从资本主义转变为社会主义、社会主义如何胜利发展并最终实现共产主义,以及共产主义如何亿万斯年地在自身基础上继续向前发展的一门综合性科学或学科。所谓“综合性科学”,是指它既不是单单研究经济、研究政治或研究文化,也不是单单研究社会发展的客观规律或单单研究无产阶级及其政党为完成自己的历史使命的自身行动的规律,而是从政治的高度,把社会经济、社会政治、社会文化,以及工人阶级解放运动的客观方面与主观方面、国际条件与国内条件,综合起来进行系统研究,从中探索其发展的一般规律。这就是科学社会主义这门科学或学科的研究对象的特殊性。

至于从科学社会主义这门科学或学科中独立出来的其他一系列学科的研究对象,则都是从某一侧面、某一层次或某一具体领域探寻社会主义发展规律的科学。比如,“科学社会主义学说史”是研究科学社会主义理论自身产生、形成和发展的规律的科学;以科学社会主义理论为指导的“社会主义运动史”,亦即共产主义运动史,其研究对象则是无产阶级解放运动一般历史进程及其发展规律;“现实社会主义社会发展史”则是关于现实社会主义社会制度产生和发展规律的科学;“中国科学社会主义发展史”则是研究科学社会主义在中国的传播、运用和发展的历史进程和规律的科学;“当代国外社会主义”是一门新兴学科,它是对当今世界各种各样的社会主义思潮、运动、社会制度及具体管理体制的区别与联系进行综合比较研究的一门科学,也可以叫做“比较社会主义学”;“中国特色社会主义的理论和实践”在当代中国也正式形成为一门独立学科,它是研究像中国这样的经济文化比较落后的国家建设、巩固和发展社会主义的规律的科学。科学社会主义的研究对象同这些新独立出来的关于社会主义问题的科学或学科的研究对象,尽管有极为密切的内在联系,但从内涵和外延上仍有明显区别。这种区别不论在科学意义上,还是就学科建设来说,都不应加以混淆。

现在我们对科学社会主义研究对象的界定,同将科学社会主义的研究对象表述为是“关于无产阶级解放斗争的性质、条件和由此产生的一般目的”的学说,亦即“无产阶级解放运动发展规律”的科学之间,既有内在联系,又有一定区别。

其内在联系是：两者都是既研究资本主义必然被社会主义代替的自发的客观规律，又研究无产阶级及其政党为实现这种代替本身自觉的行动规律。因为，只有这两类发展规律在无产阶级解放运动的实践中有机统一起来，才能实现无产阶级伟大历史使命——变资本主义旧社会为社会主义、共产主义新社会。

其区别和优点在于：

第一，前者是以揭示和阐述如何由资本主义转变为社会主义，以及社会主义、共产主义自身成长、发展的客观规律为主体，紧密联系研究无产阶级及其政党自觉活动的发展规律；后者则是以研究无产阶级解放运动自身活动规律为主体，同时申明，它只有遵循客观的社会发展规律才能达到自己的目的。

第二，本书的界定把逻辑和历史、横向和纵向的关系有机联系体现了出来。科学社会主义的研究对象涉及两个社会形态，即资本主义或半资本主义半封建的旧社会和在变革旧社会基础上建立起来的社会主义新社会。从历史的纵向方面说，需经历三个大的历史阶段：(1)由资本主义向社会主义转变的发展阶段，这个大阶段又包括以取得政权为重点的无产阶级革命斗争和以变革私有制为主的社会主义改造两个小阶段；(2)社会主义社会的发展阶段，它又包括社会主义初级、中级与高级三个小阶段；(3)社会主义成长为共产主义及共产主义社会自身的各个发展阶段。从逻辑的横向方面说，有一系列反映上述三个大历史发展规律的基本原理需要探索和阐发。不论哪个国家或民族，在资本主义到共产主义高级阶段这一整个历史时期内，都必然要经历上述三大阶段。然而，各阶段的重点会有所不同。在尚未确立社会主义制度之前，无产阶级及其政党的工作重点是解决取得政权和变革私有制问题；社会主义制度基本确立以后，其工作重点则需适时转移到社会主义发展、建设和改革方面来；社会主义发展到高度发达的阶段并进入了共产主义社会之后，人们才能以全新的方式，亿万斯年地在这个人类最理想的社会制度下生活和工作。而科学社会主义原理在各个国家和民族所经历的上述三大发展阶段的过程中，需要探索、研究和阐发的带规律性的重点问题，也是不同的。比如，在当代中国，重点就是把科学社会主义基本原理同中国的社会主义建设、发展和改革开放等具体实际相结合，研究探讨中国特色社会主义的发展规律问题；而尚未取得政权的发达资本主义国家、发展中国家的民族主义国家，以及走上社会主义道路后近年来又发生倒退性制度剧变的国家，科学社会主义要探讨、研究的带规律性的问题，自然也各有自己的重点。就某一个国家来说，第一个阶段的任务基本完成后，研究重点就应转向第二阶段，最后才能把重点放在共产主义社会自身的各个发展阶段上。由此可见，科学社会主义或科学共产主义原理的本性，就是随着社会实践的发展而不断发展和创新的，不存在短期内“过时”和“失效”的问题。

第三,本书的界定可以改变人们长期以来的一种看法,即认为科学社会主义是重点研究有关无产阶级阶级斗争的社会政治规律问题的科学。因为,尽管恩格斯使用的"无产阶级解放运动或解放斗争"的提法,既适用于以阶级斗争为主的社会发展阶段,也适用于不以阶级斗争为主直至阶级斗争完全消失的阶段,但人们的习惯理解总是,一提无产阶级解放运动或解放斗争,就认为其内容主要是无产阶级反对资产阶级的阶级斗争。而这样理解科学社会主义的研究对象,实际上是不符合其科学含义的。

至于狭义科学社会主义的特点,除与广义科学社会主义的本质特征完全相同之外,它的独有特点是直接现实性和全面总和性。也就是说,马克思主义哲学和政治经济学是有现实性的,不是脱离现实的书斋理论,但是科学社会主义正如在其研究对象中所说的那样,是从经济、政治和文化,客观和主观,国际和国内诸方面进行综合系统研究的科学,是无产阶级政党制定行动纲领、路线、方针、政策的直接理论根据,其全面总和性和直接现实性的特点是特别突出和明显的。

(二)理论结构和理论体系

如上所述,广义科学社会主义即马克思主义的理论结构,是由哲学、政治经济学和科学社会主义这三个主要部分组成的;而作为马克思主义主要组成部分之一的狭义科学社会主义的理论结构,则是由其理论原理和策略原理(1920 年列宁在其《"左派"幼稚病》一书中将战略与策略两个概念分别表述之前,在马克思主义的著作中"策略"概念中包含着"战略"的内容,通称"策略")两个部分组成的。理论原理活动的领域是无产阶级解放斗争的客观方面,揭示社会主义、共产主义代替资本主义的客观进程及其发展规律,主要研究科学社会主义诸原理的"历史必然性、必要性、历史意义、现实意义、理论意义、实践意义、基本内容及其实质"等等问题,回答"是什么"和"为什么"的问题;策略原理活动的领域是无产阶级解放斗争的主观方面,揭示无产阶级及其政党实现无产阶级和全人类解放这一伟大历史使命的自觉行动的规律,研究科学社会主义诸原理的实现途径、方法等问题,回答"怎么做"的问题。

把科学社会主义区分为理论原理和策略原理,并由这两个部分组织成其理论结构,是马克思主义创始人及其继承、发展者的一贯主张。

被誉为"科学社会主义之父"的恩格斯,在 1884 年写的《马克思和新莱茵报》一文中,就把他同马克思合著的《共产党宣言》这一国际共产主义运动的第一个纲领的内容分为两个部分:一是原理、原则部分,亦即理论部分;二是策略部分,亦即战略策略。他说,《共产党宣言》是一个至今还保留其全部意义的"原则性的和策略的纲领"[①]，并详细地将《宣言》中关于策略部分的内容摘引了出来。

列宁在1914年写的《卡尔·马克思》一文，也明确地把科学社会主义分为两部分。在"社会主义"的标题下，专门揭示和阐述社会主义、共产主义代替资本主义的客观历史进程及其发展规律，也就是理论部分的内容；在"无产阶级斗争的策略"的标题下，专门阐述科学社会主义的策略部分，系统论述了无产阶级的经济斗争、政治斗争和思想理论斗争的策略问题。列宁在1920年写的《共产主义运动中的"左派"幼稚病》一书中，谈到布尔什维主义（其内容实际上指的是科学社会主义），也是将其分为两部分，即布尔什维主义的理论原理和策略原理。斯大林分别在1921年和1923年写的《论俄国共产党人的政治战略和策略问题》的大纲和正文中，依据无产阶级运动分为客观和主观两个方面，而认为理论的活动范围是无产阶级运动的客观方面，战略和策略的活动范围则是无产阶级运动的主观方面。他在《论列宁主义基础》一书中，从科学社会主义角度给"列宁主义"下定义时，也是将其分为理论和策略两个部分。他认为："确切些说，列宁主义是无产阶级革命的理论和策略，特别是无产阶级专政的理论和策略。"[②]

毛泽东在《改造我们的学习》一文中，把共产党的基本任务归结为两件大事：一是了解客观情况，进行理论概括，解决认识世界的问题；二是制定和掌握政策，即根据实际情况和理论原理，制定和实施正确的战略（即总政策）与策略（即具体政策），以解决改造世界的问题。毛泽东在《反对本本主义》一文中，也是按照正确的理论担负认识客观世界、正确的战略策略解决改造客观世界的逻辑进行论述的。他认为：我们共产党的目的，就是要用社会主义、共产主义代替旧社会，从民权主义转变到社会主义；我们的任务就是把革命分为两步，第一步完成民主主义革命，即后来所称的"新民主主义革命"，第二步完成社会主义革命。[③] 很显然，这种新社会代替旧社会的过程及其发展规律，是科学社会主义的理论原理活动的范围和任务。接着，他又着重指出：实现上述伟大目的和任务"不是简单容易的，它全靠无产阶级政党的斗争策略的正确和坚决"[④]。

把科学社会主义的理论结构分为理论原理和策略原理两部分，不仅有理论根据，也有大量革命和建设实践提供的依据。20世纪以来，列宁和布尔什维克党领导的俄国十月革命，毛泽东为代表的中国共产党人领导的新民主主义革命和社会主义改造事业，东欧社会主义国家和亚洲的蒙古、朝鲜、越南、老挝以及拉

---

① 《马克思恩格斯选集》第4卷，人民出版社1995年版，第180页。

② 《斯大林选集》上卷，人民出版社1979年版，第185页。

③ 参见《毛泽东著作选读》上册，人民出版社1986年版，第54页。

④ 《毛泽东著作选读》上册，人民出版社1986年版，第54页。

美的古巴等国，由无产阶级政党领导的人民大革命，之所以能取得胜利，除理论正确之外，再就是由于有适合当时当地的正确的战略和策略。就是当前我国从事的改革开放和社会主义现代化建设事业也是如此。首先，必须创造性地发展科学社会主义理论，对改革开放和社会主义现代化建设的必然性、必要性和可能性进行理论论述，以说服广大干部和群众，从而使其理直气壮地、勇敢地投入这一前无古人的伟大事业中去。接着要解决的关键问题，就是如何从实际出发，制定出有中国特色社会主义的一整套路线、方针、政策，亦即战略和策略，否则，上述理论论证就会成为空话。中国共产党十一届三中全会以来三十多年的历史实践证明，我国的改革开放和社会主义现代化建设之所以能取得举世瞩目的伟大成就，根本原因就是以邓小平为代表的中国共产党人，在和平与发展成为时代主题的历史条件下，在我国改革开放和社会主义现代化建设的实践过程中，在总结我国社会主义胜利和挫折并借鉴其他社会主义国家社会主义事业兴衰成败历史经验的基础上，创立和实践了中国特色社会主义的理论和策略。大量历史事实证明，一切共产党人和马克思主义者，既必须创造性地运用科学社会主义理论，懂得应当革命、建设和改革，并理直气壮地、勇敢地去从事无产阶级革命斗争和社会主义建设和改革事业，又必须切实懂得并熟练地运用科学社会主义的战略和策略，善于革命、建设和改革。否则，就不能算是一个好的完全的共产党人和马克思主义者，至多是一个半截子马克思主义者。

作为马克思主义主要组成部分之一的科学社会主义的理论体系，就是从其创始人到其继承、捍卫和发展者，在160多年的革命、建设和改革实践中，所形成和发展起来的最基本的理论原理和策略原理及其内在联系。除了马克思主义哲学所提供的科学世界观、方法论和马克思主义政治经济学所提供的科学依据的内容渗透其间外，属于同马克思主义哲学和政治经济学相对区别的科学社会主义理论原理和策略原理及其内在联系似可作如下概括：(1)科学社会主义理论形态是不断发展创新的科学与价值有机统一的理论体系。它大致包括如下内容：科学社会主义创始人——马克思、恩格斯的社会主义学说，列宁主义阶段的科学社会主义思想，科学社会主义中国化的理论成果，越、老、朝、古等现实社会主义国家共产党和非执政各国共产党人的社会主义理论。(2)科学社会主义制度形态的产生——资本主义转变为社会主义的一般规律。它大致包括如下内容：科学社会主义制度形态生成的最基础性的原理——“两个必然”和“两个决不会”，实现“必然代替”的社会力量即工人阶级为代表的广大劳动人民群众，实现“必然代替”的基本手段和根本途径即无产阶级的阶级斗争、无产阶级革命和无产阶级专政，实现“必然代替”的领导核心即无产阶级革命政党及其战略策略。(3)科学社会主义制度形态理论在经济文化比较落后国家的初步实现——现实社会主义发展、建设和改革的一般规律。它大致包括如下内容:社会主义本质的同一性、基本制度特征的稳定性和体制模式多样性有机统一的规律;社会主义社会的长期性与发展阶段性有机统一的规律;社会主义发展的以人为本、重点性、全面性、协调性、可持续性有机统一的规律;社会主义物质文明、政治文明、精神文明、社会文明建设有机统一的规律;社会主义社会的矛盾与改革有机统一的规律;社会主义的对外开放与独立自主有机统一的规律;社会主义发展、建设、改革的领导力量与依靠力量有机统一的规律;国际主义与爱国主义有机统一的规律;工人阶级执政党的领导作用与自身建设之坚持与改善有机统一的规律。(4)社会主义社会成长为共产主义的一般规律。它大致包括如下内容:社会主义发展到共产主义的历史必然性,共产主义社会的本质及特征,实现共产主义的重要的国际条件即无产阶级国际主义的实现,实现共产主义大目标的遥远性与分阶段奋斗的现实性有机统一的规律。

第三节　科学社会主义的基本品格

"品格",在中文词语中是品质与风格的有机统一体。品质即本质或本性,风格即作风与格调。品质是内在的,不易被人感觉到;风格及其特点则是外在的,人们可以感觉到。内在之质靠外在风格反映、体现。把两个要素有机地统一起来,用品格反映某一事物或人物,既可揭示其内在质的深浅,也可看出外在风格的优劣。列宁在其《黑格尔〈哲学史讲演录〉一书摘要》和《谈谈辩证法》中,说到实践的重要性即实践的观点是辩证唯物论的认识论之第一的和基本的观点时,从品格的角度阐述了实践的品格,强调指出:"实践高于(理论的)认识,因为它不但有普遍性的品格,而且还有直接现实性的品格。"①科学社会主义的品格,就其理论形态说是讲理论的品格,就其运动形态说是讲实践的品格。我们可以将其理解为理论与实践有机统一体的品格。科学社会主义的品格,不论是广义科学社会主义即马克思主义之整体,还是作为马克思主义三个主要组成部分之一的狭义科学社会主义,其品格是完全相同的,所以,在此则是从其广义与狭义有机统一的含义上阐述其品格的。阐述顺序是先阐述品质或本性,后阐述风格及其特点。

一、科学社会主义的品质或本性:科学性和革命批判性或工人阶级阶级性的有机统一

根据科学社会主义创始人对此论述的精神,现将科学社会主义的品质即本

① 《列宁全集》第55卷,人民出版社1990年版,第183页。

性作如下界定：它是严整科学性、革命批判性、具体实践性、发展创新性四要素有机统一的工人阶级立场的理论表现或工人阶级的思想体系。简言之，即科学性与革命批判性或工人阶级阶级性的有机统一。这就是说，就科学社会主义的品质或本性来说，它首先是科学，而且是严整的科学体系，而不是语录堆积；其次，它又不是一般的自然、人文科学，而是站在工人阶级立场上，运用彻底的唯物辩证的科学方法，分析、解剖旧事物（主要是资本主义制度），从批判旧世界（资本主义）中发现新世界（社会主义、共产主义），从彻底揭露旧事物的内在矛盾中，找出其肯定方面与否定方面，对其进行辩证的扬弃，对旧事物实行革命性变革（不是就暴力、非暴力之形式所言，而是就实质而言）。马克思学说就其本质来说是革命的、批判的之真义就在于此。由于中国在左的思想理论和政治路线指导下曾乱搞大批判，到处贴革命标签，把马克思主义科学的革命批判性糟蹋得不像样子，所以，当我们对此进行了拨乱反正之后，社会上逐渐又出现了否定马克思主义科学的革命批判性的思潮，他们用现在的建设来否定过去的革命，用现在的“以经济建设为中心”来否定革命年代的“以阶级斗争为纲”，甚至一提“革命批判性”就厌烦，宣扬改良绝对的好，革命绝对的坏。当然，对这种现象也不必过于忧虑，它只不过是对过去糟蹋“批判”、“革命”这些严肃、庄重之概念的一种惩罚。只要人们头脑清醒，在马克思主义科学的革命批判性问题上吸取过去的教训，坚持马克思主义的科学的革命批判性，又避免重犯过去乱搞批判、乱贴“革命”标签、把马克思主义科学的革命批判性庸俗化的错误，就能在研究马克思主义问题上不出方向性问题。再次，马克思主义是实践的科学，而实践又都是具体的，不是抽象的；具体实践性并不排斥普遍性，它兼具普遍性与直接现实性两种品格。最后，也是最重要的一点，则是马克思主义的发展创新性。这是马克思主义之本性的前三个要素——严整科学性、革命批判性、具体实践性之内在本质要求，只有具有因时、因地、因条件的发展创新性，才称得上是科学，才符合像马克思主义这样的革命性科学之本义。

二、科学社会主义的风格特点——三个有机统一

科学社会主义本质即科学性和革命批判性或阶级性的有机统一，决定了它的基本风格特点是：一切从客观事实出发而非从主观原则出发，理论与实践相结合，体系的开放发展性与质的稳定性有机统一。这“三个有机统一”的风格特点同科学社会主义的本质一起构成了科学社会主义的基本品格。

（一）客观事实与主观原则有机统一

科学社会主义的基本观点是：共产主义运动是从客观事实出发，而不是从原则出发，早在 1847 年 9 月，恩格斯在其所著《共产主义和卡尔·海因岑》一文中

就论述道:“海因岑先生异想天开地认为,共产主义是一种从一定的理论原则即自己的核心出发并由此得出进一步的结论的教义。海因岑先生大错特错了。共产主义不是教义,而是运动。它不是从原则出发,而是从事实出发。共产主义者不是把某种哲学作为前提,而是把迄今为止的全部历史,特别是这一历史目前在文明各国造成的实际结果作为前提。……共产主义作为理论,是无产阶级立场在这个斗争中的理论表现,是无产阶级解放的条件的理论概括。”①在这里,恩格斯深刻地阐述了客观事实与主观原则、理论学说与运动实践的正确关系。恩格斯把从事实出发而非从原则出发看作是马克思主义的根基。只有在事实的基础上得出的原则,才是马克思主义生机勃勃的原则,即使这种生机勃勃的原则,它在继续指导实践、认识与改造客观世界过程中,仍然必须从客观存在的事实出发,而不能从已有主观原则出发;主观原则是在客观事实基础上产生的,客观事实决定主观原则,而主观原则反映与表现客观事实,它是工人阶级及其政党认识世界与改造世界的强有力之工具或武器。恩格斯所说的“共产主义不是教义,而是运动”,显然是指共产主义不是几个天才闭门臆造出来的学说,而首先是工人阶级的运动实践,总结工人阶级运动实践经验,继承前人优秀文化成果,而由工人阶级理论上的代言人创立的科学共产主义这种学说,不带“先哲”之神秘色彩,而完全是朴实无华的东西,是无产阶级立场的理论表现,是无产阶级解放条件的理论概括。恩格斯所论述的这一彻底唯物主义的道理,在中国,由毛泽东、邓小平等将其变成彻底的中国化的东西了,那就是“实事求是”的理论和“解放思想,实事求是”的思想路线。它在中国大地上已开出新民主主义革命、社会主义改造和中国特色社会主义的灿烂之花,结出了丰硕的胜利之果。

(二)理论与实践有机统一

科学社会主义是实践经验的概括,是无产阶级立场、观点、方法的理论形态。革命理论来源于革命实践,而“没有革命的理论,就不会有革命的运动”②。理论与实践,其本性应该是结合在一起而不能相互脱离,因为“离开革命实践的理论是空洞的理论,而不以革命理论为指南的实践是盲目的实践”③。整个科学社会主义发展史和国际共产主义运动史证明,不论是搞革命,还是进行建设与改革,凡是理论和实践结合得好时,社会主义事业就兴旺发达,科学社会主义就能获得创造性发展。科学社会主义理论同实践的结合,表现在时间即纵向方面,是指它在无产阶级解放运动的各个不同历史阶段实际运用过程中,不能作为教条去硬

① 《马克思恩格斯选集》第1卷,人民出版社1995年版,第210页。

② 《列宁选集》第1卷,人民出版社1995年版,第311页。

③ 《斯大林选集》上卷,人民出版社1979年版,第199~200页。

套，而应根据各个历史时期、历史阶段、不同时代和不同时代主题之不同特点与具体实际加以运用，并在无产阶级解放斗争的实际运用过程中加以检验、证实和创造性地发展，使之不断丰富和完善。表现在空间即横向方面，是指科学社会主义的普遍真理，在全世界各个不同民族、不同国家，甚至在一个国家（特别是大国）内的各个省、市、县运用过程中，都必须通过认真的调查研究，真正弄清自己国家、民族乃至省、市、县的具体实际，以使科学社会主义的普遍真理同其很好地结合起来，不能将其当作教条到处乱套。

（三）理论体系的开放发展性与质的稳定性有机统一

科学社会主义是一个严密而完整的理论体系。所谓“严密”和“完整”是相对于它所担负的伟大历史使命而言的。其哲学、政治经济学、科学社会主义为工人阶级和全人类的解放斗争进行了全面的科学论证。然而，就科学社会主义的本性说，它是开放的和不断发展的，而不是自我封闭、僵化停滞的体系。自我封闭和僵化是反辩证法的形而上学观点。

广义科学社会主义即马克思主义作为理论体系的开放与发展性主要表现在以下几方面：第一，它永远面向实际、面向世界、面向时代和面向未来，而不是经院哲学、书斋理论。对此，早在 1842 年，马克思在其撰写的《第 179 号〈科伦日报〉社论》中，谈到一切哲学的历史特点时就指出：“任何真正的哲学都是自己时代精神的精华，所以必然会出现这样的时代：那时哲学不仅从内部就其内容来说，而且从外部就其表现来说，都要和自己时代的现实世界接触并相互作用。”[①] 马克思主义就是这样的具有真正哲理的科学理论，它不是一成不变、一劳永逸和僵化停滞的，而是永远注视现实，面对自己时代及其在不同国家和民族所提出的最迫切的问题与任务，运用自己的基本立场、基本观点和基本方法，研究新情况，总结新经验，说明现实，预察未来，使自己不断向前发展的。第二，它不搞宗派主义，能正确对待非马克思主义思潮。马克思主义创立时，它对德国的古典哲学、英国的古典政治经济学和法英两国的空想社会主义等非马克思主义思潮，就是以开放的姿态，对它们进行辩证的扬弃，即“取其精华，弃其糟粕”，经过这种革命的批判的继承、消化、吸收、再创造与不断向前发展，而形成了马克思主义这一新的科学理论体系。这一马克思主义的科学方法，不仅适用于马克思主义的创立，也适用于后人对马克思主义的继承和发展。在当代，对于现代西方和东方的各种非马克思主义社会思潮也不应采取一概排斥的形而上学态度，而应以马克思主义为指导，对它们提出的一些有价值的思想、主张予以批判性吸收，从而扩大自己的视野和领域，更好地发展马克思主义。第三，它能以科学态度对待自身，

① 《马克思恩格斯全集》第 1 卷，人民出版社 1956 年版，第 121 页。

而不故步自封。马克思主义认为，包括自己在内的任何一种学说，都不能穷尽真理，科学社会主义也不是由"终极真理"构成的僵化体系，它只是为无产阶级及其政党所提供的立场、观点与方法，只能为人类继续认识真理开辟道路，而不会穷尽真理。它是不断发展与创新的理论。

科学社会主义的整个理论体系是开放的、发展的，但体现科学社会主义精髓、灵魂的立场、观点和方法又是稳定的。科学社会主义的开放性和发展性，是在其立场、观点和方法这种灵魂性的东西指导下面向实际、面向世界、面向时代和面向未来，并批判地吸收其某些有价值的成果。不能把开放性、发展性和创新性理解为否定科学社会主义的立场、观点和方法，抹杀马克思主义同各种非马克思主义思潮、派别的原则界限。科学社会主义理论体系的开放发展性与体现其立场、观点和方法的普遍原理或普遍真理的稳定性是辩证地统一在一起的。科学社会主义的这一基本品格，既反对教条主义、学理主义，也反对借口"时代变化"而根本否定马克思主义的右倾机会主义或取消主义。只有真正掌握了这一点，才能以科学的态度正确对待科学社会主义。

所谓"以科学态度正确对待科学社会主义"，包括四个方面：第一，坚持科学社会主义，必须是科学地坚持，而不是僵化地坚持，教条主义、本本主义地坚持。第二，发展科学社会主义要科学地发展，就是说，不是迁就眼前事变，不是阉割它的灵魂即立场、观点和方法，而是严格地遵循它的立场、观点和方法，通过研究新情况，解决新问题，总结新经验，作出新结论，从而创造出指导新实践的新理论。第三，检验是否科学地坚持、科学地发展科学社会主义之唯一标准是实践，它是主观见之于客观的东西，是主、客观之中介，既具有普遍性的品格，又具有现实性品格。实践检验主观的理论、路线、方针、政策、规划、方略之是否具有客观真理性，需要时间，是个过程；如果主观上犯了错误，它在实践检验过程中付出一定代价是难以绝对避免的，但应避免出现大的失误，付出难以估量的损失和代价。第四，能够保证在实践检验主观的东西是否符合事物发展的客观规律性的过程中不出大失误，少付大代价，做到及时发现、及时纠正主观上错误的东西，最最重要的则是建立和完善民主体制，实行民主机制，依靠民主，依靠真正的群众路线和不走样的民主集中制。第五，所谓"不走样的民主集中制"，其要害或关键在于，必须通过非常真实的而不是形式主义或虚假的、十分规范的民主程序，在党和政府乃至群众团体的各级组织中，都采用无记名投票表决、少数服从多数的方式作出正确的决策，不能像在传统苏联模式或斯大林模式下那样，权力过分集中于党，特别是各级党组织的主要领导者手中，不是民主决策而是主要领导人最后一锤定音。这种制度和机制看似实行民主集中制，实则是包含着封建社会由皇帝主持的朝堂议政，即大臣议政、天子决策那样的遗毒。正像国际共运史上的女革命家罗莎·卢森堡在《俄国社会民主党的组织问题》一书中所说的那样，这种过度的所谓“集中制”下的党组织特别是主要领导者，实际上仍相当于“皇帝陛下”。[①] 其说法看似尖刻，但仔细琢磨一下，对无产阶级执政党的改革来说，还是很值得思考与借鉴的。

第四节 学习、研究科学社会主义的意义和方法

一、学习、研究科学社会主义的意义

第一，认真学习和研究科学社会主义，是全面系统和完整准确地把握马克思主义科学体系的需要。如上所述，作为马克思主义三个主要组成部分之一的科学社会主义，给无产阶级提供了变资本主义旧社会为社会主义、共产主义新社会的理论原理和策略原理，它同哲学、政治经济学既有区别，又有联系，不能彼此割裂，也不能互相代替。可见，把科学社会主义作为一门独立学科进行系统的、认真的学习和研究，是马克思主义的严格逻辑结构和科学思想体系的本身决定和要求的。在我国的“十年动乱”时期，林彪、“四人帮”曾把马克思主义的完整体系搞得支离破碎，在理论上造成极大混乱。这个教训必须牢牢吸取。目前，我国之所以能将科学社会主义作为一门独立学科进行学习和研究，完全是党的十一届三中全会及其之后拨乱反正、正本清源的结果。这一重要成果，应当继续保持和发展。

第二，认真学习和研究科学社会主义，是建设和发展中国特色社会主义的需要。社会主义无论是其理论形态、运动形态和制度形态，并不是一国特有的产物，而是国际性的。但是，由于各国各民族的具体情况千差万别，所以，革变资本主义旧社会和建设社会主义新社会的道路、实现社会主义基本制度的具体形式即模式，则是具体的、多种多样的。实践证明，社会主义本质的统一性和社会主义模式的多样性有机结合，是社会主义发展的一条重要规律，是建设有各国各民族特色社会主义的一块理论基石。我党十一届三中全会以来逐步形成和发展起来的中国特色社会主义理论体系的理论原理和策略原理，就是遵循这一规律、建立在这一理论基石之上的。现在它已成为马克思主义的科学社会主义思想体系的重要组成部分。只有认真学习和研究科学社会主义，才能深刻理解和正确实践中国特色社会主义的理论、路线、方针和政策，才能从马克思主义科学体系的整体上把握这一已当代中国化了的科学社会主义理论原理与策略原理。

---

① 参见《卢森堡文选》上卷，人民出版社 1984 年版，第 157～158 页。

第三，认真学习和研究科学社会主义，是正确总结和吸取无产阶级解放运动兴衰成败的历史经验，推动人类进步事业向前发展的需要。科学社会主义认为，人类在各个历史阶段所从事的任何进步事业，都是同彻底消灭阶级和剥削、实现人类彻底解放密切相关的；而当代世界各种不同类型的国家都存在着各种各样的进步运动。和平与发展是我们时代的主题，当代的无产阶级解放运动是维护世界和平、促进民族发展的极其重要的力量。因此，只有通过认真学习、研究科学社会主义，正确总结和吸取160多年来无产阶级解放运动兴衰成败的历史经验，才能有力地推动人类进步事业向前发展，直到人类彻底解放。

第四，认真学习和研究科学社会主义，是提高识别能力，划清科学与非科学社会主义界限的需要。160多年前，马克思、恩格斯创立科学社会主义时，就曾对当时形形色色的非科学社会主义流派的理论观点进行了有说服力的批判。从那以后，科学社会主义取得了几个伟大的历史性胜利：由空想变为科学，由理论变为现实，由一国现实变为多国现实。一些社会主义国家发生剧变后，从世界范围内说，社会主义运动尽管处于低潮，但是根据高潮与低潮、胜利与失败、光明与黑暗演化的规律，科学社会主义仍然在顽强地生存和发展着。尽管直到现在，在全世界范围内仍然存在着各种非科学社会主义的思潮、派别和运动向科学社会主义提出种种挑战，并同其展开激烈竞争，但是，只要坚持认真学习和研究科学社会主义，真正坚持和发展各国特色的、各国化的科学社会主义，就既能回答各种非科学社会主义的种种挑战，又能批判性地汲取它们中的科学的、合理的成分，在革命、建设和改革实践中继续推动马克思主义的科学社会主义不断向前发展。

第五，认真学习和研究科学社会主义，是树立和巩固共产主义世界观的需要。科学社会主义是以马克思主义哲学和政治经济学为理论基础，考察了人类社会发展史，解剖了资本主义社会，科学地揭示和阐明了资本主义必然被社会主义、共产主义代替的客观规律，指出了共产主义一定要在全世界实现的美好前景。从理论和实践的结合上，认真学习和研究科学社会主义，就能使我们做到“学科学社会主义理论，信科学社会主义真理，干科学社会主义事业”，将“学、信、干”统一起来，真正树立起共产主义世界观和人生观，做一个名副其实的马克思主义的科学社会主义者。

二、学习和研究科学社会主义的方法

学习和研究科学社会主义如此重要，那么怎样才能学好科学社会主义理论呢？

首先，要有正确的学风。就是说，应当坚持和发扬实事求是、理论联系实际的优良学风。一方面，要认真阅读和钻研马克思主义创始人及其继承、捍卫和发展者关于科学社会主义的著作，掌握基本原理，领会精神实质，否则，就会头脑空空，没有理论，无法联系实际；另一方面，要从实际出发，有的放矢，敢于接触国内外实践中提出的现实问题、热点和难点问题，因为理论愈多接触实际问题，愈敢接触实际问题，而不是绕开问题走，不是模棱两可，含混不清，理论就是愈加彻底，愈能掌握群众，愈易变成物质力量。这个问题，对任何一门马克思主义理论科学都很重要，而对科学社会主义这门科学则显得特别重要。因为，它同现实联系最紧密、最直接。学习和研究科学社会主义，如果从书本到书本，从理论到理论，不敢接触实际，不去解决实际问题，"遇到问题绕道走"，那就与科学社会主义的本性背道而驰。建设和发展中国特色的社会主义事业，是我国当前的最大实际。因此，在学习与研究科学社会主义的中心内容时，应联系我国改革开放与现代化建设实际，学习和研究中国特色的社会主义理论体系，从而不断推动建设和发展中国特色的社会主义事业胜利前进。

其次，学习和研究的方法和路子要对头。实践证明，学习和研究科学社会主义的正确方法与路子，主要体现在以下要点中：(1)应把刻苦钻研原著、学习基本原理及其精神实质同历史实际、总结历史经验结合起来，在总结历史经验过程中加深对科学社会主义基本原理的理解，并对新的实践经验进行理论升华，使之科学化；(2)把学习基本原理、总结历史经验同研究现状结合起来，运用科学社会主义的基本理论和方法分析、解决国内外实践中提出的新问题，从而增强科学社会主义的应用功能；(3)把学习基本原理和方法同鉴别科学社会主义还是非科学社会主义结合起来，从而划清两者的界限，澄清混乱思想；(4)把学习基本原理、总结历史经验、研究现状、鉴别非科学社会主义思潮同预察未来的发展趋势，指明和阐述社会主义、共产主义在十分曲折复杂的漫长进程中必然胜利的远景结合起来，从而使无产阶级和广大劳动人民群众对我们伟大共产主义事业充满信心，并为之努力奋斗。

最后，还必须刻苦勤奋。学习、钻研理论和联系实际，说明和解决实际问题，都需要付出艰苦劳动，甚至代价。思想懒惰，不愿下苦工夫，图省事，走捷径，是绝然不会学好科学社会主义这门科学的。

总之，只要指导思想正确，具体方法和路子对头，又刻苦勤奋，就一定能够学好这门科学，并能使其在建设、改革和发展中国特色社会主义的伟大实践中开花结果。

第一编

科学社会主义理论形态是不断发展创新的科学与价值有机统一的理论体系

科学社会主义是在理论形态、运动形态、制度形态这三种形态中存在、运行和发展着的。科学社会主义理论形态分为广义科学社会主义和狭义科学社会主义。它是科学体系与价值体系的有机统一体。广义科学社会主义与狭义科学社会主义有一个共同点，即都是认识和改造客观世界及人们的主观世界的武器或工具。反映和认识世界本来面目的内容，属于揭示客观发展规律，发现客观真理，以求解决如何改造世界的科学体系；反映和认识人类所居住的这个地球上人的生存和发展的关系的内容，属于价值体系，它包括一系列的价值目的和工具（或手段）。这两者是有机统一的理论体系，科学体系是价值体系存在和实现的根据，价值体系是科学体系得以实现的目的和手段。①

由科学体系和价值体系所构成的科学社会主义理论体系，是由马克思和恩格斯所创立，并经其后继者们所丰富和发展的这一理论，不是僵化不变的，而是因时、因地、因条件而不断发展创新的。本编就是从纵向方面系统阐述科学社会主义自1948年诞生以来至今160多年不断发展创新的历史进程的。

---

① 参见薛汉威、王建民《制度设计与变迁——从马克思到中国的市场取向改革》，山东大学出版社2003年版，第2页。

第一章　科学社会主义创始人马克思和恩格斯的社会主义学说

第一节　科学社会主义的诞生

一、科学社会主义产生的社会经济与社会政治条件

马克思主义认为，任何思想体系都是受历史条件制约的。马克思主义的科学社会主义作为无产阶级的思想体系，既不能够在奴隶社会、封建社会中产生，也不可能在资本主义还很不发展、无产阶级尚未成熟的条件下产生，只有在资本主义大工业发展、无产阶级形成为独立政治力量的条件下才有可能正式诞生。

科学社会主义产生于19世纪40年代的欧洲绝非偶然，这是因为它已具备了客观的社会经济与社会政治条件。

当时，资本主义生产方式在西欧一些主要国家已经占了统治地位。其主要标志是以大机器为主体的工厂制度代替了工场手工业，社会生产力得到了迅速而巨大的发展。最早开始产业革命的英国，生产发展特别迅速。在1837～1847年10年间，煤的开采增加了47%，生铁的冶炼增加了67%，造船增加了23%；蒸汽机的总动力从1840年的60万马力增加到1850年的125万马力，铁路从1836年的251公里增加到1848年的8203公里。法国资本主义经济发展的速度虽比英国慢，但在19世纪30～40年代，工业革命也进展很快，许多生产部门都采用了机器生产。蒸汽发动机的数目，由1830年的625台增加到1847年的4853台。[①] 处于封建割据状态的德国，受英、法等国影响，资本主义经济也在工农业中逐渐发展起来，尤其是毗邻法国的莱茵区，成为工业最发达的区域。欧洲大陆其他国家，如比利时、瑞士、西班牙等，以及远离欧洲的美国，资本主义都有

① 参见“本书编写组”编《国际共产主义运动史》第1卷，中国人民大学出版社1955年版，第3～4页。

了显著的发展。资本主义大工业在欧洲乃至北美的迅速而巨大的发展和工厂制度的建立,为科学社会主义的创立提供了社会经济条件。

资本主义生产的迅速发展,使资本主义固有的基本矛盾,即生产的社会性与生产资料私人占有之间的矛盾进一步加剧,社会生产的无政府状态引起了周期性生产过剩的经济危机。社会阶级的两极分化越来越显著:"一方面,财富日益集中到少数资本家手中;另一方面,无产阶级贫困化加深。整个社会日益分裂为两大敌对的阵营,分裂为两大相互直接对立的阶级:资产阶级和无产阶级。"[①]无产阶级反对资产阶级的阶级斗争进一步发展,工人运动进入了新时期。19 世纪 30～40 年代,在欧洲相继爆发了三次大规模工人运动:1831 年和 1834 年,法国里昂丝织工人两次武装起义;1836～1848 年,英国出现了持续 12 年之久的宪章运动;1844 年,德国的西里西亚纺织工人群众性武装起义。三大工人运动的斗争实践表明:在欧洲发达国家中,无产阶级和资产阶级的矛盾已上升为社会的主要矛盾,无产阶级反对资产阶级的阶级斗争已发展到一个新阶段。它为科学社会主义的创立提供了社会政治条件。

科学社会主义正是适应资本主义生产的发展和阶级斗争的发展这些客观的社会经济与社会政治条件而产生的,它是成熟的无产阶级运动的理论表现。

二、科学社会主义的直接思想来源

马克思主义·科学社会主义的产生同其他任何学说或理论一样,都须继承已有的思想材料,并以此作为出发点。广义科学社会主义即马克思主义,是人类于 19 世纪创造的优秀思想文化成果——德国的古典哲学、英国的古典政治经济学和法英两国的空想社会主义或空想共产主义的直接继承者。

19 世纪的空想社会主义,则是狭义科学社会主义的直接思想来源。在空想社会主义学说发展史上一直存在着两种不同的类型:一种是莫尔式的空想社会主义,另一种是闵采尔式的空想社会主义。莫尔式的空想社会主义是现代无产阶级先驱的群众运动的间接产物。16～17 世纪的莫尔、康帕内拉和维拉斯,18 世纪的摩莱里、马布利,19 世纪的圣西门、傅立叶、欧文,都是莫尔式空想社会主义的典型代表。他们是空想社会主义史上的多数派、主流派,除个别人以外,大都出身于上层统治阶级。他们考察了资本主义生产方式,目睹了城乡劳动群众遭受的苦难,从而同情无产者和劳动群众。他们的学说反映了无产者和劳动群众对资本主义剥削的不满和愤怒情绪。闵采尔式的空想社会主义是现代无产阶级先驱的群众运动的直接产物。属于这一类型的空想社会主义之主要代表人

① 《马克思恩格斯选集》第 1 卷,人民出版社 1995 年版,第 273 页。

物,16世纪有闵采尔,17世纪有温斯坦莱,18世纪有巴贝夫,19世纪30～40年代有布朗基等。他们不仅用自己的学说和纲领直接代表了现代无产阶级先驱的利益和要求,而且他们本人就是直接从伟大群众运动中产生的革命鼓动家、组织者和领袖人物。

空想社会主义经历了三个发展阶段,即早期、中期和晚期。

从16世纪到17世纪,在西欧一些国家,随着资本主义生产关系的萌芽,出现了早期空想社会主义思想。其代表人物有英国的托马斯·莫尔(1487～1535)、意大利的托马斯·康帕内拉(1568～1639)和德国的托马斯·闵采尔(1489～1525)。莫尔是空想社会主义的奠基人,在其代表作《乌托邦》一书中,他第一次提出了空想社会主义的基本思想。康帕内拉的代表作是《太阳城》,书中批判了当时意大利的社会经济制度,描绘了他所精心设计的未来理想社会,反映了意大利早期无产者和贫苦农民的要求和愿望。闵采尔既是16世纪初期德国的伟大革命家、农民起义的杰出领袖,又是空想社会主义的思想家。他的政治理论中,占据中心地位的是革命暴力思想。这一点,使其与同时代的空想社会主义奠基人莫尔的学说有着原则的区别。闵采尔很讲究策略,认为只要统治者自愿放弃特权,就可以不用流血方式来获得自由。但他不抱幻想,总是号召"磨好镰刀,准备收割",意即准备暴力革命,推翻统治阶级,建立千载太平之国的理想社会。恩格斯对闵采尔的主张和学说评价很高:"闵采尔所了解的天国不是别的,只不过是没有阶级差别,没有私有财产,没有高高在上和社会成员作对的国家政权的一种社会而已。""正如闵采尔的宗教哲学接近无神论一样,他的政治纲领也接近于共产主义。"①闵采尔预测到共产主义。

18世纪资本主义已发展到工场手工业时期,整个世纪是空想社会主义思想发展的一个重要阶段。这是中期空想社会主义学说,主要代表人物是法国资产阶级革命准备时期的摩莱里(生卒年月不详)和马布利(1709～1785)。法国大革命之后,又出现了巴贝夫(1760～1797)为代表的空想平均共产主义理论。摩莱里把莫尔、康帕内拉同巴贝夫以及19世纪的圣西门、傅立叶、欧文三大空想家连接起来,起到了继往开来的作用,在社会主义学说史上占有重要的一页。马布利的空想社会主义思想和摩莱里的学说大体上是同一历史时期和同一社会环境的产物,内容基本相同。巴贝夫是18世纪法国大革命时代代表手工业工人和贫苦农民利益坚强的革命家,其空想平均共产主义学说是18世纪法国空想社会主义学说的最高峰。法国大革命失败后,由巴贝夫领导的平等派运动,是从第三等级中分化出来的、正在形成中的现代无产者的独立革命运动。巴贝夫学说是这个

① 《马克思恩格斯全集》第7卷,人民出版社1959年版,第413、414页。

运动在理论上的表现。马克思和恩格斯认为巴贝夫的学说已“超出旧世界秩序的思想范围”,“经过彻底的研讨,就成为新世界秩序的思想”[①]。

19 世纪初期,在英、法两国产生的圣西门、傅立叶和欧文的“批判的空想的社会主义和共产主义”,是晚期空想社会主义学说,是空想社会主义发展史上的最高阶段。三大空想社会主义者的学说产生于英国工业革命迅速发展和法国资产阶级大革命胜利的时期。资本主义生产的发展和资本主义制度的确立使资本主义社会的基本矛盾日益暴露,无产阶级和资产阶级的对立日益显著,资产阶级的经济剥削和政治压迫给无产阶级和劳动人民带来深重灾难,迫使他们起来反抗和斗争。但是,在这个时候资本主义生产方式以及资产阶级和无产阶级间的对立还很不发展,“刚刚作为新阶级的胚胎从这些无财产的群众中分离出来的无产阶级,还完全无力采取独立的政治行动,它表现为一个被压迫的受苦的等级,无力帮助自己,最多只能从外面、从上面取得帮助”[②]。在这种客观历史条件下产生的三大空想社会主义者的学说,就决定了它既比早期和中期空想社会主义思想有很大发展,达到了空想社会主义所能够达到的最高程度,又不能使社会主义由空想变成科学。总的说来,它还是同不成熟的资本主义经济状况和不成熟的阶级状况相适应的不成熟的社会主义理论。

圣西门、傅立叶和欧文的空想社会主义是科学社会主义的直接思想来源。虽然他们的思想含有十分虚幻和空想的性质,但都天才地预示了我们现在已经科学地证明其正确性的无数真理,也可以说是一种潜科学。

(一)圣西门的空想社会主义

昂立·克劳德·圣西门(1760~1825),出身于巴黎一个封建贵族家庭,是19 世纪批判的空想社会主义的最早代表。他参加过美国独立战争。法国大革命爆发时,他曾是法国王朝军队的上校,但在革命爆发后,自觉地站到了革命方面,放弃了自己的伯爵称号。在法国大革命高潮中,他由于不能正确对待革命群众运动和革命暴力活动,不久便离开了革命。而中年以后,因个人生活状况急剧恶化,比较接近下层群众,又促使其立场和世界观发生了一些变化。在他的最后一部著作中已直接以工人阶级代言人的姿态出现,宣告他努力的最后目的是无产阶级的解放。因此,马克思称赞圣西门是“工人阶级的代言人”[③]。圣西门的著作很多,《实业家问答》、《论文学、哲学和实业》、《新基督教》是他晚年的三部著作,也是他的代表作。在这些著作中,他全面系统地论述了自己的空想社会主义

① 《马克思恩格斯全集》第 2 卷,人民出版社 1965 年版,第 152 页。

② 《马克思恩格斯选集》第 3 卷,人民出版社 1995 年版,第 608 页。

③ 马克思:《资本论》第 3 卷,人民出版社 1975 年版,第 684 页。

思想。

从政治、经济和思想各方面对资本主义现实进行无情揭露和批判，是圣西门空想社会主义学说的首要内容。圣西门愤慨地写道："现代的社会真正是黑白颠倒的世界的写照，因为各国作为主要原则加以采用的一条原理，就是穷人应当对富人宽宏大量，结果不得温饱的人们每天使自己失去一部分必要的生活资料，而被用于增加大财主的多余财产；因为最大的罪犯，即每年从全体公民身上窃取三四亿法郎的大盗，掌握着惩罚违犯秩序的小罪犯的权力；因为无知、迷信、懒惰和穷奢极欲是社会上的大人先生们的本分，而有才能、省吃俭用和爱劳动的人们却受他们的统治，只被他们当作工具使用；一句话，因为在各式各样的行业当中，都是没有才能的人统治着有才能的人，没有道德的人支配着善良的公民，大罪犯惩罚犯了小过错的人。"①在这里，圣西门涉及到了剥削与被剥削的关系，接触到了资本主义社会的阶级对立，把批判的锋芒直接指向剥削者和统治者。

提出社会发展是有规律的思想，强调发展和前进，是圣西门空想社会主义思想的一个极为明显的特点。他认为，人类社会的历史是由低级阶段向高级阶段发展的一个连续的上升过程。人类的历史是不断前进的，每个历史阶段总比它前一个历史阶段进步，社会的发展和人类肌体的发育相似，经过童年、少年到成年而日趋成熟。他反对把奴隶社会说成是绝对黑暗，而把原始社会美化成"黄金时代"的片面观点。在圣西门那里没有形成"资本主义"这个历史概念，不懂得资本主义是一个独立社会形态，认为法国大革命后的社会只是一个从封建和神学制度转向实业和科学制度的"过渡时代"。实际上，这就否定了"资本主义永恒不变"的反动谬论。当然，从总的方面来说，圣西门的历史观还是唯心主义的。因为，他对人类社会为什么能够有规律地发展这个问题的回答，除个别时候和个别地方认为生产的发展推动历史前进，社会变革是由经济发展引起之外，经常地、一贯地认为理性是社会发展的动力。

圣西门的理想王国是"实业制度"。所谓"实业制度"，就是使"生产者"（即"实业家"）和学者变成统治阶级，掌握社会各方面权力的社会制度。其基本原则是：不承认各种特权，社会将建立在完全平等的原则之上；使一切人得到最大限度的自由；按最有利于生产的方式组织起来；"一切人都应劳动"，消灭寄生现象；经济、文化将高速发展，社会促进个人幸福和公共福利；完美地运用科学、艺术和工业所得到的知识来满足人们的需要；等等。但是，圣西门把企业主、商人、银行家也包括到劳动者、实业家之内，甚至主张这些人发号施令。这是圣西门思想中资产阶级倾向的表现。圣西门把未来的理想社会建立在现代大生产的基础上，

---

① 《圣西门选集》上卷，商务印书馆1962年版，第275页。

这一点也不同于以前的空想社会主义者。圣西门还提出过一个卓越见解，即未来社会的政治就是关于生产的科学。对此，恩格斯非常重视，认为圣西门明白地表达了“废除国家的思想”[①]。

（二）傅立叶的空想社会主义

沙利·傅立叶（1772～1837），出身于法国东部城市贝占桑的一个商人家庭。他在青年时代也亲身经历过法国的资产阶级大革命。他多次改换职业，当过会计员、出纳员、推销员和交易所经纪人。这些经历对傅立叶的空想社会主义思想的形成有深刻影响。傅立叶的主要著作有三部，即《关于四种运动和普遍命运的理论——关于发现的说明和解释》（简称《四种运动论》）、《论家务农业协作社》（即《宇宙统一论》）、《经济的和协作的新世界，或发现依情欲分类的吸引人的劳动和适合天性的劳动的方法》（简称《新世界》），其中最著名的是《新世界》一书。该书全面系统地阐明了他的空想社会主义学说。

对资本主义的深刻揭露和辛辣讽刺，是傅立叶空想社会主义的突出特点，是他的学说中最精彩的部分。他把资本主义制度称为“复活的奴隶制”，是以更完善的集体奴役代替了野蛮时期的个人奴役。他深刻指出：“在文明制度下，贫困是由富裕产生的。”[②]“文明制度状态乃是幸运的对立物，是颠倒世界，是社会地狱。”[③]在资本主义制度下，充满着个人利益和集体利益的尖锐矛盾和对立，“医生希望自己的同胞患寒热病；律师则希望每个家庭都发生诉讼；建筑师要求发生大火使城市的四分之一化为灰烬；安玻璃的工人希望下一场大冰雹打碎所有的玻璃；裁缝和鞋匠希望人们只用容易褪色的料子做衣服和用坏皮子做鞋子，以便多穿破两套衣服和多穿坏两双鞋子”[④]。傅立叶特别猛烈和极其详尽地揭露和抨击了资本主义商业，他把商业称为“撒谎和欺骗的场所”，是社会经济的轴心和“政治界中的真正暴君”，并详细列举了资本主义商业的36条罪状。但是，傅立叶把商业看成是资本主义社会一切罪恶的根源，把对商业的批判当作批判资本主义的重点，把工农业和商业对立起来的观点是片面的、错误的，它掩盖了整个资产阶级和工人阶级的对立。傅立叶也深刻地揭露和批判了资产阶级道德的虚伪性、欺骗性和反动性。他说，资本主义“是欺骗的王国，而道德是它的工具”[⑤]。傅立叶从经济制度到道德观念对资本主义进行的揭露和批判是非常可贵的。恩格斯曾经指出，在马克思主义产生之前，对资本主义社会“能够进行这种批评的

① 《马克思恩格斯选集》第3卷，人民出版社1995年版，第609页。

② 《傅立叶选集》第3卷，商务印务馆1962年版，第59页。

③ 《傅立叶选集》第3卷，商务印务馆1962年版，第321页。

④ 《傅立叶选集》第3卷，商务印书馆1962年版，第58页。

⑤ 《傅立叶选集》第4卷，商务印书馆1962年版，第203页。

只有傅立叶一人"①。

傅立叶的历史观也和圣西门一样，贯穿着社会历史有规律地向前发展的思想，但他比圣西门更前进了一步。他把生产的发展状况及其性质作为划分历史时期的标志；认为人类历史不仅是由低级向高级发展的社会运动，而且是曲折复杂的过程，整个人类社会和每个历史阶段都经历童年、成年、衰落和凋谢四个时期。

傅立叶提出的代替资本主义的未来理想制度叫"协作制度"或"和谐制度"。情欲学说是他的"协作制度"的理论基础。他说："研究情欲引力会直接导致发现协作结构。"②他和 19 世纪以前的某些空想社会主义宣扬的平均主义和禁欲主义相反，认为"协作制度"是绝不主张平均主义的，应当充分地满足和发挥人的情欲。傅立叶的"情欲引力论"，总体上说是属于历史唯心论和形而上学的范畴。但剥去其唯心论的精神外衣之后，可以发现他对未来社会的合理设想。比如，原则上否定雇佣劳动制度，有计划地组织社会生产，自由劳动，消灭城乡差别、工农差别、脑力劳动和体力劳动的差别，教育与生产劳动相结合，男女平等，同工同酬，等等。

(三)欧文的空想共产主义

罗伯特·欧文(1771～1858)，出身于英国一个小手工业者家庭，本人从 9 岁起就开始当学徒和店员，不到 25 岁，就担任了工厂经理。他是英国空想共产主义的创始人，和圣西门、傅立叶属于同一时代、同一类型的思想家。但由于他生活在资本主义更为发展的英国，他的学说和活动又具有鲜明的实践性质，所以便带有许多特点而自成体系。欧文的著作，主要有《新世界观，或论人类性格的形成》、《新道德世界》、《人类思想和实践中的革命》。1820 年前后写成的论文《致拉纳克郡的报告》，是欧文空想共产主义理论全面形成的标志。

欧文空想共产主义学说最精彩的部分，也突出地表现在他对资本主义的批判上。他的批判不如傅立叶机智和辛辣，而以朴素明快为特点。由于欧文亲眼看到了英国工业革命后机器的使用只给少数富人带来巨大利益，而广大无产阶级与劳动人民仍然陷于贫困之中的实际情况，所以他无情地揭露了工业革命所造成的贫富对立，特别是无产者的惨状。对于造成这种弊端的根本原因，欧文认为是私有制。他写道："目前，私有财产是贫困以及由此而在全世界造成的无数罪行和灾难的唯一原因。"③因此，他坚决主张彻底消灭私有制，实行财产公有和

① 《马克思恩格斯全集》，第 2 卷，人民出版社 1956 年版，第 659 页。

② 《傅立叶选集》第 3 卷，商务印务馆 1962 年版，第 20 页。

③ 《欧文选集》下卷，商务印书馆 1962 年版，第 14 页。

按需分配。

欧文设计的未来的社会是所谓“理性的社会制度”，也就是一种合作公社制度。他认为，未来的社会应是许多合作公社的联合体，合作公社则是构成新社会的基层组织或细胞。在这种合作公社里，将彻底消灭财产私有，实行财产公有；将建立在大机器、大生产的基础上，有计划地组织集体生产和生活，实行按需分配。他还非常重视教育，主张所有的人都将在智、德、体、行方面受到良好的教育。马克思对欧文关于未来社会教育制度的设想给予充分肯定，指出：“正如我们在罗伯特·欧文那里可以详细看到的那样，从工厂制度中萌发出了未来教育的幼芽，未来教育对所有已满一定年龄的儿童来说，就是生产劳动同智育和体育相结合，它不仅是提高社会生产的一种方法，而且是造就全面发展的人的唯一方法。”[①]欧文设想的合作公社方案，有不少合理因素和有价值的猜测。但他也和圣西门、傅立叶的设想一样，是空想的，是违背阶级斗争客观规律的。所以，他一生之中尽管为此著书立说进行宣传，又多次组织合作公社进行试验，但其结果也只能是幻想的破灭。列宁对这类空想社会主义的错误作过总结性批判。他说：“为什么说自罗伯特·欧文以来所有的旧日合作社工作者的计划都是幻想呢？因为他们没有估计到阶级斗争、工人阶级夺取政权、推翻剥削者阶级的统治这样的根本问题，而梦想用社会主义来和平改造现代社会。因此我们有理由把这种‘合作’社会主义看作彻头彻尾的幻想。”[②]

圣西门、傅立叶、欧文的空想社会主义思想对科学社会主义的产生有极其重大的意义。正如恩格斯所说，科学社会主义“永远不会忘记，它是站在圣西门、傅立叶和欧文这三个人的肩上的。虽然这三个人的学说含有十分虚幻和空想的性质，但他们终究是属于一切时代最伟大的智士之列的，他们天才地预示了我们现在已经科学地证明了其正确性的无数真理”[③]。

(四)空想社会主义的历史功绩与根本缺陷

科学社会主义和三大空想社会主义者学说之间，既有继承关系，又有本质区别。马克思和恩格斯首先充分肯定了三大空想社会主义者的历史功绩。明确指出，批判的空想的社会主义和共产主义的进步历史意义就在于，它本身包含着科学社会主义的萌芽。其主要表现是：

(1)揭露和批判了资本主义生产方式及其后果。马克思和恩格斯对此评价很高，并在他们的许多著作里充分利用了这种揭露和批判所提供的材料。马克

① 马克思：《资本论》第1卷，人民出版社1975年版，第530页。

② 《列宁选集》第4卷，人民出版社1995年版，第772页。

③ 《马克思恩格斯选集》第2卷，人民出版社1995年版，第635～636页。

思和恩格斯之所以特别重视三大空想社会主义者所作的这种批判，是因为它们抨击了资本主义社会的全部基础，“提供了启发工人觉悟的极为宝贵的材料”[①]。

(2)在批判资本主义制度的基础上，对未来社会提出了一系列积极主张和合理设想。比如消灭私有制和雇佣劳动，消灭三大差别，实行有计划的生产，按劳分配或按需分配，等等。这些为马克思和恩格斯全面地、深刻地揭露资本主义本质，科学地预见未来理想社会，创立科学社会主义理论，提供了有益的思想材料。

(3)其历史观包含着向历史唯物主义趋进的合理因素。如认为历史是不断进步和不断发展的，历史的发展是有规律可循的，并试图从生产发展上探求历史发展的动力，等等。

马克思和恩格斯在充分肯定三大空想社会主义者的历史功绩及其学说的积极方面的同时，也明确指出和批判了它们的根本缺陷，彻底否定了三大空想社会主义学说中那些消极的成分，划清了科学社会主义与空想社会主义的界限。马克思和恩格斯认为，三大空想社会主义者学说的根本缺陷是：

(1)坚持理性支配世界和唯心主义的天才史观。他们不是从资本主义社会发展的现实和规律中去揭示资本主义的本质及其灭亡的必然性，而是从抽象的“理性”出发，从天才人物头脑中设想出种种社会改革方案，并认为“这种天才人物在500年前也同样可能诞生，这样他就能使人类免去500年的迷误、斗争和痛苦”[②]。

(2)只把无产阶级当作受苦最深、值得可怜和同情的阶级，而不把它当作埋葬旧社会、建设新社会的伟大社会力量。

(3)拒绝一切政治行动，否定无产阶级的阶级斗争，反对暴力革命和无产阶级专政，妄图依靠单纯宣传教育、实例示范以及向有产者呼吁使之发善心可怜无产阶级，以实现其所幻想的未来的美好社会。

对三大空想社会主义者的学说的种种缺陷，列宁作了极其深刻的分析和批判。他说：“这种社会主义批评资本主义社会，谴责它，咒骂它，幻想消灭它，臆想较好的制度，劝富人，相信剥削是不道德的。”但是，“它既不会阐明资本主义制度下雇佣奴隶制的本质，又不会发现资本主义发展的规律，也不会找到能够成为新社会的创造者的社会力量”[③]。正因如此，所以，它的意义“是同历史的发展成反比的”，无产阶级的阶级斗争越发展，“这种超乎阶级斗争的幻想，这种反对阶级

① 《马克思恩格斯选集》第1卷，人民出版社1995年版，第304～305页。

② 《马克思恩格斯选集》第3卷，人民出版社1995年版，第357页。

③ 《列宁选集》第2卷，人民出版社1995年版，第313页。

斗争的幻想,就越失去任何实践意义和任何理论根据”①。阶级斗争的实践证明,空想社会主义是没有出路的,只有科学社会主义才是无产阶级解放运动的指南,才具有强大的生命力,才真正是无产阶级根本利益的科学体现。

三、马克思和恩格斯政治立场和世界观的根本转变、唯物史观和剩余价值学说两大发现使社会主义由空想变成了科学

科学社会主义的创始人——马克思和恩格斯,之所以能在19世纪40年代的欧洲创立科学社会主义学说,除了客观历史条件之外,还因他们在阶级斗争和科学研究的实践中,实现了自己的政治立场和世界观的根本转变,即由革命民主主义转变成共产主义,由唯心主义转变为唯物主义。这是科学社会主义得以创立的主观条件。

马克思和恩格斯在亲自参加阶级斗争和科学实践中,批判地继承和革命地改造了德国古典哲学,创立了无产阶级世界观和方法论新唯物主义,即辩证和历史的唯物主义。马克思和恩格斯运用这一无产阶级的世界观考察和研究了人类社会,发现了社会历史的发展规律,创立了唯物主义历史观;同时,又运用唯物史观具体剖析了资本主义社会的产生和发展的过程,发现了剩余价值,揭露了资本主义剥削的秘密,从而得出了资本主义必然灭亡和社会主义、共产主义必然胜利的科学结论。正因如此,所以恩格斯说:“唯物主义历史观和通过剩余价值揭破资本主义生产的秘密。”②这两大发现,使社会主义从空想变成了科学。

为什么唯物史观和剩余价值学说这两大发现,能使社会主义从空想变成科学呢?

首先,唯物史观的发现,使整个社会科学领域发生了深刻的革命变革。它的一系列基本原理,对于社会主义由空想变成科学,具有非常重大的意义。

唯物史观认为,人类社会内部基本矛盾的运动是社会发展的最终原因,生产关系一定要适合生产力的性质,是历史发展的客观规律。在社会主义制度诞生之前,人类社会已先后经历了原始社会、奴隶社会、封建社会和资本主义社会。这些社会制度的更替雄辩地证明,社会变动的根本原因是社会内部的基本矛盾运动,即生产力与生产关系、经济基础与上层建筑的矛盾运动。社会内部基本矛盾运动是按照生产关系一定要适应生产力的性质这个人类社会历史发展的普遍规律进行的。一种新生产关系建立后,与生产力基本适应,对生产力起促进作用,这种生产关系就处于相对稳定状态;生产力不断发展,与生产关系的矛盾逐

① 《马克思恩格斯选集》第1卷,人民出版社1995年版,第304页。

② 《马克思恩格斯选集》第3卷,人民出版社1995年版,第740页。

渐激化，生产关系又成为生产力发展的障碍，便又要求改变旧的生产关系，建立新生产关系。这种矛盾是不以人们的主观意志为转移的客观规律。马克思和恩格斯所发现的这个历史唯物主义的基本原理告诉人们，随着资本主义社会生产力的发展，资本主义必然被更高级的社会制度即社会主义、共产主义所代替。这种观点就使社会主义摆脱了空想性质，而将其放到了资本主义社会形态内部矛盾运动这个现实基础之上，从而与空想社会主义划清了界限。

唯物史观认为，在阶级社会里，社会内部的基本矛盾表现为阶级矛盾，阶级斗争是阶级社会发展的直接动力。马克思和恩格斯运用辩证唯物主义的世界观，考察了人类社会发展的全过程及其各个方面之后，得出结论说，自从原始社会解体以来，"全部历史是阶级斗争的历史，即社会发展各个阶段上被剥削阶级和剥削阶级之间、被统治阶级和统治阶级之间斗争的历史"[①]。新旧社会形态的更替是阶级斗争的必然结果，阶级斗争是推动阶级社会向前发展的动力。根据这个历史唯物主义的基本原理，马克思和恩格斯断定，社会主义代替资本主义是无产阶级反对资产阶级的阶级斗争的必然结果，而不是像空想社会主义者那样，拒绝一切政治行动，反对阶级斗争。这就从根本上克服了空想社会主义的局限性，并进一步与其划清了界限。

唯物史观认为，人民群众是真正的英雄，是创造世界历史的动力；人民，只有人民才是物质财富和精神财富的创造者，是实现社会变革、推动历史前进的决定性力量。马克思和恩格斯所发现的这一历史唯物主义的基本原理，清楚地告诉人们，变资本主义旧社会为社会主义、共产主义新社会，只能依靠千百万无产阶级和广大劳动群众的积极性、主动性和首创精神，而绝不能只依靠几个脱离群众的"天才人物"的个人奋斗。这是唯物史观与唯心史观的根本区别之一。空想社会主义者看不到无产阶级和广大劳动人民群众的伟大力量，强调"天才人物"的决定作用，甚至把实现社会主义的希望寄托于统治阶级"发善心"上，因而他们的学说必然陷于纯粹的空想。

其次，剩余价值学说的发现，对社会主义从空想变成科学，起了极其关键的作用。

剩余价值学说，揭露了资本主义剥削的秘密和雇佣劳动制度的本质。马克思通过详尽地剖析资本主义的生产过程，科学地阐明了剩余价值就是由雇佣工人的剩余劳动所创造而被资本家无偿占有的超过劳动力价值的价值；他透过掩盖资本主义剥削的种种假象，把剩余价值的真正源泉、资本家剥削工人的奥秘所在揭露了出来。这是马克思划时代的伟大功绩。马克思主义诞生前的空想社会

---

① 《马克思恩格斯选集》第1卷，人民出版社1995年版，第252页。

主义，虽然批判过、咒骂过资本主义制度，并且幻想消灭它，但是，他们没有认清资本主义制度的本质，因而也就既不能科学地说明这个制度，也不能对付这个制度，“只能简单地把它当作坏东西抛弃掉”①。剩余价值学说的发现，克服了空想社会主义的这个缺陷，证明了“现代资本家，也像奴隶主或剥削徭役劳动的封建主一样，是靠占有他人无偿劳动发财致富的”②；揭露了所谓“公道”、“正义”、“平等”，完全是虚伪的空话；证明了资本主义制度同奴隶制、封建制一样，有其产生、发展和灭亡的历史必然性。这就为社会主义由空想变成科学奠定了坚实的经济理论基础。

剩余价值学说，阐明了无产阶级的真正地位，展示了无产阶级实现自己伟大历史使命的根本道路。在资本主义制度下，作为统治阶级的资产阶级，为最大限度地榨取无产阶级的剩余价值，维护其经济利益，不仅控制国家的经济命脉，而且把持着国家的政权机构，并运用暴力机器残酷地镇压无产阶级的反抗。因此，无产阶级只有通过革命斗争，打碎资产阶级的国家机器，建立无产阶级专政，消灭私有制，实现社会主义公有制，高度发展社会生产力，彻底消灭阶级和阶级差别，才能获得彻底解放。这是无产阶级实现自己伟大历史使命的根本途径。剩余价值学说所得出的这一科学结论，从根本上否定了空想社会主义者所鼓吹的通过宣传教育、实例示范和劝导富人“改邪归正”等途径，使无产阶级摆脱穷困和奴役的幻想。这也是科学社会主义与空想社会主义的一个根本区别。

第二节　科学社会主义正式诞生的标志性成果——《共产党宣言》的问世及其基本内容

一、《共产党宣言》在科学社会主义发展史上的重要地位

马克思和恩格斯合著的《共产党宣言》，是科学社会主义正式诞生的基本标志，是第一个国际工人阶级政党完备的理论与实践的纲领。之所以对《共产党宣言》在科学社会主义发展史上重要地位作这样的界定，是因为：

1.《共产党宣言》的创作和发表是1844年马克思和恩格斯实现政治立场和世界观根本转变后约四年时间所进行的一系列理论研究的必然结果和最高成就

马克思在1844年2月同友人卢格博士共同创办的《德法年鉴》第1期发表的《论犹太人问题》和《黑格尔法哲学批判导言》两篇科学论文，由于开始阐述社

① 《马克思恩格斯选集》第3卷，人民出版社1995年版，第740页。

② 《马克思恩格斯选集》第3卷，人民出版社1995年版，第338页。

会主义革命和无产阶级历史作用的思想，而成了马克思由唯心主义到唯物主义、由革命民主主义到共产主义这“两个转变”基本完成的标志。恩格斯在《德法年鉴》上发表的《英国状况——托马斯·卡莱尔的“过去和现在”》和《政治经济学批判大纲》两篇科学论文，由于它们是恩格斯根据亲自参加并调查研究英国工人阶级生活状况、取得工人运动的实践经验和运用社会主义观点研究政治经济学，所以，也成了恩格斯实现“两个转变”基本完成的重要标志。

马克思所著《1844 年经济学哲学手稿》，在创立广义科学社会主义即马克思主义科学体系的道路上迈出了决定性的一步。它第一次比较系统地阐述了自己关于哲学、政治经济学和科学共产主义的思想，也是马克思所创立的包括三个主要组成部分在内的科学理论体系的开端。

1844 年 8 月恩格斯在巴黎同马克思第二次会晤时，开始了两人第一次的理论合作，合写了第一部著作——《神圣家族或对批判的批判所做的批判。驳布鲁诺·鲍威尔及其伙伴》(简称《神圣家族》)。在这部论战性著作中，马克思主义哲学、政治经济学、科学共产主义的一些重要原理得到了阐述。比如，已经接触到生产方式在社会发展中的决定性作用的原理，已提出了关于人民群众是人类历史的真正创造者的原理，还包含着几乎已经形成的关于无产阶级的世界历史使命、无产阶级能够而且必须自己解放自己的原理，提出了共产主义是唯物主义哲学的逻辑结论；他们还根据“私有制在自己经济的运动中自己把自己推向灭亡”这一结论，论证了共产主义胜利的客观必然性；等等。

马克思于 1845 年所写《关于费尔巴哈提纲》一文，在唯物主义历史观的创立方面具有重要地位，恩格斯认为这一《提纲》是“包含着新世界观的天才萌芽的第一个文件”[①]。新世界观即马克思所称的“新唯物主义”。新唯物主义的重要特征则是实践地、革命地改造世界。马克思提出的“哲学家们只是用不同的方式解释世界，问题在于改变世界”[②]的名言，就是该原理的体现。

1845 年马克思与恩格斯第二次理论合作的理论成果——《德意志意识形态。对费尔巴哈、布·鲍威尔和施蒂纳所代表的现代德国哲学以及各式各样先知所代表的德国社会主义的批判》，是马克思和恩格斯两人共同写作的经典名著。该著可以说是马克思主义哲学、政治经济学和科学共产主义三个主要组成部分最初的而又比较成熟的百科全书。在哲学方面，它比较系统地表达和论述了唯物史观的基本原理，即生产力和生产关系(在该书中把生产关系表述为“交往形式”)、经济基础(在该书中表达为“市民社会”)和上层建筑的辩证关系，将两

① 《马克思恩格斯选集》第 4 卷，人民出版社 1995 年版，第 213 页。

② 《马克思恩格斯选集》第 1 卷，人民出版社 1995 年版，第 57 页。

者统一起来，就是后来被毛泽东所称的“社会基本矛盾”范畴。在经济学方面，提出“建立共产主义实质上具有经济的性质”[1]，共产主义运动的理论基础需在经济事实中探寻的原理。在科学共产主义方面，提出“共产主义是交往形式本身的产物”的论断，并具体论述道：“共产主义和所有过去的运动不同的地方在于：它推翻了一切旧的生产和交往关系的基础，并且破天荒第一次自觉地把一切自发产生的前提看作是先前世世代代的创造，消除这些前提的自发性，使它们受联合起来的个人的支配。因此，建立共产主义的实质……就是为这种联合创造各种物质条件，把现存的条件变成联合的条件。共产主义所建立的制度，正是这样的一种现实基础，它排除一切不依赖于个人而存在的东西，因为现存制度只不过是个人之间存在的交往的产物。”“逃亡农奴仅仅是力求自由的发展与巩固他们现有的生产条件，归根结底只是力求达到自由劳动，而无产者为了保住自己的个性，就应当消灭我们至今所面临的生存条件，消灭这个同时也是整个旧社会生存的条件，即消灭劳动。因此，他们也就和国家这种形式处于直接的对立中，他们应当推翻国家，使自己作为个人的个性确立下来。”[2]《德意志意识形态》一书为《共产党宣言》的创作奠定了重要的理论基础。

1846 年马克思所写的《哲学的贫困。答蒲鲁东先生的〈贫困的哲学〉》一书，是同小资产阶级思想家蒲鲁东论战的著作。1847 年 7 月初正式出版。在该著中阐发了一些政治经济学的重要原理，剩余价值理论已开始萌芽；通过批判蒲鲁东滥用黑格尔辩证法阐发了唯物辩证法的核心思想；在唯物辩证法的核心思想与以剩余价值理论萌芽思想为中心的新的政治经济学原理基础上，阐述了科学共产主义的基本原理，即关于经济斗争与政治斗争及其辩证关系的原理，关于工人组织起来的极端重要性的原理，关于无产阶级革命客观条件和道路的原理，关于未来社会与未来革命的原理；等等。《哲学的贫困》一书，在《共产党宣言》的诞生中占有重要地位，当时恩格斯就把它当作“我们的纲领”[3]；后来，列宁则把它同《共产党宣言》相提并论，称之为“第一批成熟的马克思主义著作”。

由上所述，可以看出：把以上梳理的马克思和恩格斯自 1844 年实现“两个转变”后四年多进行理论研究的代表性成果的基本内容，同标志着马克思主义科学社会主义正式诞生的《共产党宣言》这一纲领性文献的基本内容进行一下比较，那就能够很好地理解“后者是前者的必然结果和最高理论成就”这一结论了。

2.《共产党宣言》是科学社会主义理论同工人运动相结合的产物

---

① 《马克思恩格斯全集》第 3 卷，人民出版社 1960 年版，第 79 页。

② 《马克思恩格斯全集》第 3 卷，人民出版社 1960 年版，第 79、87 页。

③ 《马克思恩格斯全集》第 27 卷，人民出版社 1972 年版，第 109 页。

像《共产党宣言》这样的科学社会主义的纲领性文献的制定,绝不是一蹴而就的。它既需要如马克思主义科学社会主义这样的无产阶级解放运动的先进理论的形成,更需要使这种先进的科学理论同工人运动结合起来,用前者武装后者;而在“结合”与“武装”的过程中,必须对一些非科学的社会主义理论进行科学的批判,通过批判清除其在工人运动中的影响,以便从外部向工人运动灌输科学社会主义理论。1844～1848 年期间马克思主义科学社会主义同欧洲工人运动相结合的重大成果,就是第一个国际无产阶级革命政党——共产主义同盟的诞生;《共产党宣言》是同盟的科学的理论与实践的党纲。

马克思和恩格斯在 1844～1848 年期间,为创立科学共产主义理论指导的无产阶级政党,还集中很大精力同影响当时工人运动的德国魏特林的空想共产主义、格律恩等的“真正的社会主义”以及蒲鲁东的改良主义等非科学社会主义思潮进行了尖锐而胜利的斗争。

威廉·魏特林是德国工人运动的活动家和著名的空想共产主义者。1835 年到达法国巴黎后逐步形成了自己的空想共产主义思想体系:他是德国工人在巴黎的秘密组织的“正义者同盟”的主要领导者之一;1938 年他所写的《现实的人类和理想的人类》是其第一部空想共产主义著作,而他的主要著作则是 1842 年所写的《和谐与自由的保证》,此书在法、德、瑞士等国工人中受到热烈欢迎。

马克思和恩格斯于 1844 年同魏特林发生联系后,曾试图克服其宣传中的一些错误的见解(比如,他认为君主政体优于共和政体,宣传偷盗的普遍性,对人类社会的发展进程与资本主义社会的本质缺乏科学的认识,其共产主义思想仍是手工业共产主义等),以便使其著作中的许多有益的理论与主张增强科学性。然而,魏特林则断然拒绝。在马克思恩格斯将这一组织改造成为科学共产主义理论和纲领指导的无产阶级政党的过程中,由于魏特林坚决反对,甚至诋毁马克思和恩格斯的策略思想是“共产主义的叛逆”,所以,马克思和恩格斯的科学共产主义理论和策略同魏特林的思想和主张就处于尖锐的对立之中了。马克思和恩格斯批评和反对魏特林的斗争,由于得到正义者同盟多数成员和领导人的支持,所以,在同盟“一大”上便通过了开除魏特林的决议,并按马克思和恩格斯的科学共产主义理论原理与策略原理对正义者同盟进行了彻底的改组。“一大”是正义者同盟成为国际性的无产阶级政党的开端。

马克思和恩格斯在创立科学共产主义理论、纲领和策略的过程中,还一种所谓德国“真正的社会主义”思潮需要进行科学的批判,以便把其信仰者引导到科学共产主义轨道上来。“真正的社会主义”,是带有德国特色的小资产阶级社会主义。它把共产主义变成一种爱的宗教,认为共产主义的目的就是“使爱的宗教，成为真理，使人们期待已久的有福的天国的共同体变成现实”[①]。为了同“真正的社会主义”进行斗争，驳斥其关于什么是共产主义宗旨上的谬论，马克思和恩格斯做了大量工作，特别是恩格斯提出一个关于什么是共产主义者宗旨的定义，他说：“我把共产主义者的宗旨规定如下：(1)维护同资产者利益相反的无产者的利益；(2)用消灭私有制而代之以财产公有的手段来实现这一点；(3)除了进行暴力的民主的革命外，不承认有实现这些目的的其他手段。”[②]这一定义，击中了把共产主义变成“爱的宗教”的“真正的社会主义”的要害，对把国际性工人革命组织——正义者同盟引向科学共产主义方面有着非常积极的影响，对于《共产党宣言》的问世更有着直接的作用。

流行于法国工人运动中以改良主义和无政府主义为主要内容的蒲鲁东主义，对于创立科学共产主义起着阻碍作用。为此，马克思和恩格斯一方面同其交往，争取其走上正确的、科学的道路；同时，在同这一思潮的斗争中，又从理论上对之进行了科学的批判。马克思在其《1844 年经济学哲学手稿》中就对蒲鲁东的改良主义思潮进行过实质性批判。1846 年蒲鲁东出版了自己的新著——《经济矛盾的体系，或贫困的哲学》，还向马克思提出挑衅，说“要等待马克思的严厉批判”。蒲鲁东的这一新著的问世，在当时西欧的资产阶级激进派和非科学的社会主义者中影响很大；而“真正的社会主义”者代表人物格律恩则拼命鼓吹蒲鲁东的社会改良主义，蒲鲁东对格律恩的“真正的社会主义”也大加吹捧。当时国际共产主义运动的此种严峻的形势，极大地妨碍了科学共产主义在工人运动中的广泛而深入的传播。为此，马克思写了一系列书信与论著对这一思潮进行批判，其代表性书信是 1846 年底致巴·瓦·安年科夫的信，其代表性著作就是当时公开发表的《哲学的贫困》一书。在该书中马克思对蒲鲁东的“经济体系的矛盾”、滥用黑格尔的辩证法进行了有理有据的科学批判。同时，在批判过程中对科学社会主义的基本原理作了新的论证，从而为第一个国际性工人政党的正式建立做了思想上和理论上的准备。

二、《共产党宣言》奠定的科学社会主义基本思想

科学社会主义的基本思想，最集中地体现在 1848 年问世的、由马克思和恩格斯合著的《共产党宣言》中。《宣言》以天才、透彻、鲜明的笔调，第一次较系统地阐明了科学社会主义的基本原理及其内在联系，初步形成了马克思和恩格斯的科学社会主义理论体系。

---

① 转引自《马克思恩格斯全集》第 4 卷，人民出版社 1965 年版，第 14 页。

② 《马克思恩格斯全集》第 27 卷，人民出版社 1972 年版，第 71 页。

(一)揭示和论证了人类社会发展的一般规律

马克思和恩格斯创立的唯物史观,使唯心辩证法变成唯物辩证法,使形而上学的唯物论成为辩证唯物论,并且将其彻底地从自然界贯彻到人类社会和人的思维等领域,使之成为马克思自称的"新唯物主义",即辩证与历史的唯物主义。马克思和恩格斯以新唯物主义为武器,对刚刚诞生的资本主义社会进行了具体解剖,又发现了剩余劳动创造剩余价值这一新政治经济学理论。恩格斯把马克思创立的唯物史观和剩余价值理论当作两大发现、社会主义由空想变为科学的两大理论基石。恩格斯本人又把科学社会主义界定为马克思主义学说的核心。现在学界有人又将科学社会主义学说中的"两个必然"与无产阶级伟大历史使命有机统一的理论,界定为狭义科学社会主义的核心,认为狭义科学社会主义是围绕着一个核心和建立在两块理论基石的基础上展开的。①

由于马克思和恩格斯所创立的唯物史观,是同揭示资本主义社会特殊规律的剩余价值学说以及社会主义代替资本主义的无产阶级伟大使命理论有机地联系在一起,所以他们在《共产党宣言》中所揭示和论证的人类社会发展的一般规律,则是抽象与具体、一般与特殊的有机统一体。《宣言》论述道:从原始土地公有制解体以来,"至今一切社会的历史都是阶级斗争的历史。自由民和奴隶、贵族和平民、领主和农奴、行会师傅与帮工,一句话,压迫者与被压迫者,始终处于相互对立的地位,进行不断的、有时隐蔽有时公开的斗争。""从封建社会的灭亡中产生出来的现代资产阶级社会并没有消灭阶级对立。它只是用新的阶级、新的压迫条件、新的斗争形式代替了旧的。……资产阶级时代,却有一个特点:它使阶级对立简单化了。整个社会日益分裂为两大敌对的阵营,分裂为相互对立的阶级:资产阶级和无产阶级。""代替那存在着阶级和阶级对立的资产阶级旧社会的,将是这样一个联合体,在那里,每个人的自由发展是一切人自由发展的条件。"②很清楚,《宣言》所论述的社会发展规律,集中表现为人类社会最早是原始共产主义社会,然后进入恩格斯后来所说的奴隶社会、封建社会和资本主义社会三大阶级文明社会,最后论述共产主义社会的低级阶段——社会主义社会发展为共产主义社会的高级阶段(即自由人联合体)。

为什么人类社会能由低级向高级发展呢?其根本动因和直接动力是什么呢?对此,恩格斯在1883年德文版《共产党宣言》序言中作了极其精辟的概述,指出:贯穿《宣言》的基本思想是,"每一个历史时代的经济生产以及必然由此产生的社会结构,是该时代政治的和精神的历史的基础;因此,(从原始土地公有制

① 参见萧贵毓、张海燕主编《社会主义思想史纲》,中共中央党校出版社1998年版,第63～67页。

② 《马克思恩格斯选集》第1卷,人民出版社1995年版,第272、273、294页。

解体以来)全部历史都是阶级斗争的历史,即社会发展各个阶段上被剥削阶级和剥削阶级之间、被统治阶级和统治阶级之间斗争的历史;而这个斗争现在已经达到这样一个阶段,即被剥削、被压迫的阶级(无产阶级),如果不同时使整个社会永远摆脱剥削、压迫和阶级斗争,就不再能使自己从剥削它压迫它的那个阶级(资产阶级)下解放出来"①。这就是说,人类社会之所以会由低级向高级发展,其根本动因是生产力与生产关系的运动,其直接动力就是阶级斗争。

马克思阐述其世界历史理论时,对人类社会的生成、发展史又从另一种新视角进行了论证,指出:"正像一切自然物必须形成一样,人也有自己的形成过程即历史,历史是真正的自然史。""整个所谓世界历史不外是人通过人的劳动而诞生的过程。"这一过程可划分为三个大的历史阶段:"人的依赖关系(起初完全是自然发生的),是最初的社会形态,在这种形态下,人的生产能力只是在狭窄的范围内和孤立的地点上发展着。以物的依赖为基础的人的独立性,是第二大形态,在这种形态下,才形成普遍的社会物质交换全面的关系,多方面的需求以及全面的能力体系。建立在个人全面发展和他们共同的社会生产能力成为他们的社会财富这一基础上的自由个性,是第三阶段。第二阶段为第三阶段创造条件。"②在这里,马克思把历史上以"人的依赖"为特征的前资本主义社会统称为第一形态或第一阶段,把"以物的依赖"为特征的资本主义社会称为第二形态或第二阶段;把"个人的全面发展"和"自由个性"为特征的共产主义社会算作第三形态或第三阶段,从而把《宣言》中的人类社会发展史上的五种社会(原始社会、奴隶社会、封建社会、资本主义社会、共产主义社会)思想与《宣言》发表后的"三形态"或"三阶段"的理论有机地统一了起来。这样来理解马克思和恩格斯所揭示的人类社会发展规律,就会更科学、更准确。马克思主义的人类社会发展规律理论,无论对于尚未取得政权的无产阶级革命政党领导的革命斗争,还是对已经取得政权并胜利完成了生产资料私有制社会主义改造的工人阶级执政党所从事的社会主义建设、改革和发展大业来说,都具有极其重大的理论与实践价值。

(二)揭示和论证了资本主义必然灭亡和社会主义必然胜利的客观规律

《宣言》在论证了人类社会发展一般规律的基础上,着重地阐述了资本主义社会生成、发展和灭亡的特殊规律,揭示和论证了资本主义灭亡和社会主义共产主义胜利的历史必然性。《宣言》第一章的结论性名言就是:"资产阶级的灭亡和无产阶级的胜利是同样不可避免的。"③《宣言》在论证这一结论的客观根据时,

① 《马克思恩格斯选集》第1卷,人民出版社1995年版,第252页。

② 《马克思恩格斯全集》第46卷(上),人民出版社1979年版,第104页。

③ 《马克思恩格斯选集》第1卷,人民出版社1995年版,第284页。

系统阐述了资产阶级的生成和发展史，认为它是生产方式和交换方式一系列变革的产物。当封建主义的生产关系由生产力发展的形式变成生产力发展的桎梏时，它就必然会被资产阶级的生产关系所打破，“起而代之的是自由竞争以及与自由竞争相适应的社会制度和政治制度、资产阶级经济统治和政治统治”[①]。资产阶级的产生则起着巨大的进步作用，同奴隶主、封建主相比它是先进的革命的阶级，是推动生产力发展的力量。“资产阶级在它的不到一百年的阶级统治中所创造的生产力，比过去一切世代创造的全部生产力还要多，还要大。”[②]“资本的文明面之一是，它榨取剩余劳动的方式和条件，同以前奴隶制、农奴制等形式相比，更有利于生产力的发展，有利于社会主义的发展，有利于更高级的新形态的各种要素的创造。”[③]

然而，资产阶级生产关系代替封建生产关系的运动，发展到一定的历史阶段，在资本主义的社会制度下又会发生类似的运动。“这个曾经仿佛用法术创造了如此庞大的生产资料和交换手段的现代资产阶级社会，现在像一个魔法师一样不能再支配自己用法术呼唤出来的魔鬼了。”资本主义的工业和商业的历史，就是“现代生产力反对生产关系、反抗作为资产阶级及其统治的存在条件的所有制关系的历史。只要指出在周期性的重复中越来越危及整个资产阶级社会生存的商业危机就够了。在商业危机期间……社会突然发现自己回到了野蛮状态；仿佛是一次饥荒，一场普遍的毁灭性战争，使社会失去了全部生活资料；仿佛是工业和商业全被毁灭了”。对此《宣言》分析道：“这是什么缘故呢？因为社会文明过度，生活资料太多，工业和商业太发达。社会所拥有的生产力已经不能再促进资产阶级文明和资产阶级所有关系的发展；相反，生产力已经强大到这种关系所不能适应的地步，已经受到这种关系的阻碍。……资产阶级的关系已经太狭窄了，再容纳不了它本身所造成的财富了。……资产阶级用来推翻封建制度的武器，现在却对准资产阶级自己了。”[④]这就是《宣言》对资产阶级及其所代表的资本主义社会制度必然灭亡的客观根据和理由所作的科学回答。

那么，《宣言》又是如何阐述无产阶级及其所代表的社会主义、共产主义社会制度必然胜利的客观根据和理由的呢？《宣言》认为：“资产阶级不仅锻造了置自身于死地的武器（即比一切世代还要强还要大的生产力——引者注）；它还产生了将要运用这种武器的人——现代的工人，即无产者。随着资产阶级即资本的

① 《马克思恩格斯选集》第1卷，人民出版社1995年版，第284页。

② 《马克思恩格斯选集》第1卷，人民出版社1995年版，第277页。

③ 马克思：《资本论》第3卷，人民出版社1975年版，第925～926页。

④ 《马克思恩格斯选集》第1卷，人民出版社1995年版，第278页。

发展，无产阶级即现代工人阶级也在同一程度上得到发展。”“无产阶级经历了各个不同的发展阶段。它反对资产阶级斗争是和它的存在同时开始的。”“资产阶级无意中造成的而又无力抵抗的工业进步，使工人通过结社而达到的革命联合代替了他们由于竞争而造成的分散状态。”[①]无产阶级成为资产阶级及其代表的资本主义社会制度的掘墓人。它所代表的社会主义、共产主义新社会代替资本主义旧社会，则是历史的必然。

由此可见，马克思和恩格斯在《共产党宣言》中所揭示的“两个必然”理论是有充分科学根据的。在当代，这一理论是否已经过时了呢？回答当然是否定的。

(三)揭示和论证了无产阶级的伟大历史使命

马克思和恩格斯在《共产党宣言》中不只是揭示和论证了“两个必然”或“两个不可避免”的规律性理论原理，而且还揭示和论证了实现它的伟大的社会力量——无产阶级及其历史使命。

无产阶级的历史使命，概括起来，就是《宣言》中所阐述的资本主义社会制度的掘墓人和代替资本主义旧社会的自由人联合体即共产主义社会的建设者。

无产阶级之所以能够担当和实现资本主义旧社会掘墓人和共产主义新社会建设者这样的伟大历史使命，是由其阶级本性和特点决定的。《宣言》认为，无产阶级同封建制度所遗留下来的一切与资产阶级对立的阶级(如农民、小工业家、小商人、手工业者等)相比，它是最先进、最革命、最具有团结精神和组织纪律性的阶级。

首先，无产阶级是最先进的阶级。这是因为它是同先进的经济形式相联系的，是先进生产力和先进生产关系的代表，是人类社会发展方向和未来的代表；无产阶级只有消灭一切剥削阶级的占有方式，彻底消灭阶级和阶级差别，解放了全人类，自己才能彻底解放。正如恩格斯所说：“在所有的私有制关系中只要废除奴隶制”奴隶就能解放自己，而“无产者却只有废除一切所有制才能解放自己”。“农奴获得解放的道路是：把它的封建主赶走，自己变成财产所有者，从而进入竞争领域并暂时加入有产阶级的队伍，即特权阶级的队伍。无产者则通过消灭财产、竞争和一切阶级差别而获得解放。”[②]

其次，无产阶级是最革命的阶级。这是因为它在资本主义社会中不占有任何生产资料，除了自己的劳动力以外一无所有。[③] 对此《宣言》论述道：“过去一

---

① 《马克思恩格斯选集》第1卷，人民出版社1995年版，第278～279、280、284页。

② 《马克思恩格斯全集》第42卷，人民出版社1979年版，第376～377页。

③ 在第二次世界大战后的当代资本主义条件下的当代工人阶级同《宣言》发表时的无产阶级相比，后者是一无所有，前者是有也不多。详细的论述参见本书第二编第六章。

切阶级在争得统治之后，总是使整个社会服从于它们发财致富的条件，企图以此巩固它们已经获得的生活地位。无产者只有废除自己的现存的占有方式，从而废除全部现存的占有方式，才能取得社会生产力。无产者没有什么自己的东西加以保护，他们必须摧毁至今保护和保障私有财产的一切。……无产阶级，现今社会的最下层，如果不炸毁官方社会的整个上层，就不能抬起头来，挺起胸来。”①

第三，无产阶级还是最有组织性、纪律性和团结精神的阶级。《宣言》认为，无产阶级是大工业本身的产物，无产阶级的组织纪律性是从资本主义大生产的物质条件中成长起来的，没有这种物质条件就不会有这种组织性和纪律性。无产阶级的团结精神也是在社会化大生产的劳动过程中，特别是在面对资产阶级的共同斗争中形成和发展起来。因为无产阶级不仅受各个资本家的剥削，而且受整个资产阶级的剥削，共同的命运和遭遇把他们联系起来，使其同命运，共呼吸，相互同情，相互支持。在资本主义社会化大生产这种物质条件下产生、形成和凝结来的组织性、纪律性和团结精神是无产阶级阶级性之特有的。

正是由于无产阶级具有上述阶级特性，所以才能担当和实现资本主义旧社会掘墓人和社会主义、共产主义新社会建设者的伟大历史使命。

(四)阐述了实现无产阶级历史使命的根本途径或基本手段

所谓“实现无产阶级历史使命的根本途径或基本手段”，实际上是指走什么道路的问题。是走资产阶级的改良主义道路，还是走无产阶级革命道路？《共产党宣言》对这个问题的回答是非常清楚的，即反对前者，主张后者。无产阶级革命，既是根本道路，而相对于无产阶级历史使命这根本目的来说，它又是基本手段。

彻底的无产阶级革命道路之基本内容包括三个层次：

一是阶级斗争。《宣言》主要阐述的是无产阶级反对资产阶级的阶级斗争，并且着重强调政治斗争。《宣言》的著名论断是：“一切阶级斗争都是政治斗争。”②此论断是指无产阶级反对资产阶级的经济斗争，是为改革自身生活和劳动条件的低级斗争形式，最后也必须并必然发展成为夺取政权而斗争的高级斗争形式——政治斗争；而无产阶级的思想或理论斗争则既是极其深刻而又是必不可少的为政治斗争服务的斗争形式。

二是无产阶级革命斗争。这是无产阶级政治斗争的高级形式或尖锐形式。就是说，夺取政权的政治斗争形式也是多种多样(如政治罢工、武装斗争等等)，

① 《马克思恩格斯选集》第1卷，人民出版社1995年版，第283页。

② 《马克思恩格斯选集》第1卷，人民出版社1995年版，第281页。

并且有高、中、低之分,而无产阶级革命斗争则是最深刻最高级的斗争形式。正因如此,所以其必然结论则是无产阶级的政治斗争必然导致无产阶级革命。在19世纪中叶那种无产阶级与资产阶级之间斗争的形势下,马克思和恩格斯认定:只有通过暴力革命,无产阶级才能夺得政权成为统治阶级。《宣言》指出:“在叙述无产阶级发展的最一般的阶段的时候,我们循序探讨了现有社会内部或多或少隐蔽着的国内战争,直到这个战争爆发的公开革命,无产阶级用暴力推翻资产阶级而建立自己的统治。”“共产党人不屑于隐瞒自己的观点和意图。他们公开宣布:他们的目的只有用暴力推翻全部现存的社会制度才能达到。让统治阶级在共产主义革命面前发抖吧。无产阶级在这个革命中失去的只是锁链。他们获得的将是整个世界。”①

三是无产阶级专政。无产阶级专政是彻底的无产阶级革命道路的最重要的部分。马克思和恩格斯的真实想法是:无产阶级的阶级斗争必须也必然导致无产阶级革命,无产阶级的阶级斗争和无产阶级革命更必须和必然导致无产阶级专政,因为无产阶级不夺取政权就不能成为统治阶级,就不可能实现变资本主义旧社会为社会主义、共产主义新社会的伟大历史使命。当然,“无产阶级专政”这一科学概念当时尚未正式出现,但无产阶级专政思想确是明白无误的。《宣言》对这一思想是这样表达的:“工人革命的第一步就是使无产阶级上升为统治阶级,争得民主。”“无产阶级将利用自己的政治统治,一步一步地夺取资产阶级的全部资本,把一切生产工具集中在国家即组织成为统治阶级的无产阶级手里,并且尽可能快地增加生产力的总量。”“当阶级差别在发展过程中已经消失而全部生产集中在联合起来的个人手里的时候,公共权力就将失去政治性质。”②《宣言》里的无产阶级专政思想几乎把后来马克思、恩格斯、列宁所论述的无产阶级专政理论的基本内容都包含了。比如:关于无产阶级专政的科学内涵,《宣言》认为“国家即组织成为统治阶级”,那实际上等于说,无产阶级专政就是成为统治阶级的无产阶级的国家;关于无产阶级专政的职能和使命,《宣言》指出要夺取资产阶级的全部资本,把一切生产工具集中在无产阶级的国家手中,对所有权和资产阶级的生产关系实行强制性干涉,实际上就是我们现在所说的运用无产阶级专政这一政治工具或手段,对生产资料私有制实行社会主义改造,进行经济建设,发展生产力,建立无产阶级专政国家的强大物质基础,为实现社会主义、共产主义准备经济条件;关于无产阶级专政国家的消亡问题,《宣言》认为,当阶级差别已经消失,全部生产集中在共产主义社会组织——自由人联合体手里的时候,公

---

① 《马克思恩格斯选集》第1卷,人民出版社1995年版,第284、307页。

② 《马克思恩格斯选集》第1卷,人民出版社1995年版,第293、294页。

共权力就失去政治性质,也就是列宁后来在《国家与革命》一书中论述马克思恩格斯无产阶级专政思想时所说的"非政治国家"。

(五)阐述了实现无产阶级历史使命的领导力量——共产主义政党

马克思和恩格斯在将"正义者同盟"改组成为"共产主义同盟"和为其制定纲领的这一时期,非常重视建立一个能领导无产阶级实现自己伟大历史使命的无产阶级政党。他们除积极参与建党的实践活动之外,还特别重视从理论上创立无产阶级政党学说。而这一学说,在《共产党宣言》中作了集中阐述。

《宣言》中阐述的以"共产党"命名的无产阶级政党理论是极其精辟的。《宣言》第二、四章,是从共产党人同全体无产者的关系和共产党人同其他工人政党的关系之视角系统地论述无产阶级政党学说的。其基本要点是:

第一,共产党是无产阶级的先进部队。对此,《宣言》是从实践与理论两方面来论证的:"在实践方面,共产党人是各国工人政党中最坚决的、始终起推动作用的部分(在1888年英文版中则是"最先进和最坚决的部分,推动所有其他部分前进的部分"——《马克思恩格斯选集》编者注);在理论方面,他们胜过其余无产阶级群众的地方在于他们了解无产阶级运动的条件、进程和一般结果。"①马克思和恩格斯创立的科学共产主义就是关于无产阶级解放运动的性质、条件、进程和一般目的的学说。

由此可见,共产党人之所以是无产阶级的先进部队,就是因为:实践上,他们比其他无产阶级群众更先进更坚决,能起带头作用,又起向前推动的作用;而理论上,他们是被马克思和恩格斯创立的科学共产主义理论武装的,因而既可总结过去、认识现在,又能预察未来。

第二,共产党人同其他工人政党的同点与异点。对此,《宣言》认为:"共产党人不是同其他工人政党相对立的特殊政党。他们没有任何同整个无产阶级的利益不同的利益。他们不提出任何特殊的(在1888年英文版中是"宗派的"——《马克思恩格斯选集》编者注)原则,用以塑造无产阶级的运动。"②这就是说,共产党性质的无产阶级政党同当时存在的非共产党性质的工人政党都代表无产阶级的利益,在组织上也不是宗派主义的特殊政党,而是与其他工人政党一样,从事无产阶级解放运动的。

然而,被马克思恩格斯所创立的科学共产主义学说武装起来的、共产党性质的无产阶级政党同其他工人政党还是有不同点的。关于他们之间的不同点,《宣言》指出:"共产党人同其他无产阶级政党不同的地方只是:一方面,在无产者不

① 《马克思恩格斯选集》第1卷,人民出版社1995年版,第285页。

② 《马克思恩格斯选集》第1卷,人民出版社1995年版,第285页。

同的民族的斗争中，共产党人强调和坚持整个无产阶级共同的不分民族的利益；另一方面，在无产阶级和资产阶级的斗争所经历的各个发展阶段上，共产党人始终代表整个运动的利益。"[①]这就是说，共产党人是无产阶级国际主义、族际主义者，不是狭隘民族主义和大国沙文主义者。这是共产党人同其他无产阶级政党的重要区别之一。其次，共产党人是彻底的革命者，就是说，他们不只是在无产阶级反对资产阶级的阶级斗争某个阶段上是革命者，而且在整个无产阶级解放运动中始终是革命者，是不断革命与革命发展阶段统一论者。

第三，共产党人的最终目的与最近目的，也就是共产党人的最低纲领与最高纲领。

《宣言》在论述共产党人同其他一切无产阶级政党在奋斗目标上的区别时指出："共产党人的最近目的是和其他一切无产阶级政党的最近目的一样的：使无产阶级形成为阶级，推翻资产阶级的统治，由无产阶级夺取政权。""共产党人为工人阶级的最近的目的和利益而斗争，但是他们在当前的运动中同时代表运动的未来。"[②]至于共产党人最高奋斗目标或最终目的则是在全世界实现共产主义。这个最终目的，在《宣言》中则表述为"自由人联合体"，指出："代替那存在着阶级和阶级对立的资产阶级旧社会的，将是这样一个联合体，在那里，每个人的自由发展是一切人的自由发展的条件。"[③]

马克思和恩格斯在《共产党宣言》中把共产党人的奋斗目的或价值目的划分为"最近"和"最终"的思想，为之后的各国共产党人根据各个不同时代和实际情况提出自己的最近目的或最低纲领奠定了基本理论根据。比如，中国共产党人就是把实现共产主义这一最终目的或最高纲领之前的各个历史阶段的目标称作最近目的或最低纲领：第一个最近目的和最低纲领是通过新民主主义革命取得全国政权；第二个最近目的和最低纲领是实现生产资料私有制的社会主义改造，建立社会主义基本经济制度，使社会主义生产关系占统治地位；第三个最近目的和最低纲领则是完成社会主义初级阶段(不发达社会主义)的历史任务，使社会主义社会进入中级阶段(较发达社会主义)；第四个最近目的和最低纲领则是完成社会主义中级阶段的历史使命，使社会主义进入高级阶段；第五个最近目的和最低纲领就是完成社会主义高级阶段的任务，使之进入共产主义社会；等等。这样，各国共产党人都是先在本国或本民族范围内通过实现一系列的最近目的和最低纲领实现最终目的，达到共产主义。

---

① 《马克思恩格斯选集》第1卷，人民出版社1995年版，第285页。

② 《马克思恩格斯选集》第1卷，人民出版社1995年版，第285、306页。

③ 《马克思恩格斯选集》第1卷，人民出版社1995年版，第294页。

第四，共产党人的无产阶级国际主义原则。《宣言》第二章中所论“共产党人强调和坚持整个无产阶级共同的不分民族的利益”和《宣言》第四章末尾所说的“无产者在这个革命中失去的只是锁链，他们获得的将是整个世界”，特别是在《宣言》全文最后向全世界的无产者发出的伟大号召——“全世界无产者，联合起来！”旗帜鲜明地论述无产阶级国际主义原则，高举无产阶级国际主义旗帜。《共产党宣言》发表之后的160多年间，全世界各国共产党的著作与文献上都载有“全世界无产者，联合起来！”这十个大字。有人问：在当代，无产阶级国际主义思想是否已经过时？答案当然是否定的。

第五，共产党人的策略原则。对此，《共产党宣言》第四章作了专门论述。总起来说，有以下几条原则：一是为了完成不同革命阶段的任务，反对当前的主要敌人，联合一切可能的同盟者的原则；二是根据时间、地点、条件的不同采取不同的策略；三是将长远利益和目前的利益有机地结合起来；四是针对欧洲大多数国家尚未完成资产阶级民主革命的实际情况，提出了无产阶级应当积极参加民主革命，在革命中锻炼自己，同时“一分钟也不忽略教育工人尽可能明确地意识到资产阶级和无产阶级的敌对的对立”①。这几条原则为后来的各国共产党人如何进行革命斗争奠定了策略基础，它们具有十分重要的理论与实践价值。

三、《共产党宣言》的历史意义和当代价值

(一)历史意义

《宣言》所揭示和阐述的人类社会发展的一般规律、资本主义生成和发展的特殊规律、无产阶级基于资本主义必然灭亡和社会主义共产主义必然胜利这一科学规律而赋予的伟大历史使命及其实现途径和领导力量等科学社会主义的基本原理，使当时的国际工人运动进入了一个新时代。从此，国际无产阶级解放运动有了鲜明的旗帜，开始得到了正确理论指导，无产阶级反对资产阶级的阶级斗争开始由自发、自在阶段进入了自觉、自为的阶段。自《宣言》正式发表至今，已有160多年的时间，它经历了革命高潮、低潮、再高潮、再低潮……的曲折前进的革命历程；在这个长过程中，《宣言》遭受过不少厄运，然而，所有这些并没有磨灭它的革命光辉和精神。迄今为止，《宣言》一直是世界政治文献中翻译和传播最广的著作，始终是全世界工人阶级和广大劳动人民群众争取翻身解放、建设新世界的伟大旗帜。

(二)当代价值

如上所述，《宣言》所阐发的马克思主义的科学社会主义之基本原理或原则，

---

① 《马克思恩格斯选集》第1卷，人民出版社1995年版，第306页。

一方面，就其精神实质说，在当代都仍保有其理论和实践的重大价值，它们没有过时；另一方面，这些基本原理或原则又必须得到正确的解读，并将其同当前的时代特点与各国国情、各民族族情及其革命、建设和改革的实践紧密地、有机地结合起来，实现当代化、本国化和本民族化，它们才会在当代各国、各民族中真正实现其理论与实践的重大价值。比如：《宣言》中所阐述的"两个必然"或"两个不可避免"原理的当代解读，就必须将这一原理同11年后马克思在其所写《〈政治经济学批判〉序言》一文中提出的"两个决不会"有机地联系起来。这是因为，前者讲的是不以人们主观意志为转移的客观发展规律，是一种自然历史进程；后者阐述的是这种客观规律实现的"条件性"，即资本主义社会形态和人类社会其他社会形态一样，"在它所能容纳的全部生产力发挥出来以前，是决不会灭亡的；而新的更高的生产关系，在它的物质存在条件，在旧社会的胎胞里成熟以前，是决不会出现的"①。这种条件性也是客观的，是"两个必然"这种客观规律内在不可缺少的内容，是它的有机组成部分。以往的国际共产主义和社会主义运动之历史经验证明：只记住"两个必然"，而不顾及其实现的条件性，就会犯急于求成、欲速则不达的错误，从而使社会主义、共产主义运动遭受挫折，最终反而延缓了社会主义发展的历史进程。

又如宣言中阐述的暴力革命原理，在当时马克思和恩格斯将其看作是取得政权的唯一手段，并把它提高到一般或普遍规律的高度。然而，就当代发达资本主义国家发展的新变化看，虽然不能绝对地说暴力革命已经永远过时，因为未来发展的复杂情况，谁也不可能像算命先生那样绝对地预测出今后如何如何，但可以肯定地说，当前以及较近的将来，发达国家的工人阶级及其政党通过暴力手段取得政权走上社会主义道路的可能性是不大的，甚至是没有的，相反，更可能的是，在更长的历史时期内，通过渐进的更加缓和的形式实现深刻的社会变革，从而使资本主义转变为或成长为社会主义。基于此，处于当今时代的我们，就必须实事求是地作出新的理解，不能僵死地固守《宣言》的暴力革命原理。

再如《宣言》中所阐述的无产阶级国际主义原理，当时甚至一直到列宁主义阶段及马克思主义中国化的代表人物毛泽东在世时，还是从无产阶级世界革命的角度来论述这一原理的。马克思恩格斯在《宣言》中所提出的"全世界无产者，联合起来"的伟大号召，就是同他们当时设想的世界无产阶级革命先由英、法、德三个主要资本主义国家为代表的西欧工人阶级及其政党带头进行，之后再带动东欧、亚洲及其他洲的无产阶级和广大人民群众取得革命胜利紧密相连的口号。在当代，来理解《宣言》中的无产阶级国际团结的原理，就不能仅从世界革命的角

① 《马克思恩格斯选集》第2卷，人民出版社1995年版，第33页。

度去理解了。在当代资本主义的新阶段，无产阶级的世界革命是难以实行的，而无产阶级国际主义团结的原则还是非常需要的，世界社会主义、共产主义运动还应坚持这一原则，但必须紧密联系当代的时代特征与当代各国各民族的国情、族情创新性的科学的加以坚持。在当代，全世界工人阶级以及一切被压迫的人民团结起来，首先不是进行世界无产阶级革命，而是促成世界和平、发展、合作，推动一切进步事业迅速发展，而这一切又是为全人类将来走上共产主义做准备的。

总之，认识《宣言》的历史意义和当代价值，必须将《宣言》阐述的基本原理实行当代化、本国化和本民族化。

第三节 《共产党宣言》问世后马克思和恩格斯对科学社会主义的新发展

《宣言》问世后至1883年马克思逝世的35年、到1895年恩格斯逝世的47年中，科学社会主义得到了新的丰富和发展，这是马克思和恩格斯对科学社会主义作出的新贡献。

一、进一步揭示和论证了资本主义社会的内在矛盾、本质及其发展规律

1848年欧洲革命失败后，马克思就侨居伦敦，专心研究政治经济学了。自1850年至1865年，长达15年的时间，他写了24本笔记、3部政治经济学手稿，为《资本论》这一巨著的完成作了充分的准备。1867年9月14日，《资本论》第一卷正式出版，它标志着马克思主义政治经济学的最后形成。

《资本论》第一卷的出版，对工人阶级来说意义十分重大。恩格斯在评论这部著作时指出："自从世界上有资本家和工人以来，没有一本书像我们面前这本书那样，对于工人具有如此重大的意义。资本和劳动的关系，是我们全部现代社会体系所围绕旋转的轴心，这种关系在这里第一次得到了科学的说明"，而这种说明"非常彻底和精辟"，它"把现代关系的全部领域看得明白而且一览无遗，就像一个观察者站在最高的山巅，观赏下面的山景那样"[①]。这就是说，资本与劳动这两者之间的矛盾是资本主义社会体系内所有矛盾的轴心，马克思围绕这一轴心揭示和论述了资本主义本质及其发展规律。

（一）非常透彻和精辟地论述了剩余价值的生产就是资本主义生产本质的原理

"剩余价值"这一科学概念，是马克思在《1857～1858年经济学手稿》中第一

---

① 《马克思恩格斯选集》第2卷，人民出版社1995年版，第589页。

次明确使用，而在《资本论》第一卷中，马克思则像生物学家在显微镜下分析细胞那样，细致入微地、极其准确地剖析了商品与货币、货币转化为资本和剩余价值生产的过程，揭示了剩余价值规律是资本主义基本经济规律，极其科学地论证了剩余价值的真正来源是作为特殊商品的劳动力所从事的超过劳动力价值的剩余劳动，从而极有说服力地揭示和论证了资本主义剥削的秘密。对此，马克思在《资本论》第一卷中论述道："劳动力的消费过程，同时就是商品和剩余价值的生产过程。劳动力的消费，像任何其他商品的消费一样，是在市场以外，或者说是流通流域以外进行的。因此，让我们同货币占有者和劳动力占有者一道……进入门上挂着'非公莫如'牌子的隐蔽的生产场所吧！在哪里，不仅可以看到资本是怎样进行生产的，还可以看到资本本身是怎样被生产出来的。赚钱的秘密最后一定暴露出来。"[①]劳动力的买和卖，是在流通领域和商品领域的界限以内进行的，这个领域确实是天赋人权的真正乐园，可是，"一离开这个简单的流通领域……就会看到，我们剧中人的面貌已经起了某种变化。原来的货币占有者作为资本家，昂首前行；劳动力占有者作为他的工人，尾随于后。一个笑容满面，雄心勃勃；一个战战兢兢，畏缩不前，像在市场上出卖了自己的皮一样，只有一个前途——让人家来鞣"[②]。

（二）非常透彻和精辟地论述了作为资本主义两种基本剥削手段的绝对剩余价值和相对剩余价值原理

绝对剩余价值和相对剩余价值这对范畴，是马克思在《1857～1858 年经济学手稿》中第一次提出，而在《资本论》第一卷中作了极为详尽的论述。马克思把资本家通过迫使工人延长工作时间超出必要劳动时间来做剩余劳动的手段，使资本增值自己的价值，称作绝对剩余价值；把资本家通过缩短必要劳动时间而相对延长剩余劳动时间的方法来获得的剩余价值，称作相对剩余价值。这两种剥削手段在资本主义生产过程中经常交替使用，以获取最大限度的剩余价值。为此，马克思论述道："资本的趋势，是把绝对剩余价值和相对剩余价值结合起来"[③]，要使工作日延长到最大限度，并使同时并存的工作日达到最大数量，同时又要使必要工人的人数减少到最低限度。

特别值得指出的是，马克思在《共产党宣言》和 1849 年发表的《雇佣劳动与资本》等著作中尚未将劳动和劳动力区别开来，而在《1857～1858 年经济学手稿》和《资本论》第一卷中则十分明确地将两者区分了开来。两者区分的意义重

---

① 《马克思恩格斯选集》第 2 卷，人民出版社 1995 年版，第 175～176 页。

② 《马克思恩格斯选集》第 2 卷，人民出版社 1995 年版，第 176 页。

③ 《马克思恩格斯选集》第 23 卷，人民出版社 1972 年版，第 292 页。

大,重要意义之一在于揭露了资本家采用工资这种隐蔽形式,掩盖对工人的剥削关系。这对提高工人的阶级觉悟有重大价值。

(三)非常透彻和精辟地剖析了资本的本质,提出和论述了不变资本与可变资本的科学原理,揭示了资本积累是资本发展的绝对规律

马克思认为,货币转化为资本之后,资本的价值是会"产仔或者说它至少是会生金蛋"[①]。就是说,不论是商业资本、产业资本还是生息资本,其共同点都是,过程终了时产出的价值必须大于它投入的价值。为了进一步揭示资本的本质,马克思又创造了一对新的科学概念,即不变资本与可变资本,从而弄清楚过程终了时大于投入价值的部分终究是产生在那一部分资本中。对此,马克思在《资本论》第一卷中指出,资本的不同部分在资本本身的价值增值过程中所执行的职能是不同的。"变为生产资料……的那部分资本,在生产过程中并不改变资本的价值量。因此,我把它称为不变资本部分,或简称为不变资本。相反,变为劳动力的那部分资本,在生产过程中改变自已的价值。它再生产自身的等价物和一个超过这个等价物而形成的余额,剩余价值。这个剩余价值本身是可以变化的,是可大可小的。这部分资本从不变量不断转化为可变量。因此,我称它为可变资本部分,或简称为可变资本。"[②]可见,能"产仔"和"生金蛋"的是可变资本,即变为劳动力的那部分资本。雇佣工人的消耗是剩余价值的真正来源。这就是资本的真正本质。

马克思在剖析了资本本质的基础上,又进一步揭示和论证了资本主义积累的规律,资本积累的本质是资本主义生产关系的扩大再生产;生产无论怎样发展,也不可能改变无产阶级被剥削的状况。马克思在《资本论》中论到资本的积累规律时写道:"社会财富即执行职能的资本越大,它的增长的规模与能力越大,从而无产阶级的绝对数量和他们的劳动生产率越大,产业后备军也就越大。可供资本支配的劳动力和资本的膨胀一样,是由同一些原因发展起来的。因此,产业后备军的相对量和财富力量一同增长,但是,同现役的劳动军相比,这种后备军越大,常备的过剩人口也就越多。他们的贫困和他们所受的劳动折磨成反比,工人阶级的贫困阶层和产业后备军越大,官方认为需要救济的贫民也就越多。这就是资本主义积累的绝对的规律。"[③]资本的积累必然造成资本的集中,导致资本主义基本矛盾日益加剧;而"生产资料的集中和劳动力的社会化,达到了同他们的资本主义的外壳不能相容的地步。这个外壳就要炸毁了。资本主义私有

---

① 《马克思恩格斯选集》第 2 卷,人民出版社 1995 年版,第 168 页。

② 《马克思恩格斯选集》第 2 卷,人民出版社 1995 年版,第 190～191 页。

③ 《马克思恩格斯全集》第 23 卷,人民出版社 1972 年版,第 707 页。

制的丧钟就要响了,剥削者就要被剥夺了"①。对于马克思这个结论,当今去理解,首先应确定其真义是揭示和论述资本主义积累的发展趋势和客观发展规律,而不是像算命先生那样,具体指明什么时候资本主义会死亡。就发展趋势说,这个结论至今仍具有科学价值;同时,从马克思当时一些著作中的观点看,他在资本主义尚属初级阶段时就断定其"外壳就要被炸毁了",说明对资本主义本身的调节和改革的生存能力估计不足,过于乐观,这也是事实。后人应深刻理解并引以为戒。

(四)非常透彻和精辟地论证了资本主义周期性经济危机原理

马克思在《资本论》等著作中,首次全面系统而具体地剖析了资本主义经济危机问题。资本主义周期性危机是其内在基本矛盾的外在表现,是资本主义制度本身发展的必然结果。马克思首先分析了发生经济危机的原因。他说:"一切现实危机的最后原因,总不外乎群众的贫困和他们的有限消费,资本主义的生产却不顾这种情况,而力图发展生产力。"②这样一来,供求矛盾就增加,生产过剩危机就周期性发生,这样的情况无限期地长期反复出现,就会从经济危机酿成政治、社会危机,就易引起社会革命,这是一种规律现象,不是以人的意志为转移的。中国人有句俗语,叫做"阴来阴去下大雨,病来病去病死人"。对于危机,不断调整就是不断医治,但如果不从根本上解决问题总会有一天无法医治之时,那时资本主义就要实行根本制度转型了。在2007～2010年发生的这次世界性金融危机就再一次证明:只要资本主义制度存在,具有各种特点的经济危机就不会绝迹,它会经常发生的,对于资本主义制度来说是致命的。无产阶级及其政党和资产阶级及其政党都很重视它,都努力研究它:一是寻找医治的药方,二是分析危机的原因。对工人阶级及其政党来说,其研究的目的在于,促使工人阶级觉醒。在资本主义制度漫长的发展过程中,客观的发展规律和工人阶级主观能动性相结合,就有可能使资本主义制度合乎规律地退出历史舞台。这是铁律,任何个人的主观意愿都改变不了。

二、进一步科学地预见和设想了共产主义社会的本质特征、发展阶段、实现道路和建设社会主义的一些基本原则

(一)对什么是社会主义、共产主义社会的回答有了新的发展

马克思早在《1844年经济学哲学手稿》中,就对何谓共产主义、共产主义的本质是什么作了原则性的和精辟的回答,指出,共产主义就是"人与自然、人与人

---

① 《马克思恩格斯全集》第23卷,人民出版社1972年版,第831～832页。

② 《马克思恩格斯全集》第25卷,人民出版社1974年版,第548页。

之间矛盾的真正解决”[①]。在1848年发布的《共产党宣言》第二章的结尾中，对未来的新社会是什么样子的问题，更是作了极为精辟的描述：“代替那存在着阶级和阶级对立的资产阶级旧社会的，将是这样一个联合体，在那里，每个人的自由发展是一切人的自由发展的条件。”同时，《宣言》还就社会主义、共产主义社会的重要特征问题作出了两个重要判断：“共产党人可以把自己的理论概括为一句话：消灭私有制”，“共产主义社会就是同传统的私有制关系实行最彻底的决裂；毫不奇怪，它在自己的发展进程中要同传统的观念实行最彻底的决裂”[②]。上述两处的科学判断和描述，对于什么是社会主义、共产主义，作出了原则性的和极端重要性的判断，可以说是社会主义、共产主义本质层次的回答。

《宣言》发表后，马克思在1867年的《资本论》第一卷，对什么是社会主义、共产主义社会的问题，又作出了新的论述。比如，关于自由人联合体的问题，《资本论》第一卷中就认为，社会主义、共产主义社会是在生产力高度发展的基础上，每个人自由而全面发展的社会，是比资本主义“更高级的、以每个人的全面而自由的发展为基本原则的社会形式”[③]。

值得说明的是，马克思本人一生中很少使用“社会主义社会”这个概念，即使使用，也是在同共产主义同一含义上使用的。他在1875年所写的《哥达纲领批判》一书中分析共产主义发展阶段时，将从向共产主义过渡到共产主义本身这一极其漫长的历史过程划分为三个阶段：一是向共产主义的过渡时期，二是共产主义的第一阶段或低级阶段，三是共产主义社会的第二阶段或高级阶段。马克思对此的著名论证和精彩描述是：“在资本主义社会和共产主义社会之间，有一个从前者变为后者的革命转变时期。同这个时期相适应的，也有一个政治上的过渡时期，这个时期的国家职能是无产阶级的革命专政。”“我们这里说的是这样的共产主义社会，它不是在它自身基础上已经发展了的，恰好相反，是刚刚从资本主义社会中产生出来的，因此它在各方面，在经济、道德和精神方面，都还带着它脱胎出来的那个旧社会的痕迹。”[④]在消费资料的按劳分配中仍保有资产阶级式的权利，人们之间尚不能达到事实上的平等，还只是形式上的平等，这是它的弊病。“这些弊病，在经过长久阵痛刚刚从资本主义社会产生出来的共产主义社会的第一阶段，是不可避免的。权利决不能超出社会主义的经济结构以及由经济结构制约的社会的文化发展。在共产主义社会高级阶段，在迫使个人奴役般地

① 《马克思恩格斯全集》第42卷，人民出版社1979年版，第120页。

② 《马克思恩格斯选集》第1卷，人民出版社1995年版，第286、293页。

③ 马克思：《资本论》第1卷，人民出版社1975年版，第649页。

④ 《马克思恩格斯选集》第3卷，人民出版社1995年版，第314、304页。

服从分工的情形已经消失，从而脑力劳动和体力劳动的对立随之消失之后；在劳动已经不仅仅是谋生的手段，而且本身成了生活的第一需要之后；在随着个人的全面发展，他们的生产力也增长起来，而集体财富的一切源泉都充分涌流之后——只有在那个时候，才能完全超出资产阶级权利的狭隘眼界，社会才能在自己的旗帜上写上：各尽所能，按需分配！”①

从马克思上述的论证可以清楚地看出：他认为，代替资本主义旧社会的新社会是自由人联合体，也就是共产主义社会。这个新社会的最根本的特征是消灭生产资料私有制，实行生产资料公有制，其消费资料的分配，在第一阶段或低级阶段实行按劳分配，在其高级阶段则实行按需分配。不仅如此，在共产主义高级阶段，每个人都获得了彻底的政治解放、经济解放、精神解放，得到了自由个性，整个社会从物的依赖为基础的独立个性阶段进入了共产主义的自由个性阶段。

（二）对实现社会主义、共产主义的基本途径及战略策略原则等也都较《宣言》发表时及之前的论述有了新的发展

1. 关于无产阶级夺取政权的革命斗争和无产阶级专政

实现社会主义的第一步，是工人阶级和劳动人民通过无产阶级革命斗争夺取政权，变资产阶级专政为无产阶级专政。这是实现社会主义的基本途径或基本手段。对此，《宣言》中认为，夺取政权的唯一方式是暴力革命。《宣言》发表之后，马克思恩格斯则根据英国、美国、荷兰等国家军事官僚机器较弱这种情况，提出了它们有可能用和平的方式取得政权。② 这是在关于夺取政权的手段、方式问题上的新发展。

关于无产阶级专政问题，马克思恩格斯在《宣言》发表之后的年代里有了更大、更深、更新的发展。《宣言》中还没有明确提出“无产阶级专政”的科学概念，只有这方面的基本思想，其文字表述是“组织成为统治阶级的无产阶级”③。《宣言》发表后不久，在法国资产阶级二月革命过程中，无产阶级举行了六月起义，史称“无产阶级反对资产阶级的第一次大搏斗”。马克思依据法国这个政治典型所提供的具体历史条件，从1848年二月革命、六月起义到1971年普法战争、巴黎公社前后23年的时间内，写了三部巨著，即《1848～1850年的法兰西阶级斗争》、《路易·波拿巴的雾月十八日》、《法兰西内战》。这些巨著创造性地丰富和发展了《宣言》中的无产阶级专政思想。在第一部巨著中，明确提出了“无产阶级专政”的概念，并精辟地论述了它的科学内涵，认定革命的社会主义“就是宣布不

① 《马克思恩格斯选集》第3卷，人民出版社1995年版，第305～306页。

② 《马克思恩格斯全集》第18卷，人民出版社1964年版，第179页。

③ 《马克思恩格斯选集》第1卷，人民出版社1995年版，第292页。

断革命，就是无产阶级的阶级专政，这种专政是达到消灭一切阶级差别，达到消灭这些差别所由产生的一切生产关系，达到消灭和这些生产关系相适应的一切社会关系，达到改变由这些社会关系产生出来的一切观念的必然的过渡阶段”[①]。在第二部巨著中，则使无产阶级专政理论发展到一个新阶段，即阐明了无产阶级只有摧毁了现有的资产阶级国家机器才能真正上升为统治阶级，它指出，资产阶级的“一切革命、变革都是使这个机器更加完备，而不是把它摧毁。那些相继争夺统治权的政党，都把这个庞大的国家建筑物的夺得视为胜利者的主要战利品”[②]。在第三部巨著中，马克思总结了巴黎公社的革命实践经验，创造性地回答和解决了无产阶级革命摧毁了资产阶级军事官僚机器之后用什么样的政权形式予以取代的问题。马克思认为：资产阶级的国家机器是“新兴资产阶级社会当作自己争取摆脱封建制度的手段而开始缔造的；而成熟的资产阶级社会最后却把它变成了资本奴役劳动的工具”[③]。巴黎公社是资产阶级国家政权的对立物，其“真正的秘密在于：它实质上是工人阶级的政府，是生产者阶级同占有者阶级斗争的产物，是终于发现的可以使劳动在经济上获得解放的政治形式。”“公社是法国社会一切健全成分的真正代表，因而也就是真正的国民政府。”“工人的巴黎及其公社将永远作为新社会光辉的先驱而为人所称颂。它的英烈们已永远铭记在工人阶级的伟大心坎。那些扼杀他们的刽子手们已经被历史永远钉在耻辱柱上，不论他们的教士怎样祷告也不能把他们解脱。”[④]《共产党宣言》中的无产阶级专政思想，通过马克思根据法国提供的政治条件而撰写的三步巨著，科学地回答了无产阶级专政的科学内涵（什么是无产阶级专政）、无产阶级革命对资产阶级官僚机器采取何种态度（是从甲手转给乙手还是把它打碎摧毁）、资产阶级军事官僚机器被摧毁之后用何种政权形式予以取代（即用巴黎公社这一真正的国民政府来代替资产阶级国家机器）这样三个问题，而予以形成和完善起来。

2. 关于无产阶级政党的领导作用及自身建设问题

马克思和恩格斯在19世纪40年代下半期，以共产主义原则改组了“正义者同盟”，组建了“共产主义同盟”这一世界上第一个无产阶级政党，并为“同盟”撰写了《宣言》、《章程》之后，经过1848年欧洲革命和1871年巴黎公社革命，马克思和恩格斯从中吸取了经验教训，在1872年9月2～7日在海牙举行的国际工

① 《马克思恩格斯选集》第1卷，人民出版社1995年版，第462页。
② 《马克思恩格斯选集》第1卷，人民出版社1995年版，第676页。
③ 《马克思恩格斯选集》第3卷，人民出版社1995年版，第55页。
④ 《马克思恩格斯选集》第3卷，人民出版社1995年版，第59、63、81页。

人协会代表大会通过的决议中，他们进一步论述了建立无产阶级政党的重要性。决议指出："工人阶级在反对资产阶级联合权利的斗争中，只有组织成为与有产阶级建立的一切旧政党对立的独立政党，才能作为一个阶级来行动。""工人阶级这样组织成为政党是必要的，为的是保证社会革命获得胜利和实现这一革命的最终目标——消灭阶级。"①

马克思恩格斯在组织领导共产主义同盟和第一国际以及指导欧美共产主义政党活动的实践中，提出并论证了工人阶级政党自身建设的一些重要原则。比如，他们关于制定党的纲领与党的实际行动之间辩证关系的观点就非常精辟。马克思在1875年5月5日《给威·白拉克的信》中指出："一步实际行动比一打纲领更重要。……但是，制定一个原则性纲领……这就是在全世界面前树立起可供人们用来衡量党的运动水平的里程碑。"②很显然，在马克思看来两者都很重要，但落实纲领的实际行动则更重要。恩格斯在这个问题上的观点同马克思完全一致，他在1875年3月18～28日《给奥·倍倍尔的信》中指出："一般说来，一个政党的正式纲领没有它的实际行动那样重要。但是一个新的纲领毕竟总是一面公开树立起来的旗帜，而外界就是根据它来判断这个党。"③马克思和恩格斯对党的纲领和党的实际行动辩证关系的论述，是对其《宣言》及之前关于党的理论的论证的新发展。再如，马克思恩格斯在有关党实行民主制这种组织原则的问题上，也对《宣言》及以前的观点有了新的发展。马克思和恩格斯在《国际工人协会共同章程》及其他有关党建的文献中，对民主制这一组织原则就作了明确而具体的规定：必须切实保证党员的选举权、被选举权、对各级领导机关的批评权、对代表和干部的罢免权等民主权利；应按时召开代表大会，真正发挥它"最高权力机关"的领导作用和对总委员会的监督作用；应坚持集体领导，避免个人专制。

3. 关于工农联盟问题

首先，马克思在总结1848年法国革命经验教训的巨著《路易·波拿巴的雾月十八日》中论证了工人阶级应成为农民的领导者和获得农民的"合唱"之后才不会感到孤立的思想，指出："农民的利益已不像拿破仑统治时期那样和资产阶级的利益、和资本相协调，而是和它们相对立了。因此农民就把负有推翻资产阶级制度使命的城市无产阶级看作自己的天然同盟者和领导者。"④"法国农民一

---

① 《马克思恩格斯全集》第18卷，人民出版社1964年版，第165页。

② 《马克思恩格斯选集》第3卷，人民出版社1995年版，第296页。

③ 《马克思恩格斯选集》第3卷，人民出版社1995年版，第325～326页。

④ 《马克思恩格斯选集》第1卷，人民出版社1995年版，第681页。

旦对拿破仑帝制复辟感到失望，就会把对于小块土地的信念抛弃；那时建立在这种小块土地上面的全部国家建筑物，都将会倒塌下来，于是无产阶级革命就会得到一种合唱，要没有这种合唱，它在一切农民国度中的独唱是不免要变成孤鸿哀鸣的。”[①]其次，马克思于1856年谈到德国的无产阶级革命时，则把希望寄托于新的农民战争。他在当年10月15日《给恩格斯的信》中指出：“德国的全部问题将取决于是否有可能用某种再版的农民战争来支持无产阶级革命。如果那样就太好了……”[②]

恩格斯对工农联盟思想的论述，可以说是最早、最系统、最丰富、最深刻的。他早在1847年底写的《共产主义原理》一书就提出农民同盟军思想。《宣言》发表后他不但在自己的一系列著作、通信中论述过工农联盟思想，还写有《德国革命与反革命》、《德国农民战争》及其再版序言、《法德农民问题》等著作专门论述工农联盟问题。这些著作就内容说不仅包括夺取政权的无产阶级革命中的工农联盟问题，而且还论述了取得政权后的农业社会主义改造问题。恩格斯关于工农联盟问题的精辟论断名载史册，是对科学社会主义理论的重大贡献。

4. 关于无产阶级国际主义与各国无产阶级组织独立自主性及其相互关系问题

在《宣言》中，马克思恩格斯关于无产阶级国际主义思想有四个著名的论断紧密地联系在一起，唯物而辩证地阐述了无产阶级解放运动的国际统一性和民族独立性有机统一的问题。这四个著名论断是：(1)“在无产阶级不同的民族的斗争中，共产党人强调和坚持整个无产阶级共同的不分民族的利益。”(2)“如果不就内容而就形式来说，无产阶级反对资产阶级的阶级斗争首先是一国范围内的斗争。每一个国家的无产阶级首先应该打倒本国的资产阶级。”(3)“在无产阶级尚未取得政治统治、上升为民族的领导阶级之前，工人没有祖国。”(4)“全世界无产者，联合起来！”[③]

《宣言》发表之后，马克思恩格斯仍然极其重视无产阶级国际主义思想，同时包括无产阶级解放斗争之民族独立性的一面。然而，那时尚未明确提出和阐述各国无产阶级组织以及它们同国际无产阶级组织之间相互关系方面的独立组织原则的问题。第一国际诞生后随着各国无产阶级组织发展中产生的新情况和新问题，马克思恩格斯开始注意各国无产阶级组织的独立自主性问题。1871年7月，马克思在同《世界报》记者谈话中第一次谈到国际共运中的独立自主性问题，

---

① 《马克思恩格斯选集》第3卷，人民出版社1995年版，第683页编者注。

② 《马克思恩格斯选集》第4卷，人民出版社1995年版，第548页。

③ 《马克思恩格斯选集》第1卷，人民出版社1995年版，第283～284、285、291、307页。

指出，国际工人协会（即第一国际）应当充分发挥各国工人组织的“自主性”和“独立性”，“国际不会就各国工人运动的某些事件下达命令，甚至未必提出什么建议”①。之后，马克思对此还进行了多次精辟论述，其中一个最重要的思想就是无产阶级国际主义和爱国主义相结合。他认为，国际主义绝不意味着取消祖国，绝不意味着牺牲祖国，国际联合只能存在于国际之间，这些国家的存在、它们在内部事物上的自主性和独立性也就包括在“国际主义”这一概念本身之内。

恩格斯在《宣言》发表之后，对无产阶级国际主义与独立自主原则之间的关系问题更是发表了十分精彩的意见。他指出，国际合作“只有在平等者之间才有可能，甚至平等者之间居首位者也只有在直接行动的条件下才是需要的”②。恩格斯还告诫：企图占有“领导运动的长子的权利”始终在“步步妨碍着我们”，“无产阶级的国际运动，无论如何只有在独立民族的范围内才有可能。1830～1848年，有点共和主义色彩的国际主义寄希望于法国”，认为它负有“解放欧洲”和“解放世界”的使命，“其结果，法国的沙文主义日益加强”③，甚至直到现在还阻碍着我们的发展。胜利了的无产阶级不能强迫任何异族人民接受任何替他们“造福”的办法，否则就会断送自己的胜利。当然，这绝不能排除各种各样的自卫战争。

5. 关于支持被压迫民族和被压迫人民的正义战争和民族解放运动的问题

马克思和恩格斯一贯认为民族斗争和阶级斗争是紧密联系在一起的。“无产阶级对资产阶级的胜利的同时就是一切被压迫民族获得解放的信号。”④被压迫民族是无产阶级的天然同盟者，无产阶级及其政党应当正确区分进步的和反动的民族运动。恩格斯有句名言：“一个民族当它还在压迫其他民族的时候，是不可能获得自由的。”⑤他认为民族压迫和阶级压迫总是交织在一起的，被压迫民族反对外民族压迫争取民族独立的斗争，必须同推翻本国或本民族封建专制制度、争取民主革命的斗争结合起来。

三、马克思逝世后恩格斯对科学社会主义的创造性发展

自 1883 年马克思逝世至恩格斯 1895 年逝世的 12 年间，是资本主义从自由竞争阶段向垄断阶段的过渡。期间恩格斯独自一人继续担任欧洲社会主义运动的顾问和领导者。他除了用很大的精力整理出版马克思的《资本论》第二、三卷之外，还在指导社会主义运动、批评种种机会主义思潮、研究资本主义发展新情

---

① 《马克思恩格斯全集》第 17 卷，人民出版社 1963 年版，第 682～683 页。
② 《马克思恩格斯文集》第 10 卷，人民出版社 2009 年版，第 472 页。
③ 《马克思恩格斯文集》第 10 卷，人民出版社 2009 年版，第 472 页。
④ 《马克思恩格斯选集》第 1 卷，人民出版社 1995 年版，第 309 页。
⑤ 《马克思恩格斯选集》第 1 卷，人民出版社 1995 年版，第 309 页。

况和新特点的过程中，创造性地发展了科学社会主义理论。

(一)创造性地发展了无产阶级革命斗争的战略策略原理

19世纪70年代开始，特别是在社会主义发展史上产生的无产阶级专政国家的雏形——巴黎公社失败之后，资本主义进入了和平发展时期，国际共产主义运动开始向横广方向发展，各主要资本主义国家还逐步在各民族国家范围内建立起马克思主义政党，当时的称谓是“社会党”、“社会民主党”或“社会民主工党”。在这种情况下，马克思恩格斯针对新情况，相应地调整了党领导革命斗争的战略策略，开始强调在有可能利用和平方式取得政权的地方，工人阶级及其政党可以利用和平方式进行反对资产阶级的阶级斗争。当时的主导思想是：利用一切手段，积蓄力量，准备夺权。马克思逝世后，恩格斯创造性地发展了上述战略策略思想。

马克思逝世后约一年时间即1884年，恩格斯就写了《马克思和〈新莱茵报〉》一文，集中阐述了《共产党宣言》中的战略策略的基本思想没有过时。其中一个很新很重要的思想，就是他把科学社会主义的理论结构概括为两个方面：一是理论原理；二是策略原理。指出：“当二月革命爆发的时候，我们所称的德国共产党仅仅是一个人数不多的核心，即作为秘密团体而组成的共产主义同盟。”“但是这个不大的战斗队，却有一个大家乐意服从的、第一流的领袖马克思，并且赖有他才拥有一个至今还完全适用的原则的和策略的纲领——《共产党宣言》。”[①]这里指的“原则的”就是理论原则或原理，“策略的”就是指战略策略。[②] 恩格斯这一思想对科学社会主义的学科建设是开创性的，有重大的学术价值。恩格斯在1895年所写的《卡·马克思〈1848年至1850年的法兰西阶级斗争〉一书导言》中，根据19世纪80年代末和90年代初的资本主义发生的新变化，深刻反思了1848年革命时期他与马克思一起提出和论证的关于无产阶级革命形势的估计及战略策略问题。恩格斯精辟地指出：“历史表明，我们以及所有和我们有同样想法的人，都是不对的。历史清楚地表明，当时欧洲大陆经济发展的状况还远没有成熟到可以铲除资本主义生产的程度；历史用经济革命证明了这一点，从1848年起经济革命席卷了整个欧洲大陆，在法国、奥地利、匈牙利、波兰以及最近在俄国刚刚真正确立了大工业，而德国简直就成了一个头等工业国——这一切都是以资本主义为基础的，可见这个基础在1848年还具有很大的扩展能

---

① 《马克思恩格斯选集》第4卷，人民出版社1995年版，第180页。

② 当时尚未将战略与策略分开，而统称“战略”。在科学社会主义发展史上，只是到1920年列宁所写《共产主义运动中的“左派”幼稚病》一书时才将二者分开。

力。"[①]在这里,恩格斯实事求是地评价了资本主义的新变化,认定资本主义还具有很大的扩张能力,它还没有成熟到可以被铲除的程度。当德国工人运动通过坚忍不拔的斗争,在利用普选权方面取得了巨大成就的时候,恩格斯高度评价了工人政党利用普选权这一斗争形式的重大意义。他指出:"德国工人仅仅以自己作为最强有力、最守纪律并且增长最快的社会主义政党的存在,就已经对工人阶级事业作出头一个重大贡献,除此以外,他们还对这个事业作出了第二个重大贡献,他们给了世界各国同志一件新的武器——最锐利的武器中的一件武器,向他们表明了应该怎样使用普选权。"[②]恩格斯的这些思想是对马克思无产阶级革命斗争战略策略思想的创造性发展。然而,有一个问题值得认真思考。有人据此把恩格斯描述成为一个非革命的合法主义者,这是不正确的。这是因为:就在这篇《导言》中,恩格斯一再强调工人阶级的"革命权"。他指出:"须知革命权总是唯一的真正'历史权利'——是所有现代国家一无例外都以它为基础建立起来的唯一权利。"所以"我们的外国同志没有放弃自己的革命权"。"我们的主要的任务就是不停地促使这种力量增长到超出现政府制度的控制能力,不让这支日益增强的突击队在前哨战中被消灭掉,而是把它好好地保存到决战的那一天。"[③]不仅如此,就连"街垒战"、"巷战"这样的斗争形式在将来是否还起作用,恩格斯都没有完全否定。"巷战在将来就不会再起什么作用了呢?决不是。这只是说,自 1848 年以来,各种条件对于民间战士已经变得不利得多,而对于军队则已经变得有利得多了。所以说,将来的巷战,只有当这种不利的情况有其他的因素来抵消的时候,才能达到胜利。"[④]

(二)创造性地提出了"由股份公司经营的资本主义生产,已没有了私人生产和无计划性"的科学论断

恩格斯在《1891 年社会民主党纲领草案批判》一文中,对原纲领草案第四段中"根源于资本主义私人生产的本质的无计划性"这一判断提出修改意见:"这一句需要大加改进。据我所知,资本主义生产是一种社会形式,是一个经济阶段,而资本主义私人生产则是在这个阶段内这样或那样表现出来的现象。但是究竟什么是资本主义私人生产呢?那是由单个企业家所经营的生产,可是这种生产已经越来越成为例外了。由股份公司经营的资本主义生产,已经不再是私人生产,而是由许多人联合负责的生产。如果我们从股份公司进而来看那支配着和

---

① 《马克思恩格斯选集》第 4 卷,人民出版社 1995 年版,第 512 页。
② 《马克思恩格斯选集》第 4 卷,人民出版社 1995 年版,第 516 页。
③ 《马克思恩格斯选集》第 4 卷,人民出版社 1995 年版,第 522、523 页。
④ 《马克思恩格斯选集》第 4 卷,人民出版社 1995 年版,第 520 页。

垄断着整个工业部门的托拉斯，那么，那里不仅就没有了私人生产，而且也没有了无计划性。删掉‘私人’这两个字，这个论点还勉强过得去。”[①]在这里，恩格斯既和马克思《资本论》第三卷中关于资本主义条件下的股份公司和工人合作工厂“是资本主义生产方式在资本主义生产方式范围内的扬弃”[②]（股份公司是消极扬弃，合作工厂是积极扬弃）的思想一脉相承，又创造性地发展了它。表现在：一是恩格斯把私有制和私人生产作了区分；二是资本主义生产方式进入股份公司或垄断经营阶段，无计划性就不是资本主义的本质表现了；三是他还认为竞争为垄断所代替是由整个社会对资本实行剥夺作好了准备。[③]

（三）创造性提出了“民主共和国甚至是无产阶级专政的特殊形式”的科学论断

恩格斯在《1891 年社会民主党纲领草案批判》一文中指出：“如果说有什么是无庸置疑的，那就是，我们的党和工人阶级只有在民主共和国这种形式下，才能取得统治。民主共和国甚至是无产阶级专政的特殊形式，法国大革命已经证明了这一点。”[④]1894 年 3 月 6 日，恩格斯在《致保·拉法格》的信中指出：“对无产阶级来说，共和国和君主国不同的地方仅仅在于，共和国是无产阶级将来进行统治的现成的统治形式。”[⑤]马克思在世时，马克思和恩格斯都论证过巴黎公社是无产阶级专政的实现形式；马克思逝世后，恩格斯根据资本主义政治经济发展的新情况和无产阶级革命斗争的新形势，又把民主共和国作为无产阶级专政的一种特殊形式，这是对他们的无产阶级专政学说的新发展。

（四）前瞻性地阐述了农业社会主义改造的基本理论和政策

恩格斯在 1894 年发表的《法德农民问题》一文中，从当时法、德农村的实际出发，阐述了小农经济分化和破产的历史必然性，前瞻性地制定了无产阶级夺取政权后的农村政策，创造性地提出和论证了农业社会主义改造的基本理论原则。首先，对法、德农民进行了阶层划分，将他们分为小农、中农和大农，并认为把农民争取到工人阶级政党方面来关键在于党对小农的态度，“只要我们搞清楚了我们对小农应有的态度，我们便有了确定我们对农村居民其他组成部分的态度的一切出发点”[⑥]。党对小农的基本态度是引导其走合作社的道路。恩格斯还强

---

① 《马克思恩格斯选集》第 4 卷，人民出版社 1995 年版，第 408 页。

② 马克思：《资本论》第 3 卷，人民出版社 1975 年版，第 496 页。

③ 参见恩格斯在《资本论》第 3 卷第 27 章中增写部分，见马克思《资本论》，人民出版社 1975 年版，第 475 页。

④ 《马克思恩格斯选集》第 4 卷，人民出版社 1995 年版，第 412 页。

⑤ 《马克思恩格斯选集》第 4 卷，人民出版社 1995 年版，第 734 页。

⑥ 《马克思恩格斯选集》第 4 卷，人民出版社 1995 年版，第 486 页。

调组织合作社要采取自愿、示范和帮助的原则，无产阶级的国家对小农既不能用暴力剥夺，也不能强迫他们加入合作社。其次，教育中农、大农联合为合作社，“以便在这种合作社内越来越多地消除对雇佣劳动的剥削，并把这些合作社逐渐变成一个全国大生产合作社的拥有同等权利和义务的组成部分”①。最后，主张对大土地占有者（即地主阶级）实行剥夺。恩格斯指出：“我们的党一旦掌握了国家政权，就应该干脆地剥夺大土地所有者，就像剥夺工厂主一样。”②关于如何剥夺问题，恩格斯提出了一个很重要的思想，即不排除赎买政策。他说：“这一剥夺是否要用赎买来实行，这大半不取决于我们，而取决于我们取得政权时的情况，尤其是也取决于大土地占有者先生们自己的态度。我们决不认为，赎买在任何情况下都是不容许的：马克思曾向我讲过（并且讲过好多次！）他的意见：假如我们能赎买下这整个匪帮，那对于我们最便宜不过了。”③恩格斯在《法德农民问题》一文中所阐述的上述基本理论和原则，对十月革命以后现实社会主义国家的农村社会主义改造起到了重要的指导作用，就是对今后发达国家无产阶级和劳动人民取得政权后的农村社会主义改造，其精神实质也有重要的指导意义。

（五）恩格斯根据马克思逝世后俄国资本主义工业迅速发展的新情况，对他和马克思关于俄国等东方、半东方国家有可能跨越资本主义“卡夫丁峡谷”的论断进行了新的论述

恩格斯在1894年1月所写《〈论俄国社会问题〉跋》一文中认为：“在俄国，无论是资本主义的发展还是农民公社的解体都大有进展”，“俄国在短短的时间里就奠定了资本主义生产方式的全部基础。但是与此同时也就举起了砍断俄国农民公社的斧头”④。“在这样的情况下，年轻的俄国资产阶级就把国家完全掌握在自己手中。国家在所有重要的经济问题上都不得不屈从于它。……这样一来，俄国越来越快地转变为资本主义工业国，很大一部分农民越来越快地无产阶级化，旧的共产主义公社也越来越快地崩溃。”⑤在恩格斯看来，俄国资本主义工业的迅速发展、阶级关系发生的新变化，使其跨越资本主义“卡夫丁峡谷”的可能性很小了。但此时，恩格斯又没有完全否定它的可能性，认为只有在俄国实现了推翻沙皇制度的人民大革命，才可能使人民公社得以挽救。恩格斯指出：“这种公社是否还能得到挽救，以致在一定的时刻，像马克思和我在1882年所希望的那样，它能够同西欧的转变相配合而成为共产主义发展的起点，这个问题我不能

---

① 《马克思恩格斯选集》第4卷，人民出版社1995年版，第503页。
② 《马克思恩格斯选集》第4卷，人民出版社1995年版，第503页。
③ 《马克思恩格斯选集》第4卷，人民出版社1995年版，第503页。
④ 《马克思恩格斯选集》第4卷，人民出版社1995年版，第447、448页。
⑤ 《马克思恩格斯选集》第4卷，人民出版社1995年版，第450页。

予以回答。但是有一点是毋庸置疑的:要想保存这个残存的公社,就必须首先推翻沙皇专制制度,必须在俄国进行革命。俄国的革命不仅会把民族的大部分即农民从构成他们的'天地'、他们的'世界'的农村的隔绝状态中解脱出来,不仅会把农民引上一个大舞台,使他们通过这个大舞台认识外部世界,同时也认识自己,了解自己的处境和摆脱目前贫困的方法;俄国的革命还会给西方的工人运动以新的推动,为它创造新的更好的斗争条件,从而加速现代工业无产阶级的胜利;没有这种胜利,目前的俄国无论从公社那里还是从资本主义那里,都不可能达到社会主义的改造。"①

第四节　其他马克思主义者对科学社会主义的贡献

一、威廉·李卜克内西对科学社会主义的贡献

威廉·李卜克内西(1826～1900)是德国工人阶级政党——社会民主党的创始人和领袖之一,著名的国际工运、共运活动家。他的主要著作有《法国革命史(1884～1890)》、《社会民主党人是怎样的人以及他们要求些什么》、《不要任何妥协,不要任何选举协议》、《一个革命士兵的回忆》。其文论对科学社会主义作出了重要贡献,特别是对民主与社会主义相互关系的论证,很有建树。他认为,社会主义和民主之间存在着"不可分割的关系"②,"它们互相联系、互相补充,从来不可能互相矛盾。没有民主的社会主义是臆想的社会主义,正如没有社会主义的民主是虚伪的民主一样。民主的国家,是按社会主义原则组成的社会的唯一形式"③。"未来将属于以民主为基础的社会主义和以社会主义为基础的民主。"④这种认识,在社会主义思想史上占有极重要的地位,是第一次把社会主义民主摆到同社会主义本身同等重要的地位,从而使人们对社会主义的本质及其特征有了进一步了解和认识。威廉·李卜克内西在伯恩施坦提出"运动就是一切,最终目的是微不足道的"修正主义口号和卢森堡批评伯恩施坦时又提出相反的论断,即"最终目的就是一切,运动是微不足道的"之后,他则认为这两种提法

① 《马克思恩格斯选集》第4卷,人民出版社1995年版,第450～451页。

② [德]威·李卜克内西:《不要任何妥协,不要任何选举协议》,姜其煌、张舆、毛韵泽译,三联书店1964年版,第7页。

③ [德]威·李卜克内西:《不要任何妥协,不要任何选举协议》,姜其煌、张舆、毛韵泽译,三联书店1964年版,第7页。

④ [德]威·李卜克内西:《不要任何妥协,不要任何选举协议》,姜其煌、张舆、毛韵泽译,三联书店1964年版,第21页。

都是不正确的，并以“进行运动达到目的”[①]的正确口号取而代之，从而捍卫和向前发展了科学社会主义关于最终目的与各阶段的运动之间相互关系的理论。

二、奥古斯特·倍倍尔对科学社会主义的贡献

奥古斯特·倍倍尔(1840～1913)是德国工人阶级政党——社会民主党的创始人和领导人之一，杰出的国际共运活动家。他的主要著作有《妇女与社会主义》、《我的一生》、《基督教与社会主义》。1878 年在狱中完成了他的代表作《妇女与社会主义》，先后被译为英、美、俄、意、日、中等几十种文字，在世界上传播甚广。倍倍尔对科学社会主义的研究和论述比较全面：深刻揭露了资本主义社会的本质，系统描绘了社会主义的前景(包括社会主义的根本法则、工业交通和农业、政治法律文化教育和宗教、社会主义的外交关系、社会主义的个性发展)，继承发展了马克思主义的建党学说，论述了实现社会主义的道路、方法等问题。倍倍尔对妇女问题的论述，在国际工运、共运历史上特别著名。他运用唯物史观全面论述了妇女问题，充实了科学社会主义在这一领域的研究成果。特别值得提出的是，由倍倍尔主持制定的 1869 年通过的社会民主工党纲领，首次明确规定了党内监察制度，纲领指出：“为了尽量避免常务委员会的专权，党设置了一个 11 人的监察委员会”，“所有因常务委员会疏忽而引起的申诉都可以向该会提出”；有关党报工作人员的人选、财务、稿件处理等方面的“争执由监察委员会判断，党代表大会作最后的裁决”；“监察委员会有责任至少每季审核和检查一次常务委员会的业务管理、案卷、账册、金库等”；“如果有确实理由，而常务委员会拒绝纠正越轨行为时，它就有权停止个别委员以致全体委员会的职务，并采取临时管理业务的必要措施”，但“这种决议必须由监察委员会中三分之二的多数作决定，而且如果常务委员会半数以上的委员被停职，就要在四个星期内召开代表大会，对该项事件作最后的决定”[②]。该监察委员会由直接票选产生。

三、保尔·拉法格对科学社会主义的贡献

保尔·拉法格(1842～1911)是法国和国际工人运动的杰出活动家、科学社会主义的理论家和宣传家。他的主要著作有《法国工人党纲领结论部分解说》、《财产及其起源》、《唯心史观与唯物史观》、《美国托拉斯及其经济、社会和政治意义》等。他的文论为科学社会主义作出了贡献，特别是，他依据法国当时的实际

---

① 中央编译局国际共运史研究室编:《德国社会民主党关于伯恩施坦问题的争论》，三联书店 1981 年版，第 53 页。

② 转引自高放、黄达强主编《社会主义思想史》上册，中国人民大学出版社 1987 年版，第 449 页。

情况，全面论述了资本主义社会中脑力劳动者的地位与作用，同时预见了社会主义条件下脑力劳动者的命运。他认为，在资本主义条件下，体力劳动者出卖的是自己的体力，而脑力劳动者则出卖的是自己的文化知识、创造发明和组织生产、管理企业的能力。因此，他们都是工人阶级的一部分，二者一起担负着推翻资本主义和实现共产主义的伟大历史使命。拉法格指出，如果知识和智慧受到尊重、褒奖的话，“那末在资本主义社会里的第一把交椅就得归属于这些担负生产中的全部脑力工作的劳动者”[①]。在社会主义条件下，体力和脑力劳动无产阶级将掌握国家政权，结束资本主义，把共产主义形式推广于全社会。[②] 拉法格的这些见解，在社会主义思想史上带有自己的明显特点，对我们今天认识当代资本主义国家和现实社会主义国家中的体力劳动者和脑力劳动者问题也具有重要价值。

四、卡尔·考茨基对科学社会主义的贡献

卡尔·考茨基(1854～1938)，1877 年加入德国社会民主党，是第二国际领袖之一和著名理论家。他的主要著作有：《卡尔·马克思的经济学说》、《1891 年德国社会民主党新纲领》(即《爱尔福特纲领草案》)关于理论原则内容和《爱尔福特纲领解说》、《伯恩施坦与社会民主党的纲领》、《土地问题》、《社会革命》、《取得政权的道路》。他的贡献主要表现在：一是宣传和普及马克思主义科学社会主义；二是反对与批判伯恩施坦的修正主义；三是整理和出版马克思和恩格斯的著作；四是对科学社会主义理论本身的新贡献。特别是，考茨基在社会主义思想史上首次提出“社会主义意识是一种从外面灌输到无产阶级的阶级斗争中去的东西，而不是一种从这个斗争中自发产生出来的东西”的著名论断。列宁对此十分推崇，并以此来批判俄国经济派宣传的自发性。当代中国共产党人将考茨基和列宁的“灌输论”发展成为“武装头脑论”。

五、格·瓦·普列汉诺夫对科学社会主义的贡献

格·瓦·普列汉诺夫(1856～1918)是杰出的马克思主义理论家，是纵贯古今、横通百科的学术成果卓著的人文社会科学研究家。普列汉诺夫的主要著作有：《社会主义与政治斗争》、《我们的意见分歧》、《论一元论历史观之发展》、《论个人在历史上的作用》、《无政府主义和社会主义》、《对工团主义的理论和实践的批判》、《论所谓“马克思主义的危机”》、《扮演马克思的社会发展理论的批判者的司徒卢威先生》、《再论社会主义与政治斗争》。在研究和传播科学社会主义方

① [法]拉法格：《财产及其起源》，王子野译，三联书店 1962 年版，第 13 页。

② 参见[法]拉法格《财产及其起源》，王子野译，三联书店 1962 年版，第 18、164 页。

面，是介于恩格斯和列宁之间的中间环节，他曾在批判民粹派和机会主义、修正主义中捍卫和阐发了科学社会主义，也提出过一系列新见解。比如，他对科学社会主义理论体系的论述就很有特点。他明确指出：科学社会主义具有广义和狭义两个方面：广义上，“科学社会主义即马克思主义”①；狭义上，科学社会主义“所研究的是社会主义革命的手段和条件”②。与此同时，他还系统论述了唯物史观、剩余价值学说同科学社会主义的内在联系，指出：“唯物主义历史观是科学社会主义的必要基础”③，科学社会主义“只是从发现剩余价值的本质及起源的时候有了自己的基础”④。普列汉诺夫特别反对把社会主义理论“变成僵硬的形而上学的教条”，鲜明地提出科学社会主义是生动的辩证的“革命的代数学”⑤的论断，认为“科学社会主义的发展还没有完结”，“不能停留在恩格斯和马克思的著作上”⑥。

① 《普列汉诺夫哲学著作选集》第3卷，三联书店1962年版，第69页。
② 《普列汉诺夫哲学著作选集》第3卷，三联书店1962年版，第32页。
③ 《普列汉诺夫哲学著作选集》第3卷，三联书店1962年版，第60页。
④ 《普列汉诺夫哲学著作选集》第3卷，三联书店1962年版，第55页。
⑤ 《普列汉诺夫哲学著作选集》第3卷，三联书店1962年版，第101页。
⑥ 《普列汉诺夫哲学著作选集》第3卷，三联书店1962年版，第70页。

第二章 列宁主义阶段的科学社会主义理论

第一节 列宁对科学社会主义的新发展

列宁是俄国布尔什维克党的创始人、苏维埃社会主义国家的主要缔造者、苏联和全世界无产阶级的伟大导师。他所处的时代是帝国主义时代，其时代主题是战争与革命。如果说，马克思和恩格斯所处的是自由资本主义和准备进行无产阶级革命的时代，那么，列宁的时代则面临的是直接进行革命的问题。列宁在这个伟大的时代里，在领导俄国革命和指导国际共产主义运动的过程中，对无产阶级解放斗争的实践经验进行了科学概括和总结，做了大量的科学研究工作，写下了许多科学社会主义名著。继马克思的《资本论》之后，列宁写出了《帝国主义论》这一名著，揭露了垄断资本主义即帝国主义的本质及其特征，阐明了帝国主义与战争、和平以及社会主义革命的内在联系，大大向前发展了马克思《资本论》的思想。为了在俄国建立无产阶级革命政党以领导俄国革命，列宁在建党过程中写下了《怎么办?》、《进一步，退两步》、《两种策略》、《唯物主义和经验批判主义》等巨著，为俄国布尔什维克党的建设奠定了思想基础、组织基础、策略基础和哲学基础。在第一次世界大战到 1917 年 10 月革命前后，列宁写下了《社会主义与战争》、《论"欧洲联邦"口号》、《无产阶级革命的军事纲领》，以及著名的《四月提纲》、《国家与革命》、《马克思主义与起义》、《无产阶级革命与叛徒考茨基》、《共产主义运动中的"左派"幼稚病》、《民族殖民地问题提纲初稿》等著作，揭示了帝国主义经济、政治发展不平衡规律，创立了"社会主义可能首先在少数或者甚至在单独一个资本主义国家内获得胜利"的著名学说，论证了从资产阶级民主革命向社会主义革命转变、无产阶级国家学说，以及无产阶级革命和无产阶级专政的理论和策略。在俄国国内战争结束，工作重心开始转移到经济恢复和经济文化建设，直到后来病重期间，列宁又写下了《论粮食税》、《新经济政策和政治教育局的任务》，以及《日记摘录》、《论合作社》、《论我国革命》、《怎样改组工农检察院》、《宁肯少些，但要好些》等五篇具有政治遗嘱性的口授文章，总结了他领导苏维埃政权七年来的社会主义正反两方面的实践经验，提出和论述了自己建设社会主义的理论和策略。这些著作在社会主义思想史上占有极其重要的地位。列宁向前推动和发展马克思主义·科学社会主义，不是局部的、从某一侧面向前发展了，而是独创性地全面发展了科学社会主义。他将科学社会主义发展到一个崭新的历史阶段——列宁主义阶段。

一、列宁时代观及时代划分标准理论

马克思主义的时代观主要是指马克思主义经典作家划分时代的基本标准。马克思在《资本论》和恩格斯在《家庭私有制和国家的起源》等著作中，认为生产方式和经济制度的变化是划分时代的基本标准。在马克思和恩格斯看来，“时代”概念最一般的内涵是反映社会发展某一特定历史阶段，并具有自己基本特征的社会范畴。这种时代观同各种单纯反映生产力发展变化或只反映世界经济、政治某种局部发展变化的时代观有根本区别。

列宁的时代观同马克思和恩格斯的时代观既一脉相承又有新的发展。列宁在 1915 年 1 月批评波特列索夫所写《在两个时代的交界点》一文中论述了他的马克思主义的时代观，他指出：“无可争辩，我们是生活在两个时代的交界点；因此，只有首先分析一个时代转变到另一个时代的客观条件，才能理解我们前面发生的各种重大历史事件。这里谈的是大的历史时代。每个时代都有而且总会有个别的、局部的、有时前进有时后退的运动，都有而且总会有各种偏离运动的一般形式和一般速度的情形。我们无法知道，一个时代的各个历史运动的发展会有多快，有多少成就。但是我们能够知道，而且确实知道，哪一个阶级是这个或那个时代的中心，决定着时代的主要内容、时代发展的主要方向、时代的历史背景的主要特点等等。只有在这个基础上，即首先考虑到每个时代的不同的基本特征（而不是个别国家的个别历史事件），我们才能正确地制定自己的策略；只有了解了某一时代的基本特征，才能在这个基础上考虑这个国家或那个国家的更具体的特点。”[①]在这里，列宁告诉人们：划分大的历史时代，应准确抓住哪个阶级是时代的中心。从列宁对时代的科学论述看，它是具有马克思主义一般时代原理的性质，至今完全正确。它和马克思、恩格斯关于时代的论述，一起构成了马克思列宁主义的科学的时代观，至今仍是我们观察和说明时代问题的理论指南和思想武器。

---

① 《列宁全集》第 26 卷，人民出版社 1988 年版，第 142～143 页。

二、列宁帝国主义理论

19 世纪末 20 世纪初，世界资本主义结束了从自由资本主义向垄断资本主义过渡的时代，正式进入了以私人垄断为主要特点的垄断资本主义即帝国主义阶段或时代。客观上的垄断资本主义时代的经济、政治条件的充分具备与列宁的主观能动性的有机结合，在马克思以自由资本主义为经济、政治背景资料的《资本论》巨著的基础上，列宁于 1916 年上半年写出了《帝国主义论》，将自由资本主义理论飞跃性发展成为垄断资本主义理论。列宁在《帝国主义论》一书中，以大量经济政治事实和研究资料为基础，对帝国主义作出了“一个转变”(即自由竞争阶段的资本主义转变为垄断为主的帝国资本主义)、“一个实质”(即垄断是帝国主义的经济实质)、“五大特征”(即垄断组织在经济生活中起决定作用，在金融资本基础上形成了金融寡头，资本输出已具有特别重大意义，瓜分世界的资本家垄断同盟已经形成，最大的资本主义国家已把世界上的领土瓜分完毕)、“四位一体的定义”(即帝国主义是垄断的资本主义、寄生或腐朽的资本主义、垂死的资本主义、资本主义的最高阶段或最后阶段)的科学概括。[①] 即使从今天来看，这也基本上仍然算得上是科学的概括。之所以说“基本上”，是因为除了“帝国主义是资本主义的最高或最后阶段”这一判断与第二次世界大战后资本主义发展的新情况是不完全符合的(因为列宁所论的两次世界大战之间的帝国主义阶段至多是资本主义的中级阶段，根本未达到最高或最后阶段)，其他论断至今看来还是正确的，经住了历史的考验。列宁的《帝国主义论》，仍是不朽的著作。

三、列宁社会主义革命“一国胜利论”

马克思和恩格斯根据自由资本主义阶段经济、政治发展不平衡尚不明显时的实际情况，曾在《德意志意识形态》、《共产主义原理》、《共产党宣言》等著作中提出和预测社会主义革命可能在先进资本主义国家同时发生，后来的马克思主义者则将其称为“共同胜利论”。当然，马克思逝世后，恩格斯曾在 1890 年 8 月 21 日《致奥·伯尼克》的信中论到生产资料公有制是社会主义制度与资本主义制度的区别时，加了一个说明——“先是单个国家实行”[②]。从这个说明中可以看出恩格斯晚年似乎已有“一国胜利”的想法，但没形成系统的理论。

“一国胜利论”是列宁首先提出并作了系统论述的。他在 1915 年 8 月所写《论“欧洲联邦”口号》和 1916 年 8 月所写《无产阶级革命的军事纲领》两文中指

① 参见《列宁选集》第 2 卷，人民出版社 1995 年版，第 575～683 页。

② 《马克思恩格斯选集》第 4 卷，人民出版社 1995 年版，第 693 页。

出:"经济和政治发展的不平衡是资本主义的绝对规律。由此就应得出结论:社会主义可能首先在少数甚至在单独一个资本主义国家内获得胜利。"[①]"在一国取得胜利的社会主义决不能一下子根本排除一切战争。相反地,它预计到会有战争。资本主义的发展在各个国家是极不平衡的。而且在商品生产下也只能是这样。由此得出一个必然的结论:社会主义不能在所有国家内同时获得胜利。它将首先在一个或几个国家内获得胜利,而其余的国家在一段时间内将仍然是资产阶级或资产阶级以前的国家。"[②]列宁在前一篇文章中尚认为一国胜利和同时胜利都有可能性,而在后一篇文章中则完全否定同时胜利的可能性。列宁"一国胜利论"的主要根据是资本主义发展不平衡规律,而这一规律只有发展到垄断资本主义阶段,特别是在世界大战爆发后才能充分暴露出来。列宁在帝国主义时代和第一次世界大战后提出和论述"一国胜利论",是具有坚实的客观基础的。当然,列宁"一国胜利论"的提出同社会主义运动发展不平衡、第二国际机会主义理论家教条主义地以马克思和恩格斯的"同时胜利论"阻止其他国家举行革命这一重大历史背景也有密切的关系。十月革命的胜利和第二次世界大战后一系列现实社会主义国家的诞生的历史事实,有力地证明了列宁"一国胜利论"的正确性。

在当代全球化日益发展的历史条件下,对马克思和恩格斯的"同时胜利论"和列宁的"一国胜利论"尤需要与时俱进地认真研究,以便得出新的认识。比如,发达国家还有"一国胜利"的可能吗?

四、列宁新式资产阶级民主革命理论

列宁是19世纪80年代末登上历史舞台,并开始接触马克思主义这一先进理论的。当时的俄国,由于1861年改革而废除了农奴制,资本主义经济大大发展了,至19世纪80年代末,总体上说,俄国已经是资本主义国家了。然而,由于政治上的沙皇专制制度未被触动,农奴制经济关系的残余仍然大量存在,其经济发展状况还是远远落后于欧洲发达国家。在此社会背景下登上革命舞台的列宁及其为主缔造的布尔什维克党,面临着社会主义与民主主义的双重任务。在这种艰巨、复杂的革命实践过程中,列宁和布尔什维克党人创立了新式资产阶级民主革命理论。列宁的这一理论,既继承了马克思和恩格斯这方面的理论遗产,又密切结合当时资本主义进入垄断资本主义阶段的时代实际和俄国的国情,创造性地发展了马克思和恩格斯的新式民主革命理论,为马克思主义理论宝库作出

---

① 《列宁选集》第2卷,人民出版社1995年版,第554页。

② 《列宁选集》第2卷,人民出版社1995年版,第722页。

了卓越贡献。列宁的新式民主革命理论，在许多著作和文献中都有阐发和论述，主要的有《社会民主党在民主革命中的两种策略》(1905 年 6～7 月)、《无产阶级和农民的革命民主专政》(1905 年 3 月)、《社会民主党对农民运动的态度》(1905 年 9 月)、《社会民主党在 1905～1907 年俄国第一次革命中的土地纲领》(1907 年 11～12 月)、《无产阶级在我国革命中的任务》(1917 年 4 月)。

列宁新式资产阶级民主革命理论的主要内容包括：(1)论证了 1905 年革命和 1917 年二月革命的性质问题。列宁认为，这两次革命是资产阶级性质的革命，它为资本主义在俄国的发展扫清了道路。(2)论证了无产阶级政党采取何种战略策略才能使资产阶级革命对无产阶级更有利的问题。列宁认为，无产阶级不仅要积极参加资产阶级民主革命，而且要努力领导这个革命，只有争得了并正确实现了无产阶级及其政党对资产阶级民主革命的领导权，才能变“不彻底的资产阶级民主主义”为“彻底的无产阶级民主主义”①。(3)论证了无产阶级领导的资产阶级民主革命的根本问题是实行工农民主专政问题。列宁认为，工农民主专政同无产阶级专政是有区别的，工农民主专政不能触动资本主义的基础，至多只能实行有利于农民的彻底重分土地的办法，实行彻底和完全的民主主义，直到实行共和制为止。② (4)论证了根据农民意愿解决农民问题是实现工农民主专政的中心或关键问题。列宁认为，满足农民的土地要求是农民的根本意愿。所以，在资产阶级民主革命中无产阶级政党必须“彻底地、用一切办法支持一般农民反对地主，直到没收地主的土地”，并把没收的土地交给从事耕种的劳动者使用。至于土地归谁所有，列宁主张：“在奴役性的、农奴制的大地产占优势而实现大规模社会主义生产的物质条件尚未具备的地方，可能是把土地转归小私有农民阶级掌握；而在民主革命完全胜利的条件下，可能是实行国有化。”③十月革命后，俄共(布)在实践中执行的是土地国有，使用权交给农民。(5)论证了俄国资产阶级民主革命和无产阶级社会主义革命相互关系的理论和策略问题。列宁认为：“我们主张不断革命，我们绝不半途而废”，“在民主革命完全胜利的条件下”，“我们将立刻由民主革命开始向社会主义革命过渡”④。觉悟的工人不能因为社会主义的斗争而忘掉民主主义的斗争，或者因为民主主义的斗争而忘掉社会主义的斗争。“因为在这两种斗争中，工人的同盟者必定是不同的。民主主义斗争是工人同一部分资产阶级，特别是同小资产阶级一起进行的；而社会主义斗争则

① 《列宁选集》第 1 卷，人民出版社 1995 年版，第 559 页。

② 参见《列宁选集》第 1 卷，人民出版社 1995 年版，第 563 页。

③ 《列宁选集》第 1 卷，人民出版社 1995 年版，第 650 页。

④ 《列宁选集》第 1 卷，人民出版社 1995 年版，第 650 页。

是工人反对整个资产阶级的斗争。反对官吏和地主的斗争,可以而且应当同全体农民,甚至同富裕农民、中等农民一起进行。而反对资产阶级的斗争,同样也是反对富裕农民的斗争,却只能同农村无产阶级一起才能可靠地进行。”①在资产阶级民主革命和无产阶级社会主义革命的关系问题上,列宁同马克思、恩格斯一样,都强调“不断革命”和“立刻”或“立即”,而忽略“革命发展阶段论”。这就为后来从左的方面误解这一理论而犯左的急性病错误提供了可能性。

列宁的新式民主革命理论与马克思、恩格斯的新式民主革命理论相比较,最突出的特点是,理论上明确而充分地论证了无产阶级及其政党在民主革命中的领导权问题,实践上坚定不移地在资产阶级民主革命中努力实施无产阶级领导权。列宁的新式民主革命理论是无产阶级领导的资产阶级民主革命理论;而马克思和恩格斯的新式民主革命理论中无产阶级领导权问题,顶多有其萌芽思想,而没有真正解决,实际上是无产阶级参加的资产阶级民主革命理论。“无产阶级领导”和“无产阶级参加”的民主革命,就是列宁与马克思、恩格斯关于新式民主革命理论最重要的区别点,也是列宁新式民主革命理论的最显著的特点。

五、列宁无产阶级专政理论

列宁在其名著《国家与革命》中,极为精辟地阐述了马克思《哥达纲领批判》中的过渡时期和无产阶级专政理论。列宁认为,马克思关于在资本主义社会和共产主义社会之间有一个从前者变为后者的革命转变时期,同这个时期相适应的也有一个政治上的过渡时期,这个时期的国家只能是无产阶级的革命专政的结论,“是马克思根据他对无产阶级在现代资本主义社会中的作用的分析,根据关于这个社会发展情况的材料以及关于无产阶级与资产阶级的对立的利益不可调和的材料所得出的”②。对于过渡时期的起点和终点,列宁的理解是:起点是无产阶级夺取政权,终点是共产主义社会第一阶段,即人们通常所说的社会主义社会。列宁在《向匈牙利工人致敬》一文中,对过渡时期的起点和终点解释得非常明确。他说:“无产阶级的目的是建成社会主义”,“这个目的不是一下子可以实现的,这需要一个相当长的从资本主义向社会主义的过渡时期”,“所以马克思说,无产阶级专政的整个时期是从资本主义到社会主义的过渡时期”③。列宁在《伟大的创举》一文中,对无产阶级专政的科学含义、特征及实质作了精辟的阐述。他认为,“如果我们把无产阶级专政这个原出拉丁文的、历史哲学的科学用

① 《列宁选集》第1卷,人民出版社1995年版,第657~658页。

② 《列宁选集》第3卷,人民出版社1995年版,第188页。

③ 《列宁选集》第3卷,人民出版社1995年版,第835页。

语译成普通的话,它的意思就是:在推翻资本主义压迫的斗争中,在推翻这种压迫的过程中,在保持和巩固胜利的斗争中,在创建新的社会主义的社会制度的事业中,在完全消灭阶级的全部斗争中,只有一个阶级,即城市的总之是工厂的产业工人,才能够领导全体被剥削劳动群众”[①]。列宁在论述从前各次革命中人民群众彻底镇压一切剥削者和一切坏分子的热情不能长久地支持下去的经验教训时又指出:“马克思正是总结了历次革命的这个历史经验,这个有全世界历史意义的——经济的和政治的——教训,提出了一个简短、尖锐、准确、鲜明的公式:无产阶级专政。”[②]列宁还从各个角度阐明了“无产阶级专政”这个公式。比如,他从阶级斗争的角度将其概括为,“无产阶级专政是无产阶级利用国家政权这样的工具所进行的阶级斗争”[③];从无产阶级领导权的角度,认定“无产阶级专政是一个阶级的政权”[④],是无产阶级及其政党独掌领导权;从工农联盟的角度,他坚持无产阶级专政的最高原则是工农联盟;从专政和民主的角度,他论述了无产阶级专政是新型民主和新型专政的国家;等等。关于无产阶级专政的实质,列宁有很独特的论述,需要人们认真研究、深刻理解。列宁从革命暴力、无产阶级的组织纪律以及无产阶级所代表并实现着的社会主义社会劳动组织在无产阶级专政中所占地位的角度,精辟地阐述了无产阶级专政的实质。他说:“这个专政必须采取严酷无情和迅速坚决的暴力手段来镇压剥削者即资本家、地主及其走狗的反抗。谁不了解这一点,谁就不是革命者,就应该取消他的无产阶级领袖或顾问的资格。”“但是无产阶级专政的实质不仅在于暴力,而且主要不在于暴力。它的主要实质在于劳动者的先进部队、先锋队、唯一领导者即无产阶级的组织性和纪律性。”[⑤]“无产阶级专政不只是对剥削者使用的暴力,甚至主要的不是暴力。这种革命暴力的经济基础,它的生命力和成功的保证,就在于无产阶级代表着并实现着比资本主义更高类型的社会劳动组织。实质就在这里。共产主义的力量源泉和必获全胜的保证就在这里。”[⑥]列宁还对一些人将马克思学说的主要点局限于阶级斗争提出批评,指出:“谁要是仅仅承认阶级斗争,那他还不是马克思主义者,他还可以不超出资产阶级思想和资产阶级政治的范围。把马克思主义局限于阶级斗争学说,就是阉割马克思主义,歪曲马克思主义,把马克思主义变为资产阶级可以接受的东西。只有承认阶级斗争同时也承认无产阶级专政的人,才

---

① 《列宁选集》第 4 卷,人民出版社 1995 年版,第 10 页。

② 《列宁选集》第 3 卷,人民出版社 1995 年版,第 497 页。

③ 《列宁全集》第 38 卷,人民出版社 1986 年版,第 19 页。

④ 《列宁全集》第 37 卷,人民出版社 1986 年版,第 100 页。

⑤ 《列宁选集》第 3 卷,人民出版社 1995 年版,第 835 页。

⑥ 《列宁选集》第 4 卷,人民出版社 1995 年版,第 9～10 页。

是马克思主义者。”[①]

从列宁以上的论述可以清楚地看出：列宁忠实继承、有力捍卫和创造性发展了马克思和恩格斯的过渡时期和无产阶级专政的理论。

六、列宁战时共产主义政策和新经济政策思想

十月革命之后，列宁首先面临的一个严峻问题就是，俄国作为一个被帝国主义包围的落后国家如何实现向社会主义过渡？列宁为了解决这一问题做了大胆而艰苦的探索，大致经历了三个阶段：

第一阶段，是从1917年2月至1918年春。列宁在其著名的《四月提纲》中提出了“逐步过渡”的思想。他指出：“我们的直接任务并不是‘实施’社会主义，而只是立刻过渡到由工人代表苏维埃监督社会的产品生产和分配。”“把国内一切土地收归国有，由当地雇农和农民代表苏维埃支配。”“立刻把全国所有银行合并成一个全国性的银行，由工人代表苏维埃进行监督。”[②]

第二阶段，是从1918年春至1920年年底。这一阶段是苏俄战时共产主义时期。在这一时期，俄共(布)被迫实行了一系列的军事共产主义政策。比如，实行余粮征集制；强行加快国有化进程，甚至连五个工人以下的小企业也收归国有；组织统一的消费公社，凭卡供应生活必需品。本来这些都是被战争形势所迫而采取的应急措施，但由于列宁对这些措施给予过高的估计，犯了革命急性病，想就此直接向共产主义过渡，即“设想不必先经过一个旧经济适应社会主义经济的时期就直接过渡到社会主义”[③]。然而，实际的效果很不好，影响了人民的正常生活，损害了工农联盟，国民经济近于崩溃。后来列宁觉察到问题的严重性，并进行了自我反思：“我们计划(说我们计划欠周地设想也许较确切)用无产阶级国家直接下命令的办法在一个小农国家里按共产主义原则来调整国家的产品生产和分配。现实生活说明我们错了。为了作好向共产主义过渡的准备(通过多年的工作来准备)，需要经过国家资本主义和社会主义这些过渡阶段。不能直接凭热情，而要借助于伟大革命所产生的热情，靠个人利益，靠同个人利益的结合，靠经济核算，在这个小农国家里建立起牢固的桥梁，通过国家资本主义走向社会主义；否则你们就不能达到共产主义，否则你们就不能把千百万人引导到共产主义。现实生活就是这样告诉我们的。革命发展的客观进程就是这样告诉我

---

① 《列宁选集》第3卷，人民出版社1995年版，第139页。

② 《列宁选集》第3卷，人民出版社1995年版，第16、15、16页。

③ 《列宁全集》42卷，人民出版社1987年版，第221页。

们的。”[①]

第三阶段，是从1921年3月到1924年列宁病逝。这一时期是前苏联的新经济政策时期。1921年3月，俄共(布)根据列宁的报告通过了用粮食税取代余粮征集制的决议，它是新经济政策开端的标志。列宁认为，必须改变政策，“在工人阶级和农民之间建立经济上的联盟”[②]。要从农民的需要中寻找与农民共处的政策。“实质上可以用两个东西来满足小农。第一，需要有一定的流转自由，需要给小私有主一定的自由。第二，需要弄到商品和产品。”[③]列宁还从向社会主义过渡的角度论证了新经济政策，他在《论粮食税》中指出：“粮食税，是从极度贫困、经济破坏和战争迫使我们所实行的特殊的‘战时共产主义’向正常的社会主义的产品交换过渡的一种形式。而正常的社会主义产品交换，又是从带有小农占人口多数所造成的种种特点的社会主义向共产主义过渡的一种形式。”[④]列宁在阐述新经济政策时，非常重视对实施战时共产主义政策的经验教训的总结，他说：“我们如果对过去的经济政策的错误没有明确的认识，就不能顺利完成自己的任务，即给新经济政策打基础并最终确定新经济政策的方向。”[⑤]“‘战时共产主义’是战争和经济破坏迫使我们实行的。它不是而且也不能是一项适应无产阶级经济任务的政策。它是一种临时的办法。”[⑥]那时，“我们在商业国有化和工业国有化方面，在禁止地方流转方面走得太远了”。“我们在这方面犯了很多错误。”[⑦]“我们用‘强攻’办法即用最简单、迅速、直接的办法来实行社会主义的生产和分配原则的尝试已告失败。”[⑧]列宁在认真总结了实施战时共产主义政策的经验教训的基础上提出和领导全党实施了新经济政策，而且不断指出这不是权宜之计，而是认真的和长期的政策。列宁在1921年5月俄共(布)第十次代表会议的总结发言中指出：“‘认真地和长期地’这一点确实需要牢牢记住，好好记住。由于我们有一种传播流言的风气，现在到处都在传说目前的政策是一种带引号的政策，也就是说，是在耍政治手腕，还说一切都是权宜之计。这是不对的。”[⑨]1922年3月，列宁又将新经济政策和社会主义建设道路联系起来，给予其长远意义，指出：“新经济政策在经济上和政治上都充分保证我们有可能建立社

① 《列宁选集》第4卷，人民出版社1995年版，第570页。
② 《列宁全集》第41卷，人民出版社1986年版，第299页。
③ 《列宁全集》第41卷，人民出版社1986年版，第54页。
④ 《列宁全集》第41卷，人民出版社1986年版，第208页。
⑤ 《列宁全集》第42卷，人民出版社1987年版，第217页。
⑥ 《列宁全集》第41卷，人民出版社1986年版，第208～209页。
⑦ 《列宁全集》第41卷，人民出版社1986年版，第56页。
⑧ 《列宁全集》第42卷，人民出版社1987年版，第225页。
⑨ 《列宁全集》第41卷，人民出版社1986年版，第323页。

会主义经济的基础。”[①]1923年初，他在《论合作社》一文中指出：“为了通过新经济政策使全体居民人人参加合作社，这就需要整整一个时代。在最好的情况下，我们度过这个时代也需要一二十年。”[②]

由于列宁知错即改，迅速地将战时共产主义政策转为新经济政策，由“直接过渡”、“短期过渡”改为“迂回过渡”、“长期过渡”，使国家转危为安，走上新的发展道路。不仅如此，他还为现实社会主义各国提供了一条重要的规律性经验，即经济文化愈落后，过渡时期就会越长，切不可犯急性病，只能“迂回过渡”，不能“直接过渡”；反之，社会主义发展就会遭受重大挫折。

七、列宁民族和民族殖民地问题理论

民族和民族殖民地问题，是列宁科学社会主义思想的重要组成部分。列宁这方面的思想，是对马克思和恩格斯民族殖民地问题基本思想的创造性发展。

关于民族问题，列宁首先认为，“民族是社会发展的资产阶级时代的必然产物和必然形式”[③]。“发展中的资本主义在民族问题上有两种历史趋势。民族生活和民族运动的觉醒，反对一切民族压迫的斗争，民族国家的建立，这是其一。各民族彼此间各种交往的发展和日益频繁，民族隔阂的消除，资本、一般经济生活、政治、科学等等的国际统一的形成，这是其二。”“这两种趋势都是资本主义的世界性规律。第一种趋势在资本主义发展初期是占主导地位的，第二种趋势标志着资本主义已经成熟，正在向社会主义社会转化。”[④]列宁重点论述了民族自决权问题，发展了恩格斯关于“压迫其他民族的民族是不能获得解放的”[⑤]著名思想。列宁在《社会主义革命与民族自决权》一文中指出：“马克思主要着眼于各先进国家无产阶级阶级斗争的利益，而始终把压迫其他民族的民族是不能获得解放的这个国际主义和社会主义的根本原则放在第一位。”[⑥]“俄国无产阶级负有双重的，或者更确切些说，负有两方面的任务：一方面要反对一切民族主义，首先是反对大俄罗斯民族主义；不仅要一般地承认各民族完全平等，而且要承认建立国家方面的平等，即承认民族自决权、民族分离权；另一方面，正是为了同一切民族的各种民族主义进行有效的斗争，必须坚持无产阶级斗争和无产阶级组织的统一，不管资产阶级如何力求造成民族隔绝，必须使各无产阶级组织极紧密地

---

① 《列宁全集》第43卷，人民出版社1987年版，第63页。

② 《列宁选集》第4卷，人民出版社1995年版，第770页。

③ 《列宁选集》第2卷，人民出版社1995年版，第441页。

④ 《列宁选集》第2卷，人民出版社1995年版，第340页。

⑤ 《马克思恩格斯选集》第3卷，人民出版社1995年版，第242页。

⑥ 《列宁选集》第2卷，人民出版社1995年版，第567页。

结成一个跨民族的共同体。""各民族完全平等,各民族享有自决权,各民族工人打成一片,——这就是马克思主义教给工人的民族纲领,全世界经验和俄国经验教给工人的民族纲领。"[①]值得说明的是,列宁是把"民族自决权"问题放在无产阶级阶级斗争这一总问题中考虑的。他认为:"资产阶级总是把自己的民族要求提到第一位,而且是无条件地提出来的。无产阶级认为民族要求服从阶级斗争的利益。"[②]"我们原则上承认民族自决权,但是它不能超出无产阶级阶级斗争的统一所决定的合理界限。"[③]"这个条件正是全部关键之所在,只有在这个条件下,我们才承认民族自决。"[④]列宁的民族自决权思想,是同马克思主义的无产阶级国际主义思想有机联系在一起的。他指出:"我们要求民族有自决的自由,即独立的自由,即被压迫民族有分离的自由,并不是因为我们想实行经济上的分裂,或者想实现建立小国的理想,相反,是因为我们想建立大国,想使各民族接近乃至融合,但是这要在真正民主和真正国际主义的基础上实现;没有分离的自由,这是不可想象的。"[⑤]

关于民族殖民地问题,马克思和恩格斯提供了民族殖民地问题的基本思想,列宁创造性发展了这些思想,形成了关于帝国主义时代民族殖民地问题的理论体系。列宁写了一系列这方面的著作。他在这些著作中指出:民族殖民地问题的"最重要最基本的思想……就是压迫民族和被压迫民族之间的区别"。在帝国主义时代,"在解决一切殖民地和民族问题时,不从抽象的原理出发,而从具体的现实生活中的各种现象出发"。帝国主义的特点,"就是现在全世界已经划分为两部分,一部分是为数众多的被压迫民族,另一部分是少数几个拥有巨量和强大军事实力的压迫民族"[⑥]。为此,列宁发展了马克思和恩格斯在《共产宣言》中所提出的"全世界无产者,联合起来!"的口号,提出了"全世界无产者和被压迫民族联合起来!"的新口号予以补充。对此,列宁指出:"不久以前共产国际出版了一种叫做《东方民族》的杂志。共产国际为东方各民族提出了这样的口号:'全世界无产者和被压迫民族联合起来!'有同志问道:'执行委员会是在什么时候下命令更改口号的?'这一点我确实想不起来了。当然,从《共产党宣言》的观点来看,这样的提法是不正确的,但是,《共产党宣言》是在完全不同的条件下写成的,而从

① 《列宁选集》第2卷,人民出版社1995年版,第401页。
② 《列宁选集》第2卷,人民出版社1995年版,第384页。
③ 《列宁全集》第44卷,人民出版社1990年版,第346页。
④ 《列宁全集》第7卷,人民出版社1986年版,第224页。
⑤ 《列宁全集》第27卷,人民出版社1990年版,第85页。
⑥ 《列宁选集》第4卷,人民出版社1995年版,第275~276页。

现在的政治情况来看，这样的提法是正确的。”[①]列宁还特别强调：“民族压迫政策是分裂各民族的政策。它同时又是一种不断腐蚀人民意识的政策。”[②]工人阶级必须坚决反对任何民族压迫。“资产阶级唆使一个民族的工人反对另一个民族的工人，千方百计地分裂他们。”[③]但是，“工人阶级需要的不是分裂，而是团结”[④]。我们要“打倒任何形式的殖民政策，打倒一切干涉政策，打倒资本家争夺他国领土、他国居民、新的特权、新的市场、海峡等等的政策！”[⑤]

列宁的民族和民族殖民地问题的理论，不仅在他所处的那个时代具有重要的指导意义，就是在当代也有重大的理论和实践价值。

八、列宁关于无产阶级政党和党的战略策略理论

(一)关于建立无产阶级革命政党问题

俄国的无产阶级革命政党——布尔什维克党是列宁为首的马克思主义者在民主革命时期创建的，列宁有句名言：“给我一个革命家组织，我们就会将俄国翻转过来。”[⑥]在列宁看来，不论是把推翻沙皇专制政府和大地主、大资产阶级的反动统治的资产阶级民主革命进行到底，还是紧接着胜利地进行无产阶级社会主义革命，如果没有一个新型的无产阶级革命政党都是空话，至多是良好的愿望。正因如此，所以列宁一登上革命舞台和接受马克思主义以后，就十分重视从理论和实践的结合上建立新型无产阶级革命政党问题。一开始就尖锐地提出“从何做起”、“做什么”和“怎么办”的问题。经过艰苦的实践，他的回答是，从办“报纸”开始，《火星报》就是那时创办的。办起报纸再“做什么”呢？在同当时俄国接连出现的“合法马克思主义”、“经济主义”、“孟什维主义”等机会主义派别和思潮的斗争中，结合垄断资本主义时代的新特点和俄国国情、社情，继承和发展马克思、恩格斯的建党思想，写了一系列建党理论名著，创建了完整的新型无产阶级革命政党的建党学说，并以此来武装俄国布尔什维克党，指导俄国新式资产阶级民主革命和无产阶级社会主义革命的斗争。

1. 在帝国主义和无产阶级革命的时代必须建立与主张社会改良的第二国际各国社会民主党根本不同的新型无产阶级革命政党

列宁在 1922 年 2 月底所写《政论家札记》一文中指出：“把欧洲议会主义的、

---

① 《列宁全集》第 40 卷，人民出版社 1986 年版，第 73～74 页。

② 《列宁全集》第 20 卷，人民出版社 1988 年版，第 90 页。

③ 《列宁全集》第 24 卷，人民出版社 1990 年版，第 98 页。

④ 《列宁全集》第 20 卷，人民出版社 1988 年版，第 91 页。

⑤ 《列宁全集》第 17 卷，人民出版社 1988 年版，第 208 页。

⑥ 《列宁选集》第 1 卷，人民出版社 1995 年版，第 406 页。

只是薄薄涂上一层革命色彩而实际上是改良主义的旧型的党改造成为一个真正革命的、真正共产主义的新型的党，这是一件非常困难的事情……在日常生活中改变党的工作方式，改造党的日常工作，使党成为革命无产阶级的先锋队，使党不但不脱离群众，而且日益接近群众，唤起他们的革命意识，发动他们参加革命斗争，这是一件最困难但又最重要的事情。”①为了同第二国际各国社会民主党划清界限，列宁建议并力主将俄国社会民主党改名为俄国共产党。同时，列宁系统地论述了改名的四个根据，指出：关于“我们党的名称问题，我们应该像马克思、恩格斯那样称自己为共产党”。“‘社会民主党’这个名称在科学上是不正确的，马克思曾经屡次——例如1875年的《哥达纲领批判》中——指出这一点，恩格斯在1894年又更通俗地重复谈过这一点。人类从资本主义只能直接过渡到社会主义，即过渡到生产资料公有和按每个人的劳动量分配产品。我们党看得更远些：社会主义必然会逐渐成长为共产主义，而在共产主义的旗帜上写的是：‘各尽所能，按需分配。’这是我的第一个论据。第二个论据：我们党（社会民主党人）的名称的后半部，在科学上也是不正确的。民主是一种国家形式，而我们马克思主义者是反对任何国家的。”“我的第三个论据是：现实生活，革命，实际上已经在我国创立了这种新‘国家’，虽然它还处在幼弱的萌芽状态，可是这种国家已经不是原来意义上的国家了。”“我的第四个论据，就是应当考虑到世界社会主义运动的客观形势。”“资本主义转变为帝国主义，在客观上就必然产生帝国主义战争。”在这种形势下，“除无产阶级革命外，没有别的出路。”当这个革命开始的时候，社会民主党的领袖们“背叛了社会主义，出卖了社会主义，跑到‘本国’资产阶级方面去了。群众惶惑不安，糊里糊涂，受了这些领袖的欺骗。我们如果仍旧沿用这个第二国际一样腐朽了的陈旧名称，就是鼓励这种欺骗，助长这种欺骗！”“现在已经是丢掉脏衬衫，穿上整洁的衣服的时候了。”②

2. 共产党绝不是超阶级的政党，应是无产阶级的政党

列宁指出：“我始终坚持在谈到我们党的阶级性质的地方用‘无产阶级’一词代替‘被剥削的劳动群众’一词。”③“尝试建立一个‘超阶级’的政党，尝试使农民和工人结成一个政党，尝试把并不存在的所谓‘劳动知识分子’看作一个单独的阶级，对于争取俄国的自由是极端不利、极端有害的，因为这些尝试除了使人悲观失望、丧失力量、认识模糊以外，不会带来任何结果。”④更重要的是，列宁同马

① 《列宁选集》第4卷，人民出版社1995年版，第642～643页。

② 《列宁选集》第3卷，人民出版社1995年版，第64、64～65、65、66、67、68页。

③ 《列宁全集》第9卷，人民出版社1987年版，第338页。

④ 《列宁全集》第21卷，人民出版社1990年版，第278页。

克思、恩格斯一样，特别强调共产党是工人阶级的先进部队。他指出："他（指托洛茨基——引者注）忘记了党应当只是工人阶级广大群众的先进部队和领导者，工人阶级全体（或者几乎是全体）在党组织的'监督和指导下'进行工作，但工人阶级并不是全体也不应当是全体都参加的党。""把作为工人阶级先进部队的党同整个阶级混淆起来，显然是绝对不行的……忘记先进部队和倾向于它的所有群众之间的区别，忘记先进部队的经常责任是把愈益广大的阶层提高到这个先进的水平，那只是欺骗自己，无视我们的巨大任务，缩小这些任务。"[①]

3. 共产党以马克思主义理论为指导思想

列宁说："马克思和恩格斯的学说一向被认为是革命理论的牢固基础，但是，现在到处都有人说这些学说不完备和过时了。""我们完全以马克思的理论为依据，因为它第一次把社会主义从空想变成科学，给这个科学奠定了巩固的基础，指出了继续发展和详细研究这个科学所应遵循的道路。""没有革命理论，就不会有坚强的社会党（在列宁论述这一问题的 1899 年，社会党、社会民主党是指马克思主义政党——引者注），因为革命理论能使一切社会党人团结起来，他们从革命理论中能取得一切信念，他们能运用革命理论来确定斗争方法和活动方式。"[②]"现在我们只想指出一点，就是只有以先进理论为指南的党，才能实现先进战士的作用。"[③]但是，"马克思和恩格斯说过，我们的理论不是教条，而是行动的指南"[④]。列宁非常重视党的正确的思想路线。他指出，唯物主义和唯心主义是两条根本对立的思想路线，我们必须坚持第一条思想路线，反对第二条思想路线。"必须把认识和实践结合起来。"[⑤]"理论符合现实是理论的唯一标准。"[⑥]"活动的结果是对主观认识的检验和真实存在着的客观性的标准。"[⑦]十月革命以后，列宁特别重视实践的作用，在《怎样组织竞赛》一文中指出："现在一切都在于实践，现在已经到了这样一个历史关头：理论在变为实践，理论由实践赋予活力，由实践来修正，由实践来检验；马克思说的'一步实际行动比一打纲领更重要'这句话，显得尤其正确了……要知道，'我的朋友，理论是灰色的，而生活之树长青'（见约·沃·歌德《浮士德》第 1 部第 4 场"浮士德的书斋"——引者注）。"[⑧]

---

① 《列宁选集》第 1 卷，人民出版社 1995 年版，第 473、474 页。

② 《列宁选集》第 1 卷，人民出版社 1995 年版，第 273～274 页。

③ 《列宁选集》第 1 卷，人民出版社 1995 年版，第 312 页。

④ 《列宁选集》第 4 卷，人民出版社 1995 年版，第 180 页。

⑤ 《列宁全集》第 55 卷，人民出版社 1990 年版，第 185 页。

⑥ 《列宁选集》第 1 卷，人民出版社 1995 年版，第 31 页。

⑦ 《列宁全集》第 55 卷，人民出版社 1990 年版，第 188 页。

⑧ 《列宁选集》第 3 卷，人民出版社 1995 年版，第 381 页。

4. 列宁非常重视无产阶级政党政治纲领问题

关于纲领问题,列宁非常赞赏马克思和恩格斯的两个精辟的判断:一是恩格斯的"党的纲领是一面公开树立起来的旗帜";二是马克思的"一步实际运动比一打纲领更重要"。列宁对二者进行了综合的论述。他说:"是的,马克思说过,'一步实际运动比一打纲领更重要'。但是,马克思也好,社会民主党的任何其他理论家或实际活动家也好,都不否认纲领对于政党的团结一致、始终一贯的活动有重大意义。""制定党的共同的纲领,当然决不是要结束一切争论,但是这样能够确定关于我们运动的性质、目的和任务的基本观点,这些观点应该成为团结一致(尽管党员之间在枝节问题上有某些分歧)进行斗争的党的旗帜。""纲领不是指令,纲领应该概括整个运动,而在实践中当然有时要把运动的这一方面或那一方面提到首要地位。"①关于制定好的党纲的标准和党纲的主要内容,列宁指出:党纲"应当说出实际情况,党纲应当包括绝对不可反驳的和确凿无疑的东西。只有这样的党纲才是马克思主义的党纲"②。"我们必须从大家公认的一条马克思主义原理出发,即纲领必须建立在科学的基础上。纲领应该向群众说明,共产主义革命是怎样发生的,为什么它是不可避免的,它的意义、实质和力量在哪里,它应当解决什么问题。"③

5. 民主集中制是无产阶级政党的根本组织原则

起初列宁从俄国无产阶级革命政党处在沙皇专制主义残酷统治的恶劣环境下,没有条件严格按规范实行民主制的实际出发,特别强调集中制,甚至按照"矫枉过正"的思路,不断使用"极端集中制"概念。为此,他曾受到罗莎·卢森堡的严厉批评。在民主与集中的关系问题上,列宁同卢森堡展开了一场同志式的但又十分严肃和尖锐的辩论。1905 年俄国资产阶级民主革命之后,列宁开始转而使用"民主集中制"这一概念,他指出:"随着我国社会民主党活动自由的扩大",党"要实现彻底的集中制和坚决扩大党组织内的民主制"④。他还说:"我们在自己的报刊上一向维护党内民主。但是我们从未反对过党的集中。我们主张民主集中制。"⑤在"民主"与"集中"这两个概念的关系上,列宁不是从"并列"的意义上使用,而认为它们是"主从"关系,强调无产阶级革命政党的组织原则不是"专制的集中",而是"民主的集中"。

6. 列宁非常重视并正确论述了领袖、政党、阶级、群众间的关系问题

① 《列宁全集》第 4 卷,人民出版社 1984 年版,第 186、188、206 页。

② 《列宁选集》第 3 卷,人民出版社 1995 年版,第 756 页。

③ 《列宁全集》第 36 卷,人民出版社 1985 年版,第 162 页。

④ 《列宁全集》第 8 卷,人民出版社 1987 年版,第 325 页。

⑤ 《列宁全集》第 27 卷,人民出版社 1990 年版,第 89 页。

列宁认为："在历史上，任何一个阶级，如果不推举出自己的善于组织运动和领导运动的政治领袖和先进代表，就不可能取得统治地位。俄国工人阶级已经表明它能够推举出这样的人物。"[①]列宁在其名著《共产主义运动中的"左派"幼稚病》中极其精辟地论述了领袖、政党、阶级、群众的关系问题："谁都知道，群众是划分阶级的……阶级是由政党来领导的；政党通常是由最有威信、最有影响、最有经验、被选出担任最重要职务而称为领袖的人们所组成的比较稳定的集团来主持的。这都是起码的常识。"[②]"无产者的阶级联合的最高形式，即无产阶级的革命政党"，如果"不学会把领袖和阶级、领袖和群众结成一个整体，结成一个不可分离的整体，它便不配拥有这种称号"[③]。

7. 列宁非常重视正确认识党内矛盾、党内斗争和党的发展问题

列宁继承和发展了恩格斯关于党内斗争和党的发展相互关系问题的如下思想："看来任何大国的工人政党，只有在内部斗争中才能发展起来，这是符合一般辩证发展规律的。"[④]列宁指出："马克思和恩格斯十多年来始终不渝地在对德国社会民主党内的机会主义作斗争……恩格斯逝世不久，这种斗争就从秘密转向公开了，这不是偶然的。这是德国社会民主党数十年历史发展的必然结果。"[⑤]"俄国社会民主党是在我国资产阶级民主革命(1905 年)前产生，并在这次革命和尔后的反革命时期壮大起来的。""俄国工人阶级不得不在同形形色色的机会主义的 30 年的坚决斗争中形成自己的政党。"[⑥]十月革命后，列宁在其《共产主义运动中的"左派"幼稚病》一书中，系统总结了布尔什维克党如何在反对左右倾机会主义的斗争中成长、壮大和得到锻炼的历史经验。他指出：布尔什维主义首先是而且主要是在反对右倾机会主义的斗争中成长、壮大和得到锻炼的。右倾机会主义，"这自然是布尔什维主义在工人运动内部的主要敌人"。"关于布尔什维主义在工人运动内部的另一个敌人"，国外就很少人知道了。布尔什维主义还"是在同小资产阶级革命性作长期斗争中成长、成熟和得到锻炼的。这种革命性有些像无政府主义，或者说，有些地方照搬无政府主义；它在任何重大问题上，都背离无产阶级进行坚韧的阶级斗争的条件和要求"。"无政府主义往往是对工人运动中机会主义罪过的一种惩罚。这两种畸形东西是互相补充的。"[⑦]在这里，

① 《列宁选集》第 1 卷，人民出版社 1995 年版，第 286 页。

② 《列宁选集》第 4 卷，人民出版社 1995 年版，第 151 页。

③ 《列宁选集》第 4 卷，人民出版社 1995 年版，第 160 页。

④ 《马克思恩格斯选集》第 4 卷，人民出版社 1995 年版，第 651 页。

⑤ 《列宁选集》第 1 卷，人民出版社 1995 年版，第 721 页。

⑥ 《列宁选集》第 2 卷，人民出版社 1995 年版，第 550 页。

⑦ 《列宁选集》第 4 卷，人民出版社 1995 年版，第 142、143 页。

列宁实际上揭示出左右机会主义产生的一种规律性。列宁还对党内斗争的前提、公开讨论与行动一致的相互关系问题作了精辟的论述。他指出："党内各种色彩之间的斗争，当它还没有导致无政府状态和造成分裂的时候，当它还是在全体同志和全体党员一致承认的范围内进行的时候，是不可避免的而且是必要的。"[①]"既然内部的思想斗争是必要的，我们……就不应当害怕这种斗争。"[②]"在目前所处的这样的革命时代……每一个社会民主党人的职责，就是力求使党内关于理论和策略问题的思想斗争尽可能公开、广泛和自由地进行。"[③]"但是，在统一的党内进行的这种思想斗争，不应该分裂组织，不应该破坏无产阶级行动的一致。这在我们党的实践上还是一个新的原则，因此，要正确地加以贯彻还要做很多工作。""讨论自由，行动一致，这就是我们应该努力做到的。"[④]

8. 列宁非常重视工人阶级执政党建设问题

十月革命后，俄共(布)由无产阶级革命政党转变为执政党。对此，列宁有一系列的重要论述。他认为："为了彻底战胜资本主义，第一，必须战胜剥削者和捍卫住被剥削者的政权，这是用革命力量来推翻剥削者的任务；第二，担负起建设任务，就是建立新的经济关系，树立怎样做这件事情的榜样。""我们要获得具有国际意义的后一半胜利，就要完成后一半任务——经济建设方面的任务。"[⑤]列宁关于执政党的集体领导或集体管理的论述是精辟的。他认为：集体领导或集体管理是党的领导的最高原则，"为了处理工农国家的事务，必须实行集体管理制"。"任何时候，在任何情况下，实行集体管理都必须极严格地一并规定每个人对明确划定的工作所负的个人责任。借口集体管理而无人负责，是最危险的祸害。"[⑥](《列宁选集》中译本第1、2版，"集体管理"皆译为"集体领导"——引者注)关于反对执政党内的官僚主义，列宁指出："我们的党纲提出，同官僚主义作斗争的任务是一个特别长期的工作。农民愈分散，中央机关的官僚主义也就愈难避免。"[⑦]"我们内部最可恶的敌人就是官僚主义者……我们必须清除这种敌人……在这方面不能有任何动摇。""泛泛之谈。空话连篇。大家听厌了的愿望。这就是当今的'共产党员的官僚主义'。"[⑧]关于党的铁的纪律对执政党的重要

---

① 《列宁全集》第8卷，人民出版社1986年版，第345页。
② 《列宁全集》第17卷，人民出版社1988年版，第343页。
③ 《列宁全集》第12卷，人民出版社1987年版，第358页。
④ 《列宁全集》第13卷，人民出版社1987年版，第63页。
⑤ 《列宁全集》第40卷，人民出版社1986年版，第28、30页。
⑥ 《列宁全集》第37卷，人民出版社1986年版，第41、42页。
⑦ 《列宁全集》第41卷，人民出版社1986年版，第42页。
⑧ 《列宁全集》第43卷，人民出版社1987年版，第14、45页。

性，列宁有非常精辟的论述。他指出："如果我们党没有极严格的真正铁的纪律，如果我们党没有得到整个工人阶级全心全意的拥护，就是说，没有得到工人阶级中所有一切善于思考、正直、有自我牺牲精神、有威信并且能带领或引领落后阶层的人的全心全意的拥护，那么布尔什维克别说把政权保持两年半，就是两个半月也保持不住。"[①]关于执政党的批评和自我批评问题，列宁有十分精彩的论述。他说："我们党目前(指 1920 年——引者注)也许会陷入十分危险的境地，即变得骄傲自大起来……我希望我们决不要使我们的党落到骄傲自大的地步。"[②]"不怕承认自己的错误，不怕三番五次地做出努力来改正错误，这样，我们就会登上山顶。"[③]关于执政党同人民群众的关系问题，列宁认为："我们需要的是能够经常同群众保持真正的联系的党，善于领导这些群众的党。"[④]"对于一个作为工人阶级的先锋队来领导一个大国在暂时没有得到较先进国家的直接援助的情况下向社会主义过渡的共产党来说，最严重最可怕的危险之一，就是脱离群众。"[⑤]"只靠共产党员的双手来建立共产主义社会，这是幼稚的、十分幼稚的。""在人民群众中，我们毕竟是沧海一粟，只有我们正确地表达人民的想法，我们才能管理。否则共产党就不能率领无产阶级，而无产阶级就不能率领群众，整个机器就要散架。"[⑥]关于执政党党内监督的领导体制问题，列宁给我们留下宝贵的遗产。苏俄建国后，列宁在处理党的委员会与检查委员会相互关系问题上的做法，当代执政的共产党应当借鉴。1922 年 8 月俄共(布)第十二次全国代表会议，特别是 1925 年 12 月联共(布)十四大通过的党章比较周密地规定了党的委员会与检查委员会相互制约的关系：由党的代表大会，区域、边区、省和专区的代表会议选举产生各级监察委员会。各级监察委员会向原选举机关报告工作。各级监察委员会的决议，本级委员会不得加以撤销，但须经党委员会同意后才能发生效力，并由后者付诸实施。遇有不同意见时，将问题提交联系会议。同本级党委员会不能取得协议时，将问题提交党的代表会议或上级监察委员会或党的代表大会解决。在中央委员会和中央监察委员会举行联席会议时，中央监察委员会委员有表决权。中央监察委员会主席团派代表 3 人(主席团成员)和副代表 3 人出席中央政治局会议，派代表 5 人(主席团成员)和副代表 5 人参加中央政治局和中央书记处的会议，并有发言权。中央监察委员会有权在自己职权范围内给一切党

---

① 《列宁选集》第 4 卷，人民出版社 1995 年版，第 134～135 页。
② 《列宁全集》第 38 卷，人民出版社 1986 年版，第 354～355 页。
③ 《列宁选集》第 4 卷，人民出版社 1995 年版，第 645 页。
④ 《列宁全集》第 39 卷，人民出版社 1986 年版，第 225 页。
⑤ 《列宁选集》第 4 卷，人民出版社 1995 年版，第 626 页。
⑥ 《列宁选集》第 4 卷，人民出版社 1995 年版，第 682、695 页。

员和党组织分配任务。列宁逝世后,在斯大林于1934年主持制定的联共(布)党章中,关于党的委员会与检查委员会相互制约的关系都被取消了。

(二)关于党的战略策略问题

19世纪末20世纪初,资本主义发展到帝国主义阶段,无产阶级革命成为直接的实践问题。客观形势的发展要求无产阶级及其政党制定完整的指导无产阶级革命斗争的战略和策略。适应时代的需要,列宁不仅恢复了被第二国际所埋没的马克思和恩格斯的战略策略思想,而且还根据俄国革命与国际共产主义运动的丰富经验提出了许多新的原则,形成了无产阶级解放斗争的战略和策略体系,即列宁主义的战略和策略学说。这一学说集中表现在列宁写的《怎么办?》、《社会民主党在民主革命中的两种策略》、《共产主义运动中的"左派"幼稚病》等著作中。主要内容包括:(1)战略和策略在无产阶级革命中的重要地位和作用,战略和策略是指导无产阶级革命斗争的科学。(2)战略和策略的科学含义,它们是"党的政治行为或政治活动的性质、方向和方法"[①]。(3)与俄国革命发展的不同历史阶段相适应的不同战略路线或战略计划。(4)战略和策略的一系列指导原则,例如,必须把共产主义的普遍原则、国际无产阶级的普遍经验同各国家、各民族的具体特点正确地结合起来,必须把对共产主义思想的无限忠诚同善于在实践中进行一切必要的妥协、机动、通融、迂回、退却等等才干有机地结合起来,必须利用一切矛盾和可能的机会争取数量众多的同盟者,必须考虑到广大群众的觉悟程度和自身的政治经验,必须善于掌握一切社会活动形式并且随时准备用一切形式来迅速地代替另一种形式,等等。

第二节 斯大林等苏联领导人对科学社会主义的贡献

一、斯大林对科学社会主义的贡献

约瑟夫·维萨里昂诺维奇·斯大林(1879～1953),在苏联和国际共产主义运动中有着重要的历史地位。列宁在世时,他就是俄共(布)领导集团的核心成员之一;列宁逝世后,他是苏联党和国家的主要领导人,又曾是社会主义阵营和国际共运的领袖人物。斯大林在苏联主政近三十年,领导苏联实现了工业化和农业集体化,确立了社会主义制度,创造了世界社会主义发展史上第一个社会主义模式,打败了曾经不可一世的德国法西斯侵略者,取得了苏联卫国战争的伟大胜利。斯大林不仅在革命和建设社会主义实践上有功于苏联和国际共产主义事

① 《列宁全集》第11卷,人民出版社1987年版,第6页。

业，而且在坚持、捍卫和发展马克思列宁主义的理论方面也有不小的贡献。这是斯大林的一个方面，斯大林还有另一个方面。他之所以会成为大有争议的历史人物，是因为他在主政过程中也犯过一些大错误，特别是搞“肃反”扩大化，大量错杀无辜和冤枉好人，在苏联和整个世界社会主义、共产主义运动中造成恶劣的影响，极大地损害了社会主义、共产主义事业的声誉；斯大林在理论方面也有不少错误，并由于他所处的重要地位，一些错误理论也给苏联和国际共运带来相当大的危害；他还在社会主义阵营内犯过强制推行“苏联模式”的错误，特别是在南斯拉夫问题上，错误更加严重。

斯大林对科学社会主义的贡献主要表现在以下几个方面：

1. 系统论述和捍卫了列宁科学社会主义的理论和策略

斯大林撰写的《论列宁》、《论列宁主义基础》、《论列宁主义的几个问题》、《十月革命和俄国共产党人的策略》和他主持编写的《联共(布)党史简明教程》等著作，对列宁主义的历史根源、方法、工作作风，列宁对科学社会主义理论和策略的新贡献(无产阶级革命论、无产阶级专政论、社会主义一国胜利论、工农联盟论、民族理论、战略策略论、无产阶级政党论等等)作了系统而精辟的论述，对科学社会主义作出了重大贡献。

2. 创造性提出和论证了过渡时期结束后在社会主义社会发展的一定历史阶段无产阶级专政的国家仍需存在的观点

斯大林在联共(布)十八大的报告“几个理论问题”一节中，在回答坚持社会主义社会中国家仍需存在是否违背马克思主义经典作家的理论问题时，他指出：马克思和恩格斯关于无产阶级专政的国家只存在于过渡时期的观点，是同他们社会主义革命同时胜利理论联系在一起的，是没有考虑一国胜利后的国际环境问题；而列宁那部十月革命前夕所写的名著《国家与革命》，之所以也坚持马克思和恩格斯的观点，是因为“列宁认为他这部著作的主要任务就是捍卫马克思和恩格斯关于国家的学说，使它不被机会主义者歪曲和庸俗化……他的逝世使他未能完成这一任务(列宁原打算在《国家与革命》第二部分根据苏维埃政权在俄国存在的经验进一步探讨和发展关于国家的理论——引者注)。但是列宁所没有来得及完成的事业，应该由他的学生们来完成”①。

3. 创造性地论述了列宁的“一国胜利论”是指一国可以建成社会主义，但一国不能保证社会主义的完全胜利或最终胜利

对此，斯大林指出：“从前认为革命在一个国家内胜利是不可能的，以为要战胜资产阶级就必须要有一切先进国家内至少要有多数先进国家内无产者的共同

① 《斯大林选集》下卷，人民出版社1979年版，第468页。

发动。现在,这个观点已经不合乎实际情形了。现在必须从这种胜利是可能的出发,因为各种不同的资本主义国家在帝国主义环境内发展的不平衡性和跳跃性,帝国主义内部那些必然引起战争的灾难性矛盾的发展,世界各国革命运动的增长——所有这一切都使无产阶级在个别国家内的胜利不仅是可能的,而且是必然的。……可是,在一个国家内推翻资产阶级政权,建立无产阶级政权,还不等于保证社会主义的完全胜利。革命获得胜利的国家的无产阶级……能够而且应当建成社会主义社会。但是,这是不是说,它这样就能获得社会主义的完全胜利即最终胜利呢?换言之,这是不是说,它单靠一个国家的力量就能够最终巩固社会主义并完全保障国家免除外国武装干涉,也就是免除复辟呢?不,不是这个意思。为了达到这个目的,至少必须有几个国家内革命的胜利。"①

4. 丰富和发展了无产阶级专政理论

斯大林的无产阶级专政的实际经历长达36年,其无产阶级专政的实践经验超过了马克思和列宁,丰富和发展了无产阶级专政理论。斯大林从"无产阶级专政是无产阶级革命的工具"、"无产阶级专政是无产阶级对资产阶级的统治"和"苏维埃政权是无产阶级专政的国家形式"这三个方面系统阐述了无产阶级专政的内容。特别是他对无产阶级专政历史使命和任务的阐述,很有实践价值和理论价值。在《论列宁主义基础》和《列宁主义的几个问题》两文中,分别谈了无产阶级专政任务和特征的"两个三条"。斯大林论到第一个"三条"时,指出:"全部问题在于保持政权、巩固政权,使它成为不可战胜的……为了达到这个目的,至少必须完成在革命胜利的'第二天'就摆在无产阶级专政面前的三个主要任务:(1)粉碎已被革命推翻和剥夺的地主和资本家的反抗,消灭他们的一切恢复资本政权的行动;(2)用把一切劳动者团结在无产阶级周围的精神来组织建设工作,并按照准备取消阶级、消灭阶级的方向来进行这一工作;(3)把革命武装起来,组织革命军队,以便和外部敌人作斗争,和帝国主义作斗争。所以需要无产阶级专政,就是为了执行这些任务,完成这些任务。"②谈到第二个"三条"时,认为:"无产阶级专政有三个主要方面:(1)利用无产阶级政权来镇压剥削者,保卫国家,巩固和其他各国无产者之间的联系,促进世界各国革命的发展和胜利。(2)利用无产阶级政权来使被剥削劳动群众完全脱离资产阶级,巩固无产阶级和这些群众的联盟,吸引这些群众参加社会主义建设事业,保证无产阶级对这些群众实行国家领导。(3)利用无产阶级政权来组织社会主义,消灭阶级,过渡到无产阶级的

① 《斯大林选集》上卷,人民出版社1979年版,第213页。

② 《斯大林选集》上卷,人民出版社1979年版,第215页。

社会，即过渡到社会主义社会。”[①]从上看出，“两个三条”内容基本一致，后一个“三条”更全面一些。

5. 系统论述了列宁的无产阶级政党学说

在斯大林主持编写的《联共(布)党史简明教程》中，将列宁在1901～1908年所写的《怎么办?》、《进一步，退两步》、《社会民主党在民主革命中的两种策略》、《唯物主义与经验批判主义》四部名著分别界定为马克思主义政党的思想基础、组织基础、策略基础、理论基础。特别是对《进一步，退两步》一书中体现的组织基础，论述得系统而简明。《教程》认为，列宁在这一著作中所发挥而后来成了布尔什维克党组织基础的基本组织原理有如下六条：(1)马克思主义政党是工人阶级中的一部分，是工人阶级的先进的部队、觉悟的部队、马克思主义的部队；(2)党是工人阶级有组织的部队，它有其为党员所必须遵守的纪律；(3)党是工人阶级其他一切组织的最高组织形式，其使命是要领导工人阶级其他一切组织；(4)党是工人阶级先进部队与工人阶级千百万群众联系之体现；(5)党要正常地运作和有计划地领导群众，就必须按民主集中制原则组织起来；(6)党要保持自己队伍的统一，就应当在实践上实行统一的无产阶级纪律，即全体党员——无论是首领或普通党员——都必须同样遵守的纪律。[②] 斯大林在《论列宁主义的几个问题》一书中对“无产阶级专政体系中的党和工人阶级”的论述很有特色。他指出：无产阶级专政体系的主要领导力量、指导力量是无产阶级的先进部队，就是无产阶级政党；最广泛的群众组织即工会、苏维埃、合作社，是无产阶级专政体系的“杠杆或传动装置”。

6. 探讨了社会主义经济发展规律

斯大林对这一问题的探讨集中体现在他1952年所写《苏联社会主义经济问题》一书中。首先，他阐述了科学规律的客观性质，特别是社会主义制度下政治经济学规律的客观性质。他指出：“马克思主义把科学规律——无论指自然科学规律或政治经济学规律都是一样——了解为不以人们的意志为转移的客观过程的反映。人们能发现这些规律，认识它们，研究它们，在自己的行动中考虑到它们，利用它们以利于社会，但是人们不能改变或废除这些规律，尤其不能制定或创造新的规律。”[③]其次，斯大林阐述了社会主义基本经济规律，并同现代资本主义经济规律进行比较。他指出：“社会主义经济规律的主要特点和要求，可以大致表述如下：用在高度技术基础上使社会主义生产不断增长和不断完善的办法，

---

① 《斯大林选集》上卷，人民出版社1979年版，第410页。

② 参见《联共(布)党史简明教程》，莫斯科外国语出版社1953年版，第46～133页。

③ 《斯大林选集》上卷，人民出版社1979年版，第540页。

来保证最大限度地满足整个社会经常增长的物质和文化的需要。”[①]而现代资本主义经济规律的情形是怎样的呢?“现代资本主义基本经济规律的主要特点和要求,可以大致表述如下:用剥削本国大多数居民并使他们破产和贫困的办法,用奴役和不断掠夺其他国家人民特别是落后国家人民的办法,以及用旨在保证最高利润的战争和国民经济军事化的办法,来保证最大限度的资本主义利润。”[②]斯大林对两者的论述和比较,至今仍有重要价值。再次,斯大林还论述了国民经济有计划、按比例的发展规律同社会主义基本经济规律的相互关系。他指出:“有人说社会主义基本经济规律是国民经济有计划、按比例的发展规律。这是不对的……国民经济有计划发展规律的作用,只是在它以社会主义基本经济规律为依据时,才能发挥起来。”“国民经济的计划化……只有遵守下列两个条件才能得到良好的结果,这两个条件是:(1)它正确地反映国民经济有计划发展的规律的要求;(2)它在各方面适应社会主义基本经济规律的要求。”[③]最后,斯大林还根据苏联的经验,阐述了社会主义制度下的商品生产和价值规律问题。他指出:在我国,价值规律是发生作用的。它“首先是包括商品流通,包括通过买卖的商品交换,包括主要是个人消费的商品的交换……在这个领域中,价值规律保持着调节者的作用,当然,是在一定的范围内保持着调节者的作用”[④]。在生产领域只起影响作用。关于价值规律的作用,斯大林还有一个很重要的判断:价值规律“是很好的实践的学校,它促使我们的经济工作干部迅速成长,迅速变成现今发展阶段上社会主义生产的真正领导者”[⑤]。

7. 非常系统而精辟地阐述了民族问题理论

斯大林很长时期是民族工作的实际领导者,同时又是民族问题的理论家。他除了在各种报告演说中从各个方面论述了民族问题之外,还专门写有民族问题的著作:《马克思主义和民族问题》(1913 年)、《十月革命与民族问题》(1918 年)、《民族问题与列宁主义》(1929 年)。首先,斯大林赋予“民族”概念以科学含义。他指出:“民族是人们在历史上形成的一个有共同语言、共同地域、共同经济生活以及表现在共同文化上的共同心理素质的稳定的共同体。”[⑥]其次,斯大林论述了帝国主义时代民族问题上的两个趋向:“一个趋向是在帝国主义压迫和殖民地剥削的基础上产生的,它力求在政治上摆脱帝国主义束缚而成立独立的民

---

① 《斯大林选集》下卷,人民出版社 1979 年版,第 569 页。

② 《斯大林选集》下卷,人民出版社 1979 年版,第 568 页。

③ 《斯大林选集》下卷,人民出版社 1979 年版,第 569、570 页。

④ 《斯大林选集》下卷,人民出版社 1979 年版,第 552～553 页。

⑤ 《斯大林选集》下卷,人民出版社 1979 年版,第 553 页。

⑥ 《斯大林选集》上卷,人民出版社 1979 年版,第 64 页。

族国家;另一个趋向是因世界市场和世界经济的形成而产生的,它力求使各民族在经济上彼此接近。""对于帝国主义,这两个趋向是不可调和的矛盾……对于共产主义,恰恰相反,这两个趋向不过是一个问题,即被压迫民族摆脱帝国主义压迫这一问题的两个方面。"[①]第三,斯大林还论述了民族问题的三个历史时期。他认为:"第一个时期是西方封建主义消灭和资本主义胜利的时期。人们就是在这个时期形成民族的。""民族压迫和反抗民族压迫的斗争方式发展的第二个时期,是西方帝国主义出现的时期。""第三个时期是苏维埃时期,是资本主义消灭和民族压迫消除的时期。"[②]第四,斯大林论述了帝国主义时代使民族问题从国内问题变成世界问题。他指出:"十月革命的伟大的世界意义主要在于:(1)它扩大了民族问题的范围,使民族问题从欧洲反对民族压迫的局部问题变为各被压迫民族、各殖民地和半殖民地从帝国主义下解放出来的总问题;(2)它给这一解放开辟了广泛的可能性和现实的道路,这就大大促进了西方和东方的被压迫民族的解放事业,把他们汇集到胜利的反帝国主义斗争的巨流中去;(3)它从而在社会主义的西方和被奴役的东方之间架起了一座桥梁,建成了一条从西方无产者经过俄国革命到东方被压迫民族的新的反对世界帝国主义的革命战线。"[③]

二、布哈林对新经济政策的丰富发展

尼古拉·伊万诺维奇·布哈林(1888～1938),曾是苏联党和国家的领导人之一,国际共产主义运动史上的著名活动家。

布哈林在联共(布)党内是以理论家和经济学家而著称的。列宁在世时,曾称他为"学识卓越的马克思主义经济学家"。在理论上,他既有许多创见,又有一些错误观点。列宁对他的评价是:"布哈林不仅是党的最宝贵的和最大的理论家,他也理所当然被认为是全党喜欢的人物";但在他的理论观点里"有某种繁琐哲学的东西(他从来没有学过辩证法,因而——我想——他从来没有完全理解辩证法)"[④]。十月革命胜利后,布哈林任《真理报》主编,俄共中央政治局候补委员、委员。1918 年在苏俄与德国签订《布列斯特和约》问题上,布哈林同列宁发生了尖锐的意见分歧,以他为首的"左派共产主义者"反对签约,主张同德国进行"革命战争"。经列宁批评教育和实践证明了他们的错误之后,在苏维埃五大党团会议上正式发表声明承认错误,宣布解散自己的派别组织。斯大林时期,布哈

① 《斯大林选集》上卷,人民出版社 1979 年版,第 242、243 页。

② 《斯大林全集》第 5 卷,人民出版社 1957 年版,第 27、28 页。

③ 《斯大林选集》上卷,人民出版社 1979 年版,第 126 页。

④ 《列宁全集》第 43 卷,人民出版社 1987 年版,第 339 页。

林和斯大林在社会主义建设方针问题上发生了严重的意见分歧。1929 年 4 月，在联共(布)中央委员会和中央监察委员会联席会议上，布哈林被当作“右倾机会主义者”和“布哈林—李可夫反党集团”受到批判，并撤销其《真理报》主编和共产国际的领导职务。1938 年又以“叛国罪”被判处死刑。戈尔巴乔夫主政期间，为其平反昭雪。布哈林一生著述甚多，人民出版社、东方出版社等出版了中译本《布哈林文选》(上、中、下)。布哈林的一些重要理论著作，如《共产主义 ABC》等早已出版单行本，未再收入文选。

布哈林对马克思列宁主义·科学社会主义的贡献是多方面的。在此，我们仅就他对列宁新经济政策的论述来探讨其对科学社会主义的贡献。

1. 布哈林根据苏联国情提出社会主义具有不同的民族类型，苏联是在落后国家建设社会主义的类型

布哈林指出：“各种不同的社会主义形式在某种意义上将是以前的资本主义形式在另一种形式中的继续；这就是说，各个不同国家的资本主义的特点，将在那些国家的社会主义生产的特殊形式中表现出来。”“无产阶级在一切国家中夺取了政权以后的最初发展阶段，也将具有各种不同的社会主义的生产形式。我们可以公开地说，我国的社会主义同其他国家的社会主义相比，将具有亚细亚的形式。……我国经济发展的所有一切落后的特点，都将在我国社会主义的落后的形式中表现出来。”①

2. 布哈林认为，在落后的国家建设社会主义应当实行列宁的新经济政策

布哈林指出：“新经济政策的确是一种独特的、俄国的现象”，但“它又是一种普遍的现象”。“新经济政策的一些问题也是国际性问题。自然，在我们使之实现合理化的东西和我们不能使之实现合理化的东西——这两者之间的比例关系上，我们有独特的东西。俄国的独特的东西就在这里。”②

关于在落后的苏联建设社会主义的道路和政策问题，布哈林强调通向社会主义道路的长期性和农民问题的重要性。他在其《到社会主义之路和工农联盟》一文中指出：“由于存在着小商人和小企业主，所以，即使在我们的制度下，他们仍将继续存在一个相当长的时期；由于存在着在我国具有极其巨大的经济意义的非常广大的农民阶层，所以，第一，到达完全的社会主义的道路是相当长的，第二，作为农民经济向社会主义发展的康庄大道的农业合作社具有非常重大的意义；由于存在着其中包括成千上万的无产者的大企业，所以，在我国无产阶级的

---

① 《布哈林文选》上册，东方出版社 1988 年版，第 64 页。

② 《布哈林文选》上册，东方出版社 1988 年版，第 66 页。

领导是完全可能的。”①

布哈林还强调制定经济政策必须坚持大力发展生产力的思想。他认为战时共产主义政策不是以发展生产力为目的的政策，而新经济政策“是无产阶级实际的政策，也就是旨在发展国内生产力的政策的前提、第一步和总的必要条件”。“胜利的无产阶级的真正的经济政策，即利用一切经济力量并且真正提高国家生产力的经济政策，我们只有在不用‘封闭’的办法，而是通过进一步突破战时共产主义框框的办法来管理经济的条件下，才能实行，而且我们越是扩大经济周转，就越会成功。”②

布哈林特别强调市场关系是新经济政策的实质。他在1928年共产国际六大上的报告中明确指出：“市场关系的存在——在某种程度上——是新经济政策的决定性因素。这是确定新经济政策实质的最重要的标准。”③在布哈林看来，市场关系是新经济政策与战时共产主义政策的根本区别，是新经济政策的基础。布哈林认为，市场经济在经济发展中具有重要作用：第一，市场借助于劳动者对个人利益的关系调动其生产积极性。他说：“我们利用农民、小生产者甚至资产者的经济主动性，从而允许私人积累，这样，我们也就在一定意义上使他们客观上为社会主义国营工业和整个经济服务。我们开放了商品流转，这样，就有可能去发挥私有小生产者的经营兴趣，刺激生产的扩大，通过实行形式上和过去一样的工资制度——计件工资制度等等，调动工人落后阶层的个人主义的刺激因素为社会主义服务，因为他们前进的动力不是共产主义思想，而是私人利益；我们使大家这样工作：让无产者以自己的私人利益为出发点去促进整个生产的高涨。”④第二，市场是保持工农业之间平衡发展的前提条件。他认为，工农业之间的市场联系意味着我们使城市能够在经济上促进农村的繁荣，同时使农村能够在经济上促进城市的繁荣。农民经济的积累意味着对工业品的需求日益增长，这种需求能引起农业的巨大发展，而工业的发展反过来又能对农业发展起到良好的促进作用。布哈林还认为，可以通过市场关系走上社会主义。他指出：“过去我们认为，我们可以一举消灭市场关系。而实际情况表明，我们恰恰要通过市场关系走上社会主义。”“我们需要的不是生产力的发展本身，而是生产力的这样的发展，即它能保证社会主义成分的胜利。”“我们需要我国生产力的这样的发展和这样的经济高涨，即与此同时要发展社会主义形式，要不断排挤和削弱敌视社

---

① 《布哈林文选》上册，东方出版社1988年版，第475页。

② 《布哈林文选》上册，东方出版社1988年版，第109、360页。

③ 《布哈林文选》下册，东方出版社1988年版，第392页。

④ 《布哈林文选》上册，东方出版社1988年版，第359页。

会主义的资本主义形式。我们需要取得生产力的这样的发展，即它会把我们引导到社会主义，而不是把我们引导到完全复兴的所谓‘健全的’资本主义。”[①]

3. 布哈林坚持和发展了列宁《论合作社》的思想，主张通过合作社引导农民走社会主义道路

布哈林指出，小农经济是吃了小的亏，“农民从自己的私有经济即单个的小农户的利益出发，必然会走上自身联合的道路，从而越来越和睦地同无产阶级的国营工业结合起来”[②]。农民的联合问题，只能通过合作制进行，合作社是在市场基础上将小农的个人利益与社会主义建设的长远利益结合起来的唯一形式。合作制所以能够引导农民走上社会主义，根本原因在于它是城乡结合、工农结合的连接点，“无产阶级的城市和劳动的农村之间的中间环节是合作社，合作社正是城市与农村之间的连接点，它首先体现工人阶级和农民之间的经济结合，而加强这种结合是工人阶级和我们党的基本任务。”“合作社应当用使农民获得直接利益的方法来吸引他们。”[③]布哈林认为列宁“遗嘱”中的重要之点是不要再用对农民使用暴力的方法而走向社会主义。他强调合作社内部要坚持民主原则，实行“管理委员会和一切负责人员的选举制”[④]。在社会主义国营经济和农民合作社经济之间、合作社组织之间以及合作社内部都要以市场关系为基础，坚持平等的经济利益关系。布哈林还指出，合作化的发展道路应是从流通领域的合作发展到生产领域的合作和由个体农民经济转变为社会主义集体经济。他高兴地说：“如果农民合作社将整个地长入无产阶级国家经济机关的体系，那么，这将意味着无产阶级的经济领导，这将意味着工农联盟的加强，这将意味着我们沿着走向社会主义的道路大步前进。”[⑤]

三、季诺维也夫的列宁主义观

格里戈里·叶夫谢耶维奇·季诺维也夫(1883～1936)，曾是苏联党和国家的领导人之一，国际共产主义运动史上的著名活动家，联共(布)党内的老布尔什维克。

列宁逝世后，在苏联曾出版了一批论述列宁主义的专著，季诺维也夫所写《列宁主义——列宁主义研究导论》一书，是其中较有分量、较重要的一部。它同斯大林的《论列宁主义基础》几乎是同时问世的著作。后者是在斯维尔德洛夫大

① 《布哈林文选》上册，东方出版社 1988 年版，第 441、363、361 页。

② 《布哈林文选》上册，东方出版社 1988 年版，第 414 页。

③ 《布哈林文选》上册，东方出版社 1988 年版，第 435、375 页。

④ 《布哈林文选》上册，东方出版社 1988 年版，第 468 页。

⑤ 《布哈林文选》上册，东方出版社 1988 年版，第 419 页。

学的讲演，后载于1924年4月26日至5月18日的《真理报》；前者是1924年底在共产主义科学院和红色教授学院的讲稿，整理后于1925年9月出版。在联共（布）历史上，斯大林的《论列宁主义基础》以及《论列宁主义的几个问题》成了解释列宁主义的范本之后，其他同类著作就成了禁书，季诺维也夫的这部书因而也难以见到。关于“列宁主义”的定义，季诺维也夫和斯大林不完全相同，斯大林批判了季诺维也夫，产生了“列宁主义定义”之争。①

季诺维也夫关于社会主义革命和建设等的著作和文稿是较多的。在此，我们仅就其《列宁主义》一书的内容，阐述他的列宁主义观。该书分十六章，较全面系统地阐述了他关于列宁主义的观点：马克思主义和列宁主义的联系和区别；小资产阶级从“左面”对列宁主义的批评；无产阶级与农民民主专政；资产阶级民主革命向社会主义革命的转变；列宁所理解的民族革命；运动和规模和列宁的分析；马克思和“不断”革命；帕尔乌斯和托洛茨基的“不断革命”；从国际经验谈谈革命动力问题；列宁主义和无产阶级专政；列宁主义和新经济政策；什么是社会主义的最终胜利；列宁主义和社会主义在一国胜利问题；列宁关于党的作用的学说；列宁主义和辩证法；等等。

季诺维也夫在该书“导言”中阐述马克思主义和列宁主义的关系时，集中表明了自己的列宁主义观，并同斯大林发生了争论。

1. 季诺维也夫首先提出一个问题，即什么时候以及为什么在国际工人运动中说起列宁主义来的

季诺维也夫指出：“最早使用这个词的是列宁的反对者，大约是在1903年，在布尔什维克和孟什维克开始出现分歧之时。那时这个词是用于论战目的的，反对者企图把列宁的观点同马克思主义的原理对立起来。”“列宁当然是最坚决地反对这种做法的。他认为自己是正统的马克思主义者，实际上他也确实是这样的人。”“列宁逝世之后，布尔什维克不仅在俄国，而且在全世界谈论作为一种学说的列宁主义。”“毫无疑问，即使现在列宁本人也会反对这种用语的。”“但是我们作为列宁的同时代人和他的学生，现在有责任来谈列宁主义，就像马克思事业的继承人当时应该谈马克思主义，或者达尔文观点的拥护者谈达尔文主义那样。这不是简单地出于对伟大导师的尊敬和爱戴，而是革命运动的最根本利益的要求。”②

---

① 参见[苏]格·季诺维也夫《列宁主义——列宁主义研究导论》，郑异凡、郑桥译，东方出版社1989年版，“译者说明”第1页。

② [苏]格·季诺维也夫：《列宁主义——列宁主义研究导论》，郑异凡、郑桥译，东方出版社1989年版，第1页。

2. 季诺维也夫系统阐述了列宁主义在哪些方面丰富了马克思主义学说

季诺维也夫指出:“列宁主义首先就是对社会历史发展中的新的过程和世界工人运动(和整个革命运动)中丰富的新的经验的认识和对此作出的马克思主义解释,这些过程和经验是在马克思以后产生的,并且常常为第二国际的官方理论家所歪曲。”“列宁主义首先在下列问题的研究上丰富了马克思主义的整个学说:(1)关于帝国主义的理论;(2)关于实现无产阶级专政的条件和机制,关于无产阶级在帝国主义战争和世界革命时代的策略;(3)关于无产阶级革命以前、无产阶级革命中间和无产阶级革命以后无产阶级和农民的相互关系;(4)关于民族问题的意义,特别是殖民地和半殖民地国家的民族运动对世界革命的意义;(5)关于党的作用;(6)关于过渡时期无产阶级国家的作用;(7)关于作为这一时期无产阶级国家的具体形式的苏维埃制度。”[①]

3. 季诺维也夫提出了自己的“列宁主义”定义

季诺维也夫的“列宁主义”定义与斯大林的“列宁主义”定义的同异点:

首先,二者有相同之处。比如,斯大林认为:“列宁主义是帝国主义和无产阶级革命时代的马克思主义。确切些说,列宁主义是无产阶级革命的理论和策略,特别是无产阶级专政的理论和策略。”[②]而季诺维也夫也认为:列宁主义是帝国主义(也就是垄断基础上的垂死的、腐朽的资本主义)和已经开始的社会主义革命时代的马克思主义的理论与实践。

可是他在其书中还有更多的一些界定,又明显地不同于斯大林。比如,他特别强调“列宁主义在农村人口占大多数的国家(俄国)第一次取得直接的胜利”这一实际情况,特别重视“无产阶级领导下的农民革命”这一要点,认为这是“列宁主义政策的实质”。基于此,所以季诺维也夫认为,如果要给成熟的列宁主义,即具有世界历史意义的列宁主义下定义的话,那就应当这样说:如果说列宁在1913年把马克思主义看作是总结了德国古典哲学、英国古典政治经济学和法国社会主义学说,那末,现在我们就应当把列宁主义时代的马克思主义看作是马克思和恩格斯已勾画出基本轮廓而为列宁主义发展的学说,除了上述三个组成部分以外列宁主义又总结了三个新的组成部分:第一,垄断资本主义、帝国主义战争和世界无产阶级革命的开端的经验;第二,俄国历次革命以及无产阶级和农民在其中的作用;第三,被压迫民族的运动。[③] 很清楚,季诺维也夫除了赞同斯大

---

① [苏]格·季诺维也夫:《列宁主义——列宁主义研究导论》,郑异凡、郑桥译,东方出版社1989年版,第3页。

② 《斯大林选集》上卷,人民出版社1979年版,第185页。

③ 参见[苏]格·季诺维也夫《列宁主义——列宁主义研究导论》,郑异凡、郑桥译,东方出版社1989年版,第1~15页。

林说的“列宁主义是帝国主义和无产阶级革命时代的马克思主义”的定义外，他还特别强调列宁主义是俄国革命经验和殖民地半殖民地民族解放运动的经验总结，实际上认为列宁主义首先是俄国化、东方化的产物。

4. 季诺维也夫辩证地阐述了列宁主义和马克思主义的关系

季诺维也夫指出：“决不能把列宁主义同马克思主义对立起来。列宁是马克思的最杰出的学生。离开马克思主义就没有列宁主义。”“在列宁那里没有或者说几乎没有一点东西是不能从马克思主义‘引申’出来的。在这种意义上列宁数十次地把自己叫做马克思的学生。没有马克思就没有列宁。”“但是，和马克思相比……列宁对新的世界历史时期的最重要的大事件作出了评价，从而给马克思理论本身加进了新的成分。因此，列宁主义在辩证法的运用上达到了前所未有的水平，使我们对帝国主义时代的根本矛盾及基本规律有了清晰完整的理解，解决了整个新时代的特点所提出的一系列有首要意义的问题。这就是为什么在我们的时代要成为革命的马克思主义者，就无论如何必须成为列宁主义者的缘故。”①

第三节 其他国际共运领袖对科学社会主义的贡献

一、罗莎·卢森堡对科学社会主义的贡献

罗莎·卢森堡(1871～1919)，德国社会民主党和第二国际左派的著名领袖，德国共产党创始人之一，国际共运中杰出女活动家，也是一位善于独立思考的马克思主义理论家。她对科学社会主义的重大问题研究的贡献，主要表现在五个方面：

1. 对资本主义和帝国主义的研究

卢森堡在《国民经济入门》和《资本积累论》两书中，阐述了《资本论》的基本原理，用大量的新材料证明马克思在《资本论》中作出的一些重要结论，比如“资本来到世间从头到脚每个毛孔都流着血和肮脏的东西”等等。她还深入研究了资本积累的手段、过程及其本质，重点揭露了英国在印度进行殖民扩张的狡猾而严酷的手段。她说：“英国人运用他们在殖民地所常用的策略，试图把他们的强制政策——这个政策实际上破坏了传统的土地所有制形式，使印度农民经济土崩瓦解——说成为了保护农民的利益，帮助农民们抵抗本地的压迫和剥削，而有

① [苏]格·季诺维也夫：《列宁主义——列宁主义研究导论》，郑异凡、郑桥译，东方出版社 1989 年版，第 3、9、6 页。

必要实施的。英国牺牲了农村公社的古老财产权,人为地创造了印度的土地贵族;然后,又出来'保护'农民以免这些被称为压迫者的压榨,并把那些'违法侵占的土地,收归英国资本家的手里。"[①]《资本积累论》公开发表以后,曾引起广泛争论,反对者认为她的观点和考茨基主义者的观点是一致的。20 世纪 60~70 年代,又有学者对这一观点提出异议,并发表文章进行争鸣。

2. 对无产阶级政党组织建设问题的研究

卢森堡在《俄国社会民主党的组织问题》和《再论群众与领袖》等文论中,对党的组织建设的理论问题发表了许多独到的见解。在该书中,她严厉批评列宁的"严格集中制"的思想。她指出:"俄国社会民主党中的一部分人力图使充满希望的、生气勃勃的工人运动通过无所不知的中央委员会的托管来防止失策,我们觉得这已经是一种一再跟俄国的社会主义思想开玩笑的主观主义了。的确,疯狂的跳跃会引人发笑,历史上的人的高贵的主体在自己的历史过程中有时喜欢作这种跳跃。被俄国的专制制度压倒并碾得粉碎的我,通过以下方式得到了报复的机会:它借助于革命的思想界人士登上了宝座,并且作为密谋委员会以根本不存在的'人民意志'的名义宣布自己是万能的。但是'客体'表明自己更强大些,鞭子很快就获得了胜利,因为它是历史发展过程中的现阶段的'合法'表现。最后,历史发展过程的更加合法的孩子——俄国工人运动登上了舞台,它已经有了一个最美好的开端,破天荒第一次在俄国历史上创造了真正的人民意志。但是现在俄国革命家的'我'又以最快的速度把事情颠倒过来,并且再一次宣布自己是历史的万能的舵手,而这一次是以社会民主党工人运动中央委员会的皇帝陛下的身份出现。在这里,胆大艺高的杂技演员没有看到,承担舵手所起的这个作用的唯一客体是工人阶级这个集体的我,它坚决要求有自己犯错误的权利,自己向历史辩证法学习的权利。最后,我们还要在我们中间坦率地说:真正革命的工人运动所犯的错误,同一个最好的'中央委员会'不犯错误相比,在历史上要有成果和有价值得多。"[②]在这里,卢森堡将过度集中制下的党中央委员会及其主要领导人比喻为"皇帝陛下",其说法看似尖刻,但仔细研究一下,对无产阶级执政党的改革来说还是很值得认真思考和借鉴的。

3. 尖锐批判了伯恩施坦修正主义,论述了实现社会主义的道路,辩证而精彩地分析了革命和改良的关系

卢森堡在《社会改良还是社会革命?》、《社会民主党与议会主义》等文论中,在回答为什么不能通过伯恩施坦社会改良主义的道路实现社会主义革命的问题

① [德]罗·卢森堡:《资本积累论》,彭尘舜、吴纪先译,三联书店 1959 年版,第 296 页。

② 《卢森堡文选》上卷,人民出版社 1984 年版,第 517~518 页。

时指出:"自从阶级社会存在,阶级斗争成为社会历史的基本内容以来,夺取政权一直是一切上升阶级的目的,又是每一个历史时期的起点和终点。""资本主义社会的生产关系越来越走向社会主义,而它的政治关系和权利关系则相反,它们在资本主义社会和社会主义社会之间筑起了一堵越来越高的墙。这座墙靠社会改良和民主发展是打不通的,相反,它会因此更高更牢固。要打垮这堵墙,只有靠革命的锤击即由无产阶级夺取政权。"[①]卢森堡所指的"高墙",包括军队、警察、法庭、监狱等国家暴力机关,还有政治法律制度、议会民主传统、思想、文化、宣传、教育、宗教、哲学、道德伦理等非暴力手段。所以,她提出的"革命锤击"实际上是暴力与非暴力有机结合,通过这种道路实现社会主义革命。卢森堡所理解的改良和革命之间的关系是辩证的,是相互排斥、相互制约又相互补充的。她认为,改良并非"放宽"了的革命,革命也不是"压窄"了的改良,二者就像"南极和北极"、"资产阶级和无产阶级"一样互相排斥;同时,改良又是革命的补充,在两次革命高潮中间改良可以成为团结群众、巩固和扩大革命阵地、准备发动一种新斗争的手段。改良与革命也"并不是像在历史的食堂里的热炒和冷盘一样,可以任人挑选的历史进步的不同方式"[②],而是由客观斗争需要决定的。

4. 论述了社会主义民主

卢森堡认为,"社会主义社会的本质在于大多数劳动群众不再是被统治的群众,而是自己的全部政治和经济生活的主人,并且在有意识的、自由的自决中领导着全部生活"[③]。其结论就是:没有人民群众真正当家作主,就没有社会主义。为了保证人民群众实现真正的民主和当家作主的权利,就要推翻资产阶级的统治,建立无产阶级专政;而无产阶级专政,则是运用全部的政治权利、手段去实现社会主义,无产阶级专政就是社会主义意义上的民主,二者是不可分割的统一体。无产阶级专政"必须是阶级的事业,而不是极少数领导人以阶级的名义实行的事业,这就是说它必须处处依靠群众的积极参与,处于群众的直接影响下,接受全体群众的监督,从人民群众发达的政治教育中产生出来"。"没有无产阶级多数的自觉意志和自觉行动,就没有社会主义"[④]。

此外,卢森堡还论述了社会主义改革问题,她认为:社会主义是一种未经开垦的处女地,实现社会主义"这一任务要求彻底改造国家并且对社会的经济和社会基础实行彻底的改革"。"这种改造和改革是不能由某个行政机构、委员会或

① 《卢森堡文选》上卷,人民出版社 1984 年版,第 130、101 页。

② 《卢森堡文选》上卷,人民出版社 1984 年版,第 129～130 页。

③ 转引自高放、黄达强主编《社会主义思想史》上册,中国人民大学出版社 1987 年版,第 591 页。

④ 转引自高放、黄达强主编《社会主义思想史》上册,中国人民大学出版社 1987 年版,第 593 页。

者一个议会下命令来完成的，它只能由人民群众本身去着手完成。”[①]“必须学会从资本家投入生产过程的死机器变成这一过程的会思考的、自由的、主动的领导人。他们必须具有公众的积极分子的责任感，而公众是全部社会财富的唯一主人。他们必须发展这种精神：没有厂主的皮鞭，却很勤劳；没有资本家的监工，却有极高的效率；没有奴役却守纪律；没有统治却有秩序。”[②]

卢森堡关于社会主义民主、社会主义改革的论述，对于当代各现实社会主义国家的改革，具有重要的参考价值。

二、卡尔·李卜克内西对科学社会主义的贡献

卡尔·李卜克内西(1871～1919)，是威廉·李卜克内西的儿子，德国共产党的创始人之一，国际工人运动的卓越活动家。在革命实践中，他写下了大量演说、书信和论文，其著名的《军国主义和反军国主义》一书已译为中文。他在其著作与文献中提出了不少独到的见解，尤其是他的反军国主义方面的论述，丰富了科学社会主义思想宝库。卡尔·李卜克内西强调指出：军国主义是“当今资本主义社会的一种表现”，是垄断资产阶级统治的“最恶劣的形式”，“不仅是国家之内而且简直是国家之上的国家”。“它的任务是维护现存的社会秩序，在工人阶级解放斗争当中充当资本主义及一切反动势力的支柱。”[③]因此，他认为，德国社会民主党应把反对军国主义作为自己的首要任务。他特别重视在青年中进行反军国主义教育和马克思主义教育，提出“每个社会民主党人应该教育自己的儿女成为社会民主主义者”[④]，并响亮地提出：青年是军队的来源，“谁有了青年，谁就有了军队”[⑤]。卡尔·李卜克内西认为社会民主党反对军国主义和帝国主义战争唯一有效的策略方针，就是动员各国无产阶级和广大人民群众停止互相厮杀，“掉转武器反对国内自己的阶级敌人，主要的敌人就在自己国内！”[⑥]

三、安东尼奥·葛兰西对科学社会主义的贡献

安东尼奥·葛兰西(1891～1937)，意大利共产党早期领导人，意大利和欧洲发达资本主义国家社会主义道路的最早探索者，是国际共运史上有重要影响的革命家和理论家。他对科学社会主义的论述和贡献是多方面的，而主要论述的

---

① 转引自高放、黄达强主编《社会主义思想史》上册，中国人民大学出版社 1987 年版，第 594 页。
② 转引自高放、黄达强主编《社会主义思想史》上册，中国人民大学出版社 1987 年版，第 595 页。
③ 转引自高放、黄达强主编《社会主义思想史》上册，中国人民大学出版社 1987 年版，第 599 页。
④ [德]卡尔·李卜克内西：《军国主义和反对军国主义》，易廷镇译，三联书店 1962 年版，第 186 页。
⑤ [德]卡尔·李卜克内西：《军国主义和反对军国主义》，易廷镇译，三联书店 1962 年版，第 195 页。
⑥ 转引自高放、黄达强主编《社会主义思想史》上册，中国人民大学出版社 1987 年版，第 600 页。

是发达资本主义国家如何进行社会主义革命的问题，其中“阵地战”策略与“工人阶级领导权”思想最具特色和代表性。

1. 意大利与欧洲发达国家社会主义革命的新战略——“阵地战”

发达资本主义国家如何进行社会主义革命，一直困扰着战斗在那里的各国共产党人。葛兰西经过认真思考和探讨，提出了与俄国十月革命不大相同的“阵地战”这种新战略。他指出：“在中欧和西欧……在俄国真实存在的并推动群众实行革命冲击的那些条件，由于存在资本主义较高发展所建立的上层建筑而复杂化了，它使群众的行动比较缓慢，比较小心谨慎，因而它要求革命政党的全部战略和策略比 1917 年 3 月到 11 月时期俄国布尔什维克的战略和策略更为复杂，更要作长期打算。”①后来，葛兰西在分析政治作用时又提出了很新颖的观点：“在发达的资本主义国家中，统治阶级拥有例如俄国所没有的那些政治和组织的后备军。这就是说，甚至最严重的经济危机也不会立即地直接地反映到政治领域。政治总是落后于并且大大落后于经济。国家机器就是在危机的时候在很大程度上也还能组织忠于政治制度的力量，这比人们常常从危机深处出发作出的推测牢固得多。”②在《狱中札记》中，葛兰西又从国家理论的角度深刻地探讨了这个问题。“在俄国，国家是最重要的事物，公民社会是原始的和未成型的；在西方，国家和公民社会之间有着合适的关系，当国家动摇时，公民社会的坚固结构就显露出来。国家仅仅是外围的战壕，在战壕那一边屹立着的是公民社会的堡垒和工事。”③葛兰西认为，现代发达资本主义国家是一种“完整的国家”，“国家＝政治社会＋公民社会”。这种国家的职能有两重性：一是“守夜者”、“卡宾枪手”、“宪兵”；二是“教育者”、“意识形态机器”。前者维持公共秩序和保证守法，后者是把“广大居民群众提高到符合生产力发展需要从而符合统治阶级利益的一定的文化和道德水平（或型式）”。④ 基于上述认识，葛兰西提出了“阵地战”战略。他的“阵地战”的基本思想可以概括为：现代发达资本主义国家，除暴力镇压机器外，其民主机构和意识形态起着维护资产阶级统治的更重要的作用，无产阶级夺取政权不能像俄国十月革命那样一举成功，而应打持久战，先逐个夺取政治和思想、文化阵地，最后摧毁暴力机器，从而稳固地达到社会主义革命的最终目的。葛兰西之所以认为现代发达资本主义国家的革命适合“阵地战”，是因为：“在这些国家里‘公民社会’变成了很复杂的结构，能够经受直接经济因素（危机、

① 转引自高放、黄达强主编《社会主义思想史》上册，中国人民大学出版社 1987 年版，第 607 页。

② 转引自高放、黄达强主编《社会主义思想史》上册，中国人民大学出版社 1987 年版，第 607 页。

③ 转引自高放、黄达强主编《社会主义思想史》，中国人民大学出版社 1987 年版，第 607～608 页。

④ 参见[意]安东尼奥·葛兰西《狱中札记》，葆煦译，人民出版社 1983 年版，第 222、212～214 页。

萧条等等)的灾祸性'侵袭',在这种场合下,公民社会的上层建筑所起的作用好像现代战争中的堑壕配系。在这种战争中,看上去一定能够消灭敌人全部防御配系的猛烈炮击,事实上只能破坏它的外部掩蔽工事,因而在冲击和进攻的时候,进攻者所面临的是依然具有威力的防线。在发生严重的经济危机的时期,在政治方面也有同样的现象:尽管危机后果严重,进攻者既不能迅雷不及掩耳地在时间上和空间上把自己的力量组织起来,更不能取得进攻的精神;而被进攻者也不会士气涣散甚至在废墟中也不会停止抵抗,而且对自己的力量和前途也不失掉信心。"①

2. 系统阐述了工人阶级领导权思想

葛兰西提出的"工人阶级领导权"概念,是与其"阵地战"新战略相联系的,内涵有三:

一是以民主方式实现工人阶级领导权。葛兰西"领导权"概念中没有"强制"、"统治"的内容,"领导者维护被领导者的利益……关键的问题不是被领导者消极的和间接的同意,而是单独个人的积极的和直接的同意"②。"在以领导权为特征的制度中,领导集团和被领导集团之间的民主关系存在的先决条件是:经济发展(因而还有体现经济发展的立法)要有利于被领导集团向领导集团过渡的分子运动过程。"③

二是工人阶级取得意识形态方面的领导权,是发达资本主义国家社会主义革命的重要条件。葛兰西认为,资产阶级十分重视控制意识形态,把他们的哲学通过一系列的综合和通俗化成为一种"常识",成为群众的哲学,从而使群众接受他们生活的那个社会的道德、习俗和制度化了的行为准则;而"一经隶属的社会集团成为真正自治的领导集团并建立新型国家时,就需要有新的智力的和道德的秩序,就是说,需要一种新型的社会,因而也就需要最普遍的概念,需要最精制的和决定性的意识形态武器"。因此,"马克思主义面临两个任务,一是反对形式最精美的现代思想,以便创造出独立的知识分子的思想核心;二是教育处在中世纪文化水平的人民群众"④。当然,葛兰西十分重视意识形态的领导权,但并没有将其绝对化,他指出:"在夺取政权以前,谁都不能把目标定在完全改变整个工人阶级的意识上,这样做是乌托邦,因为只有当工人阶级的生活方式发生变化后,换言之,只有当无产阶级变成统治阶级并支配生产和交换机关、支配政权时,

---

① [意]安东尼奥·葛兰西:《狱中札记》,葆煦译,人民出版社1983年版,第178页。

② [意]安东尼奥·葛兰西:《狱中札记》,葆煦译,人民出版社1983年版,第231~232页。

③ 转引自高放、黄达强主编《社会主义思想史》,中国人民大学出版社1987年版,第610、611页。

④ 转引自高放、黄达强主编《社会主义思想史》,中国人民大学出版社1987年版,第612页。

这样的阶级意识才会改变。"①

三是工人阶级同其他"下层的"但又进步的社会成分，形成"历史性集团"，结成广泛联盟，是工人阶级领导权的重要内容。葛兰西指出："无产阶级能否成为领导和统治阶级，要看它同其他阶级建立联盟体系的程度，这种体系使它能够发动大多数劳动人民来反对资本主义和资产阶级国家。"②葛兰西的"下层的"、"进步的"社会成分，主要包括农民、城市小资产阶级和知识分子。"为了争取大多数农民群众，意大利无产阶级认为自己同这些问题有深切的直接的关系，应该了解农民要求解决这些问题的迫切心情的阶级本质，并把农民的这些阶级要求列入自己的革命纲领内，把它们同无产阶级自己的战斗性的要求一并提出来。"③葛兰西把知识分子分为"传统的知识分子"（保守落后的知识分子）和"有机的知识分子"（进步的革命的知识分子），他主张工人阶级要培养造就自己"有机的知识分子"队伍，"同化"并征服"传统的知识分子"。

四、季米特洛夫对科学社会主义的贡献

格奥尔基·季米特洛夫（1882～1949），保加利亚党和国家的领导人，共产国际的著名活动家和领导人之一。他对科学社会主义的贡献，最主要的是对反法西斯统一战线和各国共产党在国际共运中的独立自主问题的论述。

1. 系统论述了反法西斯统一战线的理论和策略

首先，揭露了法西斯主义的本质。1935 年 8 月，季米特洛夫在共产国际第七次代表大会的报告和发言中，对法西斯主义的本质揭露得十分深刻。他指出，法西斯主义的实质是资产阶级专政的一种特殊形式。法西斯势力的上台，并不是简单的资产阶级政府的正常轮换，而是"一个资产阶级的阶级统治的国家形式——公开的恐怖独裁——代替另一个资产阶级的阶级统治的国家形式——资产阶级民主。如果忽略这个区别，那就犯了严重的错误，这个错误会使革命无产阶级不能动员城乡劳动人民的最广泛阶层为反对法西斯夺取政权的威胁而斗争，也会使革命无产阶级不能利用资产阶级阵营内部所在的矛盾"④。

其次，阐述了建立反法西斯统一战线的重要性和中心环节。季米特洛夫认为，要战胜法西斯势力最最迫切需要的，是要把一切可以动员团结的力量都动员团结起来，结成最广泛的反法西斯统一战线。为了实现这个目的，共产国际确定

---

① 转引自高放、黄达强主编《社会主义思想史》，中国人民大学出版社 1987 年版，第 613 页。
② 转引自高放、黄达强主编《社会主义思想史》，中国人民大学出版社 1987 年版，第 613 页。
③ 转引自高放、黄达强主编《社会主义思想史》，中国人民大学出版社 1987 年版，第 614 页。
④ 《季米特洛夫选集》，高宗禹等译，人民出版社 1953 年版，第 42～43 页。

了正确的方针政策，它提出一个初步的为全体工人所能采纳的条件，即“要使行动统一指向反对法西斯，反对资本主义的进攻，反对战争的威胁，反对阶级敌人”①。建立和巩固反法西斯统一战线的中心环节之一是，实现工人阶级内部的统一战线，使共产党人和社会民主党人、共产国际和第二国际联合起来，步调一致、齐心协力地领导各国工人阶级的反法西斯斗争。为此，“必须做的第一件事，即以此为开端的事，就是要把各工厂的、各县区的、各省区的、各国的、全世界的工人都组织起来，结成统一战线，建立行动统一。全国和国际规模的无产阶级行动统一，是有力的武器，足以加强工人阶级的力量，对法西斯、对阶级的敌人，不仅能够胜利地防御，而且能够胜利地反击”②。另一个重要环节则是，“在无产阶级统一战线的基础上建立广泛的反法西斯人民战线”③。我们的策略是，对一切非法西斯政党和群众团体都采取积极争取的态度，至少也要把这些政党和组织里的小农及手工业者吸收到反法西斯人民阵线中来。此外，季米特洛夫还系统论述了反法西斯统一战线的内容和形式。

2. 论述了各国共产党在国际共运中的独立自主问题

共产国际的中期，左倾错误比较严重，过多干涉各国党的内部事务。季米特洛夫在担任共产国际主要领导工作之后，努力恢复和发扬马克思和恩格斯所确立的各国党应有独立自主路线的思想。共产国际七大召开之前，他在给斯大林的一封信中建议共产国际应给各国党更大的自主权和主动权，改变“共产国际的领导方法和工作方法”。在七大的报告和总结发言中，季米特洛夫尖锐地指出，各国党必须“毫不容情地根本铲除”那种“迷信杜撰的公式，无生气的定义，死板的模型”的倾向，“不能对于一切情况、一切国家和一切民族都给一个万应的药方”，否则就等于“愚昧无知”④。

保加利亚解放以后，季米特洛夫非常重视独立自主地探索本国社会主义建设道路，认为各民族应根据自己的特点实现社会主义。1948 年 2 月，他对南斯拉夫党和国家领导人卡德尔说：“保加利亚和南斯拉夫加起来有两千多万人。这会是一个强大的国家，用不着看他人的脸色行事。我们会独立自主地执行自己的政策。我们要走自己的路去建设社会主义。没有必要使我们的社会主义看来完全与苏联一个样。苏联是在困难的条件下发展的，而我们没有这样的困难。我们的社会主义将具有更加民主的形式。”卡德尔认为：“季米特洛夫所讲的这一

① 《季米特洛夫选集》，高宗禹等译，人民出版社 1953 年版，第 64 页。

② 《季米特洛夫选集》，高宗禹等译，人民出版社 1953 年版，第 62 页。

③ 《季米特洛夫选集》，高宗禹等译，人民出版社 1953 年版，第 77 页。

④ 转引自高放、黄达强主编《社会主义思想史》，中国人民大学出版社 1987 年版，第 633 页。

切——独立、自主和走自己的路去建设民主形式的社会主义——以及对苏联的实践和斯大林的虽然隐晦但却一目了然的保留态度，都是符合我们的观点的。”①

第四节　斯大林逝世后苏共关于社会主义社会的理论演变

从1953年斯大林逝世到1991年苏联解体，约38年时间。在这一时期，五易党和国家领导人：赫鲁晓夫、勃列日涅夫、安德罗波夫、契尔年科、戈尔巴乔夫。他们关于社会主义社会基本理论的论述，大致围绕以下三个方面进行的：

一、关于社会主义社会基本特征理论的演变

关于什么是社会主义社会，从列宁、斯大林到戈尔巴乔夫都是通过论述社会主义社会的基本特征予以回答的。对于社会主义社会的基本经济特征，斯大林逝世后赫鲁晓夫、勃列日涅夫、安德罗波夫、契尔年科主政时期和戈尔巴乔夫主政初期，在生产资料公有制、按劳分配、计划经济等方面与斯大林时期基本相同。几位领导人关于社会主义社会基本特征的所谓“创造性发展”：一是赫鲁晓夫时期有名的“共产主义基本建成”论、“全民党”和“全民国家”论；二是勃列日涅夫时期为修正“共产主义基本建成”论而提出和大加论述的“发达社会主义”论；三是戈尔巴乔夫晚期提出和论证的“人道的民主的社会主义”论。

1959年2月，赫鲁晓夫在苏共二十一大上首次提出社会主义在苏联“不仅取得了完全的胜利，而且取得了彻底的胜利”，并认为：“现在世界上，没有任何力量能够在我国恢复资本主义，能够摧毁社会主义阵营。资本主义在苏联复辟的危险已经没有了。”②1961年10月，赫鲁晓夫在苏共二十二大的总结报告中提出“要20年内（到1980年）基本上建成共产主义社会”的目标。同时，苏共通过的党纲提出了“全民党”和“全民国家”的概念。《党纲》指出：“由于扩大社会主义在苏联的胜利，由于苏维埃社会的一致的加强，工人阶级的共产党已经变成苏联人民的先锋队，成了全体人民的党。”“无产阶级专政在保证社会主义，即共产主义第一阶段取得了完全的彻底的胜利，保证社会过渡到全面展开的共产主义建设之后，就完成了自己的使命：从国内发展任务来说，无产阶级专政已不再是必要的了。作为无产阶级专政的国家而产生的国家，在新的阶段即现阶段已变为全

---

① 转引自高放、黄达强主编《社会主义思想史》，中国人民大学出版社1987年版，第635～636页。

② 转引自刘克明、吴仁彰主编《从列宁到戈尔巴乔夫：苏联社会主义理论的演变》，东方出版社1992年版，第17页。

民国家,变为表达全体人民的利益和意志的机构。”[①]勃列日涅夫上台后继承了这一理论,但做了一些修改,即把“全民党”、“全民国家”同“发达社会主义”概念联系起来,将无产阶级专政看作是社会主义社会第一阶段的特征,而“全民党”、“全民国家”则是发达社会主义阶段的特征。

关于“发达社会主义”的基本特征问题,这一概念最早出自勃列日涅夫 1971 年在苏共二十四大的总结报告中,他当时主要是论述发达社会主义国民经济的特点。1971 年 9 月,苏共主管意识形态的领导人苏斯洛夫比较全面地论述了发达社会主义社会的特征。他说:“成熟的社会主义以现实生活中的经济条件、社会政治条件和文化条件的全面而协调的发展为前提。社会在这一阶段具有强大的物质技术基础,这一基础是基于国民经济的全面发展和最新科学技术成就在生产中的采用而建立起来的。社会主义确保生产和劳动生产率稳定而高速地发展。成熟的社会关系是发达的社会主义的特点,这种社会关系是社会主义所有制占完全的统治地位、消灭了一切剥削因素和确立了根据劳动的数量和质量来进行分配的社会主义原则。发达的社会主义社会具有相应的政治上层建筑——体现最深刻的民主的全民国家。国民教育的广泛发展以及马克思列宁主义世界观的全面普及和树立,是它本质上具有的特点。”[②]1977 年,苏联新宪法又以根本法的形式肯定了苏联已经建成了发达的社会主义社会。在序言中强调,发达的社会主义社会是通往共产主义道路上的一个合乎规律的阶段。1977 年 10 月 4 日,勃列日涅夫在苏共中央全会上所作《关于苏联宪法(根本法)草案及其全民讨论的结果》的报告中说:“苏联现在已经建成了发达的社会主义——这是新社会的成熟阶段,在这个阶段上正在根据社会主义内在固有的集体主义原则完成对全部社会关系的改造。由此而为发挥社会主义各项规律的作用和显示社会主义在社会生活各个领域的优越性提供了广阔的天地。由此而表现出社会制度有机的完整性和生命力、社会制度在政治上的稳定性以及牢不可破的内部统一。由此而出现各个阶级和社会集团、各个民族的日益接近,并且在我国形成历史上崭新的、社会的和国际主义的人的共同体——苏联人民。而且也由此而创造了新的社会主义文化和建立了新的社会主义生活方式。”[③]苏斯洛夫还就此发表了长文,概括出发达社会主义社会的十条基本规律,他指出:“苏联共产党和其他社会主义国家兄弟党所进行的深入的理论研究,使得能够确定发达社会主义建设的

① 转引自刘克明、吴仁彰主编《从列宁到戈尔巴乔夫:苏联社会主义理论的演变》,东方出版社 1992 年版,第 17～18 页。

② 《苏斯洛夫言论选》下集,上海人民出版社 1976 年版,第 939 页。

③ 《苏联社会主义共和国联盟宪法(根本法)》,三联书店 1978 年版,第 86～87 页。

基本规律。这些规律是:(1)在利用科学技术革命最新成就的基础上,保证生产力的高速发展;(2)在社会的经济基础中,进一步发展社会主义所有制的两种基本形式,即国家所有制和集体农庄—合作社所有制,并使两者逐步接近起来;(3)不断提高人民的福利,这是社会主义国民经济的主要目的;(4)在一个长时期内保持和完善社会主义的按劳分配原则,把它作为基本的分配方式;(5)在社会结构的进步变化方面,不断提高工人阶级的领导作用,巩固工人阶级同其他劳动阶层的联盟,加强整个社会的统一和社会单一性;(6)在民族平等和共产主义共同理想的基础上,逐渐发展各民族的思想政治统一,大力发展各民族的经济和文化;(7)把无产阶级专政的国家转变为社会主义的全民国家,使社会主义民主得到深入和全面的发展;(8)进一步提高广大群众的教育和文化程度,提高他们的政治觉悟和思想成熟程度,使劳动人民形成科学的马克思列宁主义世界观;(9)加强同社会主义兄弟国家的全面合作;(10)提高共产党和工人党对社会生活一切领域的领导作用,这是社会主义和共产主义胜利的主要条件。发挥这些规律的作用,就为加速社会主义社会各个活动领域——经济领域、社会政治领域和精神领域的协调和谐的发展创造有利条件。"①

戈尔巴乔夫执政初期,在1985年苏共二十七大通过的《苏联共产党纲领新修订本》中,通过总结苏联和其他社会主义国家的经验,从社会主义发展一般规律的角度,全面论述了社会主义社会的基本特征。他指出:"社会主义,这是在其旗帜上写着'一切为了人,为了人民的幸福'的社会。在这个社会里:(1)生产资料掌握在人民手中,永远结束了人剥削人、社会压迫、少数特权者掌权、千百万人贫困和不识字的状况;(2)为生产力迅速发展和有计划地发展开辟了极为广阔的天地,科学技术进步不是招致千百万人的失业,而是使全体人民的福利不断提高;(3)根据"各尽所能,按劳分配"的原则保证了劳动权利平等和公正的劳动报酬,居民享有诸如免费医疗服务、教育、租费最低的住房这样一些社会福利;(4)确立工人阶级、集体农民和知识分子的牢不可破的联盟,男女享有平等的权利,并有保障实现这些权利,为年轻一代打开了通向明天的可靠道路,退休劳动者的社会赡养得到了保障;(5)消除了民族不平等,确立了一切大小民族实际上的和法律上的平等、友谊与博爱;(6)建立并发展真正的民主——为人民而存在的并由人民自己行使的权力,保证了公民越来越广泛和全权地参加生产、社会和国家事务的管理;(7)自由、人权、人格的思想充满了现实生活的内容,权利与义务的统一得到了保证,同样的法律和道德准则、同一种纪律适用于一切人和每个

---

① 转引自王正泉、刘艺文、姚洪芳编《苏联的发达社会主义理论》,中国人民大学出版社1985年版,第7~9页。

人，在为个性的全面发展创造越来越有利的条件；(8)真正人道主义的马克思列宁主义意识形态占统治地位，人民群众能接触一切知识源泉，创造出吸收世界文化一切优秀成果的先进的社会主义文化；(9)形成了建立在社会公正、集体主义与同志式互助基础上的社会主义生活方式，这种生活方式使劳动人民对未来产生信心，从精神和道义上将劳动人民推崇为新社会关系和自己命运的创造者。社会主义是这样一种社会，它在国际舞台上的愿望和行动的目的在于支持各国人民对独立与社会进步的向往，服从维护与加强和平这一主要任务。”①

戈尔巴乔夫执政末期，在1990年苏共二十八大通过的纲领性声明《走向人道的、民主的社会主义》中，论到要“走向什么样的社会”时指出：“我们所理解的人道的、民主的社会主义，是这样一种社会：(1)人是社会发展的目标；为人创造无愧于现代文明的生活条件和劳动条件；克服人与政权、与他所创造的物质和精神财富的分离，确保人能积极参加社会进程。(2)在多种所有制形式和经营形式的基础上，确保使劳动者变成生产的主人，有高效率劳动的强烈愿望，为生产力进步和合理利用自然资源提供最佳条件，保证社会公正和劳动者的社会保护。(3)人民的自主意志是权力的唯一源泉；受社会监督的国家，保证人的权利和自由、尊严与人格，而不管其政治地位、性别、年龄、民族和宗教信仰；在法律范围内行动的所有社会政治力量自由竞争。这是坚定不移地主张各族人民和睦、平等合作，主张尊重每个民族决定自己命运权利的社会。”②

声明发表后不久，苏联和东欧就发生了剧变，苏共解散，国家解体，苏联的现实社会主义社会制度已不复存在。斯大林逝世后的苏共几位领导人执政时期对社会主义社会基本特征的论述，值得人们去研究，从而得出自己的结论。我们认为，赫鲁晓夫主政后，特别是苏共二十二大提出“全民党”和“全民国家”理论之后对于社会主义基本特征的论述，逐步离开了马克思主义的立场、观点和方法，到戈尔巴乔夫主政晚期提出所谓的“民主的、人道的社会主义”，就从根本上离开了科学社会主义的基本原则，这种从党的思想路线上偏离马克思主义的基本轨道的错误是苏共亡党、国家解体的重要原因之一。

二、关于社会主义社会发展阶段理论的演变

从十月革命胜利到1991年苏联解体，是苏联社会主义存在的历史时期。关

① 转引自山东大学科学社会主义系编《当代社会主义问题资料选编》第5册，1987年，第242～243页。

② 转引自山东大学当代社会主义研究所编《当代社会主义研究资料》第1期，2001年，第65～66页。

于苏联社会主义社会发展阶段理论的演变，经历了列宁时期、斯大林时期和后斯大林时期。列宁没有明确划分苏联社会主义社会的发展阶段。斯大林认为，社会主义社会是短暂的过渡阶段。1936 年宣布苏联基本建成社会主义社会后不久，1939 年就宣布向共产主义社会过渡。

斯大林逝世后，赫鲁晓夫执政时期关于社会主义社会发展阶段理论的论述，1959 年前后是不同的。1953 年到 1959 年，赫鲁晓夫一方面批判了莫洛托夫提出的苏联处于“奠定了社会主义基础”的阶段的观点；同时，又对斯大林急于向共产主义过渡的理论作了某些修正。1956 年，赫鲁晓夫在苏共二十大的总结报告中指出：“苏联已经建成社会主义，这是苏共早已解决了的问题。”[①]1959 年以后，赫鲁晓夫等领导人过高估计了苏联经济社会发展的程度。1959 年 1 月，赫鲁晓夫在苏共二十一大的报告中提出苏联已进入“一个新的极重要的发展时期——全面展开共产主义建设时期”[②]，“共产主义现在已经不是遥远的理想，而是我们最近的明天”[③]。1961 年，赫鲁晓夫在苏共二十二大的报告中把“全面展开共产主义建设”的提法作了具体化的论述，指出：到 1980 年“基本建成共产主义社会”，在第一个十年(1961～1970 年)按人口平均计算的工农业产量超过美国，在第二个十年(1971～1980 年)“把美国远远抛在后面”[④]。

勃列日涅夫执政后，放弃了赫鲁晓夫“二十年内基本建成共产主义社会”和“全面展开共产主义建设时期”的提法，提出了“发达社会主义阶段”理论，并宣布“苏联已建成了发达的社会主义社会”。他认为，发达社会主义时期是任何一个社会主义国家必经的、漫长的历史发展阶段，基本建成社会主义不足以向共产主义直接过渡，社会主义必须在自身基础上发展一段时间，这就是发达社会主义时期。[⑤]

勃列日涅夫逝世后，安德罗波夫成为苏共的主要领导人。1983 年 2 月，安德罗波夫在纪念马克思逝世 100 周年的文章中重申了他在勃列日涅夫逝世前夕提出的一个重要观点，即苏联“正处在发达社会主义漫长的历史阶段的起点”[⑥]。

---

① 1956 年 2 月 18 日《人民日报》。

② 1959 年 2 月 1 日《人民日报》。

③ 转引自刘克明、吴仁彰主编《从列宁到戈尔巴乔夫：苏联社会主义理论的演变》，东方出版社 1992 年版，第 48 页。

④ 转引自刘克明、吴仁彰主编《从列宁到戈尔巴乔夫：苏联社会主义理论的演变》，东方出版社 1992 年版，第 49 页。

⑤ 参见刘克明、吴仁彰主编《从列宁到戈尔巴乔夫：苏联社会主义理论的演变》，东方出版社 1992 年版，第 50 页。

⑥ 转引自刘克明、吴仁彰主编《从列宁到戈尔巴乔夫：苏联社会主义理论的演变》，东方出版社 1992 年版，第 50 页。

“起点论”的提法是苏联社会主义发展问题上的一个重大修改。“起点论”实际上否定了勃列日涅夫“发达社会主义建成论”及其理论体系。此后，苏联理论界就开始批评过去过早地宣布进入发达社会主义社会的做法。

戈尔巴乔夫执政初期，采取模糊的办法，回避了“发达社会主义建成论”和“起点论”。在《苏共纲领新修订本》中，虽写进“苏联处于发达社会主义阶段”，但在纲领和任务中只提完善社会主义，不再提发达社会主义。戈尔巴乔夫执政晚期，根据其“人道的、民主的社会主义”理论，苏联理论界对苏联社会现处何阶段有两种观点：一是认为苏联社会仍处于社会主义的初级阶段；二是认为苏联是从异化的社会主义向人道的、民主的社会主义过渡的时期。1990 年苏共中央二月全会以后，苏共官方文件特别是 1991 年 8 月公布的《苏共纲领草案》采用了第二种观点。[①] 这样，就否定了苏共领导苏联人民进行七十多年社会主义革命和社会主义建设的伟大历史，为苏联社会主义制度倒退性剧变提供了理论根据。

三、关于社会主义社会矛盾理论的演变

关于社会主义社会矛盾的理论，十月革命胜利后，列宁认为“对抗和矛盾不是一个东西。在社会主义制度下，对抗将消灭，矛盾还会存在”[②]。1938 年，斯大林在其《辩证唯物主义和历史唯物主义》一文中论到苏联社会主义制度下生产力和生产关系问题时，提出社会主义制度下的生产力和生产关系完全适合的观点，他说：“在社会主义制度下，在目前还只有在苏联实现的这种制度下，生产资料的公有制是生产关系的基础。这里已经没有剥削者，也没有被剥削者。生产出来的产品是根据‘不劳动者不得食’的原则按劳分配的。这里，人们在生产过程中的相互关系，是不受剥削的工作者之间同志合作和社会主义互助的关系。这里生产关系同生产力状况完全适合，因为生产过程的社会性是由生产资料的公有制所巩固的。”[③]1952 年，斯大林在其《苏联社会主义经济问题》一书中，在批评经济学家雅罗申科关于“在社会主义制度下，社会的生产关系和生产力之间没有任何矛盾”的观点（这一观点实际上是重复斯大林 1938 年的观点）时，又拐弯抹角地修改了自己原来的观点。

赫鲁晓夫执政时期，赫鲁晓夫本人承认社会主义条件下有矛盾，他说：“这里基本上是发展中的矛盾和困难，它们是由于社会主义经济迅速高涨、由于人民物

---

① 参见刘克明、吴仁彰主编《从列宁到戈尔巴乔夫：苏联社会主义理论的演变》，东方出版社 1992 年版，第 53～55 页。

② 转引自刘克明、吴仁彰主编《从列宁到戈尔巴乔夫：苏联社会主义理论的演变》，东方出版社 1992 年版，第 65 页。

③ 《斯大林选集》下卷，人民出版社 1979 年版，第 449 页。

质文化要求的提高而产生的,这是新旧之间的矛盾,先进和落后之间的矛盾。这是由于社会主义社会成员的需求日益增长而物质技术基础还不能满足他们的要求而产生的矛盾。"[①]勃列日涅夫、安德罗波夫、契尔年科执政时期,也都认为社会主义制度下仍然存在矛盾。他们多次强调,苏联社会科学界的任务是研究社会主义社会的现实矛盾。

戈尔巴乔夫执政初期,关于社会主义社会是否存在矛盾的看法同其前的领导人基本相同。戈尔巴乔夫执政晚期,苏共制定了"人道的、民主的社会主义"纲领之后,便从对社会主义社会矛盾的分析转向否定现实的苏联社会主义制度,提出了"异化论"和"多元论",认为苏联20世纪30年代建立的社会主义制度,不仅存在着矛盾而且存在着严重的异化现象。同时,还用"利益多元化"、"思想多元化"和"政治多元化",否定社会主义社会的矛盾是人们根本利益一致基础上的矛盾。[②]

苏联理论界关于社会主义社会矛盾的论述,在斯大林时期基本上是跟着斯大林的观点转。斯大林逝世后,特别是在苏共二十大批判了斯大林个人迷信之后,苏联理论界对社会主义社会矛盾的讨论日益活跃,取得了很客观的学术理论成果,比如,关于社会主义社会矛盾体系与分类、关于社会主义社会有无基本矛盾、基本矛盾是什么、社会主义社会的主要矛盾和非主要矛盾、社会主义社会中是否有对抗性矛盾、矛盾是否仍是社会主义社会发展的动力、社会主义社会的动力结构及其与改革的关系,等等。这些成果对现实社会主义各国关于社会主义社会矛盾的研究,都有重要参考价值。

---

① 《赫鲁晓夫言论》第9集,世界知识出版社1965年版,第210页。

② 参见刘克明、吴仁彰主编《从列宁到戈尔巴乔夫:苏联社会主义理论的演变》,东方出版社1992年版,第68页。

第三章 科学社会主义中国化的理论成果——毛泽东思想和中国特色社会主义理论体系

以毛泽东为首的党中央和以邓小平为核心的中央领导集体，带领我们党坚持把马克思列宁主义基本原理同中国具体实际紧密结合，形成了毛泽东思想和邓小平建设有中国特色社会主义理论；江泽民和胡锦涛为首的党中央，又都进一步丰富发展了中国特色社会主义理论。毛泽东思想和中国特色社会主义理论体系这两大理论成果，“是中国化了的马克思主义，既体现了马克思列宁主义的基本原理，又包含了中华民族的优秀思想和中国共产党人的实践经验”①。马克思主义中国化和中国化的马克思主义之关系，是辩证的有机统一，前者是动态的历史过程，后者是理论成果的结晶。

第一节 毛泽东思想关于新民主主义的理论是对科学社会主义的创造性贡献

毛泽东，伟大的马克思主义者，伟大的无产阶级革命家、战略家和理论家。毛泽东思想是马克思列宁主义在中国的运用和发展，是被实践证明了的关于中国革命和建设的正确的理论原则和经验总结，是中国共产党集体智慧的结晶。我党许多卓越的领导人对它的形成和发展都作出了重要贡献，毛泽东的科学著作是它的集中概括。毛泽东思想具有多方面的内容，它的活的灵魂即立场、观点和方法，集中表现在三个方面：实事求是，群众路线，独立自主。

一、毛泽东思想关于新民主主义革命理论对马克思、恩格斯和列宁新式民主革命理论的突破与创新

1. 关于中国特殊社会性质的科学判断和论证

① 中共中央文献研究室编：《十五大以来重要文献选编》(下)，人民出版社 2003 年版，第 1900 页。

毛泽东为代表的中国共产党人对中国社会性质的科学判断和独创性论证，是中国共产党人关于中国新民主主义革命理论和策略的最基本的出发点。对中国社会性质及其社会矛盾状况问题，毛泽东是这样论述的：中国的封建社会，"自周秦以来，一直延续了三千年左右"。"自从一八四零年的鸦片战争以后，中国一步一步地变成了一个半殖民地半封建社会。自从一九三一年九一八事变日本帝国主义武装侵略中国以后，中国又变成了一个殖民地（即日军占领区——引者注）、半殖民和半封建社会。""帝国主义列强侵略中国，在一方面促使中国封建社会解体，促使中国发生了资本主义因素，把一个封建的社会变成了一个半封建的社会；但是在另一方面，它们又残酷地统治了中国，把一个独立的中国变成了一个半殖民地和殖民地的中国。"①将这两个方面的情形综合起来，中国社会的性质就成为半殖民地半封建社会，在日本帝国主义占领期间和占领区域就是殖民地与半封建社会。这个社会的特点大致包括六个方面："一、封建时代的自给自足的自然经济基础是被破坏了；但是封建剥削制度的根基——地主阶级对农民的剥削，不但依旧保留着，而且同买办资本和高利贷资本的剥削结合在一起，在中国的社会经济生活中，占着显然的优势。二、民族资本主义有了某些发展，并在中国政治的、文化的生活中起了颇大的作用；但是，它没有成为中国社会经济的主要形式，它的力量是很软弱的，它的大部分是对外国帝国主义和国内封建主义有或多或少的联系。三、皇帝和贵族的专制政权是被推翻了，代之而起的是地主阶级的军阀官僚的统治，接着是地主阶级和大资产阶级联盟的专政。在沦陷区（指日本军占领区——引者注），则是日本帝国主义及其傀儡的统治。四、帝国主义不但操纵了中国的财政和经济的命脉，而且操纵了中国的政治和军事力量。在沦陷区，则是一切被日本帝国主义所独占。五、由于中国是在许多帝国主义国家的统治或半统治之下，由于中国实际上处于长期的不统一状态，又由于中国的土地广大，中国的经济、政治和文化的发展，表现出极端的不平衡。六、由于帝国主义和封建主义的双重压迫，特别是由于日本帝国主义的大举进攻，中国的广大人民，尤其是农民，日益贫困化，以至大批地破产，他们过着饥寒交迫的和毫无政治权利的生活。中国人民的贫困和不自由的程度，是世界所少见的。""决定这种情况的……是外国帝国主义和国内封建主义相结合的结果。""帝国主义和中华民族的矛盾，封建主义和人民大众的矛盾，这些就是近代中国社会的主要矛盾。"②

2. 关于中国革命特殊性质的科学判断和论证

毛泽东揭示中国革命的根本性质的逻辑是：首先探讨清楚中国社会的根本

① 《毛泽东选集》第2卷，人民出版社1991年版，第623、626、630页。

② 《毛泽东选集》第2卷，人民出版社1991年版，第630～631、631页。

性质，然后就要弄清楚中国革命主要对象是什么，接着就可确定中国革命的主要任务，再就是革命动力问题。探讨了上述问题之后，毛泽东才来回答中国革命的根本性质及其发展前途问题。他指出："我们已经明白了中国社会的性质，亦即中国的特殊的国情，这是解决中国一切革命问题的最基本的根据。我们又明白了中国革命的对象、中国革命的任务、中国革命的动力，这些都是由于中国社会的特殊性质，由于中国的特殊国情而发生的关于现阶段中国革命的基本问题。"[①]在明白了所有这些之后，他就来讨论中国革命的性质是什么了，指出："既然中国社会还是一个殖民地（指日本侵占区域——引者注）、半殖民地、半封建的社会，既然中国革命的敌人主要的还是帝国主义和封建势力，既然中国革命的任务是为了推翻这两个主要敌人的民族革命和民主革命，而推翻这两个敌人的革命，有时还有资产阶级参加，即使大资产阶级背叛革命而成了革命的敌人，革命的锋芒也不是向着一般资本主义和资本主义的私有财产，而是向着帝国主义和封建主义，既然如此，所以，现阶段中国革命的性质，不是无产阶级社会主义的，而是资产阶级民主主义的。""但是，现时中国的资产阶级民主主义的革命，已不是旧式的一般的资产阶级民主主义的革命，这种革命已经过时了，而是新式的特殊的资产阶级的民主主义的革命。这种革命正在中国和一切殖民地半殖民地国家发展起来，我们称这种革命为新民主主义革命。这种新民主主义的革命是世界无产阶级社会主义革命的一部分，它是坚决地反对帝国主义即国际资本主义的。它在政治上是几个革命阶级联合起来对于帝国主义和汉奸反动派的专政，反对把中国社会造成资产阶级专政的社会。它在经济上是把帝国主义者和汉奸反动派的大资本大企业收归国家经营，把地主阶级的土地分配给农民所有，同时保存一般的私人资本主义的企业，并不废除富农经济。因此，这种新式的民主革命，虽然在一方面替资本主义扫清道路，但在另一方面又是替社会主义创造前提。中国现时的革命阶段，是为了终结殖民地、半殖民地、半封建社会和建立社会主义社会之间的一个过渡的阶段，是一个新民主主义的革命过程。"[②]"新民主主义的革命，不是任何别的革命，它只能是和必须是无产阶级领导的，人民大众的，反对帝国主义、封建主义和官僚资本主义的革命。""这就是新民主主义革命的路线"[③]，也就是党在这一革命阶段的总路线。

3. 关于中国新民主主义革命主要经验——"一个战士、两大武器"的"三大法宝"之科学概括和论证

---

① 《毛泽东选集》第2卷，人民出版社1991年版，第646页。

② 《毛泽东选集》第2卷，人民出版社1991年版，第646、647页。

③ 《毛泽东选集》第4卷，人民出版社1991年版，第1313页。

毛泽东在1939年3月14日所写《〈共产党人〉发刊词》一文,对中国新民主主义革命主要经验的总结和理论升华,可以说是最最精辟的,堪称经典之作。在那里,他把"一个战士、两大武器"的"三个法宝"作为中国革命的主要经验。对此,他是这样论述的:

我党经历了许多伟大的斗争。党员、党的干部、党的组织,在这些伟大斗争中,锻炼了自己。他们经历过伟大的革命胜利,也经历过严重的革命失败。同资产阶级建立过民族统一战线,又由于这种统一战线的破裂,同大资产阶级及其同盟者进行过严重的武装斗争。最近三年(进入抗日战争之后的近三年——引者注),则又处于同资产阶级建立民族统一战线的时期中。中国革命和中国共产党的发展道路,是在这样同中国资产阶级的复杂关联中走过的。这是一个历史的特点,殖民地半殖民地革命过程中的特点,而为任何资本主义国家的革命史中所没有的。再则,由于中国是半殖民地半封建的国家,政治、经济、文化各方面发展不平衡的国家,半封建经济占优势而又土地广大的国家,这就不但规定了中国现阶段革命的性质是资产阶级民主革命的性质,革命的主要对象是帝国主义和封建主义(抗日战争后期,革命敌人中又增加了官僚资本主义——引者注),基本的革命动力是无产阶级、农民阶级和城市小资产阶级,而在一定时期中,一定程度上,还有民族资产阶级的参加,并且规定了中国革命斗争的主要形式是武装斗争。我们党的历史,可以说就是武装斗争的历史。……这一特点,这一半殖民地的中国的特点,也是各个资本主义国家的共产党领导的革命史中所没有的,或是同那些国家所不同的。这样:(一)无产阶级同资产阶级建立或被迫分裂革命的民族统一战线,(二)主要的革命形式是武装斗争——就成了中国资产阶级民主革命过程中的两个基本特点。……由于这两个基本特点……我们党的建设过程……就处在特殊的情况中。党的失败和胜利,党的后退和前进,党的缩小和扩大,党的发展和巩固,都不能不联系于党同资产阶级的关系和党同武装斗争的关系。当我们党的政治路线是正确地处理同资产阶级建立统一战线或被迫分裂统一战线的问题时,我们党的发展、巩固和布尔什维克化就前进一步;而如果是不正确地处理同资产阶级的关系时,我们党的发展、巩固和布尔什维克化就会要后退一步。同样,当我们党正确地处理革命武装斗争问题时,我们党的发展、巩固和布尔什维克化就前进一步;而如果是不正确地处理这个问题时,那末,我们党的发展、巩固和布尔什维克化也就会要后退一步。十八年来(即指1921～1939年——引者注),党的建设过程、党的布尔什维克化的过程是这样同党的政治路线密切地联系着,是这样同党对于统一战线问题、武装斗争问题之正确处理或不正确处理密切地联系着的。……所以,统一战线问题,武装斗争问题,党的建设问题,是我们党在中国革命中的三个基本问题。正确地理解了这三个问题及其相互关系,就等于正确地领导了全部中国革命。而在十八年党的历史中,凭借我们丰富的经验,失败和成功、后退和前进、缩小和发展的深刻的和丰富的经验,我们已经能够对这三个问题做出正确的结论来了。①

十八年的经验,已使我们懂得:统一战线,武装斗争,党的建设,是中国共产党在中国革命中战胜敌人的三个法宝,三个主要的法宝。这是中国共产党的伟大成绩,也是中国革命的伟大的成绩。②

十八年的经验告诉我们,统一战线和武装斗争,是战胜敌人的两个基本武器。统一战线,是实行武装斗争的统一战线。而党的组织,则是党掌握统一战线和武装斗争这两个武器以实行对敌冲锋陷阵的英勇战士。这就是三者的相互关系。③

4. 破除"中心城市武装起义"的教条,独创性地走出"农村包围城市,最后夺取城市和全国政权"的革命道路

历史上,1871 年法国无产阶级通过在首都巴黎这一中心城市举行武装起义,建立巴黎公社,使无产阶级政权存在 72 天;1917 年俄国也是以圣彼得堡和莫斯科两大中心城市举行武装起义,而获得伟大十月社会主义革命的胜利。这样在国际共运中就形成思维定式,即只有通过中心城市武装起义这条道路革命才能取得胜利。这个思维定式,在 1927 年之后一个相当长的时期在我党内不少同志的头脑中就形成了僵化的框框。民主革命时期,我党历史上三次左倾路线错误有一个共同点,就是都一味照搬俄国十月革命所走过的从城市到农村那条革命道路,极力鼓吹"中心城市武装起义论"。然而,每次都以失败而告终,给中国革命事业造成了极其严重的损失。特别是王明左倾路线,使红区的革命力量损失 90%,而白区则几乎损失 100%。

毛泽东通过总结南昌起义、广州起义、秋收起义失败的经验教训,在实践中逐步摸索新的道路,即冲破"中心城市武装起义"框框,转向在农村建立革命根据地,以农村包围城市,最后夺取城市和全国政权。当然,包括毛泽东自己在内,对于只有"农村包围城市"的道路才是中国革命之正确道路的认识,也有一个过程,也不是一开始就十分清楚的。1929 年以前,毛泽东主要是解决了工农武装割据的可能性问题。他在《中国的红色政权为什么存在》一文中指出:

---

① 《毛泽东选集》第 2 卷,人民出版社 1991 年版,第 604～606 页。
② 《毛泽东选集》第 2 卷,人民出版社 1991 年版,第 606 页。
③ 《毛泽东选集》第 2 卷,人民出版社 1991 年版,第 613 页。

一国之内，在四围白色政权的包围中，有一小块或若干小块红色政权的区域长期地存在，这是世界各国从来没有的事。这种奇事的发生，有其独特的原因。而其存在和发展亦必有相当的条件。第一，它的发生不能在任何帝国主义的国家，也不能在任何帝国主义直接统治的殖民地(第二次世界大战爆发后发生的新变化，使帝国主义各国直接统治的殖民地走类似中国农村包围城市道路以取得民族解放斗争胜利的可能性增加了，所以毛泽东1928年的这种估计和认识后来有了改变——引者注)，必然是在帝国主义间接统治的经济落后的半殖民地的中国。……有些同志在困难和危机的时候，往往怀疑这样的红色政权的存在，而发生悲观情绪。这是没有找出这种红色政权所以发生和存在的正确的解释的缘故。我们只须知道中国白色政权的分裂和战争是继续不断的，则红色政权的发生、存在并且日益发展，便是无疑的了。第二，中国红色政权发生和能够长期地存在的地方，不是那种并未经过民主革命影响的地方……而是在一九二六和一九二七两年资产阶级民主革命过程中工农兵士群众曾经大大地起来过的地方，例如湖南、广东、湖北、江西等省，这些省份的许多地方，曾经有过很广大的工会和农民协会的组织，有过工农阶级对地主豪绅阶级和资产阶级的许多经济的和政治的斗争。……至于此刻的红军，也是由经过民主的政治训练和接受过工农群众影响的国民革命军分化出的。……第三，小块地方民众政权之能否长期地存在，则决定于全国革命形势是否向前发展这一个条件。……现在中国革命形势是跟着国内买办豪绅阶级和国际资产阶级的继续的分裂和战争，而继续地向前发展的。所以，不但小块红色区域的长期存在没有疑义，而且这些红色区域将继续发展，日渐接近于全国政权的取得。第四，相当力量的正式红军的存在，是红色政权存在的必要条件。若只有地方性质的赤卫队而没有正式的红军，则只能对付挨户团，而不能对付正式的白色军队。所以虽有很好的工农群众，若没有相当力量的正式武装，便决然不能造成割据局面，更不能造成长期的和日益发展的割据局面。所以“工农武装割据”的思想，是共产党和割据地方的工农群众必须充分具备的一个重要的思想。第五，红色政权的长期的存在并且发展，除了上述条件之外，还须有一个要紧的条件，就是共产党组织的有力量和它的政策的不错误。①

毛泽东对中国红色政权为什么能存在和发展的原因和条件的分析，可以说是入木三分，极其深刻。

1930年初，毛泽东又写了《星星之火，可以燎原》一文。该文是针对红四军

① 《毛泽东选集》第1卷，人民出版社1991年版，第48～50页。

内某些同志怀疑红色革命根据地长期存在和发展有可无能性的问题而写的。毛泽东指出:“在对于时局的估量和伴随而来的我们的行动问题上,我们党内有一部分同志还缺少正确的认识。……他们似乎认为在距离革命高潮尚远的时期做这种建立政权的艰苦工作为徒劳,而希望用比较轻便的流动游击的方式去扩大政治影响,等到全国各地争取群众的工作做好了,或做到某个地步了,然后再来一个全国武装起义,那时把红军的力量加上去,就成为全国范围的大革命。”[①]毛泽东则批评这种观点对中国革命的实情不适合,并认为上述观点的理论来源主要是没有把中国是一个许多帝国主义国家互相争夺的半殖民地这件事认识清楚。如果认清了这件事,“则一,就会明白全世界何以只有中国有这种统治阶级内部互相长期混战的怪事,而且何以混战一天激烈一天,一天扩大一天,何以始终不能有一个统一的政权。二,就会明白农民问题的严重性,因之也就会明白农民起义何以有现在这样的全国规模的发展。三,就会明白工农民主政权这个口号的正确。四,就会明白相应于全世界只有中国有统治阶级内部长期混战的一件怪事而产生出来的另一件怪事,即红军和游击队的存在和发展,以及伴随着红军和游击队而来的,成长于四围白色政权中的小块红色区域的存在和发展(中国以外无此怪事)。五,也就会明白红军、游击队和红色区域的建立和发展是半殖民地中国在无产阶级领导下农民斗争发展的必然结果;并且无疑义地是促进全国革命高潮的最重要的因素。六,也就会明白单纯的流动游击政策,不能完全促成全国革命高潮的任务,而朱德毛泽东式、方志敏式之有根据地的,有计划地建设政权的,深入土地革命的,扩大人民武装的路线是经由乡赤卫队、区赤卫大队、县赤卫总队、地方红军直至正规红军这样一套办法的,政权发展是波浪式的向前扩大的,等等的政策,无疑义地是正确的”[②]。《星星之火,可以燎原》一文的发表,是毛泽东关于“农村包围城市,最后夺取城市和全国政权”的中国革命道路的理论已开始形成的标志。当然,这一理论的成熟性,则还是在红军长征到延安以后的事。

毛泽东在延安时期写了一系列著名的文论,这些文论的问世表明,中国革命所走的“农村包围城市,最后夺取城市和全国政权”的独具特色的道路已经在实践上和理论上都开始成熟了。1938 年 11 月,毛泽东在《战争和战略问题》一书中对此作了极为经典的论证。他指出:“中国特点是:不是一个独立的民主的国家,而是一个半殖民地的半封建的国家;在内部没有民主制度,而受封建制度压迫;在外部没有民族独立,而受帝国主义的压迫。因此,无议会可以利用,无组织

① 《毛泽东选集》第 1 卷,人民出版社 1991 年版,第 97 页。

② 《毛泽东选集》第 1 卷,人民出版社 1991 年版,第 98 页。

工人举行罢工的合法权利。在这里,共产党的任务,基本地不是经过长期合法斗争以进入起义和战争,也不是先占城市后取乡村,而是走相反的道路。”[①]1939年12月,毛泽东又在《中国革命与中国共产党》这一名著中对中国这一独具特色的革命道路进一步进行了系统而精辟的论证。他写道:“中国革命的敌人不但有强大的帝国主义,而且有强大的封建势力,而且在一定时期内还有勾结帝国主义和封建势力以与人民为敌的资产阶级反动派。因此,那种轻视中国革命人民的敌人的力量的观点,是不正确的。”“在这样的敌人面前,革命的根据地问题也就发生了。因为强大的帝国主义及其在中国的反动同盟军,总是长期地占据着中国的中心城市,如果革命的队伍不愿意和帝国主义及其走狗妥协,而要坚持地奋斗下去,如果革命的队伍要准备积蓄和锻炼自己的力量,并避免在力量不够的时候和强大的敌人作决定胜负的战斗,那就必须把落后的农村造成先进的巩固的根据地,造成军事上、政治上、经济上、文化上的伟大的革命阵地,借以反对利用城市进攻农村区域的凶恶敌人,借以在长期战斗中逐步地争取革命的全部胜利。……由此也就可以明白,在这种革命根据地上进行的长期的革命斗争,主要的是在中国共产党领导之下的农民游击战争。因此,忽视以农村区域作革命根据地的观点,忽视对农民进行艰苦工作的观点,忽视游击战争的观点,都是不正确的。”[②]

毛泽东为主要代表的中国共产党人所创立的这条革命道路,在八年抗日战争与三年解放战争中也一直遵循着它,所以才获得了辉煌的胜利。中国革命的胜利,又反过来证明这条“农村包围城市,最后夺取城市和全国政权”的武装斗争的道路是完全正确的。

5. 打破土地“国有制”框框,实行土地归农民私有的土地革命路线

1927年南昌起义之后,我们党就根据斯大林的指示和共产国际的决议,通过并颁布了《中国共产党土地问题草案》。其中规定:“一切地主的土地无代价地没收,一切私有土地完全归组织成苏维埃国家的劳动平民所公有。”这种土地国有化的政策,在实践中不断碰壁。1931年2月28日,毛泽东在《关于加强春耕工作的意见》一文中指出:“现在春天到了,各地农民动手耕田的还很少,这件事值得我们注意。”[③]该文在系统分析了发生上述情况的诸种原因以后,毛泽东则指出:“过去田归苏维埃所有,农民只有使用权的空气十分浓厚,并且四次五次分

① 《毛泽东选集》第2卷,人民出版社1991年版,第542页。

② 《毛泽东选集》第2卷,人民出版社1991年版,第634、635~636页。

③ 《毛泽东文集》第1卷,人民出版社1993年版,第256页。

了又分使得农民感觉田不是他自己的,自己没有权来支配,因此不安心耕田。"[①]在文中,毛泽东要求省委通令各级政府要发布命令说明,过去分好的田归得田的人私有,别人不得侵犯,还说这种规定"是民权革命时代应该有的过程,共产主义不是一天做起来的"[②]。闽西、江西苏维埃政府据上述精神作出决议,后发布告,规定农民分得的土地归他们私有。此项政策一出,很受农民欢迎,实际效果也很明显。正如毛泽东在1934年1月23日所写《我们的经济政策》一文中所描述的那样:"红色区域在建立的头一二年,农业生产往往是下降的。但是经过分配土地后确定了地权,加以我们提倡生产,农民群众的劳动热情增长了,生产便有恢复的形势了。现在有些地方不但恢复了而且超过革命前的生产量。""只有在我们把土地分配给农民,对农民的生产加以提倡奖励以后,农民群众的劳动热情才爆发了起来,伟大的生产胜利才能得到。"[③]

在中国,变土地国有制为农民私有制,是毛泽东为代表的中国共产党人在土地问题上的一个根本性转折。它表现出我党已冲破了共产国际指示和俄国经验关于"土地国有制"的僵化框框的束缚,真正实现了从中国社情、国情出发,把马克思列宁主义立场、观点和方法同中国农民土地私有观念很深等等具体实际有机地结合起来,形成了一条中国化马克思列宁主义的土地革命路线。

6. 冲破适合一般战争规律与一般革命战争规律的军事学说及其战略战术的框框,独创了适合中国革命战争特殊规律的军事理论及其战略战术体系

在中国共产党直接领导的三次国内革命战争特别是第二次国内革命战争中犯左倾教条主义错误的人,在军事上违背马克思列宁主义普遍真理同中国具体实际相结合、相统一原则的主要表现是,只用适合一般战争规律和一般革命战争规律的军事学说和战略战术来指导特殊的中国革命战争。所以,使革命屡遭失败。为此,1936年12月,毛泽东写了《中国革命战争的战略问题》一书。该著旗帜鲜明地批驳了左倾教条主义的错误理论和意见。他写道:"有一种人的意见是不对的,我们早已批驳了这种意见了;他们说:只要研究一般战争的规律就得了,具体地说,只要照着反动的中国政府或反动的中国军事学校出版的军事条令去做就得了。他们不知道:这些条令仅仅是一般战争的规律,并且全是抄了外国的,如果我们一模一样地照抄来用,丝毫也不变更其形式和内容,就一定是削足适履,要打败仗。又有一种人的意见也是不对的,我们也早已批驳了这种意见了;他们说:只要研究俄国革命战争的经验就得了,具体地说,只要照着苏联内战

① 《毛泽东文集》第1卷,人民出版社1993年版,第256页。
② 《毛泽东文集》第1卷,人民出版社1993年版,第257页。
③ 《毛泽东选集》第1卷,人民出版社1991年版,第131页。

的指导规律和苏联军事机关颁布的军事条令去做就得了。他们不知道：苏联的规律和条令包含着苏联内战和苏联红军的特殊性，如果我们一模一样地抄了来用，不允许任何的变更，也同样是削足适履，要打败仗。再有一种人的意见也是不对的，我们也早就批驳了这种意见了；他们说：一九二六年至一九二七年的北伐战争的经验是最好的，我们应该学习它，具体地说，学北伐战争的长驱直进和夺取大城市。他们不知道：北伐战争的经验是应该学习的，但是不应该刻板地抄用，因为我们现时战争的情况已经变化了。我们只应该采用北伐战争中那些在现时情况下还能适用的东西，我们应该按照现时情况规定我们自己的东西。"[①]在批驳了上述三种错误理论和意见之后，毛泽东得出结论说："由此看来，战争情况的不同，决定着不同的战争指导规律，有时间、地域和性质的差别……我们研究在各个不同历史阶段、各个不同性质、不同地域和民族的战争的指导规律，应该着眼其特点和着眼其发展，反对战争问题上的机械论。"[②]不仅如此，毛泽东还从一般与个别的角度进行理论升华："战争的规律——这是任何指导战争的人不能不研究和不能不解决的问题"（这是"一般"），"革命战争的规律——这是任何指导革命战争的人不能不研究和不能不解决的问题"（这是"特殊"，即不同性质的战争之指导规律），"中国革命战争的规律——这是任何指导中国革命战争的人不能不研究和不解决的问题"[③]（这是"更特殊"，即不同国家的革命战争的规律）。

毛泽东站在马克思列宁主义辩证唯物论和唯物辩证法的高度回答了"如何研究战争"的基本观点和基本方法之后，就开始从中国革命战争的特点出发，系统地总结第二次国内革命战争的经验教训，精辟地论述了中国战争的战略学和战役、战斗学。为此，毛泽东首先提出并科学地回答了第二次国内战争时期中国革命战争的特点是什么的问题。他认为有四个主要特点：一是中国是一个政治经济发展不平衡的半殖民的大国，而又经过了1924～1927年的革命；二是敌人的强大；三是红军的弱小；四是共产党的领导和土地革命。以这四个主要特点为出发点，由此就产生了"我们的战略战术"。毛泽东说：这四个特点"规定了中国革命战争的指导路线及其许多战略战术的原则。第一个特点和第四个特点规定了中国红军的可能发展和可能战胜其敌人。第二个特点和第三个特点规定了中国红军的不可能很快发展和不可能很快战胜其敌人，即是规定了战争的持久，而

---

① 《毛泽东选集》第1卷，人民出版社1991年版，第171～172页。

② 《毛泽东选集》第1卷，人民出版社1991年版，第173页。

③ 《毛泽东选集》第1卷，人民出版社1991年版，第170页。

且如果弄得不好的话，还可能失败”[①]。这就是中国革命战争的两个方面，这就是中国革命战争的根本规律，许多规律都是从这个根本的规律发生出来的。“正确地规定战略方向，进攻时反对冒险主义，防御时反对保守主义，转移时反对逃跑主义；反对红军的游击主义，却又承认红军的游击性；反对战役的持久战和战略的速决战，承认战略的持久战和战役的速决战；反对固定的作战线和阵地战，承认非固定的作战线和运动战；反对击溃战，承认歼灭战；反对战略方向的两个拳头主义，承认一个拳头主义；反对大后方制度，承认小后方制度；反对绝对的集中指挥，承认相对的集中指挥；反对单纯军事观点和流寇主义，承认红军是中国革命的宣传者和组织者；反对土匪主义，承认严肃的政治纪律；反对军阀主义，承认有限制的民主生活和有威权的军事纪律；反对不正确的宗派主义的干部政策，承认争取一切可能的同盟者；最后，反对把红军停顿于旧阶段，争取红军发展到新阶段。”[②]在这里，毛泽东从中国第二次国内革命战争时期总结出了“一条”中国革命战争的根本规律和“十二条”具体规律，它们规定了革命战争的战略问题。

在抗日战争时期，毛泽东关于新民主主义革命时期军事学说及其战略战术问题，由于民族战争提到了主要地位，战争形势发生了很大变化，战争的规模扩大了，其复杂性大大增加了，所以，军事理论与战略战术也大大地进一步丰富和发展了。毛泽东在这一时期的主要军事著作是《抗日游击战争的战略问题》(1938年5月)、《论持久战》(1938年5月)、《战争和战略问题》(1938年11月)。这三大军事文献有一个共同点，即都论述了游击战争的战略问题。他指出：“中国抗日游击战争，就从战术范围跑了出来向战略敲门，要求把游击战争的问题放在战略问题上加以考察”[③]，在整个人类战争史中都是极为新鲜的事情。“抗日游击战争的战略问题，本来是密切地联系于整个抗日战争的战略问题，许多东西二者都是一致的。然而游击战争又区别于正规战争，它本来有其特殊性，因而游击战争的战略问题颇有许多特殊的东西；抗日战争的一般战略问题中的东西决不能照样用之于特殊形势的游击战争。”[④]在回答了抗日战争之成为战略问题原因之后，毛泽东就抓住六个具体战略问题作了极其详尽而科学严谨的论述。他写道：抗日游击战争有六个具体战略问题：一是主动地、灵活地、有计划地执行防御战中的进攻战、持久战中的速决战和内线作战中的外线作战；二是和正规战争相配合；三是建立根据地；四是战略防御和战略进攻；五是向运动战发展；六是正

---

① 《毛泽东选集》第1卷，人民出版社1991年版，第191页。

② 《毛泽东选集》第1卷，人民出版社1991年版，第191～192页。

③ 《毛泽东选集》第2卷，人民出版社1991年版，第405页。

④ 《毛泽东选集》第2卷，人民出版社1991年版，第406页。

确的指挥关系。[1] 毛泽东认为,“这六项,是全部抗日游击战争的战略纲领,是达到保存和发展自己,消灭和驱逐敌人,配合正规战争,争取最后胜利的必要途径”[2]。

毛泽东军事思想及其一整套正确的战略战术到了解放战争时期又有了新的重大发展。他在《目前形势和我们的任务》(1947 年 12 月)一书中总结和阐述的十大军事原则就是这种发展的有力证明。这十大军事原则是:(1)先打分散和孤立之敌,后打集中和强大之敌。(2)先取小城市、中等城市和广大乡村,后取大城市。(3)以歼灭敌人有生力量为主要目标,不以保守或夺取城市和地方为主要目标。(4)每战集中绝对优势兵力(两倍、三倍、四倍,有时甚至是五倍或六倍于敌之兵力),四面包围敌人,力求全歼,不使漏网。(5)不打无准备之仗,不打无把握之仗,每战都应力求有准备,力求在敌我条件对比下有胜利的把握。(6)发扬勇敢战斗,不怕牺牲、不怕疲劳和连续作战的作风。(7)力求在运动中歼灭敌人,同时,注重阵地攻击战术,夺取敌人的据点和城市。(8)在攻城的问题上,一切敌人守备薄弱的据点和城市,坚决夺取之。一切敌人有中等程度的守备,而环境又许可加以夺取的据点和城市,相机夺取之。一切敌人守备强固的据点和城市,则等候条件成熟时然后夺取之。(9)以俘获敌人的全部武器和大部人员补充自己,我军人力物力的来源主要在前线。(10)善于利用两个战役的间隙休息和整训部队。[3]

毛泽东为主要代表的中国共产党人,在新民主主义革命时期为夺取政权而进行的 22 年武装斗争的实践中所独创的具有中国特色的军事学说及其战略战术,在马克思列宁主义军事理论的宝库中占有独特的地位;它同恩格斯的军事理论和列宁、斯大林的军事理论相比较,的确是重大突破,作出了独创性的贡献。

7. 冲破“中间势力是最危险敌人”的教条,独创了同中国民族资产阶级等中间势力建立统一战线的理论和策略

在共产国际期间,斯大林有一个近乎公式的原理或原则,就是“中间势力是最危险的敌人”。这个原则在共产国际的各国党内影响很大。在中国如果不冲破这个教条,就不可能推行同民族资产阶级等中间势力甚至在一定时期和一定程度上同一部分大资产阶级建立统一战线;而在革命中不搞或搞不好这种统一战线,中国新民主主义革命就不可能取得胜利。犯左倾教条主义错误的人,搬的就是斯大林的上述教条,所以,在革命实践中屡遭失败。中国新民主主义革命之

---

① 参见《毛泽东选集》第 2 卷,人民出版社 1991 年版,第 407 页。

② 《毛泽东选集》第 2 卷,人民出版社 1991 年版,第 407 页。

③ 参见《毛泽东选集》第 4 卷,人民出版社 1991 年版,第 1247~1248 页。

所以取得了伟大胜利，原因之一就是毛泽东冲破了斯大林的上述教条，而独创性地同民族资产阶级、在抗日战争中又同亲英美派的蒋介石为代表的一部分大买办资产阶级结成了抗日民族统一战线。

关于同资产阶级的统一战线问题，毛泽东在许多文论中都作了精辟论述，而在其1939年所写《〈共产党人〉发刊词》一文中，对同资产阶级建立统一战线问题，总结概括出"六条规律"和"两条战线作战"的理论与策略。历史证明了下列规律是无比正确的。毛泽东写道："(一)由于中国最大的压迫是民族压迫，在一定的时期中，一定的程度上，中国民族资产阶级是能够参加反帝国主义和反封建军阀的斗争的。因此，无产阶级在这种一定的时期内，应该同民族资产阶级建立统一战线，并尽可能地保持之。(二)又由于中国民族资产阶级在经济上、政治上的软弱性，在另一种历史环境中，它就会动摇变节。因此，中国革命统一战线的内容不能始终一致，而是要发生变化的。在某一时期有民族资产阶级参加在内，而在另一时期则民族资产阶级并不参加在内。(三)中国的带买办性的大资产阶级，是直接为帝国主义服务并为它们所豢养的阶级。因此，中国的带买办性的大资产阶级历来都是革命的对象。但是，由于中国的带买办性的大资产阶级的各个集团是以不同的帝国主义为背景的，在各个帝国主义间的矛盾尖锐化的时候，在革命的锋芒主要地是反对某一个帝国主义的时候，属于别的帝国主义系统的大资产阶级集团也可能在一定程度上和一定时期内参加反对某一个帝国主义的斗争。在这种一定的时期内，中国无产阶级为了削弱敌人和加强自己的后备力量，可以同这样的大资产阶级集团建立可能的统一战线，并在有利于革命的一定条件下尽可能地保持之。(四)在买办性的大资产阶级参加统一战线并和无产阶级一道向共同敌人进行斗争的时候，它仍然是很反动的，它坚决地反对无产阶级及其政党在思想上、政治上、组织上的发展，而要加以限制，而要采取欺骗、诱惑、'溶解'和打击等等破坏政策，并以这些政策作为它投降敌人和分裂统一战线的准备。(五)无产阶级的坚固的同盟者是农民。(六)城市小资产阶级也是可靠的同盟者。"[①]毛泽东在论述了他揭示中国无产阶级与中国资产阶级和其他阶级的统一战线的"六大规律"之后，紧接着精辟地阐述了为保证实现"六大规律"而必须进行"两条战线"的斗争。他指出："无产阶级的政党在同资产阶级(尤其是大资产阶级)组织统一战线的问题上，必须实行坚定的、严肃的两条战线斗争。一方面，要反对忽视资产阶级在一定时期中一定程度上参加革命斗争的可能性的错误。这种错误，把中国的资产阶级和资本主义国家的资产阶级看做一样，因而忽视同资产阶级建立统一战线并尽可能保持这个统一战线的政策，这就是'左'

---

① 《毛泽东选集》第2卷，人民出版社1991年版，第606～607页。

倾关门主义。另一方面，则要反对把无产阶级和资产阶级的纲领、政策、思想、实践等等看做一样的东西，忽视它们之间的原则差别的错误。这种错误，忽视资产阶级(尤其是大资产阶级)不但在极力影响小资产阶级和农民，而且还在极力影响无产阶级和共产党，力求消灭无产阶级和共产党在思想上、政治上、组织上的独立性，力求把无产阶级和共产党变成资产阶级及其政党的尾巴，力求使革命果实归于资产阶级的一群一党的事实；忽视资产阶级(尤其是大资产阶级)一到革命同他们一群一党的私利相冲突时，他们就实行叛变革命的事实。如果忽视了这一方面，就是右倾机会主义。过去陈独秀右倾机会主义的特点，就是引导无产阶级适合资产阶级一群一党的私利，这也就是第一次大革命失败的主观原因。"[①]毛泽东在这里论述的无产阶级及其政党要保证"六大规律"的实现，必须进行"两条战线"的斗争，实质上也是中国革命统一战线的一条带有根本性意义的重要规律，违背此规律就要跌跟头，遭失败。王明左倾教条主义者先犯关门主义错误，当抗日战争时期党同资产阶级(包括亲英美派大资产阶级在内)建立起统一战线之后，他又犯"一切归统一战线"、放弃党的独立性的右倾机会主义错误，结果都给中国革命事业造成不同程度的损失。这就是对党的统一战线问题须"两条战线作战"这一规律的真理性的证明。

毛泽东在论述了无产阶级同资产阶级统一战线问题上"六条规律"和"两条战线作战"这一根本方针之后，又极为精辟地论述了中国资产阶级的二重性及其同中国共产党的政治路线和党的建设之间的内在联系问题。他指出："中国资产阶级在资产阶级民主革命中的这种二重性，对于中国共产党的政治路线和党的建设的影响是非常之大的，不了解中国资产阶级的这种二重性，就不能了解中国共产党的政治路线和党的建设。中国共产党的政治路线的重要一部分，就是同资产阶级联合又同它斗争的政治路线。中国共产党的党的建设的重要一部分，就是在同资产阶级联合又同它斗争的中间发展起来和锻炼出来的。这里所谓联合，就是同资产阶级的统一战线。所谓斗争，在同资产阶级联合时，就是在思想上、政治上、组织上的'和平'的'不流血'的斗争；而在被迫着同资产阶级分裂时，就转变为武装斗争。如果我们党不知道在一定时期中同资产阶级联合，党就不能前进，革命就不能发展；如果我们党不知道在联合资产阶级时又同资产阶级进行坚决的、严肃的'和平'斗争，党在思想上、政治上、组织上就会瓦解，革命就会失败；又如果我们党在被迫着同资产阶级分裂时不同资产阶级进行坚决的、严肃的武装斗争，同样党也就会瓦解，革命也就会失败。"[②]

① 《毛泽东选集》第2卷，人民出版社1991年版，第607～608页。

② 《毛泽东选集》第2卷，人民出版社1991年版，第608～609页。

毛泽东关于中国无产阶级同资产阶级等中间势力在统一战线中又联合又斗争的理论和策略，其中“中间势力”的含义，在抗日战争中除民族资产阶级外还包括开明绅士与地方实力派，这三部分人都是中间派。对这三部分中间势力，我党的政策都是争取他们参加抗日统一战线。但这种争取政策，对于其中各部分中间势力是有所区别的。中等资产阶级就是民族资产阶级；开明绅士是地主阶级的左翼，是一部分带有资产阶级色彩的地主；地方实力派是同国民党中央政府有矛盾的有地盘的实力派和无地盘的杂派军。前两者可以同我们共同抗日，也可以同我们一道共同建立抗日民主政权；后者即地方实力派则除共同抗日外，他们是不愿同我们建立民主政权的。但这三部分中间势力有一个共同点，就是容易动摇，所以应针对其各自动摇态度的具体情况，进行恰如其分的说服和批评工作。应清醒地认识到，统一战线时期争取中间势力是一个极其严重的任务，而完成这个任务是有条件的。这些条件就是：(1)无产阶级及其政党有充足的力量；(2)能尊重他们的利益；(3)对反动派作坚决的斗争，并能一步一步地取得胜利。没有这些条件，中间势力就会动摇；而中间势力在中国是有很大的力量的，往往可成为决定胜负的因素，所以，必须对他们采取十分慎重的态度。①

毛泽东冲破斯大林之“中间势力是最危险的敌人”的教条，而从中国实际情况和中国革命实践经验出发，独创了一整套正确对待中间势力的理论和策略，并且在中国新民主主义革命的实际运用中是行之有效的；当中华人民共和国成立后，毛泽东赴苏同斯大林会面时，连斯大林也不得不承认：“对胜利者是没有批评的。”由此可见，中国新民主主义革命正反两方面的实践经验证明：认为“中间势力是最危险的敌人”的理论和策略是不正确的；对中间势力应根据不同情况对其采取极其慎重的态度，所谓“极其慎重”则包括不能左也不能右。应像列宁说的那样，具体事物，具体分析，具体对待；而如何做到这一点，又像毛泽东所说，恰在“运用之妙”。十分明显，毛泽东对待中间势力之正确的理论和策略，确实是对马克思列宁主义的一个极其重大的独创性贡献。

8. 冲破斯大林之党的工人成分应达到最大限度的“清一色”的教条，独创了通过“着重从思想上建党”来保证中国在农村根据地环境和红军中农民成分为主的特殊历史条件下建党而仍能保持无产阶级先锋队性质的建党理论和政策

在中国新民主主义革命阶段，中国共产党在相当长的一个时期是共产国际的一个支部，直接在共产国际的领导下从事革命斗争。而斯大林实际上是共产国际的领袖人物。他的理论对我党影响很大。斯大林根据工人阶级政党应主要在产业工人中建党的一般理论强调，俄共及共产国际范围的其他共产党应尽可

① 参见《毛泽东选集》第2卷，人民出版社1991年版，第746～748页。

能达到党员成分占绝大多数的是产业工人。斯大林在 1923 年 4 月召开的俄共(布)十二大上强调:“必须使我们党达到最大限度的清一色,至少达到工人成分对非工人成分的绝对优势。如果党想保持自己是工人阶级的政党,就应当而且必须做到这一点。”[①]在俄共(布)十三大上他又特别强调这一点,指出:“党今后要坚决指靠我们党的无产阶级成分并向他们看齐,收紧并缩小非无产阶级分子进入我们党的入口,或者完全堵死这个入口。”[②]在此引述斯大林上述观点,并不是讨论俄共(布)强调上述思想正确与否,而是要讨论斯大林的上述观点是否适合我国的实际情况。当时的客观事实是,斯大林的上述主张已经相当程度地影响到我们党的自身建设。1928 年 7 月在莫斯科召开的我党六大通过的《组织决议案草案》中就明确地写道:“共产党只有建筑在工业无产阶级的时候,他才有力量”,并说六大时党员中农民出身的占 76%,工人成分的只占 10%,这是不应存在的现象。《组织决议案草案》要求,今后党的工作“应当转变过来,使着党以后的发展是向着工业无产阶级一方面的,使着无产阶级分子成为党的基础”;在 1928 年 11 月 1 日由中共中央执行委员会发布的《告全体同志书》中还明确强调:“到产业工人中去,建立强固的工厂支部,增加党的工人的成分,集中注意于全国产业区域的党的组织的健全,造成党的新生命,这是目前党的布尔塞克化主要的道路。”[③]

毛泽东以无比求实的精神和巨大的理论勇气,冲破了“只有在产业工人中发展党员,才是马列主义建党路线”的框框,在中国革命实践中独创了通过“着重从思想上建党”来保证在农村根据地环境和红军中农民成分为主的特殊历史条件下建党而仍能保持无产阶级先锋队性质的建党理论和政策。毛泽东认为,重视在产业工人中建党是正确的,注意增加党员中的工人成分也是对的,但不能搞唯成分论;区别一个党是不是工人阶级性质的主要不是看党员的成分,而主要是看党的指导思想的理论基础是不是马克思列宁主义的,看它的政治纲领是不是为共产主义而奋斗;有些党名称叫工党,党员成分也大都是工人,但党并不以马克思列宁主义为指导,其政治纲领是工联主义性质的,没有最终实现共产主义的最高纲领,这样的党并不是真正工人阶级的政党。我们党所处的特殊环境是在远离城市的广大农村,在农村各个革命根据地建党,在主要是农民成分为主的红军中建党,党员成分主要是贫苦农民。这样,在我们党的建设中就产生了一个十分重大的问题,即如何解决无产阶级思想领导的问题。早在井冈山根据地时期,毛

① 《斯大林全集》第 5 卷,人民出版社 1957 年版,第 174 页。

② 《斯大林全集》第 6 卷,人民出版社 1956 年版,第 22 页。

③ 中央档案馆编:《中共中央文件选集》(1928),中共中央党校出版社 1983 年版,第 451～452 页。

泽东就特别重视这个问题，他说："无产阶级思想领导的问题，是一个非常重要的问题。边界各县的党，几乎完全是农民成分的党，若不给以无产阶级的思想领导，其趋向是会要错误的。"[①]1927年，毛泽东主持起草的《古田会议决议》首次提出了着重从思想上建党的原则。毛泽东认为，红军第四军的共产党内存在着各种非无产阶级的思想，比如单纯军事观点、极端民主化、非组织观点、绝对平均主义、主观主义、个人主义、流寇思想、盲动主义等等，这些"非无产阶级的思想，这对于执行党的正确路线，妨碍极大。若不彻底纠正，则中国伟大革命斗争给予红军第四军的任务，是必然担负不起来的。四军党内种种不正确思想的来源，自然是由于党的组织基础的最大部分是由农民和其他小资产阶级出身的成分所构成的；但是党的领导机关对于这些不正确的思想缺乏一致的坚决的斗争，缺乏对党员作正确路线的教育，也是使这些不正确思想存在和发展的重要原因"[②]。毛泽东还对红四军党内各种非无产阶级思想的纠正方法作了十分具体的论述，并在实践中加以坚决贯彻。《古田会议决议》对我党"着重从思想上建党"起了极其重大的作用，为我党树立了一个好的光荣传统。在延安时期，毛泽东发动的整风运动就是"着重从思想上建党"的具有无比重大历史意义的伟大举措。在整风运动中，毛泽东所写《改造我们的学习》(1941年5月)、《整顿党的作风》(1942年2月)、《反对党八股》(1942年2月)、《在延安文艺座谈会上的讲话》(1942年5月)等名著，就是"着重从思想上建党"的伟大文献。整风文献着重解决在路线问题、党风问题上表现出来的各种非无产阶级的思想，着重解决带着各种小资产阶级思想尾巴进入党内的非无产阶级思想分子思想上入党的问题。

毛泽东为主要代表的中国化马克思列宁主义者"着重从思想上建党"的理论，是马克思列宁主义建党学说与中国国情、社情相结合的产物，是毛泽东新民主主义革命理论的重要组成部分，是对马克思主义建党学说的独创性贡献。中国共产党九十年的建党实践证明：毛泽东思想的这条建党路线非常适合中国国情，又完全是马克思主义的，是中国化马克思主义的建党理论和路线，是它保证了中国共产党始终保持工人阶级先锋队性质，为实现党的最高纲领——共产主义而奋斗到底。

---

① 《毛泽东选集》第1卷，人民出版社1991年版，第77页。

② 《毛泽东选集》第1卷，人民出版社1991年版，第85页。

二、毛泽东思想关于新民主主义社会理论对马克思列宁主义社会发展理论的独创性贡献

马克思关于人类社会发展的进程的理论,是"五阶段"与"三形态"[①]的有机统一。由于帝国主义列强的入侵,使中国变成半殖民地半封建的社会,资本主义社会没有得到充分而独立的发展,所以,毛泽东为代表的中国共产党人便根据中国的国情,制定和实施了通过夺取新民主主义革命的胜利、建立新民主主义社会进而再过渡到社会主义社会的理论和策略。这种理论和策略集中表现在毛泽东所著《新民主主义论》、《中国革命和中国共产党》、《论联合政府》、《在中国共产党第七届中央委员会第二次全体会议上的报告》、《论人民民主专政》,以及由中国共产党主持制定的、新政协第一次全体会议通过的《中国人民政治协商会议共同纲领》等著作与文献中。

1. 毛泽东在阐述"我们要建立一个新中国"问题时提出了六个新概念,即政治革命、经济革命、文化革命和新政治、新经济、新文化及其相互关系

毛泽东指出:"我们共产党人,多年以来,不但为中国的政治革命和经济革命而奋斗,而且为中国的文化革命而奋斗;一切这些的目的,在于建设一个中华民族的新社会和新国家。在这个新社会和新国家中,不但有新政治、新经济,而且有新文化。这就是说,我们不但要把一个政治上受压迫经济上受剥削的中国,变为一个政治上自由和经济上繁荣的中国,而且要把一个被旧文化统治因而愚昧落后的中国,变为一个被新文化统治因而文明先进的中国。"[②]同时,毛泽东还精辟地论述了新政治、新经济、新文化的科学内涵及其辩证关系。他指出:"所谓中华民族的新政治,就是新民主主义的政治;所谓中华民族的新经济,就是新民主主义的经济;所谓中华民族的新文化,就是新民主主义的文化。"[③]毛泽东根据辩证唯物主义和历史唯物主义的基本原理,论述了经济、政治、文化之间的辩证关系,指出:"一定的文化(当作观念形态的文化)是一定社会的政治和经济的反映,又给予伟大影响和作用于一定社会的政治和经济;而经济是基础,政治则是经济的集中表现。""我们要革除的那种中华民族旧文化中的反动成分,它是不能离开中华民族的旧政治和旧经济的;而我们要建立的这种中华民族的新文化,它也不能离开中华民族的新政治和新经济。中华民族的旧政治和旧经济,乃是中华民

---

① "五阶段"系指原始社会、奴隶社会、封建社会、资本主义社会、共产主义社会(详见《马克思恩格斯选集》第1卷,人民出版社1995年版,第345页;《马克思恩格斯选集》第2卷,人民出版社1995年版,第33页),"三形态"系指人的依赖关系、以物的依赖为基础的人的独立性、共产主义自由个性[详见《马克思恩格斯全集》第46卷(上),人民出版社1979年版,第104页]。

② 《毛泽东选集》第2卷,人民出版社1991年版,第663页。

③ 《毛泽东选集》第2卷,人民出版社1991年版,第665页。

族的旧文化的根据；而中华民族的新政治和新经济，乃是中华民族的新文化的根据。”“现在的中国，在日本占领区，是殖民地社会；在国民党统治区，基本上也还是一个半殖民地社会；而不论在日本占领区和国民党统治区，都是封建半封建制度占优势的社会。”“作为统治的东西来说，这种社会的政治是殖民地、半殖民地、半封建的政治，其经济是殖民地、半殖民地、半封建的经济，而为这种政治和经济之反映的占统治地位的文化，则是殖民地、半殖民地、半封建的文化。”“我们要革除的，就是这种殖民地、半殖民地、半封建的旧政治、旧经济和那为这种旧政治和旧经济服务的旧文化。而我们要建立起来的，则是与此相反的东西，乃是中华民族的新政治、新经济和新文化。”“中国革命的历史进程，必须分为两步，其第一步是民主主义的革命，其第二步是社会主义的革命，这是性质不同的两个革命过程。而所谓民主主义，现在已不是旧范畴的民主主义，而是新范畴的民主主义，而是新民主主义。”①

2. 毛泽东极为精辟地论证了新民主主义社会的基本特征：新民主主义的政治、新民主主义的经济、新民主主义的文化

在论到何谓新民主主义的政治时，毛泽东指出：“现在所要建立的中华民主共和国，只能是在无产阶级领导下的一切反帝、反封建的人们联合专政的民主共和国，这就是新民主主义的共和国，也就是真正革命的三大政策的新三民主义共和国。”“一切殖民地半殖民地国家的革命，在一定历史时期中所采取的国家形式，只能是第三种形式，这就是所谓新民主主义共和国。这是一定历史时期的形式；因而是过渡的形式，但是不可移易的必要的形式。”“国体——各革命阶级联合专政。政体——民主集中制（其实现形式就是从乡到中央的各级人民代表大会系统——引者注）。这就是新民主主义的政治，这就是新民主主义的共和国，这就是抗日统一战线的共和国，这就是名副其实的中华民国。我们现在虽有中华民国之名，尚无中华民国之实，循名责实，这就是今天的工作。”“这就是今天‘建国’工作的唯一正确的方向。”②1945 年，在党的七大上，毛泽东针对有些人对共产党“得势”之后会否学俄国那样的疑问，他回答说：“中国现阶段的历史将形成中国现阶段的制度，在一个长时期中，将产生一个对于我们是完全必要和完全合理同时又区别于俄国制度的特殊形态。”③之后，毛泽东将上述内容概括为中国共产党的基本纲领，进而提出人民民主专政的理论，对新民主主义的政治作了新的发展。

---

① 《毛泽东选集》第 2 卷，人民出版社 1991 年版，第 664、664～665、665 页。

② 《毛泽东选集》第 2 卷，人民出版社 1991 年版，第 675、677 页。

③ 《毛泽东选集》第 3 卷，人民出版社 1991 年版，第 1062 页。

在论到何谓新民主主义的经济时，毛泽东说：一是没收“大银行、大工业、大商业，归这个共和国的国家所有”，但“不没收其他资本主义的私有财产，并不禁止‘不能操纵国民生计’的资本主义生产的发展”；二是“采取某种必要的方法，没收地主的土地，分配给无地或少地的农民，实行中山先生的‘耕者有其田’的口号，扫除农村中的封建关系，把土地变为农民的私产”①，但容许富农经济的存在。总而言之，新民主主义的经济，就是要走“节制资本”和“平均地权”之路。1947年，毛泽东根据解放战争时期的政治经济形势明确提出，没收封建阶级的土地归农民所有，没收垄断资本归新民主主义的国家所有，保护民族工商业，是新民主主义的三大经济纲领。1949年3月，毛泽东在党的七届二中全会上进一步分析了新民主主义的经济形态，指出它由国营经济、合作社经济、私人资本主义经济、个体经济、国家资本主义经济五种经济成分构成，而其根本之点就是确认国营经济领导之下的多种经济成分并存。1949年9月召开的第一届政治协商会议，正式把这项政策确定为新中国发展经济的根本方针。至此，在新民主主义的经济形态中，国营经济是社会主义性质的，合作社经济是半社会主义性质的，加上私人资本主义，加上个体经济，加上国家和私人合作的国家资本主义经济，这些就是人民共和国的几种主要的经济成分，并由此构成新民主主义的经济形态。在这个经济坐标中，国营经济虽就其量来说较小，但由于其属于社会主义性质，因而起领导和决定性的作用。

在论到何谓新民主主义的文化时，毛泽东回答说：“所谓新民主主义的文化，就是人民大众反帝反封建的文化；在今日，就是抗日统一战线的文化。这种文化，只能由无产阶级的文化思想即共产主义思想去领导，任何别的阶级的文化思想都是不能领导了的。所谓新民主主义的文化，一句话，就是无产阶级领导的人民大众的反帝反封建的文化”，即“民族的科学的大众的文化”②。所谓民族的文化，是指它反对帝国主义压迫，主张中华民族的尊严和独立，带有我们民族的特性；科学的文化，是指它反对一切封建思想，主张实事求是、客观真理、理论和实践一致；大众的文化，是指它应为全民族中百分之九十以上的工农劳苦民众服务，并逐渐成为他们的文化，因为它是大众的，所以也是民主的。

3. 毛泽东科学地论述了新民主主义社会在中国经济社会发展中的地位和作用

对于这个问题，毛泽东的观点是：如果我们从新民主主义社会的国体、政体以及社会经济基础和文化等基本内容来看，相对于半殖民地半封建社会来说，它

---

① 《毛泽东选集》第2卷，人民出版社1991年版，第678页。

② 《毛泽东选集》第2卷，人民出版社1991年版，第698、706页。

是一个具有确定性、稳定性的社会形态，是一个独立的发展阶段，“是不可移易的必要的形式”[①]；如果从中国历史发展的长河来看，这个社会又是一个由半殖民地半封建的社会发展到社会主义社会的中介和桥梁，“是一定历史时期的形式”[②]，因而是一个过渡性的社会。正如毛泽东在《新民主主义论》中所指出的，这种革命“虽然按其社会性质，基本上依然还是资产阶级民主主义的，它的客观要求，是为资本主义的发展扫清道路；然而这种革命，已经不是旧的、被资产阶级领导的、以建立资本主义的社会和资产阶级专政的国家为目的的革命，而是新的、被无产阶级领导的、以在第一阶段上建立新民主主义的社会和建立各个革命阶级联合专政的国家为目的的革命。因此，这种革命又恰是为社会主义的发展扫清更广大的道路”[③]。所以，现在我们建立的新民主主义社会，性质是资本主义的但又是人民大众的，不是社会主义的，但也不是老资本主义，是新资本主义。[④] 毛泽东在党的七大结论讲话中进一步说，蒋介石是半法西斯半封建的资本主义，我们是新民主主义的资本主义，新民主主义的资本主义还有用，它的性质是帮助社会主义的。这种新资本主义和旧资本主义的根本区别在于：它在政治上是共产党领导的，在经济上是带有社会主义性质的国有经济占主导地位的。

经验证明，新民主主义社会是中国社会发展不可逾越的历史阶段，有着自身的规定性和发展的必然性。这是由其所需承担的历史使命决定的。新民主主义社会的历史使命，从根本上来说就是发展经济，解决好“民生”的问题。其具体内容表现在如下五个方面：一是新民主主义的联合统一的国家的发展，二是新民主主义的国家经济的发展，三是私人资本主义经济和合作社经济的发展，四是新民主主义文化的发展，五是人民个性的解放和个性的发展。归结起来，就是生产力的发展，是人的全面发展。其实，对此毛泽东是作出了重要理论贡献的，因为他认为，社会生产力的发展，是由新民主主义社会向社会主义社会转变的重要条件和发展基础，这是中国革命时期及在革命胜利后一个相当长的时期内一切问题的基本出发点。并由此在理论上首次提出衡量一切政党的政策和实践的根本标准，即“中国一切政党的政策及其实践在中国人民中所表现的作用的好坏、大小，归根到底，看它对于中国人民的生产力的发展是否有帮助及其帮助之大小，看它是束缚生产力的，还是解放生产力的”[⑤]。也正是由于毛泽东从生产力标准的理论高度上，揭露了国民党统治集团政策和实践的反动和倒退，批评了中国民族资

① 《毛泽东选集》第2卷，人民出版社1991年版，第675页。

② 《毛泽东选集》第2卷，人民出版社1991年版，第675页。

③ 《毛泽东选集》第2卷，人民出版社1991年版，第668页。

④ 参见石仲泉《毛泽东的艰辛探索》（增订本），中共党史出版社1996年版，第140页。

⑤ 《毛泽东选集》第3卷，人民出版社1991年版，第1079页。

产阶级及其政党在理论上和实践上的软弱性和空想性,论证了中国共产党领导新民主主义革命的历史必然性和历史进步性,才使新民主主义社会论具有不可征服的科学性。生产力标准是新民主主义社会的一条主线,围绕着生产力这个中心,形成了关于新民主主义社会的全部理论、路线、方针和政策。新民主主义社会的这一本质,内在地要求打破束缚生产力发展的枷锁,内在地要求对中国现有的生产力特别是其中的人力资源予以保护,始终把我国生产力落后的基本状况作为"在中国革命的时期内和在革命胜利以后一个相当长的时期内一切问题的基本出发点"[①],内在地要求必须以生产力的保护和发展为第一出发点考虑生产关系的变革和发展,把是否有利于生产力的保护和发展作为检验生产关系先进与否的根本标准。

毛泽东的新民主主义社会论,是马克思主义与中国实际相结合过程中形成的一个马克思主义中国化的标志性成果,是对马克思列宁主义社会发展理论的独创性贡献。

三、毛泽东思想关于"由新民主主义向社会主义过渡"的理论创造性地发展了马克思列宁主义过渡时期与社会主义改造的理论

1."由新民主主义向社会主义过渡"的含义及"过渡起点"的改变

毛泽东《新民主主义论》一书中的"由新民主主义向社会主义过渡"的含义,

是通过长期的新民主主义革命,夺取全国政权,建立新民主主义社会,建设新民主主义经济、新民主主义政治、新民主主义文化,这是一个相对独立的社会形式。然后,在条件具备的时候,再由新民主主义社会开始向社会主义社会过渡。新中国成立后,毛泽东改变了思路,认为从中华人民共和国成立起,就是向社会主义过渡的开始。所谓"由新民主主义向社会主义过渡",就是由革命胜利后建立起来的新民主主义共和国向社会主义的过渡,中间没有了相对独立的新民主主义社会发展阶段。而党和国家的其他领导人,则还仍然按毛泽东《新民主主义论》中的含义加以理解。因此,由新民主主义向社会主义过渡的"起点"问题,就发生了不同的意见:一是由中华人民共和国成立起开始,实际上起点是半殖民地半封建社会的终结;另一种是将新民主主义社会的经济、政治、文化发展得比较成熟之后作为向社会主义过渡的起点。

刘少奇是后一种意见的代表。其基本观点是:第一,新中国的建立,表明中华民族和中国人民从此站立起来了。但"中国劳动人民的生活水平和世界上许

① 《毛泽东选集》第4卷,人民出版社1991年版,第1430页。

多先进国家比较起来，还是很低的。他们还很穷困”①。因此，“经济建设现已成为我们国家和人民的中心任务”②。第二，根据中国的社会历史条件，发展生产力只能在新民主主义的旗帜下来进行。由于“新民主主义的经济建设必须由新民主主义的政权来领导和保障。没有新民主主义的政治，就不能有新民主主义的经济”③。所以，“我们的基本口号是：民主化与工业化！在我们这里，民主化与工业化是不能分离的”④。因此，“民主革命胜利后，还不能马上直接采取社会主义的实际步骤，不能过早地采取社会主义的政策”⑤，而只能采取新民主主义的政策，确立新民主主义制度。第三，在新民主主义制度下，政治上，实行多党合作，联合执政，不搞一党单独执政。而“中国人民政治协商会议，是中国人民民主统一战线的组织形式”⑥。中国共产党以一个政党的身份参加人民政治协商会议，对于政协通过的共同纲领，“中国共产党当完全遵守它的一切规定”⑦。经济上，在城市鼓励扶持民族资本，在农村保存和发展富农经济。刘少奇认为，资本主义是在青年时代，正是发挥它的历史作用、积极作用和建功立业的时候。第四，新民主主义阶段是过渡阶段也是准备阶段，即为将来进入社会主义作准备。中国共产党“现在为巩固新民主主义制度而斗争，在将来要为转变到社会主义制度而斗争，最后要为实现共产主义制度而斗争”⑧。而“新民主主义的发展至少要有 50 年的时间”⑨。第五，将来进入社会主义也完全可以不采取苏联、东欧打倒资产阶级的流血方式，而和平过渡到社会主义。可以看出，这些理论观点是刘少奇从中国实际情况出发，根据毛泽东的新民主主义论的基本思想，将其中的新民主主义社会论加以展开，作了深刻的分析和全面的阐述，从而形成了一个比较完整的发展构想。这一发展构想源于毛泽东的新民主主义论，又是对它的深化和发展。然而，毛泽东不同意刘少奇等同志的意见，并批判了刘少奇的“巩固新民主主义秩序”的观点。之后，毛泽东的主张就成为党中央共同的意见了。这时理解的新民主主义社会是属于社会主义体系的和逐步过渡到社会主义社会的过渡性质的社会。

2. 制定了一条具有中国特点的“过渡时期的总路线”

---

① 《刘少奇选集》下卷，人民出版社 1985 年版，第 1 页。

② 《刘少奇选集》下卷，人民出版社 1985 年版，第 60 页。

③ 《刘少奇选集》下卷，人民出版社 1985 年版，第 60 页。

④ 《刘少奇选集》下卷，人民出版社 1985 年版，第 60～61 页。

⑤ 薄一波：《若干重大决策与事件回顾》(上)，中共中央党校出版社 1991 年版，第 47 页。

⑥ 《刘少奇选集》上卷，人民出版社 1981 年版，第 432 页。

⑦ 《刘少奇选集》上卷，人民出版社 1981 年版，第 434 页。

⑧ 《刘少奇选集》下卷，人民出版社 1985 年版，第 62 页。

⑨ 《刘少奇选集》下卷，人民出版社 1985 年版，第 62 页。

为了向社会主义过渡，就需要制定一条符合中国特点的过渡时期总路线。1952年9月24日，毛泽东在中央书记会议上初步提出“中国怎样从现在逐步过渡到社会主义去”的指导思想和大致设想。1953年6月，中央政治局会议对过渡到社会主义的方法、途径和步骤等问题正式进行了讨论。6月15日，毛泽东在会议的讲话中首次提出了党在过渡时期的总路线的基本内容。8月，毛泽东在审阅周恩来在全国财经会议上的结论时，第一次对过渡时期总路线作了比较完整的文字表述：“从中华人民共和国成立，到社会主义改造基本完成，这是一个过渡时期。党在这个过渡时期的总路线和总任务，是要在一个相当长的时期内，基本上实现国家工业化和对农业、手工业和资本主义工商业的社会主义改造。这条总路线，应是照耀我们各项工作的灯塔，各项工作离开它，就要犯右倾或‘左’倾的错误。”[①]后来，毛泽东在审阅修改中央宣传部起草的关于党在过渡时期总路线的学习和宣传提纲时，将总路线的完整表述最后确定下来，将其中“基本上实现国家工业化和对农业、手工业和资本主义工商业的社会主义改造”修改为“逐步实现国家的社会主义工业化，并逐步实现国家对农业、对手工业和对资本主义工商业的社会主义改造”。毛泽东在提纲中，还对“将过渡时期的起点从中华人民共和国成立算起”问题加写了一段说明：

> 我们说标志着革命性质的转变、标志着新民主主义革命阶段的基本结束和社会主义革命阶段的开始的东西是政权的转变，是国民党反革命政权的灭亡和中华人民共和国的成立，并不是说社会主义改造这样一个伟大的任务，在中华人民共和国成立以后就可以立即在全国一切方面着手施行了。……那时在农村中的主要矛盾是封建主义与民主主义之间的矛盾，而不是资本主义与社会主义之间的矛盾，因此需要有两年至三年时间在农村实行土地革命。那时我们一方面在农村实行民主主义的土地改革，一方面在城市立即着手接收官僚资本主义企业使之变为社会主义的企业，建立社会主义的国家银行，同时在全国范围内着手建立社会主义的国营商业和合作社商业，并已在过去几年中对私人资本主义企业开始实行了国家资本主义的措施。所有这些显示着我国过渡时期头几年中的错综复杂的形象。[②]

党的过渡时期的总路线可以简化为“一化三改”、“一体两翼”。“其内容是对七届二中全会决议所确定原则的进一步明确化和具体化。历史证明，党提出过渡时期总路线，是符合新中国社会发展的实际和规律的，反映了历史的必然性，

---

① 《毛泽东选集》第5卷，人民出版社1977年版，第89页。

② 转引自中共中央党史研究室《中国共产党历史》第2卷(1949～1978)上册，中共党史出版社2011年版，第186页。

是完全正确的。”①

3. 创造性地开辟了一条适合中国特点的社会主义改造的道路

对此，毛泽东说：“关于中国的资本主义所有制转变为全民所有制的问题”，我们对官僚资本和民族资本采取了不同的政策。“官僚资本和民族资本的比例是八比二。我们在解放后没收了全部官僚资本，就把中国资本主义的主要部分消灭了。”“对于民族资本……我们是经过了三个步骤，即加工订货、统购包销、公私合营，来实现对它的社会主义改造。就每个步骤来讲，也是逐步前进的。我们在处理资产阶级的问题上，有很丰富的经验，创造了许多新的经验。”对农业的社会主义改造，我们也是分步骤的，“中国农民对土地的私有观念很深，我们是逐步地引导他们改变这种私有观念。互助组只能解决具体劳动的问题，土地等生产资料基本上还是私有。到了初级社，因为农民的土地有多有少，不能不采取土地入股的办法。经过高级社和人民公社（人民公社这种形式，实践证明是不利于调动农民的积极性——引者注），进一步改变了农民的私有观念”②。

《中国共产党中央委员会关于建国以来党的若干历史问题的决议》对我国社会主义改造作出了全面正确的评价：“在过渡时期中，我们党创造性地开辟了一条适合中国特点的社会主义改造的道路。对资本主义工商业，我们创造了委托加工、计划订货、统购包销、委托经销代销、公私合营、全行业公私合营等一系列从低级到高级的国家资本主义的过渡形式，最后实现了马克思和列宁曾经设想过的对资产阶级的和平赎买。对个体农业，我们遵循自愿互利、典型示范和国家帮助的原则，创造了从临时互助组和常年互助组，发展到半社会主义性质的初级农业生产合作社，再发展到社会主义性质的高级农业生产合作社的过渡形式。对于个体手工业的改造，也采取了类似的方法。在改造过程中，国家资本主义经济和合作经济表现了明显的优越性。到一九五六年，全国绝大部分地区基本上完成了对生产资料私有制的社会主义改造。这项工作中也有缺点和偏差。在一九五五年夏季以后，农业合作化以及手工业和个体商业的改造要求过急，工作过粗，改变过快，形式也过于简单划一，以致在长期间遗留了一些问题。一九五六年资本主义工商业改造基本完成以后，对于一部分原工商业者的使用和处理也很不适当。但整个来说，在一个几亿人口的大国中比较顺利地实现了如此复杂、困难和深刻的社会变革，促进了工农业和整个国民经济的发展，这的确是伟大的

① 中共中央党史研究室：《中国共产党历史》第2卷（1949～1978）上册，中共党史出版社2011年版，第187页。

② 中华人民共和国国史学会编：《毛泽东读社会主义政治经济学批注和谈话》（上），1998年1月印，第101、157～158、102页。

历史性胜利。”①

在这里我们可以看出，这条社会主义改造道路的创造性表现在三个方面：一是改造步骤的逐步性；二是改造形式的多样性；三是改造道路的和平性。改造过程中发生问题和造成损失的根本原因，实质上是“急于过渡”和“过渡过急”。

第二节　艰辛曲折探索的理论成果——毛泽东社会主义建设思想

1956 年，生产资料私有制社会主义改造基本完成之后，我国即进入全面展开社会主义建设新时期。在这个时期，以毛泽东为首的党中央，特别是毛泽东本人，对社会主义建设的艰辛的探索，由于主客观原因所致，走的是非常曲折之路。先是（即 1956 年党的八大前后）走正路；接着（1957 年反右派运动）开始逐步走左的岔路（1957 年反右派至 1966 年“文革”前），局部犯了左的错误；后来（1966 年发动“文革”至 1976 年毛泽东逝世）左的岔路达到顶点，成为全局性严重左倾路线错误。在走上左的岔路的前十年，既有纠左的正路阶段（1957 年至 1962 年初“七千人会议”），又有加强左的错路阶段[1959 年党的八届九中全会即庐山会议，由反左转为开展反所谓“彭（德怀）、黄（克诚）、张（闻天）、周（小舟）反党集团”的“反右倾”运动，至 1966 年“五一六通知”，在全国范围内进行了十年“文革”]；在全局性左倾严重错误阶段，既有错上加错之举[如起用邓（小平），又打到邓]，又有纠错之策（如大批解放干部、批判“四人帮”或“上海帮”等）。总之，在整个开始全面建设社会主义新时期之后的“两个十年”中，既取得了社会主义建设正确的理论成果，又离开自己探索的正确的道路（又创造性地犯了严重左倾教条主义错误）。这确实是悲剧性的结果。二十年的正反历史经验，都值得我们科学地总结与吸取。在这一节中，我们只把这二十年，特别是前十年，毛泽东为首的党中央在艰辛、曲折探索中取得的正确的理论成果梳理出来，与同行、读者交流。

一、社会主义政治建设的理论成果

毛泽东在《论十大关系》（1956 年 4 月）中，通过系统论述和科学分析当时我国经济、政治诸方面的关系问题，提出和论证了社会主义建设的基本方针，他指出：“提出这十个问题，都是围绕着一个基本方针，就是要把国内外一切积极因素调动起来，为社会主义事业服务。过去为了结束帝国主义、封建主义和官僚资本主义的统治，为了人民民主革命的胜利，我们就实行了调动一切积极因素的方

① 中共中央研究室编：《三中全会以来重要文献选编》（下），人民出版社 1982 年版，第 800～801 页。

针。现在为了进行社会主义革命，建设社会主义国家，同样也实行这个方针。”① “我们一定要努力把党内党外、国内国外的一切积极因素，直接的、间接的积极因素，全部调动起来”②，“并且尽可能地将消极因素转变为积极因素，为建设社会主义社会这个伟大的事业服务”③。

毛泽东在《关于正确处理人民内部矛盾的问题》(1957 年 2 月)中，创造性地提出和系统论证了社会主义社会的矛盾问题。

1. 毛泽东从哲学的高度论述了社会主义社会存在矛盾的必然性

毛泽东指出：“马克思主义的哲学认为，对立统一规律是宇宙的根本规律。这个规律，不论在自然界、人类社会和人们的思想中，都是普遍存在的。矛盾着的对立面又统一，又斗争，由此推动事物的运动和变化。……许多人不承认社会主义社会还有矛盾，因而使得他们在社会矛盾面前缩手缩脚，处于被动地位；不懂得在不断地正确处理和解决矛盾的过程中，将会使社会主义社会内部的统一和团结日益巩固。”④“社会主义社会中，基本的矛盾仍然是生产关系和生产力之间的矛盾、上层建筑和经济基础之间的矛盾。不过社会主义社会的这些矛盾，同旧社会的生产关系和生产力的矛盾、上层建筑和经济基础的矛盾，具有根本不同的性质和情况罢了。”⑤“在社会主义时代，矛盾仍然是社会主义社会发展的动力。”⑥

2. 毛泽东系统论述了我国两类不同性质的矛盾，即敌我矛盾和人民内部矛盾，重点论述了人民内部矛盾

毛泽东指出：“在现阶段，在建设社会主义的时期，一切赞成、拥护和参加社会主义建设事业的阶级、阶层和社会集团，都属于人民的范围；一切反抗社会主义革命和敌视、破坏社会主义建设的社会势力和社会集团，都是人民的敌人。” “敌我之间的矛盾是对抗性的矛盾。人民内部的矛盾，在劳动人民之间说来，是非对抗性的；在被剥削阶级和剥削阶级之间说来，除了对抗性的一面以外，还有非对抗性的一面。……在我国现在的条件下，所谓人民内部的矛盾，包括工人阶级内部的矛盾，农民阶级内部的矛盾，知识分子内部的矛盾，工农两个阶级之间的矛盾，工人、农民同知识分子之间的矛盾，工人阶级和其他劳动人民同民族资

---

① 《毛泽东著作选读》下册，人民出版社 1986 年版，第 720 页。

② 《毛泽东著作选读》下册，人民出版社 1986 年版，第 744 页。

③ 《毛泽东著作选读》下册，人民出版社 1986 年版，第 782 页。

④ 《毛泽东著作选读》下册，人民出版社 1986 年版，第 766 页。

⑤ 《毛泽东著作选读》下册，人民出版社 1986 年版，第 767 页。

⑥ 中华人民共和国国史学会编：《毛泽东读社会主义政治经济学批注和谈话》(上)，1998 年 1 月印，第 273 页。

产阶级之间的矛盾,民族资产阶级内部的矛盾,等等。我们的人民政府是真正代表人民利益的政府,是为人民服务的政府,但是它同人民群众之间也有一定的矛盾。这种矛盾包括国家利益、集体利益同个人利益之间的矛盾,民主同集中的矛盾,领导同被领导之间的矛盾,国家机关某些工作人员的官僚主义作风同群众之间的矛盾。这种矛盾也是人民内部的一个矛盾。一般说来,人民内部的矛盾,是在人民利益根本一致的基础上的矛盾。……社会主义社会经济发展的客观规律和我们主观认识之间的矛盾……也将表现为人同人之间的矛盾,即比较正确地反映客观规律的一些人同比较不正确地反映客观规律的一些人之间的矛盾……也是人民内部的矛盾。"[①]"我国是一个社会主义的大国,但又是一个经济落后的穷国,这是一个很大的矛盾。"表现在人与人之间,就是坚持勤俭建国、厉行节约的人与铺张浪费的人之间的矛盾,这也是人民内部矛盾。"全面持久地例行节约,就是解决这个矛盾的一个方法。"[②]"在我们国家里,工人阶级同民族资产阶级的矛盾属于人民内部的矛盾。工人阶级和民族资产阶级的阶级斗争一般属于人民内部的阶级斗争,这是因为我国的民族资产阶级有两面性。……它有剥削工人阶级取得利润的一面,又有拥护宪法、愿意接受社会主义改造的一面。""工人阶级和民族资产阶级之间存在着剥削和被剥削的矛盾,这本来是对抗性的矛盾。但是在我国的具体条件下,这两个阶级的对抗性的矛盾如果处理得当,可以转变为非对抗性的矛盾,可以用和平的办法解决这个矛盾。如果我们处理不当,不是对民族资产阶级采取团结、批评、教育的政策,或者民族资产阶级不接受我们的这个政策,那末工人阶级同民族资产阶级之间的矛盾就会变成敌我之间的矛盾。"[③]

3. 毛泽东在论述如何正确处理两类矛盾特别是人民内部矛盾时,创造性地提出了一系列的理论原则和方针政策

毛泽东指出:"敌我之间和人民内部这两类矛盾的性质不同,解决的方法也不同。简单地说起来,前者是分清敌我的问题,后者是分清是非的问题。"[④]解决人民内部的矛盾,"必须采取民主的说服教育的方法,决不允许采取命令主义态度和强制手段。中国共产党忠实地遵守马克思列宁主义的这个原则。我们历来就主张,在人民民主专政下面,解决敌我之间和人民内部的这两类不同性质的矛盾,采取专政和民主这样两种不同的方法。"[⑤]

---

① 《毛泽东著作选读》下册,人民出版社 1986 年版,第 797 页。

② 《毛泽东著作选读》下册,人民出版社 1986 年版,第 795 页。

③ 《毛泽东著作选读》下册,人民出版社 1986 年版,第 757、759 页。

④ 《毛泽东著作选读》下册,人民出版社 1986 年版,第 759 页。

⑤ 《毛泽东著作选读》下册,人民出版社 1986 年版,第 765 页。

根据上述理论原则，毛泽东对几个主要关系问题还提出了正确处理人民内部矛盾的方针政策：在共产党与各民主党派的关系上实行“长期共存，互相监督”的方针[①]；在汉族与少数民族关系上既反对地方民族主义，又重点反对大汉族主义，发展和巩固民族区域自治制度[②]；扩大人民代表大会的权力，注意科学吸收西方资本主义议会民主的某些形式和方法[③]；党和国家政治生活要造成一个又有集中又有民主，又有纪律又有自由，又有统一意志又有个人心情舒畅、生动活泼，那样一种政治局面。[④]

二、社会主义经济建设和经济体制改革的理论成果

1. 毛泽东和党中央提出和论证了主要矛盾的变化、把党和国家的工作重点转移到经济建设上来的问题

1957 年，毛泽东在《关于正确处理人民内部矛盾的问题》中明确指出：“革命时期的大规模的急风暴雨式的群众阶级斗争基本结束”，“在这个时候，我们提出划分敌我和人民内部两类矛盾的界线，提出正确处理人民内部矛盾的问题，以便团结全国各族人民进行一场新的战争——向自然界开战，发展我们的经济，发展我们的文化”[⑤]。《中国共产党第八次全国代表大会关于政治报告的决议》指出：“我们国内的主要矛盾，已经是人民对于建立先进的工业国的要求同落后的农业国的现实之间的矛盾，已经是人民对于经济文化迅速发展的需要同当前经济文化不能满足人民需要的状况之间的矛盾。……党和全国人民的当前的主要任务，就是要集中力量来解决这个矛盾，把我国尽快地从落后的农业国变为先进的工业国。这个任务是很艰巨的，我们必须在经济、政治、文化等方面采取正确的政策，团结国内外一切可能团结的力量，利用一切有利的条件，来完成这个伟大的任务。”[⑥]

2. 毛泽东和党中央提出和论证了重工业和农业、轻工业之间的辩证关系问题

毛泽东指出：“按照马克思的学说，工业是由农业有剩余产品开始的。”许多

① 参见《毛泽东著作选读》下册，人民出版社 1986 年版，第 789～791 页。

② 参见《毛泽东著作选读》下册，人民出版社 1986 年版，第 732～733 页。

③ 参见《毛泽东著作选读》下册，人民出版社 1986 年版，第 740～744 页。

④ 参见《毛泽东选集》第 5 卷，人民出版社 1977 年版，第 456～457 页。

⑤ 《毛泽东著作选读》下册，人民出版社 1986 年版，第 769、770 页。

⑥ 中共中央办公厅编：《中国共产党第八次全国代表大会文献》，人民出版社 1957 年版，第 810 页。

社会主义国家的实践经验证明，“农业上不去，许多问题得不到解决”[1]。在处理重工业和轻工业、农业的关系上，我们没有犯原则性的错误。“我们现在的问题，就是还要适当地调整重工业和农业、轻工业的投资比例，更多地发展农业、轻工业。”“我们现在发展重工业可以有两种办法，一种是少发展一些农业、轻工业，一种是多发展一些农业、轻工业。从长远观点来看，前一种办法会使重工业发展得少些和慢些，至少基础不那么稳固……后一种办法会使重工业发展得多些和快些，而且由于保障了人民生活的需要，会使它发展的基础更加稳固。”[2]“生产资料优先增长的规律，是一切社会扩大再生产的共同规律。斯大林把这个规律具体化为优先发展重工业。斯大林的缺点是过分强调了重工业的优先增长，结果在计划中把农业忽略了。我们把这个规律具体化为：在优先发展重工业的条件下，工农业同时并举。我们实行的几个同时并举，以工农业同时并举为最重要。”[3]根据毛泽东关于重工业和农业、轻工业辩证关系的思想，刘少奇在《扩大的中央工作会议上的报告》中总结社会主义经济建设上的基本教训时，也强调指出：“以农业为基础来发展我国国民经济，是我们的一个根本方针。……为了促进农业的发展，工业必须为农业服务。……同时，农业也必须支援工业发展……如果工业和农业的比例关系不协调，既不能比较快地发展工业，也不能比较快地发展农业。”[4]毛泽东和党中央还对经济建设中其他一些重大理论和实践问题进行了阐述。比如：计划指标必须切合实际，建设规模必须同国力相适应，人民生活与重工业建设应当兼顾；制定计划必须做好物资、财政、信贷平衡；要从全国有六亿人口出发，统筹兼顾，适当安排；要勤俭办一切事业；要注意发展农业多种经营；自力更生为主，争取外援为辅，扩大对外经济交流；要学习资本主义国家先进的科学技术和企业管理方法中合乎科学的方面；等等。[5]

3. 毛泽东和党中央探讨了社会主义条件下发展商品生产和发挥价值规律作用的问题

毛泽东针对1958年大刮“共产风”之后，一些干部特别是一些领导干部在社会主义条件下发展商品生产和利用价值规律问题上产生的糊涂观念，阐述了社

---

① 中华人民共和国国史学会编：《毛泽东读社会主义政治经济学批注和谈话》(上)，1998年1月印，第205、172页。

② 《毛泽东著作选读》下册，人民出版社1986年版，第722、722～723页。

③ 中华人民共和国国史学会编：《毛泽东读社会主义政治经济学批注和谈话》(下)，1998年1月印，第369～370页。

④ 《刘少奇选集》下卷，人民出版社1985年版，第361～362页。

⑤ 参见中共中央党史研究室《中国共产党历史》第2卷(1949～1978)下册，中共党史出版社2011年版，第738页。

会主义商品生产和资本主义商品生产的区别问题。他指出:“许多人避而不谈商品和商业问题,好像不如此就不是共产主义似的。”“我国是商品生产很不发达的国家,比印度、巴西还落后。”我们还要“发展社会主义的商品生产和商品交换。必须肯定社会主义的商品生产和商品交换还有积极作用”。“现在,我们有些人大有要消灭商品生产之势,他们向往共产主义,一提商品生产就发愁,觉得这是资本主义的东西,没有分清社会主义商品生产和资本主义商品生产的区别,不懂得在社会主义条件下利用商品生产的作用的重要性。这是不承认客观法则的表现,是不认识五亿农民的问题。在社会主义时期,应当利用商品生产来团结几亿农民。”“商品生产不能与资本主义混为一谈。为什么怕商品生产?无非是怕资本主义。”“斯大林的话完全正确,他说‘决不能把商品生产看作是不依赖周围经济条件而独立存在的东西’(见《斯大林选集》下卷,人民出版社 1979 年版,第 547 页——引者注)。商品生产要看它是同什么经济制度相联系,同资本主义制度相联系就是资本主义的商品生产,同社会主义制度相联系就是社会主义的商品生产。商品生产从古就有,商朝的商字就是表示当时已经有了商品生产的意思。”[①]毛泽东曾非常重视价值规律的作用。1959 年 3 月 3 日,他在批转陶鲁笳的报告中亲笔写道,价值规律“这个法则是一个伟大的学校,只有利用它,才有可能教会我们的几千万干部和几万万人民,才有可能建设我们的社会主义和共产主义,否则一切都不可能”[②]。毛泽东在谈到《苏联政治经济学教科书》(下册)夸大了价值规律的作用时,指出:“这一段把价值规律的作用夸大了。资本主义的危机是由它所有制性质决定的,而不是价值规律决定的。在社会主义社会里,所以没有危机及其‘毁灭性后果’,主要不是由于我们掌握了价值规律,而是由于社会主义的所有制、社会主义经济的基本规律、全国有计划地生产和分配、没有竞争和无政府状态等。”[③]毛泽东对社会主义商品经济与价值规律重要性以及也不要夸大价值规律作用的论述,对于我们今天正确认识中国社会主义市场经济问题,具有非常重要的理论价值和实践意义。

4. 毛泽东和党中央在总结“大跃进”经验教训的基础上,通过制定农业、工业、手工业、商业等诸方面的工作条例,积极探索经济体制改革问题

其中较为突出的是,在工业交通部门试办托拉斯和关于劳动制度、教育制度改革的实验。试办托拉斯的基本出发点,是按经济管理的原则来管理经济。

---

① 《毛泽东文集》第 7 卷,人民出版社 1999 年版,第 434、435、436、437、439 页。

② 《毛泽东文集》第 8 卷,人民出版社 1999 年版,第 34 页。

③ 中华人民共和国国史学会编:《毛泽东读社会主义政治经济学批注和谈话》(下),1998 年 1 月印,第 498 页。

1965年10月和12月，刘少奇在同工业部门负责人谈话时明确指出，对体制问题要好好研究。认为“党委和政府超脱一点，不好吗？站在公司之上、矛盾之上，有问题我们来裁判，不要做当事人，不好吗？”“超脱一点就有全局观点了。党委和政府不是不管，是怎样管的问题。管计划、平衡、仲裁、监督、思想政治工作。生产由公司工厂去经营。”“资本主义管理企业的经验，特别是搞垄断企业的经验要学习……托拉斯、辛迪加、国家资本主义等等，列宁不是早就讲过了吗？”“组织全国的专业总公司，可以试试看。”[①]1964年1月，毛泽东听取工业领导人的汇报时，肯定了刘少奇试办托拉斯的意见，指出：“目前这种按行政方法管理经济的办法，不好，要改。”“打破省、专、县界嘛！就是要按经济渠道办事。”[②]关于两种劳动制度和两种教育制度（全日制的劳动制度和教育制度与半工半读或半农半读的劳动制度和教育制度）的问题。1964年5月，中央也肯定了刘少奇以前就提出过的这两个问题改革的建议。之后，刘少奇在中央召集的在京党政军机关和群众团体主要负责干部大会上提出：“要把两种劳动制度、两种教育制度作为正规的劳动制度和教育制度，每个省、每个大中城市，都来着手试办。从当前讲，这个办法可以普及教育，减轻国家和家庭的负担，从长远讲可以逐步消灭脑力劳动和体力劳动的差别。”[③]

三、社会主义文化建设的理论成果

毛泽东在《关于正确处理人民内部矛盾的问题》中关于“百花齐放，百家争鸣”的论述，对社会主义文化建设至今都起着积极的指导作用，因为它符合文化发展的规律。他说：“百花齐放、百家争鸣的方针，是促进艺术发展和科学进步的方针，是促进我国的社会主义文化繁荣的方针。艺术上的不同形式和风格可以自由发展，科学上不同的学派可以自由争论。利用行政力量，强制推行一种风格、一种学派，禁止另一种风格、另一种学派，我们认为会有害于艺术和科学的发展。艺术和科学中的是非问题，应当通过艺术界科学界的自由讨论去解决，通过艺术和科学的实践去解决，而不应当采取简单的方法去解决。为了判断正确的东西和错误的东西，常常需要有考验的时间。历史上新的正确的东西，在开始的时候常常得不到多数人承认，只能在斗争中曲折地发展。……因此，对于科学

---

① 转引自中共中央党史研究室《中国共产党历史》第2卷（1949～1978）下册，中共党史出版社2011年版，第679页。

② 转引自中共中央党史研究室《中国共产党历史》第2卷（1949～1978）下册，中共党史出版社2011年版，第679页。

③ 转引自中共中央党史研究室《中国共产党历史》第2卷（1949～1978）下册，中共党史出版社2011年版，第681页。

上、艺术上的是非，应当保持慎重的态度，提倡自由讨论，不要轻率地作结论。我们认为，采取这种态度可以帮助科学和艺术得到比较顺利的发展。”①

进行社会主义文化建设，最最重要的是正确地认识和对待知识分子。对此，毛泽东指出：“我国的艰巨的社会主义建设事业，需要尽可能多的知识分子为它服务。凡是真正愿意为社会主义事业服务的知识分子，我们应当给予信任，从根本上说改善同他们的关系，帮助他们解决各种必须解决的问题，使他们得以积极地发挥他们的才能。我们有许多同志不善于团结知识分子，用生硬的态度对待他们，不尊重他们的劳动，在科学文化工作中不适当地干预那些不应当干预的事物。所有这些缺点必须加以克服。”“我们希望我国的知识分子继续前进，在自己的工作和学习过程中，逐步树立共产主义的世界观，逐步地学好马克思列宁主义，逐步同工人农民打成一片。”“不论是知识分子，还是青年学生，都应该努力学习。除了学习专业之外，在思想上要有所进步，政治上也要有所进步，这就需要学习马克思主义，需要学习时事政治。没有正确的政治观点，就等于没有灵魂。”②

教育工作是社会主义文化中最重要的组成部分。毛泽东对教育工作的重大贡献，是他提出了一条正确的教育方针。他指出：“我们的教育方针，应该使受教育者在德育、智育、体育几方面都得到发展，成为有社会主义觉悟的有文化的劳动者。”③

毛泽东非常关心改变我国科学文化的落后状况。他认为：“我国人民应该有一个远大的规划，要在几十年内，努力改变我国在经济上和科学文化上的落后状况，迅速达到世界上的先进水平。为了实现这个伟大的目标，决定一切的是要有干部，要有数量足够的、优秀的科学技术专家”④，“必须有自己的教授、教员、科学家、新闻记者、文学家、艺术家和马克思主义理论家的队伍。这是一个宏大的队伍，人少了是不成的”⑤。

为了健康地发展社会主义文化，毛泽东十分重视利用文化遗产。他指出：“对于中国的文化遗产，应当充分地利用，批判地利用。中国几千年的文化，主要是封建时代的文化，但并不全是封建主义的东西，有人民的东西，有反封建的东西。要把封建主义的东西和非封建主义的东西区别开来。封建主义的东西也不全是坏的。我们要注意区别封建主义发生、发展和灭亡不同时期的东西。当封

① 《毛泽东著作选读》下册，人民出版社 1986 年版，第 784 页。

② 《毛泽东著作选读》下册，人民出版社 1986 年版，第 779、779～780、780 页。

③ 《毛泽东著作选读》下册，人民出版社 1986 年版，第 780～781 页。

④ 《毛泽东著作选读》下册，人民出版社 1986 年版，第 718 页。

⑤ 《毛泽东选集》第 5 卷，人民出版社 1977 年版，第 462 页。

建主义还处在发生和发展的时候,它有很多东西还是不错的。反封建主义的文化也不是全部可以无批判地利用的。封建时代的民间作品,也多少都还带有封建统治阶级的影响。”①

四、有关我国社会主义发展阶段和目标问题的理论成果

毛泽东对社会主义社会的发展阶段,提出过自己的设想。他指出:“社会主义这个阶段,又可能分为两个阶段,第一个阶段是不发达的社会主义,第二个阶段是比较发达的社会主义。后一阶段可能比前一阶段需要更长的时间。经过后一阶段,到了物质产品、精神财富都极为丰富和人们的共产主义觉悟极大提高的时候,就可以进入共产主义社会了。”②在这里,毛泽东对共产主义之前的社会主义社会,实际上又划分为三个阶段,即不发达阶段、较发达阶段、发达阶段,然后才能进入共产主义。

毛泽东为首的党中央,对现阶段我国社会主义发展的目标、战略步骤作了系统的阐述。毛泽东在1957年两次提及要将我国建设成为一个具有现代工业、现代农业和现代科学文化的社会主义国家。后来,毛泽东在阅读《苏联政治经济学教科书》的过程中,提出要把“国防现代化”加入到国家现代化的内容中,指出:“建设社会主义,原来要求是工业现代化、农业现代化、科学文化现代化,现在要加上国防现代化。”③1960年2月,周恩来又提出将科学文化现代化改为科学技术现代化。这就是1964年三届全国人大一次会议提出的“四个现代化”目标的完整内容。关于“四个现代化”总目标的实现,毛泽东为首的党中央提出可以分为“两步走”。1964年1月,遵照毛泽东的指示,周恩来在三届人大的政府工作报告中指出:“从第三个五年计划开始,我国国民经济的发展,可以按两步来设想:第一步,用十五年的时间,即在1980年以前,建成一个独立的比较完整的工业体系和国民经济体系;第二步,在本世纪内,全面实现农业、工业、国防和科学技术的现代化,使我国国民经济走在世界的前列。”④所以,我们党提出,经过“大跃进”的严重挫折后,对社会主义的长期性有了比较清醒的认识,建设社会主义强国需要一百年或者更长的时间。

---

① 《毛泽东文集》第8卷,人民出版社1999年版,第225页。

② 中华人民共和国国史学会编:《毛泽东读社会主义政治经济学批注和谈话》(上),1998年1月印,第259～260页。

③ 《毛泽东文集》第8卷,人民出版社1999年版,第116页。

④ 参见中共中央党史研究室《中国共产党历史》第2卷(1949～1978)下册,中共党史出版社2011年版,第675～676页。

五、关于中国和外国的关系、如何观察国际形势的理论成果

毛泽东在《论十大关系》中，专门论述了中国和外国的关系。他指出："我们提出向外国学习的口号，我想是提得对的。……我们的方针是，一切民族、一切国家的长处都要学，政治、经济、科学、技术、文学、艺术的一切真正好的东西都要学。但是，必须有分析有批判地学，不能盲目地学，不能一切照抄，机械搬运。他们的短处、缺点，当然不要学。"①毛泽东对国际形势分析的方法，是符合马克思主义唯物辩证法的。他指出："目前的国际形势，仅仅是没有打世界大战，局部战争从来没有停过，国际范围内的斗争，各方面的斗争，比过去都更加尖锐了。""世界大战打不打，不决定于我们……世界大战还是有两种可能性……经过极大的努力，签订打仗时不打原子弹、核武器的协定。打起仗来大家都还用常规武器，这种可能性是有的。""我们是希望不打世界大战的，我们是希望和平的。争取十年、二十年的和平，是我们最早提出的主张。"②毛泽东还提出了"三个世界"划分的理论。他指出："我看美国、苏联是第一世界。中间派，日本、欧洲、澳大利亚、加拿大，是第二世界。咱们是发展中国家。""亚洲除了日本，都是发展中国家。整个非洲都是发展中国家，拉丁美洲也是发展中国家。"③

六、有关执政党建设问题的理论成果

邓小平在党的八大所作的《关于修改党的章程的报告》中，系统论述了执政党建设的问题，是毛泽东思想关于执政党建设理论的集中体现。《报告》指出："中国共产党已经是执政党，已经在全部国家工作中居于领导地位。""执政党的地位，使我们党面临着新的考验。过去七年，一般说来，我们党经受住了这种考验……七年的经验同样告诉我们，执政党的地位很容易使我们的同志染上官僚主义习气。""执政党的地位，还容易在共产党员身上滋长着一种骄傲自满的情绪。""针对这种情况，党必须经常注意反对主观主义、官僚主义和宗派主义的斗争，经常警戒脱离实际和脱离群众的危险。"为此，党应该"从国家制度和党的制度上作出适当的规定，以便于对于党的组织和党员实行严格的监督"。我们需要实行党的内部的监督，也需要来自人民群众和党外人士对于我们党的组织和党员的监督。无论党内的监督还是党外的监督，其关键都在于发展党和国家的民

---

① 《毛泽东著作选读》下册，人民出版社 1986 年版，第 740 页。

② 中华人民共和国国史学会编：《毛泽东读社会主义政治经济学批注和谈话》(上)，1998 年 1 月印，第 709、262～263 页。

③ 《毛泽东文集》第 8 卷，人民出版社 1999 年版，第 441、442 页。

主生活，发扬我们党的传统作风，即毛泽东所倡导的“理论和实践相结合的作风、和人民群众紧密联系在一起的作风以及自我批评的作风”①。“民主集中制是我们党的列宁主义的组织原则，是党的根本的组织原则，也是党的工作中的群众路线在党的生活中的应用。”党的民主集中制的一个基本问题，“是各级党组织中的集体领导问题”。“列宁主义要求党在一切重大的问题上，由适当的集体而不是由个人作出决定。”“关于坚持集体领导原则和反对个人崇拜的重要意义，苏联共产党第二十次代表大会作了有力的阐明，这些阐明不仅对于苏联共产党，而且对于全世界其他各国共产党都产生了巨大的影响。很明显，个人决定重大问题，是同共产主义政党的建党原则相违背的，是必然要犯错误的，只有联系群众的集体领导，才符合于党的民主集中制原则，才便于尽量减少犯错误的机会。”②关于领袖对于党的作用，《报告》指出：“马克思主义在承认历史是人民群众所创造的时候，从来没有否认杰出的个人在历史上所起的作用……马克思主义也从来没有否认领袖人物对于政党的作用。……当然，这种领袖是在群众斗争中自然而然地产生的，而不能是自封的。”“工人阶级政党的领袖，不是在群众之上，而是在群众之中，不是在党之上，而是在党之中。正因为这样，工人阶级政党的领袖，必须是密切联系群众的模范，必须是服从党的组织、遵守党的纪律的模范。对于党的领袖的爱护——本质上是表现对于党的利益、阶级的利益、人民的利益的爱护，而不是对个人的神话。”③

毛泽东为首的党中央，为了总结 1957 年“反右派运动”之后，特别是“大跃进”过程中党的建设方面的经验教训，于 1962 年 1 月召开了扩大的中央工作会议（史称“七千人会议”）。在会上，毛泽东、刘少奇、邓小平都作了报告和讲话，而且都着重阐述了民主集中制问题。

毛泽东的讲话，一共讲了六个问题，他认为他的讲话的中心是民主集中制问题。他指出：“看起来，我们有些同志，对于马克思列宁所说的民主集中制，还不理解……他们怕群众，怕群众讲话，怕群众批评。”“我们的态度是：坚持真理，随时修正错误。我们工作中的是和非的问题，正确和错误的问题，这是属于人民内部矛盾问题。解决人民内部的矛盾，不能用咒骂，也不能用拳头，更不能用刀枪，只能用讨论的方法、说理的方法、批评和自我批评的方法，一句话，只能用民主的方法、让群众讲话的方法。”“不论党内党外都要有充分的民主生活，就是说都要

---

① 中共中央办公厅编：《中国共产党第八次全国代表大会文献》，人民出版社 1957 年版，第 74、75、75～76 页。

② 《邓小平文选》第 1 卷，人民出版社 1994 年版，第 225、299 页。

③ 中共中央办公厅编：《中国共产党第八次全国代表大会文献》，人民出版社 1957 年版，第 84、87、91～92 页。

实行民主集中制。""我在一九五七年这样说过，要造成'又有集中又有民主，又有纪律又有自由，又有统一意志、又有个人心情舒畅、生动活泼，那样一种政治局面'。党内党外都应当有这样的政治局面。""没有民主不行。当然没有集中更不行，但是，没有民主就没有集中。没有民主，不可能有正确的集中，因为大家意见分歧，没有统一的认识，集中制就建立不起来。""我们的集中制，是建立在民主基础上的集中制。""没有民主集中制，无产阶级专政就不可能巩固。""无产阶级专政就会转化为资产阶级专政，而且会是反动的、法西斯式的专政。"①

关于民主集中制问题，刘少奇指出："民主集中制，是我们党和国家的根本制度，是在党章和宪法中明白规定了的，是我们在工作中必须遵守的。……但是，最近几年，由于我们提出了一些过高的超出了实际可能的经济任务和政治任务，而且不顾一切地采取了各种组织手段，去坚持执行这些任务，因而，我们也就在组织上犯了许多错误。这些组织上的错误，最主要的就是我们在党的生活、国家生活和群众组织生活中违反了民主集中制原则。""如果我们能够严格地按照民主集中制办事，在确定任务以前，先在党内和人民群众中充分地发扬民主，让党员、干部和人民群众认真地进行讨论，用心地听取他们的意见，那末，我们就可能不会提出过高的超出实际可能的经济任务和政治任务。退一步说，即使我们提出了过高的任务，如果能严格地按照民主集中制办事，那末，多数党员、干部和人民群众也会通不过，会顶回来，会纠正我们的错误，使我们能够及时地、尽早地发现错误和纠正错误。"②

关于民主集中制问题，邓小平指出："从领导方法来说，只有从群众中来，才能到群众中去。没有民主基础上的集中制，既不能实行真正的从群众中来，也不实行真正的到群众中去。不实行民主集中制，不但脱离人民群众，脱离党员群众，而且上级脱离下级，甚至在同级里势必造成少数人或个人脱离多数，少数人或个人专断的局面。"③

毛泽东为首的党中央在曲折艰辛探索中取得的社会主义建设的理论成果，是毛泽东思想的重要组成部分，它为中国特色社会主义理论体系的形成提供了思想渊源。

第三节　中国特色社会主义理论体系

1978 年，我们党召开了具有重大历史意义的十一届三中全会，开启了改革

① 《毛泽东著作选读》下册，人民出版社 1986 年版，第 816、819、820、822～823 页。

② 《刘少奇选集》下卷，人民出版社 1985 年版，第 432、433 页。

③ 《邓小平文选》第 1 卷，人民出版社 1994 年版，第 304～305 页。

开放的历史新时期。三十多年来，中国共产党在改革开放和社会主义现代化建设的伟大实践中，形成了中国特色社会主义理论体系。对这一理论体系，胡锦涛在党的十七大报告中指出："中国特色社会主义理论体系，就是包括邓小平理论、'三个代表'重要思想以及科学发展观等重大战略思想在内的科学理论体系。"①

一、中国特色社会主义理论体系的形成和丰富发展

中国特色社会主义理论体系同任何理论一样，都有一个逐步形成和发展的过程，大致经历了四个阶段：

第一阶段，从1978年党的十一届三中全会到党的十二大之前，是这一理论体系初步孕育和萌芽的阶段。在这一阶段，我党已经初步确立了一条适合我国情况的社会主义现代化建设的正确道路，它集中体现在邓小平的《解放思想，实事求是，团结一致向前看》(1978年12月)、《坚持四项基本原则》(1979年3月)、《党和国家领导制度的改革》(1980年8月)，以及《中国共产党关于建国以来党的若干历史问题的决议》(1981年6月)等重要著作和文献中。

第二阶段，1982党的十二大至1987党的十三大，是这一理论体系基本形成的阶段。在这一阶段，邓小平已正式提出了"建设有中国特色的社会主义"的科学命题，对我国的基本国情和现代化建设的规律的认识逐步深化。对建设有中国特色社会主义理论的内容，已初步进行了概括(十二条"科学理论观点")，初步回答了社会主义建设的阶段、任务、动力、条件、布局和国际环境等基本问题。党在社会主义初级阶段的"一个中心，两个基本点"的基本路线已正式确立和规范表述。它们集中体现在邓小平的《中国共产党第十二次全国代表大会开幕词》(1982年9月)、胡耀邦代表党中央所作《全面开创社会主义现代化建设的新局面》(1982年9月)的报告、党的十二届三中全会通过的《中共中央关于经济体制改革的决定》(1984年10月)、党的十二届六中全会通过的《关于社会主义精神文明建设指导方针的决议》(1986年9月)、赵紫阳代表党中央在党的十三大上所作《沿着有中国特色的社会主义道路前进》(1987年10月)的报告等重要文献中。

第三阶段，从党的十三大之后至党的十五大，是这一理论体系在新的实践中不断丰富发展和完善的阶段。在这一阶段，邓小平在1989年北京发生的那场政治风波前后发表了一系列重要讲话：《压倒一切的是稳定》(1989年2月)、《中国不许乱》(1989年3月)、《组成一个实行改革的有希望的领导集体》(1989年5

---

① 中共中央文献研究室编：《中国共产党第十七次全国代表大会文件汇编》，人民出版社2007年版，第11页。

月)、《在接见首都戒严部队军以上干部时的讲话》(1989 年 6 月)、《第三代领导集体的当务之急》(1989 年 6 月)。这些讲话,被世人称为“关键时刻,由关键的人,讲的关键的话”。它们在稳定局势,中央领导班子新老交替和中国特色社会主义的基本理论、基本方针、基本政策不变,使中国特色社会主义事业能继续胜利前进等方面,发挥了极其重要的作用。党的十三届七中全会通过的《中共中央关于制定国民经济和社会发展十年规划和“八五”计划的建议》(1990 年 12 月),把这一理论概括为“十二条原则”;江泽民的《在庆祝中国共产党成立七十周年大会上的讲话》(1991 年 7 月)中,又从社会基本形态和目标模式的角度对这一理论作了新的概括:建设有中国特色社会主义的经济、政治和文化;邓小平视察南方时发表的《在武昌、深圳、珠海、上海等地的谈话要点》(1992 年 1 月),鲜明地回答了一系列建设有中国特色社会主义的重大理论问题和实践问题;江泽民在党的十四大所作《加快改革开放和现代化建设步伐,夺取有中国特色社会主义事业的更大胜利》(1992 年 10 月)的报告,对中国特色社会主义理论的论证,充分体现了邓小平视察南方的谈话精神,着重从更高的层次、更准确的方位上对这一理论作了新的科学概括:社会主义的发展道路、发展阶段、根本任务、发展动力、外部条件、政治保证、战略步骤、领导力量和依靠力量等九个基本方面。这一概括标志着我们党对建设有中国特色社会主义的理性认识已经上升到一个更加自觉、更加成熟的阶段。它表明这个理论已经形成一个比较完整的体系。江泽民在 1997 年党的十五大所作《高举邓小平理论伟大旗帜,把建设有中国特色社会主义事业全面推向二十一世纪》(1997 年 9 月)的报告中,正式将邓小平建设有中国特色社会主义理论确定为党的指导思想,并系统论述了党的基本纲领:建设有中国特色社会主义的经济、有中国特色社会主义的政治、有中国特色社会主义的文化,以及一系列的基本政策。

第四阶段,从党的十五大之后到党的十七大以来,是中国特色社会主义理论体系进一步丰富、发展和创新的阶段。在这一阶段,我们党科学地总结了中国特色社会主义建设的宝贵经验(十六大的“十条基本经验”和十七大的“十个结合”),形成了马克思主义中国化的最新理论成果——“三个代表”重要思想和科学发展观等重大战略思想。它们集中体现在:江泽民《在庆祝中国共产党成立八十周年大会上的讲话》(2001 年 7 月)、《中共中央关于加强和改进党的作风建设的决定》(2001 年 9 月)、江泽民在党的十六大所作《全面建设小康社会,开创中国特色社会主义事业新局面》(2002 年 11 月)的报告、《中共中央关于完善社会主义市场经济体制若干问题的决定》(2003 年 10 月)、胡锦涛《树立和落实科学发展观》(2003 年 10 月)、《中共中央关于加强党的执政能力建设的决定》(2004 年 9 月)、胡锦涛《在庆祝中国共产党成立八十五周年暨总结保持共产党员先进性教育活动大会上的讲话》(2006年6月)、《中共中央关于构建社会主义和谐社会若干重大问题的决定》(2006年10月)、胡锦涛在党的十七大所作《高举中国特色社会主义伟大旗帜,为夺取全面建设小康社会新胜利而奋斗》(2007年10月)的报告、《中共中央关于加强和改进新形势下党的建设若干重大问题的决定》(2009年9月)。

二、中国特色社会主义理论体系的主要内容

我们不能把胡锦涛在党的十七大报告中所阐述的中国特色社会主义理论体系,理解成邓小平理论、"三个代表"重要思想和科学发展观等重大战略思想的机械相加,而应在其有机联系上概括出该体系的主要内容。现在学界已经概括出不知多少个"中国特色社会主义理论体系",我们学习和研究了之后受益匪浅,然而,又总觉得不能完全同意那些概括。所以,我们对这个理论体系,经过多次研讨,而试着将其主要内容概括为"一个研究对象"和"十一论",并揭示了"十一条规律"。

1. 中国特色社会主义理论体系的研究对象

对于构成一门科学的研究对象之基本内容,毛泽东曾有过精辟的界定。他说:"对于某一现象的领域所特有的某一种矛盾的研究,就构成某一门科学的对象。……科学研究的区分,就是科学对象所具有的特殊的矛盾性。"[①]中国特色社会主义理论体系所研究的就是,像中国这样的经济文化落后的国家走上社会主义道路之后而产生的特殊矛盾和问题。比如,社会主义本质上要求必须具备高于资本主义社会的生产力和劳动生产率,而像中国这样的经济文化比较落后且走上社会主义道路的国家,现实的社会生产力和劳动生产率都大大落后于发达资本主义国家,同自己建立起来的"一大、二公、三纯"的所谓"先进"的生产关系反差更大,于是社会主义本质同这类国家的经济现状存在着严重矛盾;社会主义本质上要求比资本主义高得多的社会主义民主,而像中国这样的国家,虽已建立起了以社会主义民主为特征的基本政治制度,但由于未经历过资本主义民主充分发展的阶段,所以社会成员较普遍地缺乏民主意识、民主习惯,政治上封建主义残余也随处可见,于是社会主义本质同这类国家的政治现状存在严重矛盾;社会主义本质上要求具有高度的社会主义精神文明,其社会成员应比处于资本主义社会的人具有高得多的思想道德和教育科学文化素质,而这类国家的现实则是,整体上坚持以马克思主义为指导的社会主义精神文明,但社会成员在教育科学文化素质方面较普遍地低于发达资本主义国家,甚至文盲半文盲问题也未

---

① 《毛泽东选集》第1卷,人民出版社1991年版,第309页。

完全根除，于是社会主义本质同这类国家的文化现状也存在严重矛盾。江泽民在党的十四大报告中指出："这个理论，第一次比较系统地初步回答了中国这样的经济文化比较落后的国家如何建设社会主义、如何巩固和发展社会主义的一系列基本问题，用新的思想、观点，继承和发展了马克思主义。"[①]这实际上已科学地界定了中国特色社会主义理论体系的研究对象。

2. 中国特色社会主义理论体系的"思想路线论"

在我党十一届三中全会之后"拨乱反正"的过程中，邓小平大力倡导恢复毛泽东思想的本来面目，认为实事求是是毛泽东思想的精髓，而他同时又发展了这一思想，提出了"解放思想，实事求是"是我党进行社会主义建设的正确的思想路线。对此，他指出："解放思想，开动脑筋，实事求是，团结一致向前看，首先是解放思想。""关于真理标准问题的争论，的确是个思想路线问题，是个政治问题，是个关系到党和国家的前途和命运的问题。""一个党，一个国家，一个民族，如果一切从本本出发，思想僵化，迷信盛行，那它就不能前进，它的生机就停止了，就要亡党亡国。"[②]解放思想、实事求是的思想路线的重新确立，使以邓小平为核心的党中央领导集体作出了两大历史贡献：一是确立毛泽东和毛泽东思想的历史地位；二是创立了建设有中国特色社会主义理论。[③] 后来，江泽民、胡锦涛等党和国家领导人，又根据新的实践经验进一步丰富了这一思想路线。比如，与时俱进、开拓创新、求真务实等等。这一思想路线，从哲学上说包括两个方面：一是尊重客观规律，二是发挥主观能动性。这实际上揭示了尊重客观规律与发挥主观能动性有机统一的规律。

3. 中国特色社会主义理论体系的"社会主义本质论"

关于社会主义的本质，马克思、恩格斯、列宁都有这方面的基本思想，但在社会主义学说发展史上，邓小平第一次明确使用"社会主义本质"这个概念，并赋予其科学的内涵。邓小平关于社会主义本质的论述有一个发展过程。1980 年 4 月，他在《社会主义首先要发展生产力》一文中指出："社会主义是一个很好的名词，但是如果搞不好，不能正确理解，不能采取正确的政策，那就体现不出社会主义的本质。"[④]1985 年 8 月，邓小平在《对中国改革的评价》一文中认为："对内搞活经济，是活了社会主义，没有伤害社会主义的本质。"[⑤]1990 年 12 月，邓小平在《善于利用时机解决发展问题》一文中强调共同富裕时，进一步提出："社会主义

---

① 中共中央文献研究室编：《十四大以来重要文献选编》(上)，人民出版社 1996 年版，第 10 页。

② 《邓小平文选》第 2 卷，人民出版社 1994 年版，第 141、143 页。

③ 参见郑必坚等主编《邓小平理论基本问题》，中共中央党校出版社 2001 年版，第 46 页。

④ 《邓小平文选》第 2 卷，人民出版社 1994 年版，第 313 页。

⑤ 《邓小平文选》第 3 卷，人民出版社 1993 年版，第 135 页。

不是少数人富起来、大多数人穷，不是那个样子。社会主义的最大优越性就是共同富裕，这是体现社会主义本质的一个东西。”[①]1992年初，邓小平在视察南方的谈话中，对社会主义的本质作了精辟、全面的科学概括：“社会主义的本质，是解放生产力，发展生产力，消灭剥削，消除两极分化，最终达到共同富裕。”[②]邓小平在论述社会主义本质的同时，还多次强调社会主义没有固定的模式，实践证明，搞社会主义借鉴别人的经验可以，但不能机械搬用别人的模式。他指出：“我们的现代化建设，必须从中国的实际出发。无论是革命还是建设，都要注意学习和借鉴外国经验。但是，照搬照抄别过经验、别国模式，从来不能得到成功。”[③]这里，邓小平实际上揭示了社会主义本质的同一性与体制模式的多样性有机统一的规律。

4. 中国特色社会主义理论体系的“社会主义发展道路论”

在社会主义发展道路问题上，邓小平指出：“把马克思主义的普遍真理同我国的具体实际结合起来，走自己的道路，建设有中国特色的社会主义，这就是我们总结长期历史经验得出的基本结论。”[④]胡锦涛在党的十七大报告中又总结了近三十年的建设中国特色社会主义的实践经验，对中国特色社会主义道路的丰富内容进行了科学概括：“中国特色社会主义道路，就是在中国共产党的领导下，立足基本国情，以经济建设为中心，坚持四项基本原则，坚持改革开放，解放和发展社会生产力，巩固和完善社会主义制度，建设社会主义市场经济、社会主义民主政治、社会主义先进文化、社会主义和谐社会，建设富强民主文明和谐的社会主义现代化国家。中国特色社会主义道路之所以完全正确、之所以能够引领中国发展进步，关键在于我们既坚持了科学社会主义的基本原则，又根据我国实际和时代特征赋予其鲜明的中国特色。”[⑤]

社会主义发展的道路按其总趋势说是前进性的，前途总是光明的，但道路不论是革命、建设还是改革都是曲折的，没有笔直的、不发生任何挫折的坦途。对此，邓小平在视察南方的谈话中，对人类社会的发展，特别是社会主义的发展的曲折性和前进性的辩证关系，作了极其精辟的论证。他指出：“封建社会代替奴隶社会，资本主义代替封建主义，社会主义经历一个长过程发展后必然代替资本主义。这是社会历史发展不可逆转的总趋势，但道路是曲折的。资本主义代替

---

① 《邓小平文选》第3卷，人民出版社1993年版，第364页。

② 《邓小平文选》第3卷，人民出版社1993年版，第373页。

③ 《邓小平文选》第3卷，人民出版社1993年版，第2页。

④ 《邓小平文选》第3卷，人民出版社1993年版，第3页。

⑤ 中共中央文献研究室编：《中国共产党第十七次全国代表大会文件汇编》，人民出版社2007年版，第11页。

封建主义的几百年间，发生过多少次王朝复辟？所以，从一定意义上说，某种暂时复辟也是难以完全避免的规律性现象。一些国家出现严重挫折，社会主义好像被削弱了，但人民经受锻炼，从中吸收教训，将促使社会主义向着更加健康的方向发展。”[①]邓小平在这里阐述的社会主义发展的曲折性和前进性的辩证关系的道理，同毛泽东在我国民主革命和社会主义建设时期所提出的“两个公式”或“定律”的精神是完全一致的。1949 年 8 月，毛泽东在《丢掉幻想，准备斗争》一文中曾指出：“斗争，失败，再斗争，再失败，再斗争，直至胜利——这就是人民的逻辑……这是马克思主义的又一条定律。”[②]1962 年，毛泽东在“七千人会议”上，从哲学的高度论述认识客观世界的规律时又指出：“在民主革命时期，经过胜利、失败，再胜利、再失败，两次比较，我们才认识了中国这个客观世界。”“我讲我们中国共产党人在民主革命时期艰难地但是成功地认识中国革命规律这一段历史情况的目的，是想引导同志们理解这样一件事：对于建设社会主义规律的认识，必须有一个过程。必须从实践出发，从没有经验到有经验，从有较少的经验到有较多的经验，从建设社会主义这个未被认识的必然王国，到逐步地克服盲目性、认识客观规律，从而获得自由，在认识上出现一个飞跃，到达自由王国。”[③]

在这里，邓小平、毛泽东实际上揭示和论述了马克思主义普遍真理与各国国情、国际普遍经验与各国具体实践，以及社会主义发展道路的曲折性与前进性有机统一的规律。

5. 中国特色社会主义理论体系的“社会主义初级阶段论”

在社会主义发展阶段问题上，包括我国在内的各现实社会主义国家，几乎都犯过超阶段的错误，之所以犯这样的错误，是因为对经济文化落后国家社会主义发展的长期性缺乏清醒的认识。我党在 1958 年曾一度认为，共产主义在我国的实现已经不是什么遥远将来的事情了。在这种思想的影响下，我们吃过大刮“共产风”的苦头。邓小平后来在总结这一教训时指出：“不要离开现实和超越阶段采取一些‘左’的办法，这样是搞不成社会主义的。”[④]1992 年，邓小平在视察南方的谈话中对经济文化落后国家搞社会主义的长期性作了充分的估计，指出：“我们搞社会主义才几十年，还处在初级阶段。巩固和发展社会主义制度，还需要一个很长的历史阶段，需要我们几代人、十几代人，甚至几十代人坚持不懈地努力奋斗，决不能掉以轻心。”[⑤]

---

① 《邓小平文选》第 3 卷，人民出版社 1993 年版，第 382～383 页。

② 《毛泽东选集》第 4 卷，人民出版社 1991 年版，第 1487 页。

③ 《毛泽东著作选读》下册，人民出版社 1986 年版，第 825、826 页。

④ 《邓小平文选》第 2 卷，人民出版社 1994 年版，第 312 页。

⑤ 《邓小平文选》第 3 卷，人民出版社 1993 年版，第 379～380 页。

党的十一届三中全会以后，我党开始纠正这方面的错误。1981 年 6 月，《中共中央关于建国以来党的若干历史问题的决议》中有了"我们的社会主义制度还处于初级的阶段"的提法。1982 年 9 月，党的十二大报告再次指出："我国的社会主义社会现在还处在初级发展阶段。"[①]1986 年 9 月，十二届六中全会通过的《关于社会主义精神文明建设指导方针的决定》进一步论述道："我国还处在社会主义的初级阶段，不但必须实行按劳分配，发展社会主义的商品经济和竞争，而且在相当长的历史时期内还要在公有制为主体的前提下发展多种经济成分，在共同富裕的目标下鼓励一部分人先富裕起来。"在党的十三大召开之前，邓小平指出："我们党的十三大要阐述中国社会主义是处在什么阶段，就是处在初级阶段，是初级阶段的社会主义。社会主义本身是共产主义的初级阶段，而我们中国又处在社会主义的初级阶段，就是不发达的阶段。一切都要从这个实际出发，根据这个实际来制定规划。"[②]1987 年党的十三大报告，设专章论述社会主义初级阶段理论和党的基本路线。报告指出："我们正处在社会主义的初级阶段。这个论断，包括两层含义。第一，我国社会已经是社会主义社会。我们必须坚持而不能离开社会主义。第二，我国的社会主义还处在初级阶段。我们必须从这个实际出发，而不能超越这个阶段。"[③]1992 年党的十四大报告认为，在社会主义的发展阶段问题上，我国还处在至少上百年的社会主义初级阶段，"制定一切方针政策都必须以这个基本国情为依据，不能脱离实际，超越阶段"[④]。1997 年党的十五大报告进一步强调指出："我们讲一切从实际出发，最大的实际就是中国现在处于并将长时期处于社会主义初级阶段。我们讲要搞清楚'什么是社会主义，怎样建设社会主义'，就必须搞清楚什么是初级阶段的社会主义，在初级阶段怎样建设社会主义。"[⑤]2002 年，江泽民在党的十六大报告中论述全面建设小康社会的奋斗目标时指出："必须看到，我国正处于并将长期处于社会主义初级阶段，现在达到的小康还是低水平的、不全面的、发展很不平衡的小康，人民日益增长的物质文化需要同落后的社会生产之间的矛盾仍然是我国社会的主要矛盾。"[⑥]2007 年，胡锦涛在党的十七大报告中，论到我国已取得举世瞩目的发展成就时清醒地指出："我国取得了举世瞩目的发展成就，从生产力到生产关系、从经济基

---

① 中共中央文献研究室编：《中国共产党第十二次全国代表大会文件汇编》，人民出版社 1982 年版，第 29 页。

② 《邓小平文选》第 3 卷，人民出版社 1993 年版，第 252 页。

③ 中共中央文献研究室编：《十三大以来重要文献选编》(上)，人民出版社 1991 年版，第 9 页。

④ 中共中央文献研究室编：《十四大以来重要文献选编》(上)，人民出版社 1996 年版，第 10～11 页。

⑤ 中共中央文献研究室编：《十五大以来重要文献选编》(上)，人民出版社 2000 年版，第 14 页。

⑥ 中共中央文献研究室编：《十六大以来重要文献选编》(上)，中央文献出版社 2005 年版，第 14 页。

础到上层建筑都发生了意义深远的重大变化,但我国仍处于并将长期处于社会主义初级阶段的基本国情没有变,人民日益增长的物质文化需要同落后的社会生产之间的矛盾这一社会主要矛盾没有变……我们必须始终保持清醒的头脑。"[①]这些论述,实际上揭示了社会主义的长期性与阶段性有机统一的规律。

6. 中国特色社会主义理论体系的"社会主义市场经济论"

早在1979年,邓小平会见美国不列颠百科全书出版公司编委会副主席吉布尼等的谈话中就明确指出:"说市场经济只存在于资本主义社会,只有资本主义的市场经济,这肯定是不正确的。社会主义为什么不可以搞市场经济,这个不能说是资本主义。我们是计划经济为主,也结合市场经济,但这是社会主义的市场经济。"[②]1985年,邓小平会见美国高级企业家代表团时说:"社会主义和市场经济之间不存在根本矛盾。"[③]1991年初,邓小平在视察上海时的谈话中,针对认为计划经济"姓社"、市场经济"姓资"这种观点,明确指出:"不要以为,一说计划经济就是社会主义,一说市场经济就是资本主义,不是那么回事,两者都是手段,市场也可以为社会主义服务。"[④]1992年初,邓小平在视察南方的谈话中,对社会主义市场经济以及计划与市场的关系作了极其精辟的论证:"计划多一点还是市场多一点,不是社会主义与资本主义的本质区别。计划经济不等于社会主义,资本主义也有计划;市场经济不等于资本主义,社会主义也有市场。计划和市场都是经济手段。"[⑤]江泽民在党的十四大报告中对于邓小平的这一观点给予高度的评价,指出:"这个精辟论断,从根本上解除了把计划经济和市场经济看作属于社会基本制度范畴的思想束缚,使我们在计划与市场关系问题上的认识有了新的重大突破。""实践的发展和认识的深化,要求我们明确提出,我国经济体制改革的目标是建立社会主义市场经济体制,以有利于进一步解放和发展生产力。""我们要建立的社会主义市场经济体制,就是要使市场在社会主义国家宏观调控下对资源配置起基础性作用……社会主义市场经济体制是同社会主义基本制度结合在一起的。""建立和完善社会主义市场经济体制,是一个长期的发展过程,是一项艰巨复杂的社会系统工程。""我们相信社会主义条件下的市场经济,应当也完

① 中共中央文献研究室编:《中国共产党第十七次全国代表大会文件汇编》,人民出版社2007年版,第14页。

② 《邓小平文选》第2卷,人民出版社1994年版,第236页。

③ 《邓小平文选》第3卷,人民出版社1993年版,第148页。

④ 《邓小平文选》第3卷,人民出版社1993年版,第367页。

⑤ 《邓小平文选》第3卷,人民出版社1993年版,第373页。

全可能比资本主义条件下的市场经济运转得更好。"[①]1993年11月召开的十四届三中全会制定了《中共中央关于建立社会主义市场经济若干历史问题的决定》。2003年9月召开的党的十六届三中全会，总结了我国实行社会主义市场经济二十多年以来的实践经验，又制定了一个新的关于社会主义市场经济的决定——《中共中央关于完善社会主义市场经济若干历史问题的决定》。中国共产党关于社会主义市场经济的理论与实践，实际上揭示了社会主义基本制度与市场经济可以相结合的规律。

7. 中国特色社会主义理论体系的"'三个代表'论"

2000年2月，江泽民在广东考察工作时提出了一个新的重要问题，即在新的历史条件下我们党如何做到"三个代表"。他指出："总结我党七十多年的历史，可以得出一个重要的结论，这就是：我们党所以赢得人民的拥护，是因为我们党在革命、建设、改革的各个历史时期，总是代表着中国先进生产力的发展要求，代表着中国先进文化的前进方向，代表着中国最广大人民的根本利益，并通过制定正确的路线方针政策，为实现国家和人民的根本利益而不懈奋斗。人类又来到一个新的世纪之交和新的千年之交。在新的历史条件下，我们党如何更好地做到这'三个代表'，是一个需要全党同志特别是党的高级干部深刻思考的重大课题。"[②]2002年5月，江泽民在江苏、浙江、上海党建工作座谈会上，进一步指出："始终做到'三个代表'，是我们党的立党之本、执政之基、力量之源。"[③]党的十六大报告是以"三个代表"重要思想为主线，系统论述"全面建设小康社会，开创中国特色社会主义事业新局面"的问题。报告强调指出："开创中国特色社会主义事业新局面，必须高举邓小平理论伟大旗帜，坚决贯彻'三个代表'重要思想。""贯彻'三个代表'重要思想，关键在坚持与时俱进，核心在坚持党的先进性，本质在坚持执政为民。全党同志要牢牢把握这个根本要求，不断增强贯彻'三个代表'重要思想的自觉性和坚定性。"[④]"三个代表"重要思想的基本内容包括两个方面：一是"先进生产力"和"先进文化"的思想，体现了生产力和生产关系、经济基础和上层建筑的辩证关系，这是坚持历史唯物主义的科学观点；二是"代表最广大人民根本利益"的思想，体现了社会主义的价值观。"三个代表"重要思想实际上揭示了社会主义发展的科学观与价值观有机统一的规律。

---

① 中共中央文献研究室编：《十四大以来重要文献选编》(上)，人民出版社1996年版，第18、18～19、19、20页。

② 江泽民：《论"三个代表"》，中央文献出版社2001年版，第2页。

③ 江泽民：《论"三个代表"》，中央文献出版社2001年版，第2页。

④ 中共中央文献研究室编：《十六大以来重要文献选编》(上)，中央文献出版社2005年版，第8、9页。

8. 中国特色社会主义理论体系的"社会主义建设和科学发展论"

党的十一届三中全会以来,以邓小平为核心的党中央领导集体从理论和实践上解决了变"阶级斗争为纲"为"以经济建设为中心"的问题,实现了党和国家的工作重点的重大转移,确定了社会主义的根本任务是发展生产力,建设社会主义物质文明,同时也要建设好社会主义精神文明,即"两个文明都搞好,才是中国特色的社会主义"[①]。党的十六大和十七大分别提出了"建设社会主义政治文明"和"建设社会主义社会文明"的新概念。这样,我党社会主义建设的总体布局,就由"三位一体"改为"四位一体"。

对此,邓小平指出:"我们的国家已经进入社会主义现代化建设的新时期。我们要在大幅度提高社会生产力的同时,改革和完善社会主义的经济制度和政治制度,发展高度的社会主义民主和完备的社会主义法制。我们要在建设高度物质文明的同时,提高全民族的科学文化水平,发展高尚的丰富多彩的文化生活,建设高度的社会主义精神文明。"[②]江泽民在党的十六大报告中论述全面建设小康社会的问题时指出:"全面建设小康社会,最根本的是坚持以经济建设为中心,不断解放和发展社会生产力。""发展社会主义民主政治,建设社会主义政治文明,是全面建设小康社会的重要目标。""必须大力发展社会主义文化,建设社会主义精神文明。"[③]胡锦涛在党的十七大报告中论到"实现全面建设小康社会奋斗目标的新要求"时指出:"增强发展协调性,努力实现经济又好又快发展。""扩大社会主义民主,更好保障人民权益和社会公平正义。""加强文化建设,明显提高全民族文化素质。""加快发展社会事业,全面改善人民生活。""建设生态文明,基本形成节约能源资源和保护生态环境的产业结构、增长方式、消费模式。"[④]《中共中央关于制定十二五规划的建议》指出:"以科学发展为主题,是时代的要求,关系改革开放和现代化建设全局。"

胡锦涛为首的党中央领导集体,在新世纪、新阶段提出并系统论述了"科学发展观"这一重要战略思想,指出:"科学发展观,是立足社会主义初级阶段基本国情,总结我国发展实践,借鉴国外发展经验,适应新的发展要求提出来的。""科学发展观,第一要义是发展,核心是以人为本,基本要求是全面协调可持续,根本方法是统

---

① 中共中央宣传部编:《邓小平论社会主义精神文明建设》,学习出版社1996年版,第1页。

② 《邓小平文选》第2卷,人民出版社1994年版,第208页。

③ 中共中央文献研究室编:《十六大以来重要文献选编》(上),中央文献出版社2005年版,第16、24、29页。

④ 中共中央文献研究室编:《中国共产党第十七次全国代表大会文件汇编》,人民出版社2007年版,第19、20页。

筹兼顾。”[①]2007 年 12 月，胡锦涛《在新进中央委员会的委员、候补委员学习贯彻党的十七大精神研讨班上的讲话》进一步阐述了科学发展观各个方面的科学含义及其重要意义。他指出：“要深刻理解第一要义是发展。强调第一要义是发展，是基于我国社会主义初级阶段基本国情，基于人民过上美好生活的热切愿望，基于巩固和发展社会主义制度，基于巩固党的执政基础、力行党的执政使命作出的重要结论。……邓小平同志在总结国内外建设社会主义经验教训的基础上强调指出，社会主义的根本任务是发展生产力，发展才是硬道理……只有紧紧抓住和搞好发展，才能从根本上把握人民的愿望，把握社会主义现代化建设的本质，把握我们党执政兴国的关键。同时，我们也必须牢记，发展应该是又好又快的发展，也就是党的十七大强调的，要努力实现以人为本、全面协调可持续的科学发展，实现各方面事业有机统一、社会成员团结和睦的和谐发展，实现既通过维护世界和平发展自己、又通过自身发展维护世界和平的和平发展。”“我们提出以人为本的根本含义，就是坚持全心全意为人民服务，立党为公、执政为民，始终把最广大人民的根本利益作为党和国家工作根本出发点和落脚点，坚持尊重社会发展规律与尊重人民历史主体地位的一致性，坚持为崇高理想奋斗与为最广大人民谋利益的一致性，坚持发展为了人民、发展依靠人民、发展成果由人民共享。以人为本，体现了马克思主义历史唯物论的基本原理，体现了我们党全心全意为人民服务的根本宗旨和我们推动经济社会发展的根本目的。”[②]“必须坚持全面协调可持续发展。要按照中国特色社会主义事业总体布局，全面推进经济建设、政治建设、文化建设、社会建设，促进现代化建设各个环节。各个方面相协调，促进生产关系与生产力、上层建筑与经济基础相协调。”“必须坚持统筹兼顾。要正确认识和妥善处理中国特色社会主义事业中的重大关系，统筹城乡发展、区域发展、经济社会发展、人与自然和谐发展、国内发展和对外开放，统筹中央和地方关系，统筹个人利益和集体利益、局部利益和整体利益、当前利益和长远利益，充分调动各方面积极性。统筹国内国际两个大局，树立世界眼光，加强战略思维，善于从国际形势发展变化中把握发展机遇、应对风险挑战，营造良好国际环境。”[③]

以上论述，实际上揭示了以人为本，建设和发展的重点性、全面性、协调性、可持续性有机统一的规律。

---

① 中共中央文献研究室编：《中国共产党第十七次全国代表大会文件汇编》，人民出版社 2007 年版，第 13、14 页。

② 中共中央文献研究室编：《科学发展观重要论述摘编》，中央文献出版社、党建读物出版社 2009 年版，第 23～24、31 页。

③ 中共中央文献研究室编：《中国共产党第十七次全国代表大会文件汇编》，人民出版社 2007 年版，第 15、16 页。

9. 中国特色社会主义理论体系的"社会主义发展动力论"

这一理论主要是阐述社会主义社会的矛盾和改革开放战略。关于社会主义社会的矛盾问题,在我国改革开放提上日程之后,理论界从马克思和恩格斯的著作中发掘出一个重要理论原理,即恩格斯所说的"所谓'社会主义社会'不是一种一成不变的东西,而应当和任何其他社会制度一样,把它看成是经常变化和改革的社会"①。20 世纪 50 年代,毛泽东发表的《关于正确处理人民内部矛盾的问题》一文,全面系统地论述了社会主义社会的基本矛盾、主要矛盾、敌我矛盾和人民内部矛盾两类不同性质的矛盾,矛盾特别是社会基本矛盾仍然是社会主义社会发展的动力等理论原理。1979 年 3 月,邓小平在《坚持四项基本原则》的重要讲话中,论到社会主义社会的基本矛盾和当前时期的主要矛盾时指出:"关于基本矛盾,我想现在还是按照毛泽东同志《关于正确处理人民内部矛盾的问题》一文中的提法比较好,毛泽东同志说:'在社会主义社会中,基本的矛盾仍然是生产关系和生产力之间的矛盾,上层建筑和经济基础之间的矛盾。'……从二十多年的实践看来,这个提法比其他的一些提法妥当。至于什么是目前时期的主要矛盾……我们的生产力发展水平很低,远远不能满足人民和国家的需要,这就是我们目前时期的主要矛盾,解决这个主要矛盾就是我们的主要任务。"②依据马克思主义唯物史观的原理,在阶级社会中,社会基本矛盾直接表现为阶级矛盾和阶级斗争,阶级斗争是阶级社会发展的直接动力。社会主义社会的各种矛盾,一般说来是通过改革来解决,改革是社会主义社会发展的直接动力。因为,改革和革命一样,都是解放生产力。对此,邓小平在视察南方的谈话中作了精辟论述,他指出:"革命是解放生产力,改革也是解放生产力。……社会主义基本制度确立以后,还要从根本上改变束缚生产力发展的经济体制,建立起充满生机和活力的社会主义经济体制,促进生产力的发展,这是改革,所以改革也是解放生产力。"③对外开放是邓小平提出的又一项重大决策。他把对外开放和改革联系在一起,强调这是决定中国命运的大事。他指出:"十一届三中全会制定了这样的一系列方针政策,走上了新的道路。这些政策概括起来,就是改革和开放。""改革开放迈不开步子,不敢闯,说来说去就是怕资本主义的东西多了,走了资本主义道路。""社会主义要赢得与资本主义相比较的优势,就必须大胆吸收和借鉴人类社会创造的一切文明成果,吸收和借鉴当今世界各国包括资本主义发达国家

① 《马克思恩格斯选集》第 4 卷,人民出版社 1995 年版,第 693 页。

② 《邓小平文选》第 2 卷,人民出版社 1994 年版,第 181～182 页。

③ 《邓小平文选》第 3 卷,人民出版社 1993 年版,第 370 页。

的一切反映现代社会化生产规律的先进经营方式、管理方法。"[①]我国三十多年社会主义现代化建设的实践证明,改革开放的战略和基本国策是完全正确的,它的确是社会主义社会发展的直接动力。我国改革开放的理论和实践,实际上揭示了矛盾和改革、"必然代替"(资本主义)与"必须利用"(资本主义的文明成果)有机统一的规律。

10. 中国特色社会主义理论体系的"国际战略论"

建设中国特色的社会主义,实现现代化,需要有一个和平的国际环境。为此,必须对我们所处的时代主题有正确而清醒的认识,在此基础上制定正确的国际战略或外交战略。

邓小平对这一问题进行了系统的论述。他指出:"我们搞的是有中国特色的社会主义,是不断发展社会生产力的社会主义,是主张和平的社会主义。只有不断发展社会生产力,国家才能一步步富强起来,人民生活才能一步步改善。只有争取到和平的环境,才能比较顺利地发展。"[②]"现在世界上真正大的问题,带全球性的战略问题,一个是和平问题,一个是经济问题或者说发展问题。和平问题是东西问题,发展问题是南北问题。概括起来,就是东西南北四个字。南北问题是核心问题。""世界和平的力量在发展,战争的危险还存在。""我们多年来一直强调战争的危险。后来我们的观点有点变化。我们感到,虽然战争的危险还存在,但是制约战争的力量有了可喜的发展。"[③]"世界总的局势在变,各国都在考虑相应的新政策,建立新的国家秩序。……现在世界有两件事情要同时做,一个是建立国际政治新秩序,一个是建立国际经济新秩序。"[④]从邓小平的以上论述可以看出,他认为我们时代的主题已经由战争与革命转变为和平与发展。在和平与发展的时代主题下,应从过去的同"霸权主义、集团政治或条约组织"进行冷战,改为建立国际政治经济新秩序来治理世界。改革开放以来,我们党根据邓小平的上述思想,将"革命外交路线"调整为"独立自主的和平外交路线"。

2002 年 11 月,江泽民在党的十六大报告中指出:"和平与发展仍是当今时代的主题。维护和平,促进发展,事关各国人民的福祉,是各国人民的共同愿望,也是不可阻挡的历史潮流。……新的世界大战在可预见的时期内打不起来。争取较长时期的和平国际环境和良好周边环境是可以实现的。""我们主张建立公正合理的国际政治经济新秩序。各国政治上应相互尊重,共同协商,而不应把自

① 《邓小平文选》第 3 卷,人民出版社 1993 年版,第 370、266、372、373 页。

② 《邓小平文选》第 3 卷,人民出版社 1993 年版,第 328 页。

③ 《邓小平文选》第 3 卷,人民出版社 1993 年版,第 105 页。

④ 《邓小平文选》第 3 卷,人民出版社 1993 年版,第 282 页。

己的意志强加于人；经济上应相互促进，共同发展，而不应造成贫富悬殊；文化上应相互借鉴，共同繁荣，而不应排斥其他民族的文化；安全上应相互信任，共同维护，树立互信、互利、平等和协作的新安全观，通过对话和合作解决争端，而不应诉诸武力或以武力相威胁。反对各种形式的霸权主义和强权政治。中国永远不称霸，永远不搞扩张。"①

2007 年 10 月，胡锦涛在党的十七大报告中指出：我们要"始终不渝走和平发展道路"。"当今世界正处在大变革大调整之中。和平与发展仍然是时代主题，求和平、谋发展、促合作已经成为不可阻挡的时代潮流。""同时，世界仍然很不安宁。霸权主义和强权政治依然存在，局部冲突和热点问题此起彼伏，全球经济失衡加剧，南北差距拉大，传统安全威胁和非传统安全威胁相互交织，世界和平与发展面临诸多问题和挑战。""当代中国同世界的关系发生了历史性的变化，中国的前途命运日益紧密地同世界的前途命运联系在一起。""中国的发展离不开世界，世界繁荣稳定也离不开中国。""中国坚持在和平共处五项原则的基础上同所有国家发展友好合作。""中国决不做损人利己、以邻为壑的事情。""我们坚持把中国人民的利益同各国人民的利益结合起来，秉持公道、伸张正义。""不管国际风云如何变幻，中国政府和人民都将高举和平、发展、合作旗帜，奉行独立自主的和平外交政策，维护国家主权、安全、发展利益，恪守维护世界和平、促进共同发展的外交宗旨。"②

这些论述，实际上揭示了社会主义发展的世界性与独立自主性有机统一的规律。

11. 中国特色社会主义理论体系的"领导核心论"

共产党的领导及其自身建设，不论是在革命时期还是建设时期，都是须臾不能离开的一个法宝。党的十一届三中全会以来，我党领导全国人民从事建设有中国特色社会主义事业、实行改革开放的过程中，始终讲坚持四项基本原则，认为它是政治保证。对此，邓小平指出："我们坚持四项基本原则，就是坚持社会主义，坚持无产阶级专政，坚持马列主义毛泽东思想，坚持党的领导，这四个坚持的核心，是坚持党的领导。""从根本上说，没有党的领导，就没有现代中国的一切……没有党的领导，就没有一条正确的政治路线；没有党的领导，就没有安定团结的政治局面；没有党的领导，艰苦创业的精神就提倡不起来；没有党的领导，真正又红又专、特别是有专业知识和专业能力的队伍也建立不起来。这样，社会主

① 中共中央文献研究室编：《十六大以来重要文献选编》(上)，中央文献出版社 2005 年版，第 35、36 页。

② 中共中央文献研究室编：《中国共产党第十七次全国代表大会文件汇编》，人民出版社 2007 年版，第 44、45、47、46 页。

义四个现代化建设、祖国统一、反霸权主义的斗争,也就没有一个力量能够领导进行。这是谁也无法否认的客观事实。"[①]邓小平对于党的领导问题的贡献,更重要的是提出"只有改善党的领导,才能坚持和加强党的领导"这一重要思想。对此,他指出:"为了坚持党的领导,必须努力改善党的领导。""我们要改善党的领导,除了改善党的组织状况以外,还要改善党的领导工作状况,改善党的领导制度。"[②]关于改善党和国家的领导制度问题,邓小平1980年8月在中共中央政治局扩大会议上所作《党和国家领导制度的改革》的讲话中作了系统、精辟的论述。这一讲话,是我国政治体制改革的根本指导性文献。

三十多年来,我们党对改善党的领导、改革党和国家领导制度,做了大量工作,取得了不少成就,但任务还非常繁重,需要更大的胆略和更高的智慧来完成这一使命。江泽民对加强和改善党的领导问题也有重要论述,他指出:"建设有中国特色的社会主义,关键是加强和改善共产党的领导。"[③]"在新形势下,加强党的建设和改善党的领导……概括地说,有三句话:一是我们的党建工作要紧紧抓住一个主题,就是把我党建设成领导社会主义现代化建设的更加坚强的领导核心;二是要努力提高党的执政水平和领导水平;三是要进一步增强党组织自身的凝聚力、对广大群众的吸引力、在改革建设中的战斗力。"[④]"努力开创建设有中国特色社会主义事业新局面,必须毫不动摇地坚持和改善党的领导,全面推进党的建设新的伟大工程。""一定要坚持党要管党、从严治党的方针,进一步提高党的领导水平和执政水平、提高拒腐防变和抵御风险能力这两大历史性课题,始终保持党同人民群众的血肉联系;一定要准确把握当代中国社会前进的脉搏,改革和完善党的领导方式和执政方式、领导体制和工作制度,使党的工作充满活力;一定要把思想建设、组织建设、作风建设有机结合起来,把制度建设贯穿其中,既立足于经常性工作,又抓紧解决存在的突出问题。"[⑤]胡锦涛在党的十七大报告中,就"以改革创新精神全面推进党的建设新的伟大工程"问题作了全面系统的论述。他指出:"中国特色社会主义事业是改革创新的事业。党要站在时代前列带领人民不断开创事业发展新局面,必须以改革创新精神加强自身建设,始终成为中国特色社会主义事业的坚强领导核心。""思想理论建设是党的根本建设,党的理论创新引领各方面创新……坚持用发展着的马克思主义指导客观世界和主观世界的改造,进一步把握共产党执政规律、社会主义建设规律、人类社

① 《邓小平文选》第2卷,人民出版社1994年版,第266页。

② 《邓小平文选》第2卷,人民出版社1994年版,第268、269页。

③ 中共中央文献研究室编:《十三大以来重要文献选编》(下),人民出版社1991年版,第1651页。

④ 中共中央文献研究室编:《十四大以来重要文献选编》(上),人民出版社1996年版,第329页。

⑤ 江泽民:《在中央党校省部级干部进修班毕业典礼上的讲话》,载2002年6月1日《人民日报》。

会发展规律，提高运用科学理论分析和解决实际问题的能力。”“党的执政能力建设关系党的建设和中国特色社会主义事业的全局……要按照科学执政、民主执政、依法执政的要求，改进领导班子思想作风，提高领导干部执政本领，改善领导方式和执政方式。”“积极推进党内民主建设，着力增强党的团结统一。”“要以扩大党内民主带动人民民主”，“尊重党员主体地位，保障党员民主权利，推进党务公开，营造党内民主讨论环境。”“严格实行民主集中制，健全集体领导与个人分工负责相结合的制度，反对和防止个人或少数人专断。”“改革党内选举制度，改进候选人提名制度和选举方式。”“不断深化干部人事制度改革，着力造就高素质干部队伍和人才队伍。”“全面巩固和发展先进性教育活动成果，着力加强基层党组织建设。先进性是马克思主义政党的生命所系、力量所在，要靠千千万万高素质党员来体现。”“党的基层组织是党执政的组织基础。要落实党建工作责任制。”“切实改进党的作风，着力加强反腐倡廉建设。”“优良的党风是凝聚党心民心的巨大力量。……中国共产党的性质和宗旨，决定党同各种消极腐败现象是水火不相容的。坚决惩治和有效预防腐败，关系人心向背和党的生死存亡，是党必须始终抓好的政治任务。”①

关于加强、改善党的领导和执政党自身建设，使之成为中国特色社会主义事业的坚强领导核心的论述，实际上揭示了党的领导和党的建设的一条重要规律，即坚持、加强和改革、改善党的领导有机统一的规律。

12. 中国特色社会主义理论体系的“共产主义目标论”

领导中国工人阶级和最广大人民群众建设有中国特色社会主义的中国共产党，其最终目的和最高纲领是实现共产主义，这一点从未改变，今后也永远不会改变。共产主义目标理论是中国特色社会主义理论体系的重要组成部分，也是它的一个重大特点。中国共产党人为了实现自己的最终目的和最高纲领，在其奋斗的历程中又为多个阶段的最低纲领进行坚忍不拔的现实的奋斗。毛泽东在抗日战争时期，论述革命前途问题时就曾指出：“现在的努力是朝着将来的大目标的，失掉这个大目标就不是共产党员了。然而放松今日的努力，也就不是共产党员。”②1986 年，邓小平在会见日本首相中曾根康弘谈话时指出：“我们共产党人的最高理想是实现共产主义，在不同历史阶段又有代表那个阶段最广大人民利益的奋斗纲领。”③2001 年 7 月 1 日，江泽民在《庆祝中国共产党成立八十周年

① 中共中央文献研究室编：《中国共产党第十七次全国代表大会文件汇编》，人民出版社 2007 年版，第 47～48、48～49、49、50、51、52、52～53 页。

② 《毛泽东选集》第 1 卷，人民出版社 1991 年版，第 276 页。

③ 《邓小平文选》第 3 卷，人民出版社 1993 年版，第 190 页。

大会上的讲话》中精辟地论证了我党最高纲领和最低纲领的辩证关系，指出："一个政党的纲领就是一面旗帜。在革命、建设和改革的各个历史阶段中，我们党既有每个阶段的基本纲领即最低纲领，也有确定长远目标的最高纲领。我们是最低纲领与最高纲领的统一论者。""我们坚信马克思主义关于人类社会必然走向共产主义这一基本原理。共产主义只有在社会主义社会充分发展和高度发达的基础上才能实现。共产主义社会，将是物质财富极大丰富、人民精神境界极大提高、每个人自由而全面发展的社会。……实现共产主义是一个非常漫长的历史过程。""全党同志既要树立共产主义的远大理想，坚定信念，以高尚的思想道德要求和鞭策自己，更要脚踏实地地为实现党在现阶段的基本纲领而不懈努力，扎扎实实地做好现阶段的每一项工作。忘记远大理想而只顾眼前，就会失去前进方向；离开现实工作而空谈远大理想，就会脱离实际。"[①]党的十七大通过的《中国共产党章程》和我党其他党章一样，旗帜鲜明地郑重宣布：中国共产党的最高理想和最终目的是实现共产主义。胡锦涛在党的十七大报告中，论到中国共产党人的历史使命时指出："我们党自诞生之日起，就勇敢地担当起带领中国人民创造幸福生活、实现中华民族伟大复兴的历史使命。为了完成这个历史使命，一代又一代中国共产党人前赴后继，无数革命先烈献出了宝贵生命。当代中国共产党人必须继续承担好这个历史使命。""全党同志必须清醒认识到，实现全面建设小康社会的目标还需要继续奋斗十几年，基本实现现代化还需要继续奋斗几十年，巩固和发展社会主义制度则需要几代人、十几代人甚至几十代人坚持不懈地努力奋斗。"[②]在这里，实际上揭示了社会主义发展的一条重要规律，即实现共产主义目标的遥远性与为分阶段目标奋斗的现实性有机统一的规律。

三、中国特色社会主义理论体系的地位和作用

1. 中国特色社会主义理论体系是马克思主义中国化的最新理论成果

胡锦涛在党的十七大报告中指出："这个理论体系，坚持和发展了马克思列宁主义、毛泽东思想，凝结了几代中国共产党人带领人民不懈探索实践的智慧和心血，是马克思主义中国化最新成果，是党最宝贵的政治和精神财富，是全国各族人民团结奋斗的共同思想基础。中国特色社会主义理论体系是不断发展的开放的理论体系。《共产党宣言》发表以来近一百六十年的实践证明，马克思主义只有与本国国情相结合、与时代发展同进步、与人民群众共命运，才能焕发出强

---

① 中共中央文献研究室编：《十五大以来重要文献选编》(下)，人民出版社 2003 年版，第 1924 页。

② 中共中央文献研究室编：《中国共产党第十七次全国代表大会文件汇编》，人民出版社 2007 年版，第 54、57 页。

大的生命力、创造力、感召力。在当代中国,坚持中国特色社会主义理论体系,就是真正坚持马克思主义。”[1]在这里,他准确地论述了中国特色社会主义理论体系在马克思主义科学社会主义发展史上的重要地位和作用。

2. 中国特色社会主义理论体系在人类社会发展历史进程中的独特地位和作用

科学社会主义创始人马克思恩格斯揭示了人类社会发展的客观规律,科学地提出和论证了“五阶段”与“三形态”有机统一的人类社会发展历史进程的理论。特别值得注意的是,马克思在“三形态”论中认为,以物的依赖为基础的人的独立性,是第二大形态,在这种形态下,才形成普遍的社会物质交换、全面的关系、多方面的需求以及全面的能力的体系。[2] 这里,马克思是指发达商品经济阶段所承担的历史使命。在他看来,只有在发达的资本主义社会形态的基础上,才能进入第三阶段——共产主义社会,即“建立在个人全面发展和他们共同的社会生产能力成为他们的社会财富这一基础上的自由个性”阶段,“第二个阶段为第三个阶段创造条件”[3]。然而,像中国这样经济文化落后的国家,通过革命夺得了政权,经过“三大改造”进入了社会主义,应该如何为共产主义的自由个性阶段创造条件呢?它的发展道路和指导性理论应是怎样的呢?对此,列宁晚年有原则性论述并提出了著名的新经济政策。在中国共产党领导下已进入社会主义阶段的中国,前三十年进行了艰苦探索,取得了一些成就,也遭受了重大挫折,十年“文革”跌了大跟头之后,从党的十一届三中全会开始,毅然决然地走上了改革开放之路,经过三十多年的成功探索,终于找到了一条中国特色社会主义发展道路,形成了中国特色社会主义理论体系,使中国的经济、政治、文化、社会诸领域的建设、改革和发展都取得了举世瞩目的伟大成就。实践证明:像中国这样经济文化落后且走上社会主义道路的国家,执政的共产党人在具有本国特色社会主义理论体系指导下,走具有本国特色的社会主义发展道路,经过数百年时间的初级、中级、高级三个发展阶段,就能为人类社会历史上的第三阶段即共产主义自由个性阶段创造条件,做好准备。中国特色社会主义发展道路在人类社会发展历史进程中的独特地位和作用,就是完成马克思所说的人类社会发展史上第二形态的使命。只有这样来认识中国特色社会主义理论体系,才能真正理解它在人类社会发展进程中的独特地位,才能真正认识它的伟大作用、实际价值和理论意义。

---

① 中共中央文献研究室编:《中国共产党第十七次全国代表大会文件汇编》,人民出版社 2007 年版,第 11～12 页。

② 参见《马克思恩格斯全集》第 46 卷(上),人民出版社 1979 年版,第 104 页。

③ 《马克思恩格斯全集》第 46 卷,人民出版社 1979 年版,第 104 页。

第四章 越、老、朝、古等现实社会主义国家共产党人与其他非执政共产党人的社会主义理论

第一节 越、老、朝、古等国执政共产党的社会主义理论

越南、老挝、朝鲜、古巴等现实社会主义国家执政的共产党，在领导本国人民开始进行社会主义建设的时候，大都是根据马克思列宁主义的理论设想和苏联模式以及自己对社会主义的理解，来勾画本国社会主义发展的道路及其实现形式。随着社会主义建设实践的不断深入和建设经验与教训的不断积累，对什么是社会主义、如何建设社会主义等重大理论问题的认识也不断深化，各国都先后提出许多新的理论和观点，成为各国探索符合时代特征、具有本国特色的社会主义的理论依据。

一、越、老、朝、古关于马克思主义的指导地位与"本国化"的理论

越南共产党强调，马列主义是党的思想基础和行动指南，创立了本国化的马克思主义——"胡志明思想"。越南共产党从成立之日起就把马列主义作为自己的指导思想。党的历次代表大会都强调，马列主义是党的思想基础和行动指南。但越共认为，马克思主义已经诞生 160 多年了，世界已经有了很大的变化，共产党正面临着前所未有的在马克思主义著作和以往实践经验中都找不到的新问题，对于共产党来说，比任何时候更要坚持马列主义的立场、观点和方法，灵活地运用和发展马列主义。他们强调，关于马列主义，必须在新的实践基础上搞清楚哪些是这一理论的永恒部分及基本价值，哪些原理现在仍然正确并继续指引人类前进的道路，哪些论点符合马克思、恩格斯、列宁的时代背景但已不符合现在的条件，哪些论点和判断是不正确的，要"保卫由马克思、恩格斯创立的并得到列宁发展的学说，而不是那些不正确的解释、错误的补充甚至是变了样的学说。而且，越南保卫的是经典作家们学说中正确的，而不是那些已经不再符合实际情况

的理论”[①]。

越共在1991年6月召开的七大上,第一次把“胡志明思想”写入党的正式文件。2001年,越共九大更加全面系统地阐述了胡志明思想,认为“胡志明思想是关于越南革命基本问题的一套全面、深刻的理论和政治观点体系;是在我国具体条件下创造性运用和发展马克思列宁主义,继承和发展优良民族传统价值观以及吸收人类文化精华的产物”。大会强调:“我们党和人民决心沿着以马克思列宁主义和胡志明思想为基础的社会主义道路建设越南。”[②]

老挝人民革命党强调,马列主义是党指导老挝人民各项革命事业的思想基础,要结合新的条件和实际认真研究和发展马列主义。1991年,党的五大指出,要“把马克思列宁主义作为党的思想理论基础,同时吸取人类智慧的精华,与老挝实际相结合”[③]。2001年3月,老挝人民革命党七大通过的《老挝人民革命党章程》再次强调,老挝人民革命党始终坚持马列主义,以马列主义作为自己的思想理论基础,并结合本国的实际条件,吸收和运用人类智慧的结晶和各国的经验。老挝人民革命党主张,要结合新的条件和实际认真研究和发展马列主义。1991年,老挝人民革命党五大指出,为了制定和实施正确的路线,党要深入研究社会经济的具体情况,牢牢掌握和运用马克思列宁主义的基本原理来解决具体的问题,为革新事业建立起理论和实践基础。2001年,党的七大再次指出,要深入系统地认识马列主义理论、社会主义理论,在把马列主义运用到新的条件、理论联系实际和进行各种领导工作的过程中,党要继续加强主动性和创造性。

朝鲜劳动党强调,马列主义具有“历史局限性”,从而创立了本国化的马克思主义——“主体思想”。1994年11月,金正日在《社会主义是科学》一文中指出:“以唯物史观为基础的过去的社会主义学说,免不了其历史局限性。”他认为,马列主义在工人阶级的革命思想发展上是属于“先前阶段的思想理论”,只能为主体时代的社会主义革命和建设提供“前提”,如果不顾其历史局限性,而一味乞灵于它,就不能胜利地进行革命和建设。

1970年,朝鲜劳动党第五次全国代表大会第一次将“主体思想”正式写入党的文件。1972年写进新宪法。对“主体思想”的含义,金日成概括为四句话,指出:“在贯彻主体思想方面重要的问题是贯彻思想上树立主体、政治上自主、经济上自立、国防上自卫的原则。”[④]1980年,党的六大报告指出:“我们党的唯一思想

---

① 古小松:《越南的社会主义》,人民出版社1995年版,第39页。

② 转引自许宝友《越共九大政治报告的新特点》,载《国外理论动态》2001年第7期。

③ 转引自谭荣邦《走向全面革新的老挝》,载《科学社会主义》2001年第1期。

④ 转引自沈仪琳编《朝鲜主体思想资料选译》,人民出版社1983年版,第34页。

体系，就是主体的思想体系。要用主体思想牢固地武装全体党员，使全党充满主体思想。”[①]1991年，金正日在《以人民群众为中心的我们朝鲜式社会主义是战无不胜的》一文中强调，伟大领袖金日成同志创立的主体思想，提出了我们时代——自主时代的新的指导思想，要把以人民群众为中心的主体思想作为唯一的指导思想，实现全社会的思想“一色化”。

古巴共产党主张把马列主义与本国实际相结合，结合本国特点运用和发展马列主义，创立了本国化的马克思主义——“马蒂思想”。卡斯特罗指出，马克思了解的是资本主义，而不是社会主义，因为他把社会主义看作是一个未来社会。马克思并非试图去描绘社会主义制度，更未去谈论如何建设社会主义，他认识到这并非是自己的任务。所以，要根据今天的实际来解决这个问题，来发展马克思主义。他强调：“马克思列宁主义这门科学，说到底，是在各国人民建设社会主义的实践中极大地丰富起来的。”[②]

1991年10月，古巴共产党第四次全国代表大会第一次将“马蒂思想”列为党的指导思想，指出古共“是马蒂思想和马克思列宁主义性质的党”，是以何塞·马蒂思想和马列主义武装起来的古巴唯一的全民族政党。1997年，古共五大再次强调，古共是全社会的领导力量，是以何塞·马蒂思想和马列主义武装起来的古唯一的全民族的政党。

二、越、老、朝、古关于社会主义的本质特征和发展模式的理论观点

越共认为，社会主义的本质特征是比资本主义更加富裕和更加公平，提出要建设“越南特色的社会主义”。1991年，越共七大提出社会主义的目标是“民富国强”。1996年，党的八大提出社会主义的目标是“民富国强、社会公平、文明”。1999年，杜梅再次强调，进行社会主义革命就是为了建立更加民主、公平和实现温饱的幸福社会。2001年，越共九大提出社会主义的目标是“民富国强、社会公平、民主、文明”。

2006年，越共十大政治报告《提高党的领导能力和战斗力，发挥全民族力量，全面推进改革事业，尽早摆脱欠发达状况》将“越南特色的社会主义”概括为八个特点：“我国人民建设的社会主义社会是一个民富国强、社会公平、民主、文明的社会；人民当家作主；依靠现代生产力和与生产力发展水平相适应的生产关

---

① 吴彬康等主编：《八十年代世界共产党代表大会重要文件选编》(上)，广播电视出版社1989年版，第89～90页。

② [古]菲德尔·卡斯特罗：《在古巴共产党第一、二、三次全国代表大会上的中心报告》，王玫等译，人民出版社1990年版，第87页。

系，经济高度发展；文化先进，民族特色浓厚；人民脱离压迫和不公，生活温饱，自由、幸福、全面发展；越南各民族平等、团结、互帮互助、共同进步；是一个在共产党领导下的，属于人民、来自人民、为了人民的社会主义法治国家；与世界各国人民建立友好合作关系。"①

老挝人民革命党总书记凯山·丰威汉曾经指出，"向社会主义过渡是客观发展的必然结果"，社会主义是"老挝人民真正走向自由和幸福的唯一道路"②。2001年，老挝人民革命党七大指出，社会主义社会是一个社会文明公正、国家繁荣昌盛、全民安居乐业的社会。老挝目前的革新开放就是为了向这样的社会主义社会过渡创造必要的条件。但是，老挝人民革命党认为老挝有自己的特点，建设社会主义"不能无选择地抄袭某一个国家的模式"。凯山·丰威汉指出："党的路线不是从本本上抄下来的，而是要下工夫花力气，在掌握我国的国情、民情和社会历史等实际情况和基本特点后，经过研究、探索和思考制定出来的。"③老挝人民革命党的历次代表大会也都强调，要牢牢掌握和运用马克思列宁主义的基本原理来解决具体的问题，在把马列主义运用到本国的新条件、理论联系实际和进行各种领导工作的过程中，要继续加强主动性和创造性。

朝鲜劳动党认为，社会主义的本质特征在于集体主义和主体化的社会主义思想，要建设"朝鲜式社会主义"。金正日近年来在谈到社会主义本质的时候指出："社会主义社会是以集体主义为基础的组织化的社会"④，全社会形成一个社会政治生命体、个人和集体的自主性同时得到实现的完全的集体主义社会关系，社会主义的本质优越性是"让人民群众做一切的主人，让一切都为人民群众服务"⑤。他同时强调，社会主义社会是由社会主义思想为主要动力而发展的社会，社会主义社会的本质特征是靠思想的力量和用社会主义思想武装起来的人有意识的活动来体现的，如果说资本主义社会以金钱为生命的话，那么社会主义社会则以思想为生命。

朝鲜劳动党提出，要"按自己的方式进行革命和建设"，建设"朝鲜式社会主义"。1991年，金正日指出："人民群众的创造性活动任何时候都是在具体的主

---

① 转引自古小松《2007年越南国情报告》，社会科学文献出版社2007年版，第245～246页。

② 吴彬康等主编：《八十年代世界共产党代表大会重要文件选编》，中国广播电视出版社1989年版，第294页。

③ 转引自高放主编《当代世界社会主义文献选编》，中国人民大学出版社1990年版，第320页。

④ [朝]金正日：《以人民群众为中心的我们朝鲜式社会主义是战无不胜的》，(朝)外文出版社1991年版，第33页。

⑤ [朝]金正日《以人民群众为中心的我们朝鲜式社会主义是战无不胜的》，(朝)外文出版社1991年版，第3页。

客观条件下进行的。创造的承担者——人民群众的思想感情和觉悟程度，各国都不相同；开展创造活动的社会经济条件和物质条件，也是因国而异。在革命和建设中必须一贯地坚持根据本国的具体实际解决一切问题的立场。”[①]1997 年 6 月，他在《关于在革命和建设中固守主体性和民族性的几个问题》中再次强调，在民族自主的原则下，按自己的方式进行革命和建设是固守自主性和民族性的最基本要求，喜欢别人的样式，并喜欢模仿他人的习惯绝不是什么负责民族命运的主人翁式的态度。

古巴共产党认为，社会主义的本质就是独立反美和为民造福，要建设有古巴特色的社会主义。古共认为，社会主义对古巴来说意味着独立和反美。卡斯特罗指出，革命、社会主义和民族独立是不可分割地结合在一起的，我们今天的一切都应归功于革命和社会主义，“没有社会主义，就没有古巴的独立、主权和未来，社会主义是我们革命的实质”[②]。1997 年，卡斯特罗在党的五大上进一步指出，革命、祖国和社会主义是同一含义，在今天这点比任何时候都更加明确。同时，古共认为高福利就是社会主义，就是为民造福。1997 年 10 月，卡斯特罗在古共五大上指出：“在医疗、教育等领域依然不收费。它们是国家无偿给予人民的基本福利，这属于我们革命的本质特征之一。”[③]

古巴共产党在 1995 年明确提出要建设“有古巴特色的社会主义”，并认为古巴与中国和越南等国最大的不同国情就是，古巴“离美国太近，离上帝太远”，长期受美国的封锁和制裁。古共第二书记劳尔·卡斯特罗也指出，我们都知道社会主义是正义的事业，社会主义优于资本主义。但如何建设社会主义，就像前苏联宇航员加加林飞往太空时一样，仍是个未知数。各国国情不一，即使同一个国家的不同地区也不可能完全一样，因此，如何根据本国国情建设有本国特色的社会主义，是一个需要探索的问题。

三、越、老、朝、古关于社会主义发展阶段的理论观点

越南共产党认为，越南仍处在向社会主义过渡的初期阶段。1986 年，越共六大指出，越南仍处在向社会主义过渡的初期阶段，初期阶段是整个大过渡中的小过渡，初期阶段今后若干年的总体任务和目标是：稳定经济和社会各方面的形势，继续为今后大力推进社会主义工业化创造必要的前提。1991 年，越共七大

---

① [朝]金正日：《以人民群众为中心的我们朝鲜式社会主义是战无不胜的》，(朝)外文出版社 1991 年版，第 12～13 页。

② 转引自李会滨主编《社会主义：20 世纪的回顾与前瞻》，华中师范大学出版社 1999 年版，第 685 页。

③ 转引自李慎明主编《执政党的经验教训》，社会科学文献出版社 2008 年版，第 108 页。

仍然强调越南处在向社会主义过渡的“初期阶段”，认为向社会主义过渡是一个长期的过程，如果前一段时间还有未完成的工作或做得不好的工作，那么，在社会主义过渡时期将其完成。1996 年，越共八大在强调越南仍处在过渡时期的同时宣布：“我国已经走出严重并持续 15 年以上的社会经济危机，虽然有些方面还不稳固，但已创造了必要的前提条件，转向推进工业化、现代化新的发展时期。”①2001 年 4 月，越共九大再次重申，建设社会主义、跨越资本主义是一项艰巨复杂的事业，必然需要有许多过渡阶段组成的较长过渡时期和各种社会经济组织形式，越南现在还处于向社会主义过渡的时期。

老挝人民革命党认为，老挝目前处于向社会主义过渡的准备阶段，即处于巩固和发展人民民主制度，为逐步进入社会主义创造基本条件的历史阶段。1991 年 3 月，老挝党的五大认为：“我国现阶段的生产力水平还很低，生产方式还很落后，要达到繁荣昌盛还需要经过漫长的阶段，从我国的实际情况和我们建立新制度的实践出发，并借鉴各国的经验，我们党确认，现阶段我国正处在继续建设和健全人民民主制度，为逐步进入社会主义创造各种基本条件的时期。”②1996 年 3 月，老挝党的六大对所处阶段的认识进一步完善，指出：“党领导全国人民进入革命的新阶段，即朝着社会主义的方向建设人民民主制度阶段”，党的基本路线是“以老挝人民革命党为核心，继续建设和发展人民民主制度，为逐步进入社会主义创造基本条件”③。2001 年 3 月，老挝党的七大再次重申，目前老挝仍处于贫困落后的不发达状态，处于为向社会主义迈进创造各种基本条件的阶段。

朝鲜劳动党认为，社会主义社会是“过渡性的社会”，可分为“不完全的社会主义”和“完全胜利的社会主义”两个发展阶段，朝鲜目前处于争取社会主义完全胜利的阶段。根据金日成的阐述和朝鲜的理解，所谓“不完全的社会主义”主要是指社会主义制度已经建立，但社会主义建设还没有完成的社会。所谓“完全胜利的社会主义”，主要是指完全实现了共产主义低级阶段的社会，是逐步向共产主义高级阶段过渡的社会。朝鲜认为目前朝鲜处于“争取社会主义的完全胜利”的阶段。1986 年 12 月，金日成在《争取社会主义的完全胜利》的讲话中认为，朝鲜在社会主义革命中取得了胜利，“开始全面执行争取社会主义完全胜利的任务，已将近三十年了，在这期间我国人民在争取社会主义完全胜利的斗争取得了巨大的进展”，“在改造人、社会和自然的斗争中取得的所有这些成就证明，我们

---

① 转引自周新城主编《越南、古巴社会主义现状与前景》，安徽人民出版社 2000 年版，第 70 页。

② 转引自马树洪《老挝人民革命党“五大”评介》，载《东南亚纵横》1991 年第 3 期。

③ 转引自郑国材《老挝人民革命党六大纪实》，载《当代世界》1996 年第 6 期。

已经接近了取得社会主义完全胜利的临界线"①。

古巴共产党认为,古巴目前处于全面建设社会主义的阶段。1975 年 12 月,古共第一次全国代表大会认为,社会主义分两个阶段,即建设社会主义物质技术基础和建设社会主义;共产主义也分两个阶段,即建设共产主义物质技术基础和建设共产主义。大会通过的新党纲指出:"古巴社会当前处在社会主义建设时期。"②此后,古巴一直认为古巴处在全面建设社会主义阶段。改革开放以来,古巴虽然没有像中国、越南、老挝等国家对社会发展阶段进行重新认识,也没有作系统的阐述,但对社会主义、共产主义建设的长期性有了清醒的认识。1997 年,古共第二书记劳尔·卡斯特罗访华时曾说,过去古巴也曾希望在较短时间内建成共产主义,并在我们这些人有生之年可以看到。现在看来,要建成共产主义,需要几代人的努力。

四、越、老、朝、古对社会主义所有制结构及其改革的理论认识

越共认为,"多种成分的经济政策"具有长远的战略意义,要大力发展多种所有制形式。1996 年,越共八大指出,"多种成分的经济政策"具有长远的战略意义,具有从小生产走向社会主义的规律性,具有动员人民建设经济、发展生产力的巨大作用。2001 年,越共九大明确指出,各种经济成分都是社会主义经济重要的"组成部分",都在社会主义市场经济规律下运行,并且在一个健康的竞争环境中稳步发展,互为补充。要发展多种所有制形式、多种经济成分和多种经营管理方式。大会把越南的所有制经济成分由原来的五种重新划分为六种,即国有经济、合作经济、国家资本主义经济、个体经济和小业主经济、私人资本主义经济、外国投资经济。越共强调,要在坚持国有经济主导地位的前提下,大力发展私有经济。2002 年,越共九届五中全会提出,要在体制和社会心理上为私有经济发展创造有利环境。

老挝党认为,多种经济成分的客观存在是由生产力发展水平低决定的。1991 年,老挝党五大指出,老挝的经济体制是具有多种所有权形式、多种组织形式和发展水平、规模各异的商品经济体制。各种经济成分在法律面前享有平等的权利,各经济成分的经营者有权自主规划、组织自己的生产,自负盈亏,并享有依法分配自己收入的权利,同时也要承担各种相应的义务。1996 年,老挝人民革命党六大重申,老挝的经济结构是多种经济成分、多种所有制和多种经济组织形式长期并存的经济结构。2001 年,老挝人民革命党七大进一步强调,各种经

① 《朝鲜劳动党文件选编》,中联部亚二局,1987 年,第 250~251 页。

② 转引自高放主编《当代世界社会主义文献选编》,中国人民大学出版社 1990 年版,第 332 页。

济成分是国家经济基础的必要组成部分，公有制以外的其他经济成分在鼓励国内外各种潜在力量参与发展社会经济方面起到重要的作用。目前，老挝的多种经济成分包括国有经济、人民合作经济、股份经济、对外合作经济、个体经济、私人资本主义经济、职工和合作社社员的家庭经济等。

朝鲜劳动党反对所有制上的"多样化"，认为社会主义的生产资料所有制只有公有制一种。1991 年 5 月，金正日在同朝鲜劳动党中央委员会负责干部谈话时指出，"在我国，生产资料的所有制只有公有制一种"，"加强公有制，这是社会主义社会发展的合乎规律的要求。我们要用不断地增强全民所有制的领导作用，同时使集体所有制向全民所有制接近的方法，胜利完成确立单一的全民所有制的历史任务"①。如果实行其他所有制形式，就会侵害社会主义所有制，摧毁社会主义思想的经济、物质基础，就会最终导致社会主义失败。当然，从实践上来看，朝鲜的所有制结构也在发生某些微妙的变化。

古共强调，在完善国有制形式、保持国有制主体地位的同时，可以发展多种所有制形式。2000 年，卡斯特罗在回答联合国教科文组织前领导人费德里科·马约尔的提问时指出，在各种各样的经济行业中，要发挥各种经济形式的作用。要根据不同的情况采取不同的经济形式。凡是适合全民所有的就实行全民所有，凡是适合集体所有的就实行集体所有，凡是适合个体或其他形式的就实行个体或其他形式。② 古共第二书记劳尔·卡斯特罗也指出，必须打破束缚生产力的一切障碍，发展所有生产形式，调动各方面的积极性，把经济搞上去。目前，古巴主要有全民所有制经济、集体经济、个体经济和所谓的"新兴经济"（包括合资或独资的外向型企业、合作社、国有民营企业）。

五、越、老、朝、古对社会主义市场经济问题的看法

越共认为，"社会主义定向的市场经济"是越南向社会主义过渡时期的基本经济模式。2001 年，越共九大首次明确指出"社会主义定向的市场经济"是越南向社会主义过渡时期的基本经济模式。根据越南党和政府的有关文件和学者发表的有关文章来看，"社会主义定向的市场经济"的内涵和主要特点表现在三个方面：首先，越南"社会主义定向的市场经济"是一种体现商品经济发展共同规律的具体的经济组织形式，"是越南在向社会主义过渡时期的总体经济模型"。其

---

① ［朝］金正日：《以人民群众为中心的我们朝鲜式社会主义是战无不胜的》，（朝）外文出版社 1991 年版，第 22 页。

② 参见王枚《卡斯特罗就社会主义前途、私有化和全球化等问题答马约尔问》，载《国外社会科学文摘》2000 年第 12 期。

次，越南“社会主义定向的市场经济”，是社会主义因素起“开拓、引导、定向”作用、与资本主义市场经济有着本质区别的市场经济。不仅内含着共产党领导、国家管理、社会主义方向和市场运行四个因素，而且这四个因素有机统一，缺一不可。最后，越南“社会主义定向的市场经济”是受社会主义过渡时期性质决定的、不完全的、发展中的、与其他社会主义国家市场经济有着很大差别的市场经济，是一种低水平的、不完全的、正在发展中的市场经济。

老挝提出要发展“国家管理的市场经济”。1991 年，老挝党的五大指出，要建立多层次的、可以有效挖掘社会潜能和利用社会总能量的具有政府宏观调控的市场经济机制，促进商品经济的快速发展。1996 年，老挝党的六大进一步提出，要由自然和半自然经济向市场经济过渡，建立有党领导的、国家管理的市场经济机制。1997 年，老挝党六届四中全会专门研究如何建立党领导和国家管理的市场经济机制问题，并通过了《关于整顿市场经济机制的决议》。2001 年，老挝党的七大指出，过去的转向市场经济机制时期的实践表明，老挝的市场体系还不够健全，市场不能够完全反映我国现在的经济活动规律。要加强党的领导和政府的管理，进一步建立和完善政府宏观调控下的市场机制，到 2020 年要形成国家管理的市场经济体系。

朝鲜到目前为止仍认为社会主义经济是计划经济，反对搞市场经济。金正日 1991 年 5 月指出：“为人民服务的社会主义经济，不是市场经济而是计划经济”，“以赚钱为目的的市场经济和填饱外国垄断资本家私囊的附属经济，不仅从根本上违背人民群众的利益，而且在发展速度上也跟不上有计划地自立地发展的社会主义经济”①。1998 年 3 月 1 日，朝鲜《劳动新闻》发表评论，仍认为“引入市场经济是亡国之路”，“极度强调生存竞争的市场经济体制，只能是极大地激化人与人之间的矛盾和对立”②。但是，朝鲜在实际的经济工作中也已经认识到改革计划经济体制的必要性，市场经济的气息也越来越浓。

古巴共产党认为社会主义经济是计划经济，市场经济是对计划经济的补充。在理论上，古巴共产党仍认为社会主义经济是计划经济，没有计划经济就不可能有社会主义，而市场经济是资本主义的。1997 年，卡斯特罗在古共五大上讲：“资本主义制度没有前途，因为它是非人道的、混乱的、无政府主义的。因此，谁也别对我们说：放弃一切计划。不能把我们的社会经济发展交给市场的盲目规

---

① ［朝］金正日：《以人民群众为中心的我们朝鲜式社会主义是战无不胜的》，(朝)外文出版社 1991 年版，第 26～27 页。

② 转引自张锋《朝鲜实施经济改革的前景展望》，载《社会科学战线》2001 年第 3 期。

律，当然这不是说我们就不能运用某些市场形式。”①1998年8～9月间，卡斯特罗在访问多米尼加和南非时，在谈到市场经济时仍认为不能搞市场经济，他认为，市场是一头野蛮疯狂和难以驯服的禽兽。1999年11月，古巴经济计划部长认为，社会主义不排除市场，不能把市场与计划完全对立起来，市场经济是古巴目前情况下对计划经济的补充。

六、越、老、朝、古关于党的建设的主张

越共提出“要建成政治、思想和组织坚强的党”，最大亮点在于党组织性质的新定位和党内民主。在党组织性质的定位上，2006年4月，越共十大提出：“越南共产党是工人阶级的先锋队，同时又是劳动人民和越南民族的先锋队；忠实代表工人阶级、劳动人民和民族的利益。”这个界定使越共由原来的“一个先锋队”变为“两个先锋队”。在党内民主建设上，根据新的形势和条件对民主集中制原则进行完善，扩大其“民主”的内涵，完善和健全了党的各级代表大会制、中央委员会工作制、集体领导制、党内选举制、党务和信息公开制、质询制、干部交流制、基层民主制、权力监督制等党内民主制度。强调“提高党支部的生活质量”，“重视在股份制企业、私营企业、外资企业、偏远地区建立党的基层组织”。

老挝人民革命党提出要“建设各个方面都坚强稳健的党”，要加强党的“五种能力”建设。2006年，党的八大提出了加强党的“五种能力”建设的任务，即领导和加强军队建设的能力、领导完善和巩固人民民主制度的能力、领导经济建设的能力、领导外交工作的能力、拒腐防变的能力。

朝鲜劳动党提出要“从组织和思想上进一步巩固党”，最大的特点是强调党的组织纪律性。近年来，金正日强调，朝鲜劳动党是“吸收工人、农民、知识分子中的先进分子的群众性政党”，是“深深扎根于群众中的革命政党”。革命的组织性和纪律性，是工人阶级政党的生命，是力量的源泉，党要坚持民主集中制原则，把党建设成为具有全党在领袖的唯一领导下统一行动的严格的组织性和纪律性的战无不胜的党。

古巴共产党提出要“建设一个钢铁般坚强的党”，最大特点是将高度自觉的纪律性与广泛的党内民主真正有机地结合起来，以及严把党员发展关的“宁缺毋滥”原则。古共高度重视实行集体领导和个人负责制，提倡党内在讨论问题时畅所欲言，保证讨论和发表意见的充分自由，特别注意尊重广大党员的民主权利，在党的每项重大决策确定和实施前，首先在广大党员中进行讨论，征求意见，待

① 转引自肖枫主编《社会主义向何处去——冷战后世界社会主义运动大扫描》，当代世界出版社1999年版，第510页。

意见统一后再对决策加以确定和实施。古共发展党员的原则是，既要有一定的数量，更要保证质量，坚持“宁缺毋滥”的原则，在发展新党员时坚持劳动者代表大会推荐党员的制度。古共每年发展党员人数有一定的控制，不搞突击。

第二节　非执政共产党人社会主义运动的理论

一、剧变后俄罗斯共产党人社会主义运动的理论

(一)剧变后俄罗斯共产主义政党组织概况与各派主要理论观点比较[①]

剧变后，特别是新世纪以来，俄罗斯社会主义运动的载体是十多个共产党组织。俄罗斯联邦共产党是最大的组织。其他还有俄罗斯共产主义工人党—共产党人党、“劳动俄罗斯”党、全联盟布尔什维克共产党、全联盟(布尔什维克)共产党、俄罗斯共产党—苏共、共产党联盟—苏共、苏联共产党、全俄罗斯未来共产党，还有几个小党被整合在上述政党之中。不论大小党，二十多年来一直都在积极活动，但整体组织规模同20世纪末相比大约减少一半，现登记在册的党员在30万～35万人之间。按照俄罗斯政党法规定，仅有俄共在司法部注册为合法政党。各个共产党的共同点是对现行制度持否定态度，都主张走社会主义道路，以重建社会主义制度为各共产党的共同宗旨，但在建设什么样的社会主义，通过什么道路、采取什么方法重建社会主义等理论观点上，有很大分歧。大致分为四派：坚持俄罗斯社会主义的“强国派”(以久加诺夫为首的俄共为代表)、主张通过革命斗争夺取政权的“革命派”(以秋利金为首的俄罗斯共产主义工人党—共产党人党等为代表)、忠于斯大林原则的“斯大林派”(以安德烈耶娃为首的全联盟布尔什维克共产党和舍宁为首的苏联共产党为代表)、坚持马克思主义一般原理的“正统派”(以普里加林为首的俄罗斯共产党—苏共为代表)、主张民主社会主义的“社会民主派”(以根·谢列兹尼奥夫为代表的派别)。

上述各派理论观点的分歧，主要表现在四个方面：

1. 对苏联、苏共历史的评价

“革命派”认为，苏联在20世纪50年代以前是坚持社会主义，之后偏离了社会主义方向；苏共从50～60年代开始鼓吹“全民国家”和“全民党”之后，领导人变为“修正主义”，80年代后又蜕变为“反共主义”；对斯大林持基本肯定态度。“斯大林派”与“革命派”观点类似。“正统派”把苏联时期的社会称为“国家社会

① 主要参考刘淑春《新世纪以来俄罗斯共产主义运动的理论与实践》，载《世界社会主义研究动态》2006年第11期。

主义”，是“未完成的过渡时期”，他们肯定苏联社会主义时期取得的成就，但认为苏联社会主义存在缺陷，对斯大林一分为二。“强国派”认为苏联时期的社会是社会主义社会，苏共二战后未能及时回答时代的挑战，使国家落后于西方，苏联社会存在的弊端其根源在于执政党本身，对斯大林的评价总体上是肯定的，认为斯大林是强国的设计师和建设者，承认30年代的“大清洗”给国家和社会造成了负面影响，但认为这是党内斗争所决定的。认为苏联社会落到今天的下场，正是由于五十年前“赫鲁晓夫的一击”（指赫鲁晓夫在苏共二十大所作关于斯大林个人崇拜的报告，给苏联的威信造成不可挽回的损失——引者注）及戈尔巴乔夫和叶利钦的继续。

2. 未来社会主义的设想

俄罗斯各个共产党都在党纲中阐述了未来社会主义社会的特征，大的方面一致，有些细微的差别。“革命派”完全按照马克思和列宁的设想阐述未来的社会主义。“斯大林派”主张重建苏联模式社会主义。“正统派”主张建设区别于苏联模式社会主义的所谓“新阶段的社会主义”，其特质在于，社会所有制、政治民主和生产民主相结合，该党号召向前——走向现代社会主义，而不是向后——倒退到从前的社会主义。“强国派”主张建设“俄罗斯社会主义”，他们强调“俄罗斯社会主义”是吸取苏联经验、克服苏联弊端，更新了的社会主义，其口号是：“我们不是向社会主义倒退，而是向社会主义前进。”

3. 重建社会主义的道路和方法

“革命派”、“斯大林派”、“正统派”都主张通过和平和非和平的手段进行社会主义革命而重建社会主义。在现阶段，斗争策略是以革命斗争方法为主。“正统派”在策略上更灵活一点，赞成议会内斗争和议会外斗争相结合，特别强调对民众灌输社会主义思想。“强国派”则主张走体制内的道路，强调通过和平的方式重建社会主义。因此，其他各派都谴责它犯有“机会主义”、“修正主义”错误。

4. 民族和宗教政策

在这两个方面，“强国派”和其他三个派别分歧很大，他们把弘扬爱国主义、强国主义、俄罗斯民族思想作为解决俄罗斯一切问题的关键，称自己的党是一个爱国主义和社会主义的党。其宗教政策主张国家与教会结盟。“革命派”、“斯大林派”、“正统派”都称自己是国际主义者，坚持“苏维埃的爱国主义和无产阶级的、社会主义的国际主义”立场，称“强国派”宣扬狭隘的民族主义和大国沙文主义，是“对国家主义的背叛”。他们的宗教政策，都坚持无神论，反对政教联合，批评俄共的宗教立场是对唯物主义的背叛。

（二）俄罗斯联邦共产党社会主义运动的理论

俄共是1990年6～9月建立的，1991年“8·19事件”后被禁止活动，经过法庭斗争又获合法地位，并于1993年2月重建。20世纪90年代末是俄共重建后的鼎盛时期，拥有60多万党员和17500个基层组织，是议会第一大党。进入新世纪，普京执政后，俄共在内外压力下遭遇多次分裂，力量大大削弱，党员缩减为18.4万名，基层党组织减少了2800多个，占据的议席由鼎盛时期的103席减少到了52席，但仍是议会第二大党团。俄共社会主义运动的理论和策略，集中表现在它的纲领之中。俄共纲领最早是在1995年1月党的三大上通过的，1997年党的四大和2002年党的八大作了修改。2008年党的十三大对党纲作了比较大的修改，新修改的党纲删去了过时的东西，增加了许多新内容。俄共纲领中的社会主义运动的理论和策略主要有以下几个方面：

1. 俄共的时代观与全球化观

俄共纲领认为："尽管革命运动暂时退却，但是现在的时代仍然是从资本主义向社会主义过渡的时代。"这表明，俄共在时代问题上仍坚持20世纪60年代世界各国共产党会议通过的《莫斯科宣言》、《莫斯科声明》的传统观点。俄共纲领对全球化持否定态度，认为："在苏联解体、复辟资本主义以后，美国及其亲密盟友在原苏联地区和东欧推行帝国主义全球化政策，局势极其危险。劳动与资本的国际矛盾与'文明战争'形式纠结在一起，世界正在进行新的划分。经济的、政治的和军事的势力范围也在重新分配，控制地球自然资源的斗争也在不断增多。为了达到这个目的，帝国主义集团正在积极利用各个军事政治集团并采取公开的武装行动。""资本主义保证了少数国家的高消费水平，却同时使人类陷入了新一轮的矛盾，使所有的全球问题变得极其尖锐。""在世界上的许多国家，民族解放斗争正在加强，使资本主义失去了最重要的后备力量和延长其存在的源泉。帝国主义全球化的反对者运动响亮地宣布了这一点。""帝国主义利用现代技术，对全球居民进行洗脑。它企图将整个世界都诱入其信息网中，并在世界上植入利己主义、暴力、空虚的精神和世界主义。"

2. 俄共的资本主义观

俄共纲领仍然坚持列宁《帝国主义论》的基本观点。指出："列宁关于帝国主义是资本主义发展的最高也是最后阶段的学说被证明是正确的。资本积聚的过度使20世纪初建立了大型的垄断联盟。银行资本与工业资本结合在了一起。重新瓜分市场的尖锐斗争导致了给人类带来巨大牺牲的两次世界大战和许多地区的武装冲突。""现在资本主义还统治着全球大部分地区，在这种社会，物质生产和精神生产服从于最大限度榨取利润和资本积累的市场规律。""一些被称为'金十亿'的发达资本主义国家富裕了，进入了所谓'消费社会'时期，在这个阶段消费从人的自然功能变为'神圣目标'，个人的社会地位取决于达到这个目标的热诚程度。"资本主义"最狂热的拥护者也承认，采用资本主义固有的掠夺性的方法发展生产将会快速消耗掉最重要的自然资源。世界经济危机在加深。……资本主义在破坏着人们的生活。信息的自由交流与现代市场也是不相符合的"。"资本主义本身为建立更加完善的社会制度创造了前提。生产的社会化是必然到来的社会主义的主要物质基础。无论过去和现在,劳动人民和工人阶级都是这个过程的推动力。科学技术的进步使城市和农村的工人阶级正在发生根本性的质的和结构性的更新。工程技术人员、科学工作者、服务领域的劳动者现在绝大部分是雇员,因此,这里正在形成先进的队伍、工人阶级的核心。共产党人把他们看作是自己的主要社会基础,他们首先向这个先进队伍提出了自己的思想,帮助劳动人民认识和实现其在国内、国际上的利益。这支先锋力量不仅掌握着俄罗斯的命运,而且掌握着整个人类文明的命运。"

3. 俄共的社会主义观

俄共纲领指出:"俄罗斯共产党人对未来充满信心。只有社会主义才能消除人剥削人,消除资本主义生产和消费的浪费的性质。在苏联和其他一系列国家已经发生的资本主义复辟意味着社会主义暂时的退却。但是,失败的并非作为社会制度的社会主义,而只是以前的社会主义形式。社会主义力量正在成熟和成长。社会主义的中国正在快速发展,其他国家也在沿着社会主义建设的道路前进,一些国家的共产党人或者进步政党还掌握着政权,这些进步政党的领袖对社会主义道路有好感。在古巴之后,拉丁美洲国家越来越坚定地表现出了对社会主义选择的向往。……这就是为什么有一切理由认为,在 21 世纪,社会主义作为一种学说、一个群众运动、一种社会制度将重整旗鼓。"

俄共"坚信:只有恢复苏维埃制度,走社会主义道路,才能成就祖国"。俄共"主张和平过渡到社会主义。同时,就像联合国大会通过的《世界人权宣言》中所说,当局应当关心人们的需要,使'人类不致迫不得已采取反对暴政和压迫的最后手段'。在我国业已形成的制度采取反人民的政策,它正在为自己挖好坟墓"。

俄共的最终目的和最高纲领是实现共产主义。俄共纲领认为:"随着社会主义的发展,人类的历史未来——共产主义确立的必要前提正在形成和成熟。共产主义的特点是其公有化程度要比社会主义条件下高得多,它是一个无阶级的联合体,在那里,每个人的自由发展是所有人自由发展的条件。"俄共认为它的最低纲领是在俄罗斯重建社会主义,"而要和平地达到自己的战略目的,必须分为三个阶段"。"第一阶段。在这一阶段要解决的任务是要建立以俄罗斯联邦共产党为首的劳动人民和广大人民爱国力量的民主政权。""第二阶段。在实现政治经济稳定之后,俄罗斯联邦共产党将采取必要的措施,最大限度地保证劳动者越来越广泛地参与国家的管理。""第三阶段。主要内容是,进行有效的工作,最终形成社会主义的社会关系,保证按其自身原则稳定发展社会主义制度。""俄罗斯联邦共产党把社会主义看作以公有制为基础，根据劳动的数量、质量和成果分配生活用品，没有人剥削人的自由社会。”“俄罗斯联邦共产党的口号——‘俄罗斯、劳动、人民政权、社会主义！’”[①]

二、剧变后东欧中亚地区共产党人社会主义运动的理论

20世纪后期的苏东剧变对这一地区的共产主义运动造成了灾难性甚至毁灭性的打击，社会主义传统模式的弊端更是严重损害了社会主义的形象和共产党的声誉。近二十年来整个东欧中亚地区的社会经济处在复杂多变的转型改制过程中，社会民主主义迅速崛起，民众对传统的社会主义失去信心，多党民主政治初具雏形。

苏东剧变之后，东欧中亚地区原来执政的共产党组织自行瓦解，作为一种社会制度的“社会主义”已经不存在了，但是，作为一种思潮和运动的社会主义并没有完全消失。随着各种共产党组织和其他社会主义政党的建立或重建，这一地区的共产党人还在努力探索适合本国实际的社会主义发展道路。虽然它们在政策主张上与原共产党有所区别，但一般仍宣布以马克思主义为自己的指导思想，坚持社会主义道路和共产主义的理想目标。

由于国内外各方面条件的限制和自身组织内部的问题，重建和新建的共产党组织在各自国内政坛上影响十分有限，面临着社会和公众信任的考验。这些组织的成员和领导人多数是原共产党的老党员和中下层领导干部，党员人数一般不多，其合法地位也不稳固，处境艰难，发展缓慢，无法摆脱在社会政治生活中的边缘状态，有些党甚至销声匿迹。这种境况充分说明，要想摆脱困难，走出低谷，重振社会主义运动，各国共产党人必须认真总结经验教训，彻底抛弃以往社会主义运动和理论中左的东西和僵化的教条，在新的历史条件下进行理论创新、组织创新和策略调整，积极探索具有本国特色的共产主义运动形式和发展道。

捷摩共[②]认为，社会主义制度的出现是必然的，符合人类社会发展主要方向，它代表了独立的、相对完善的、更高的和进步的社会发展水平。尽管社会主义制度存在各种不足，它的第一个历史形式在捷遭受失败后被资本主义所取代，但社会主义建设时期仍属于捷克和斯洛伐克人民历史上最灿烂的篇章。捷摩共

---

① 俄共的“时代观与全球化观”、“资本主义观”、“社会主义观”，皆根据2008年俄共十三大新修改的、由戴隆斌所译《俄罗斯联邦共产党纲领》所写，全文载《当代世界与社会主义》2009年第2期。

② 全称捷克和摩拉维亚共产党（The Communist Party of Czech and Moravia），约有党员9万人，实际参加活动的党员约3万人。由原捷克斯洛伐克共产党演变而来，成立于1990年3月31日。长期以来该党在议会中占有一定席位。主席米洛斯拉夫·格列贝尼切克（Miroslav Grebenicek）。（资料来源：中国外交部官方网站）

认为,斯大林模式就其形式来说,是与社会主义格格不入的。主张摒弃对马克思主义的歪曲,提倡脱离任何思想教条的和富有创造性的理论思维。

捷摩共的党纲比较全面地阐述了自己的政策主张。政治方面,一是主张实行政治多元化,认为这将确保所有尊重宪法的政党和社会组织有权表达自己的政治立场,开展自己的活动。二是主张实行多党制,各种政治力量应互相尊重,反对任何党在议会的垄断地位,捷摩共也不谋求这样的特权。三是确保每个人在满足物质和精神需要方面的平等机会、平等权利,确保社会责任、人和公民自由、在生态清洁的环境里生活,维护不依靠损害他人谋利的人与人之间共处的文明准则。四是在人权和自由方面,不允许有任何歧视,亦不允许由于社会出身或地位、性别、政治信仰、信念、知识水平、民族或种族原因而以任何方式将公民排斥在政治、经济和公共生活之外。五是实行政治思想多元化,主张言论和新闻出版自由,坚决行使集会、结社和罢工的权利。经济方面,一是赞成实行社会市场经济,认为根据社会需求由国家来进行调节的社会主义市场经济是必要的。二是主要在社会所有制占决定性比例的情况下,各种形式的社会和私人所有制权利平等。支持劳动人民创造的财产非国有化,但反对将经济效益及经济的未来前景仅仅同私人所有制联系在一起。三是捍卫工人、合作社农民以及广大劳动阶层人民的利益,反对威胁他们合理的政治、社会、经济和民主需要和利益的任何企图。反对出卖和侵吞国家财产。四是赞成国民经济向世界开放,尤其是使捷克尽可能广泛地参与欧洲市场。外交方面,该党奉行独立的对外政策,赞同同各国保持平等的关系。初期曾坚决反对加入北约和欧盟,近年来开始支持欧洲一体化进程,认为捷克的未来不能是封闭的。该党还主张加强国际安全与合作,但反对西方利用人权干涉其他国家的内政。还认为加强环保是各国义不容辞的责任和义务。①

重建的匈牙利工人党②指出,匈牙利工人党是马克思主义的党,坚持以马列主义为指导原则,承认匈牙利人民进步的历史业绩,承认匈牙利及国际工人运动的永恒价值。强调该党是共产党人和左翼社会民主党人传统的继承者;代表正在工作和退休的工人阶级、合作社农民、脑力劳动者和自食其力的小所有者的利益;保护和代表青年人的利益;党按照民主集中制的原则进行活动,在平等原则基础上与其他进步力量和左翼力量建立联系。党的政治声明明确提出,党的长远目标是"创造性地运用马克思主义和列宁主义理论","坚持走社会主义道路",

---

① 参见中共中央对外联络部汇编《各国共产党总览》,当代世界出版社 2000 年版,第 346 页。

② 匈牙利社会主义工人党的前身是成立于 1918 年的匈牙利共产党,1956 年重建更名为社会主义工人党。在 1989 年事件中部分党员反对把党改建为社会党,要求保留匈牙利社会主义工人党。

“创建劳动者权利平等基础上的社会主义社会”。[①]

波共盟[②]曾发表《21点宣言》，提出自己的纲领性主张。他们认为，波共盟不是波兰统一工人党的继承者，而是“真心实意地按照劳动人民真正利益改造社会制度的所有共产主义思想的继承人”[③]，是崇高理想的继承人，它将遵循自由和独立的波兰利益，从道义上“更新和重建这一理想”，“重建健康的波兰社会主义思想的概念”。“党的首要目标是抛弃外来因素的共产主义”，“坚决反对斯大林主义”，“致力于按照马克思所理解的共产主义为消灭现制度而开辟道路，致力于独立、主权和公民的波兰共和国的繁荣昌盛”[④]。波共盟主张“通过自由选举产生的议会和自治机构的代表来掌握政权”；不同意把各种政党“置于团结工会保护伞下”，应把政治活动与工会活动分开；主张宗教信仰自由，但反对教会干预国家政务；党关心人民群众利益，对当前领取退休金者生活艰难，大批工人、青年失业，居民生活日趋恶化及国家逐步依赖资本主义国家等现象“深感不安”；在对外关系问题上，强调不论何时都不与任何国际性政治团体建立组织联系，不同任何不尊重波兰共和国目前对外政策的人结盟。

罗马尼亚社会主义劳动党[⑤]党纲领指出，党的重建是历史的需要，是崇高责任感的体现，它把一切进步的、建设性的、摆脱了教条主义和为社会主义理想服务的、受到罗马尼亚人民的社会主义的伟大理想所鼓舞的社会主义运动和工人运动的传统重新带回到了罗马尼亚的政治生活中。党是所有愿意把自己的力量贡献给为在罗马尼亚建立一个没有社会和民族压迫的、没有仇恨和歧视的、以民主和正义价值为基础的文明社会而奋斗的人们共同活动的自由联盟。党的根本目标是：以其全部政策为罗马尼亚人民的最高利益服务，为建立一个实行社会和民族正义、自由和人道尊严、提倡民族的基本价值的社会而斗争。罗马尼亚社会主义劳动党的政策主张带有社会民主主义色彩。该党政治上奉行多元化、三权分立、议会民主和人权等原则，主张建立法制国家，主张相互尊重政治、哲学以及法律保护的宗教信仰和观念。承认剧变后通过民主方式选出的国家机构，并愿意与之合作。经济上主张实行社会市场经济，多种所有制形式并存和自由竞争；

---

① 参见中共中央对外联络部汇编《各国共产党总览》，当代世界出版社2000年版，第354页。

② 波兰共产主义者联盟“无产阶级”（简称波共盟），成立于1990年7月，它是以原波兰统一工人党的党员为基础组建的，按波兰1997年7月通过的《政党法》注册为合法政党。该党有自己的刊物《黎明》、《工人之声》、《曙光》等，是波兰剧变后唯一主张按马克思主义原则实行社会主义的政党。

③ 肖枫主编：《社会主义向何处去——冷战后世界社会主义运动大扫描》，当代世界出版社1999年版，第327页。

④ 杨元洛等主编：《1989年以来东欧、中亚政党嬗变》，中共中央党校出版社1993年版，第260页。

⑤ 有学者将该党划归为由原执政的共产党改建成的社会党。（参见肖枫主编《社会主义向何处去——冷战后世界社会主义运动大扫描》，当代世界出版社1999年版）

支持在创造必要的客观条件的情况下，在不损害广大人民利益的前提下，逐步实行私有化。

重建的罗马尼亚共产党[①]则强调，罗共作为先锋党，将站在争取社会公平和民族尊严的斗争前列，其社会理想是劳动者不受剥削，反对寄生生活。他们认为，建设一个人的劳动不再是掠夺对象的社会这样的崇高理想，将仍然是有生命力的。这个理想的火焰曾照亮了整个人类历史的进程，只要人们一起劳动和生活，它将继续闪烁光芒。

阿尔巴尼亚共产党[②]反对复辟资本主义，认为尽管社会主义遭到暂时的失败，以及在实践中存在一些严重的错误，但社会主义是最民主的社会制度，是属于未来的制度。党的世界观是马克思列宁主义，基本政治目标是建立一个以表达和保证劳动群众意志和利益的宪法及法律为基础的人民民主国家。人民民主是实现人民争取平等和普遍福利的最合适的政治制度，是走向消灭阶级矛盾、城乡矛盾、脑力劳动和体力劳动矛盾的道路。党的崇高目标是消灭阶级和阶级斗争，消灭政党，使国家消亡，但这是未来的事。

阿尔巴尼亚共产党政治上主张一党执政的多党制，在多元化和法制化的条件下建立一个以表达和保证劳动群众意志和利益的宪法和法律为基础的人民民主国家，反对国家组织和机构偏袒任何政党和政党的联盟，不许任何政党以党代政。主张建立人人平等的、自由的社会生活，党关心妇女解放及其平等权利以及青年问题。在所有制方面，赞同国营、合作社和私营所有制进行竞争，但前两者应占主导地位。认为关键的经济和生产部门不应实行私有化，而应置于国家的严格控制之下。主张农民自愿建立独立于国家的全面合作社体系，反对买卖、出租土地和不耕作者继承土地。在对外政策方面，坚持与各国人民和平、合作、友好，支持民主、解放和共产主义运动，坚持在平等、不干涉内政、互利的基础上与各国共处的原则。

南斯拉夫新共产党(简称“南新共”)1997 年通过了党的纲领和章程，2004 年发表了纲领性宣言。南新共始终把马克思列宁主义作为自己的指导思想，把实现社会主义作为自己的奋斗目标。在纲领中明确规定：“我们的战略和策略是实现建立在马克思、恩格斯和列宁思想基础之上的科学社会主义。”“我们党的最终目的是在较远的未来建立共产主义社会制度。”“1917 年发生的伟大十月社会主

---

① 该党成立于 1991 年 6 月，自称是左翼党，代表产业工人、农业劳动者、知识分子和职员等一切劳动阶层，党的学说核心是马克思主义，但它是一种考虑到历史经验和适应于现代条件的批判继承的马克思主义。

② 1991 年 9 月，原阿劳动党的部分党员不同意更名为社会党，宣布成立阿尔巴尼亚共产党，自称是工人阶级的政党，是城乡劳动群众的党，其世界观是马克思列宁主义。

义革命是我们地球上所有的无产阶级革命之母，是迄今为止人类历史上最重大的事件。它影响了世界各国人民的命运。"纲领深信，社会主义事业必然得到复兴，因为"未来属于社会主义"，"21 世纪是社会主义的世纪"，因为"没有社会主义就没有社会公正"。南新共在《宣言》中指出，它是前南土地上社会主义运动和共产主义运动中一切有价值的思想和传统的继承者和体现者。原苏东社会主义和南斯拉夫自治社会主义确实存在一系列的缺点和错误，但它们有无可比拟和不可抹杀的优点和成绩。南新共对全球化和加入欧盟、北约持否定态度。在国内政策方面，南新共主张在联邦或邦联的基础上重建南斯拉夫，以维护社会主义成果，捍卫社会主义发展道路，反对国家遭到肢解和分裂。①

白俄罗斯存在着两个共产党——支持总统的白俄罗斯共产党和站在总统反对派立场上的白俄罗斯共产党人党。

2003 年 12 月 13 日，白共第七次代表大会通过的白共纲领指出："白俄罗斯共产党坚信，只有社会主义发展道路能够将现代社会从危机中解救出来，使人类文明社会摆脱战争、国际冲突、贫穷和精神空虚并消除恐怖主义的社会政治基础以及资本权力所引起的其他社会恶习。""历史证明，只有共产党人能够成为工人阶级、农民和劳动知识分子的民意代言人，而共产主义学说是建立公正的和人道的世界秩序——在这种秩序中每个人的自由发展是一切人的自由发展的条件——的伟大科学。""白俄罗斯共产党忠于雇佣劳动者的利益，努力将他们为捍卫合法权利和利益的斗争联合成为统一的、群众性的社会阶级运动，并使这个运动成为自觉的和有目的性的运动。今后它也将始终如一地捍卫白俄罗斯共和国的统一、完整和独立以及白俄罗斯公民的民族尊严、幸福和安全，保证白俄罗斯人民的身心健康、自由和社会平等、公正和人道主义、爱国主义和国际主义以及国家的社会主义发展道路。"纲领宣布党的主要目标是：人民政权、平等、社会公正、社会主义。关于社会主义，"它是以国家宪法为保障、以生产资料公有制（社会主义所有制）为基础、有计划地发展全体人民的福利事业和根据'各尽所能，按劳分配'原则使每个社会成员得到全面发展的社会经济体制，是符合生产力发展现代水平，符合生态安全、个人和社会安全，符合社会面临的任务性质的社会制度形态。""社会主义制度为未来共产主义联合体的建立和发展提供必要的前提，在共产主义社会，每个人的自由发展是一切人的自由发展的条件。"

2003 年 5 月 25 日白俄罗斯共产党人党七大通过的、2004 年 3 月 14 日党的八大修改的白俄罗斯共产党人党纲领指出："白俄罗斯共产党人党代表和捍卫雇

① 参见马细谱《南斯拉夫新共产党及其纲领主张》，载《世界社会主义研究专刊》第 66 期（2008 年 1 月 26 日）。

佣劳动者以及靠自己劳动收入生活或领取退休金、助学金和其他社会补助金的人的利益，其目标是在白俄罗斯共和国建立社会主义——人民政权、社会公正、平等、团结和自由的社会。”“白俄罗斯共产党人党从马克思主义为掌握生产资料和分配劳动成果而斗争的立场出发，在考察人类历史时坚信，向共产主义前进的运动——在共产主义社会中，高度发达的生产力和公正的生产关系能够解决满足人的合理物质需求问题，从而使这样的斗争成为多余——是人类可持续发展的客观必然性。”“白俄罗斯共产党人党认为，根据辩证法的原则，人类社会的发展是没有止境的。因此，就目前观点来看，党认为共产主义的社会形态是理想社会，在这个社会中，每个人的自由发展是一切人的自由发展的条件。”[①]

乌克兰共产党[②]第二次代表大会通过的党章宣称，乌共是工人阶级、农民、知识分子和全体劳动者的党。在制定政策和实践活动过程中，遵循科学社会主义，依靠当代科学创造性地发展并丰富起来的马克思—恩格斯—列宁学说、国际共产主义和工人运动的经验，借鉴乌克兰人民的民主和人道主义传统。乌共着眼于人类文明进程的历史前景，坚持社会发展的社会主义方向，以实现共产主义为奋斗目标。乌克兰共产党主张社会公正和建立苏维埃政权制度，维护劳动者的利益。争取实行参与国家和社会的管理，将资本主义—民族主义和反社会主义势力赶下台，取消总统制，将一切权力交给劳动者代表苏维埃，恢复社会主义性质的社会发展道路。经济上主张恢复国家对国有经济的控制和管理，反对将国家财产私有化，反对解散集体农庄，主张采取具体措施使国家经济摆脱危机，改善人民生活。

作为苏东剧变后第一个重新执政的摩尔多瓦共产党人党[③]，2001 年 4 月的第四次代表大会修改后的新党章强调，社会主义是人类的理想，摩共是工人阶级、劳动人民、知识分子和一切劳动者的政党。党主张发展社会主义，复兴共产主义运动，以马克思列宁主义思想为指导，并创造性地对待马列主义学说和基础社会主义原则，把马列主义同摩本国实践相结合。党的近期目标是建立“革新形态的社会主义”，最终目标是建立共产主义。沃罗宁在其所作的政治报告中全面

---

① 《白俄罗斯两个共产党纲领》(下)，孙凌齐译，载《国外理论动态》2009 年第 2 期。

② 乌克兰共产党(Коммунистическая Партия Украины)，1993 年 6 月在原苏共基础上重建并在司法部获准登记，乌共中央第一书记为彼得 · 西蒙年科(Петр Симоненко)。(资料来源：中国外交部官方网站)

③ 摩尔多瓦共产党人党(Partidul Comunistilor din Moldova)，成立于 1993 年 10 月 23 日，2001 年 2 月成为执政党。2005 年 3 月，摩共在议会选举中以 45.98％的得票率获胜，再次成为执政党。摩总统弗拉迪米尔 · 沃罗宁(Vladimir Voronin)2004 年 12 月当选连任摩共主席。(资料来源：中国外交部官方网站)

阐述了党的指导思想、奋斗目标和首要任务。他认为，摩共坚定地坚持马克思主义的辩证唯物主义观点和立场，只有这样，才能科学地认识和解决摩一切问题；对于摩尔多瓦来说，选择最佳的社会主义发展过程是最切实可行的、最符合其利益的，只有这条途径才能使摩真正走向恢复经济、巩固国家主权和国家地位、建立社会公正和公民团结的社会的未来。摩共的历史使命在于：要向世人证明，共产主义思想、共产主义运动有着极其美好的历史前景。作为曾经执政多年的摩尔多瓦共产党在政治上尽管提出了"共和政体、人民政权和社会主义"的发展道路，但又表示，人权、言论和宗教信仰自由、多元化以及民主的其他基本原则是不可改变的。摩共也一再声称，不会取消宪法所确立的西方式民主原则和民主体制。

哈萨克斯坦共产党[①] 1997 年 1 月非常代表大会通过的党纲明确指出，哈共是劳动人民的党，是工人、农民、知识分子和所有创建物质和精神价值者的先锋队，是在科学社会主义的基础上联合志同道合者的列宁主义类型的无产阶级国际主义的党。党的思想基础是依靠批判地分析成功与失误、吸收共产主义运动和工人运动的经验中所有有益东西加以丰富了的创造性的马克思列宁主义。哈共认为，资本主义作为一个社会经济阶段，不能保障人和社会的协调发展，只有在发展着的共产主义思想基础上才能拯救人类，因为它促进各民族人民的利益以及人与自然的协调发展。"共产主义思想几个世纪以来一直鼓舞着人类最美好的社会意识"，"对于共产党人来说，马克思主义是随着周围世界的变化、随着社会发展的新因素和新现象的积累和认识而经常发展的创造性科学"[②]。哈共的活动应从共产主义理想出发，从创造性发展的马克思、恩格斯、列宁的遗产以及进步的社会思想成就出发。党章规定哈共的近期目标是"为在哈萨克斯坦建立在科学社会主义原则基础上的自由和社会公正的社会创造条件"，使国家回到社会主义的发展道路，恢复人民政权。

哈萨克共产党在党纲中规定，政治上致力于恢复劳动人民的宪法和真正的人民政权，扩大社会保障规模，支持独联体国家一体化进程；经济上，在所有制多样化的条件下，支持优先发展旨在服务于社会福利和人民的所有制，在与市场灵活结合的条件下，实行国家调节经济；在民族关系上，主张加强民族间兄弟关系和友谊，恢复人民生活中的和睦传统关系；在宗教方面，主张信仰自由，但政教分

---

① 哈萨克斯坦共产党(Коммунистическая партия Казахстана)，1991 年 9 月成立，2003 年 3 月通过重新登记。党员 5.4 万多人，多为科技界知识分子、公务员、工人和退休者。该党在议会上下两院中曾占有 8 个议席，党的第一书记为谢·阿勃季利金(С. Абдильдин)。(资料来源：中国外交部官方网站)

② 转引自中共中央对外联络部汇编《各国共产党总览》，当代世界出版社 2000 年版，第 258 页。

离，学校与教会分开；在对外关系方面，主张维护与世界各族人民的团结和兄弟关系，尊重各民族的尊严。

塔吉克斯坦共产党[①]党章宣称，基于全人类价值观、道德和人道主义原则，塔共创造性地运用马克思列宁主义学说和人类一切进步成果，代表和捍卫所有劳动人民的利益，不论他们出处身、民族、性别、宗教和信仰。塔共支持并发扬优秀的民族、历史、文化传统，坚决反对任何形式的地方主义、民族主义、沙文主义和宗教狂热主义，致力于实现国内民族和解、和平和社会进步。党章规定，塔共是志同道合者的联盟，坚持社会主义选择和共产主义理想，忠实于马列主义思想和社会主义价值。党在个人自愿的基础上吸收工人、农民、知识分子、社会各劳动阶层及所有主张自由、平等，坚持社会主义和共产主义的公民为党员。塔共认为，社会主义思想是全球性的、历史性的，社会主义一定会复兴，但塔共要复兴的不是"以行政命令式的管理手段为本质的国家社会主义"，而是"关心人民福利、个性全面发展、保证真正的权利与自由的真正的社会主义"[②]。

塔吉克共产党的政策主张包括五个方面：政治方面，塔共主张，通过深化民主改革形成新的进步的社会关系，巩固国家的独立和主权完整；遵循社会公正的原则，遵循民主原则，遵循人道主义法律和联合国关于人权和自由的决议并建立公正社会和法制国家，深化民主进程；参与实施民族和公民和睦的政策；把劳动人民的利益置于首位，坚决捍卫他们的宪法权利和自由，不论他们的民族、社会地位、出身、宗教和信仰如何。经济方面，主张遵循"各尽所能，按劳分配"的社会主义原则；支持不损害劳动人民利益的经济改革，消除经济生活中的行政垄断，在公有制占主导地位的基础上促进多种成分的市场经济的发展，反对两极分化；支持建立自由经济区、自由贸易区和独立国家的新经济联盟，把塔吉克纳入世界经济一体化进程。民族关系方面，主张在拉平各地经济、社会和文化水平的基础上，克服地区主义，团结全体人民；发展民族文化和本国语言，形成真正的民族自我意识；从社会生活中根除任何形式的沙文主义、民族主义、种族主义、民族歧视和民族危害。宗教方面，塔共认为，伊斯兰教不仅是一种信仰，而且在一定程度上还是一种文化模式。党坚决反对宗教极端主义和宗教狂热。但允许宗教多元化，尊重人民的宗教感情，主张应该同民主化和建立法制国家的宗教界进行建设

---

① 塔吉克共产党（Коммунистическая партия），1924 年成立。1991 年"8·19 事件"后停止活动。1991 年 9 月 21 日更名为社会党。1992 年 1 月 19 日恢复原名。1996 年 6 月，塔共召开第 23 次代表大会，制定新党章，塔现政府及议会部分领导人为塔共党员。该党在塔地方政府中也有一定影响。现有党员 4.5 万余名，在议会下院有 5 个议席。主席绍·沙勃多洛夫（Ш. Шабдолов）。（资料来源：中国外交部官方网站）

② 转引自王坚红《冷战后的世界共产党》，中共党史出版社 1996 年版，第 142 页。

性的对话与合作。对外关系方面,塔共支持同独联体国家以及国际社会发展政治、经济和文化诸方面的平等互利的关系;主张在独联体内实行平等、居民和睦和利益均衡的政策;支持主权国家互不干涉内政,不使用武力和以武力威胁,和平解决争端,认真履行义务以及公认的国际法原则和规范。

吉尔吉斯共产党人党[①]的政治宗旨和原则是社会主义和作为历史未来理想的共产主义,主张自由、社会平等、集体主义、社会公正、真正的人道主义,为人民服务,爱国主义和国际主义,各族人民的兄弟关系、尊重民族传统,社会主义民主、苏维埃形式的劳动人民政权、广泛的人民自治,人权和公民的责任、言论自由、联合政党和社会组织的自由,捍卫宪法规定的苏维埃制度。经济方面,主张有利于劳动人民、有利于巩固国家及其主权的改革,主张形成计划—市场、以社会主义为方向的经济,保证稳定地提高人民的生活水平;反对经济资本主义和强制私有化;在多种经济成分并存的条件下必须保证国有制和集体所有制的决定性作用等。对外政策方面,主张与其他国家建立平等的经济和政治关系,坚决捍卫国家的独立和主权;恢复与独联体各国中断的联系,过渡到在平等基础上的长期条约关系,主张保存各独立苏维埃国家未来强大联盟的基础。

总之,从上述东欧中亚地区共产党组织关于社会主义的论述可以看出:第一,这一地区的社会主义力量并未完全湮灭,尽管他们正身处危机和困境之中,力量分散、弱小,分布也不平衡,但他们毕竟坚持了下来,这说明社会主义的理想信念在人民群众中仍存。第二,在这一地区社会、经济、政治转型改制的历史背景下,党的政策主张一般与市场经济、多种所有制、多元民主政治联系在一起,尽管有的党反对私有化和全面资本主义化,但即使重新执政,也不可能改变这一趋势。第三,多数党不否认自己与原来共产党的历史继承关系,但又认为自己是不同于原来党的新型共产党,其指导思想、性质、奋斗目标和任务有社会民主党化的趋势。比如,他们多强调民主、人道的价值标准,政治上一般主张放弃暴力革命和无产阶级专政,不反对多党政治和议会民主;经济上主张建立多种所有制经济体系和计划指导下进行市场调节的经济运行机制,对私有化和市场经济虽有反感,但并不明确反对。

三、发达资本主义国家共产党人社会主义运动的理论

发达资本主义国家的共产党主要是指欧洲、北美、东亚等发达资本主义国家的共产主义政党,目前有近 30 个共产党在积极开展活动,党员人数约有 100 多万。比较有影响的是西欧国家的共产党,它们不仅因为在 20 世纪 70 年代正式

① 吉尔吉斯斯坦共产党人党,于 1992 年 9 月注册,党员 2.5 万。

形成“欧洲共产主义”理论而吸引了全世界的目光，成为一种强大的政治思潮和力量，而且还因为苏东剧变后以法共等为代表提出了各种各样的新的社会主义或新共产主义理论而备受关注。

（一）发达资本主义国家共产党人关于创造性地运用和发展马克思主义的理论

发达资本主义国家共产党人在对待马克思主义的态度上，创造性地运用和发展是共同的趋势，但在围绕党的指导思想是一元还是多元问题上存在较大差异。以希共和葡共为代表的少数党仍然强调以马克思列宁主义为指导思想。如希共新党纲指出：“希腊共产党以马克思列宁主义的世界观为指导，积极总结工人运动和人民运动的经验，创造性地实践和发展马克思列宁主义。”[①]葡萄牙共产党强调：“党以马克思列宁主义为理论基础，以唯物主义辩证法为分析现实形势的科学手段，这是指导党因应发展中出现的新现象、新情况、新进程和新趋势的行动武器。”[②]以法共、西共、意大利重建共产党为代表的大多数共产党，一般只提马克思主义或马克思的理论，不认同“列宁主义”，并且认为马克思主义不是党唯一的指导思想。如法国共产党 2006 年党章规定：“加入法国共产党的动机是多种多样的，或是源于受理论创新和马克思观点的影响、以从资本主义中解放出来并超越资本主义为目标的革命斗争的价值观、贡献和创新精神，或是源于所有解放斗争的历史，包括女权主义、人道主义、反种族主义、生态主义、和平主义、反殖民主义和反帝国主义斗争，以及促进世俗化、反对所有歧视和排斥的斗争等。”[③]而西班牙共产党认为马克思主义目前仍是党的理论基础，但不是唯一的，“党以革命的马克思主义和实现解放的理论、政策和文化为基础”[④]。

（二）发达资本主义国家共产党人关于社会主义和共产主义的新提法

发达资本主义国家的共产党人，从 20 世纪 70 年代就开始独立探索社会主义发展道路，并以“欧洲共产主义”而著称。冷战结束后，为应对苏东剧变的冲击和全球化、信息化的挑战，以适应当代资本主义发展的新变化，发达国家共产党在理论上进行了探索，着眼于全球化、信息化的最新发展和发达国家人们普遍关注的问题、新的追求，提出了各式各样的社会主义和共产主义观。如法国共产党用“新共产主义”替代原来的“法国色彩的社会主义”，认为“新共产主义”是“通过社会占有，通过共同拥有和分享知识、权力和财富”，“促进每个男女的充分自主

---

① 刘洪才主编：《当代世界共产党党章党纲选编》，当代世界出版社 2009 年版，第 614 页。

② 刘洪才主编：《当代世界共产党党章党纲选编》，当代世界出版社 2009 年版，第 529 页。

③ 刘洪才主编：《当代世界共产党党章党纲选编》，当代世界出版社 2009 年版，第 495 页。

④ 刘洪才主编：《当代世界共产党党章党纲选编》，当代世界出版社 2009 年版，第 589 页。

和全面发展”[1]的社会。西班牙共产党提出要建立一个实现了民主和社会公正、自然受到了保护、和平的理想社会。葡萄牙共产党强调，要建立一个“具有民主特征的社会主义新社会”，2004年新党章规定：党在21世纪初的基本目标是建立包括政治民主、经济民主、社会民主和文化民主在内的“先进民主”。日本共产党提出日本式的“民主而富裕的社会主义”，声称“党的最终目标是，实现没有人剥削人、也没有压迫和战争、由真正平等和自由的人际关系组成的共同社会”[2]。

（三）发达资本主义国家共产党人关于实现由资本主义向社会主义转变的道路和方式的新主张

在实现社会主义和共产主义的方式上，发达资本主义国家共产党人大都反对暴力和专政，主张通过发展民主的道路来实现对现有资本主义社会的变革和改造，进而实现社会主义和共产主义。法国共产党、意大利重建共产党提出“超越资本主义”的新路径，主张依靠发展现存社会的成果、需求和潜力来否定剥削、异化和资本主义统治。例如法共2006年党章指出，党“将促进人民干预——即民主的历史性进步——确定为其工作重心”，“他们希望探索参与性民主和干预性民主的所有途经”，“遏制并超越所有剥削、统治和异化和社会形式，促进每个男女的充分自主和全面发展”[3]。西班牙共产党主张通过左翼大联盟对西班牙进行长期的民主变革，在民主和自由中走向社会主义。日本共产党主张通过“资本主义框架内的民主改革”走向社会主义，其2004年党纲指出：“现在，日本社会需要的变革不是社会主义革命，而是民主主义革命……这些都是在资本主义框架内可能实现的民主改革”，要“开辟建设符合大多数国民根本利益的独立、民主、和平的日本的道路”[4]。只有希腊共产党仍主张进行社会主义革命夺取政权，建立无产阶级专政，1996年党的纲领指出：“社会政治较量和阶级冲突的发展，必将提出政权问题。……希腊共产党坚持认为，不仅要迫使资产阶级政党及其同伙放弃政权，还应推翻资产阶级国家，打碎资产阶级国家机器，建立一个新的人民政权，这个政权只能是社会主义政权。”[5]

（四）发达资本主义国家共产党人关于实行争取“选民认同”和“体制允许”的灵活务实政策的主张

发达资本主义国家的共产党人，针对全球化、信息化条件下出现的新情况和当代资本主义出现的新变化，大都调整了冷战时期比较激进的政策和斗争策略，

① 刘洪才主编：《当代世界共产党党章党纲选编》，当代世界出版社2009年版，第495页。
② 刘洪才主编：《当代世界共产党党章党纲选编》，当代世界出版社2009年版，第108页。
③ 刘洪才主编：《当代世界共产党党章党纲选编》，当代世界出版社2009年版，第495页。
④ 刘洪才主编：《当代世界共产党党章党纲选编》，当代世界出版社2009年版，第121页。
⑤ 刘洪才主编：《当代世界共产党党章党纲选编》，当代世界出版社2009年版，第622页。

实行符合本国实际，比较具体的、灵活务实的政策。

在政治主张上，发达国家共产党大都改变对现行体制和政权的对抗，主张在体制内活动，实现政治民主化。法共提出，国家体制应实行深刻的民主变革，使公民享有更多的民主权利，促进公民性，建立一个现代共和国，法共担负着参与领导国家事务、参加政府的使命。西共强调，让所有人广泛参与公共事务的经营管理，所有人都有权享受神圣的自由权利，切切实实实现人权。葡共提出，要建设"先进民主"，重点深化人民参与。日共提出，要建立"民主联合政府"，未来日本式社会主义政治制度的模式是"多党制的议会模式"。

在经济政策上，法共、葡共、意大利重建共产党等主张实行国有和私营经济并存的"混合经济"，不再强调生产资料国有化等制度性变革。法共提出，要把就业置于新的经济增长的中心地位。西共主张实行"民主的计划经济"，要把民主计划和民主市场结合起来。日共主张实行经济民主，采取优先国民生活的经济发展方针。

在社会政策上，法共、日共、葡共、西共、意大利重建共产党等主要致力于维护社会公正，保障公众最基本的社会福利权利和劳动的基本权益。在缩减工时和减轻劳动强度及改善劳动条件、增加文化教育和公共设施的投入、改善公民的生活条件和保障公民的福利、维护劳动权益和捍卫弱势群体利益、妇女解放和实现男女平等方面提出自己的主张。法共强调，推出政策主张要保证"从许诺到履行诺言"。

（五）发达资本主义国家共产党人关于建设"新型的共产党"的理论观点

发达资本主义国家的共产党人在党的建设上大都主张对党的性质重新定位，整合力量，建设"新型的共产党"。

在党组织的性质和定位上，强调党的群众性。法共强调，阶级基础不再是一个阶级，而是包括"经理"在内的所有雇佣劳动者。党是一个为所有拒绝被剥夺干预权和选举权的男女服务的政党，要通过革新成为一个"现代的、开放的、富有活力的和民主的新型共产党"①。葡共党章指出，党是"无产阶级、工人阶级和全体葡萄牙劳动者的政党"，"是由工人、职员、中小资产的农民、知识分子、技术骨干、中小工商业者，以及一切反对资本主义剥削与压迫、争取民主、社会主义和共产主义的男女公民组成"②。意大利重建共产党宣称，党是意大利工人阶级、劳动者、所有男女、青年、知识分子和公民的一个自由的政治组织。西共声称，西共

① 转引自中联部课题组《全球化信息化背景下法国共产党组织发展趋势研究》，载《当代世界与社会主义》2008 年第 3 期。

② 刘洪才主编：《当代世界共产党党章党纲选编》，当代世界出版社 2009 年版，第 529 页。

是西班牙工人运动和社会各阶层的组成部分。日共声称,日共"是日本工人阶级的政党,同时是日本国民的政党,是向所有为实现民主主义、独立、和平,为提高国民生活水平,以及实现日本进步的未来而努力奋斗的人敞开大门的政党"[①]。

在党的组织原则和党内生活上,实行广泛而直接的民主。例如,法共1994年放弃民主集中制的组织原则,强调应促进党内生活的民主化和多样性,"多样性要求采取一定的组织形式和实践方式,将承认并尊重对付诸实施的目标和战略的不同观点作为党员的一项基本权利",党"以多数方式民主地作出选择和决策"[②]。西共认为,党内生活的原则是民主、自由、公正和互助。日共新党章规定"党是按照党员自发的意志而组成的自由结社,以民主集中制为组织原则"[③],但删去了"少数服从多数,下级服从上级"等内容。

在党的活动方式上,实现党的活动方式现代化。法国、意大利、葡萄牙、西班牙等发达国家共产党每年举办"党报节",以灵活多样和群众喜闻乐见的手段发动群众,发展组织,筹集经费。美共和其他一些资本主义国家的共产党在现代通信技术和媒体不断发展的情况下,自觉更新党的宣传和活动方式,通过报纸、电台、互联网、电话专线等形式宣传党的政策主张,使党的力量获得新发展。

在党员的发展上,放宽了入党的条件。美国共产党2001年修改后的新党章规定:"任何居住在美国境内的个人,年满18周岁,不分种族、肤色、籍贯、性取向、性别或宗教信仰,只要承认党的原则和宗旨,均可加入共产党。"新党章在党员入党条件上删去了入党申请者至少有两名表现良好的党员介绍、申请者所在地区俱乐部多数党员同意后才能入党的条款。新党章规定:"任何党员、党的支部、州(或地区)和全国性组织均可接受入党申请书,并且应该迅速地把申请书转交给申请者所在的支部、地区组织。该支部和地区组织应该迅速地就此开展讨论,并尽可能地安排一个或多个党员同申请者谈话。"[④]

此外,在基层支部组织的建设上趋于松散化。例如,美国共产党将党支部改成俱乐部,集政治活动、社会活动、文化娱乐活动、教育活动、管理活动于一身,是党员交流思想和经验的中心,它欢迎一般的非党员群众参加俱乐部的组织活动。

四、亚非拉发展中国家共产党人民族民主运动及社会主义运动的理论

亚非拉发展中国家的共产党,主要是指除中国、越南、老挝、朝鲜、古巴等社

---

① 刘洪才主编:《当代世界共产党党章党纲选编》,当代世界出版社2009年版,第108页。

② 刘洪才主编:《当代世界共产党党章党纲选编》,当代世界出版社2009年版,第495~496页。

③ 刘洪才主编:《当代世界共产党党章党纲选编》,当代世界出版社2009年版,第108页。

④ 刘洪才主编:《当代世界共产党党章党纲选编》,当代世界出版社2009年版,第889页。

会主义国家之外的广大发展中国家的共产主义政党。苏东剧变对亚非拉发展中国家共产党的冲击虽然不是很大，大多数党顶住压力坚持了下来，但受苏联共产党影响比较大的党则受到巨大的冲击，像莫桑比克阵线党、安哥拉人民解放运动劳动党、津巴布韦非洲民族联盟等纷纷易帜改姓，转向民主社会主义；而索马里、埃塞俄比亚、贝宁、赞比亚、刚果等党先后在多党选举中丢失政权。此外，有些国家的共产党如埃及共产党、伊朗共产党、危地马拉劳动党等至今仍处于非法状态。目前亚非拉发展中国家非执政的共产党约有60多个，党员人数约170万。在这里，我们将以印度共产党、尼泊尔共产党、南非共产党、巴西共产党、智利共产党、秘鲁共产党等为代表对亚非拉发展中国家共产党人的民族民主运动及社会主义的有关论述进行阐述。

（一）亚非拉发展中国家共产党人大都强调马克思列宁主义的指导地位

亚非拉发展中国家共产党人大都以马克思主义为指导思想，强调马克思主义探索和发展的"民族特性"。印共(马)强调："党以马克思主义和列宁主义的哲学和原理作为行动指南。马列主义为劳苦大众指明了消除人剥削人、彻底解放的正确道路。"但是，"党必须将马列主义原则运用于我国具体国情，在政治、思想、经济、社会和文化等各个战线上开展长期的斗争，直到取得胜利"[①]。尼泊尔共产党(联合马列)指出："马列主义是领导实现社会解放和民族独立，实现摆脱封建主义和帝国主义压迫运动的指导原则"，"然而，仅仅以意识形态为基础并在文件中引述马列主义精神是没有意义的"，必须将马列主义的精神运用到尼迫尔的具体国情，制定出正确的纲领和政策。[②] 南非共产党强调："党以被历史经验证明为放之四海而皆准的马克思列宁主义基本原理为指导，领导工人阶级实现民族和社会解放。这些基本原理是由卡尔·马克思、弗里德里希·恩格斯和列宁所创立，并由其他伟大的革命家丰富完善的。南非共在运用马列主义普遍原理的过程中首先重视根据本国具体情况和不断发展的形势对理论加以阐述和运用。"[③]巴西共产党强调，党是以"由马克思和恩格斯所创立的、由列宁和其他马克思主义革命家所发展的科学革命理论"为指导的。秘鲁共产党2001年党章规定："秘鲁共产党的意识形态基础及开展政治活动的依据是科学社会主义理论。科学社会主义的理论基础是马克思列宁主义以及国内外社会主义革命者的思想贡献，特别是何塞·卡洛斯马·里亚特吉的社会主义思想理论。"[④]

---

① 刘洪才主编：《当代世界共产党党章党纲选编》，当代世界出版社2009年版，第238、271页。

② 刘洪才主编：《当代世界共产党党章党纲选编》，当代世界出版社2009年版，第99页。

③ 刘洪才主编：《当代世界共产党党章党纲选编》，当代世界出版社2009年版，第365页。

④ 刘洪才主编：《当代世界共产党党章党纲选编》，当代世界出版社2009年版，第767页。

(二)亚非拉发展中国家共产党人大都提出带有浓厚民族主义色彩的社会主义观点

亚非拉发展中国家共产党人面对经济全球化、信息化对发展中国家的巨大冲击以及自身的生存状况,积极探索走向社会主义的新理论,大都提出带有浓厚民族色彩的社会主义观。

印共强调:"印度共产党始终坚持建设一个公正的社会主义社会的目标。在这个社会里,人人都保证享有平等的机会和民主权利,并将为消灭各种形式的剥削(包括种族、阶级和性别剥削)和人对人的剥削",当然,建立这一新的社会主义制度的道路要"取决于具体的历史条件以及我国的具体特点和特征,我国的历史、传统、文化、社会构成和发展水平"①。印共(马)也认为,建设社会主义没有统一的模式,要根据印度多民族、多宗教、多语言和多种姓及地方主义盛行的特征,建设"有印度特色的社会主义"。印共(马)强调,印度现阶段革命的性质仍是反封、反帝、反垄断和发展民主。印共(马)主张建立一个民主、人道和公正的社会,保障人人享有民主权利,没有人剥削人的现象。南非共产党认为社会主义是位于资本主义社会和无产阶级的共产主义社会之间的一种过渡性社会制度,"它有四个核心特点:民主、平等、自由和主要经济成分的社会化"②。巴西共产党强调社会主义的形式多种多样,不能局限于一种模式,要建设有"巴西特色的社会主义"。智利共产党提出"社会主义没有统一模式",要建设"参与性的社会主义"和"有拉美特色的社会主义"。③

(三)亚非拉发展中国家共产党人大都主张实行符合"社情民意"的国内政策、民主和暴力交替或并举的灵活斗争策略

亚非拉发展中国家共产党人政策调整的最大变化是在斗争方式上,虽然各党情况非常复杂,有的是参政党,有的是地方执政党,有的是在野党,但表现出的共同趋势则是合法化、民主化。从总体上看,发展中国家共产党有三种情况:一是以巴西共产党、南非共产党为代表,主张和平道路。二是以印共(马)、尼共(联合马列)为代表,主张把议会和非议会的斗争结合起来。三是以秘鲁共产党(光辉道路)为代表的少数共产党仍主张暴力革命。

印共(马)提出,要建立工人阶级领导的,以工农联盟为基础的,具有真正反封建、反垄断、反帝国主义力量的联合的人民民主制度,现阶段要争取在各邦建立"过渡性"的左翼阵线政府。要"通过开展强大的群众革命运动,把议会和议会

① 刘洪才主编:《当代世界共产党党章党纲选编》,当代世界出版社 2009 年版,第 274 页。

② 刘洪才主编:《当代世界共产党党章党纲选编》,当代世界出版社 2009 年版,第 417 页。

③ 参见王家瑞主编《当代国外政党概览》,当代世界出版社 2009 年版,第 845 页。

外的斗争结合起来，工人阶级及其盟友将尽全力来战胜反动势力的抵抗，以和平方式实现这些变革。但是，需要始终记住的是，统治阶级永远不会自愿放弃政权。他们企图违反人民意愿，通过非法和暴力手段扭转局势。革命力量有必要保持警惕”[①]。在经济社会政策上，主张进行彻底的农业改革。

尼共（联合马列）和尼共（毛派）致力于反对国王独裁、“还政于民”的社会政治运动。尼共（联合马列）提出“人民的多党民主主义”，主张所有政党在宪法范围内平等自由竞争。在革命道路问题上，尼共（联合马列）强调：“革命采取的形式取决于现在的情况”，“马克思主义不把任何形式的斗争和组织视为革命斗争的唯一、最终组织形式”，目前的斗争形式“既包括议会斗争，也包括议会外的斗争”，“革命者必须有决心在议会内建立自己的优势，但是起决定作用的斗争形式是非议会斗争，即议会框架外的斗争”[②]。尼共（毛派）2006 年提出寻求适合国情的政治道路，而不是强硬政治。在经济社会政策上，尼共（联合马列）推行“人民民主经济制度”，实施“兴我家园”计划，发展混合经济，消除贫困，在平等和社会公正的基础上提高劳动人民、低收入者和落后民族地区人民的生活水平。

南非共产党强调，要完善定期公开自由选举的多党政治结构，“党应通过民主手段和同其他政党在意识形态上的竞争使自己被接受为先锋队”，“‘推进、深化并捍卫民主突破’这一口号符合南非工人阶级以及更广大阶层民众当前和长远的战略意义。它是我国通往社会主义的最为直接的途径”[③]。在经济社会政策上，南非共产党推出“发展地方经济满足人民基本需求”计划，为贫苦人民及工人阶级为主的社区提供免费的基本服务。

巴西共产党主张制定一个“代表民族多数利益，能指导建设一个自由的、进步的、社会公正的新社会的建国方案”，应保证人民享有集会、结社、表达思想、公开言论、宗教信仰、从事运动以及选择职业的广泛自由。强调“为了使党的主张与时俱进，巴西共产党要在国家现行法律范围内，按照现章程开展活动”，“能公正地参加选举和议会活动是重要而有意义的”[④]。在经济社会政策上，巴西共产党提出“零饥饿计划”，主张重振经济，增加就业，控制通货膨胀。

在发展中国家的共产党中，只有秘鲁共产党（光辉道路）等少数共产党仍主张暴力革命。

（四）亚非拉发展中国家共产党人大都主张建设“群众性的先锋党”和实行民

---

① 刘洪才主编：《当代世界共产党党章党纲选编》，当代世界出版社 2009 年版，第 271 页。

② 刘洪才主编：《当代世界共产党党章党纲选编》，当代世界出版社 2009 年版，第 101 页。

③ 刘洪才主编：《当代世界共产党党章党纲选编》，当代世界出版社 2009 年版，第 411 页。

④ 转引自王家瑞主编《当代国外政党概览》，当代世界出版社 2009 年版，第 845、846 页。

主集中制

亚非拉发展中国家共产党人在党的建设上，大都主张扩大党的群众基础，提高党员质量，建设“有政治影响力的党”。

印度共产党提出建设民主基础上“行动统一和纪律”的党。印共2002年党的十八大通过的新党章指出：“印度共产党是印度工人阶级的党。它是工人、农民、全体劳动人民、知识分子以及致力于社会主义和共产主义事业的其他人的自愿组织”，“印度共产党以民主集中制和党内充分民主为基础组织起来和工作”①。强调少数服从多数，下级服从上级，个人服从集体，全党服从党的代表大会和全国委员会的决定和指示，但行动上的统一和纪律必须建立在充分发扬党内民主的基础上。印共十分注意发扬党内民主，党的各级委员会都由选举产生，实行集体领导。历次党代会的政治决议都提前两三个月发给全党讨论，充分吸收党员的意见。鼓励从中央到基层的各级组织在党内开展批评与自我批评，进行自由和坦率的讨论和争论，尊重不同意见。

尼泊尔共产党（联合马列）提出建设一个有“可信度”的“劳动阶级的政党”。尼共（联合马列）1998年通过的政治纲领指出，尼共（联合马列）是尼泊尔无产阶级、劳动阶级的政党，保护所有劳动阶级和爱国民主力量的利益。党的组织原则是民主集中制，在充分发扬党内民主的基础上实行党的集中领导，反对任何分裂党的言论。2004年党的总书记尼帕尔强调，要在增强决策的民主化和透明性的基础上增强党的可信度，党员也应坚决服从党组织集体讨论后作出的决定，不能因为有不同意见和看法就违反党的纪律，挑起党内矛盾和纷争。

南非共产党提出建设“群众性的先锋党”。1990年，南非共产党提出了建设“群众性的先锋党”的理念，认为“群众性的先锋党”既有基层代表性，又保持先锋队的性质。强调“南非共产党除工人阶级利益之外没有自己的特殊利益”，“党在自己政治生涯的每一阶段，都应正确运用马克思主义革命理论，以卓越的领导能力和对革命事业的忠诚来赢得自己的地位”②。南非共产党提出了具有较多民主内涵的组织原则，即为确保党的团结和统一，党员必须捍卫党的利益，执行党的决议。党的下级组织和党员必须执行上级组织的所有决议，党员有权在党内坚持自己的观点，但不允许拉帮结派。所有党的上级组织在制定和执行党的政策时向下级党组织和党员负责，尽可能同下级党组织和党员进行定期、有效的协商。

巴西共产党提出建设一个“群众的共产党”。巴西共产党特别注意扩大党的阶级基础和社会基础。2003年，党的九届全会提出，要集中相当一部分巴西先

---

① 刘洪才主编：《当代世界共产党党章党纲选编》，当代世界出版社2009年版，第277、278页。

② 刘洪才主编：《当代世界共产党党章党纲选编》，当代世界出版社2009年版，第375、396页。

进力量，吸引有志于为新巴西开辟道路的知识分子、军人、科技和文化界人士中的拥护者。2004 年，巴西共产党第一次全国会议首次提出“群众的共产党”概念，强调要“建设一个群众的共产党以适应今日巴西的条件”①。2005 年，巴西共产党第十一次全国代表大会通过的党章指出：“巴西共产党是巴西工人阶级和全体劳动者的政党，是劳动人民和国家利益的忠实代表。”党要在民主中保持行动统一，强调“党内生活的形成与发展建立在民主集中制的基础上”，“民主是党内生活的根本财富”，“集中制确保全党政治行动必不可少的一致”②。既反对党内有不同的派别，也反对党的领导集体享有特殊利益。

※　※　※

从空想社会主义学说到当代中国特色社会主义理论体系和世界各国共产党人领导的各具本国特点的社会主义运动的理论，就时间跨度说，已有近五个世纪，空想社会主义所占去的时间就有 330 多年（指 1516 年托马斯·莫尔的《乌托邦》一书问世到 1848 年《共产党宣言》发表）。从马克思和恩格斯将其引出乌托邦的荒野、走上科学轨道以来，也已有 160 多年。而在这短短的 160 多年里，社会主义不论是理论形态、运动形态还是制度形态，都发生了令人眩晕的变化，走的是非常曲折的道路。然而，社会主义发展的历史进程总体上还是前进的，并且取得了几个历史性的伟大胜利：(1)空想发展到科学，将社会主义置于现实的基础之上，使它成为合乎现代科学技术水平的社会主义。(2)社会主义理论发展成为运动的实践，将社会主义置于工人运动实践的基础上，使领导工人运动的马克思主义政党，由产生于西欧、规模很小的一个秘密组织——共产主义同盟，逐步发展成为领导全世界工人运动、社会主义运动、共产主义运动的“国际工人协会”（即第一国际）、社会党国际（即第二国际）和共产国际（即第三国际）。在运动实践中，既有振奋人心的胜利，又有失败、分裂的痛苦；既经历了革命风暴时期，又经历了运动向横广方向发展的和平时期。(3)运动形态发展成为制度形态，使社会主义不再仅仅停留在为夺取政权而斗争的革命运动实践阶段，而又发展到建设社会主义新制度的实践阶段，这种实践是前无古人的。(4)开始曾是一个社会主义国家在帝国主义包围之中艰难前行，后来，社会主义由一国发展到多国，形势一片大好。同时，社会主义如何与不同的国情结合起来的问题，又特别尖锐地摆到了各社会主义国家面前。这种结合取得了一定的成就，但总体上说结合得不甚理想。苏东剧变栽了大跟头，社会主义跌入低谷。“战败的军队会很好地学

---

① 转引自张宝宇《巴西共产党目前的政治地位》，载《拉丁美洲研究》2004 年第 5 期。

② 刘洪才主编：《当代世界共产党党章党纲选编》，当代世界出版社 2009 年版，第 748～751 页。

习。”[1]坏事可以变好事。失败，反思，重整队伍再前行，“隧道的尽头就是社会主义的复兴”，剧变后国家的共产党人，忍受着悲痛，又踏上为复兴和重建社会主义而战斗的新里程。困难是必然的，则希望犹存，关键是信念、信心，“信心、信念比黄金还珍贵”。以中国为代表的其他现实社会主义国家，总结自己正反的经验，吸取剧变国家的严重教训，在建设各具本国特色的社会主义道路上继续前进。前途虽然光明，道路仍然曲折，“走曲折之路！”已成为共产党人的座右铭。列宁说得好，“除了孟什维克这类头号蠢人，没有人会期待历史顺利、平静、轻易、简单地产生出‘完整的’社会主义来”[2]。对走曲折之路，毛泽东说得更精彩、更深刻，他指出：“斗争，失败，再斗争，再失败，再斗争，直至胜利——这就是人民的逻辑，他们也是决不会违背这个逻辑的。这是马克思主义的又一条定律。俄国人民的革命曾经是依照了这条定律，中国人民的革命也是依照这条定律。”[3]1962 年，毛泽东在总结我国社会主义建设遇到的困难和挫折的经验教训时又指出：“在民主革命时期，经过胜利、失败，再胜利、再失败，两次比较，我们才认识了中国这个客观世界。”“对于建设社会主义的规律的认识，必须有一个过程。必须从实践出发，从没有经验到有经验，从有较少的经验到有较多的经验，从建设社会主义这个未被认识的必然王国，到逐步地克服盲目性、认识客观规律，从而获得自由，在认识上出现一个飞跃，到达自由王国。”[4]

今天，中国共产党人在和平发展为主题的时代和经济全球化、政治多极化、文化多元化、世界大发展大变革大调整的背景下，正率领十几亿人口的东方大国，从事着前无古人的中国特色社会主义伟大事业，通过改革开放，将社会主义基本经济制度与市场经济有机统一起来，为实现列宁所说的社会主义公式[5]，把“分成两半的社会主义”[6]结合起来，作出理论上和实践上的新贡献。每一个中国共产党党员，乃至每一个中国人，都应为实现这一使命贡献自己的智慧和能力，为把我国建设成为富强、民主、文明与和谐的社会主义现代化国家而努力奋斗！

---

① 《列宁全集》第 39 卷，人民出版社 1986 年版，第 8 页。

② 《列宁选集》第 3 卷，人民出版社 1995 年版，第 526 页。

③ 《毛泽东选集》第 4 卷，人民出版社 1991 年版，第 1486～1487 页。

④ 《毛泽东著作选读》下册，人民出版社 1986 年版，第 825、826 页。

⑤ 列宁的表述公式是：“乐于吸取外国的好东西：苏维埃政权＋普鲁士的铁路秩序＋美国的技术和托拉斯组织＋美国的国民教育等等等等＋＋＝总和＝社会主义。”（《列宁全集》第 34 卷，人民出版社 1985 年版，第 520 页）

⑥ “历史发展得如此奇特，到 1918 年竟产生出分成了两半的社会主义，两者紧挨着，正如在国际帝国主义一个蛋壳中两只未来的鸡雏。德国和俄国在 1918 年最明显地分别体现了具体实现社会主义的两方面的条件：一方面是经济、生产、社会经济条件，另一方面是政治条件。”（《列宁选集》第 3 卷，人民出版社 1995 年版，第 526 页）

第二编

科学社会主义制度形态的产生：资本主义转变为社会主义的一般规律

科学社会主义的制度形态，按照一般规律是在资本主义社会制度基础上产生和发展起来的，因此，研究社会主义社会制度的产生，就要重点阐述科学社会主义创始人马克思、恩格斯及其继承、捍卫和发展者关于资本主义的本质及其转变为社会主义的一般发展规律问题。它包括：资本主义的本质，资本主义必然灭亡和社会主义、共产主义必然胜利的客观规律（即“两个必然”），实现“两个必然”的社会力量——无产阶级及其伟大历史使命，实现“两个必然”的根本途径与手段——无产阶级阶级斗争、无产阶级革命和无产阶级专政，实现“两个必然”的领导核心与斗争形式及方法——无产阶级革命政党及其战略策略，等等。这些规律性的理论，都是马克思列宁主义经典作家们所论述的。160 多年来，特别是第二次世界大战后和冷战后，世界资本主义已发生了很大的变化，当代资本主义与传统资本主义相比较，前者可以说已“面目全非”，但察其本质并未改变。资本主义社会的基本矛盾依然在发生作用。它的种种表现证明，并未改变其被新的社会制度——社会主义、共产主义社会所必然代替的历史命运。对于马克思主义经典作家们所精辟论述的上述这些经典理论，西方国家政界学界的一些人不止一次地宣称它已“过时”、已“失效”、已“无用”。但本书作者不能苟同，因为那只是他们违背人类社会发展大趋势的主观愿望，而并不是事实，所以，在本编中，作者仍要系统阐述这些经典理论。当然，我们会紧密结合当代资本主义发展的新实际予以论述。

第五章 “两个必然”、“两个决不会”的客观规律和无产阶级及其历史使命

“两个必然”或“两个不可避免”，是1848年马克思和恩格斯合著的《共产党宣言》第一章结尾的科学判断——“资产阶级的灭亡和无产阶级的胜利是同样不可避免的。”[①]由于无产阶级的胜利就是社会主义、共产主义社会制度的胜利，而资产阶级的灭亡就是资本主义社会制度的灭亡，二者都是不可避免的，也就是资本主义必然被社会主义代替，所以后人便将其简称为“两个必然”或“两个不可避免”，有时又简称“代替论”。“两个决不会”是马克思在1859年所写《〈政治经济学批判〉序言》中的一个科学判断：“无论哪一个社会形态，在它所容纳的全部生产力发挥出来以前，是决不会灭亡的；而新的更高的生产关系，在它的物质存在条件在旧社会的胎胞里成熟以前，是决不会出现的。”[②]人们为方便起见，将其简称为“两个决不会”。这两个科学判断极为重要，而将其有机联系起来加以理解，就会更具科学性与准确性，更能正确地理解当代资本主义的命运，工人阶级及其政党不至于因低估其生命力而对其采取错误的态度和政策，从而给无产阶级的解放斗争造成不应有的损失。“两个必然”是科学社会主义最基本的原理，是其他科学社会主义原理所以能成立的坚实基础。但是实现“两个必然”是长期的、曲折的斗争过程。已经走上社会主义道路的国家还必须正确认识和处理“必然代替”资本主义与“必须利用”资本主义的肯定成果之间的关系，从而做到全面认识和正确对待资本主义，努力建设社会主义。马克思和恩格斯不仅揭示了“两个必然”的客观规律，而且还找到了实现这一伟大变革的社会力量——无产阶级。无产阶级及其历史使命，是科学社会主义的基本原理之一，资本主义的掘墓人和共产主义的建设者，就是无产阶级的伟大历史使命。“两个必然”和无产阶级伟大历史使命的有机统一，则是科学社会主义理论体系的核心。

---

① 《马克思恩格斯选集》第1卷，人民出版社1995年版，第284页。

② 《马克思恩格斯选集》第2卷，人民出版社1995年版，第33页。

第一节 “两个必然”是历史发展的客观规律

一、“两个必然”是生产关系适应生产力性质这一规律的客观要求

马克思主义认为，人类社会之所以能不断向前发展，主要是由于其自身基本矛盾发生作用的结果。生产力和生产关系之间的矛盾、经济基础和上层建筑之间的矛盾，存在于一切社会形态之中，贯穿于每一社会形态的始末，是人类社会的基本矛盾，是推动社会发展的基本动力和源泉。这两对矛盾在其运动过程中所形成的生产关系适应生产力性质的规律、上层建筑适应经济基础的规律，是人类社会发展的一般规律，也是历史上各种社会形态更替以及社会主义代替资本主义历史必然性的客观依据。

在人类社会基本矛盾中，生产力和生产关系的矛盾是基本的，经济基础和上层建筑的矛盾是从属的。生产力是人们征服和改造自然获取物质生活资料的能力和力量，体现着在生产活动中人和社会同自然界的关系。生产关系是人们在生产过程中发生的人与人之间的必然联系，是一种客观的物质的社会关系。生产力和生产关系是社会生产不可分割的两个方面，生产力决定生产关系，生产关系反作用于生产力，二者对立统一，推动社会前进。生产力和生产关系的矛盾运动，构成了生产关系必须适合生产力性质规律的基本内容。这条规律是人类社会发展的最普遍、最根本的规律。它揭示了社会主义代替资本主义的客观必然性，为社会主义革命和社会主义建设指明了方向，是无产阶级政党制定路线、方针、政策的理论依据。

社会基本矛盾，除了生产力和生产关系的矛盾外，还有经济基础和上层建筑的矛盾。经济基础是一定社会中占统治地位的生产关系的总和。上层建筑是建立在一定经济基础之上的政治法律制度、组织设施和意识形态的总和。在经济基础和上层建筑的矛盾中，经济基础是矛盾的主要方面，对上层建筑起决定作用。同时，一种上层建筑一旦建立起来，就对经济基础发生能动的反作用，上层建筑对经济基础的反作用，集中表现为它是为经济基础服务的。当一定社会的经济基础是先进的经济基础时，这一社会的上层建筑就帮助它确立、巩固和发展，从而推动生产力的发展和社会的进步；当这一社会的经济基础变成落后的时候，这一社会的上层建筑就维护它免于灭亡，从而阻碍生产力的发展和社会的进步。由此可见，上层建筑反作用的性质，是由它为之服务的经济基础的性质决定的。

经济基础和上层建筑的矛盾运动，构成了上层建筑必须适应经济基础发展

要求的规律。这个规律是社会发展普遍的、基本的规律，也是无产阶级政党制定正确路线、方针、政策的理论依据。

在两对基本矛盾中，生产力和生产关系的矛盾更为根本，它决定和制约着经济基础和上层建筑的矛盾。当然，生产力和生产关系矛盾的解决也有赖于经济基础和上层建筑矛盾的解决。这两对矛盾联系在一起，共同推动人类社会的发展，自然也推动资本主义转变为社会主义。

二、资本主义基本矛盾的发展决定了资本主义必然被社会主义代替

资本主义是以资本剥削雇佣劳动为特征的社会制度，是人类社会发展史上最后一个剥削阶级占统治地位的社会。资本主义必然灭亡，社会主义必然胜利，是马克思和恩格斯运用历史唯物主义观点和方法，分析了资本主义社会经济运动规律得出的科学结论。列宁指出："资本主义社会必然要转变为社会主义社会这个结论，马克思完全是从现代社会的经济的运动规律得出的。"①

资本主义代替封建主义是历史的一个巨大进步。资产阶级在它取得政权后的一个时期内，是生机勃勃的。它不仅建立了大城市和世界市场，发展了科学文化，建立了统一的民族国家，而且还创造了巨大的社会生产力，在不到一百年的时间里，它所创造的生产力"比过去一切世代创造的全部生产力还要多，还要大。"②

但是，资本主义生产方式从它产生之日起，就包含着不可克服的矛盾，即生产的社会化和生产资料资本家私人占有制之间的矛盾。这是资本主义社会的基本矛盾。它的存在和发展，决定了资本主义必然灭亡。生产社会化主要表现在：(1)生产资料的社会化，从只供个人使用的生产资料，变成了由大批人共同使用的生产资料；(2)生产过程的社会化，从一系列的个人行动变成了一系列的社会行动；(3)由于大批人共同使用生产资料和各企业联系日益紧密以及企业内部分工越来越细，产品也社会化了，从个人劳动创造的产品，变成了许多人共同劳动创造的产品，以至于没有一个人能够说："这是我做的，这是我的产品。"这种社会化的大生产，客观上要求生产资料和劳动产品归全社会所有，并由社会进行统一管理和分配。但在资本主义制度下，生产资料却是资本家的私人财产，社会化的生产过程是在少数资本家的支配下进行，共同劳动的产品也归资本家阶级占有。这样，生产的社会化和资本主义私人占有之间发生了不可调和的对抗性矛盾。

生产社会化和资本主义私人占有之间的矛盾，在经济生活中起初的表现是，

---

① 《列宁选集》第2卷，人民出版社1995年版，第439页。

② 《马克思恩格斯选集》第1卷，人民出版社1995年版，第277页。

个别企业生产的有组织性和整个社会生产的无政府状态之间的矛盾。当垄断现象出现后,特别是第二次世界大战后的现代资本主义,国家干预经济的职能加强,整个社会无政府状态则有所减弱。同时,在经济上还表现为生产力无限扩大的趋势和社会购买力相对缩小之间的矛盾。在阶级关系上的表现,是无产阶级和资产阶级之间的对立和斗争。

资本主义基本矛盾的发展,不可避免地导致资本主义生产过剩的危机。这种危机并不是生产的东西真的过多了,而是同人民群众购买力相比较来说的。经济危机是资本主义基本矛盾激化的必然结果,反过来,危机又加深了资本主义的基本矛盾。经济危机的不断发生,不仅严重地动摇着资本主义统治的基础,深刻地暴露了资本主义制度的腐朽性和历史局限性,而且表明资本主义生产关系已经成为社会化生产力进一步发展的阻力,证明资本主义制度本身已无法解决资本主义的基本矛盾,“资产阶级用来推翻封建制度的武器,现在却对准资产阶级自己了”①。

19 世纪末 20 世纪初,资本主义发展到了帝国主义阶段。列宁依据马克思主义基本原理,详细考察了资本主义的发展,全面系统地分析了帝国主义的本质、特征,深刻揭示了帝国主义的形成、发展和灭亡的规律,创立了关于帝国主义的完整学说。

列宁指出,帝国主义是垄断的资本主义,是寄生和腐朽的资本主义,是垂死的资本主义。他认为,到了帝国主义阶段,资本主义的基本矛盾,不但没有消失反而空前激化了。

显然,列宁所讲的“帝国主义是腐朽的资本主义、垂死的资本主义”,是从整体上、本质上和发展趋势上来说的。垂死的资本主义实质上就是“过渡”的资本主义。列宁讲:“帝国主义就其经济实质来说,是垄断资本主义。”“因为在自由竞争的基础上,而且正是从自由竞争中生长起来的垄断,是从资本主义社会经济结构向更高级的结构的过渡。”②由此可见,列宁讲的“垂死的资本主义”,就是开始向社会主义过渡的资本主义,而且这种“垂死性”、“过渡性”从根本上说是由垄断引起的。

垄断之所以决定资本主义的“垂死性”和“过渡性”,是因为垄断代替自由竞争,归根结底是由生产力发展引起的,是资本主义社会化生产力和生产关系矛盾发展的必然产物,是同帝国主义阶段生产社会化的高度发展分不开的。资本主义经济的发展和竞争的加剧,必然使生产和资本更加集中。而这种集中达到一

① 《马克思恩格斯选集》第 1 卷,人民出版社 1995 年,第 278 页。

② 《列宁选集》第 2 卷,人民出版社 1995 年版,第 683 页。

定程度，就必然形成垄断，并逐步从一般垄断发展到国家垄断资本主义，进而发展到国际垄断资本主义。经济危机和帝国主义战争，又进一步加速了垄断资本主义向国家垄断资本主义的发展。第一次世界大战期间，世界资本主义不仅向一般垄断前进了一步，而且使国家垄断资本主义在各帝国主义国家普遍得到发展。此时，各交战国的经济几乎全部都由国家控制，并转上战时轨道，甚至许多工业部门实行了国有化。但是，这只是战争时期的现象，带有军事国家垄断资本主义的性质。国家垄断资本主义真正大发展是在第二次世界大战以后。20 世纪 30 年代资本主义国家出现的大危机、大萧条和第二次世界大战，迫使国家大大加强了它对经济的干预、调节和控制。特别是第二次世界大战后，新科技革命和生产力的新发展引起生产社会化程度的极大提高，仅仅私人垄断占有形式已远不能适应了，迫切要求国家垄断的充分发展和国家对经济的全面干预。可见，垄断代替竞争，特别是国家垄断资本主义的发展，是资本主义社会生产力和生产关系矛盾发展的必然产物。资本主义生产的高度社会化，在客观上为社会主义准备了充分的物质条件。但是，这种生产的高度社会化是建立在私有制基础上的，不但不能消灭经济危机，也不可能改变资本主义的生产关系。相反，生产资料却越来越集中在少数垄断资本家手里，使资本主义一切固有的矛盾更加激化，表明垄断是从资本主义向更高级的制度的过渡。正如列宁所说："国家垄断资本主义是社会主义的最充分的物质准备，是社会主义的前阶，是历史阶梯上的一级，从这一级和叫做社会主义的那一级之间，没有任何中间级。"①

第二节　当代资本主义的新变化没有改变其必然被社会主义代替的命运

一、现代资本主义发生的新情况及其原因

第二次世界大战后，西方发达资本主义国家进入相对稳定的发展时期，并发生了一系列引人注目的新情况。主要表现是，经济增长比较快，产业结构变化大，工人的劳动生产条件和生活条件有较大的改善，社会结构、阶级结构具有新的特点。但是，这些新情况并没有也不可能改变资本主义雇佣劳动制度的本质，更没有消除由于社会基本矛盾带来的危机、破坏和无政府状态。历史的辩证法不可能为现代资本主义一时的繁荣、相对稳定和相对发展——哪怕这种发展要经历一个很长的时期——所能够改变得了的。问题的关键是要具体分析造成战

① 《列宁选集》第 3 卷，人民出版社 1995 年版，第 266 页。

后西方发达资本主义国家生产力在一个时期高度发展的原因和条件。战后发达资本主义国家出现的生产力高速发展和暂时的繁荣,有着多方面的原因,每一个别国家和地区还有其特殊原因。但如果从它们共同的、主要的原因来分析,不外以下几个方面:

1. 它是资本主义生产力长期积累的结果

生产力作为一种物质力量,总是沿着自身的运动轨迹向前发展的,同时它又是不断积累的,即总是从前人那里继承已经获得的生产力,并以此为基础继续向前发展。历史越向前发展,人类所继承的生产力也就越多,以此为基础发展生产的速度也就越快。

资本主义经济制度一方面继承了前人所创造的生产力,另一方面经历了它自身几百年的积累,因而到了现代呈现出加速发展的趋势。尤其不可忽视的是,在人类历史上发生的三次科技革命都是发生在资本主义国家,这就更加促进了资本主义生产力的发展。由此可见,战后资本主义经济出现较快发展的根本原因,不是资本主义制度本身带来的,不是资本主义经济制度所谓"优越性"的体现,而是资本主义生产力几百年积累的结果,是生产力自身发展规律决定的。

2. 新科技革命直接推动了生产力的发展

从20世纪50年代起,发达资本主义国家率先掀起了一场以电子信息、生物、新材料为标志的第三次科技革命。特别是电子计算机的发明和应用,使整个机器生产的体系和结构发生了质的飞跃,资本主义社会实现了全面现代化,生产社会化程度空前提高,甚至出现生产国际化、全球化。新技术的应用,不但为社会提供了新能源、新材料、新设备和新产品,为生产开辟了新途径,而且引起了生产工具的大变革,大大提高了劳动生产率和管理水平,为生产力的迅速发展提供了巨大的可能性。

3. 资本主义生产关系的局部调整有利于生产力的发展

第二次世界大战后,垄断资产阶级对生产关系进行了局部调整,使国家垄断资本主义得到进一步发展。国家对经济的调节,在发达资本主义国家经济生活中起了重大的或决定性的作用,主要表现在:

第一,国家对整个国民经济的干预和调节。发达资本主义国家把国有财产和企业作为国家一种调控手段。首先,它为整个经济的发展提供了比较稳固的基础。尤其是保证了那些重要部门生产的稳定,从而保证整个经济的稳定。其次,国家对国有企业的投资,实行技术改造和现代化,又促进了整个国民经济的发展。再次,国有企业,一般不以本身获取最大利润为目的,而是为了保证社会再生产的进行,保证私人垄断资本获得最大利润。另外,国有经济的发展,也促进了地区和部门结构调整。

第二，财政调节。发达资本主义国家往往通过财政支出和财政收入来实现对经济的调控，如国家投资、政府对商品和劳务定购、财政补贴、税收政策等。在金融领域，通过变更贴现率、调节市场资金、冻结工资和物价、举办社会福利等形式来调节国民经济，促进生产发展。

第三，实行经济计划化。第二次世界大战后，不少资本主义国家制定了全国经济发展计划。国家根据生产发展的需要，对生产结构进行了一定程度的计划调节。它们采取的共同性措施是经济预测、综合平衡，经济政策在经济计划中起着重要作用。这种“经济计划化”既减少了盲目发展带来的破坏性，也促进了社会化生产的发展。

第四，对劳资关系进行调整。第二次世界大战后，资产阶级为了巩固自己的统治，统治方法也发生了一些变化，发达国家相继用改良的方法来调整阶级关系，缓和社会矛盾。如，有些国家的企业把职工利益与企业利益挂起钩来，使工人与企业资本家结成所谓“命运共同体”；有的企业实行所谓“终身雇佣制度”，使职工产生与企业共存亡的感情；有的企业实行“年功序列工资制”，即工资的一半取决于工龄，另一半取决于能力和贡献，工资增加的多少取决于企业盈利的多少；有的企业允许吸收工人参与管理和购买股票，培养工人以企业为家的思想；等等。这些方法对于调动工人的积极性，稳定社会秩序，促进生产力的发展也起了一定的作用。

4. 对第三世界国家的剥削和掠夺促进了发达资本主义国家经济的发展

二战后，由于帝国主义殖民体系的崩溃和广大殖民地附属国纷纷走上独立道路，老殖民主义已经行不通了。但是，广大第三世界国家对西方国家来说，仍然起着“生命线”的作用。在这种情况下，现代垄断资产阶级采取了一种新的对外扩张方式，即推行新殖民主义。新殖民主义的主要特点是以经济扩张为主要内容，以援助合作为主要形式，而其最终目的是实现对发展中国家经济政治的控制。经济扩张首先是资本输出，其次是商品输出，尤其重视资本输出。因为只有在资本输出的基础上，才能建立起垄断资产阶级对第三世界国家较为持久、稳定的剥削和控制。现代资本输出的重要特点是具有明显的国家垄断资本主义性质，巨额国有资本与私人垄断资本在国际范围内结合在一起运动，从而加强了现代资本输出的实力及各种措施。而且，国有资本的输出最容易掩盖现代资本输出的本质。新殖民主义者通过资本和商品输出，利用第三世界国家地价低、工资低和原料便宜等有利条件，从这些国家获取其在国内或其他地方无法获得的高额利润。

5. 西方发达资本主义国家之间采取了一些措施来协调他们之间的关系

第二次世界大战结束以后，随着西方国家之间经济的流动和国际贸易的巨大发展，他们之间的经济交往和联系日益密切，生产全球化和资本全球化的程度也空前提高。与此同时，他们之间的摩擦和矛盾也日益增多，竞争趋于激化。为了协调相互之间的矛盾，战后西方国家建立了现代国际垄断同盟。这些垄断组织越来越具有国家或国际垄断资本主义的性质，因为这些组织大都是以政府出面或参与组成的国际垄断同盟，并定期或不定期地举行各种不同级别的国际会议。通过国际垄断同盟对国际范围内的经济活动、经济关系进行全面的干预与调节，从而使各发达资本主义国家国内能争得一个相对稳定的局面，以便腾出更多的资金和精力发展经济。

战后西方发达资本主义国家生产力的发展和经济的增长，除了上述原因之外，每一个国家和地区还有其各自特殊的原因。美国本土就没有遭到两次世界大战的破坏，并在战争中发了横财；北欧一些国家长期在政治上处于较为稳定的局面，例如瑞典一百多年中本土没有发生过什么战争；一些欧洲中立国家受战争和危机的影响也比较少，至于亚洲“四小龙”的发展更有其特殊的原因。

总之，第二次世界大战后西方发达资本主义国家经济的迅速发展是特定的条件决定的，资本活动的手段和方式的变化，并没有也不可能改变现代资本主义的本性。表面看来，发达资本主义国家现已“面目全非”，但实际上“本质未变”。

二、现代资本主义出现的新情况并没有改变其必然被社会主义代替的历史命运

第一，新科技革命和生产力的发展，只能表明为社会主义社会的实现准备了更成熟的物质条件。

马克思主义认为，科学技术不仅对社会生产力的发展产生巨大影响，而且对社会制度的变革也起着巨大的推动作用。历史上科学技术的每一次重大突破，都预示着社会革命的来临，预示着旧的社会制度的灭亡和新的社会制度的诞生。19 世纪中期，欧洲发生的第一次以蒸汽机为动力的科技革命，加速了欧洲资本主义代替封建主义的历史进程，并最终确立了资本主义统治；19 世纪下半叶发生的以电力发明和应用为标志的第二次科技革命，使资本主义从自由资本主义发展到垄断资本主义；20 世纪 40 年代以来以原子能、电子技术、空间技术为标志的第三次科技革命，使资本主义从一般垄断资本主义发展到国家垄断资本主义。这次科技革命产生了以往人类历史上任何一个时代都不能想象的工业和科学的力量，它使现代西方国家生产日益系列化、科学化、社会化、国际化。这种巨大的社会化生产力的本性必然要求冲破资本主义生产资料私有制的桎梏，要求以社会公有制取而代之，这是生产力本性的要求。新科技革命和生产力的发展可以在一定时期造成资本主义的一时繁荣，却埋下了资本主义必然灭亡的种子，它为社会主义社会的实现准备了更为成熟的物质条件。从历史的长河看，说新科技革命对资本主义有利，不如说对社会主义更为有利。

第二，资本主义生产关系再调整，国家或国际垄断资本主义再发展，也不可能解决资本主义的基本矛盾。

国家垄断资本主义的发展，标志着垄断资本与国家政权的结合，意味着资本主义生产方式的又一次大调整。但是国家垄断资本主义是在加强私人垄断资本统治的条件下发展起来的，私人垄断资本仍然是社会经济的主体和今后发达资本主义国家最深厚的基础。资本主义国家的国有经济只不过是私人资本主义的一种转化形式，是资产阶级在资本范围内通过国家的作用调节社会化生产的一种手段，它的性质仍然是资本主义的。资产阶级国家对社会生产关系的调整是有限度的，它绝不会冲破资本主义生产方式的框框，不会改变资本主义私人占有制，不会取消资本对雇佣劳动的剥削。它虽然在一定时期、一定程度上使矛盾和危机有所缓和，却不能根除资本主义的"不治之症"。

战后西方发达资本主义国家，国家垄断资本主义发展的事实表明，它不仅没有动摇、削弱私人垄断的地位，反而由于国家垄断资本的支持、扶植，其资产和统治势力空前地膨胀起来。资产阶级的财产不但增加很快，而且越来越集中到少数垄断财团手中。这就进一步加深了它同社会化大生产的矛盾。战后发生的一系列金融危机和经济危机，特别是 2008 年以来的这场百年一遇的金融危机和经济危机，就是资本主义基本矛盾加深的结果。

第三，战后资本主义国家出现的相对稳定和发展，并没有消除其固有的三大矛盾。

从发达资本主义国家内部来看，资产阶级采取的一些改良措施，如福利政策、工人参加管理、资本股份化等，确实在一定程度上缓解了劳资之间的矛盾。但是二者的对立仍然存在，无产阶级相对贫困化在加深，贫富差距和两极分化在进一步扩大。从发达资本主义国家同发展中国家的关系来看，西方垄断资产阶级千方百计向发展中国家转嫁危机和困难。他们通过国际贸易中的不等价交换搜刮大量财富，从这些国家获得廉价资源、投资场所和商品市场，加紧剥削和掠夺。这使发展中国家和发达资本主义国家之间的贫富差距急剧扩大，加强了他们对第三世界各国经济政治的控制，使他们之间的矛盾更为加深，从而也成为当今整个世界经济发展的主要障碍。从发达资本主义国家之间相互关系来看，他们之间的经济交往和联系日益密切，生产全球化与资本全球化的程度空前提高。现代国际垄断同盟的产生和发展，从表面上呈现出一种相互"合作"的气氛。但追逐高额利润的本性决定了他们之间争夺销售市场和投资场所的斗争必然越来越激烈，特别是帝国主义经济政治发展不平衡的规律的作用，使各个国家的经济实力的对比已经发生了巨大的变化。随着发达资本主义各国资本和实力对比的不断变化,他们之间在经济、贸易领域的明争暗斗将会更加激烈。

总之,我们应当用历史的、辩证的、全面的观点来看待现代资本主义国家出现的新情况。既要看到在资本主义条件下一些发达资本主义国家的科学技术和生产力仍然有相当的乃至较快的发展,并能在资本主义范围内适当调整生产关系,又不要被发达资本主义国家相对稳定和发展的现象所迷惑。资本主义没有取得"最终胜利",不是如福山所说的"历史的终结",更不会永世长存。历史的发展将继续证明,资本主义最终转变为社会主义的规律是不可改变的。

第三节　资本主义被社会主义代替是一个长期曲折的历史过程

一、正确认识和处理"必然代替"与"必须利用"的关系

社会主义必然代替资本主义与建设社会主义必须利用资本主义的文明成果,这两者是辩证统一的关系。社会主义作为一种新的、更高级的社会形态和生产方式,最终必将代替资本主义,这是不以人们的意志为转移的客观规律,是历史的必然。资本主义发展的历史也证明,从股份公司出现起,资本主义就开始了在其生产方式内的扬弃过程,在资本主义内部就开始为社会主义进行着物质准备。到了国家垄断或国际垄断资本主义时期,这种物质准备应当说已经相当充足了。但是,资本主义并不会因此而自动退出历史舞台,资本主义的灭亡和社会主义的胜利是由多种因素所促成的。垄断资产阶级总是要千方百计地维护资本主义私有制和政治统治,会利用各种干预和调节的方法来缓和资本主义的矛盾,以便延长其寿命。尽管如此,资本主义向社会主义转变的趋势是任何人、任何阶级也阻挡不了的。历史将按照其自然的规律向前发展。随着资本主义基本矛盾的发展,资本主义最终必将转变为社会主义。

1917 年俄国十月革命的胜利,打破了资本主义一统天下的局面。世界上出现了社会主义和资本主义两种制度并存的格局。这两种根本对立的社会制度不仅是前后相继的关系,更为重要的是一种共居于现代社会中的矛盾关系。从矛盾的内涵来看,矛盾是事物之间或事物内部的对立统一,矛盾的双方既对立斗争,又相互依存,共居一体。现实中资本主义和社会主义正是这样一种关系。毋庸置疑,就其社会基本制度而言,社会主义制度与资本主义制度有着本质的区别。反映在经济上,在所有制上是公有制还是私有制,在分配上是按劳分配还是按资分配,社会成员最终是共同富裕还是两极分化;反映在政治上,是资产阶级

专政还是无产阶级专政；反映在意识形态上，是资产阶级思想体系占统治地位还是无产阶级思想体系占统治地位。这是它们的根本对立、冲突之所在。但是另一方面，它们之间又有许多联系和共同点：第一，它们是人类社会发展的两个阶段，必须遵循社会发展的共同规律；第二，它们都是社会化大生产，都必须遵循社会化大生产的规律；第三，它们都是商品市场经济，必须遵循商品经济的一般规律。这些共性必然使它们相互联系，相互依存。因此，资本主义和社会主义是一种既对立又统一的矛盾关系。

1992 年，江泽民在与首都应届高校毕业生座谈时指出："在过去的长时间内，我们在对待资本主义的问题上，往往只看到或更多看到的是社会主义同资本主义对立的一面，而很少看到社会主义同它还有学习、借鉴和利用的一面。这是认识上的一种片面性，这种认识上的片面性，不利于社会主义经济文化的发展和进步。"①社会主义不仅是对资本主义的否定，而且是对资本主义的继承。在社会主义代替了资本主义之后，国家还会长期存在，商品生产也将长期存在。不仅如此，在资本主义长期发展中为社会主义所准备的一切物质条件都将为社会主义所接受和利用，资本主义制度下所创造的管理社会化大生产的方式、方法等也都将为社会主义所继承。实际上，在资本主义制度中建立的一些经济组织和资产阶级为管理经济所采用的方式、方法，与资本主义制度本身是有所区别的。这些组织机构和方式、方法都是随着生产力的发展、生产社会化程度的提高而形成的，是管理现代化生产所需要的。就社会化大生产的组织形式和管理社会化大生产的方式、方法而言，它本身并不具有资本主义的本性，它可以为资本主义所利用，也可以为社会主义所利用。

发达资本主义国家的先进的科学技术，是人类的共同财富。科学技术从来是不分国界的。资本主义国家先进的生产组织形式、管理方法，无论微观方面还是宏观方面，都是人类的共同财富，本身具有很强的生命力，没有什么阶级性，社会主义国家应该学习、借鉴和利用。现实社会主义国家生产一般都较落后，发展生产和管理社会化大生产也缺乏经验，而先进的资本主义国家则经验比较丰富。因此，这种学习、借鉴和利用就显得更为必要和迫切。列宁在世时曾多次指示，无产阶级必须向资本主义学习，否则就不能建设社会主义。

十月革命后，列宁反复说明，为了恢复和发展俄国的国民经济，加速社会主义经济建设，必须引进外国先进的机器设备，充分利用外资，大胆利用外国专家等。他认为不向资本主义学习也可以建成社会主义的思想"是中非洲居民的心

① 1992 年 5 月 21 日《中国青年报》。

理”[①]。他一再强调，社会主义只有利用资本主义所取得的成就才能建立起来。“社会主义能否实现，就取决于我们把苏维埃政权和苏维埃管理组织同资本主义最新的进步的东西结合的好坏。”[②]他还用一个简明的公式进一步说明向资本主义学习的意义和主要内容，这就是：“乐于吸取外国的好东西：苏维埃政权＋普鲁士的铁路秩序＋美国的技术和托拉斯组织＋美国的国民教育等等等等＋＋＝总和＝社会主义。”[③]从列宁去世至今，社会主义有了重大的发展，资本主义与过去相比也发生了很大的变化。对资本主义的变化可以用两句话来概括：第一，“本性未变”；第二，“面目已非”。如果看不到“本性未变”这一面，就会迷失方向；如果看不到“面目已非”的变化，也不利于正确利用资本主义一切有用的东西。

总之，社会主义必然代替资本主义和社会主义必须利用资本主义的文明成果是统一的。现实社会主义国家大胆吸收、借鉴和利用资本主义先进文明成果的目的，是为了巩固和发展社会主义，赢得同资本主义相比较的优势，使社会主义具有更大的吸引力。而社会主义的吸引力越大，就会使越多的国家和人民摆脱资本主义的枷锁，走上社会主义道路，从而在世界范围内进一步加速社会主义代替资本主义的进程。

二、社会主义代替资本主义的长期性

社会主义代替资本主义的长期性是指代替过程来说的。在人类历史上，任何社会发展的过程，都是社会自身内部矛盾所推动的。一种社会制度代替另一种社会制度，通常都要经历几百年，甚至几千年的时间。社会主义要在地球上最终代替资本主义，当然也需要一个很长的历史发展过程。阐述这个问题，应从资本主义和社会主义两方面来分析。

从资本主义方面来说，第一，从资本主义生产关系的运动规律看，马克思主义关于资本主义生产关系已成为生产力发展的桎梏，资本主义必然灭亡的论断，是从本质上和发展的观点看问题，是就资本主义生产方式自身的矛盾运动来指明其发展的必然趋势的。并不是说，在 160 多年前资本主义生产关系已完全不适合生产力的发展，资本主义已没有发展的余地。在资本主义进入帝国主义阶段后，列宁一方面指出，帝国主义是腐朽的、垂死的资本主义；另一方面又指出：“帝国主义是腐朽的但还没有完全衰朽的资本主义，是垂死的但还没有死亡的资

① 《列宁全集》第 34 卷，人民出版社 1985 年版，第 252 页。

② 《列宁选集》第 3 卷，人民出版社 1995 年版，第 492 页。

③ 《列宁专题文集》，人民出版社 2009 年版，第 381 页。

本主义。”[①]它是一个特殊时代的走向衰落的资本主义。既然是一个特殊时代的资本主义，显然也不是马上就要死亡的资本主义。可见，列宁同马克思、恩格斯一样，也是从资本主义发展的总趋势上来看待资本主义的。事实上，资本主义的生产关系并不是僵死的、一成不变的。从自由资本主义到私人垄断资本主义，再到国家垄断资本主义或国际垄断资本主义，资产阶级总是在不断调整，不断寻求新的途径，为生产力的发展提供新的可能性。马克思指出：“无论哪一个社会形态，在它所能容纳的全部生产力发挥出来以前，是决不会灭亡的。”[②]资本主义发展到国家垄断或国际垄断资本主义阶段，也并不意味着资本主义的生产关系就没有发展余地了。就生产关系说，它毕竟突破了私人垄断的狭隘性、局限性，在一定程度上同社会化大生产相适应，表明它还有一定的潜力。另外，从发展中国家来看，它们中的大多数，由于传统势力很强大，社会生产力很不发达，不具备走上社会主义道路的条件，只能走上资本主义道路。它们为发达资本主义国家提供了市场、投资场所以及廉价的原料、能源、劳动力，提供了巨大资本积累源泉，成为资本主义的后备军。这在客观上也扩大了资本主义的队伍，加强了资本主义的力量。

第二，从阶级斗争发展的规律来看，社会主义代替资本主义是不可能自发实现的。资本主义基本矛盾运动的结果，必然导致无产阶级反对资产阶级的斗争，甚至发生革命，建立起适合社会化生产力水平的社会主义经济制度，这是历史发展的客观规律。当然，要使这种客观必然性变成现实，还必须取决于阶级力量的对比，找到具有摧毁资本主义旧制度实现社会主义新制度的现实力量。也就是说，在客观条件具备的前提下，还必须看革命的主观条件是否成熟。而革命的主观条件成熟的重要标志是要有一个成熟的无产阶级政党以及在这个党领导下的具有很高觉悟的无产阶级和强大的工农联盟等。要创造这些条件还需要一个相当长的时期，资本主义灭亡和社会主义胜利，是客观必然性和主观能动性相统一的结果，不是一个简单和直线式发展过程。

第三，从社会主义在世界范围内代替资本主义看，更需要一个漫长的历史过程。马克思和恩格斯在自由资本主义时代认为，无产阶级社会主义革命将在大多数资本主义国家同时发生，并取得胜利。历史的进程并没有按照他们的设想发展。资本主义发展到帝国主义阶段后，列宁根据资本主义政治经济发展不平衡规律得出结论，社会主义只能在少数或一个国家首先取得胜利。十月革命以来的历史证明，列宁的结论是正确的。资本主义作为一个庞大的世界体系，绝不

---

① 《列宁全集》第29卷，人民出版社1985年版，第479页。

② 《马克思恩格斯选集》第2卷，人民出版社1995年版，第33页。

会也不可能在同一时间完全被社会主义代替。它只能在主客观条件都具备的地方一块一块地崩溃,社会主义也只能一块一块地胜利。从目前发达资本主义国家的情况来看,实现社会主义革命的主客观条件都还不具备,广大第三世界作为帝国主义的生命线,要彻底摆脱新殖民主义在政治经济上的控制,走上社会主义道路,任务也相当艰巨。可见,帝国主义经济政治发展不平衡的规律决定了社会主义代替资本主义是一个相当长的历史发展过程。

以上是从资本主义方面说明它被社会主义代替是长期的。除此以外,这个"代替"过程的快慢、长短,还与世界社会主义力量的发展情况有关。如果社会主义国家的实践取得更大的成功,社会主义制度的优越性得到充分发挥,则社会主义就会在世界范围内产生更大的吸引力,就会加速资本主义向社会主义过渡的进程;反之,在客观上就是延长了资本主义的寿命。但从实际情况来看,社会主义的成长发展也要经历一个长期的历史过程。从空想社会主义思想的产生到科学社会主义的诞生,从共产主义运动的兴起到社会主义制度变成现实,从一国社会主义到多国社会主义,已经经历了一个漫长的发展过程。从社会主义制度的诞生,到社会主义制度的巩固完善,社会主义优越性的充分发挥,还要经历一个长期发展过程。更何况社会主义还处在初始阶段,还要经历若干个发展阶段。必须承认,几十年来现实社会主义国家取得了引人注目的成就,成了世界进步力量的希望。但是,由于种种原因并没有表现出应有的优越性,在与资本主义的较量中没有取得应有的优势。特别是 20 世纪 80 年代末 90 年代初东欧各国的剧变和苏联的解体,把社会主义引入了低潮,这事实上就是延长了资本主义的寿命,延缓了社会主义代替资本主义的进程。

三、社会主义代替资本主义的曲折性

马克思主义认为,任何一个社会都是在生产力与生产关系的矛盾运动中发展的,都有其合乎规律的发展总趋势和具体发展过程中的曲折性。不承认前者是历史唯心主义的表现,而不承认后者,看不到历史发展道路上的曲折性,则是机械论的反映。人类社会历史的发展就是这种社会发展总趋势与具体发展道路曲折性的有机统一。

科学社会主义从理论到实践的事实,显示了社会主义代替资本主义的科学性,但这种代替绝不是一帆风顺,其道路从来不是也不可能是笔直的,它在发展方向上是前进的、向上的,在发展道路上是迂回曲折的,甚至会发生大的反复、暂时性复辟也是一种规律现象。这是因为:

第一,历史上每一个新社会制度的建立,都有一个从不成熟到逐步成熟的发展过程。在这个过程中通常都是充满着前进——倒退——再前进或胜利——失

败——再胜利——再失败直至最后胜利的曲折发展过程。翻开资本主义发展的历史可以看到，从资本主义代替封建主义开始，到这个制度在世界上占统治地位，中间经历了200多年时间，在此期间，英国发生过数次封建残余的武装叛乱，先后折腾了130多年。法国也发生过三次王朝复辟，折腾了80多年。但是，这些挫折和反复并没有改变资本主义代替封建主义的趋势。资本主义代替封建主义只不过是一种私有制社会形态代替另一种私有制社会形态，尚且如此艰难曲折，社会主义代替资本主义是人类历史上最彻底的变革，它要消灭一切剥削和一切阶级，要解放社会人类，其曲折和反复更是难以想象的。

第二，社会主义作为历史上的一个全新制度，其建设是一个史无前例的伟大系统工程。社会主义革命的性质、任务及其历史地位决定了这项工程的曲折复杂性。马克思主义虽然从理论上为社会主义勾画出了一个轮廓，并提供了指导原则和方向。但要把这些理论变为现实，必须经历一个把马克思主义普遍真理与本国具体实际相结合、实现本国化的过程。这就需要各国共产党人，在既无先例又无经验可借鉴的情况下，走自己的路，大胆探索，勇于创新。既然是探索和创新，就会有成功也有失败，失误和挫折就难以避免。何况，现实社会主义又是在经济文化落后的国家建立起来的，还有不少旧社会的东西，自身在很多方面还不成熟、不完善，需要有一个成熟完善的过程。社会主义在成熟完善之前，不可避免地要与发达资本主义国家存在相当大的差距，国内外敌人也总会利用这些差距及社会主义国家体制上的弊端、决策上的失误、执政党自身建设上存在的消极腐败现象等进行攻击和诋毁，妄图复辟旧制度。这就更增加了社会主义代替资本主义的艰难曲折性。

第三，社会主义代替资本主义不只是两种社会形态的更替过程，而且要在生产力高度发展的基础上创立一个适合生产力发展的全新的社会。这个新社会的建立和发展，必然会遇到旧的上层建筑的阻挠和反抗，在国际上必然面临着已经存在和发展了几百年并在实力上占优势的资本主义的围攻，它们企图通过军事侵略、政治进攻、经济封锁、“和平演变”等手段颠覆社会主义。所以，革命力量与敌对势力之间的斗争受到各种复杂条件和意外事件的干扰，在前进道路上必然会出现迂回曲折。

第四节 无产阶级的阶级特性和历史使命

一、无产阶级的形成和发展

资本主义社会的经济运动既造成了资本主义必然灭亡、社会主义必然胜利的物质基础，又造就了实现这一社会变革的伟大社会力量——无产阶级。正如马克思和恩格斯在《共产党宣言》中指出的："资产阶级不仅锻造了置自身于死地的武器；它还产生了将要运用这种武器的人——现代的工人，即无产者。"①

无产阶级是指丧失生产资料、专靠出卖劳动力而获得生活资料的雇佣劳动者阶级。资产阶级是指占有社会生产资料并使用雇佣劳动的现代资本家阶级。无产阶级是大工业本身的产物，它是随着资本主义的产生和发展而形成和壮大的。它和资产阶级是一同产生、互相关联而又根本对抗的两个阶级。资本主义生产方式在封建社会内部产生，它的发展经历了简单协作、工场手工业、机器大工业、高度自动化等发展阶段。

资本主义的简单协作是资本主义生产的萌芽，是初期的工场手工业中劳动社会化的基本形式。它的出现，是在封建社会末期，随着资本主义经济的发展，一些富裕的手工业作坊主和商人雇佣了较多的手工业者，让他们在自己的作坊中共同劳动，这就出现了资本主义的简单协作。在那里，那些手工业作坊主和商人就逐渐变成了资本家，形成了最初的资产阶级；而那些破产的小作坊主、手工业者和流入城市的破产农民则变成了雇佣工人，形成了最初的无产阶级。随着资本主义经济的发展，无产阶级也在同一程度上跟着发展。到了资本主义工场手工业阶段，在手工技术基础上实行广泛的分工，生产工具也日益专门化，劳动生产率比简单协作有了很大的提高。然而，此时的工人也只是从事一种局部的、片面的活动，并逐渐丧失了全面地从事原有手工业的习惯和能力，成了受资本家长期奴役的雇佣劳动者。

现代无产阶级是产业革命以后形成的。产业革命（或工业革命），是指由工场手工业过渡到机器大工业的资本主义的生产变革。它不仅是一次生产技术的巨大变革，也是一场深刻的社会革命，引起了社会关系的巨大变化。它用大机器代替了手工工具，促进了资本主义生产的迅速增长，大大增强了资本主义的经济力量，保证了资本主义制度最终战胜封建制度。同时，随着大机器的广泛使用，随着资本主义大工业的发展和小生产者的纷纷破产，无产阶级队伍迅速壮大，形

---

① 《马克思恩格斯选集》第1卷，人民出版社1995年版，第278页。

成了一个同大工业资本家阶级相对立的人数众多的现代无产阶级。正如恩格斯所说："工业革命创造了一个大工业资本家的阶级，但是也创造了一个人数远远超过前者的工业工人的阶级。随着工业革命逐步波及各个工业部门，这个阶级在人数上不断地增加；随着人数的增加，它的力量也增强了。"[①]随着资产阶级革命的胜利和产业革命的完成，资产阶级成为统治阶级，产业无产阶级也日益壮大，整个社会日益分裂为两大相互直接对立的阶级，即资产阶级和无产阶级。到了19世纪三四十年代，无产阶级已经成为一支独立的政治力量登上了历史舞台。

随着资本主义的发展，无产阶级又经历了19世纪下半叶和20世纪初的以发电机、电动机为标志和从20世纪中期开始的以生产自动化、智能化为特点的两次新技术革命，无产阶级不仅在数量上有所增长，而且在素质上也有很大发展。白领工人在就业人口中的比重越来越大，蓝领工人所占的比重则显著下降。

无产阶级产生发展的历史说明：世界在发生着巨大变化，人类文明在突飞猛进，工人阶级和劳动人民的事业展现了新的前景。

二、无产阶级的阶级特性

马克思恩格斯指出："在当前同资产阶级对立的一切阶级中，只有无产阶级是真正革命的阶级。"[②]正是这个从资本主义大工业中产生，并由资本主义大工业所训练的无产阶级，具有同其他阶级（农民、手工业者、小商人等）所不具备的显著特点。

1. 无产阶级是最先进的阶级

从历史上看，所有的剥削阶级，即奴隶主阶级、地主阶级和资产阶级，在它们取得统治权力以前和取得统治权力以后的一段时间内都曾经促进了生产力的发展，起过革命的作用。但随着生产力的发展，这些阶级就逐步走向了反面，成为阻碍生产力发展的反动阶级，最终被或将被人民所推翻。历史上的被压迫阶级中，奴隶阶级和农奴在推翻奴隶社会和封建社会的斗争中都曾起过重要的革命作用，是革命的主力军。但他们都不是先进生产力和先进生产关系的代表，奴隶阶级随着奴隶社会的瓦解而消亡，变成了农奴；而中世纪的农奴，绝大多数随着封建社会的瓦解而破产，加入到无产阶级的队伍。唯独无产阶级是与最先进的经济形式相联系的阶级，是先进生产力的代表，代表着历史发展的方向和人类的未来。无产阶级还是先进生产关系的代表，过去的一切阶级在取得统治之后总

---

① 《马克思恩格斯选集》第3卷，人民出版社1995年版，第712页。

② 《马克思恩格斯选集》第1卷，人民出版社1995年版，第282页。

是企图以此来巩固它们已获得了的生活地位；无产阶级则只有消灭全部剥削阶级的占有方式和彻底消灭阶级，解放了全人类，自己才能彻底解放，实现人类最美好的理想——共产主义。

2. 无产阶级是最革命的阶级

历史上的被剥削阶级奴隶、农奴和其他小私有者阶级，由于时代和阶级的局限性，他们都不可能提出消灭私有制、消灭阶级的任务。无产阶级在资本主义社会里不占有任何生产资料，除了自己的劳动力以外一无所有，他们没有任何东西需要保护。革命对于无产阶级来说，“失去的只是锁链。他们获得的将是整个世界”①。因此，无产阶级在革命斗争中没有后顾之忧，能够勇往直前。此外，无产阶级处于社会最底层，受剥削最重，受压迫最深，他们如果不炸毁构成资本主义社会的整个上层建筑，就不能抬起头挺起胸来。同时，无产阶级只有解放全人类，才能最后解放自己。这些就决定了无产阶级最大公无私，具有远大的政治眼光和崇高的理想，能代表全体被剥削被压迫人民的根本利益，并把他们长期团结在自己的周围，为埋葬资本主义，实现社会主义、共产主义而共同奋斗。

3. 无产阶级是最有组织性、纪律性和团结精神的阶级

无产阶级的劳动条件是机器生产，大生产的高度集中和连续性把工人像士兵一样组织起来，集体劳动，相互协作，这就培养了他们的组织性和纪律性。正如列宁所说，无产阶级的组织纪律性“不是从天上掉下来的，也不是由善良的愿望产生的，它是从资本主义大生产的物质条件中生长起来的，而且只能是从这种条件中生长起来。没有这种物质条件就不可能有这种纪律。代表或体现这种物质条件的是大资本主义所创造、组织、团结、训练、启发和锻炼出来的一定历史阶级。这个阶级就是无产阶级”②。同时，无产阶级的团结精神也是在社会化大生产的劳动过程中，尤其是在反对资产阶级的共同斗争中培养起来的。因为，无产阶级不仅直接受各个资本家的剥削，而且受整个资产阶级的剥削，共同的命运和遭遇把他们联结起来，使他们互相同情、互相支持，这就培养了他们团结战斗的革命精神。无产阶级的组织性、纪律性和团结精神，是其他阶级所没有的。

以上所述是无产阶级的共同特点和优点。在不同的国家，各国无产阶级也还会有自己的某些特点。例如，俄国的无产阶级身处沙皇俄国的军事封建帝国主义国家，受着最野蛮的剥削和压迫。因此，俄国的无产阶级具有极强的革命性和战斗性，成为当时国际共产主义运动中一支光荣的突击队，在全世界首先推翻了地主资产阶级的统治，建立了无产阶级专政。毛泽东对半殖民地半封建社会

---

① 《马克思恩格斯选集》第1卷，人民出版社1995年版，第307页。

② 《列宁选集》第4卷，人民出版社1995年版，第10页。

的中国无产阶级进行了具体分析，指出它除了具有一般无产阶级的基本优点以外，还有自己的突出优点：第一，中国无产阶级身受帝国主义、封建主义和官僚资产阶级的三重压迫，而这些压迫的严重性和残酷性是世界各国罕见的。因此，他们的革命性也就最强，最坚决，最彻底。此外，在半殖民地半封建的中国，没有欧洲那样的社会改良主义的经济基础，除极少数工贼之外，整个阶级都是最革命的。第二，中国无产阶级开始走上革命的舞台，就在本阶级的革命政党——中国共产党领导之下，成为中国社会里最有觉悟的阶级。不像西欧许多国家的无产阶级登上历史舞台后长期没有建立自己的政党，而使革命的目标和道路未能及时正确地解决，无产阶级反对资产阶级的斗争也长期处于自发阶段。第三，中国无产阶级由于从破产农民出身的成分占多数，因此，它同无产阶级有一种天然的联系，便于在长期的革命斗争中同农民阶级结成牢固的工农联盟。①

马克思和恩格斯对资本主义社会无产阶级阶级地位和阶级特性的科学分析，毛泽东对旧中国无产阶级阶级特性的精辟论述，充分说明了无产阶级是人类历史上最伟大的一个阶级，是思想上、政治上、力量上最强大的一个阶级。

三、无产阶级的伟大历史使命

资本主义必然灭亡，社会主义必然胜利，这是社会发展的客观规律，这一规律的实现必须通过人们的主观能动作用。无产阶级正是实现由资本主义转变到社会主义这一客观规律的社会力量。马克思和恩格斯从无产阶级的阶级地位和阶级特性出发，论述了无产阶级的这一伟大历史使命。列宁说："马克思学说中的主要的一点，就是阐明了无产阶级作为社会主义社会创造者的世界历史作用。"②

19 世纪初期，当欧洲无产阶级刚刚登上历史舞台的时候，当时几乎所有自称"社会主义"的人都把无产阶级看作是一种"溃疮"，并担心这个"溃疮"会随着工业的发展而扩大。然而，马克思和恩格斯却与此相反。自 19 世纪 40 年代初开始，他们不断深入到工人群众中进行调查研究，亲身参加工人运动，在斗争实践中发现了无产阶级的伟大力量，从而把推翻资本主义旧社会和建立共产主义新社会的希望寄托在无产阶级的成长、壮大和发展上。

马克思恩格斯关于无产阶级历史使命学说的形成，同他们整个世界观和政治立场的转变密切地联系在一起。列宁说："恩格斯第一个指出，无产阶级不只是一个受苦的阶级，正是它所处的那种低贱的经济地位，无可遏止地推动它前

① 参见《毛泽东选集》第 2 卷，人民出版社 1991 年版，第 644 页。

② 《列宁选集》第 2 卷，人民出版社 1995 年版，第 305 页。

进，迫使它去争取本身的最终解放。而战斗中的无产阶级是能够自己帮助自己的。"[①]事实正是这样，与青年马克思相比，青年恩格斯的生活和工作条件使他有更多的机会了解无产阶级与资产阶级的相互关系。恩格斯在 1842 年 11 月底来到英国的纺织工业中心、最强大的工人组织的所在地、当时正处于高潮的宪章运动的中心——曼彻斯特。"恩格斯是在英国，在英国工业中心曼彻斯特结识无产阶级的。"[②]恩格斯根据他对英国工人阶级的深入了解，第一次说明了工人阶级不仅是一个受苦的阶级，而且是一个能够自己解放自己的阶级，是实现社会变革中的最先进的力量。恩格斯 1844～1845 年所写的《英国工人阶级状况》一书对无产阶级的历史地位和伟大使命作了成熟的科学的分析。与此同时，1844 年，马克思根据他参加政治斗争的经验和对社会各阶级的分析，在《〈黑格尔法哲学批判〉导言》一文中得出了无产阶级是实现社会革命的社会力量这一重要结论。1845 年，马克思和恩格斯合著的第一部著作《神圣家族》进一步发展了他们关于无产阶级历史使命的学说，深刻分析了无产阶级和资产阶级的矛盾和斗争，明确指出："无产阶级能够而且必须自己解放自己。"[③]1847 年，马克思在《哲学的贫困》中又进一步指出："劳动阶级在发展进程中将创造一个消除阶级和阶级对立的联合体来代替旧的市民社会；从此再不会有原来意义的政权了。"[④]1848 年，马克思和恩格斯又在《共产党宣言》中全面阐述了无产阶级的伟大历史使命，并且指明了无产阶级完成自己历史使命的道路和条件。具体地说，无产阶级的历史使命是：在马克思主义政党的领导下，团结广大人民群众，经过无产阶级革命斗争，推翻资产阶级统治，建立无产阶级专政类型的国家政权，实现社会主义和共产主义，使整个人类都得到解放。用一句话来概括，即负有资本主义掘墓人和共产主义创建者的伟大历史使命。

无产阶级的历史使命是极其伟大而艰巨的。它不仅要破坏资本主义旧世界，而且要建设共产主义新世界；不仅要消灭一切剥削阶级，而且要消灭一切阶级和阶级差别；不仅是民族的，而且是国际性的。因此，完成无产阶级的伟大历史使命，是全世界无产阶级的共同任务。资本压迫的国际性，决定了各国无产阶级所负历史使命的国际性。一方面，一个国家的无产阶级革命往往要遭到国际资产阶级的联合镇压，因此，在一国范围内实现无产阶级的历史使命需要国际无产阶级的援助，如果没有国际革命力量在各种不同方式上的援助，要取得自己的

① 《列宁选集》第 1 卷，人民出版社 1995 年版，第 91～92 页。

② 《列宁选集》第 1 卷，人民出版社 1995 年版，第 91 页。

③ 《马克思恩格斯文集》第 1 卷，人民出版社 2009 年版，第 262 页。

④ 《马克思恩格斯选集》第 1 卷，人民出版社 1995 年版，第 194 页。

胜利是不可能的；胜利了，要巩固，也是不可能的。另一方面，只要还存在着资产阶级复辟的可能性，社会主义就不可能在全世界取得最终胜利，无产阶级所担负的历史使命就不可能最后完成。只有各国无产阶级共同努力，才能够完成无产阶级担负的伟大而艰巨的历史使命。当然，资本主义在全世界的灭亡和社会主义在全世界的胜利，是一个国家一个国家地实现的，每个国家的无产阶级及其政党必须首先立足于本国，要在本国争得民主，争得统治地位，进而在全世界范围内实现无产阶级的伟大历史使命。

四、战后发达资本主义国家无产阶级的阶级特性和历史使命并未改变

当代世界资本主义的新发展和新变化，最突出的表现是新的科学技术革命的发展及其影响。迄今为止，资本主义在其发展进程中经历了三次科技革命。第二次世界大战以后，在资本主义国家兴起了第三次科技革命。这次科技革命开辟了自动化和智能化的新时代，以机器部分地代替人的大脑或增强大脑的功能，从而使整个机器体系和人在生产过程中的关系发生了一定程度的质变。因此，它给资本主义国家的经济和社会发展带来了很大的变化，特别是给工人阶级的生产条件、生活条件和阶级构成等方面带来了一系列的重大变化。如何科学地看待这些变化，就需要马克思主义者开拓新视野，发展新观点，进入新境界。

（一）正确认识当代资本主义国家工人生产条件的变化

发达资本主义国家的大中型企业的自动化程度不断提高，直接操纵机器的工人相对地或者绝对地减少，甚至出现了个别“无人工厂”。据此，资产阶级学者认为，这说明工人阶级的生产条件得到了根本的改变，随着生产条件的改变，工人阶级的阶级特性和历史使命也就不存在了。

实事求是地说，随着生产过程的机械化、自动化和智能化的实现，确实在很大程度上减轻了工人的体力劳动，也代替了部分的脑力劳动，在现代资本主义的工厂里已看不到资本主义发展初期和自由竞争时期工人受资本家残酷剥削和人身摧残的悲惨情景。但是，这并没有改变工人受资本家剥削的状况，这种剥削的形式只不过是由过去资本家对工人的直接指挥转变为机器对工人的支配。特别是随着生产过程工艺自动化的迅速发展，工人对机器的屈从更进一步加强，工人更加失去了人身自由，更加依附于资本家。从这个意义上讲，工人的工作条件并没有真正改变。这主要表现在：首先，“人化机器”排挤了大批工人脱离生产岗位，减少了就业机会。战后由于高效率的机器设备被广泛地应用于生产过程，出现了机器排挤工人占领生产岗位的现象，生产领域的就业机会显著减少，大批工人失业，使工人与资本家的矛盾20世纪50年代就达到了非常尖锐的程度，英、美、德、法等主要发达资本主义国家都曾掀起过大规模的工人运动和罢工斗争。

其次，工作节奏显著加快，使工人更加成为机器的奴隶。随着办公自动化和企业自动控制化的普遍推广，工人始终处于高度紧张地工作状态，他们成了机器控制下的"机器"，他们不仅要在机器的驱使下不停地高度紧张地劳动，而且还要受到机器对人身的摧残和对生命的威胁。第三，先进的机器设备对劳动者素质要求更加苛刻。现代化的机器设备不仅要求劳动者要有较好的体力和足够的精力，而且要求有较高的文化知识水平和熟练的操作技能，对劳动者素质要求越来越高，录取雇佣工人的条件越来越严格。

总之，当代资本主义生产力高度发展所带来的生产工具的机械化和生产工艺的自动化只是从形式上改变了工人阶级的工作状况，实际上强化了工人对机器的屈从。

（二）正确认识当代资本主义国家工人生活条件的变化

战后发达资本主义国家经过工人阶级的长期斗争，工人的生活条件从总体上说比以前确有了明显提高。他们的实际工资有所增加，特别是有些白领工人的收入相当可观；工人的食品消费结构有所改变；住房面积也大有增加，耐用消费品包括小汽车已经成为他们的一般消费品，工人中的大多数还持有股票。同时，发达资本主义国家的社会福利、社会保险也有了较大的发展。面对这些变化，资产阶级学者宣称无产阶级的社会地位发生了根本性质的变化。这种观点显然是站不住脚的。

虽然工人生活水平提高了，但是资产阶级和无产阶级之间的剥削与被剥削的关系并没有改变。伴随着资本主义经济的发展，工人的生活水平也会提高，这是马克思主义早已肯定了的。因为，资本家为了赢得火腿，可以给工人香肠。但是，这绝不意味着消除了工人和资本家的雇佣和被雇佣关系，以及对雇佣工人的剥削，这"实际上不过表明，雇佣工人为自己铸造的金锁链已经够长够重，容许把它略微放松一点"[1]。事实正是如此，在当代发达资本主义国家中，工人工资与他们所创造的社会财富和资本家所得相比显得十分低下，隐藏在高工资后面的是劳动者付出的巨大劳动所创造的更大的剩余价值和为资本家所创造的更多的利润。所以，在一定程度上，工人阶级所受的剥削更重了。因此，尽管随着资本主义经济的发展无产阶级的生活水平有所提高，但是，资产阶级与无产阶级之间的这种雇佣与被雇佣的关系、剥削与被剥削的关系依旧，那么，无产阶级的阶级特性和社会地位也就依旧。随着社会向前发展，无产阶级仍然要继续实现自己的伟大的历史使命。

① 《马克思恩格斯全集》第 44 卷，人民出版社 2001 年版，第 714 页。

（三）正确认识当代资本主义国家工人阶级内部结构的变化

由于新科技革命的影响，工人阶级的内部结构也发生了很大的变化，与19世纪相比，工人阶级队伍中出现了如下几个部分：一是无任何生产资料，工资低，劳动时间长，从事简单而繁重体力劳动的无产阶级，即“蓝领”工人。二是通过控制先进设备，如电脑、仪表等进行生产的脑力劳动者，即“白领”工人。此外，还出现了一个日趋庞大的所谓“中间阶层”。它是这样一个集团：一方面，他们拥有一部分生产资料和资产，主要表现为直接和间接拥有一定数额和比例的股票；另一方面，他们从事的主要是智力劳动，即管理人员、科技人员、银行或企业职员、教师等脑力劳动者。工人阶级内部结构的以上变化表明，工人阶级扩大和发展到了新的阶段——脑力劳动和体力劳动在工人阶级身上互相融合的阶段。这是工人阶级自身结构的变化，而不是工人阶级队伍的缩小和消失，更不是阶级本质的改变。因为他们仍然是雇佣劳动者，仍然不同程度地受资本剥削。当然，这部分所谓的“中间阶层”是一个不稳定的集团，处于不断分化之中，有的可能会爬向上层，成为为垄断资产阶级服务的高级经理阶层，使自己成为资产阶级；有的也可能走向下层，变成失业工人。但从这个阶层的总体来看，他们仍属工人阶级。尽管“中间阶层”的很多人他们自己并不愿承认自己属于工人阶级，这只能说明他们的思想意识受到了资产阶级思想体系的影响，并没有也不可能改变他们受雇于资本家阶级的经济地位，也改变不了他们仍然是工人阶级这一客观事实。经过无产阶级政党的宣传教育，不断提高工人阶级的阶级觉悟，使他们的世界观有个彻底转变，他们会认清自己的阶级地位和历史使命的。因此，无论是“蓝领”、“白领”工人，还是那些从事科技工作甚至职业管理工作的知识分子，都属于工人阶级的范畴，他们的阶级属性没有改变。

综上所述，尽管战后发达资本主义国家无产阶级的生产条件、生产状况、内部结构等方面都发生了一系列变化，但是，这些都未能从根本上改变无产阶级的本质特性和历史地位。正因如此，所以第二次世界大战以后，发达资本主义国家中的无产阶级的正义斗争不但从未停止，而且呈上升发展趋势。进入新世纪以来，特别是2008年，肇始于美国并波及全球的金融经济危机发生后，由于就业形势严峻，福利降低，发达资本主义国家工人罢工事件此起彼伏。虽然这些斗争仍然是以经济斗争为目的，但是，这些斗争的发生雄辩地证明，发达资本主义国家的无产阶级和资产阶级的阶级对立、无产阶级的先进性和革命性并没有因为生活状况的改善而消失，他们仍然是资本主义社会的掘墓人和社会主义、共产主义社会的建设者。

第六章　实现“两个必然”的基本道路和手段：无产阶级阶级斗争、无产阶级革命和无产阶级专政

无产阶级阶级斗争是变资本主义为社会主义的直接动力，无产阶级阶级斗争的最高形式是无产阶级革命，无产阶级革命必然导致无产阶级专政，无产阶级革命和无产阶级专政是实现“两个必然”的根本道路和基本手段。这是无产阶级阶级斗争、无产阶级革命和无产阶级专政的内在的必然联系，它是一种客观规律，无产阶级及其政党认识和掌握这一规律对于把自己和广大人民群众从资产阶级和一切剥削阶级统治、剥削和压迫下解放出来，实现社会主义代替资本主义的历史使命，具有及其重大的意义。

第一节　无产阶级阶级斗争

一、无产阶级反对资产阶级的阶级斗争是变资本主义为社会主义的直接动力

阶级斗争是指阶级利益根本冲突的对抗阶级之间的斗争。列宁说，阶级斗争就是“一部分人反对另一部分人的斗争，就是广大无权者、被压迫者和劳动者反对特权者、压迫者和寄生虫的斗争，雇佣工人或无产者反对私有主或资产阶级的斗争”①。在阶级社会里，阶级的对立和斗争是在物质利益根本对立的基础上产生的。在阶级社会里，其社会基本矛盾的解决是通过互相对立的阶级之间的阶级斗争来实现的。居于统治地位的剥削阶级，为了维护本阶级的经济利益，总是竭力维护旧的生产关系和上层建筑，从而束缚生产力的发展。而居于被统治、被剥削地位的阶级，由于不堪忍受残酷的剥削和压迫，需要改变旧的生产关系和

① 《列宁全集》第7卷，人民出版社1986年版，第169页。

上层建筑，这一要求是与生产力的进一步发展相适应的。这样，在阶级社会中，就不断掀起统治阶级与被统治阶级、剥削阶级与被剥削阶级的压迫与反压迫、剥削与反剥削的斗争，这就是阶级斗争。阶级斗争贯穿于阶级社会的始终和社会生活的各个方面。马克思和恩格斯在考察了原始社会解体以来人类社会的历史后指出："至今一切社会的历史都是阶级斗争的历史。"[①]

阶级斗争是推动阶级社会变革的直接动力。这就是说，当旧的生产关系已经成为生产力进一步发展的桎梏时，只有依靠代表生产力发展要求的革命阶级的阶级斗争，推翻反动阶级的反动统治，才能根本解决生产关系和生产力之间的矛盾，改变旧的生产关系，解放社会生产力，促进新的生产方式的建立和成长，从而推动旧社会向新社会转变。封建社会代替奴隶社会、资本主义社会代替封建社会，都是通过阶级斗争实现的。

资本主义社会基本矛盾的阶级表现是无产阶级和资产阶级的根本对立和斗争，社会主义社会代替资本主义社会，也只有通过无产阶级反对资产阶级的阶级斗争才能实现。资本主义社会并没有消灭阶级对立，而是整个社会日益分裂为资产阶级和无产阶级这两大对抗阶级。由于它们的利益是根本对立的，因而这两个阶级之间的矛盾和斗争从它们产生的第一天就开始了，并且贯穿于整个资本主义社会。正是这种矛盾的斗争及其发展，才成为推动资本主义社会向社会主义社会转变的直接动力。

资本主义社会中无产阶级反对资产阶级的斗争，与过去的奴隶反对奴隶主、农民反对封建主的阶级斗争相比较，具有不同的特点：首先，它使阶级对立明朗化了。在奴隶社会和封建社会，阶级是以等级制的形式出现的，它构成了多级的阶梯，而"等级"的外衣掩盖了阶级的对立和斗争。到了资本主义时代，整个社会日益分裂为两大直接对抗的阶级——资产者阶级和无产者阶级，而这两个阶级之间的对立和斗争也日益明朗化和尖锐化。其次，无产阶级反对资产阶级的斗争是最后的阶级斗争。在历史上，奴隶和农民先后进行的反抗和斗争都不能消灭人剥削人、人压迫人的制度，不能使劳动者最终获得解放。无产阶级反对资产阶级的斗争却不同。无产阶级是新的生产方式的代表，无产阶级的阶级斗争是要从根本上消灭资本主义这个人类历史上最后一个剥削制度，建立没有剥削、没有压迫、没有阶级和阶级差别的共产主义社会制度，从此，人类将亿万斯年地生活在没有阶级斗争的社会中。正因为如此，无产阶级反对资产阶级的阶级斗争对历史发展的推动作用比过去任何时代的阶级斗争都具有更加伟大的意义。

马克思和恩格斯从来都极其重视资本主义社会中无产阶级反对资产阶级的

---

① 《马克思恩格斯选集》第1卷，人民出版社1995年版，第272页。

斗争。马克思和恩格斯于 1879 年 9 月《给奥·倍倍尔等人的通告信》中指出："将近四十年来，我们一贯强调阶级斗争，认为它是历史的直接动力，特别是一贯强调资产阶级和无产阶级之间的阶级斗争，认为它是现代社会变革的巨大杠杆。"[①]这种巨大动力和杠杆的伟大作用，首先表现在社会主义代替资本主义的质变过程中。这就是无产阶级通过革命斗争，推翻资产阶级的统治，建立无产阶级专政，以社会主义社会代替资本主义社会，从而实现社会制度的根本变革。不经过这种尖锐、激烈的阶级斗争和深刻的革命变革，资本主义旧社会不会自行灭亡，社会主义新社会不会自发诞生。其次，它还表现在资本主义社会发展的量变过程中，这就是无产阶级反对资产阶级的阶级斗争，每一次都在一定程度上打击了资产阶级的反动统治。这一方面会迫使资产阶级不得不作出某种让步，提高工人的工资，缩短劳动时间等，这就在一定程度上缓和了劳资冲突，使生产力获得某些发展；另一方面也迫使资产阶级越来越依靠发展科学技术，改进生产设备，提高劳动生产率，用相对剩余价值的办法来进行剥削，从而在客观上推动了生产力的发展。同时，无产阶级的不断斗争还迫使资产阶级在一定范围内调整生产关系，也为生产力的发展提供了一定的可能性，这就为社会主义的到来创造了必要的物质前提。无产阶级在斗争中经受了锻炼，积蓄了革命力量，也为社会主义革命准备了条件。

二、无产阶级反对资产阶级斗争的发展阶段

无产阶级反对资产阶级的斗争，是伴随着无产阶级的产生而开始的。这种斗争经历了从自发斗争到自觉斗争的发展过程，与此同时，无产阶级也由"自在阶级"变成了"自为阶级"。

毛泽东曾对无产阶级阶级斗争发展的两个阶段及其联系和区别作了精辟的概括。他说："无产阶级对于资本主义社会的认识，在其实践的初期——破坏机器和自发斗争时期，他们还只在感性认识的阶段，只认识资本主义各个现象的片面及其外部的联系。这时，他们还是一个所谓'自在的阶级'。但是到了他们实践的第二个时期——有意识有组织的经济斗争和政治斗争的时期，由于实践，由于长期斗争的经验，经过马克思、恩格斯用科学的方法把这种种经验总结起来，产生了马克思主义的理论，用以教育无产阶级，这样就使无产阶级理解了资本主义社会的本质，理解了社会阶级的剥削关系，理解了无产阶级的历史任务，这时他们就变成了一个'自为的阶级'。"[②]

---

① 《马克思恩格斯选集》第 3 卷，人民出版社 1995 年版，第 685 页。

② 《毛泽东选集》第 1 卷，人民出版社 1991 年版，第 288～289 页。

从国际范围来看，在19世纪40年代马克思主义产生和共产主义同盟建立以前，无产阶级反对资产阶级的斗争总的说来还是处于自发的阶段，无产阶级还是一个"自在的阶级"，在这以后，由于马克思主义的产生、马克思主义与国际工人运动的结合、无产阶级政党的建立，无产阶级反对资产阶级的斗争便从自发的阶段进入自觉的阶段，开始了国际无产阶级自觉地以推翻资本主义制度，实现社会主义、共产主义为伟大目标的国际共产主义运动。

无产阶级反对资产阶级的斗争，在其自发的阶段中也有一个由低到高的发展过程。恩格斯说："工人阶级第一次反抗资产阶级是在工业运动初期，即工人用暴力来反对使用机器的时候。"[①]产业革命后形成的无产阶级面临着机器的发明及其资本主义的应用所带来的苦难，工人变成了机器的附属物，劳动单调而极度紧张，受的剥削更加残酷了。于是，工人就起来同厂主进行斗争。最初，工人还不善于把机器与使用机器来剥削工人的剥削制度区别开来，他们认为，机器是贫困的根源，工厂是压迫工人的地方。所以，他们的斗争直接表现为焚烧厂房、捣毁机器、殴打厂主等原始形式。早在1758年，英国埃弗雷特制成了第一台水力剪毛机，被10万名失业者愤怒地焚毁了。1765年发明的手摇纺纱"珍妮机"刚开始采用也被工人捣毁。1779年，兰开夏市近8万工人参加了捣毁机器的斗争。18世纪70～80年代，英国爆发了破坏机器的著名的"鲁德运动"。到1811～1812年间，这个运动遍及英国各个工业区。法国和其他国家也发生了类似的运动。列宁指出："这是工人运动最初的、开始的形式，这在当时也是必要的。"[②]

工人捣毁机器的斗争遭到资产阶级政府的残酷镇压，他们对破坏机器的效力感到失望了。但斗争的实践教育了他们，使他们认识到必须联合起来，互相支持。于是，他们采取了罢工斗争的手段，为提高工资、缩短劳动时间、改善劳动条件而进行经济斗争。这种斗争，起初还是个别的、分散的和孤立的。随着资本主义的发展和阶级斗争的扩大，工人逐渐认识到各厂、各行业、各地区工人组织起来的重要性，他们开始建立工人俱乐部和早期工联(工会)等工人团体，领导工人的罢工斗争。恩格斯在评价早期的工人运动时指出："这些工会及其组织的罢工的真正意义，在于它们是工人消灭竞争的第一次尝试。"[③]

无产阶级在争取经济利益的斗争实践中逐渐认识到没有政治权力就不可能根本改善自己的处境，于是，无产阶级的斗争又逐渐发展成为政治斗争。从19世纪三四十年代起，英、法、德等国的无产阶级便开始了独立的政治运动。其中

① 《马克思恩格斯文集》第1卷，人民出版社2009年版，第450页。

② 《列宁全集》第2卷，人民出版社1984年版，第86页。

③ 《马克思恩格斯文集》第1卷，人民出版社2009年版，第454页。

最著名的是1831年和1834年法国里昂的工人起义、1836～1844年和以后连续几年间席卷英国的宪章运动、1844年德国西里西亚纺织工人的起义。这说明，无产阶级反对资产阶级的斗争，从捣毁机器的原始斗争形式开始，经过70余年，到19世纪三四十年代已发展到开展独立的政治运动，斗争日益由自发阶段接近于自觉阶段。

无产阶级长期的斗争实践和积累的丰富经验，经过无产阶级革命导师马克思和恩格斯予以提炼，便产生了科学社会主义理论。科学社会主义理论同工人运动相结合，又产生了无产阶级政党。在无产阶级政党的领导下，无产阶级认识到自己的历史使命，开始了有意识、有组织的经济斗争和政治斗争的时期。这时，无产阶级才实现了从“自在阶级”到“自为阶级”、从自发斗争到自觉斗争的飞跃。由此可见，科学社会主义的诞生和无产阶级政党的建立，是无产阶级反对资产阶级的斗争从自发阶段发展到自觉阶段的根本标志。

当然，由于各国情况不同，主客观条件不同，无产阶级及其政党的成熟程度不同，因而无产阶级反对资产阶级的斗争由自发阶段进到自觉阶段的时间也不同，发展是不平衡的。关键在于是否有一个以马克思主义武装起来的无产阶级政党。

三、无产阶级反对资产阶级斗争的基本形式

无产阶级在反对资产阶级的斗争中，曾经采取了各种不同的斗争形式。主要斗争形式有三种：经济斗争、政治斗争和思想（或理论）斗争。

1. 经济斗争形式

经济斗争是工人为争得出卖劳动力的有利条件，为改善工人劳动条件和生活条件而向厂主进行的集体斗争。经济斗争是资本家残酷剥削工人的产物。当工人不堪忍受资本家的残酷剥削时，便联合起来向资本家提出自己的经济要求，维护自己的经济利益，进行经济斗争，如要求增加工资、缩短劳动时间、改善劳动条件和生活条件等等。罢工是经济斗争最重要的手段，在这种斗争中，无产阶级建立了工会，通过工会把工人广泛地组织起来进行斗争，并在斗争中互相支援，以求取得斗争的胜利。

经济斗争对于无产阶级的解放有非常重要的意义。它使无产阶级受到教育和锻炼，提高觉悟，增强团结，为进一步走上政治斗争阶段准备了条件；它还可以在一定时期、一定程度上限制资本家对工人的剥削，使工人的劳动条件和生活条件有所改善；同时，经济斗争在一定条件下还会成为政治斗争的导火线。因此，经济斗争不仅在工人运动的早期阶段有其存在的必要性，直到今天，仍然是资本主义国家无产阶级反对资产阶级斗争的重要组成部分。虽然工人的罢工斗争不

一定会立刻导致夺取政权的革命行动，但是，工人阶级通过罢工、怠工、游行示威等手段和斗争形式，明确表现了自己的力量，反映了自己的要求，保障了自己的利益，并发挥着打击资本主义制度、推动资本主义社会向前发展的巨大作用和影响，为无产阶级最终完成自己的历史使命作了准备。

但是，经济斗争也有很大的局限性。它只能暂时减缓资本主义的剥削，而不能从根本上改变资本主义制度，也不能根本改变无产阶级的地位。正如马克思所说，经济斗争“反对的只是结果，而不是产生这种结果的原因；他们延缓下降的趋势，而不改变它的方向；他们服用止痛剂，而不祛除病根”[①]。因为革命进程并非是纯粹的经济过程，革命的经济动力只有同政治、军事、文化、国际力量等方面的因素有机结合起来，才能推翻资产阶级的统治。因此，无产阶级要完成自己的伟大历史使命，就既不能忽视经济斗争，也不能只满足于和停留在经济斗争上。如果夸大经济斗争的作用，把它当作唯一的斗争形式，就会走上工联主义的道路，使无产阶级永远处于受奴役的地位。

2. 政治斗争形式

无产阶级为了从根本上摆脱受剥削受压迫的处境，必须把经济斗争发展为推翻资产阶级统治、建立无产阶级专政的政治斗争。政治斗争包括政治罢工、示威游行、议会斗争、武装起义、革命战争等方式。其中武装夺取政权是政治斗争的中心任务和最高形式。列宁曾说过：“只有当阶级斗争不仅发展到政治领域，而且还涉及政治中最本质的东西即国家政权的机构时，那才是充分发达的‘全民族的’阶级斗争。”[②]政治斗争对于无产阶级完成自己的历史使命起着决定性的作用。因为政治斗争不是局限于反对某个工厂、某个行业的资本家，而是反对整个资产阶级；不是只为了无产阶级眼前的、局部的经济利益，而是为了根本改变无产阶级的阶级地位；不是只限制资本家的剥削，而是要打碎资产阶级的国家机器，消灭雇佣劳动制度；不是只维护无产阶级一个阶级的利益，而是要彻底解放全人类。因此，它是无产阶级经济解放要求的集中表现，代表了无产阶级解放事业的战略目的。

无产阶级进行政治斗争，必须有自己的政党来领导。只有在党的领导下，无产阶级才能采取正确的政治斗争策略，选择适宜的政治斗争形式，维护自己的政治利益，争取一般民主权利，以锻炼自己的战斗能力，促使革命时机成熟，夺取全国政权。

3. 思想斗争形式

---

① 《马克思恩格斯选集》第 2 卷，人民出版社 1995 年版，第 97 页

② 《列宁选集》第 2 卷，人民出版社 1995 年版，第 323 页。

思想(或理论)斗争是无产阶级和资产阶级在意识形态领域里进行的阶级斗争。在资本主义社会里,资产阶级思想体系占据着统治地位,资产阶级不但在政治上对无产阶级实行压迫,在经济上对无产阶级进行剥削,而且还在思想上千方百计毒害无产阶级。思想斗争的根本任务就是要把马克思主义灌输到工人运动中去,揭露和批判资产阶级思想体系,使无产阶级和广大劳动人民从剥削阶级思想的禁锢和影响下解放出来。

思想斗争是无产阶级阶级斗争的一条重要战线。没有革命的理论,就不会有革命的运动。只有用马克思主义武装广大无产阶级和劳动人民,帮助他们摆脱资产阶级和一切剥削阶级的思想影响,无产阶级才能真正走上革命的道路,无产阶级革命运动才能蓬勃发展起来。

无产阶级反对资产阶级斗争的三种形式是互相联系、互相配合、互相促进的。其中,政治斗争是无产阶级反对整个资产阶级的斗争,是无产阶级阶级斗争的主要形式。只有政治斗争的胜利,无产阶级夺取了政权,才能从根本上使无产阶级在经济上获得解放。经济斗争是无产阶级最熟悉、最容易接受的斗争形式。因为,它涉及的是无产阶级的直接利益。无产阶级政党只有重视经济斗争,才不会脱离群众。思想斗争是政治斗争和经济斗争的灵魂,无产阶级政党如果忽视了它,就会迷失方向,并丧失意识形态领域的领导权。总之,无产阶级政党要善于把三种基本斗争形式结合起来,并以政治斗争为中心,才能最终实现无产阶级的伟大历史使命。

第二节　无产阶级革命的科学含义及必然性

一、无产阶级革命是人类历史上最伟大、最深刻、最广泛的革命

革命,这一概念的最广义的理解,即指事物的一切飞跃和突变。社会革命是指从一种社会经济形态到另一种社会经济形态的转变。它同解放社会生产力紧密相关,即所谓"革命就是解放生产力"。就革命的严格科学意义和实际政治意义讲,意味着被压迫阶级使用暴力,意味着革命战争,即通过阶级斗争最尖锐和最高级的形式——暴力革命,解决政权问题,从而为被压迫阶级变革旧生产关系,建立新生产关系,解放生产力创造政治前提。

从上述意义上看,"革命"这个词具有多层含义,有广义和狭义之分。狭义的,是革命的本来含义,系指政治革命,也即一个阶级推翻另一个阶级的大革命。马克思说:"'具有政治精神的社会革命'只不过是从前人们所谓的'政治革命'或'革命本身'的同义语。每一次革命都破坏旧社会,就这一点来说,它是社会的。

每一次革命都推翻旧政权，就这一点来说，它是政治性的。”“一般的革命——推翻现政权和废除旧关系——是政治行动。但是，社会主义不通过革命是不可能实现的。社会主义需要这种政治行动，因为它需要破坏和废除旧的东西。”[①]这层意义上的“革命”的对象，只能是剥削阶级的旧政权和旧社会，绝不能随便运用它来对付无产阶级专政的国家政权和社会主义的社会关系。我国在“文化大革命”中提出的“无产阶级专政下继续革命”的口号错就错在这里。革命还有引申的意义，也就是更广意义上的革命，即用一种革命精神为一个社会革命的伟大目标而奋斗。社会主义国家中的体制改革，由旧体制向新体制的转轨，实现社会主义模式再选择，从解放生产力的角度说，实质上也是一场革命。这种革命绝不是一个阶级推翻另一个阶级的政治大革命。

无产阶级革命是指实现从资本主义转变为社会主义的革命，又称“社会主义革命”。无产阶级革命也有广义和狭义之分。就广义说，指从无产阶级及其政党取得政权到建立起社会主义社会这一整个历史时期内，社会经济制度和社会政治制度的根本性质上的改变；就狭义说，是指无产阶级和广大劳动人民群众，在无产阶级政党领导下，通过革命斗争，推翻资产阶级的政治统治，建立工人阶级领导的劳动人民政权。

马克思主义认为，无产阶级革命同历史上发生的剥削阶级的革命，特别是资产阶级革命相比，具有明显不同的特点：

(1)包括资产阶级革命在内的以往一切革命是少数人的运动，是为少数剥削者谋利益的革命；无产阶级革命则是由绝大多数人参加，为绝大多数人谋利益的革命。

(2)资产阶级革命是为已经在封建制度内部形成起来的资本主义生产关系的发展扫除障碍；无产阶级革命，只有在取得政权后，才能以无产阶级专政类型的国家政权为杠杆，通过生产资料私有制的社会主义改造，正式建立社会主义生产关系，确立社会主义经济制度。

(3)包括资产阶级革命在内的以往一切革命的结局，都是以一个新的剥削阶级代替另一个旧剥削阶级执掌政权，所以，不仅不需要打碎旧的国家机器，而且还使之日臻完备；无产阶级革命是消灭一切剥削制度和剥削阶级的革命，因而必须彻底摧毁旧的国家机器，代之以新的无产阶级专政类型的国家政权。

(4)资产阶级革命由于其性质决定，不可能把千百万劳动大众长期地团结在自己周围；无产阶级欲巩固无产阶级专政并建立、发展社会主义经济、文化，必须能够与广大劳动群众结成长期的巩固联盟。

---

① 《马克思恩格斯全集》第3卷，人民出版社2002年版，第395页。

正是基于上述意义，所以马克思主义才认定：无产阶级革命是人类历史上最伟大、最深刻、最广泛的革命。

二、无产阶级革命是资本主义制度固有矛盾发展的结果

革命的产生和发展从来不是纯偶然的事件，而是自然界、社会和思想发展过程中的一种必然的、正常的、合乎规律的现象。社会革命是人类社会内部生产力和生产关系、经济基础和上层建筑之间的矛盾发展的必然结果。这是社会革命的物质原因。马克思说："社会的物质生产力发展到一定阶段，便同它们一直在其中运动的现存生产关系或财产关系(这只是生产关系的法律用语)发生矛盾。于是这些关系便由生产力的发展形式变成生产力的桎梏。那时社会革命的时代就到来了。"[①]在阶级社会里，生产力和生产关系之间的矛盾、经济基础和上层建筑之间的矛盾集中地表现为阶级矛盾和阶级斗争，而阶级矛盾和阶级斗争发展到最高阶段就爆发革命，通过革命使旧社会变成新社会，完成社会发展的飞跃。

无产阶级革命是由资本主义生产方式的性质，以及由这一生产方式所固有的极其深刻的对抗性矛盾决定的。资本主义社会的根本矛盾或基本矛盾就是生产的社会性和生产资料资本家私人占有之间的矛盾，这种矛盾在社会政治生活中、在阶级关系上集中地表现为无产阶级和资产阶级这两大根本对立的阶级之间的矛盾和斗争。无产阶级反对资产阶级的阶级斗争发展到顶点和最尖锐的程度，就必然爆发无产阶级革命。无产阶级革命是解决资本主义矛盾的决定性手段，是推动资本主义转变为社会主义的强大动力和杠杆。由此可见，无产阶级革命的发生和发展，完全是资本主义制度内部矛盾发展的必然结果，是无产阶级与资产阶级阶级矛盾和阶级斗争发展的必然结果。无产阶级革命的伟大历史作用是以往任何革命所无法比拟的。它是从资本主义转变为社会主义的必由之路，是把全世界的历史转到新时代的桥梁。

这里说的是资本主义制度下的无产阶级革命的历史必然性。至于革命采取残酷的暴力形式还是较人道的和平方式，那应因具体情况不同而确定。

三、无产阶级革命的"同时胜利"和"一国胜利"的理论

处于资本主义上升时期的马克思和恩格斯曾经根据当时的历史条件提出了无产阶级社会主义革命不能单独地在一个国家内胜利，而只能在一切发达的资本主义国家，至少在欧美几个主要资本主义国家同时胜利的公式。这个公式最早是恩格斯在《共产主义原理》一书中提出和阐明的。他写道："单是大工业建立

① 《马克思恩格斯选集》第2卷，人民出版社1995年版，第32页。

了世界市场这一点，就把全球各国人民，尤其是各文明国家的人民，彼此紧紧地联系起来，以致每一国家的人民都受到另一国家发生的事情的影响。此外，大工业使所有文明国家的社会发展大致相同，以致在所有这些国家，资产阶级和无产阶级都成了社会上两个起决定作用的阶级，它们之间的斗争成了当前的主要斗争。因此，共产主义革命将不是仅仅一个国家的革命，而是将在一切文明国家里，至少在英国、美国、法国、德国同时发生的革命。”①

到了19世纪末20世纪初，情况发生了巨大变化。世界资本主义达到了一个新的转折点，自由资本主义发展到了以垄断为主要特征的帝国主义阶段。生活在帝国主义时代的列宁，遵照马克思和恩格斯所阐明的原理，在马克思和恩格斯对资本主义进行科学分析的基础上，周密地考察和探讨了马克思和恩格斯逝世后资本主义发展的新材料，深刻地分析了帝国主义的本质，指明了它的历史地位；驳斥并彻底粉碎了第二国际机会主义领导人所散布的“帝国主义的出现消除了资本主义的根本矛盾，改变了资本主义的性质，因而马克思和恩格斯关于无产阶级社会主义革命必然发生和胜利的理论已经过时了”的谬论；有力地捍卫并向前发展了马克思主义的无产阶级革命论。列宁认为，资本主义发展到帝国主义阶段，不仅没有消除资本主义所固有的各种矛盾，而且在加深和加剧了原有矛盾的同时又产生了一系列新矛盾（如各资本垄断集团之间的矛盾、帝国主义列强之间的矛盾、殖民地和宗主国之间的矛盾等等），并使所有这些矛盾都发展到了顶点。在分析这些矛盾的基础上，列宁指出：“经济和政治发展的不平衡是资本主义的绝对规律。”②这一规律早在自由资本主义阶段已有所表现，但那时生产发展的水平较低，资本集中的程度还不高，不平衡状态表现得还不突出。而到帝国主义阶段，“资本主义的平稳进化已经为资本主义的跃进式的、剧变式的发展所代替，资本主义发展的不平衡和矛盾已经表现的特别厉害”③。在资本主义经济政治发展不平衡规律的支配下，帝国主义各国之间的矛盾必然空前激化，引起帝国主义战争的爆发。这种战争使帝国主义战线遭到削弱，并暴露出其中的薄弱环节，即集中了帝国主义的各种矛盾，使革命形势迅速形成的国家。这种国家的无产阶级及其政党就可以利用这种形势最先发动革命，去夺取社会主义革命的胜利。列宁正是从发现和分析这种资本主义发展不平衡规律出发，得出了社会主义能够首先在一国胜利的科学结论。他说：“资本主义的发展在各个国家是极不平衡的。而且在商品生产下也只能是这样。由此得出一个必然的结论：社会

---

① 《马克思恩格斯选集》第1卷，人民出版社1995年版，第241页。

② 《列宁选集》第2卷，人民出版社1995年版，第554页。

③ 《斯大林全集》第10卷，人民出版社1954年版，第86页。

主义不能在所有国家内同时获得胜利。它将首先在一个或者几个国家内获得胜利，而其余的国家在一段时期内将仍然是资产阶级的或资产阶级以前的国家。"①

列宁关于社会主义能够在一国或少数几国首先胜利的理论，在马克思主义发展史上占有极其重要的地位。这是列宁对马克思主义的无产阶级革命和无产阶级专政学说的重大贡献。由于这一学说科学地揭示了无产阶级社会主义革命的发展规律，所以它便成为世界无产阶级、被压迫民族和被压迫人民去夺取社会主义革命胜利的指路明灯。1917 年俄国十月社会主义革命的胜利是列宁这一学说的光辉实践。中国无产阶级和广大人民群众在以毛泽东为代表的中国共产党的英明领导下，经过 28 年的武装斗争，冲破了帝国主义的东方战线，于 1949 年夺取了新民主主义革命的胜利，并基本成功地转变为社会主义革命，诞生了社会主义的中华人民共和国。第二次世界大战后，南斯拉夫、罗马尼亚、朝鲜等东欧和亚洲国家人民也相继取得了革命胜利，并走上了社会主义道路。这些事实充分证明，列宁关于社会主义能够在一国或少数几国首先胜利的理论是无比正确的，完全反映了无产阶级社会主义革命的历史必然性。

无产阶级革命的必然性这个命题，还包含着"革命不能输出，也不能输入"这样一层道理。这也是马克思主义的一个重要观点。就是说，在任何国家中，如果那里的无产阶级和革命人民暂时没有革命的要求，谁也不可能从外面把革命强加给他们，如果那里还没有成熟的革命条件，谁也不能够在那里"制造"革命。同样，如果那里的人民自己要求革命，自己起来革命，谁也不能够阻止他们革命，就像谁也不能阻止俄国十月社会主义革命和中国的人民大革命一样。无数革命实践证明，有剥削和压迫的反革命，就会有反剥削和反压迫的革命，革命爆发的时间有迟有早，但革命是不可避免的。然而，革命思想和革命影响又是无国界的。同时，各国无产阶级和革命人民的革命事业从来都是相互联系、相互支持和相互援助的。在革命过程中互相援助同革命输出或输入也完全是两码事，二者不容混淆。

---

① 《列宁选集》第 2 卷，人民出版社 1995 年版，第 722 页。

第三节　无产阶级革命的道路

一、无产阶级革命的根本问题是国家政权问题

马克思主义认为，包括剥削阶级革命在内的一切革命的根本问题，都是国家政权问题。国家是阶级矛盾不可调和的产物和表现，是一个阶级对另一个阶级实行阶级统治的暴力机器，其重要成分是军队、警察、法庭、监狱等强力工具。国家政权是上层建筑的主要部分，是在一定的经济基础之上产生并为这一经济基础服务的。因此，历史上一切剥削阶级都把国家政权看作是命根子。同样，历史上的一切被剥削和被统治的阶级也总把夺取国家政权看作是摆脱剥削、求得解放的根本问题。因为，只有掌握了国家政权，才能变革旧生产关系，建立和发展新生产关系，解放被束缚了的生产力，并由被统治阶级上升为统治阶级。由于国家政权这种本质和作用，决定了其历来是一切革命阶级和一切反革命阶级斗争的焦点。看一个革命的成败，首先就是看其是否夺得了国家政权。正如列宁所指出的："无论从革命这一概念的严格科学意义来讲，或是从实际政治意义来讲，国家政权从一个阶级手里转到另一个阶级手里，都是革命的首要的基本的标志。"①

无产阶级革命是人类历史上最广泛、最深刻、最彻底的革命。取得国家政权，对它来说，则具有更加特殊的意义。就是说，国家政权问题也是无产阶级革命的根本问题。无产阶级革命的成败首先也取决于是否取得了国家政权，国家政权从资产阶级手里转到无产阶级手里也是无产阶级革命胜利的首要的基本标志。但是"工人阶级不能简单地掌握现成的国家机器，并运用它来达到自己的目的"②，无产阶级革命必须彻底打碎旧国家机器，建立无产阶级专政类型的新国家机器。因此，如果完整地回答"无产阶级革命的根本问题是什么?"那就是：通过革命斗争取得国家政权，打碎资产阶级国家机器，以这种或那种形式的无产阶级专政的新型国家政权取而代之。

无产阶级革命之所以必须打碎旧国家机器，是由无产阶级革命的目的和资产阶级国家机器的反动本质决定的。无产阶级革命的目的是解放和发展生产力，消灭阶级和阶级差别，实现无产阶级和全人类的解放。资产阶级国家机器是直接压迫、奴役无产阶级和其他劳动人民的政治工具，是阻挠无产阶级实现彻底

① 《列宁选集》第3卷，人民出版社1995年版，第25页。

② 《马克思恩格斯选集》第3卷，人民出版社1995年版，第117页。

解放的最大政治障碍。因此，马克思强调指出，无产阶级革命“不应该再像以前那样把官僚军事机器从一些人的手里转到另一些人的手里，而应该把它打碎”①。

无产阶级革命必须打碎资产阶级国家机器和建立无产阶级革命专政这一原理，是马克思和恩格斯经过对无产阶级革命斗争经验的科学总结而得出的。这一科学原理是马克思主义国家学说主要的基本的东西。列宁在论到无产阶级革命问题时集中到这样一点上：“不用暴力破坏资产阶级的国家机器并用新的国家机器代替它，无产阶级革命是不可能的。”②

国际无产阶级革命斗争实践证明：打碎资产阶级国家机器，建立无产阶级专政类型的新型国家机器，是无产阶级完成自己历史使命的根本保证。伟大的十月革命是开辟世界历史新纪元的第一曲凯歌。中国革命是十月革命的继续。它们都是在打碎旧国家机器基础上建立起无产阶级专政类型的新型国家政权的。而且，列宁和毛泽东还在总结这些伟大革命实践基础上，大大丰富和发展了马克思和恩格斯关于打碎旧国家机器、建立无产阶级专政类型的新型国家机器的革命理论。

二、无产阶级取得政权的暴力道路和非暴力道路原理

(一)暴力道路原理

无产阶级夺取政权，打碎资产阶级国家机器，建立无产阶级专政，通常须经过暴力革命，马克思、恩格斯、列宁和毛泽东认为，这是无产阶级革命的一般规律。对此，马克思和恩格斯在《共产党宣言》中就指出，共产党人的目的“只有用暴力推翻全部现存的社会制度才能达到”③。列宁也反复教导说：“资产阶级国家由无产阶级国家（无产阶级专政）代替，不能通过‘自行消亡’，根据一般规律，只能通过暴力革命。……必须系统地教育群众这样来认识而且正是这样来认识暴力革命，这就是马克思和恩格斯全部学说的基础。”④毛泽东继承、捍卫和发展了马克思列宁主义关于暴力革命的学说，提出了“枪杆子里面出政权”的著名论断。

马克思主义之所以认定暴力革命是无产阶级革命的一般规律，首先是因为，国家本身是一种暴力，是阶级压迫的暴力机关。资产阶级国家是资产阶级压迫

① 《马克思恩格斯选集》第4卷，人民出版社1995年版，第599页。

② 《列宁选集》第3卷，人民出版社1995年版，第596页。

③ 《马克思恩格斯选集》第1卷，人民出版社1995年版，第307页。

④ 《列宁选集》第3卷，人民出版社1995年版，第127～128页。

无产阶级和广大劳动人民的强力工具。资产阶级的政治统治就是依靠这个强力工具来维持的。无产阶级和广大劳动人民要争得自身的解放，就必须集中一切力量，用暴力革命的手段摧毁资产阶级的国家机器，割除这块寄生"毒瘤"。物质力量只能用物质力量来摧毁，武装的反革命只能用武装的革命来消灭，这是客观规律。其次，资产阶级和历史上的一切反动阶级一样，是绝不会自愿让出政权，自行退出历史舞台的。历史上一个剥削阶级推翻另一个剥削阶级的统治，一般地说，也是通过暴力革命来实现的，而无产阶级革命不通过暴力革命更是不可能的。列宁指出，无产阶级愿意和平地取得政权，但是，资产阶级不会对无产阶级实行和平的让步，一到决定关头，他们就会用暴力来保卫自己的特权，首先发动内战，把刺刀提到日程上来。在这种情况下，无产阶级唯一的出路就是针锋相对，拿起武器，以武装的革命反对武装的反革命，彻底推翻资产阶级的统治，打碎资产阶级的国家机器，建立无产阶级的革命专政。最后，国际共产主义运动的历史证明，暴力革命是无产阶级革命的一般规律。1871 年的巴黎公社革命，是法国工人阶级通过暴力革命建立无产阶级专政的第一次伟大尝试。公社存在的 72 天，是武装起义、武装斗争、武装自卫的 72 天；而公社失败的重要原因之一，正是暴力革命使用得不够。伟大的十月社会主义革命，是俄国无产阶级在列宁和布尔什维克党的领导下经过武装起义取得胜利的。而这个胜利又是经过三年的国内战争，消灭了反革命的武装叛乱，粉碎了 14 国武装干涉才得到巩固的。列宁说："在十月革命中，苏维埃政权推翻了资产阶级，驱逐了旧政府，这种暴力，这种革命暴力就取得了辉煌的胜利。"①中国革命是十月革命的继续。中国革命的胜利是在以毛泽东为主要代表的中国共产党的领导下，经过了 28 年长期、艰苦的革命战争才取得的。朝鲜、越南、蒙古、南斯拉夫、罗马尼亚等亚洲和东欧各国人民的胜利，也无一例外地是暴力革命的胜利。

(二)非暴力道路原理

马克思主义尽管认为暴力革命是无产阶级革命的一般规律，但是历来不排除和平取得政权的可能性。因为事物是复杂的，既有一般规律，也会有特殊情况和特殊规律，准备两种可能性总比准备一种可能性主动些。这样认识和对待这个有关革命道路的重大问题，是更符合唯物辩证法的要求的。

早在 1847 年，恩格斯在《共产主义原理》一书中回答能否用和平方法废除私有制时就明确指出："但愿如此，共产主义者当然是最不反对这种办法的人。"②到 19 世纪 80～90 年代，恩格斯又先后几次论到这个问题。如他在 1891 年 6 月

---

① 《列宁全集》第 36 卷，人民出版社 1985 年版，第 37 页。

② 《马克思恩格斯选集》第 1 卷，人民出版社 1995 年版，第 239 页。

18～29 日写的《1891 年社会民主党纲领草案批判》一文、同年 9 月 29 日《致奥古斯特·倍倍尔》的信、1895 年 4 月 3 日《致保·拉法格》的信都认为，工人阶级愿意和平地取得政权，但有重大的附带条件，并且只是从策略考虑，而并没有将其放到战略地位。马克思也曾经认为，19 世纪 70 年代的英、美两国“工人阶级用和平手段达到自己的目的”是可能的。1872 年 9 月 8 日，马克思在荷兰的阿姆斯特丹群众大会上的演说中指出：“我们从来没有断言，为了达到这一目的，到处都应该采取同样的手段。我们知道，必须考虑到各国的制度、风俗和传统；我们也不否认，有些国家，像美国、英国——如果我对你们的制度有更好的了解，也许还可以加上荷兰——工人可能用和平手段达到自己的目的。但是，即使如此，我们也必须承认，在大陆上的大多数国家中，暴力应当是我们革命的杠杆；为了最终地建立劳动的统治，总有一天正是必须采取暴力。”①1886 年 11 月 5 日，恩格斯在《资本论》第 1 卷英文版序言中也写道：“毫无疑问，在这样的时刻，应当倾听这样一个人的声音（指马克思——引者注），这个人的全部理论是他毕生研究英国的经济史和经济状况的结果，他从这种研究中得出这样的结论：至少在欧洲，英国是惟一可以完全通过和平的和合法的手段来实现不可避免的社会革命的国家。当然，他从来没有忘记附上一句话：他并不指望英国的统治阶级会不经过‘维护奴隶制的叛乱’而屈服于这种和平的和合法的革命。”②后来，列宁在谈到马克思所设想的 19 世纪 70 年代的英国和美国有可能和平发展到社会主义时说，这是因为当时英、美两国，尤其是英国“形成”了某些条件。这些条件主要是：资本主义还没发展到帝国主义，英美两国的军事官僚制度还不发达，政治上还比较自由，工人运动发展的水平较高，无产阶级有较好的组织程度和文化水平，英国资本家长期惯于用妥协的方法去解决政治经济问题，等等。然而，在过了三四十年之后，资本主义已发展到帝国主义阶段，包括英、美两国在内的一切资本帝国主义国家“最大限度地到处发展军阀制度”时，第二国际的机会主义首脑们还继续坚持马克思的上述估计，列宁则尖锐地指出，到了帝国主义阶段，英、美革命和平发展的条件已经消失，此时再谈论和平转变，“那就等于堕落为资产阶级最庸俗的奴仆了”③。

处于 19 世纪末 20 世纪初的列宁与马克思和恩格斯所处的时代不同，他所处的是帝国主义和无产阶级革命的时代，所以列宁在许多著作中特别强调暴力革命。但是，列宁也并未将暴力革命绝对化，也没有完全否定革命和平发展的可

① 《马克思恩格斯全集》第 18 卷，人民出版社 1964 年版，第 179 页。

② 马克思：《资本论》第 1 卷，人民出版社 2004 年版，第 35 页。

③ 《列宁选集》第 3 卷，人民出版社 1995 年版，第 598 页。

能性。他仍认为还有可能出现“罕有的例外”情形。1916年8～10月，列宁在《论对马克思主义的讽刺和“帝国主义经济主义”》一文中指出：“在某些情况下，作为例外，例如，在某一个小国家里，在它的大邻国已经完成社会革命之后，资产阶级和平地让出政权是可能的，如果它深信反抗已毫无希望，不如保住自己的脑袋。当然，更大的可能是，即使在各小国家里，不进行国内战争，社会主义也不会实现，因此，承认这种战争应当是国际社会民主党的唯一纲领，虽然对人使用暴力并不是我们的理想。”[①]列宁不只是理论上论述这个问题，而且现实生活中一旦出现了这种罕见的例外情形，遇到了这种“千载难逢的机会”时，他便紧紧抓住，从不放过，努力争取实现这种可能性。比如，1917年俄国二月革命后出现了资产阶级临时政府和工兵代表苏维埃两个政权并存的局面，俄国的军队大部分在前线，资产阶级临时政府没有掌握反革命军事力量，而苏维埃却得到了工人、赤卫队和革命士兵的支持。列宁根据这些特殊条件，认为当时俄国有革命和平发展的可能性。为此，列宁提出了“不给临时政府任何支持”和“全部政权归苏维埃”的口号，目的是使苏维埃从临时政府手中夺回全部国家政权。通过耐心宣传解释、说服教育和征集力量的工作，使布尔什维克逐步争得苏维埃的多数，从而改变苏维埃的政策，将苏维埃变成名副其实的无产阶级专政的国家政权机关。此时，列宁一方面认为：“在俄国，这个革命可能例外地成为和平革命。”[②]同时，他又强调指出：“武器掌握在人民手中，没有外力强制人民——这就是问题的实质。这就开辟并保障了整个革命和平向前发展的道路。”[③]然而，革命是否能够和平发展，毕竟不取决于无产阶级的愿望，实际上资产阶级总是把刺刀提到日程上来。到了7月间，彼得格勒爆发了声势浩大但又是和平的示威游行，而资产阶级临时政府却调集军队进行残酷镇压，工人和革命士兵的鲜血洒遍街头，接着将全部政权收归资产阶级临时政府所有，两个政权并存的局面结束了，因而革命和平发展的可能性也随之消失。据此，列宁根据变化了的情况，领导布尔什维克党准备并实际发动了十月武装起义，通过暴力革命夺取了政权，建立了全世界第一个无产阶级专政的社会主义国家。

从马克思、恩格斯和列宁对和平取得政权问题的一系列论述中可以明确看出：第一，和平取得政权是无产阶级及其政党的愿望，只要出现这种可能和机会，就尽力争取，努力实现它；第二，和平取得政权是有条件的，没有条件也可以努力创造，但不可对此抱不切实际的幻想，不能把主要希望寄托在和平过渡上面；第

---

① 《列宁选集》第2卷，人民出版社1995年版，第776页。

② 《列宁选集》第3卷，人民出版社1995年版，第80页。

③ 《列宁选集》第3卷，人民出版社1995年版，第86页。

三，在坚持暴力革命的前提下，从策略观点上提出和平和非和平两种可能性，对无产阶级革命有利，可以争取主动；第四，马克思主义关于和平取得国家政权的可能性和必要条件的理论，同第二国际伯恩斯坦、考茨基之流的修正主义的“和平长入论”、“议会迷”是有原则区别的。

马克思主义者和无产阶级革命政党，尽管反对“议会迷”，但绝不排斥为了无产阶级的革命胜利，根据革命形势发展的要求，以革命的和共产主义的精神利用资产阶级议会，参加议会斗争。那种不论在任何情况下一律拒绝参加资产阶级议会，进行议会斗争，也是不正确的，是左倾错误的表现。

当前，资本主义国家出现了许多新情况、新问题。这些国家的无产阶级政党应该根据具体情况，把马克思主义关于无产阶级革命的基本原理与本国革命的具体实践相结合，积极引导本国人民进行探索，通过斗争实践寻找出适合本国特点的具体的革命道路。各国无产阶级政党可以同志式地交换意见，但不可把自己的意见强加于人。经验要由各国的党和人民自己去创造，教训也要由各国的党和人民自己来吸取。实践证明：在各国采取什么战略、策略进行革命的问题上，坚持这种态度和方针是适当的、有益的。

第四节　革命形势和革命的主观条件

一、革命形势和革命主观条件的科学含义

无产阶级革命是必然的和必要的。但是，无产阶级革命并不是在任何时候和任何情况下都能爆发的。只有在社会基本矛盾及其所引起的各种社会矛盾发展到最尖锐的程度，客观上具备了革命形势时，才有可能爆发。正如列宁所说：“没有革命形势，就不可能发生革命。”①

什么是革命形势？革命形势就是标明革命成熟的各种客观条件的综合或集中表现。列宁在《第二国际的破产》一文中指出：“一般说来，革命形势的特征是什么呢？如果我们举出下面三个主要特征，大概是不会错的：(1)统治阶级已经不可能照旧不变地维持自己的统治；‘上层’的这种或那种危机，统治阶级在政治上的危机，给被压迫阶级不满和愤慨的迸发造成突破口。要使革命到来，单是‘下层不愿’照旧生活下去通常是不够的，还需要‘上层不能’照旧生活下去。(2)被压迫阶级的贫困和苦难超乎寻常地加剧。(3)由于上述原因，群众积极性大大提高，这些群众在‘和平’时期忍气吞声地受人掠夺，而在风暴时期，无论整个危

---

① 《列宁选集》第2卷，人民出版社1995年版，第460页。

机的环境，还是'上层'本身，都促使他们投身于独立的历史性行动。"[①]在《共产主义运动中的"左派"幼稚病》一书中，列宁又进一步发挥了这一原理。他指出："没有全国性的（既触动被剥削者又触动剥削者的）危机，进行革命是不可能的。这就是说，要举行革命，第一，必须要多数工人（或至少是多数有觉悟、能思考、政治上积极的工人）充分认识到革命的必要性，并有为革命而牺牲的决心；第二，必须要统治阶级遭到政府危机，这种危机甚至把最落后的群众都卷入政治活动（一切真正的革命的标志，就是在以前不关心政治的被压迫劳动群众中，能够进行政治斗争的人成十倍以至成百倍地迅速增加），削弱政府的力量，使革命者有可能很快地推翻它。"[②]"没有这些不仅不以各个集团和政党的意志，而且也不以各个阶级的意志为转移的客观变化，革命通常是不可能的。这些客观变化的总和就叫做革命形势。"[③]

然而，并不是任何革命形势都会引起革命。仅仅有一个客观上成熟的革命形势，革命还不一定发生。要举行革命，并能取得胜利，除了具备客观的革命形势之外，还必须有革命的主观条件的成熟。

所谓革命的主观条件，按照列宁的说法，就是"革命阶级能够发动足以摧毁（或打垮）旧政府的强大的群众革命行动，因为这种旧政府，如果不去'推'它，即使在危机时代也决不会'倒'的"[④]。这就是说，要发动革命，就必须唤起民众的高度政治觉悟，组织浩浩荡荡的革命大军，形成推翻旧政府的强大群众力量。当人民群众还不觉悟的时候，当革命力量还未充分发动和组织起来的时候，革命是不会取得胜利的，即使取得了一些革命成果，仍然有重新丧失的可能。但是，人民群众的觉悟和力量要靠革命的政党去教育、去提高、去组织，对于无产阶级革命和无产阶级政党领导的人民革命来说，革命主观条件的成熟集中地表现为无产阶级政党的成熟。有一个成熟的马克思主义的革命政党，是革命主观条件成熟的主要标志。这是因为：没有一个真正成熟的无产阶级政党，就不能把无产阶级和劳动人民群众充分发动起来，团结到自己的周围，形成足以摧毁反动政权的强大革命力量；没有这样一个政党，就不能引导人民进行坚定不移的革命斗争，克服重重困难，绕过各种暗礁，遵循正确的路线，不失时机地夺取革命的胜利。

---

① 《列宁选集》第2卷，人民出版社1995年版，第460～461页。

② 《列宁选集》第4卷，人民出版社1995年版，第193页。

③ 《列宁选集》第2卷，人民出版社1995年版，第461页。

④ 《列宁选集》第2卷，人民出版社1995年版，第461页。

二、革命形势是无产阶级政党行动的基础

马克思主义认为，革命形势是无产阶级及其政党行动的基础。在有无革命形势的不同情况下，无产阶级政党的策略是有区别的。在不具备革命形势时，无产阶级革命政党不应当轻率地发动革命，否则就会犯左倾错误；在革命形势到来、革命时机成熟的情况下，不敢领导革命，不敢夺取胜利，那就会犯右倾错误。

科学社会主义的奠基人马克思和恩格斯，在根据革命形势的发展采取相应的革命策略方面为我们树立了光辉的榜样。在欧洲1848年革命时期，他们为无产阶级制定的革命策略的不断变化就突出地说明了这一点。当欧洲1848年出现了民主革命的大好形势并且在法、德等国爆发了革命时，马克思和恩格斯不仅热情地赞扬了无产阶级在这次革命中的英勇斗争精神，而且直接地指导和参加了这次革命。为了指导革命斗争，马克思和恩格斯为德国工人阶级制定了正确的革命路线，高举民主革命的大旗，把群众团结到自己周围，揭露资产阶级的叛变行为和左右倾机会主义分子的破坏活动，领导革命群众与反动势力进行了英勇斗争。革命失败以后，马克思和恩格斯被迫流亡伦敦。为了迎接新的革命高潮的到来，他们以钢铁般的意志和百折不挠的革命乐观主义精神，进行了巨大的革命准备工作，希望在不久的将来重新发动革命。但是，预期的革命高潮并没有很快地到来。马克思研究了资本主义经济的发展状况后指出，资本主义工商业的再度活跃，为英、美、法、德等国带来了暂时的经济繁荣，虽然劳动人民的生活并没有多少改善，但却大大削弱了群众的革命情绪。于是，马克思和恩格斯从实际情况出发，改变了原来对革命形势的估计，又作出了新的结论："在这种普遍繁荣的情况下，即在资产阶级社会的生产力正以在整个资产阶级关系范围内所能达到的速度蓬勃发展的时候，也就谈不到什么真正的革命。只有在现代生产力和资产阶级生产方式这两个要素互相矛盾的时候，这种革命才有可能。……新的革命，只有在新的危机之后才可能发生。但它正如新的危机一样肯定会来临。"①马克思和恩格斯在得出这一新的结论之后，就断然提出改变革命策略的主张，即由紧急准备起义的进攻策略转变为长期积蓄革命力量以待时机的策略。不仅如此，为贯彻这一策略方针，他们还与小资产阶级民主派和共产主义者同盟内部的维利希—沙佩尔集团的左倾盲动主义进行了坚决的斗争。

在根据革命形势制定革命策略方面，毛泽东也是一个伟大榜样。比如，在1927年大革命失败之后的复杂局面下，一方面，毛泽东坚决地反对以陈独秀为代表的投降主义、取消主义者对当时革命形势的悲观估计，而认定大革命失败后

---

① 《马克思恩格斯选集》第1卷，人民出版社1995年版，第470～471页。

中国民主革命的任务一个也没有完成，中国人民同三大敌人的矛盾一个也没有解决，中国革命的高潮不可避免地即将到来，这种高潮就像“站在海岸遥望海中已经看得见桅杆尖头了的一只航船”①。中国到处布满了干柴，很快就会燃成燎原烈火。因此，在中国，当时不是取消革命，而是必须坚决地推进革命、发展革命。另一方面，毛泽东又坚决地反对左倾盲动主义者的错误估计，指出大革命失败后革命已由高潮暂时转入了低潮，中国革命的形势是处于两个革命高潮之间。因此，当时党的任务应是有组织地退却。同时，他还认为，由于中国革命发展的不平衡性和长期性，中国革命的退却必须和进攻相结合，在这个地区的退却和在那个地区的进攻相结合，在城市的退却和在乡村建立革命根据地的进攻相结合。他指出，那种认为在全国范围内包括一切地方先争取群众后建立政权的理论，是同中国革命的实际情况不适合的。中国共产党人必须具有在游击区域建立红色政权的深刻观念，必须具有用这种红色政权的巩固和扩大去促进全国革命高潮到来的深刻观念。中国革命的胜利，完全证明了毛泽东这种战略策略思想的无比英明和正确。

第五节　从资本主义到社会主义的过渡时期

一、正确理解马克思主义经典作家关于过渡时期的理论

马克思 1875 年写的《哥达纲领批判》一书，明确地阐述了关于过渡时期的理论。他写道：“在资本主义社会和共产主义社会之间，有一个从前者变为后者的革命转变时期。同这个时期相适应的也有一个政治上的过渡时期，这个时期的国家只能是无产阶级的革命专政。”②列宁在许多著作中对马克思的上述思想作过极其精辟的阐发，并认为这是马克思运用最彻底、最完整、最周密的发展论，考察资本主义的实际材料和未来共产主义的发展问题，总结其全部学说而得出的科学结论。

马克思所讲的“过渡时期”，是指从资本主义的社会形态向共产主义的社会形态的革命转变时期。

这个过渡时期在经济上的主要特点是：衰亡着的资本主义和生长着的社会主义彼此斗争。正如列宁在《无产阶级专政时代的经济和政治》一文中所说：“在资本主义和共产主义之间有一个过渡时期，这在理论上是毫无疑义的。这个过

① 《毛泽东选集》第 1 卷，人民出版社 1991 年版，第 106 页。

② 《马克思恩格斯选集》第 3 卷，人民出版社 1995 年版，第 314 页。

渡时期不能不兼有这两种社会经济结构的特点或特性。这个过渡时期不能不是衰亡着的资本主义与生长着的共产主义彼此斗争的时期。”①列宁还指出:“那么‘过渡’这个词到底是什么意思呢?它用在经济上是不是说,在这个制度内既有资本主义的也有社会主义的成分、部分和因素呢?谁都承认是这样的。”②按照列宁的解释,过渡时期的经济结构一定是生产资料公有制尚未占绝对优势,并和生产资料私有制同时并存。这一时期,各个国家的经济都具有多种成分的特点,其中社会主义经济成分逐步占统治地位。

过渡时期政治上的主要特点是:与多种经济成分相适应,存在着多个阶级,存在着阶级斗争。这个时期的国家,只能是无产阶级革命专政。

过渡时期的起点和终点应该是:从无产阶级取得政权后,就算进入了向共产主义的过渡时期,它的终结点是过渡到共产主义社会的第一阶段,即社会主义社会。

之所以说马克思、列宁所讲的“在资本主义社会和共产主义社会之间”的过渡时期是过渡到共产主义社会第一阶段(社会主义社会),而不是它的高级阶段,主要依据是:

第一,从《哥达纲领批判》一书的整个精神看,是指过渡到共产主义社会的低级阶段。马克思讲的共产主义社会是包括社会主义和共产主义两个发展阶段在内的共产主义社会的总称,他讲的从资本主义向共产主义的过渡实际指的是过渡到共产主义的低级阶段——社会主义社会。

第二,列宁在《国家与革命》一书中对马克思的上述思想解释得很清楚。该书第五章第二节讲,从资本主义向共产主义的过渡,实际上是指从资本主义向共产主义第一阶段的过渡。当列宁谈到社会主义民主及其实质时指出,绝大多数人享受民主,对少数剥削分子实行镇压,“这就是民主在从资本主义向共产主义过渡时改变了的形态”③。这里讲的,正是过渡时期无产阶级专政条件下的民主。第三节标题是“共产主义社会的第一阶段”。这个社会的主要特点是:“生产资料已经不是个人的私有财产,它们已归全社会所有。”“人剥削人已经不可能了,因为已经不能把工厂、机器、土地等生产资料攫为私有了。”“国家正在消亡,因为资本家已经没有了,阶级已经没有了,因而也就没有什么阶级可以镇压了。但是,国家还没有完全消亡,因为还要保卫那个确认事实上的不平等的‘资产阶

① 《列宁选集》第4卷,人民出版社1995年版,第59页。

② 《列宁选集》第3卷,人民出版社1995年版,第521页。

③ 《列宁选集》第3卷,人民出版社1995年版,第191页。

级权利’。”[①]第四节专门讲了共产主义社会的高级阶段。如果我们结合《马克思主义论国家》这一读书笔记来研究过渡时期的终结点应该划到哪里，就更加清楚了。列宁在他那本读书笔记里，把从资本主义向共产主义的过渡时期称为“长久的阵痛”时期。这个观点和《国家与革命》第五章第二节的标题“从资本主义向共产主义的过渡”是一致的，即只有经过这个长久的阵痛时期，才能到达共产主义社会的第一阶段，即社会主义社会。由此可见，无论从内容还是从逻辑顺序看，这个过渡实际上都是指过渡到共产主义的第一阶段。

第三，列宁在《向匈牙利工人致敬》一文中对马克思讲的过渡时期解释得更加明确。他说：“无产阶级的目的是建成社会主义”，“这个目的不是一下子可以实现的，这需要一个相当长的从资本主义到社会主义的过渡时期”，“所以马克思说，无产阶级专政的整个时期是从资本主义到社会主义的过渡时期”[②]。在这里，列宁明白无误地认为，马克思所说的过渡时期就是从资本主义到社会主义的过渡。尽管在列宁的著作中有时说“从资本主义到社会主义过渡”，有时说“从资本主义到共产主义过渡”，但这两种提法都是一个含义，都是指向共产主义的第一阶段——社会主义过渡。

那么，这个过渡时期何时结束，社会主义社会何时才算开始呢？按照马克思和列宁的设想，只有到达共产主义社会第一阶段，过渡时期才算结束，社会主义方才开始。共产主义社会第一阶段到来之后，才谈得上在自身基础上由共产主义低级阶段向共产主义高级阶段过渡的问题。当然，这种过渡与前面讲的“过渡时期”是不同的。

二、由新民主主义转变为社会主义是中国向社会主义过渡的特点

马克思、恩格斯和列宁基于对一般的资本主义社会发展规律的考察和研究，提出和论述了从资本主义向共产主义低级阶段（即社会主义社会）过渡的“过渡时期”理论，回答和解决了一般资本主义国家由旧社会转变为新社会的问题。以毛泽东为代表的中国共产党人，则把马克思列宁主义关于过渡时期的理论同我国的具体实际相结合，提出和论证了由新民主主义革命转变为社会主义革命、从新民主主义社会过渡到社会主义社会的理论，创造性地解决了中国如何从半殖民地半封建的旧社会转变为社会主义的新社会这一极其特殊和困难的问题。我党和毛泽东认为，建国以前 28 年我党领导人民进行的新民主主义革命，“是为了

---

① 《列宁选集》第 3 卷，人民出版社 1995 年版，第 193、194、195、196 页。

② 《列宁选集》第 3 卷，人民出版社 1995 年版，第 835 页。

终结殖民地、半殖民地、半封建社会和建立社会主义社会之间的一个过渡的阶段”[①]。中华人民共和国诞生后，在全国范围内建立起来的新民主主义社会，是一个过渡性质的社会，是从新民主主义到社会主义的过渡时期。中国从半殖民地半封建社会到社会主义社会的这一整个历史时期，经历了28年的新民主主义革命和7年的新民主主义社会（即由新民主主义到社会主义的转变时期），前后共35年时间。前28年，以武装夺取政权为中心任务；后7年，以采用和平方法解决生产资料私有制的社会主义改造问题而闻名于世。正如刘少奇在1949年新中国成立前夕所指出的那样，中国从半殖民地半封建社会到新民主主义社会必须经过流血的革命，将来从新民主主义社会到社会主义社会就可以和平地走下去，不经过流血革命。中国的历史正是这样发展的。

中共十一届六中全会通过的《关于建国以来党的若干历史问题的决议》把中华人民共和国成立后的头7年的历史性质确定为“基本完成社会主义改造的七年”，明确指出：“从一九四九年十月中华人民共和国成立到一九五六年，我们党领导全国各族人民有步骤地实现从新民主主义到社会主义的转变。”[②]这一论断揭示了中国向社会主义过渡的特点，符合我国实际情况，因而是完全正确的。它也揭示了“从新民主主义转变为社会主义”和“从资本主义过渡到社会主义”两种提法的异同点。两者的共同点主要表现在两个方面：(1)过渡时期的终结点都是共产主义社会的第一阶段，即进入社会主义社会。(2)在这个过渡时期里，经济上都是社会主义公有制占主导地位，但未占绝对优势，并同资本主义私有制、个体经济等其他经济成分并存；政治上，无产阶级和资产阶级的矛盾、社会主义和资本主义两条道路的矛盾逐步上升为主要矛盾，为解决这一主要矛盾，必须坚持无产阶级专政。两者的差别主要是：(1)过渡时期的起点，一个是从独立的资本主义旧社会被推翻开始，另一个是从经过长期的新民主主义革命终结了半殖民地半封建社会后建立起来的新民主主义社会开始。(2)过渡时期的国家政权，一个直接表现为无产阶级专政，另一个则是采取实质上是无产阶级专政的人民民主专政的国家形式。

---

① 《毛泽东选集》第2卷，人民出版社1991年版，第647页。

② 中共中央文献研究室编：《三中全会以来重要文献选编》(下)，人民出版社1982年版，第798页。

第六节 过渡时期和社会主义社会的一定阶段的国家是无产阶级专政类型的国家政权

一、无产阶级专政的科学含义、特征及其实质

在标志着科学社会主义正式诞生的《共产党宣言》中，马克思和恩格斯虽尚未正式使用“无产阶级专政”这一范畴，但无产阶级专政思想已经产生。当时，对无产阶级专政国家的含义作了如下表述：“国家即组织成为统治阶级的无产阶级。”[①]对此，列宁在《国家与革命》一书中给予了十分确切的解释。他说：“在这里我们看到马克思主义在国家问题上最卓越最重要的思想即‘无产阶级专政’这个思想的表述，其次我们还看到给国家（指无产阶级专政的国家——引者注）下的一个非常引人注意的定义。”[②]欧洲1848年革命之后，马克思在《1848年至1850年的法兰西阶级斗争》一书中首次使用“工人阶级专政”、“无产阶级的阶级专政”这种科学概念，并对其历史任务作了精辟阐述。到了1875年，马克思在《哥达纲领批判》一书中进一步发展了无产阶级专政的理论。这是马克思总结了他的全部学说而得出的科学结论。列宁对“无产阶级专政”这个概念经过周详的考察和研究之后指出，无产阶级专政是一个“历史学的、哲学的、科学的拉丁名词”，并解释说，如果把这个“拉丁名词译成普通话”，那就是说，“在推翻资本压迫的斗争中，在推翻这种压迫的过程中，在保持和巩固胜利的斗争中，在创建新的社会主义的社会制度的事业中，在完全消灭阶级的全部斗争中，只有一个阶级，即城市的总之是工厂的产业工人，才能领导全体被剥削劳动群众”[③]。列宁在论述从前各次革命中人民群众彻底镇压一切剥削者和一切坏分子的热情不能长久支持下去的经验教训时又指出：“马克斯正是总结了历次革命的这个历史经验，这个有全世界历史意义的——经济的和政治的——教训，提出了一个简短、尖锐、准确、鲜明的公式：无产阶级专政。”[④]列宁还从各个角度阐明了马克思提出的“无产阶级专政”这个公式。例如，他从阶级斗争的角度将其概括为，“无产阶级专政是无产阶级利用国家政权这样的工具所进行的阶级斗争”[⑤]；从无产阶级

① 《马克思恩格斯选集》第1卷，人民出版社1995年版，第293页。
② 《列宁选集》第3卷，人民出版社1995年版，第129～130页。
③ 《列宁选集》第4卷，人民出版社1995年版，第10页。
④ 《列宁选集》第3卷，人民出版社1995年版，第497页。
⑤ 《列宁全集》第38卷，人民出版社1986年版，第19页。

领导权的角度，认定“无产阶级专政是一个阶级的政权”[①]，是无产阶级及其政党独掌领导权；从工农联盟的角度，他坚持无产阶级专政的最高原则是工农联盟；从专政和民主的角度，他论述了无产阶级专政是新型民主和新型专政的国家；等等。毛泽东1962年《在扩大的中央工作会议上的讲话》一文，从无产阶级专政的两个基本方面——专政与民主的角度，也对“无产阶级专政”这个科学概念作了简明概括。他说：“在人民内部实行民主，对人民的敌人实行专政，这两个方面是分不开的，把这两个方面结合起来，就是无产阶级专政，或者叫人民民主专政。”[②]

根据马克思主义经典作家的一系列论述，对什么是无产阶级专政的问题，可以简要概括如下：无产阶级专政就是以工人阶级为领导，以工农联盟为基础，以消灭一切阶级和进入无阶级社会为使命的新型民主和新型专政的社会主义国家政权。简言之，无产阶级专政就是无产阶级对整个社会实行国家领导。这是从国家制度的角度而不是从思想理论的角度概括和归纳的。从国家制度方面说，无产阶级专政有如下五个主要特征：

(1)无产阶级专政是“政治上的过渡时期”，是从资本主义向共产主义的过渡时期的国家，它是达到国家完全消亡的根本手段和途径，是“从国家到非国家的过渡”。

(2)无产阶级专政并不是结束阶级斗争，而是夺得政权的无产阶级利用国家政权这个工具，以新的形式继续正确地进行一定范围内的阶级斗争。

(3)无产阶级专政既是无产阶级一个阶级独掌的政权，又是和其他非无产阶级的人民群众特别是农民结成的特种形式的阶级联盟，也就是通常所说的“无产阶级及其政党是无产阶级专政的领导力量，工农联盟是无产阶级专政的阶级基础”。

(4)无产阶级专政是对人民民主和对敌人专政这两个基本方面的高度统一和有机结合。对国内外阶级敌人来说，它是革命暴力，是压迫机器，是铁的手腕；对无产阶级和广大人民群众来说，它是最高类型的民主制，实行最广泛的民主，民主集中制是它的根本原则。

(5)组织社会主义经济，大力发展社会生产力，最大限度地满足人民物质和文化生活的需要，为过渡到共产主义奠定物质基础，这是无产阶级专政极其重要的职能。

那么，无产阶级专政的实质是什么呢？列宁从革命暴力与无产阶级的组织

---

① 《列宁全集》第37卷，人民出版社1986年版，第100页。

② 《毛泽东文集》第8卷，人民出版社1999年版，第297页。

纪律以及无产阶级所代表并实现着的社会主义社会劳动组织在无产阶级专政实质中所占地位的角度，系统论述了无产阶级专政的实质。他说：无产阶级专政“必须采取严酷无情和迅速坚决的暴力手段来镇压剥削者即资本家、地主及其走狗的反抗。谁不了解这一点，谁就不是革命者，就应该取消他的无产阶级领袖或顾问的资格”。“但是无产阶级专政的实质不仅在于暴力，而且主要不在于暴力。它的主要实质在于劳动者的先进部队、先锋队、唯一领导者即无产阶级的组织性和纪律性。”[①]他还指出：“无产阶级专政不只是对剥削者使用的暴力，甚至主要的不是暴力。这种革命暴力的经济基础，它的生命力和成功的保证，就在于无产阶级代表着并实现着比资本主义更高类型的社会劳动组织。实质就在这里。”[②]

如何理解列宁关于无产阶级专政实质问题的这些精辟的论述呢？

首先，凡是专政就意味着有暴力，无产阶级专政也不例外。列宁明确指出：“专政是直接凭借暴力而不受任何法律约束的政权。无产阶级的革命专政是由无产阶级对资产阶级采用暴力手段来获得和维持的政权，是不受任何法律约束的政权。”[③]这就是说，无产阶级夺取政权、建立无产阶级专政的过程中，不受资产阶级和一切剥削阶级的法律限制，而是直接凭借革命暴力夺取政权，打碎旧国家机器，建立无产阶级专政，实行暴力的转变；无产阶级专政建立之后，自己不应制定妨碍自己镇压资产者和一切剥削者反抗的法律，如果自己制定的法律妨碍了对敌人的专政，那就必须修改。但是，在无产阶级专政条件下，无产阶级进行镇反、肃反及其他对敌斗争时，又必须按照法律程序办事，有效地运用社会主义法制这个工具，对社会主义的敌人进行斗争。那种认为既然无产阶级专政是不受法律限制的政权，因而在无产阶级专政下进行阶级斗争就可以不要法制、不按法律程序办事的想法和做法都是错误的，是违背列宁上述论断的原意的。

其次，还必须深刻理解“无产阶级专政的实质不仅在于暴力，而且主要的不在于暴力”，其主要实质在于无产阶级的组织纪律性和比资本主义更高的社会主义的社会劳动组织这一重要方面。特别是在大规模的急风暴雨式的群众性阶级斗争基本结束，工作着重点已转移到社会主义现代化建设上来之后，如果不高度重视这一方面，就会犯阶级斗争扩大化的错误。

然而，为什么说“无产阶级专政的主要实质在于无产阶级的组织纪律性和比资本主义更高的社会劳动组织”呢？这是因为：

第一，无产阶级专政已不是原来意义上的国家了。暴力镇压的职能虽然还

---

① 《列宁选集》第3卷，人民出版社1995年版，第835页。

② 《列宁选集》第4卷，人民出版社1995年版，第9～10页。

③ 《列宁选集》第3卷，人民出版社1995年版，第594～595页。

有存在的必然性和必要性，但是，它同剥削阶级的国家已根本不同。由于它是大多数被剥削者专少数剥削者的政，“所流的血会比镇压奴隶、农奴和雇佣工人起义流的少得多，人类为此而付出的代价要小得多。而且在实行镇压的同时，还把民主扩展到绝大多数居民身上”[①]。无产阶级专政国家暴力镇压的职能和暴力机关的存在，以及它们正确有效的工作，不是为了妨碍而是为了保证社会主义国家的政治民主化。因为，没有无产阶级专政的保卫，既不可能实行真正的无产阶级民主，也不可能建设社会主义。

第二，只有在无产阶级专政国家内独掌领导权的无产阶级及其政党本身具有自觉的组织纪律性，才能有“以资本主义文化、科学、技术的一切成果为基础的集中的实力”，才能“以无产阶级感情体会一切劳动者的心理，并在农村或小生产中的涣散的、不够开展的、政治上不够稳定的劳动者面前具有威信”，才“能引导农民和一切小资产者阶级阶层前进”[②]，才能彻底消灭阶级，实现无产阶级专政的历史使命。

第三，只有无产阶级才能代表并实现着比资本主义更高的社会主义的社会劳动组织，而这种社会劳动组织则是无产阶级专政革命暴力方面的经济基础，是它富有生命力和必获胜利的根本保证。这种社会劳动组织的维持同封建主义和资本主义的社会劳动组织的维持不同。封建主义的劳动组织靠“棍棒纪律”维持，资本主义的劳动组织靠“饥饿纪律”维持，“共产主义的社会劳动组织——其第一步为社会主义——则靠推翻了地主资本家压迫的劳动群众本身自由的自觉的纪律来维持”[③]。而这种自觉的纪律又不是从天上掉下来的，它是从资本主义大生产的物质条件中成长起来的。代表这种物质条件的则是资本主义大生产所创造、组织、团结、训练、启发和锻炼出来的产业无产阶级。

为了完整准确地理解和把握无产阶级专政的实质，必须既要看到无产阶级专政非有暴力不可，坚持革命暴力是无产阶级专政的基本标志的一面；又要看到无产阶级及其领导的劳动群众的自觉的组织纪律性和社会主义的社会劳动组织是无产阶级专政主要实质的一面。只有把这两个方面有机地统一起来，才能抓住无产阶级专政的实质。

列宁关于无产阶级专政实质问题的论述，对一切社会主义国家具有普遍指导意义，而对于像我国这样的经济比较落后的社会主义国家更有特殊意义。首先，明确了革命暴力的地位和作用，我们就能够更加正确地对待和运用革命暴

---

① 《列宁选集》第3卷，人民出版社1995年版，第192页。

② 《列宁选集》第3卷，人民出版社1995年版，第836页。

③ 《列宁选集》第4卷，人民出版社1995年版，第10页。

力，从而保障和推动社会主义革命和社会主义建设事业的顺利发展。马克思主义与无政府主义不同，从不否认革命暴力在无产阶级专政中的地位和作用；马克思主义与左倾教条主义也不同，坚决反对迷信暴力和滥用暴力。其次，准确把握无产阶级专政的实质，我们就能坚定不移地把工作重点放在经济建设上，巩固和加强社会主义的经济基础，努力创造比资本主义更高的劳动生产率，大大发展我国的社会生产力。再次，明确无产阶级的组织性和纪律性是社会主义的社会化大生产的必然要求，我们就会更加自觉地注意培养和加强无产阶级及其政党的组织纪律性，不断提高党政机关、企事业单位的管理水平，同极端无政府主义和资产阶级自由化倾向进行有效的斗争，使无产阶级所代表的比资本主义更高的社会主义的社会劳动组织日益发挥出更加强大的威力。

二、无产阶级专政类型国家的国体和政体

(一)无产阶级专政国家的国体

国体是指社会各阶级在国家中的地位，它表明国家掌握在哪个阶级手里，这个阶级联合哪些阶级，对哪些阶级实行专政。历史上没有超阶级的国家，或者是奴隶主专政的国家，或者是封建主专政的国家，或者是资产阶级专政的国家，现代则出现了无产阶级专政的社会主义国家。只有根据不同的国体来区别各种国家，才能把握国家的阶级实质。

什么是无产阶级专政国家的国体呢？在工人阶级领导下，联合农民和其他小资产阶级，对资产阶级和一切剥削阶级实行专政，这就是无产阶级专政国家的国体。毛泽东根据我国的具体历史条件，指出我们的国家是“工人阶级（经过共产党）领导的以工农联盟为基础的人民民主专政”[①]，其实质是无产阶级专政。这就是说，工人阶级领导的，以工农联盟为基础的，人民民主专政的社会主义国家，就是我国的国体，它确定了我们国家的性质和各阶级在国家中的地位。

工人阶级是无产阶级专政国家的领导力量。工人阶级在无产阶级专政国家中的领导作用，是通过自己的先锋队共产党的领导来实现的。无产阶级专政的历史经验证明：党的领导是实现无产阶级专政的根本保证。巴黎公社失败的一个根本原因就在于缺少一个无产阶级政党的领导，以致在夺取政权以后不能保持政权。历史经验还证明，只要党变质，国就会变色。苏联、东欧各国的剧变就是活生生的事例。我们强调党对于无产阶级专政国家的领导，这绝不等于说无产阶级专政就是党专政。斯大林指出：“党实现着无产阶级专政。‘党是无产阶级的直接执政的先锋队，是领导者’（列宁）。在这个意义上党掌握政权，党管理

① 《毛泽东选集》第 4 卷，人民出版社 1991 年版，第 1480 页。

国家。然而决不能把这一点了解为党是越过国家政权，无须国家政权而实现着无产阶级专政的，了解为党是越过苏维埃，不通过苏维埃而管理国家的。这还不是说，可以把党和苏维埃，把党和国家政权看作一个东西。党是政权的核心。但它和国家政权不是而且不能是一个东西。""谁把党的领导作用和无产阶级专政看作一个东西，谁就是以党代替苏维埃即代替国家政权。"①在我国，共产党在国家生活中的领导作用和一切活动都是在宪法和法律的范围内进行。党和人民的意见只有经过人民代表大会和它的常务委员会通过和决定才能成为法律，党也领导人民也遵守宪法和法律。宪法和法律是党的主张和人民意志的统一。因此，坚持党的领导，绝不是党政不分，党包办一切。要坚决克服实际生活中存在的党政不分、以党代政的现象。党的领导要靠马列主义路线、方针、政策的正确，靠党员在国家机关和企事业单位中的积极工作和模范作用。包办一切的做法，实际上会既削弱党的领导，也削弱无产阶级专政。

无产阶级专政不仅需要工人阶级通过其政党的坚强领导，而且要有广泛的阶级基础。无产阶级专政，就其阶级实质而言是无产阶级一个阶级的政权，但这并不等于说无产阶级不需要同其他劳动群众结成联盟，恰恰相反，无产阶级只有同广大劳动群众特别是农民结成巩固的联盟，才能实现其在无产阶级专政中的领导作用，使这个专政获得广泛而坚实的群众基础。列宁非常重视工农联盟的作用，认为工农联盟是无产阶级专政的最高原则。在经济比较落后的国家中，农民占人口大多数，是革命的基本力量。推翻资本主义，建设社会主义，不仅符合工人阶级的利益，而且也符合农民阶级的利益。在社会主义革命和建设时期，广大农民是无产阶级专政的最可靠的同盟军。为了巩固无产阶级专政，加强工农联盟，必须同损害和破坏工农联盟的行为进行坚决的斗争。

无产阶级专政总是一定形式的阶级联盟，这是毫无疑义的。但是，在不同的国家和不同的历史条件下，阶级联盟的范围是可以不一样的。例如，在我国的具体历史条件和社会条件下，除了工人阶级和其他劳动人民的联盟之外，还存在一个和民族资产阶级的联盟问题。毛泽东指出，进入社会主义革命阶段之后，民族资产阶级仍然存在着两面性，它既有剥削工人阶级取得利润的一面，又有拥护宪法，愿意接受社会主义改造的一面。它同工人阶级的矛盾除了对抗性的一面以外，还有非对抗性的一面。对抗性的矛盾如果处理得当，也可以转化为非对抗性矛盾。因此，在我国，工人阶级同民族资产阶级的矛盾属于人民内部矛盾。民族资产阶级作为阶级虽然是社会主义革命要消灭的对象，但在我国条件下，它的大

---

① 《斯大林全集》第8卷，人民出版社1954年版，第39～40、41页。

多数成员是人民，而不是敌人，是我党的统战对象和联合力量，而不是专政的对象。①

(二)无产阶级专政国家的政体

政体就是国家政权机构的组织形式，它是由国家的阶级内容所决定，并且一般说来是反映这一阶级内容的。因此，无产阶级专政国家的政体即国家政权机关的组织形式，也是无产阶级专政国家的一个十分重要的问题。在打碎资产阶级的国家机器以后，无产阶级专政国家的政权机关将采取何种组织形式进行统治或管理，巴黎公社提供了这方面的实践经验，作出了初步的尝试。马克思总结了巴黎公社的经验，认为巴黎公社是终于发现了的可以使工人在经济上获得解放的政治形式。公社建立了新的权力机构，选举了各委员会的委员，不少工人担任了重要职务，工人阶级直接参加国家管理。公社彻底废除了旧的欺压人民的官僚制度，所有公职人员一律通过选举产生，并且可以随时撤换；公社公职人员只拿普通工人的工资，接受群众监督，是人民的社会公仆，而不是高官厚禄的官老爷；公社废除了压迫人民的旧军队，代之以全民武装；废除了议会制度，代之以立法兼行政的工作机关，实行自下而上的民主集中制。这种完全新型的国家形式，体现了无产阶级专政国家的阶级本质。

列宁根据巴黎公社的经验，结合俄国革命的实际，创造了苏维埃(工农兵代表会议)这种无产阶级专政的新的国家形式。列宁说，在彻底摧毁资产阶级国家机器的道路上，巴黎公社走了第一步，苏维埃走了第二步，苏维埃政权是巴黎公社政权形式的进一步发展。

在十月革命的影响下，第二次世界大战后，在东欧和亚洲又出现了一系列无产阶级专政的社会主义国家。它们都根据巴黎公社和十月革命的经验，结合本国的具体情况，创造了多种国家政权的组织形式。如南斯拉夫在联邦制的基础上，又实行了基层组织的代表团制。基层组织的代表团，选举代表参加各级议会活动；讨论不同问题，可由代表团的不同代表参加；代表必须根据选民的意见和代表团事先讨论的意见行事；代表经常受到选民和代表团的监督，使其不至于脱离群众。人民选代表，代表为人民，使议会通过的决议能真正反映人民的利益。中国的人民民主专政的国家政权组织形式，则根据中国的国情和革命传统，借鉴了巴黎公社、苏维埃的经验，创造性地采取全国人民代表大会制。毛泽东指出，没有适当形式的政权机关，就不能代表国家，中国现在可以采用全国人民代表大会、省人民代表大会，并由各级代表大会选举政府。我国的实践证明，人民代表大会制是适合我国人民民主专政(即无产阶级专政)的好形式，是无产阶级专政

① 参见《毛泽东著作选读》下册，人民出版社 1986 年版，第 758～759 页。

国家政体的新鲜经验。

无产阶级专政国家政权机构的组织形式(即政体)可以多种多样,但都应当实行民主集中制的基本原则。民主集中制是无产阶级专政国家政体的实质。因此,讲政体就必须既讲民主又讲集中,全面坚持民主集中制原则。

总之,不论是资产阶级专政的国家,还是无产阶级专政的国家,其形式可能是多种多样的,但各自的本质都不会改变。正如列宁所说,资产阶级国家虽然形式极其繁杂,但本质是一个:所有这些国家,不管怎样,归根到底一定是资产阶级专政。从资本主义过渡到共产主义,当然不能不产生非常丰富而繁杂的政治形式,但本质必然是一个,就是无产阶级专政。

三、人民民主专政是具有中国特色的无产阶级专政

人民民主专政是马克思主义的科学社会主义关于无产阶级专政学说的普遍原理和中国革命具体实践相结合的产物,是以毛泽东为主要代表的中国共产党人所创立的无产阶级专政的一种新形式。我国的人民民主专政经历了两个发展阶段。全国解放前,解放区的政权就是人民民主专政。这时人民民主专政是各革命阶级的联合专政,就其主要点而言是工农民主专政,还不是实质上的无产阶级专政。从新中国成立开始,人民民主专政成了全国性的国家政权,其性质也开始发生变化,随着革命性质转变过程的完结,它也就变成了实质上的无产阶级专政。正因如此,刘少奇于 1956 年 9 月在党的八大政治报告中代表党中央明确宣布:“我国现阶段的人民民主专政实质上是无产阶级专政的一种形式。”[①]1980 年,党中央又明确指出:人民民主专政即无产阶级专政,人民民主专政的实质是无产阶级专政,但人民民主专政的提法更适合我国的国情。

如何理解人民民主专政是无产阶级专政的一种形式呢?

这需要回顾一下历史。恩格斯在阐发无产阶级专政两种形式的思想时曾指出:“首先无产阶级革命将建立民主的国家制度,从而直接或间接地建立无产阶级的政治统治。在英国可以直接建立,因为那里的无产者现在已占人民的大多数。在法国和德国可以间接建立,因为这两个国家的大多数人民不仅是无产者,而且还有小农和小资产者。”[②]这就是说,在像英国这样的已经基本没有农民、全国绝大多数居民是雇佣工人的国家里,将来推翻资产阶级的政治统治以后,可以由无产阶级一个阶级的代表来构成无产阶级专政的国家政权;而在无产阶级还没占人口大多数的资本主义国家里,革命胜利后就应当吸收人民各阶级的代表

① 中共中央办公厅编:《中国共产党第八次全国代表大会文献》,人民出版社 1957 年版,第 45 页。

② 《马克思恩格斯选集》第 1 卷,人民出版社 1995 年版,第 239 页。

来参加无产阶级领导的国家政权。这两种形式都是无产阶级的政治统治即无产阶级专政。

恩格斯这种关于无产阶级专政的两种形式的思想已经和继续被无产阶级解放运动的实践检验着和发展着。1871 年作为无产阶级专政的尝试而诞生的巴黎公社，就是一种间接地建立无产阶级政治统治的形式。尽管这种形式不完备，而且很快就失败了，但却为实践上间接地建立无产阶级政治统治形式而迈出了第一步。1917 年十月革命后在资本主义不发达的俄国出现的苏维埃政权，又为发展间接地建立无产阶级政治统治形式迈出了第二步。列宁认为，这种"无产阶级专政是劳动者的先锋队——无产阶级同人数众多的非无产阶级的劳动阶层（小资产阶级、小业主、农民、知识分子等等）或同他们的大多数结成的特种形式的阶级联盟"①。它标志着人类从此开始摆脱了剥削阶级的专政，而将马克思主义的无产阶级专政学说变成了现实，并为无产阶级专政提供了一种新形式。

1949 年中华人民共和国成立后，我国建立了以工人阶级（经过共产党）领导的以工农联盟为基础的人民民主专政。它完全符合农民占人口绝大多数、经济文化十分落后的半殖民地半封建中国的国情，是为发展间接地建立无产阶级政治统治的形式而迈出的第三步。

我国的人民民主专政同恩格斯所设想的无产阶级专政的两种形式相比，在国家政权形式上又有自己的显著特点。从国家政权的组织形式看，它实行的是人民代表大会制；从国家政权的社会构成形式看，除了工人阶级代表，还有农民、小资产阶级的代表参加国家政权，民族资产阶级的代表也允许参政（在民族资产阶级作为阶级不存在后，其成员是作为人民的一员参政），而不是被当作专政对象。这在社会主义实践的历史上是首创的。

但是，我国人民民主专政的国家政权又是工人阶级通过自已的先锋队——中国共产党居于领导地位，执行的是无产阶级的路线和政策，实现的是无产阶级建设社会主义、共产主义的历史使命。作为国家政权的参加者，农民走社会主义集体化的道路，民族资产阶级参加生产资料私有制的社会主义改造，并不是从他们本阶级原有的阶级地位或阶级本性中产生出来的主张和行动，而是在新的历史条件下，经过党的领导和教育，接受了无产阶级的纲领，改变了自己原有的社会存在。正如刘少奇所指出的那样，这是人民各阶级共同执行无产阶级的政策。基于上述理由，我们说，我国的人民民主专政实质上是无产阶级专政的社会主义国家政权，这是更加适合中国国情的无产阶级专政的一种新形式，是具有中国特色的无产阶级专政。

---

① 《列宁全集》第 36 卷，人民出版社 1985 年版，第 362 页。

第七节　无产阶级专政的历史任务

一、镇压国内敌对势力的反抗，防御国外敌对势力的颠覆和侵略，保卫祖国和革命建设的成果

在无产阶级取得政权以后的过渡时期内，无产阶级同资产阶级的斗争并没有终止，而是以另一种形式继续进行。马克思在总结巴黎公社的经验时指出："公社并不取消阶级斗争，工人阶级正是通过阶级斗争致力于消灭一切阶级，从而消灭一切阶级统治。"[①]列宁在十月革命胜利后也尖锐地指出：在从资本主义到共产主义的过渡时期里，剥削阶级还不能一下子被消灭，他们在一段时间内还是有力量的，甚至在某些方面还保持着强大的优势；他们还部分地保留某些生产资料，还有金钱，有管理国家和管理经济的"艺术"，有较高的生产技能和科学文化知识；他们还有广泛的社会联系，并且得到国际资本的支持；在思想文化领域，资产阶级的影响也是非常强大。被推翻的剥削阶级并不甘心自己的失败，而是以十倍的努力、疯狂的热情、百倍增长的仇恨来拼命斗争，妄图夺回他们失去的天堂。旧社会的各种坏分子也会乘机破坏和捣乱。因此，无产阶级为了战胜资产阶级和一切敌对分子的反抗，保卫革命成果和社会主义建设，就必须利用手中的专政工具对敌人进行无情的镇压。否则，国家就不能巩固，资本主义就会复辟，人民就会遭殃。国际共产主义运动的实践经验充分证明了这一点。巴黎公社失败的教训之一，就是对反动派过于仁慈，没有实行彻底的镇压。恩格斯在谈到巴黎公社的经验教训时就曾写道："要是巴黎公社面对资产者没有运用武装人民这个权威，它能支持哪怕一天吗？反过来说，难道我们没有理由责备公社把这个权威用得太少了吗？"[②]十月革命后的苏维埃政权之所以能够巩固，重要原因之一就是严厉地镇压了反革命。我国的无产阶级政权之所以如此巩固，也是由于比较彻底地肃清了反革命分子。

当然，我们强调过渡时期和社会主义社会一定阶段中的阶级斗争，强调必须对敌对势力实行镇压，绝不是说，在整个社会主义历史阶段的任何时候、任何情况下都必须进行大规模的急风暴雨式的群众性阶级斗争，主张阶级斗争日益尖锐化；也不是认为被专政的对象是一成不变的、不可改造的，甚至可以把阶级斗争扩大化，随意"制造"越来越多的专政对象。相反，科学社会主义认为，在生产

① 《马克思恩格斯选集》第3卷，人民出版社1995年版，第98页。

② 《马克思恩格斯选集》第3卷，人民出版社1995年版，第227页。

资料所有制社会主义改造完成之后，社会主义条件下的阶级斗争虽然复杂、曲折，高一阵低一阵，但总的趋势是随着剥削阶级的逐渐消灭而趋向缓和，直至完全消失；被专政的对象绝大多数是可以改造好的，死心塌地的敌对分子只是极少数。我国绝大多数剥削阶级分子已改造成为自食其力的劳动者，就是很好的证明。因此，那种认为在整个社会主义历史阶段"始终"存在着阶级和阶级斗争并且越来越尖锐和激烈的观点，那种认为敌对阶级的分子永远不可改造的观点，以及那种混淆两类不同性质的矛盾，认友为敌，造成大量冤、假、错案，大搞阶级斗争扩大化的做法，都是非常错误的。它既违背了马克思主义关于无产阶级专政学说的基本精神，也不符合社会主义历史阶段的实际情况，在实践中必须坚决防止和纠正。

历史经验证明，新生的无产阶级专政的社会主义国家诞生后，国外敌对势力由于其反动本质所决定，在很长的历史时期内，总是力图通过武装颠覆或和平演变的手法改变社会主义制度的性质。因此，防御外敌，保卫祖国，防范和平演变，也是无产阶级专政国家的伟大历史任务之一。

二、变革生产资料私有制，清除剥削阶级的反动影响，以社会主义公有制代替资本主义私有制和个体小生产制度

首先，无产阶级夺取政权以后，应当立即把大资本收归无产阶级专政的国家所有，以便掌握国家的主要经济命脉。列宁认为，巴黎公社失败的重要教训之一就是没有立即没收关系到国民经济命脉的法兰西银行。十月革命胜利后，苏维埃政权接受了巴黎公社的教训，立即颁布了一系列法令和条例，采取革命措施将大资本收归国有，建立起社会主义的经济基础。我国也是采取了没收帝国主义和官僚资产阶级的资本为无产阶级领导的人民共和国所有的政策。这个政策是随着解放战争的胜利发展，直到中华人民共和国成立初期逐步实现的。这个政策实施的结果，使无产阶级专政的国家从一开始就建立起社会主义国有经济，掌握了同民族资本主义进行斗争的经济手段，为社会主义革命和社会主义建设准备了必要条件。

其次，必须对中小资本有步骤地实行生产资料所有制方面的社会主义改造。在这方面，我国创造了成功的经验，即用和平"赎买"办法把民族资本主义经济改造成社会主义经济。这种办法是马克思、恩格斯和列宁早就提出过但从来没有实现过的设想。毛泽东为首的中国共产党人创造性地运用马克思主义的原理，结合我国具体实际，制定了对资本主义工商业利用、限制、改造的正确方针。在实践中，我们又创造了加工订货、统购包销、经销代销、公私合营等一整套由低级到高级的合理的改造步骤，在很少社会震动的情况下胜利地完成了和平变革资本主义经济的历史使命,并把原来剥削者中有劳动能力的绝大多数人改造成为自食其力的劳动者,加入了人民行列。这是世界社会主义历史上的伟大创举,是毛泽东思想的光辉胜利,为马克思主义关于社会主义的学说增添了新财富。

最后,还必须对广大小生产者,特别是农民的个体小生产制度进行社会主义改造,引导他们走合作化的道路,改造他们的自发资本主义倾向和习惯势力,为最终消灭阶级差别创造条件。这是变革生产资料私有制为社会主义公有制的又一个重大步骤,也是无产阶级专政的一项非常艰巨、复杂的任务。在这方面,我国也创造了非常成功的经验。在农业合作化的伟大运动中,毛泽东深刻了解我国农民特别是贫下中农在土改后要求组织起来的强烈愿望,领导他们采取了从互助组、初级社到高级社等一系列的过渡形式,认真执行自愿互利和典型示范的原则,使广大农民比较自然地、顺利地逐步习惯于集体的生产方式,走上共同富裕的社会主义道路,从而使工人阶级和农民及其他非无产阶级劳动群众结成了巩固的联盟。党的十一届三中全会以来,在指导思想上纠正了左的错误之后,广大农村建立的家庭联产承包责任制和村、乡、县三级服务体系这种双层经营体制进一步解放了生产力,必须长期坚持下去;同时,根据农村社会经济发展的实际进程,选择适当的时机,逐步引导农民实行邓小平所说的“第二次革命”,切实走共同富裕的道路。只有如此,才能进一步发展工农联盟,巩固人民民主专政。

在生产资料所有制的社会主义改造过程中以及在此后一个相当长的历史时期内,努力清除剥削阶级的反动影响,正确地进行思想领域的斗争,是无产阶级专政的又一重要任务。列宁指出:“旧社会灭亡的时候,它的尸体是不能装进棺材、埋入坟墓的。它在我们中间腐烂发臭并且毒害我们。”①这就是说,无产阶级消灭了剥削阶级的经济制度和政治制度之后,反映旧思想的残余是不会一下子被消灭的,它还会长期存在,并通过各种渠道侵袭和腐蚀广大党员干部和广大群众。因此,无产阶级专政的任务是“要战胜资本家的一切反抗,不仅是军事上和政治上的反抗,而且是最深刻、最强烈的思想上的反抗”②。无产阶级专政和社会主义经济基础的建立使以马克思主义为指导的社会主义意识形态占据了统治地位,为无产阶级在意识形态领域彻底肃清剥削阶级的影响创造了有利条件。无产阶级专政国家是保护人民的,而帮助人民清除剥削阶级影响,提高人民的社会主义觉悟和道德水平,就是对人民的一种保护。所以,无产阶级专政国家必须针对剥削阶级意识形态对人民群众的影响,进行长期的思想政治教育工作。

① 《列宁全集》第34卷,人民出版社1985年版,第380页。

② 《列宁全集》第39卷,人民出版社1986年版,第406页。

三、组织和领导社会主义现代化建设

无产阶级专政的国家，必须组织和领导社会主义建设，为实现国家的工业、农业、国防和科学技术的现代化而奋斗。马克思和恩格斯早在《共产党宣言》中就指出："无产阶级将利用自己的政治统治，一步一步地夺取资产阶级的全部资本，把一切生产工具集中在国家即组织成为统治阶级的无产阶级手里，并且尽可能快地增加生产力的总量。"[①]列宁在论述无产阶级专政的任务时也指出，在无产阶级夺取政权后的初期，除首先忙于主要的和基本的任务，即打破资产阶级的反抗、战胜剥削者、击败他们的阴谋以外，还不可避免地要提出建设社会主义、创立新的经济关系、发展生产力这一更重要的任务。他认为："劳动生产率，归根到底是使新社会制度取得胜利的最重要最主要的东西。"[②]"如果没有电气化，回到资本主义去反正是不可避免的。"[③]由此可见，发展社会主义经济是无产阶级专政的基本任务之一。谁否认这一点，谁就是违背马克思主义无产阶级专政的学说。

根据我国社会主义革命和社会主义建设事业发展的客观要求，党的十一届三中全会以来，全党工作的着重点转移到社会主义现代化建设上来。现在我国仍处于社会主义初级阶段，所要解决的主要矛盾仍是人民日益增长的物质文化需要同落后的社会生产之间的矛盾。为此，必须坚持以经济建设为中心。为了完成这个中心任务，仍须坚持人民民主专政，坚持在一定范围内正确地进行阶级斗争。

---

① 《马克思恩格斯选集》第1卷，人民出版社1995年版，第293页。

② 《列宁选集》第4卷，人民出版社1995年版，第16页。

③ 《列宁全集》第41卷，人民出版社1986年版，第378页。

第七章 实现"两个必然"的领导核心和斗争形式及方法:无产阶级政党及其战略策略

无产阶级政党及其自身建设的理论,是科学社会主义学说基本原理之一。作为无产阶级先锋队的无产阶级政党,则是实现变资本主义为社会主义的根本保证。战略和策略是无产阶级政党的政治行动的性质、方向和方法。学习、研究关于无产阶级政党及其战略策略问题,对于实现"两个必然"和完成无产阶级伟大历史使命具有极其重大的意义。

第一节 无产阶级政党的性质和指导思想

一、无产阶级政党是无产阶级的先锋队

政党是代表一定阶级的利益和意志,并积极组织和领导进行阶级斗争的政治组织。它是阶级斗争发展到一定阶段的产物,是阶级斗争的工具。在现代社会里,阶级通常是由政党来领导的,任何政党都是本阶级中最积极的部分,是本阶级利益的集中代表者。列宁说:"在以阶级划分为基础的社会中,敌对阶级之间的斗争在一定的发展阶段上势必变成政治斗争。各阶级政治斗争的最严整、最完全和最明显的表现就是各政党的斗争。"①因此,一切政党都具有鲜明的阶级性,而党性是阶级性的集中表现。但是,除无产阶级政党之外,其他阶级的政党从来不敢公开承认他们自己的阶级性和党性,而总是打着代表"全民"的旗号,宣扬"超阶级的党",以此骗取人民群众的信任和支持,为本阶级的利益服务。

无产阶级政党,自 1847 年 6 月共产主义者同盟第一次代表大会之后,被称为"共产党";由于它是以马克思主义为指导,所以又称为"马克思主义政党"。在第二国际时期,各国无产阶级政党都称为"社会主义政党",简称"社会党"或"社

① 《列宁选集》第 1 卷,人民出版社 1995 年版,第 676 页。

会民主党”。第二国际破产以后，列宁提议恢复“共产党”的称号，加入第三国际的各国无产阶级政党一般称为“共产党”或“工人党”、“劳动党”，少数国家共产党同社会民主党合并之时称为“统一社会党”。为夺取政权而进行革命斗争时期的共产党，习惯上称为“无产阶级革命党”；取得政权后，习惯上称为“无产阶级（或工人阶级）执政党”。

无产阶级政党是以无产阶级为阶级基础，代表无产阶级利益的政党，是无产阶级中最有觉悟和最先进的部分，即无产阶级的先锋队。它是无产阶级的阶级性和先进性的有机统一体。马克思和恩格斯早在无产阶级革命政党的第一个党纲《共产党宣言》中就公开申明：共产党人始终代表整个无产阶级利益，而没有任何同整个无产阶级的利益不同的利益，是代表无产阶级的政党；它在实践上是无产阶级中最坚决的、不断向前推进的部分，在理论上，比无产阶级的基本群众长于理解无产阶级运动的条件、进程和一般的结果。①

说无产阶级政党是无产阶级的先锋队，是指它不是无产阶级的普通群众组织，而是无产阶级阶级组织的最高形式。它的先进性主要由下列因素决定：

第一，无产阶级政党是由无产阶级的先进分子所组成的党。

党只能吸收那些对无产阶级革命事业最忠诚、最坚定、最有觉悟，全心全意为人民服务，能在革命中起模范作用的先进分子入党。只有这样的人所组成的党，才能成为无产阶级的先锋队。列宁指出，在资本主义制度下，在存在阶级斗争的时候，要想把整个工人阶级都提高到自己先进部队的觉悟程度和积极程度是不可能的，甚至连工会组织也不能包括工人阶级的全体成员。他认为：“把作为工人阶级先进部队的党同整个阶级混淆起来，显然是绝对不行的。”②不能把靠近党的分子和加入党的分子混淆起来，不能把自觉的积极分子和帮助党的分子混淆起来。如果忘记先进部队和倾向于它的所有群众之间的区别，忘记党的责任是把广大群众提高到这个先进水平，那就是漠视和遗忘了党的伟大任务，把党的标准降到普通群众组织的水平。

当然，我们说党是由无产阶级中最优秀的分子所组成，并不是拒绝其他阶级出身的优秀分子入党。事实上，不论在国际共产主义运动的历史上，还是在我们中国共产党内，都有一批非无产阶级出身的先进分子被吸收入党，其中也包括极少数剥削阶级出身的人入党。但这些出身其他阶级的党员并不是以本阶级代表的身份参加党的，而是经过对马克思主义的学习和革命实践的长期考验，已经实现了政治立场和世界观的根本转变，具备了无产阶级先进分子的条件，才被吸收

① 参见《马克思恩格斯选集》第1卷，人民出版社1995年版，第285页。

② 《列宁选集》第1卷，人民出版社1995年版，第473页。

入党的。马克思和恩格斯说过:“如果其他阶级出身的这种人参加无产阶级运动,那么首先就要要求他们不要把资产阶级、小资产阶级等等的偏见的任何残余带进来,而要无条件地掌握无产阶级世界观。”[1]大量事实表明,吸收这些同志入党,不仅不会影响党的先进性,而且有利于壮大党的队伍,大大增强党的战斗力。随着无产阶级革命事业的发展,这种出身于其他阶级的优秀分子,会越来越多地要求参加无产阶级政党。如果我们机械地理解“无产阶级先进分子”,搞“唯成分论”,对党的建设和整个无产阶级解放事业都将是极其有害的。

第二,无产阶级政党是立党为公,不谋私利的政党,是无产阶级和广大人民群众利益的忠实代表者。

为无产阶级和广大人民群众谋利益,不为少数剥削者谋利益,立党为公,全心全意为人民服务,是无产阶级政党的根本宗旨。马克思和恩格斯指出:“共产党人同其他无产阶级政党不同的地方只是:一方面,在无产者不同的民族的斗争中,共产党人强调和坚持整个无产阶级共同的不分民族的利益;另一方面,在无产阶级和资产阶级的斗争所经历的各个发展阶段上,共产党人始终代表整个运动的利益。”[2]这就是说,党除了谋求最广大人民群众的利益以外,没有自己的任何特殊利益。因此,作为一个共产党员,应该把党的整体利益、革命的利益、人民的利益放在第一位,全心全意为人民服务,毫无利己之心,把自己的毕生精力以至于生命都献给党和人民的事业,这是党性最完美的体现。如果一事当前,先替自己打算,甚至假借党的名义和集体的名义而谋私利,不惜损害党和人民的利益,那就是党性不纯或没有党性的表现。

第三,无产阶级政党是按照马克思主义的革命理论和革命风格建立起来的党。

以马克思主义作为党的指导思想的理论基础,是无产阶级政党成为无产阶级先锋队组织、党员成为无产阶级先进分子的最具有决定意义的因素。无产阶级政党,只有以先进的革命理论——马克思主义作为自己一切行动的指导思想,才能形成区别于其他任何政党的革命风格和优良作风,才能始终保持无产阶级政党的先锋队性质。

第四,无产阶级政党是按照民主集中制的原则组织起来并有严格纪律的党。

坚持民主集中制的组织原则和严格纪律,也是保持无产阶级政党先进性的重要因素之一。共产党之所以有力量,就是因为根据马克思主义原则形成的思想统一,是用组织的物质统一来巩固的。党是按照严格的组织系统组织起来的

---

① 《马克思恩格斯选集》第3卷,人民出版社1995年版,第685页。

② 《马克思恩格斯选集》第1卷,人民出版社1995年版,第285页。

有机体，它不是一盘散沙和乌合之众。

二、无产阶级政党的指导思想是马克思主义

恩格斯说，无产阶级政党的一个很大的优点，就是有一个新的科学的世界观作为理论基础。这个新的科学世界观，就是马克思主义。

马克思主义是马克思、恩格斯及其继承、捍卫和发展者的观点和学说的体系。它以马克思和恩格斯创立的历史唯物主义、剩余价值理论和在这个基础上建立起来的科学社会主义学说，形成了严整而完备的世界观。马克思主义是无产阶级的科学世界观和方法论，是无产阶级解放运动的理论表现，是建设社会主义、共产主义的行动指南。列宁主义在新的历史条件下，继承、捍卫和发展了马克思主义，是马克思主义发展的新阶段。毛泽东思想是马克思列宁主义在中国的运用和发展，是被实践证明了的关于中国革命的正确理论原则和经验总结，是中国共产党集体智慧的结晶。包括邓小平理论、"三个代表"重要思想、科学发展观等重大战略思想在内的中国特色社会主义理论体系是马克思主义中国化的最新理论成果。马克思列宁主义、毛泽东思想和中国特色社会主义理论体系，是中国共产党指导思想的理论基础。

无产阶级政党之所以必须以马克思主义作为自己的指导思想，是由于：

第一，马克思主义是正确的革命理论。列宁说："马克思学说具有无限力量，就是因为它正确。它完备而严密，它给人们提供了决不同任何迷信、任何反动势力、任何为资产阶级压迫所作的辩护相妥协的完整世界观。"[①]它深刻揭示了人类社会发展的一般规律和无产阶级解放运动的发展规律，对美好的共产主义明天作了科学的预见；它为无产阶级提供了科学的世界观和方法论，成为无产阶级及其政党认识世界和改造世界的强大思想武器。

第二，只有以马克思主义作为党的指导思想的理论基础，才能从根本上保持党的无产阶级先锋队性质，实现先进战士的作用。马克思主义认为，判断一个政党的性质，固然要看它的阶级基础，看它的成员主要来自哪个阶级，但更重要的是要看它的指导思想是什么。马克思主义是无产阶级政党的指导思想和灵魂，它是决定党的先进性的最根本的条件。列宁多次指出，没有革命的理论，就不会有坚强的社会主义政党，"只有以先进理论为指南的党，才能实现先进战士的作用"[②]。他明确指出，一个党是不是真正的工人政党，不仅要看它是不是由工人组成的，而且要看是谁领导它以及它的行动和政治策略的内容如何。只有根据

① 《列宁选集》第2卷，人民出版社1995年版，第309页。
② 《列宁选集》第1卷，人民出版社1995年版，第312页。

后者,才能确定这个党是不是无产阶级政党。首先要看它是否以马克思主义作为言论、行动的指南,作为制定纲领、路线和政策的理论依据;看它在实践中是否代表无产阶级和劳动人民的根本利益,并为这种利益英勇奋斗;看这个党的领导权是否掌握在真正的马克思主义者手中。

第三,只有以马克思主义作为指导思想的理论基础,才能制定正确的纲领和路线,领导无产阶级的革命斗争取得胜利。为了保持党的先进性并领导无产阶级达到自己的最终目标,必须制定正确的革命纲领。纲领规定了党的奋斗目标和实现这一目标的根本途径。一个马克思主义政党,除了有自己的纲领以外,还必须制定和坚持正确的政治路线和组织路线,明确规定党在一定的历史时期内为完成革命任务所必须遵循的总原则和总方针。然而,没有马克思主义理论的指导,就不会制定出正确的纲领和路线,也不可能取得革命事业的胜利。

鉴于我党和国际共产主义运动中的经验教训,应注意做到:(1)坚持理论与实践相结合的原则,把马克思主义普遍原理和本国革命的具体实践相结合,既不能违背马克思主义的基本原则,又不能把它教条化。(2)向工人阶级灌输科学社会主义,对党员特别是干部要进行系统的马克思主义理论教育。只有如此,才能使他们的理想和信念建立在坚实的科学理论基础之上,并自觉地为实现壮丽的共产主义事业奋斗终生。(3)必须同机会主义和一切非无产阶级思想倾向作原则性的斗争。因为剥削阶级的思想体系和一切非无产阶级思想倾向,都是与无产阶级的思想体系格格不入的。不同机会主义作斗争,不清除各种非无产阶级思想影响,要建立一个革命的以马克思主义为指南的党是根本不可能的,建立了要想巩固和发展更是不可能的。这是已被国际共运史反复证明了的客观真理。

第二节　无产阶级政党的领导作用和党的领袖

一、党的领导是无产阶级革命斗争胜利的根本保证

马克思主义关于无产阶级政党学说的核心内容,是党在无产阶级革命事业中的领导作用问题。无产阶级必须建立自己的政党,必须有自己政党的领导,这是马克思主义经典作家反复阐明,并为国际共产主义运动和各国革命实践反复证明了的伟大真理。恩格斯指出:“要使无产阶级在决定关头强大到足以取得胜利,无产阶级必须(马克思和我从 1847 年以来就坚持这种立场)组成一个不同于其他所有政党并与它们对立的特殊政党,一个自觉的阶级政党。”[①]列宁在帝国

① 《马克思恩格斯选集》第 4 卷,人民出版社 1995 年版,第 685 页。

主义和无产阶级革命的时代进一步强调建立无产阶级政党对实现社会主义的极端重要性。他说："我们认为革命无产阶级的独立的、毫不妥协的马克思主义政党，是社会主义胜利的唯一保证，是走向胜利的康庄大道。"[①]毛泽东为主要代表的中国共产党人创造性地把马克思列宁主义的建党学说，运用于半殖民地半封建的中国实际，对建立马克思主义政党的必要性作了详细的论述。他明确指出："既要革命，就要有一个革命党。没有一个革命的党，没有一个按照马克思列宁主义的革命理论和革命风格建立起来的革命党，就不可能领导工人阶级和广大人民群众战胜帝国主义及其走狗。"[②]并把党的建设作为战胜一切敌人的三大法宝之一。

为什么说，党的领导是实现无产阶级变资本主义为社会主义这一伟大历史使命的根本保证呢？

第一，只有党的领导才能使无产阶级作为一个阶级来行动，由自在阶级变成自为的阶级。

无产阶级的斗争经验证明，从它诞生的那天起，就开始进行反对资产阶级的斗争。但当无产阶级还没有一个用马克思主义理论武装的革命政党领导的时候，这种斗争只能是零星的、分散的、自发的，不可能把本阶级组织成统一的有觉悟的战斗队伍。因此，这种斗争不可避免地会遭到失败。无产阶级只有在自己政党的领导下，并以科学社会主义理论作指导时，才能做到统一思想、统一意志、统一行动，把无产阶级组成一个有组织、有觉悟的阶级。马克思和恩格斯指出："工人阶级在反对有产阶级联合力量的斗争中，只有把自身组织成为与有产阶级建立的一切旧政党不同的、相对立的政党，才能作为一个阶级来行动。"[③]

无产阶级政党是无产阶级的组织者和教育者，只有它才能把科学社会主义理论灌输到工人运动中去，使工人阶级由自在的阶级变成自为的阶级，使他们的斗争从自发阶段上升到自觉阶段，发展成为伟大的革命运动。列宁说："没有革命的理论，就不可能有被压迫阶级的即历史上最革命的阶级的世界上最伟大的解放运动。"[④]因为只有被无产阶级政党用马克思主义理论武装起来的无产阶级和广大劳动群众，才能真正认识资本主义社会的本质，认识无产阶级的伟大历史使命以及实现这一使命的正确道路和方法。否则，这种斗争只能停留在分散的自发的阶段上，不会形成一个统一的自觉的革命运动。

---

① 《列宁全集》第 9 卷，人民出版社 1987 年版，第 257 页。

② 《毛泽东选集》第 4 卷，人民出版社 1991 年版，第 1357 页。

③ 《马克思恩格斯选集》第 2 卷，人民出版社 1995 年版，第 611 页。

④ 《列宁全集》第 27 卷，人民出版社 1990 年版，第 15 页。

第二，只有无产阶级政党才能领导无产阶级革命取得胜利。

无产阶级在完成其伟大历史使命的过程中，将面临着资产阶级和一切剥削阶级的顽强抵抗。无产阶级所遇到的敌人不但掌握着庞大的国家机器和经济实力，而且还有根深蒂固的资产阶级思想体系。资产阶级思想体系比起无产阶级思想体系“要老得多，传播的范围要广得多，在生活中扎下的根要深得多”[①]。在资本主义条件下，资产阶级处于统治地位，拥有全部舆论工具，利用一切手段宣传和灌输资产阶级思想，无孔不入地渗透到社会的各个角落，腐蚀无产阶级。在这种极端困难和复杂的革命斗争中，只有通晓阶级斗争和社会发展规律的党，才能集中无产阶级以及人民群众的智慧和经验，科学地分析形势，指明方向，分清敌友，制定正确的路线和政策，有计划、有步骤地组织进攻和退却，巧妙地运用各种斗争形式和组织形式有效地战胜一切敌人，保证无产阶级革命斗争获得胜利。马克思和恩格斯说：“为保证社会革命获得胜利和实现革命的最高目标——消灭阶级，无产阶级这样组织成为政党是必要的。”[②]没有这样的党，就很难推翻资本主义的统治，争得无产阶级政权和巩固无产阶级专政，并转变为社会主义。

二、党的思想领导、政治领导和组织领导

党的领导既然如此重要，那么怎样对无产阶级和广大人民群众实行领导呢？这种领导是通过政治领导、思想领导和组织领导实现的。

无产阶级政党的思想路线，就是辩证唯物主义和历史唯物主义，就是一切从实际出发，实事求是，理论联系实际。它要求必须坚持四项基本原则，这是无产阶级政党制定政治路线和各项方针政策的理论基础，也是我们正确理解和执行党的路线、方针、政策的保证。正确的思想路线是制定正确的政治路线的前提和基础，没有正确的思想路线就不可能有正确的政治路线。政治路线，是在某一个革命阶段为实现政治纲领而制定的根本战略路线。无产阶级政党在革命斗争中，运用辩证唯物主义和历史唯物主义的世界观，研究各阶级的经济地位及其政治态度，研究各阶级之间的相互关系和力量对比，从而规定在一个革命阶段内依靠谁、团结谁和打击谁，规定对待同盟军和对待敌人的总方针和总政策。这就是无产阶级政党的政治路线。政治路线要以思想路线为基础，还要靠组织路线来保证。要实现党的领导，仅仅依靠正确的思想路线和政治路线是不够的，还必须有一条正确的组织路线，有各级党的组织作保证。毛泽东指出：“一个政党要引

---

① 《斯大林全集》第1卷，人民出版社1953年版，第86页。

② 《马克思恩格斯选集》第2卷，人民出版社1995年版，第611页。

导革命到胜利，必须依靠自己政治路线的正确和组织上的巩固。”[①]他还指出：“政治路线确定之后，干部就是决定的因素。”[②]所以，组织路线也是非常重要的。党的组织路线，就是在一定历史时期内根本政治路线所规定的关于组织工作与干部工作的根本方针和准则。

党的思想路线、政治路线和组织路线体现着人民的意志和利益。其形成和发展的基础是人民群众的实践。因此，我们坚持党的正确的思想路线、政治路线和组织路线，也就是从各方面坚持一切依靠群众、一切为了群众的路线。它们之间的关系是，思想路线是基础，政治路线是核心，组织路线是保证，三者关系极其密切，缺一不可。同样，政治领导、思想领导和组织领导，也是不可分割的整体。其中，政治领导和思想领导是决定的因素，组织领导是物质保证。历史经验证明，没有政治领导和思想领导，无产阶级革命就不能胜利；没有组织领导，政治领导和思想领导就成为一句空话，要取得革命的胜利也是不可能的。

三、无产阶级政党必须有自己的革命领袖

马克思主义认为，人民是历史的创造者，群众是真正的英雄，任何领袖和英雄人物都不能代替人民群众创造历史的伟大作用；同时，马克思主义者也不否认杰出的个人在历史上的作用。马克思说：“每一个社会时代都需要有自己的大人物，如果没有这样的人物，它就要把他们创造出来。”[③]人民群众的革命斗争需要有代表他们的意志和利益、站在历史斗争前列指导革命斗争的伟大人物。在阶级社会中，群众、阶级、政党、领袖是密切联系而不可分割的。列宁指出：“谁都知道，群众是划分为阶级的”，“阶级是由政党来领导的，政党通常是由最有威信、最有影响、最有经验、被选出担任最重要职务而称为领袖的人们所组成的比较稳定的集团来主持的”[④]。无产阶级政党要成为真正的无产阶级战斗司令部，有效地发挥领导作用，就必须有这样的领袖集团来领导。革命没有这个坚强的领袖集团，要取得胜利是不可能的。

“伟大的革命在其斗争过程中会造就伟大的人物。”[⑤]无产阶级的革命领袖是在革命斗争实践中，在一定的历史条件下，适应无产阶级解放斗争的需要而产生的，是来自无产阶级和人民群众中的优秀代表。他们在阶级斗争的大风大浪中经受锻炼和考验，对无产阶级革命事业无限忠诚，同人民群众保持最密切的联

---

① 《毛泽东选集》第 1 卷，人民出版社 1991 年版，第 303 页。

② 《毛泽东选集》第 2 卷，人民出版社 1991 年版，第 526 页。

③ 《马克思恩格斯选集》第 1 卷，人民出版社 1995 年版，第 432 页。

④ 《列宁选集》第 4 卷，人民出版社 1995 年版，第 151 页。

⑤ 《列宁选集》第 3 卷，人民出版社 1995 年版，第 712 页。

系,能够集中群众的智慧和力量,代表广大群众的根本利益,引导群众走向胜利,完成历史赋予的任务。马克思和恩格斯正是由于在资本主义社会矛盾日益激化、无产阶级已成为一支独立的政治力量而登上了历史舞台的时候,适应了无产阶级解放斗争的需要,回答了时代提出的迫切问题,为无产阶级创立了科学社会主义理论,领导了无产阶级的革命斗争,开创了国际共产主义运动的历史,因而成为国际无产阶级革命的伟大导师。列宁由于回答和解决了帝国主义和无产阶级革命时代的理论和实践问题,创造性地发展了马克思主义,使无产阶级革命进入到一个崭新的历史阶段——列宁主义阶段。所以,他也成了国际无产阶级和被压迫民族、被压迫人民公认的导师和领袖。毛泽东适应中国革命的需要,把马克思列宁主义同中国革命实践相结合,开创了在半殖民地半封建国家武装夺取政权的道路,他和老一辈无产阶级革命家一起,缔造了伟大的中华人民共和国,领导了伟大的社会主义革命和社会主义建设事业,丰富和发展了马克思列宁主义,因而成为我国各族人民的伟大领袖和导师。列宁说:“在历史上,任何一个阶级,如果不推举出自己的善于组织运动和领导运动的政治领袖和先进代表,就不可能取得统治地位。”[①]无数实践经验正是这样证明的。

无产阶级领袖们是无产阶级队伍的成员,但不是一般的成员,而是具有卓越才能的组织者和领导者,是无产阶级解放斗争的舵手。他们高瞻远瞩,在革命的紧要关头能够对革命形势作出正确的判断,指明斗争方向,制定正确的方针政策,使革命不走或少走弯路,加速革命的胜利。他们具有丰富的斗争经验,通晓社会发展的规律,最善于把人民群众的要求与革命目标结合起来,“向各国无产者指出了无产者的作用、任务和使命就是率先起来同资本进行革命斗争,并在这场斗争中把一切被剥削的劳动者团结在自己的周围”[②],把无产阶级解放斗争引向彻底胜利。

无产阶级政党的领袖是一个集团。无产阶级政党的性质决定了无产阶级的领袖不是一个人,而是一个领袖集团。列宁在同俄国“经济派”的斗争中指出:“德国人的政治思想的发展和政治经验的积累已经足以使他们懂得:在现代社会中,假如没有‘十来个’富有天才(而天才人物不是成千成百地产生出来的)、经过考验、受过专门训练和长期教育并且彼此配合得很好的领袖,无论哪个阶级都无法进行坚持不懈的斗争。”[③]

无产阶级政党是马克思主义与工人运动相结合的产物,是经过长期的革命

---

① 《列宁选集》第1卷,人民出版社1995年版,第286页。

② 《列宁选集》第3卷,人民出版社1995年版,第574页。

③ 《列宁选集》第1卷,人民出版社1995年版,第401页。

斗争，经过广大党员的共同奋斗逐渐发展壮大起来的。无产阶级政党在它的创建和发展过程中某些个人起了重大作用，但党绝不是哪个人缔造的。国际共产主义运动和中国共产党的历史都表明，无产阶级政党是由最初的共产主义小组或团体的成员推选自己的代表创立起来的；就是在革命斗争中也很难想象，没有一个领袖集团，没有一个肩负着领导无产阶级实现自己的历史使命并站在革命最前列的无产阶级政党，单凭一个领袖就能率领本阶级和千百万人民群众走向胜利。事实上，领导无产阶级政党和率领人民群众进行战斗的都是一个领袖集团。把领袖看成仅仅是一个人，必然会导致唯心主义的天才论。与此相联系，对于无产阶级政党的民主集中制原则也必须有正确的认识，在民主基础上的集中绝不是集中于个人，而是集中于各级党组织，集中于领袖集团。当然，这个领袖集团必须要有一个"班长"，但这个"班长"是生活于集体之中，而不是高居于集体之上，更无权凌驾于党之上。书记与委员的关系不是上下级关系，而是少数服从多数的关系。

国际共产主义运动历史上的一个深刻的教训就是，如果不适当地颂扬个人，突出个人，搞个人崇拜，就会给党的事业带来极大的危害。马克思主义的基本态度是，既承认无产阶级政党必须有自己的杰出的革命领袖，又认为领袖是在革命斗争中涌现出来的杰出的群众代表，他是人而不是神；领袖是政治领袖人物组成的领导集团，不是一个人，而是一批人；革命领袖是时代的产物，是在革命的大风大浪中逐步被群众推选出来的，不是自封的，不是指定的，也不是人为地树起来的。因此，人民群众热爱和保卫自己的领袖，正确地歌颂革命领袖，但不应当夸大个人的作用，反对突出个人，搞个人崇拜，神化领袖，坚持多歌颂党和群众、少宣传个人的方针。这是国际共产主义运动的一些重要经验，也是历史唯物主义的基本原则，必须坚定不移地贯彻执行。

第三节　无产阶级政党的组织原则和优良作风

一、无产阶级政党的根本组织原则是民主集中制

无产阶级政党不仅是无产阶级的先进部队和领导者，而且是无产阶级有组织的部队。党为了实现自己的历史使命，就不能只是先进分子的机械相加，而应当是有高度组织纪律性的统一的战斗整体。列宁在同第二国际机会主义的斗争中始终坚持这一原则，认为党应当有严密的组织，有统一的意志、统一的行动、统一的纪律。没有组织就等于没有党。他要求无产阶级政党必须有正确的组织原则把全体党员组织起来，使之形成一个政治上、思想上、组织上统一的有机体。

无产阶级“所以能够成为而且必然会成为不可战胜的力量，就是因为它根据马克思主义原则形成的思想一致是用组织的物质统一来巩固的”①。这个唯一正确的组织原则就是民主集中制。

无产阶级革命导师历来强调民主集中制。列宁认为，有了民主集中制，党的思想威信就会变成权力威信，党才能有节奏地行动。列宁按照这个原则，创建了俄国布尔什维克党。毛泽东一贯把民主集中制放在党的建设的重要位置上。在长期的革命斗争中，我们党积累了关于贯彻民主集中制的正反两个方面的丰富经验。斗争实践证明，民主集中制的原则是绝对不能违背和抛弃的。

民主集中制是实现无产阶级政党集中统一的组织保证。它是辩证唯物主义和历史唯物主义的基本原理在党的生活中的具体运用，是正确处理党的领导和被领导、上下级组织以及党员个人与组织之间相互关系的唯一准则。只有按照这个原则，才既能充分发扬党内民主，又能在民主基础上实行严格的集中制，使党朝气蓬勃，成为一支坚强的有组织的部队。

党的民主集中制，就是在民主基础上的集中，在集中指导下的民主。具体些说，在民主基础上的集中，就是党内一切事务均由一律平等的全体党员直接或通过代表来处理；党的各级领导机关和领导成员都由党员或党的代表选举产生，并可根据一定的程序予以撤换；党的一切决议是由党的领导机关在民主基础上集中群众的意志和智慧加以制定，并在群众中坚持下去；党的各级委员会要定期向同级代表大会报告工作，经常听取下级组织和党内外群众的意见，接受其监督，研究他们的经验，及时地解决他们的问题。在集中指导下的民主，就是党的一切活动都要在自己选出的领导机关的指导下进行，凡应当由上级组织决定的问题必须向上级请示；党的决议必须无条件地执行；全党必须严格遵守民主集中制的原则，党的各级组织实行集体领导和个人负责相结合的制度。

民主和集中的关系是辩证的统一，是一个统一体的两个矛盾着的侧面。两者既是矛盾的，又是统一的，我们不应当片面地强调某一个侧面而否定另一个侧面。民主和集中是互相依存、互相制约、互相促进的。民主是集中的基础和前提，集中是民主的指导和归宿，彼此是紧密相连、不可分割的。当然，民主和集中这两个方面，随着环境和任务的变化，可以从实际出发，有所侧重。但不管怎么变化，民主是基础，集中是指导，这是肯定的。因此，无产阶级政党的集中制必须是建立在广泛民主基础上的集中制，不能离开民主讲集中。如果不要民主，只要集中，那就不可能集中正确的意见，就会脱离群众，就必然犯官僚主义、命令主义和独断专行的错误，甚至把无产阶级的民主集中制变成资产阶级的官僚集中制

① 《列宁选集》第1卷，人民出版社1995年版，第526页。

和封建专制主义。我们讲的民主，是集中指导下的民主，不能离开集中讲民主，如果只要民主而不要集中，就必然走上无政府主义和极端民主化的邪路，就会破坏党的集中统一。党内民主是党的生命，集中统一是党的力量保证，必须将两者有机地统一起来。

二、无产阶级政党的优良作风是理论联系实际、密切联系群众、批评与自我批评

1. 实事求是和理论联系实际的作风

以马克思主义作为指导思想的无产阶级政党，在长期的革命斗争中形成了一系列的优良传统和作风。它们是无产阶级政党阶级性和先进性的表现，是团结人民战胜敌人的传家宝，是党的建设中极其重要的组成部分。

以毛泽东为主要代表的中国共产党人，在长期的革命斗争中形成了一整套优良的思想作风和工作作风。这就是：实事求是，理论联系实际；密切联系群众；批评和自我批评；谦虚谨慎，戒骄戒躁；艰苦奋斗；等等。其中最重要也最著名的就是党的三大作风，即理论联系实际，密切联系群众，批评和自我批评。它是马克思主义政党区别于其他任何政党的显著标志。

实事求是，一切从实际出发，理论和实际相结合，是无产阶级政党的优良传统和作风，也是党的辩证唯物主义的思想路线。它是无产阶级政党世界观的根本点，是马列主义、毛泽东思想的出发点。因此，坚持这一优良传统和作风，是我们党制定政治路线和各项方针政策的基础，是正确理解和执行党的路线、方针、政策的关键，也是共产党人区别于其他任何政党的显著标志之一。

坚持实事求是、理论联系实际的作风，就要用正确的态度对待马克思主义。毛泽东说："马克思列宁主义的伟大力量，就在于它是和各个国家具体的革命实践相联系的。"[①]我们学习革命理论，要完整准确地掌握马克思主义科学体系，领会其精神实质，学习它的立场、观点和方法，并用以指导自己的行动。坚持实践是检验真理的唯一标准，一切从客观实际出发，而不是从主观臆想和原理概念出发，切忌脱离实际，不顾具体时间、地点和条件，到处生搬硬套，把马列主义、毛泽东思想当作僵死的教条。"一个党，一个国家，一个民族，如果一切从本本出发，思想僵化，迷信盛行，那它就不能前进，它的生机就停止了，就要亡党亡国。"[②]因此，我们必须坚持理论联系实际的作风，反对主观和客观相分离、理论和实践相脱节的唯心主义和形而上学，反对教条主义和经验主义。教条主义和经验主义

① 《毛泽东选集》第2卷，人民出版社1991年版，第534页。

② 《邓小平选集》第2卷，人民出版社1994年版，第143页。

从两个不同的方面违背理论与实践相结合的原则，是主观主义的两种表现形态。毛泽东指出："这种反科学的反马克思列宁主义的主观主义的方法，是共产党的大敌，是工人阶级的大敌，是人民的大敌，是民族的大敌，是党性不纯的一种表现。"①

2. 密切联系群众的作风

同广大人民群众保持最密切的联系，是无产阶级政党区别于其他任何政党的显著标志之一。党同群众的关系就像鱼和水的关系，如果脱离群众，失信于民，是很危险的。从这个意义上讲，党的群众路线就是党的生命线。列宁说："劳动群众拥护我们。我们的力量就在这里。全世界共产主义运动不可战胜的根源就在这里。"②所以，保持和发扬密切联系群众的优良作风，在一切工作中切实贯彻群众路线，是加强党的建设的一个非常重要的问题。

群众路线，就是一切为了群众，一切依靠群众，从群众中来，到群众中去。把马列主义关于人民群众是历史的创造者的原理系统地运用在党的全部活动中，形成党的群众路线，这是我们党长期在敌我力量悬殊的艰难环境里进行革命活动的无比宝贵的历史经验的总结。这条路线的具体内容，包括群众观点和领导方法两个方面。

首先，牢固树立马克思主义的群众观点，是贯彻群众路线的基本条件。马克思主义的群众观点主要是：一切为了群众，全心全意为人民服务的观点；一切向人民群众负责的观点；一切依靠群众，相信群众自己解放自己的观点；虚心向人民群众学习的观点。

其次，"从群众中来，到群众中去"的工作方法，是党的群众观点、群众路线在实际工作过程中的具体体现。毛泽东在领导中国革命的过程中进一步丰富和发展了马克思主义的建党学说，他把马列主义关于密切党和群众联系的原理运用于中国具体实际，创造性地阐述了党的群众路线，并对"从群众中来，到群众中去"的领导方法作了精辟的科学概括。他说："在我党的一切实际工作中，凡属正确的领导，必须是从群众中来，到群众中去。这就是说，将群众的意见(分散的无系统的意见)集中起来(经过研究，化为集中的系统的意见)，又到群众中去作宣传解释，化为群众的意见，使群众坚持下去，见之于行动，并在群众行动中考验这些意见是否正确。然后再从群众中集中起来，再到群众中坚持下去。如此无限循环，一次比一次地更正确、更生动、更丰富。"③这一科学概括是完全符合辩证

① 《毛泽东选集》第 3 卷，人民出版社 1991 年版，第 800 页。

② 《列宁选集》第 4 卷，人民出版社 1995 年版，第 53 页。

③ 《毛泽东选集》第 3 卷，人民出版社 1991 年版，第 899 页。

唯物主义认识论的。它正确地解决了党的领导和广大人民群众密切联系的问题，正确地解决了党的路线、方针、政策和革命实践的关系问题，是党的唯一正确的工作方法和领导方法。

3. 批评与自我批评的作风

批评与自我批评，是保持无产阶级政党的先进性、增强党的战斗力的基本武器。"有无认真的自我批评，也是我们和其他政党互相区别的显著的标志之一。"①

共产党人之所以强调开展批评与自我批评，是由党的指导思想和党的性质决定的。辩证唯物主义认为，事物总是一分为二的。用马克思主义武装起来的无产阶级政党虽然是世界上最先进、最革命的政党，是无产阶级和劳动人民获得解放的组织者和领导者，但并不等于没有缺点和错误。这是由于共产党也是生存于现实社会之中，剥削阶级总是用腐朽没落的反动思想腐蚀党的肌体，即使在他们已被推翻的情况下也是如此；随着党的队伍的不断发展壮大，不可避免地要有一些带着非无产阶级思想意识的人参加到党的队伍中来，把资产阶级和小资产阶级的思想和作风带入党内，这就是党内产生错误思想的社会根源和阶级根源。同时，由于客观事物是复杂的，是不断发生变化的，所以，人们对它的认识也有一个不断解决主观与客观矛盾的过程，有时对它的认识会受到许多限制。一般说来，人们的认识总是落后于客观实际，因而产生认识上的错误是常有的事。

在无产阶级政党内部出现错误思想是不可避免的。这个党只有拿起批评与自我批评的武器，开展积极的思想斗争，才能克服缺点，纠正错误，不断增强战斗力，使党成为不可战胜的。列宁说："公开承认错误，揭露犯错误的原因，分析产生错误的环境，仔细讨论改正错误的方法——这才是一个郑重的党的标志。"②共产党人要做的一切都是为人民服务。它是无产阶级和劳动人民利益的代表者和体现者，除此之外，再无私利可图；同时，它相信自己的事业是正义的，正义的事业是一定要胜利的。所以，只有这样的党才能为了人民的利益敢于坚持真理，修正错误。

① 《毛泽东选集》第3卷，人民出版社1991年版，第1096页。

② 《列宁选集》第4卷，人民出版社1995年版，第167页。

第四节　无产阶级政党的党内斗争和党的团结

一、党的团结是党的生命

马克思主义认为，党的团结和统一是党的生命，是党的力量所在，是一切无产阶级政党必须遵循的基本原则。党的性质和任务决定了党必须是一个思想上、政治上、组织上团结统一的整体。每个党员都应当像保护自己的眼睛一样维护党的团结，要做到有利于党的团结的话就说，不利于团结的话不说；有利于党的团结的事就做，不利于党的团结的事坚决不做。只有这样，党的生存、巩固和发展才有可能，党才真正具有坚强的战斗力；否则，党就有自行瓦解和被敌人消灭的危险。

党的团结是工人阶级团结和劳动人民团结的核心和基础，是革命和建设取得胜利最基本的条件之一。没有先锋队的团结一致，就不可能有无产阶级和全体劳动人民的大团结，党就无法发挥其核心领导作用，党的事业就一事无成。毛泽东曾经指出，一种是党内的团结，一种是党与人民的团结，这些就是战胜艰难环境的无价之宝，全党同志必须珍爱这两个无价之宝。团结就是力量，团结就是胜利，这是被人民革命历史上失败与成功的经验教训所证明了的颠扑不破的真理。

无产阶级政党所需要的团结和统一，是建立在马克思主义和正确路线基础上的团结和统一。马克思主义是党的团结和统一的思想基础，党的正确的纲领、路线、方针和政策是党团结和统一的政治基础，党规党纪和民主集中制原则是党的团结和统一的组织基础。要维护和增强党的团结，就必须坚定不移地捍卫和加强团结的基础，向一切破坏党内团结的言论和行动作坚决的斗争。

二、必须正确地进行党内斗争

恩格斯说："看来任何大国的工人政党，只有在内部斗争中才能发展起来，这是符合一般辩证发展规律的。"①而党内矛盾和斗争的存在，是有深刻的社会根源和认识根源的。毛泽东指出："党内不同思想的对立和斗争是经常发生的，这是社会的阶级矛盾和新旧事物的矛盾在党内的反映。"②无产阶级政党从诞生的那天起，就处在资产阶级和小资产阶级的包围之中。资产阶级和一切剥削阶级

---

① 《马克思恩格斯选集》第4卷，人民出版社1995年版，第651页。

② 《毛泽东选集》第1卷，人民出版社1991年版，第306页。

为了维护自己的统治，总是千方百计地破坏党，腐蚀党，在党内寻找他们的代理人。还有少数反革命分子、阶级异己分子混入党内，进行各种破坏和捣乱。有些党员虽然组织上入了党，但思想上并没有完全入党，把各种非无产阶级思想带进党内来。有的经不起资产阶级"糖衣炮弹"的袭击，受到资产阶级思想作风的影响和侵蚀，甚至蜕化变质。这就是党内斗争的社会阶级根源。产生党内斗争的思想认识根源，主要是由于客观事物复杂，事物本质暴露有个过程，加之每个党员的生活条件、工作任务、斗争经历、思想觉悟等不同，因而对客观事物的认识和对问题的处理方法也必然产生这样那样的差异和分歧。因此，党内矛盾和斗争是必然的，是不以人们的意志为转移的。

矛盾既然存在，就必须通过斗争去解决。毛泽东说："党内如果没有矛盾和解决矛盾的思想斗争，党的生命也就停止了。"[①]正确地开展党内斗争，解决党内矛盾，是维护和巩固党的团结统一、保证党的纯洁性和增强党的战斗力的有力武器，是无产阶级政党巩固和发展的客观规律。共产党能否正确地开展党内斗争，是关系到党的存亡和革命事业成败的大问题。

那么，怎样才能正确地进行党内斗争呢？

首先，必须弄清党内斗争的含义与内容。这是正确地进行党内斗争的必要前提。

党内斗争，就是为解决党内矛盾而进行的思想上、政治上和组织上的原则斗争。它包括三个方面的内容：一是同"党内的各种敌人"、"暗藏在党内的反革命分子"的斗争。这是党外的你死我活的阶级斗争在党内的直接反映，是阶级敌人采取"打进来"、"拉出去"的办法瓦解和破坏无产阶级政党的一种极其阴险毒辣的手段。党同他们的斗争是敌我斗争，一旦将其揭露出来，清除出去，它就由党内问题变成党外问题了。这种斗争数量很少，但性质严重，必须十分重视，高度警惕。二是党内两条路线斗争，即正确路线和错误路线、马克思主义路线和左右倾机会主义路线之间的斗争。路线斗争是指党中央在一定时期内为达到革命的某一目标，在关于全局的重大问题上，如对基本形势的估量，对战略策略以及重大方针、政策的制定等所产生的形态比较完备的理论、纲领和行动的原则分歧。这种斗争是党内斗争的最高形式而不是唯一形式，是党内斗争的一项重要内容而不是全部内容。党内斗争和路线斗争不能简单等同，它们既有密切联系，又有严格区别。三是思想斗争，这是党内斗争主要的、基本的内容。它包括同各种错误思想、错误倾向的斗争，同不良的工作作风、思想作风、生活作风以及唯心主义形而上学的世界观和方法论的斗争。这些矛盾和斗争，在一般情况下，并不

① 《毛泽东选集》第1卷，人民出版社1991年版，第306页。

是两条路线斗争。只有在一定条件下，在党内的某种错误思想、错误倾向发展成为错误路线的时候，才会有两条路线的斗争。在错误路线尚未形成的时候，则经常地、大量地只有一般的党内斗争，而无路线斗争。党内斗争，包括路线斗争在内，一般地都属于人民内部矛盾。要正确地开展党内斗争，必须分清矛盾性质，绝不能把一般的党内斗争和两条路线斗争等同起来，把党内路线斗争和阶级斗争、敌我斗争混为一谈，对犯路线错误的同志"残酷斗争，无情打击"。

其次，进行党内斗争必须坚持正确的方针、政策和做法。党内斗争的目的是为了弄清思想，分清是非，增强全党在马克思主义基础上的团结，促成全党为执行党的正确路线、提高党的战斗力、完成党的任务而斗争。因此，对犯错误的同志，包括犯了路线错误的同志，都应采取"团结——批评——团结"和"惩前毖后，治病救人"的方针。批评错误不讲情面，对人的处理应持慎重态度。要实事求是地分析当时的环境、错误内容、犯错误的原因和危害，帮助其找出改正错误的方法，给以改正错误的机会，并允许对自己的问题进行申辩。要摆事实，讲道理，和风细雨，以理服人，严禁"残酷斗争，无情打击"。在处理党内斗争问题时，应在民主集中制的原则指导下，通过正常的党内生活来进行，绝不能采用急风骤雨式的群众斗争的方法。

三、正确处理党的团结和党内斗争的关系

斗争和团结是对立的统一，是一个矛盾的两个方面。因此，增强全党团结，就必须正确处理党内斗争和党内团结的关系。斗争是手段，团结是目的。斗争首先要从团结的愿望出发，经过批评或斗争，在新的基础上达到新的团结。只有坚持必要的党内斗争，才能战胜错误思想、错误倾向、错误路线，克服不利于团结的因素，从而保证党的纯洁性，促进全党大团结；同时，也只有从团结的愿望出发，以加强党的团结为目的，才能正确地进行党内斗争，否则，党内斗争就要走偏方向。两者互相促进，互相制约，缺一不可。

党的历史经验证明，党内斗争的结果是加强了党的团结和统一，还是削弱和破坏了党的团结和统一，是衡量党内斗争正确与否的基本标志。正确地进行党内斗争，就会加强党的团结，增强党的战斗力；错误地进行党内斗争，就会越斗越乱，越斗党的战斗力越弱，甚至有把党斗垮的危险。这是经过实践反复证明了的真理。

第五节　党的战略和策略在无产阶级革命斗争中的地位和作用

一、战略和策略是指导无产阶级革命斗争的科学

无产阶级政党的战略和策略是指导无产阶级革命斗争的科学，是科学社会主义学说的重要组成部分。无产阶级政党为了实现“两个必然”，完成自己的伟大历史使命，不仅应该精通马克思主义理论，研究和通晓社会的、革命的发展规律，得出正确的理论结论，确定革命的目标，而且还应该认真研究和正确估计革命运动发展的阶段、社会各阶级的状况和阶级关系，制定无产阶级的完整而周密的斗争计划，掌握无产阶级进行革命的各种斗争形式和方法，指导无产阶级进行艰苦而卓绝的斗争。这就是说，无产阶级及其政党不仅需要有正确的理论和纲领，而且还必须有正确的战略和策略。

战略和策略是同无产阶级解放运动密切相关的。无产阶级解放运动本身是由两种因素构成的：一种是客观的或自发的因素，另一种是主观的或自觉的因素。前一种因素是不以无产阶级及其政党主观意志为转移的一些客观过程，如资本主义必然灭亡、社会主义必然胜利等等；后一种因素是运动的自发过程在无产阶级及其政党头脑中的反映，是无产阶级政党引导无产阶级和一切被剥削、被压迫人民走向一定目标的自觉的和有计划的行动。与此相适应，马克思主义也包括两个方面，即理论和纲领、战略和策略。马克思主义的理论和纲领研究的范围是运动的客观方面，而战略和策略的研究范围则是运动的主观方面。理论和纲领、战略和策略这两个方面不能截然分开。战略和策略必须以马克思主义的理论为基础，以无产阶级的革命斗争纲领为指导。只有以马克思主义理论所得出的资本主义必然灭亡和社会主义、共产主义必然胜利这一基本结论为出发点，以无产阶级及其政党制定的最低纲领和最高纲领所提供的斗争目标为指南的战略和策略，才算得上真正马克思主义的战略和策略。斯大林说：“战略本身并不研究运动的客观过程。但是，如果它不愿意在领导运动时犯重大的致命的错误，就必须了解这些过程并正确地估计到这些过程。研究运动的客观过程的，首先是马克思主义的理论，其次是马克思主义的纲领。因此，战略必须完全以马克思主义的理论和纲领为依据。”[①]同样，马克思主义的理论和马克思主义的纲领，也不能缺少战略和策略这个重要组成部分。因为，马克思主义不只是认识世界，而

① 《斯大林全集》第5卷，人民出版社1957年版，第133～134页。

更重要的是改造世界。共产党人和一切革命者必须既懂得应当革命并敢于革命,又懂得如何革命并善于革命,否则就不能算是一个好的完全的共产党人和革命者。刘少奇说得好:"革命坚决、斗争勇敢,是每一个共产党员必须具备的宝贵品质。共产党员有了这样的品质,还必须在不同的历史时期,在不同的斗争条件下,正确地解决如何革命、如何斗争的问题。"[①]只有既掌握了马克思主义的理论和纲领,又掌握马克思主义的战略和策略,才能一步一步地夺取革命和建设的胜利,最终实现共产主义的美好理想。

二、要准确把握党的战略和策略、战略指导和策略指导的基本含义及其相互关系

党的战略和策略规定着无产阶级革命政党的政治行动的性质、方向和方法,这是列宁赋予它的科学含义。

战略是关于无产阶级革命斗争全局的问题。对此,毛泽东曾在《中国革命战争的战略问题》一书中明确指出:"研究带全局性的战争指导规律,是战略学的任务。"[②]斯大林把革命阶段与战略紧密联系在一起进行考察。他说:"战略就是规定无产阶级在革命某一阶段上的主要的打击方向,制定革命力量(主要的和次要的后备军)的相应的布置计划,在革命这一阶段的整个过程中为实现这个计划而斗争。"[③]这就是说,战略是研究带全局性的革命斗争或建设事业指导规律的科学。它主要是指无产阶级及其政党在某一整个革命阶段内规定斗争的目标,明确革命对象、主要革命力量和可以争取联合的中间力量,以及如何对待敌人和同盟军的总方针和总政策问题。简言之,战略就是无产阶级及其政党在某一整个阶段内提出的革命总路线和总任务。

战略只有当革命从一个阶段转到另一个阶段时才发生根本性的变化,而在一个革命阶段的整个时期内它基本上是不变的。不过在一个大的革命阶段中,由于国际国内政治形势、整个社会阶级状况和阶级关系的发展变化,以及革命与反革命阵线的某些变动,也会使战略发生部分变更。例如,在中国新民主主义革命的整个阶段内,无产阶级领导的,人民大众的,反对帝国主义、封建主义和官僚资本主义的新民主主义革命的战略总路线没有发生根本性质的变化,但在其各个不同的发展阶段内则发生过部分变动。这就是:北伐战争时期是工人阶级、农民阶级、小资产阶级和民族资产阶级组成联合战线,矛头直指帝国主义在中国的走狗北洋军阀;十年内战时期,民族资产阶级叛变了革命,革命阵线中少了一个

① 《刘少奇选集》上卷,人民出版社 1981 年版,第 116 页。

② 《毛泽东选集》第 1 卷,人民出版社 1991 年版,第 175 页。

③ 《斯大林全集》第 6 卷,人民出版社 1956 年版,第 133 页。

同盟者，革命的对象则由主要反对北洋军阀而改为主要反对蒋介石为代表的国民党反动派；抗日战争时期，民族资产阶级又参加了革命阵线，革命对象又由主要反对国民党反动派转变为主要反对日本帝国主义；解放战争时期，又由全中国人民一致抗日转为推翻压在中国人民头上的“三座大山”的集中代表美蒋反动派。所有这些都说明，整个新民主主义革命阶段的战略总路线没有发生根本变化，而在各个具体阶段中则有一些局部的变动。

策略是关于无产阶级革命斗争的局部问题、具体问题。对此，毛泽东明确指出：“研究带局部性的战争指导规律，是战役学和战术学的任务。”[①]斯大林把策略同革命的来潮退潮紧密联系在一起进行考察。他说：“策略就是规定无产阶级在运动的来潮或退潮、革命的高涨或低落这个较短时期内的行动路线，就是通过以新的斗争形式和组织形式代替旧的斗争形式和组织形式，以新的口号代替旧的口号，通过把这些形式配合起来等等来为实现这条路线而斗争。”[②]这就是说，策略是研究局部性革命斗争指导规律的科学。它主要是根据革命形势发展的趋势和实际状况，规定在一个比较短的时期内的行动路线和为实现这个行动路线而提出的口号以及所采取的斗争形式、组织形式。在一个大的革命阶段内战略基本不变的情况下，策略随着革命形势的发展趋势和实际状况的变化而往往变更许多次。一般说来，在革命来潮和高涨的情况下党的策略是进攻的，斗争形式和组织形式是比较公开的；反之，在革命退潮和低落的情况下革命则应是积极地退却，斗争形式与组织形式也随之发生相应的变化。

战略和策略的关系是对立的统一，既有区别又有联系。两者是全局与局部的关系。战略是全局，策略是战略的一部分，隶属于战略，受战略决定，根据战略制定，为战略服务。因此，第一，在评价策略的效果时，不要只从策略本身着眼，而首先要从战略任务的要求着眼。因为策略的胜利有时候可以促进战略任务的实现，也有时虽然策略胜利的直接效果十分辉煌，但由于这种胜利与战略任务不相适应，以致造成了对整个革命全局有致命危险的“意外”形势。第二，要求主要处于局部地位、担负策略任务的人，也必须掌握某种程度的战略指导规律。因为了解和掌握了战略性的东西就更会使用策略性的东西，就能保证在革命斗争中既能高瞻远瞩，又能脚踏实地，夺取更大的胜利。同时，战略和策略又是不可分割的有机统一体。战略不能脱离策略，它是由策略构成的，正如全局是由局部构成的一样。总之，既不能把战略和策略当成一个东西，抹杀它们之间的根本区别，也不能把两者截然分割开来，当成两个没有任何共同性和内在联系的东西。

---

① 《毛泽东选集》第1卷，人民出版社1991年版，第175页。

② 《斯大林全集》第6卷，人民出版社1956年版，第134～135页。

无产阶级及其政党制定出革命的战略和策略之后，其工作重心就转到如何实行和实现战略和策略上去了。关于实行和实现战略和策略的问题，通常称为“战略指导”和“策略指导”。

由上所知，在革命斗争中战略所涉及的主要是关于革命的基本力量和同盟军的问题，因而实行战略即战略指导的活动领域也就主要是部署、调动革命力量和正确运用革命后备军的问题。关于无产阶级的革命的后备军，斯大林将其分为直接和间接的两种。直接后备军是：(1)本国的农民和一般过渡阶层；(2)邻国的无产阶级；(3)殖民地和附属国的革命运动；(4)无产阶级专政的胜利品和成果(如金钱、土地及其他物资等)。间接的后备军是：(1)本国各个非无产阶级阶级之间的矛盾和冲突；(2)国际上资本帝国主义之间的矛盾和战争。战略指导的任务就是要正确地运用这一切革命的后备军，在革命斗争中，特别是在决战关头，善于把所有的后备力量很好地组织和调动起来，对敌人展开有效的斗争，夺取革命的胜利，以达到革命在某一发展阶段上的基本目的。①

实行策略即策略指导是战略指导的一部分，是服从战略指导的任务和要求的。策略指导主要是关于运用革命斗争形式和组织形式问题。由于社会情况和革命斗争异常复杂，斗争形式和组织形式也必然会多种多样，一般说来有合法的和非法的、公开的和秘密的、流血的和不流血的，等等。策略指导的任务就是要熟悉和掌握无产阶级革命斗争的一切斗争形式和与此相适应的组织形式，保证这些形式正确灵活地运用，以便在一定的力量对比下取得为准备战略胜利所必需的最大成功。

第六节　制定无产阶级革命斗争战略和策略的指导思想和客观依据

一、马克思主义理论和党的纲领是制定党的战略和策略的指导思想

各国无产阶级及其政党制定自己的革命和建设的战略路线时，首先必须根据马克思主义的理论和党的纲领，并以它们为根本指导思想。马克思主义的理论在研究资本主义的客观过程的发展和消亡时得出结论说，资产阶级必然灭亡，无产阶级必然夺取政权，社会主义必然代替资本主义。无产阶级政党的战略，只有把马克思主义的这个基本结论作为自己的工作基础时，才能算作真正的马克思主义的战略。无产阶级革命政党的纲领，以马克思主义的理论原理为指导，明

① 参见《斯大林选集》上册，人民出版社1979年版，第249～250页。

确确定无产阶级解放运动的奋斗目标，并将这种奋斗目标科学地表述在纲领的条文中。纲领可以包括从资本主义到共产主义这一整个历史阶段，以推翻资本主义、建设社会主义和实现共产主义为目的；也可以包括上述整个历史阶段中一个特定的阶段，如无产阶级为夺取政权而斗争的狭义的无产阶级革命阶段。“因此，纲领可以由两个部分即最高部分和最低部分组成。不言而喻，纲领最低部分的战略和纲领最高部分的战略不能不有所区别；并且，战略只有把马克思主义纲领中表述的运动目标作为自己的工作指南时，才能算做真正的马克思主义的战略。”[①]制定策略，除了以马克思主义理论和党的纲领为依据和指导之外，还必须根据各个阶段党的战略任务、战略指导和战略计划来制定，因为策略是战略的一部分，是服从战略和服务于战略的。

由此可见，离开马克思主义理论的指导，没有对社会发展的规律性的知识，就不会有无产阶级革命政党的马克思主义纲领，也不会有无产阶级革命政党的马克思主义战略和策略。正如列宁所说：“马克思是严格根据他的辩证唯物主义世界观的一切前提确定无产阶级策略的基本任务的。先进阶级只有客观地考虑到某个社会中一切阶级相互关系的全部总和，因而也考虑到该社会发展的客观阶段，考虑到该社会和其他社会之间的相互关系，才能据以制定正确的策略。”[②]

二、时代的基本特征和本国的实际情况是制定党的战略和策略的客观依据

列宁指出：“只有首先分析从一个时代转变到另一个时代的客观条件，才能理解我们面前发生的各种重大历史事件”，“只有在这个基础上，即首先考虑到各个‘时代’的不同的基本特征（而不是个别国家的个别历史事件），我们才能够正确地制定自己的策略；只有了解了某一时代的基本特征，才能在这一基础上去考虑这个国家或那个国家的更具体的特点”[③]。在这里，列宁所说的“时代”是指社会历史发展的大阶段。马克思主义者划分时代主要是看“哪一个阶级是这个或那个时代的中心，决定着时代的主要内容、时代发展的主要方向、时代的历史背景的主要特点等等”[④]。国际形势会随时发生这样那样的变化，但只要决定着时代发展方向的阶级矛盾、阶级斗争内容及其实质没发生根本变化，那么时代就没有变。

无产阶级革命政党制定战略策略时，之所以必须依据自己所处的整个历史

① 《斯大林全集》第5卷，人民出版社1957年版，第134页。
② 《列宁选集》第2卷，人民出版社1995年版，第443页。
③ 《列宁全集》第26卷，人民出版社1988年版，第142～143、143页。
④ 《列宁全集》第26卷，人民出版社1988年版，第143页。

时代的基本特征，是因为只有真正掌握了时代的基本特征，并以此为出发点，才能正确估计无产阶级及其政党的历史地位，才能把握住国际国内阶级矛盾、阶级斗争的全局，才能认清无产阶级革命斗争的发展方向，从而才能制定出党的正确的战略和策略。列宁正是根据对帝国主义和无产阶级革命时代的考察，从这个大时代的基本特征出发，才制定了不同于资本主义上升时期的帝国主义时代的革命战略和策略。他认为：根据帝国主义经济、政治发展不平衡的规律，国际无产阶级应当与被压迫民族联合起来，依靠巩固的工农联盟，利用帝国主义之间的矛盾，在帝国主义链条最薄弱的环节上首先突破，取得一国或几国革命的胜利。俄国布尔什维克党正是依据列宁的这个基本估计，认定 20 世纪初的俄国就是帝国主义链条上的薄弱环节，并在党的正确的战略和策略的指导下取得了俄国革命的胜利。

无产阶级及其政党在实现自己战略总目标的过程中，总是从一个民族一个国家着手进行的，因此，各国无产阶级政党在制定革命时期或建设时期的战略和策略时，不仅应考虑到时代的特征和国际形势的发展，还必须根据本国革命或建设的具体实际，精心研究本国本民族的社会经济性质、阶级力量对比、民族状况、历史沿革、地理环境等各方面的特点。只有如此，才能制定出既适合我们时代的特征又符合本国国情的正确的战略策略。恩格斯说："马克思的历史理论是任何坚定不移和始终一贯的革命策略的基本条件；为了找到这种策略，需要的只是把这一理论应用于本国的经济条件和政治条件。"①列宁也明确指出："要善于针对各阶级和各政党相互关系的特点，针对共产主义客观发展的特点来运用共产主义普遍的和基本的原则；要看到这种特点每个国家各不相同，应该善于弄清、找到和揣摩出这种特点。"②

要从本国的国情和本民族特点出发，首先必须深刻了解本国的社会性质和本国的经济政治发展的实际情况。其次，还必须充分注意各民族的特点和习惯，适应广大人民群众的实际觉悟程度，使党所提出的战略和策略易于为群众所接受，并遵循无产阶级在斗争中能最大限度地获得大量同盟者的原则。正如斯大林所说："有几个列宁主义策略原则是必须顾到的。"③第一个原则是，在共产国际给各国工人运动作出指导性指示时一定要估计到每个国家的民族特殊的东西和民族独有的东西；第二个原则是，每个国家的共产党一定要利用最小的可能以保证无产阶级有数量众多的同盟者；第三个原则是，一定要估计到这样一个真

① 《马克思恩格斯选集》第 4 卷，人民出版社 1995 年版，第 669 页。

② 《列宁选集》第 4 卷，人民出版社 1995 年版，第 197～198 页。

③ 《斯大林全集》第 9 卷，人民出版社 1954 年版，第 298 页。

理:在政治上教育千百万群众,只有宣传和鼓动是不够的,必须有群众自身的政治经验。

三、革命的实践经验是制定党的战略和策略的重要依据

马克思主义的历史唯物主义告诉我们,社会存在决定社会意识,社会意识是社会存在的反映。思想、原则、理论、计划是从现实世界和实践中抽象概括出来的,因而只有符合客观实际情况,它们才是正确的。无产阶级革命斗争的战略和策略,是无产阶级和广大人民群众破坏旧世界、建设新世界的斗争经验的科学总结。离开无产阶级和广大人民群众的斗争实践,就不会有无产阶级政党正确的革命的战略和策略。因此,无产阶级政党要想制定出正确的战略和策略,除以马克思主义理论和纲领为指导、从时代的基本特征和本国的实际情况出发之外,还必须善于深入群众,调查研究,正确总结和吸取千百万群众革命的正反两方面的实践经验。这是无产阶级政党正确制定和正确实施革命或建设的战略和策略的重要源泉。

无产阶级政党制定的战略和策略是否正确,是否符合无产阶级解放斗争的客观规律,不是依主观上觉得如何而定,而是根据无产阶级和广大人民群众的革命斗争实践的结果如何而定。实践是检验真理的唯一标准。无产阶级政党制定的战略策略如果错了,可以经过实践的检验纠正其错误;如果不完备、不周密,可以经过实践而进一步补充、丰富和完善。经过斗争实践的检验而证明是正确的战略和策略还必须再回到改造世界的实践中去,再去指导革命或建设的实践。无产阶级政党关于革命的战略和策略,一步也离不开千百万群众的斗争实践。无产阶级和广大人民群众从事革命事业正反两方面的实践经验,是无产阶级政党制定战略和策略的重要依据。

把无产阶级和广大人民群众进行革命的实践经验作为无产阶级政党制定战略和策略的重要依据,是符合马克思主义的辩证唯物论的认识路线的。正如毛泽东所高度概括和精辟论证的那样:“通过实践而发现真理,又通过实践而证实真理和发展真理。从感性认识而能动地发展到理性认识,又从理性认识而能动地指导革命实践,改造主观世界和客观世界。实践、认识、再实践、再认识,这种形式,循环往复以至无穷,而实践和认识之每一循环的内容,都比较地进到了高一级的程度。这就是辩证唯物论的全部认识论,这就是辩证唯物论的知行统一观。”①

---

① 《毛泽东选集》第1卷,人民出版社1991年版,第296～297页。

第七节 制定和实施无产阶级革命斗争战略和策略的基本指导原则

一、必须把当前的革命斗争与共产主义的远大目标紧密结合起来

无产阶级及其政党在为当前斗争和最近目标而努力奋斗的同时，要坚持共产主义的最高理想和远大目标。这是无产阶级政党战略策略的基本指导原则。马克思和恩格斯在《共产党宣言》中指出："共产党人为工人阶级的最近的目的和利益而斗争，但是他们在当前的运动中同时代表运动的未来。"①列宁在其《卡尔·马克思》一文中认为，这是《共产党宣言》所提出的"关于政治斗争策略"的一个马克思主义的基本原理。马克思和恩格斯在其毕生的革命实践活动中，一贯地坚持了这个原则。他们既不忽视无产阶级的当前斗争、最近目的，也从不忘记共产主义的最高理想和远大目标，并将两者有机地结合起来。比如，在1848年德国革命中，他们为德国无产阶级规定了革命的具体纲领路线，明确肯定了当时德国革命的性质是资产阶级民主革命，德国无产阶级和广大人民群众的当前斗争的任务和目标是推翻封建统治，建立统一的民主共和国；同时，又十分清楚地告诫德国无产阶级，当时的资产阶级民主革命是无产阶级革命的序幕，而无产阶级社会主义革命则是资产阶级民主革命发展的必然趋势。共产党人的斗争策略应该是积极参加推翻封建专制统治的资产阶级民主革命，并在斗争中努力实现无产阶级对革命的领导权，以便把资产阶级民主革命进行到底。同时，利用革命造成的有利的经济、政治等条件，使革命再向前发展，走向无产阶级专政。列宁在领导俄国革命的过程中也一直坚持这个马克思主义的基本指导原则，并将其发展成为由民主革命转变为社会主义革命，将不完全、不发达、不成熟的社会主义建设成为完全的、发达的、成熟的社会主义，从共产主义的低级阶段发展到共产主义的高级阶段等比较完整的理论观点，把无产阶级各个特定阶段最近目标与共产主义的远大目标紧密地结合起来。在我国，以毛泽东为代表的中国共产党人也十分重视这一马克思列宁主义战略策略的指导原则。毛泽东早在民主革命时期就指出："关于社会制度的主张，共产党是有现在的纲领和将来的纲领，或最低纲领和最高纲领两部分的。在现在，新民主主义，在将来，社会主义，这是有机构成的两部分，而为整个共产主义思想体系所指导的。"②毛泽东在整个革命过

① 《马克思恩格斯选集》第1卷，人民出版社1995年版，第306页。

② 《毛泽东选集》第2卷，人民出版社1991年版，第686页。

程中一再号召广大党员和干部，既要积极投身当前的斗争，又要不忘共产主义的远大目标，特别提醒广大共产党员，无论如何要在当前的斗争中始终保持着共产主义的坚定性和纯洁性。

把当前斗争与远大目标相结合的原则，体现了无产阶级的眼前利益和长远利益的内在联系和辩证统一关系。无产阶级政党——共产党的最终目标是在全世界实现共产主义。而实现这个最高理想、最终目的必须经历一个长期奋斗过程和若干革命发展阶段。每个国家的共产党人首先都要从本国本民族的实际出发，确定自己的当前的最近的斗争目标。因为这些是走向共产主义远大目标的一个个阶梯，如果不努力实现当前斗争目标和最近目的，实现共产主义的远大目标就是空话；反之，如果在进行当前的斗争时放弃远大目标，那就要迷失方向，走到邪路上去。把当前斗争与远大目标结合起来这一原则的一个中心思想就是，无产阶级及其政党既要胸怀共产主义远大目标，又要脚踏实地地搞好当前的工作和斗争，用实际行动创造美好的未来。正如毛泽东所说："现在的努力是朝着将来的大目标的，失掉这个大目标，就不是共产党员了。然而放松今日的努力，也就不是共产党员。"①

二、必须调动一切积极因素和团结一切可以团结的力量，组成浩浩荡荡的革命大军

在无产阶级解放斗争中，无产阶级及其政党在确定了革命的目标和任务之后最主要的就是制定好革命力量的配置和部署计划。在革命斗争中实行团结一切可以团结的力量这一原则，目的全在于有效地打击敌人。为此，必须区分主要敌人和次要敌人，以便集中力量打击和消灭主要敌人；必须战略上藐视敌人，战术上重视敌人；必须发展进步势力，争取中间势力，孤立打击反动顽固势力；必须实行"利用矛盾，争取多数，反对少数，各个击破"的策略原则；等等。

三、必须坚持战略上的坚定性和策略上的灵活性相结合

战略原则的坚定性和策略上（或战术上）的灵活性有机结合，是无产阶级及其党领导革命和建设事业过程中必须遵循的战略策略根本指导原则之一。违反这一原则就必然犯右的或左的机会主义错误。

列宁有句名言：原则的政策是唯一正确的政策。所谓"原则的政策"，就是根据无产阶级的根本立场和马克思主义的基本理论观点所提出和制定的符合最大多数人民的最大利益的政策。这种政策具有战略意义，其基本特点是坚定性和

---

① 《毛泽东选集》第1卷，人民出版社1991年版，第276页。

严肃性，不能随意变动。毛泽东说得好，帝国主义制度、资本主义制度，“最后必然要被社会主义制度所代替。意识形态也是一样，要用唯物论代替唯心论，用无神论代替有神论。这是在战略目的上说的。在策略阶段上就不同了，就有妥协了”①。一个真正的无产阶级政党，只有一贯奉行马克思列宁主义、毛泽东思想的原则性政策，在战略原则上保持坚定性和严肃性，才能使自己从思想上、政治上和组织上同非无产阶级政党严格区别开来。

无产阶级及其政党在革命事业中，在坚持战略原则的坚定性的同时，还必须具有必要的策略上的灵活性。就是说，为了实现一定的战略目的或目标而在策略上或战术上采取及时而适当的处置方法，它具有随机应变的特点。毛泽东曾在《论持久战》一书中作过这样的解释：“古人所谓‘运用之妙，存乎一心’，这个‘妙’，我们叫做灵活性，这是聪明的指挥员的出产品。灵活不是妄动，妄动是应该拒绝的。灵活，是聪明的指挥员，基于客观情况，‘审时度势’（这个势，包括敌势、我势、地势等项）而采取及时的和恰当的处置方法的一种才能，即是所谓‘运用之妙’。”②无产阶级及其政党在革命斗争中如果否认必要的随机应变，否认必要的妥协和通融，否认退却策略和迂回战术，革命就不会取得胜利，甚至会陷入绝境。正如列宁所说：“为了推翻国际资产阶级而进行的战争，比国家之间通常进行的最顽强的战争还要困难百倍，费时百倍，复杂百倍；进行这样的战争而事先拒绝采用机动办法，拒绝利用敌人之间利益上的矛盾（哪怕是暂时的矛盾），拒绝同各种可能的同盟者（哪怕是暂时的、不稳定的、动摇的、有条件的同盟者）通融和妥协，这岂不是可笑到了极点吗？这岂不是正像我们千辛万苦攀登一座未经勘察、人迹未到的高山，却预先拒绝有时要迂回前进，有时要向后折转，放弃已经选定的方向而试探着从不同的方向走吗？”③

战略原则的坚定性和策略上的灵活性之间的关系，是对立的统一。毛泽东说：“原则性和灵活性的统一，是马克思列宁主义的原则，这是一种对立面的统一。”④这就是说，它们既有区别又有联系，两者相互依存，相互促进。在一般情况下，战略原则的坚定性占主导方面，起主导作用。关于原则性和灵活性的辩证关系，刘少奇同志在《论党》一书中作了极其科学的阐明。他说：“我们的灵活性，是在一定原则之下的灵活性。无原则的所谓灵活性，超出原则的让步和妥协，原则上的模糊与混乱，是错误的。党的原则，是一切政策与策略变动的标准和尺

① 《毛泽东文集》第7卷，人民出版社1999年版，第331页。

② 《毛泽东选集》第2卷，人民出版社1991年版，第494页。

③ 《列宁选集》第4卷，人民出版社1995年版，第179页。

④ 《毛泽东文集》第7卷，人民出版社1999年版，第332页。

度。党的原则性，是灵活性的标准和尺度。比如，为最大多数人民的利益而奋斗，是我们一个不变的原则，这个不变的原则，是测量我们一切政策与策略变动是否正确的标准和尺度，一切合于这个原则的变动，都是正确的，一切不合这个原则的变动，都是不正确的。"①

由此可见，马克思主义主张的灵活性是马克思主义原则政策下的灵活性，而不是像右倾机会主义者那样，借口"灵活性"，实际上抛弃原则政策，阉割马克思主义的灵魂，磨灭其革命锋芒；同样，我们坚持的原则性，也是允许策略灵活性的原则性，而不是像左倾机会主义者那样，借口"原则性"，反对任何的灵活性，反对马克思主义普遍真理和具体实践相结合，把作为无产阶级及其政党行动指南的马克思主义的基本原则变成僵死的教条。因此，在这个问题上，无产阶级及其政党也必须开展两条战线的斗争，既反右，又反左。

---

① 刘少奇：《论党》，人民出版社 1980 年版，第 98 页。

第三编

科学社会主义的制度形态：各具本国特点的现实社会主义发展、建设、改革的一般规律

作为科学社会主义的制度形态，马克思、恩格斯所设想的，在发达资本主义国家中，无产阶级通过暴力革命夺取政权，建立无产阶级专政，实行生产资料私有制的社会主义改造，确立社会主义基本制度，进行社会主义建设的理论，至今在世界上还没有一个国家变为现实。俄国十月社会主义革命后，以前苏联为代表的社会主义大都产生于经济文化较落后的国家，这种社会主义被称为"现实社会主义"，它同马克思、恩格斯设想的社会主义在基本原则上是一致的，但两者有很大的不同。本编所论科学社会主义制度形态的一般发展规律，主要是指现实社会主义发展、建设、改革的规律。

现实社会主义产生九十多年来，特别是中国改革开放三十多年来，积累了大量社会主义发展、建设、改革的正反历史经验，它们已初步显示出一系列规律性的东西。比如，本质论——社会主义本质的同一性、基本制度特征的稳定性和体制模式多样性有机统一；阶段论——社会主义社会的长期性与阶段性有机统一；发展论——社会主义发展的以人为本、重点性、全面性、协调性、可持续性有机统一；建设论——社会主义物质文明、政治文明、精神文明、社会文明建设有机统一；改革论——社会主义社会的矛盾与改革有机统一；开放论——社会主义国家的对外开放与独立自主有机统一；依靠力量论——社会主义发展、建设、改革的依靠力量和领导力量有机统一；对外关系论——国际主义与爱国主义有机统一；执政党论——工人阶级执政党领导作用、自身建设的坚持与改善有机统一。本编用三十多万字的篇幅来阐述这九个"有机统一"，这是全书的重点所在。

第八章 “本质论”:社会主义本质的同一性、基本制度特征的稳定性和体制模式的多样性有机统一

长期以来,国际共运中各马克思主义政党和奉行传统模式的各现实社会主义国家实际上没有完全搞清楚“什么是社会主义”这样一个看似简单和普通、实则非常复杂和困难的问题。之所以长期以来没有完全搞明白这个问题,其重要原因之一是没有从理论和实践的结合上真正搞清楚社会主义的本质、社会主义基本制度特征与体现社会主义本质和实现社会主义基本制度的具体形式(即模式、具体制度、体制等)的科学内涵及其相互关系。在当代中国,以邓小平为核心的党中央领导集体,总结我国几十年社会主义建设的经验教训,借鉴其他社会主义国家兴衰成败的历史经验,探寻到了社会主义本质的同一性、社会主义基本制度特征的稳定性和体制模式的多样性有机统一的规律。这一规律的揭示,为各国社会主义的发展奠定了理论基石,提供了理论根据。

第一节 社会主义社会本质的同一性与基本制度特征的稳定性

一、社会主义社会的本质

当今世界,对于马克思主义的社会主义学说,有三种不正确的说法和做法:一是认为它是“乌托邦”;二是把经典社会主义与现实主义对立起来,用前者否定后者;三是认为邓小平概括社会主义本质之前,在科学社会主义发展史上没有任何人论述过社会主义本质问题,邓小平填补了空白。这些说法和做法是不科学的和不准确的。

马克思和恩格斯对未来新社会的预见和设想,是科学社会主义理论的重要内容。他们在理论上是回答了“什么是社会主义”这一问题的。马克思最早在《1844 年经济学哲学手稿》中就认为,共产主义(社会主义的同义语)是“人和自

然之间、人和人之间的矛盾的真正解决”[①]。马克思和恩格斯在1848年的《共产党宣言》中，对“什么是社会主义和共产主义”问题作出了科学的回答：“代替那存在着阶级和阶级对立的资产阶级旧社会的，将是这样一个联合体，在那里，每个人的自由发展是一切人的自由发展的条件。”[②]马克思在《资本论》中更是直接回答了何谓社会主义、共产主义社会的问题，指出它是“一个更高级的、以每个人的全面而自由的发展为基本原则的社会形式”[③]。从1844年到1867年这二十多年，马克思和恩格斯先后三次用稍微不同但精神实质完全一致的语言对什么是社会主义、共产主义的上述论述，都是属于社会主义本质层次的。也就是说，虽然马克思和恩格斯没有提“社会主义本质”这个概念，但是他们关于社会主义本质的基本思想是明确的，内涵是科学的和准确的。

列宁也有关于社会主义本质层次的论述。比如，1919年10月他在《无产阶级专政时代的经济与政治》一文中就非常简明而精辟地指出：“社会主义就是消灭阶级。为了消灭阶级，首先就要推翻地主和资本家。这一部分任务我们已经完成了，但这只是任务的一部分，而且不是最困难的任务。为了消灭阶级，其次就要消灭工农之间的差别，使所有的人都成为工作者。这不是一下子能够办到的，这是一个无比困难的任务，而且必然是一个长期的任务。”[④]列宁对什么是社会主义的回答与马克思和恩格斯的回答精神是完全一致的，因为马克思和恩格斯认为社会主义、共产主义是无产阶级解放条件的学说，而无产阶级解放条件就是消灭阶级。把列宁的上述论断同马克思、恩格斯的这一论断联系起来加以解读，那就是：社会主义就是消灭阶级，消灭阶级就是无产阶级的解放，社会主义、共产主义就是无产阶级解放的条件。列宁的这一论断，也完全是属于社会主义本质层次的，也就是说，列宁回答了什么是社会主义本质问题。

邓小平关于“社会主义的本质，是解放生产力，发展生产力，消灭剥削，消除两极分化，最终达到共同富裕”[⑤]的科学论断，确实是创造性地发展了马克思列宁主义关于社会主义本质的理论：第一，他明确地提出了社会主义本质的概念；第二，他结合经济文化落后国家走上社会主义道路的新实际，特别是我国处于并将长期处于社会主义初级阶段的特殊性所作的概括；第三，他把社会主义本质的实现看成是长期的动态过程，所使用的概念是动名词，而没有使用“高度发达的生产力、没有剥削、无两极分化、共同富裕”这样的表述方法进行论述；第四，他的

① 《马克思恩格斯全集》第42卷，人民出版社1979年版，第120页。

② 《马克思恩格斯文集》第2卷，人民出版社2009年版，第53页。

③ 马克思：《资本论》第1卷，人民出版社1975年版，第649页。

④ 《列宁选集》第4卷，人民出版社1995年版，第64页。

⑤ 《邓小平文选》第3卷，人民出版社1993年版，第373页。

概括既适用于社会主义初级阶段（不发达社会主义），也适用于社会主义中级阶段（较发达社会主义）和高级阶段（发达社会主义）。当然，如果我们将邓小平关于社会主义本质的概括再补充和完善一下，将“最终达到共同富裕”改为“逐步实现共同富裕，最终达到每个人自由而全面的发展”，则不仅适用于社会主义高级阶段，而且适用于共产主义社会。

二、社会主义社会的基本制度特征

关于社会主义社会的基本特征问题，马克思恩格斯并没有在一篇文论中系统论述过，而是散见于各个著作和文章中。1843 年 11 月，恩格斯在《大陆上社会改革运动的进展》一文中首次使用“共产主义制度”一词；其后，恩格斯在《爱北斐特的演说》、马克思和恩格斯在《德意志意识形态》一书中都明确提出了“共产主义社会”的科学概念。19 世纪 70 年代之前，他们一直把代替资本主义的未来新社会称为“共产主义社会”或“自由人联合体”；70 年代以后，开始用“社会主义社会”或“社会主义制度”的提法，但察其内容，一般仍把“社会主义社会”与“共产主义社会”当作同义语使用；只是到了 1875 年，马克思在《哥达纲领批判》这部名著中才第一次明确地把共产主义社会划分为第一阶段和高级阶段，分析了两者的联系和区别，并对共产主义第一阶段的特征作了比较集中的描述。应当指出，在马克思恩格斯的著作中论述较多的是共产主义社会形态的一般特征，而对它的第一阶段，即社会主义社会特征的论述则较少。概括起来，主要有下列几点：

第一，高度发达的社会生产力是未来新社会的物质前提。

科学社会主义创始人认为，未来新社会是比资本主义更高的社会形态。它是在资本主义发展起来的社会化大生产基础上建立起来的。马克思恩格斯早在《德意志意识形态》一书中就指出，实现共产主义必须以生产力的巨大增长和高度发展为前提，并告诫：“如果没有这种发展，那就只会有贫穷、极端贫困的普遍化；而在极端贫困的情况下，就必须重新开始争取必需品的斗争，也就是说，全部陈腐污浊的东西又要死灰复燃。”①这里不仅把高度发达的生产力当作社会主义社会的本质要求和根本前提，而且把生产力的充分发展视为铲除旧社会遗留下来的全部陈腐东西的物质基础。

第二，生产资料归全社会直接占有。

马克思在《1844 年经济学哲学手稿》中已提出“共产主义是私有财产即人的自我异化的积极扬弃”②的重要观点，认识到共产主义是作为对以私有制为基础

---

① 《马克思恩格斯选集》第 1 卷，人民出版社 1995 年版，第 86 页。

② 《马克思恩格斯全集》第 42 卷，人民出版社第 1979 年版，第 120 页。

的资本主义所有制的否定。《共产党宣言》明确指出:“共产党人可以用一句话把自己的理论概括起来:消灭私有制。”[①]马克思、恩格斯在《哥达纲领批判》和《反杜林论》等著作中,都把废除私有制、实行单一的社会所有制看作是共产主义第一阶段的基本特征。生产资料归全社会占有后,不存在任何集团或私人的占有形式,劳动者与生产资料直接结合,不需要通过中介环节。1880 年 5 月,马克思在其口授、盖德执笔所写的被称为“第二个共产党宣言”的《法国工人党纲领导言(草案)》中指出:“生产者只有占有生产资料之后,才能获得自由;生产资料属于生产者只有两种形式:(1)个体形式,这种形式从来没有作为普遍事实而存在,并且日益为工业进步所排斥;(2)集体形式,资本主义社会本身的发展为这种形式创造了物质的和精神的因素……这种集体占有,只有通过组成为独立政党的生产者阶级或无产阶级的革命活动才能实现。”[②]1890 年,恩格斯在《致奥·伯尼克》的信中也明确指出:“社会主义社会……同现存制度的具有决定意义的差别当然在于,在实行全部生产资料公有制(先是单个国家实行)的基础上组织生产。”[③]在马克思和恩格斯看来,实行生产资料公有制(包括生产者全社会占有和生产者集体所有)是共产主义社会第一阶段在所有制方面必须具备的条件,是不容置疑的。

第三,个人消费品实行按劳分配原则。

马克思在《政治经济学批判》手稿中,对按劳分配思想作了最初表述。1867 年出版的《资本论》第一卷,对社会主义社会的按劳分配问题进行了详细探讨。不久,《哥达纲领批判》问世。随着共产主义两个发展阶段理论的形成,马克思对共产主义第一阶段的分配原理又作了比较完整的阐述,标志着马克思主义按劳分配理论的确立。他说:“每一个生产者,在作了各项扣除以后,从社会领回的,正好是他给予社会的。他给予社会的,就是他个人的劳动量……他以一种形式给予社会的劳动量,又以另一种形式领回来。”[④]实际上,这就是按“等量劳动领取等量产品”的原则分配,并设想以“劳动券”或“证书”等作为按劳分配的形式。尽管这种设想是在产品经济条件下实现的,但从总体上还是科学地揭示了共产主义社会第一阶段的分配规律。

第四,根据社会需要有计划地调节生产。

恩格斯明确指出,在一个生产资料社会占有的社会里,“社会生产内部的无

---

① 《马克思恩格斯选集》第 1 卷,人民出版社 1995 年版,第 286 页。

② 《马克思恩格斯文集》第 3 卷,人民出版社 2009 年版,第 568 页。

③ 《马克思恩格斯选集》第 4 卷,人民出版社 1995 年版,第 693 页。

④ 《马克思恩格斯选集》第 3 卷,人民出版社 1995 年版,第 304 页。

政府状态将为有计划的自觉的组织所代替”[①]。马克思、恩格斯当时认为，只有建立在高度发达的生产力基础上的生产资料社会占有制，解决了资本主义基本矛盾之后，才能为此提供必要的前提条件和基础。同时，按照全社会和每个成员的需要对生产进行有计划的调节，也是社会化大生产的客观要求。

第五，没有商品生产和货币交换。

马克思说：“在一个集体的、以生产资料公有为基础的社会中，生产者不交换自己的产品；用在产品上的劳动，在这里也不表现为这些产品的价值……”[②]恩格斯也指出：“一旦社会占有了生产资料，商品生产就将被消除。”[③]这一特征和社会主义社会的其他特征有着不可分割的联系。

第六，消灭了阶级和阶级差别，国家已失去其政治性质。

马克思和恩格斯设想的社会主义社会是一个无阶级对立和阶级差别的社会。那时，“消灭了一切阶级差别和阶级对立，也消灭了作为国家的国家”[④]。随着生产力的高度发展和阶级的消灭，国家将失去其政治性质，逐步自行消亡。

第七，人将获得自由而全面的发展。

在生产力高度发展的基础上，实现人的自由而全面的发展，这是人类所追求的根本目标，也是社会主义社会的本质要求。马克思认为，未来新社会是“在保证社会劳动生产力极高度发展的同时又保证人类最全面的发展的这样一种经济形态”[⑤]，这同《共产党宣言》和《资本论》中所论的“自由人联合体”的思想完全一致。因为，人是社会发展的主体，社会主义社会应是全面协调发展的社会。那时，不仅有高度发达的生产力，而且要造就具有高度科学文化和道德品质的共产主义一代新人。

马克思和恩格斯对未来新社会的预见和设想始终坚持严肃的科学态度。他们根据辩证唯物主义和历史唯物主义原理，在深入研究人类社会发展规律，特别是资本主义社会发展规律的基础上，在批判旧社会中发现新世界。马克思说：“新思潮的优点就恰恰在于我们不想教条式地预料未来，而只是希望在批判旧世界中发现新世界。”[⑥]恩格斯指出：“我们对未来非资本主义社会区别于现代社会的特征的看法，是从历史事实和发展过程中得出的确切结论；脱离这些事实和过

① 《马克思恩格斯选集》第3卷，人民出版社1995年版，第633页。

② 《马克思恩格斯选集》第3卷，人民出版社1995年版，第303页。

③ 《马克思恩格斯选集》第3卷，人民出版社1995年版，第633页。

④ 《马克思恩格斯选集》第3卷，人民出版社1995年版，第754～755页。

⑤ 《马克思恩格斯全集》第19卷，人民出版社1963年版，第130页。

⑥ 《马克思恩格斯全集》第1卷，人民出版社1956年版，第416页。

程，就没有任何理论价值和实际价值。”[①]由此看来，这些设想是从客观事实出发，而不是从抽象的观念出发；是为我们认识社会主义社会奠定科学基础，而不是对未来新社会的具体规定。马克思和恩格斯历来反对任何空想，反对把自己的理论看成固定不变的教条。我们必须以科学的态度来对待。既要看到他们的设想所阐明的一些基本原理至今仍然是正确的，并指导无产阶级和劳动人民取得了一系列胜利；又要看到它是属于一定历史条件下的认识成果，应在实践中不断得到补充和发展，而不能用教条主义态度照抄照搬。

关于社会主义社会的基本特征，列宁同马克思、恩格斯一样，特别重视两条：一是生产资料公有制；二是按劳分配。列宁在1917年十月革命前夕所写的《国家与革命》一书中解读马克思关于共产主义社会第一阶段的论述时指出：“就是这个刚刚从资本主义脱胎出来的各个方面还带着旧社会痕迹的共产主义社会，马克思称之为共产主义社会的‘第一’阶段或低级阶段(通常叫做社会主义)。生产资料已经不是个人的财产。它们已归全社会所有。社会的每个成员完成一定份额的社会必要劳动，就从社会领得一张凭证，证明他完成了多少劳动量。他根据这张凭证从社会消费品社会储存中领取相应数量的产品。这样，扣除了用作社会基金的那部分劳动量，每个劳动者从社会领回的正好是他给予社会的。”“‘不劳动者不得食’这个社会主义原则已经实现了；‘对等量劳动给予等量产品’这个社会主义原则也已经实现了。”在这里，“还需要有国家在保卫共产资料公有制的同时，来保卫劳动的平等和产品分配的平等”[②]。此外，由于列宁处于世界第二次科技革命，即电工技术革命阶段，所以他还特别强调电气化、高于资本主义的生产力和劳动生产率是社会主义的物质基础。[③] 同时，列宁还非常重视全体社会成员的社会主义、共产主义觉悟与现代教育科学文化素质问题。[④] 综合起来，列宁关于社会主义社会的基本特征，强调生产资料公有制和按劳分配，也不忽视社会主义的物质基础、苏维埃政权、社会主义文化等特征。

中国共产党人在社会主义基本特征问题上，同马克思、恩格斯、列宁的思想是一脉相承的。1956年党的八大到改革开放前，也是把生产资料公有制和按劳分配作为社会主义社会的主要特征；十年“文革”中，毛泽东特别强调马克思的《哥达纲领批判》和列宁的《国家与革命》所论按劳分配还是“资产阶级式的权利”这一观点，并大肆批判“资产阶级法权”，忽略按劳分配原则的严格实行，结果在

① 《马克思恩格斯全集》第36卷，人民出版社1975年版，第419～420页。

② 《列宁选集》第3卷，人民出版社1995年版，第194、196页。

③ 《列宁选集》第4卷，人民出版社1995年版，第542、364、16页。

④ 《列宁选集》第4卷，人民出版社1995年版，第281～297页。

分配领域形成了平均主义、大锅饭的局面，违背了社会主义原则，挫伤了群众的劳动积极性。1978年党的十一届三中全会之后，在拨乱反正和改革开放的过程中，逐步纠正了上述错误偏向。1982年党的十二大报告在论述社会主义精神文明时，比较全面地提出和论述了社会主义社会的基本特征。报告指出："社会主义精神文明是社会主义社会的重要特征，是社会主义制度优越性的重要表现。过去在讲到社会主义特征的时候，人们往往强调剥削制度的消灭和生产资料的公有，按劳分配，国民经济有计划按比例地发展，以及工人阶级和劳动人民的政权。人们还强调高度发达的生产力和比资本主义更高的劳动生产率，作为社会主义发展的必然要求和最终结果，也是它的特征。这些无疑都是正确的，但是还不足以完全包括社会主义的特征。社会主义还必须有一个特征，就是以共产主义思想为核心的社会主义精神文明（之后，即在《中共中央十二届六中全会关于社会主义精神文明建设的决议》中改为"以马克思主义指导的社会主义精神文明"——引者注）。没有这种精神文明就不可能建设社会主义。"[①]此后，学界就均以党的十二大报告的上述论述作为社会主义基本特征的权威根据。人们将其概括为"六大特征"：高度发达的生产力和比资本主义更高的劳动生产率是社会主义发展的必然要求和最终结果，生产资料公有制，按劳分配，计划经济，工人阶级与劳动人民政权，社会主义精神文明。社会主义市场经济被确立为我国社会主义经济体制改革的目标模式之后，经过政界学界相结合的学术理论研究，人们又取得一个共识，即计划经济应属于体制模式层次，不宜作为社会主义基本特征之一。社会主义基本特征便由"六大特征"变为"五大特征"。

1992年，邓小平在视察南方的《谈话要点》中提出和阐述了"社会主义本质，是解放生产力，发展生产力，消灭剥削，消除两极分化，最终达到共同富裕"的新观点，于是，学界乃至政界有些同志则认为邓小平关于社会主义本质的提法实际上否定了十二大报告关于社会主义特征的论述。这完全是一种误解。要在理论上回答"什么是社会主义"的问题，社会主义的本质、社会主义的基本特征、社会主义的体制模式这三个层次的内涵及其相互关系都必须论述清楚，不存在谁否定谁的问题。社会主义本质属于最高层次，社会主义基本特征是第二层次，也是中介，社会主义体制模式是第三层次。社会主义本质具有同一性，社会主义基本特征既具有一定的同一性，又具有相对稳定性，而社会主义的体制模式则具有多样性，三者有机统一起来，才有利于发挥社会主义的优越性。这已为我国社会主义发展的经验教训和其他现实社会主义国家兴衰成败的历史经验所证明。

---

① 中共中央文献研究室编：《中国共产党第十二次全国代表大会文件汇编》，人民出版社1982年版，第29～30页。

那么，怎样认识马克思恩格斯科学预见和列宁所阐述的马克思主义的社会主义与现实社会主义形成的巨大反差？对此，应作实事求是的客观分析。

第一，两种社会主义所赖以建立的物质基础不同。马克思和恩格斯的设想是以较发达资本主义条件下社会化大生产和商品经济的充分发展为前提的，而现实社会主义都是在生产力不发达、商品经济发展很不充分的条件下建立的。

第二，革命进程不同。他们设想的社会主义革命将首先在一些主要发达资本主义国家同时胜利，而现实社会主义国家则是在一国或少数国家先于发达资本主义国家走上社会主义道路，两者历史起点不同。

第三，所处的发展阶段不同。前者是在资本主义发展成熟走向衰亡的条件下实现的，是一种成熟的发达的社会主义，在各方面都高于资本主义。后者则在资本主义尚不发达，甚至在半殖民地半封建社会的基础上建立起来的，是一种不成熟不发达的社会主义。

第四，所处的国际环境不同。照马克思看来，社会主义革命是世界性的革命。这种革命首先在一些主要发达资本主义国家成功，即在它的心脏地区取得胜利，外部已不存在资本主义国家的威胁。现实社会主义则与此不同，它不是在中心而是在外围，而且在许多方面社会主义仍处于劣势的国际大背景下。

因此，马克思和恩格斯预想的社会主义与现实社会主义之间应是继承、坚持和发展的关系，绝不能把两者对立起来。既不可借口两者不同否定马克思的社会主义学说，也不可利用两者的反差否定现实社会主义存在的合理性。

三、正确认识社会主义社会的本质与基本制度特征

科学地认识社会主义的本质，是坚持社会主义和搞好社会主义建设的首要前提。但是长期以来，对这个问题的认识并不是完全清醒的，而且往往把两者混为一谈，或直接用特征代替本质，导致对社会主义本质认识的偏颇。本质是事物的根本性质，是事物内在质的规定性。特征则是一事物区别于他事物的显著特点和标志，是事物本质在各方面的具体体现。社会主义的本质就是社会主义本身所固有的质的规定性。社会主义的特征是反映社会主义本质的显著特点和区别于其他社会形态的重要标志。它们之间既有联系，又有区别。社会主义的本质是社会主义特征的根据，本质决定特征，并通过特征表现出自己的存在。社会主义的特征则反映社会主义的本质。两者的区别在于：社会主义的本质是对社会主义性质的最高层次的理论概括，社会主义的特征则是从不同侧面体现社会主义的本质。因此，反映社会主义本质的诸特征是外在的、显露的、具体的，而社会主义的本质则是内在的、隐蔽的、深刻的，只有通过抽象思维才能把握。可见，社会主义本质作为社会主义社会内在的质的规定性，既反映了社会主义社会仍

要遵循人类社会发展规律的一般属性，又反映社会主义社会区别于其他社会的特殊属性，因而，为从根本上划清社会主义与资本主义及其他非社会主义的界限提供了依据和标准。

正确认识社会主义社会的特征，是马克思主义关于社会主义基本理论的重要内容。它不仅能帮助人们揭示社会主义社会的质的规定性，进一步回答什么是社会主义社会，而且对弄清我国现阶段的社会性质，以及社会主义同资本主义社会的根本区别，坚持社会主义方向，具有重要的理论意义和实践意义。

然而，在当代社会主义实践中，人们对社会主义特征的看法并不一致。为了科学地确定社会主义社会的基本特征，应注意解决下列问题：

第一，要从实际出发，坚持理论和实践相结合的原则，用发展的观点和创新的观点对待马克思主义经典作家关于社会主义特征的论述。这里既需要深刻领会马克思主义经典作家关于社会主义本质、特征论述的基本精神，又不能把它当作固定不变的教条和绝对标准；更需要从当代社会主义的实际出发，认真研究现实社会主义社会的发展规律，不断总结经验，根据新的实践得出新的结论。

第二，把握判定社会主义社会性质的主要依据，是正确认识社会主义社会基本特征的关键所在。马克思主义认为，一个社会形态的性质是由该社会占统治地位的生产关系的总和来确定的。马克思说："生产关系总和起来就构成所谓社会关系，构成所谓社会，并且是构成一个处于一定历史发展阶段上的社会，具有独特的特征的社会。"[①]由于生产资料所有制是生产关系的基础，因此，建立在社会化大生产基础上的生产资料公有制在整个社会中占主导地位和优势，就成为社会主义社会的根本标志。

第三，坚持生产力与生产关系、经济基础与上层建筑有机统一的原则，来考察社会主义社会的特征。因为，任何一种社会形态都是生产力与生产关系、经济基础与上层建筑的统一体，否则这个社会是不完全的。社会主义社会也不例外。

第四，正确理解社会主义本质、特征的关系以及基本特征的含义，是弄清社会主义社会基本特征的必要条件之一。社会主义社会的特征由社会主义的本质所决定，本质又寓于特征之中，通过特征反映出来。因此，特征不能离开本质，而且必须反映社会主义本质要求并为其服务。社会主义社会的基本特征，是指反映社会主义本质的最根本、最主要的特点，也是它区别于其他社会的基本标志，集中体现了社会主义的本质要求和质的规定性。这些特征所反映的是对社会主义社会性质直接起作用的共同的本质的东西，而不是那些非本质的、偶然的、特殊的东西。

---

① 《马克思恩格斯选集》第1卷，人民出版社1995年版，第363页。

由于社会主义制度建立不久,经验积累不够,社会主义发展仍在初级阶段,要想准确地揭示它的基本特征,并不是件容易的事。根据科学社会主义理论和当代社会主义实践经验,对社会主义社会的基本特征可作如下概括:

第一,实行生产资料公有制,消灭剥削制度。建立在社会化大生产基础上的生产资料公有制取代资本主义私有制,是社会主义社会一个最重要、最基本的特征,是同资本主义制度具有决定意义的区别。因为生产资料公有制是社会主义生产关系的基础,社会制度的性质是由占统治地位的生产关系决定的。恩格斯强调:“它同现存制度的具有决定意义的差别当然在于,在实行全部生产资料公有制(先是单个国家实行)的基础上组织生产。”[①]长期以来,社会主义国家普遍存在的一个严重教训就是,把社会主义社会看成是纯粹公有制的社会,而且认为,公有制的规模和程度越大、越公越好,脱离了生产力发展水平和人民群众的觉悟程度,严重地束缚了生产力的发展。实践证明,无论自然界或社会中,“纯粹的”东西都是没有,也不可能有的。在经济文化落后的国家建设社会主义更是如此。社会主义公有制的实现形式不仅具有多样性,而且应该坚持以生产资料社会主义公有制为主体,并允许和鼓励其他经济成分的适当发展。在我国社会主义初级阶段,由于生产力不发达又很不平衡,坚持这种所有制结构取得了明显效果,既解放和发展了生产力,又促进了社会主义事业的蓬勃发展,不会影响我国现阶段的社会性质。当然,在不同的国家和不同的发展阶段,所有制结构及其具体形式也会有所不同,但绝不能动摇公有制经济的主体地位。

第二,在消费品分配方面,实行按劳分配原则。按劳分配是指每个劳动者按劳动的数量和质量分配个人消费品的原则和制度。它是社会主义生产关系的一个重要方面,是社会主义社会的基本特征之一。它的实现,是对建立在私有制基础上人剥削人分配制度的根本否定,既反映出与资本主义社会的本质区别,又是不同于共产主义社会的一个重要标志。按劳分配要求每个有劳动能力的社会成员都应尽自己的能力为社会工作,按其劳动的数量和质量计算报酬,分配消费品,多劳多得,少劳少得,不劳动者不得食。实践证明,与公有制一样,对按劳分配也不能简单化理解。它的实现及其完善程度必然受到社会经济文化发展的制约。在社会主义初级阶段,由于生产力发展水平不高和以公有制为主体的多种经济成分的存在,所以要实行以按劳分配为主体、多种分配形式并存的分配制度,其中包括某些非按劳分配因素和某种程度的按资分配因素。根据社会经济发展规律和社会主义本质要求,在实行按劳分配的过程中,要允许和鼓励一部分人、一部分地区通过诚实劳动和合法经营先富起来,其目的是为了达到共同富

---

① 《马克思恩格斯选集》第4卷,人民出版社1995年版,第693页。

裕。既要反对平均主义、吃“大锅饭”，又要避免过分悬殊和两极分化，切实注意解决分配不公的问题。当前，在我国社会主义初级阶段，在社会主义市场经济条件下，如何坚持以按劳分配为主体和处理好与其他分配形式的关系，是需要认真探讨的重大课题。

第三，高度发达的生产力和比资本主义更高的劳动生产率，是社会主义社会的本质要求和最终结果。唯物史观认为，物质资料的生产是人类社会赖以存在的前提和基础，生产力是一切社会发展的最终决定力量。虽然我们认为判断一个社会性质主要看生产关系，但并不是说，只把生产关系作为划分不同社会制度的标准，忽视生产力对确定一个社会性质的重要作用。马克思指出：“手推磨产生的是封建主的社会，蒸汽磨产生的是工业资本家的社会。”[①]列宁也说过，蒸汽时代是资产阶级时代，电的时代是社会主义的时代。问题很清楚，按照马克思主义的观点，高度发达的生产力和比资本主义更高的劳动生产率，对于社会主义具有物质前提和基础的意义。生产力发展状况也是判断一个社会性质的重要标志。社会主义是资本主义发展的必然结果，社会主义社会是比资本主义更高、更先进的社会制度，它的社会生产力应该高于资本主义条件下的生产力，这是题中应有之义。尽管在社会主义初级阶段这一特征还不能完全实现，但却是将来必须要达到的。它作为社会主义发展的必然要求和最终结果提出来，对原来经济文化落后国家建设社会主义具有特别重大的意义。因此，为了更好地巩固和发展社会主义，必须毫不动摇地坚持以经济建设为中心。一切有利于生产力发展的东西，都是社会主义所要求的，或者是社会主义所允许的；一切不利于生产力发展的东西，都是违背科学社会主义的。

第四，工人阶级和劳动人民掌握政权，建立社会主义民主的政治制度。社会主义不仅要建立和完善自己的经济制度，而且应建立和完善与之相适应的政治制度。工人阶级和劳动人民的政权，就是无产阶级领导的人民当家作主的国家政权，亦即在当今世界上存在的无产阶级专政或人民民主专政的国家政权。国家政权问题是上层建筑的核心部分，仍然是社会主义社会的根本问题。当代社会主义运动的实践证明，巩固工人阶级和劳动人民的政权问题并没有真正解决，搞得不好，政权仍然有丢失的可能。社会主义社会的政治制度最本质的特征，就是人民当家作主。无产阶级领导并团结广大人民群众推翻资产阶级统治，用无产阶级专政或人民民主专政取而代之，在人民内部实行民主，对极少数敌对势力实行专政。这就意味着从根本上建立了人民当家作主的无产阶级民主制。没有民主就没有社会主义，没有社会主义民主的社会也绝不是社会主义社会。因此，

---

① 《马克思恩格斯选集》第 1 卷，人民出版社 1995 年版，第 142 页。

我们党的十三大首次明确提出社会主义民主政治也是社会主义重要特征的理论观点。这比十二大关于工人阶级和劳动人民政权的提法又向前迈进了一步。

第五，以马克思主义为指导的社会主义意识形态占主导地位，建设社会主义精神文明。这是社会主义社会在思想文化和社会精神生活方面的重要特征。任何一个社会形态都是一定的经济、政治和思想文化的统一体，社会主义社会作为人类社会发展史上先进的社会形态当然也不会例外。社会主义社会的先进性，不仅表现在能够创造高度发达的生产力，使社会成员享有丰足的物质生活，而且也要享有丰富高尚的精神生活，在继承和发展人类所创造的一切优秀文化成果的基础上建设高度的社会主义精神文明。物质文明建设和精神文明建设互为条件、相互促进、协调发展是社会主义的本质要求。马克思主义作为工人阶级的科学世界观和全人类精神文明的伟大成果，是社会主义意识形态的最重要的组成部分。因此，社会主义社会必须确立马克思主义在意识形态领域的指导地位。社会主义精神文明建设坚持以马克思主义为指导，是社会主义本质的重要表现，也是社会主义发展的客观需要。

以上从经济、政治、思想文化方面概述了社会主义社会的基本特征。它们之间相互联系，不可分割，构成了社会主义社会是一个全面协调发展的社会。它们集中体现了社会主义社会的质的规定性，具有普遍真理的性质。这既是区别于资本主义社会的主要标志，也反映出与共产主义社会的不同。只要基本上具备这五个特征，就可以称为社会主义社会。作为实体形态的社会主义是一个多层次的体系，是由本质、特征、体制（模式）构成的一个有机统一体，这三个层次从不同的角度来回答什么是社会主义以及怎样建设社会主义的问题。尽管社会主义本质、特征的实现需要一个相当长的历史过程，而且在不同的国家和不同的发展阶段其实现形式和程度会有所不同，人们对社会主义本质、特征的认识也有一个不断扩展和逐步深化的过程，但是我们仍然认为，坚持和发展这些本质、特征，并且创造性地运用于本国实际，就是坚持和发展科学社会主义，就是坚持了社会主义方向，并能使社会主义制度的优越性从根本上得到发挥；否定这些本质、特征，就是否定了社会主义。

第二节 社会主义体制模式的多样性——建设各具本国特色的社会主义

一、建设有各国特色社会主义的依据

（一）时代背景

任何一种科学的理论体系和学说的产生，都是与产生它的时代或社会历史条件相联系着的。19世纪中期，资本主义高度发展，无产阶级和资产阶级斗争日益尖锐化，在这种社会历史背景下，马克思和恩格斯创立了科学社会主义理论。20世纪初，资本主义进入帝国主义阶段，列宁领导俄国十月革命建立起世界上第一个社会主义国家，实现了社会主义从理论到现实的飞跃，开辟了人类历史的新纪元，使世界进入由资本主义向社会主义过渡的时代。据此，当今世界仍处于从资本主义向社会主义过渡的大时代，但时代的主题发生了变化，即由“战争与革命”变为“和平与发展”。

第二次世界大战以后，随着苏联反法西斯战争的胜利和一些国家民主革命运动的发展，欧亚一系列国家走上社会主义道路，从而使历史进入了一国建设社会主义实践到多国建设社会主义实践的新时期。20世纪20年代末到30年代中期，在苏联逐渐形成了一整套经济、政治、文化和对外关系的体制，即“斯大林模式”。这种高度集中的社会主义传统模式，是在一国建设社会主义的特殊条件下形成的，曾起过一定的历史作用。新生的社会主义国家在毫无建设经验的情况下，都曾普遍照搬过苏联模式。传统苏联模式的根本弱点在于，它脱离了社会主义各国的具体实际，没有适应国内外条件的变化。随着苏联和各国社会主义事业的发展，这种弊端愈加明显地暴露出来，社会主义体制面临着新的挑战。从50年代开始，社会主义由单一模式向多种模式转换。同时，发达资本主义国家自50年代以来掀起了以电子信息技术为先导的全方位、加速大发展的世界新科技革命，并对其内部生产关系进行了调整，在处理同社会主义国家关系的战略和方式上亦发生了重大变化。世界局势由冷战、对抗逐步走向缓和，从20世纪上半叶的战争与革命阶段转入20世纪下半叶的和平与发展的新阶段。在这种时代背景下，社会主义将在很长时间内与资本主义共存，进行以科技和经济实力为基础的综合国力的竞争。为此，打破阻碍生产力发展的社会主义传统模式，探索适合本国国情的建设社会主义的具体道路和形式，并在竞争中赢得与资本主义相比较的优势，既是社会主义由一国发展到多国的必然结果，也是时代发展的客观要求。

认清社会主义运动的国际条件和社会主义国家的国际环境，是分析和解决世界社会主义问题的必要前提。当代社会主义的发展，不能离开世界的主题。在解决当代世界主题的进程中如何促进社会主义事业的发展，这是我们需要解决的重大课题。和平与发展是当今时代的主题，维护世界和平、谋求人类发展是各国人民追求的共同理想和目标。社会主义作为一种科学理论和崭新的社会制度，在当今世界上仍然代表着时代发展的方向。没有社会主义国家的积极参与，当今世界的两大主题就不能很好地推进，和平与发展的目标就不能实现。因此，社会主义的命运既与和平和发展息息相关，又与经济文化落后的社会主义国家能否正确解决如何建设、巩固和发展社会主义的问题紧密相连。建设有各国特色社会主义正是对关系社会主义命运的这一重大时代性课题的科学回答。

(二)理论依据

把马克思主义普遍原理同各国具体实际相结合，是马克思主义者必须遵循的基本指导原则。马克思和恩格斯一向认为，他们的学说不是教条，而是行动的指南；要把科学社会主义基本原理付诸实现，随时随地都要以当时的历史条件为转移，并明确指出："正确的理论必须结合具体情况并根据现存条件加以阐明和发挥。"[①]马克思主义是深深植根于实践并在实践中不断发展的科学。列宁说："我们决不把马克思的理论看做某种一成不变和神圣不可侵犯的东西；恰恰相反，我们深信：它只是给一种科学奠定了基础，社会党人(当时的社会党是马克思主义政党——引者注)如果不愿落后于实际生活，就应当在各方面把这门科学推向前进。"[②]当代社会主义实践证明，只有把马克思主义基本原理同各国的具体实践相结合，才能揭示适合本国国情的社会主义建设的特殊规律，探索出具有各国特色社会主义的道路和实现形式。

马克思主义关于社会主义本质的统一性和社会主义模式多样性的论述，是建设有各国特色社会主义的重要理论基石。马克思和恩格斯根据他们所处的历史条件，只对社会主义提出了一些科学预见和设想，没有也不可能对各个国家如何建设社会主义提出现成的答案。列宁继承并发展了马克思和恩格斯关于社会主义多样性的原理，进一步指出，在人类从今天的帝国主义走向明天的社会主义革命的道路上同样表现出这种多样性。一切民族都将走到社会主义，这是不可避免的，但是一切民族的走法却不完全一样。在民主的这种或那种形式上，在无产阶级专政的这种或那种类型上，每个民族都会有自己的特点。十月革命后，他还进一步预言："在东方那些人口无比众多、社会情况无比复杂的国家里，今后的

① 《马克思恩格斯全集》第47卷，人民出版社2004年版，第35页。

② 《列宁选集》第1卷，人民出版社1995年版，第274页。

革命无疑会比俄国革命带有更多的特殊性。”[①]列宁在这里最早明确提出了社会主义的“特色”问题。根据马克思列宁主义所揭示的社会发展规律，一切民族、一切国家都将走向社会主义，但由于各国、各民族的历史背景和社会条件不同，必然会在坚持社会主义本质统一性的过程中表现出各自不同的特点。“世界历史发展的一般规律，不仅丝毫不排斥个别发展阶段在发展的形式或顺序上表现出特殊性，反而是以此为前提的。”[②]社会主义不可能是一条道路、一个模式，必然是多种多样和丰富多彩的。因此，任何追求社会主义单一模式、把社会主义教条化的做法，都是错误的。

（三）实践依据

建设有各国特色的社会主义，是当代社会主义实践发展的必然结果，是各国社会主义建设的经验教训的科学总结。19 世纪是社会主义的准备时期，20 世纪则是其兴起和大发展的实践时期。从世界上第一个社会主义国家建立迄今九十多年的历史，社会主义发展历经高潮与低潮、胜利与挫折、曲折与前进的历史进程，留下了宝贵的经验教训。建设社会主义是人类历史上崭新的课题，只能在实践中不断探索和积累经验。十月革命后的苏俄一度试图用简捷、迅速、直接的方式过渡到共产主义，实践证明是行不通的。列宁认真总结了教训，制定了“新经济政策”，对社会主义建设道路作了积极的探索，并且形成了关于建设社会主义的新认识、新理论。斯大林执政后在实践中创建的“斯大林模式”，是在特定的历史环境下对建设社会主义的一种尝试。第二次世界大战后，新建立的社会主义国家长期照搬苏联模式。随着国际环境的变化和各国经济的发展，这种单一的社会主义传统体制脱离各国国情和实践发展的弊端日益暴露，阻碍了社会主义优越性的发挥。20 世纪 50 年代，由南斯拉夫开始，社会主义国家都在不同程度上重新探索有自己特色的发展道路，世界社会主义经历了由一种模式到多种模式的变革实践。以铁托为首的南共联盟第一个冲破了苏联社会主义传统模式，创造了适合本国国情的社会主义自治制度。后来，苏联和其他东欧社会主义国家也先后走上了改革之路，对如何建设和巩固社会主义进行了探索，并在“建设社会主义不可能有统一模式”的问题上取得了共识。80 年代末，由于国内外各种因素的交互影响，使社会主义出现了重大的历史性曲折。东欧剧变、苏联解体给社会主义事业带来了严重损失。但无论是成功的经验还是失败的教训，都为我们提供了启示和借鉴。超越苏联模式，开辟具有各国特色的建设社会主义新路，正是对九十多年现实社会主义国家兴衰成败历史的科学总结。

① 《列宁选集》第 4 卷，人民出版社 1995 年版，第 778 页。

② 《列宁选集》第 4 卷，人民出版社 1995 年版，第 776 页。

中国共产党历来坚持独立自主地进行革命和建设，历来认为中国社会主义的命运归根结底取决于我们自己，取决于党的理论和路线。以毛泽东为代表的中国共产党人，把马克思主义与中国革命实践相结合，提出了实事求是的思想路线，开辟了一条有中国特色的新民主主义革命和社会主义改造的道路。我们党坚持从实际出发，为寻找适合我国国情的社会主义建设道路进行了许多有益探索。1956 年党的八大文献及毛泽东的《论十大关系》、《关于正确处理人民内部矛盾的问题》等论著，确定了要依据中国国情走中国式社会主义工业化道路。但后来由于对国际共运和我国国内发生的某些事件估计发生了左的错误，实践中偏离了实事求是的思想路线，导致发生了“大跃进”和“文化大革命”，使对有中国特色社会主义道路的探索遭受了严重挫折。十一届三中全会后，我们党重新确立了正确的思想路线，以邓小平为代表的中国共产党人开始了改革开放和社会主义现代化建设的伟大实践，在这个过程中找到了建设有中国特色社会主义道路。这是在马克思主义与中国实践相结合的过程中，继找到中国新民主主义革命道路实现第一次历史性飞跃之后的第二次历史性飞跃。多年来，中国社会主义事业蓬勃发展，取得了举世瞩目的成就。社会主义在中国的新局面和新成就，使我们从历史的比较和国际的观察中认识到，建设有中国特色社会主义理论凝结了我们三十多年社会主义改革开放时期的新鲜经验，也是建国六十多年来基本经验的科学总结。

建设有中国特色社会主义理论，是马克思主义基本原理与当代中国实际和时代特征相结合的产物，是总结我国革命和建设长期历史经验得出的基本结论，也是在总结当代社会主义胜利和挫折的历史经验并借鉴其他国家社会主义兴衰成败历史经验的基础上逐步形成和发展起来的。

二、中国特色社会主义理论体系是马克思主义同中国实际相结合的最新成果

(一)中国特色社会主义理论体系的主要内容

中国特色社会主义理论体系同任何理论一样，都有一个逐步形成和发展的过程，大致经历了四个阶段：从 1978 年党的十一届三中全会到党的十二大之前，是这一理论体系初步孕育和萌芽的阶段；1982 年党的十二大至 1987 年党的十三大，是这一理论体系基本形成的阶段；从党的十三大之后至党的十五大，是这一理论体系在新的实践中不断丰富、发展和完善的阶段；从党的十五大之后到党的十七大以来，是中国特色社会主义理论体系进一步丰富、发展和创新的阶段。

中国特色社会主义理论体系，就是包括邓小平理论、“三个代表”重要思想以及科学发展观等重大战略思想在内的科学理论体系。这个理论体系，坚持和发展了马克思列宁主义、毛泽东思想，凝结了几代中国共产党人带领人民不懈探索

实践的智慧和心血，是马克思主义中国化最新成果，是党最宝贵的政治和精神财富，是全国各族人民团结奋斗的共同思想基础。①

党的十四大报告从发展道路、发展阶段、根本任务、发展动力、外部条件、政治保证、战略步骤、领导力量和依靠力量、祖国统一等九个方面，对邓小平理论作了新的概括。这九条有内在的、不可分割的联系，在建设中国特色社会主义的实践过程中其地位作用和层次有所不同。

第一，关于社会主义的发展道路问题。

这个问题的核心是强调走自己的路，建设有中国特色的社会主义。其中包含四个要点：

(1)以马克思主义为指导，但又不把书本当教条。这里的关键问题是善于把马克思主义的基本原理同各国的具体实际相结合，创造性地探索适合本国国情的社会主义建设道路。江泽民在庆祝我党成立七十周年讲话中指出："在七十年的斗争中，我们党积累了极其丰富的经验，归纳到一点，就是把马克思主义基本原理同中国革命和建设的具体实际相结合，走自己的道路。"②

(2)借鉴外国经验，但又不照搬外国模式。凡是有利于解放和发展生产力的，不论是社会主义国家的经验还是资本主义国家的优秀成果，都要认真学习、借鉴，而又不要生搬硬套。

(3)以实践作为检验真理的唯一标准，尊重群众的首创精神。生机勃勃的社会主义是人民群众的伟大创造，人民群众的实践经验和新创造是有中国特色社会主义理论的源泉和检验标准。

(4)解放思想，实事求是。这是建设有中国特色社会主义理论的思想基础。把它作为第一条，既体现建设有中国特色的社会主义必须遵循的马克思主义的科学世界观和方法论，又体现了理论逻辑和历史逻辑的统一。

第二，关于社会主义发展阶段问题。

正确认识我国社会所处的历史阶段，是建设有中国特色社会主义的重要问题之一。我们党在总结国内外社会主义发展阶段问题的经验教训、科学认识我国国情的基础上，提出了我国社会主义初级阶段理论。首先，从质的规定上肯定了我国现阶段的社会性质是社会主义。其次，从量的规定上申明我国的社会主义发展程度还处于不发达、不成熟的初级阶段。再次，从时间上指出这个阶段作为中国在生产力落后、商品经济不发达条件下建设社会主义必然要经历的特定阶段，至少需要上百年时间。

---

① 参见"本书编写组"编《十七大报告辅导读本》，人民出版社 2007 年版，第 11 页。

② 中共中央文献研究室编：《十三大以来重要文献选编》(下)，人民出版社 1993 年版，第 1633 页。

这一理论从质和量的规定及发展的长期性上对社会主义初级阶段进行了界定，为我国社会发展确定了准确的历史方位，也为我们党制定和执行正确的路线、方针和政策提供了最根本的依据。正是在这个基础上我们党形成了“一个中心，两个基本点”的基本路线，并根据这个阶段的长期性确定党的基本路线的长期性，坚持一百年不动摇。“社会主义初级阶段”，是马克思主义经典著作中从未提出过的一个崭新概念。这一理论的形成，突破了社会主义国家长期不划分阶段或超越阶段的传统观念，大大丰富和发展了马克思主义关于社会主义发展阶段的理论。它表明，以邓小平为代表的中国共产党人对本国所处的发展阶段和社会主义发展规律的认识取得了突破性进展。党的十四大重申这一科学论断，并强调它的长期性，具有重要意义。因此，我们必须以这个基本国情为依据，既要坚持社会主义，而又不能超越阶段。党的十四大把发展阶段问题列为第二条，表明它是建设有中国特色社会主义理论的立论前提和基本依据。

第三，关于社会主义的根本任务问题。

这是建设有中国特色社会主义理论体系的核心问题。它涉及什么是社会主义和怎样建设社会主义的根本问题。其内容有三：

(1)社会主义的本质是解放生产力，发展生产力，消灭剥削，消除两极分化，最终达到共同富裕。这一论断，是邓小平和我党从更高的层次上对社会主义本质作出的新的科学概括，是对科学社会主义理论的重大发展。它包括社会主义的根本任务和根本目的两个基本方面，两者互为条件、互为前提，既体现了社会主义社会的生产力与生产关系的统一、根本任务与根本目标的统一，又体现了社会主义的物质基础和社会关系的统一、根本手段和终极目的统一。正确认识社会主义本质具有重大的意义，它不仅从根本上回答了什么是社会主义以及如何建设社会主义这一社会主义建设实践中必须解决的最重大的问题，而且把它同社会主义的根本任务直接联系起来，抓住解放和发展生产力来界定社会主义本质，并列为首位，是对马克思主义的坚持和发展。

(2)现阶段我国社会主义的主要矛盾是人民日益增长的物质文化需要同落后的社会生产之间的矛盾，必须把发展生产力摆在首要位置，以经济建设为中心。社会主义的根本任务是解放和发展生产力。这是由现阶段我国社会的主要矛盾决定的，同时也是社会主义本质的内在要求和规定。因此，如何建设社会主义，首先就要以发展生产力为中心来认识社会主义，并把它摆在首位。只有高度发达的社会生产力，社会主义才会有雄厚的物质基础，才能使国家富强、人民幸福。加速经济发展的关键是要依靠科技进步和劳动者素质的提高。

(3)提出“三个有利于”是判断各方面工作是非得失的标准。这实质上是讲生产力标准问题。十四大报告在邓小平论述的基础上进一步把它作为“判断各方面工作是非得失”的标准。这就更加突出地表明，集中力量发展生产力，搞好经济建设是建设有中国特色社会主义中心内容，一切工作都要服从并服务于这个中心。这一科学论断是在新的条件下继承和发展了马克思主义关于生产力在社会主义建立和巩固中的伟大作用的理论。

第四，关于社会主义的发展动力问题。

这是关于建设有中国特色社会主义的动力机制问题。它是由社会主义社会基本矛盾运动规律决定的。党的十三大明确提出了改革是社会主义社会发展重要动力的观点。在马克思主义经典著作中虽然论述过社会主义社会应是经常变化和改革的社会，但把改革提到社会主义发展动力的高度，这在马克思主义发展史上还属首次。党的十四大根据邓小平视察南方谈话精神，在认真总结改革经验的基础上，对社会主义的发展动力问题又作了新的科学阐述：

(1)强调改革也是一场革命，也是解放生产力，是中国现代化的必由之路。这是关于改革性质和意义的一个重要命题。革命是解放生产力，这个思想最早是由马克思提出的，毛泽东也有论述。但在社会主义制度建立后是否还存在解放生产力的问题，却是长期以来没有解决的重大理论问题。邓小平明确指出：“社会主义基本制度确立以后，还要从根本上改变束缚生产力发展的经济体制，建立起充满生机和活力的社会主义经济体制，促进生产力的发展，这是改革，所以改革也是解放生产力。”①这段精辟论述，不仅回答了社会主义社会仍然存在着继续解放生产力的问题，而且也提出了改革是社会主义条件下解放生产力的根本途径和手段。社会主义社会的改革，是社会主义制度的自我完善和发展，其目的是为了从根本上改变束缚生产力发展的旧体制，进一步解放生产力。从这个意义上说，改革也是一场深刻的革命，是解决社会主义社会矛盾的根本途径和动力。

(2)提出社会主义市场经济理论并把建立和完善社会主义市场体制作为经济体制改革的目标，是对马克思主义政治经济学的重大贡献。邓小平视察南方谈话对市场与计划的关系问题作了精辟论述，明确指出：“计划经济不等于社会主义，资本主义也有计划；市场经济不等于资本主义，社会主义也有市场。”“计划多一点还是市场多一点，不是社会主义与资本主义的本质区别。”②这就从根本上否定了把计划和市场作为区分社会主义和资本主义本质属性的传统观念，并为确立社会主义市场经济新体制奠定了坚实的理论基础。十四大关于社会主义市场经济的新提法和经济体制改革目标的确立，都是在这个基础上的丰富和

① 《邓小平文选》第3卷，人民出版社1993年版，第370页。

② 《邓小平文选》第3卷，人民出版社1993年版，第373页。

发展。

(3)指出政治体制改革的目标是以完善人民代表大会制度、共产党领导的多党合作和政治协商制度为主要内容。这也是建设有中国特色社会主义民主政治的组成部分,是对马克思主义关于社会主义民主理论和社会主义政党制度的新发展。

(4)提出以"有理想、有道德、有文化、有纪律"为目标建设社会主义精神文明的重要观点。这表明我党不仅把建设社会主义精神文明看作是社会主义的重要特征,是实现社会主义现代化的战略目标之一,而且也是推动社会主义全面协调发展的强大精神动力。总之,从经济体制、政治体制到精神文明建设等全方位的改革,阐明了社会主义发展的综合动力系统。

第五,关于社会主义建设的外部条件问题。

社会主义国家的国际环境和国际条件,是无产阶级政党制定战略和策略的重要依据。

(1)我们党根据第二次世界大战以来国际形势发展的新特点,及时地对变化中的世界格局进行了正确分析和理论概括。邓小平最早作出"和平与发展是当代世界两大主题"的科学论断,并一贯坚持独立自主的和平外交政策。这是我国对外关系的根本出发点,也是为我国现代化建设争取有利国际环境的一个极其重要的条件。

(2)强调实行对外开放是改革和建设必不可少的,应当吸收和利用世界各国包括资本主义发达国家所创造的一切先进文明成果来发展社会主义。这些都是对马克思主义的继承和发展。正像改革为促进生产力发展和社会主义现代化的实现提供了内在根据一样,对外开放则提供了必要的外部条件。对外开放是我国必须长期坚持的基本国策,既是世界经济发展的客观要求和我国现代化建设的迫切需要,也是社会主义制度的本质表现。

(3)我党十四大强调吸收和利用世界各国的一切先进成果来发展社会主义,既大胆利用资本主义为发展社会主义服务,又坚决抵制资本主义的基本制度和一切腐朽的东西。这对于进一步扩大对外开放和加快我国经济发展具有特别重大的意义,也是在建设社会主义思想认识和实践上的一个重大飞跃。

第六,关于社会主义建设的政治保证问题。

搞改革开放和现代化建设都需要有政治保证。坚持社会主义道路、坚持人民民主专政、坚持中国共产党的领导、坚持马克思列宁主义毛泽东思想就是最根本的政治保证。这四项基本原则作为立国之本,是改革开放和现代化建设健康发展的可靠保证。它不仅决定着我国改革开放的性质和方向,而且决定着社会主义的长治久安。同时,改革开放又是强国之路。因此,我们党明确提出了坚持四项基本原则同坚持改革开放相互结合、缺一不可的观点。当然，四项基本原则作为社会主义建设的政治保证，还必须从改革开放和现代化建设获得新的时代内容，要用发展的观点看待四项基本原则。实践证明，我们党提出坚持四项基本原则又坚持改革开放，并能正确处理两者关系的理论和做法，在当代社会主义发展史上也是一个创举。

第七，关于社会主义建设的战略步骤问题。

社会主义建设必须以经济建设为中心，需要制定相应的经济发展战略。这是指为发展经济所制定的带有全局性、长期性和根本性的谋划。我们党在总结历史经验教训的基础上，提出了我国从 20 世纪 80 年代到 21 世纪中叶共 70 年的三步走的战略步骤和发展目标：第一步，到 20 世纪 80 年代末实现国民生产总值比 1980 年翻一番，基本解决人民温饱问题；第二步，到 20 世纪末使国民生产总值再翻一番，进入小康社会；第三步，到 21 世纪中叶使人均国民生产总值达到中等发达国家水平，基本实现现代化。这个发展战略目标充分显示了中华民族的雄心壮志。为确保这一战略目标的实现，必须在尊重社会发展规律的基础上实施正确的方针政策：

(1)要抓住时机，加快改革开放和现代化建设的步伐，争取出现若干个发展速度比较快、效益比较好的阶段，每隔几年上一个台阶。这是对国际形势和国内经济增长趋势进行客观分析和科学预测的结果。20 世纪人类社会经济发展进入了全面高速增长时期，许多国家和地区在发展过程中都曾有过高速发展时期。当前和今后一个时期，我国国内条件具备、国际环境有利，是加速发展的好时机。因此，使我国经济持续、快速、健康发展，既是时代提出的挑战，又是一种机遇，而且符合经济发展规律。

(2)强调贫穷不是社会主义，同步富裕又是不可能的，必须允许和鼓励一部分地区、一部分人通过辛勤劳动和合法经营先富起来，以带动越来越多的地区和人们逐步达到共同富裕。这是社会经济发展规律和社会主义本质的客观要求，也是由我国的具体国情决定的。把经济发展战略纳入中国特色社会主义理论体系，标志着我党关于我国现代化建设战略思想的成熟和对社会主义经济发展规律认识的进一步深化。

第八，关于社会主义的领导力量和依靠力量问题。

这是讲社会主义建设的力量部署和配置问题。着重从领导力量和依靠力量的角度谈党的领导、党风建设、依靠力量和统一战线。

(1)建设有中国特色社会主义必须坚持作为工人阶级先锋队的共产党的领导核心地位，不断改善和加强党对各方面工作的领导，改善和加强自身建设。无产阶级政党是无产阶级革命事业和社会主义建设事业的组织者和领导者。九十年来,中国共产党团结和带领全国人民,战胜种种艰难险阻,从根本上改变了中国人民的地位、中国历史的方向和中国社会的面貌。党的十一届三中全会以来,又领导人民全面开创了改革开放和现代化建设的新局面,取得了举世瞩目的伟大成就。越是改革开放,加快发展经济,就越需要改善和加强党的领导。要团结各族人民实现社会主义现代化建设的宏伟目标,关键在党;要深化改革,成功地创造人类历史上没有先例的社会主义市场经济体制,关键在党;要搞好两个文明建设,实现国家长治久安,关键也在党。为此,必须把党的思想建设放在首位,切实把用邓小平建设有中国特色社会主义理论武装全党的任务落到实处,保持全党思想上、政治上的高度一致。要继续抓好党风建设,把反腐败斗争深入持久地开展下去。要继续加强党的组织建设,进一步坚持和健全民主集中制。只有搞好党的自身建设,不断提高执政水平和领导水平,增强党组织自身的凝聚力、对广大群众的吸引力、在改革和建设中的战斗力,才能经受各种风险,始终成为走在时代前列的马克思主义政党。

(2)必须依靠广大工人、农民、知识分子,必须依靠各族人民的大团结,必须依靠全体社会主义劳动者、拥护社会主义的爱国者和拥护祖国统一的爱国者的最广泛的统一战线。因为人民群众是历史的创造者,是推动历史发展的决定力量,在新时期,人民群众依然是搞好改革开放和现代化建设的力量源泉和胜利之本。而党领导的人民军队是社会主义祖国的保卫者和建设社会主义的重要力量。

第九,关于祖国统一的问题。

如何实现祖国统一是我们面临的一个历史课题,是建设有中国特色社会主义必须解决的重大问题。以邓小平为代表的中国共产党人根据我国的历史和现实情况,总结国内外经验,提出用“一个国家,两种制度”实现祖国和平统一的科学构想,即在一个中国的前提下,国家的主体坚持社会主义制度,香港、澳门、台湾保持原有的资本主义制度长期不变。中华人民共和国中央政府行使国家主权,香港、澳门、台湾是中央政府统辖下的特别行政区,有高度的自治权。“一国两制”,既不是“一个国家,两个政府”或“两个国家,两种制度”,也不是联邦制的复合制国家结构形式,而是在单一制的国家结构下,同时兼容部分地区长期保持资本主义制度。这一构想,不仅符合海峡两岸和港澳同胞的根本利益,能够推进祖国和平统一大业的完成,而且有利于世界和平与社会生产力的稳定发展,也为国际社会解决历史遗留问题提供了可行的范例。“一国两制”是对马克思主义国家学说和新时期爱国统一战线的新发展,是中国特色社会主义理论体系中富有创造性的一个组成部分。

以上九个方面集中概括了这一理论的主要内容和基本观点,并且构成了一个比较完整的理论体系。就其逻辑结构和内容要点来说，这九条既有内在联系，相互依存、相互作用，共同组成一个统一整体，又可分为三个不同的层次：第一条，主要讲思想路线，是这个理论的思想基础和哲学基础。第二条，初级阶段论是讲它的立论前提和根本出发点。这两条属第一层次。第三至六条，是中国特色社会主义理论体系的核心内容和主体骨架，属第二层次。第七至九条主要讲这一理论的战略思想和战略布局，属第三层次。解放思想、实事求是是建设有中国特色社会主义理论的精髓，"一个中心，两个基本点"的基本路线是它的核心内容和政治灵魂。其中，关于社会主义发展道路的理论、社会主义初级阶段的理论、社会主义本质的理论、社会主义市场经济理论和"一个中心，两个基本点"的理论，是这个理论大厦的最主要支柱。建设有中国特色社会主义理论的精神实质是坚持把马克思主义基本原理与当代中国实际和时代特征相结合，"解放思想，实事求是，走自己的路"是贯穿这个理论始终的一条主线。

党的十三届四中全会以来，以江泽民为主要代表的中国共产党人，在建设中国特色社会主义的伟大实践中积累了治党治国治军新的宝贵经验，创立了"三个代表"重要思想。2000 年，江泽民在广东视察工作的讲话中指出："总结我们党 70 多年的历史，可以得出一个重要的结论，这就是：我们党所以赢得人民的拥护，是因为我们党在革命、建设、改革的各个历史时期，总是代表着中国先进生产力的发展要求，代表着中国先进文化的前进方向，代表着中国最广大人民的根本利益，并通过制定正确的路线、方针、政策，为实现国家和人民的根本利益而不懈奋斗。"[①]"三个代表"重要思想是对马克思列宁主义、毛泽东思想和邓小平理论的继承和发展，反映了当代世界和中国的发展变化对党和国家工作的新要求，是加强和改进党的建设、推进我国社会主义自我完善和发展的强大理论武器，是中国共产党集体智慧的结晶，是党必须长期坚持的指导思想。"始终做到'三个代表'，是我们党的立党之本、执政之基、力量之源。"[②]

关于"三个代表"重要思想的内涵及其相互关系，中共中央宣传部所编《"三个代表"重要思想学习纲要》一书作了简明、准确、科学的论述："始终代表中国先进生产力的发展要求，就是党的理论、路线、纲领、方针、政策和各项工作，必须努力符合生产力发展的要求，尤其要体现推动先进生产力发展的要求，通过发展生产力不断提高人民群众的生活水平。始终代表中国文化的前进方向，就是党的理论、路线、纲领、方针、政策和各项工作，必须努力体现发展面向现代化、面向世界、面向未来的，民族的科学的大众的社会主义文化的要求，促进全民族思想道

① 江泽民：《论"三个代表"》，中央文献出版社 2001 年版，第 2 页。

② 江泽民：《论"三个代表"》，中央文献出版社 2001 年版，第 7 页。

德素质和科学文化素质的不断提高，为我国经济发展和社会进步提供精神动力和智力支持。始终代表中国最广大人民的根本利益，就是党的理论、路线、纲领、方针、政策和各项工作，必须坚持把人民的根本利益作为出发点和归宿，充分发挥人民群众的积极性主动性创造性，在社会不断发展进步的基础上，使人民群众不断获得切实的经济、政治、文化利益。代表中国先进生产力的发展要求，代表中国先进文化的前进方向，代表中国最广大人民的根本利益，是统一的整体，相互联系，相互促进。发展先进生产力，是发展先进文化、实现最广大人民根本利益的基础条件。人民群众是先进生产力和和先进文化的创造主体，也是实现自身利益的根本力量。不断发展先进生产力和先进文化，归根到底都是为了满足人民群众日益增长的物质文化生活需要，不断实现最广大人民的根本利益。"[①]

"科学发展观，是对毛泽东、邓小平、江泽民为核心的三代重要领导集体关于发展的重要思想的继承和发展，是马克思主义关于发展的世界观和方法论的集中体现，是同马克思列宁主义、毛泽东思想、邓小平理论和'三个代表'重要思想既一脉相承，又与时俱进的科学理论，是我国经济社会发展的重要指导方针，是发展中国特色社会主义必须坚持和贯彻的重大战略思想。"[②]胡锦涛在党的十七大报告中，对科学发展观的含义及诸要素的定位给予了简明、准确、科学的论述："科学发展观，第一要义是发展，核心是以人为本，基本要求是全面协调可持续，根本方法是统筹兼顾。"[③]由此可以看出：科学发展观是"四要素"的有机统一。第一个要素是"发展"，其定位为"第一要义"；第二个要素是"以人为本"，其定位为"核心"；第三个要素是"全面、协调、可持续"，其定位为"基本要求"；第四个要素是"统筹兼顾"，其定位为"根本方法"。科学发展观是"要义"、"核心"、"基本要求"、"根本方法"的有机统一体，它科学地回答了"是什么"、"为什么"和"如何做"三者的有机统一问题，也就是科学地解决了此岸（不完全符合科学发展观要求）、彼岸（实现科学发展观的理想要求）与桥梁（实现理想要求的根本方法）的有机结合问题。科学发展观，作为马克思主义关于发展的世界观和方法论的集中体现，最基本特征是"科学"二字。科学发展观，既坚持发展的全面性，也突出发展的重点，但它更强调发展的全面性，"全面、协调和可持续"这一科学发展观的基本要求充满了辩证法。"全面"，是指横向方面，比如经济、政治、文化、社会四大领域和发展、建设、改革三大层次，都强调全面，同时不否认经济建设为中心这个重

① 中共中央宣传部编：《"三个代表"重要思想学习纲要》，学习出版社 2003 年版，第 2～3 页。

② 胡锦涛：《高举中国特色社会主义伟大旗帜　为夺取全面建设小康社会新胜利而奋斗》，人民出版社 2007 年版，第 12 页。

③ 《中国共产党第十七次全国代表大会文件汇编》，人民出版社 2007 年版，第 14 页。

点。发展，这是主线，要发展就要解决立与破的问题，立是建设，破是改革，两者关系应是不破不立，立与破结合。“协调”，是指在发展过程中要处理好各种关系，如协调全面与重点的关系，协调当代发展与后代发展的关系。科学发展观内涵中的四要素，即“要义”、“核心”、“基本要求”、“根本方法”四者关系也是辩证的有机统一。之所以把发展作为第一要义，因为不发展就没有什么东西去解决以人为本的问题，而失去了以人为本的发展则是无目的的发展；离开全面、协调和可持续的发展，既不能实现正确的发展，也不能很好地实现以人为本；没有统筹兼顾这样的根本方法，就像过河没有桥和船，就实现不了以人为本和全面、协调和可持续地发展。

当今中国学界对中国特色社会主义理论体系作了各种各样的概括，我们对这个理论体系经过多次研讨，将其主要内容概括成“一个研究对象、十论”。研究对象，即关于像中国这样经济文化比较落后的国家如何建设、巩固和发展社会主义规律的科学。“十论”：本质论，即社会主义本质的同一性、基本制度特征的稳定性和体制模式的多样性有机统一；阶段论，即社会主义社会的长期性与发展阶段性有机统一；发展论，即以人为本、重点性、全面性、协调性和可持续性有机统一和社会主义发展的前进性、曲折性有机统一；建设论，即社会主义物质文明、政治文明、精神文明、社会文明建设有机统一；改革论，即经济体制改革、政治体制改革、文化体制改革有机统一；开放论，即对外开放与独立自主有机统一；依靠力量论，即社会主义发展、建设、改革的领导力量与依靠力量有机统一；对外关系论，即国际主义与爱国主义有机统一；执政党论，即工人阶级执政党的领导作用与自身建设之坚持和改善有机统一；目标与奋斗论，即共产主义目标的遥远性与为此目标奋斗的现实性有机统一。

（二）中国特色社会主义理论体系的重大意义

第一，中国特色社会主义理论体系，是对马列主义、毛泽东思想在新的历史条件下的继承和发展，它是科学社会主义中国化的第二大理论成果。

马克思主义是发展的科学，自其问世160多年来曾有过几次理论飞跃。列宁根据新的历史条件和俄国实际，将马克思主义推进到新的列宁主义阶段。以毛泽东为代表的中国共产党人把马列主义同我国革命实践相结合，形成了毛泽东思想，它是马克思主义·科学社会主义中国化的第一大理论成果。我党十一届三中全会以后，以邓小平为代表的中国共产党人又将马列主义、毛泽东思想同当代中国改革开放和现代化建设的实际结合，创立了建设有中国特色的社会主义理论，党的十五大以来，我党将其称为“邓小平理论”。之后，我党随着建设中国特色社会主义实践的深入发展和与时俱进的理论创新，先后又产生了“三个代表”重要思想和科学发展观等重大战略思想，它们都进一步丰富发展了邓小平理论。党的十七大将邓小平理论、“三个代表”重要思想、科学发展观等重大战略思想统称为中国特色社会主义理论体系,这是马克思主义·科学社会主义中国化的第二大理论成果。它既坚持了马克思主义的基本原理,又具有鲜明的中国特点,是马克思主义基本原理同当代中国实际和时代特点相结合的产物。这一理论体系第一次比较系统地初步回答了中国这样的经济文化比较落后的国家如何建设社会主义、如何巩固和发展社会主义的一系列基本问题,初步解决了当代社会主义面临的最大课题,标志着科学社会主义理论发展到了一个崭新阶段。

第二,中国特色社会主义理论体系是制定党的基本路线和各项方针政策的重要理论依据。

理论是反映事物发展客观规律的科学体系,基本路线和方针、政策是以理论为指导而制定的具体行动方向和准则。在中国特色社会主义理论体系的形成过程中,并在其指导下,形成了我党“一个中心,两个基本点”的社会主义初级阶段基本路线和建设有中国特色社会主义的经济、政治、文化这一基本纲领。同这一基本路线和基本纲领相适应,还制定和实施了包括经济、政治、科技、教育、文化、军事、外交、党务等一系列适合我国国情的方针政策。

第三,中国特色社会主义理论体系是指引我们实现新的历史任务的强大思想武器,是巩固和发展社会主义的伟大纲领。

一个国家一个民族,要发展,要振兴,总要有一种意识形态作为维系国家、民族统一和团结的精神支柱。自马列主义传入中国并与我国实际相结合产生毛泽东思想之后,马列主义、毛泽东思想就成为振兴中华民族使国家走向繁荣富强的精神支柱,是全党全国人民增强团结的思想基础。中国特色社会主义理论体系,是对马列主义、毛泽东思想的继承和发展。它产生于我国社会主义建设和改革开放的伟大实践,同时又给这一伟大实践以理论指导和巨大的推动作用。改革开放三十多年来,我们之所以能够取得现代化建设的重大胜利,根本原因就在于以中国特色社会主义理论体系为指导,坚持党的基本路线不动摇。实践证明,中国特色社会主义理论体系,就是我们这个民族在这个时代凝练而成的精神财富,是激励全党和全国人民为实现社会主义现代化不懈奋斗的力量源泉。在我们这样一个13亿多人口的大国,一个近8000万党员的大党,所从事的又是这样一个伟大改革和建设事业,如果没有一个统一的科学思想,没有一条贯通全局和各方面工作的正确路线,要想取得胜利和成功是绝对不可能的。因此,我们必须用中国特色社会主义理论体系武装全党,并使其成为全党全国人民进行新世纪现代化长征的精神支柱和伟大旗帜。

第四,中国特色社会主义理论体系是战胜国内外资产阶级思潮和一切错误倾向的锐利武器。

中国特色社会主义理论体系既坚持了马克思主义基本原理和社会主义的本质、特征，又反映时代发展的基本特点和中国社会主义建设的特殊规律，是被实践证明了的具有强大生命力和战斗力的当代中国的马克思主义。因此，它必然受到国内外敌对势力的歪曲和攻击。我们只有运用马克思主义基本原理，以中国特色社会主义理论体系为武器，坚持不懈地同国内外资产阶级思潮作斗争，同时排除一切左的和右的错误倾向的干扰，才能保证我国社会主义建设事业的健康发展。在防止和反对错误倾向的问题上，以中国特色社会主义理论体系为指导，努力做到：(1)实事求是，一切从客观实际出发。有左反左，有右反右，左或右是什么程度就反到什么程度，切忌主观误判，把左当右，将正确当错误，视轻为重，视重为轻，最后导致恶劣后果。(2)实事求是，注意防止一个倾向掩盖另一个倾向。当左占主要地位时，应反左为主，反左防右；当右上升到主要地位时，应反右为主，反右防左，切忌不顾客观情况的变化，反左不警惕右，反右不警惕左。(3)实事求是，正确处理个别与一般地关系。在正确路线占统治地位的情况下，发生了个别左的或右的偏激认识或行动，应视为正常，切忌人为扩而大之，把个别当一般，把部分当整体，在全局上将其当作左右倾机会主义错误路线予以反对。(4)实事求是，采取正确的态度和政策克服错误倾向。惩前毖后，治病救人，团结——批评——团结，坚持用正确的马克思主义的理论和路线纠正左和右的错误倾向，切忌以左反右或以右反左。

第五，中国特色社会主义理论体系在人类社会发展历史进程中的具有独特地位和作用。

科学社会主义创始人马克思恩格斯揭示了人类社会发展的客观规律，科学地提出和论证了"五阶段"与"三形态"有机统一的人类社会发展历史进程的理论。特别值得注意的是，马克思在"三形态"论中认为："以物的依赖为基础的人的独立性，是第二大形态，在这种形态下，才形成普遍的社会物质交换、全面的关系、多方面的需求以及全面的能力的体系。"①这里，马克思是指发达商品经济阶段所承担的历史使命。在他看来，只有在发达的资本主义社会形态的基础上，才能进入第三阶段——共产主义社会，即"建立在个人全面发展和他们共同的社会生产能力成为他们的社会财富这一基础上的自由个性"阶段，"第二个阶段为第三个阶段创造条件"②。然而，像中国这样经济文化落后的国家，通过革命夺得了政权，经过"三大改造"进入了社会主义，应该如何为共产主义的自由个性阶段创造条件呢？它的发展道路和指导性理论应是怎样的呢？对此，列宁晚年有原

---

① 《马克思恩格斯全集》第46卷(上)，人民出版社1979年版，第104页。

② 《马克思恩格斯全集》第46卷(上)，人民出版社1979年版，第104页。

则性论述并提出了著名的“新经济政策”。在中国共产党领导下已进入社会主义阶段的中国，前三十年进行了艰苦探索，取得了一些成就，也遭受了重大挫折，“十年文革”跌了大跟头之后，从党的十一届三中全会开始，毅然决然地走上了改革开放之路，经过三十多年的成功探索，终于找到了一条有中国特色的社会主义发展道路，形成了中国特色社会主义理论体系，使中国的经济、政治、文化、社会诸领域的建设、改革和发展都取得了举世瞩目的伟大成就。实践证明：像中国这样经济文化落后且走上社会主义道路的国家，执政的共产党人在具有本国特色社会主义理论指导下，走具有本国特色的社会主义发展道路，经过数百年时间的初级、中级、高级三个发展阶段，就能为人类社会历史上的第三阶段，即共产主义自由个性阶段创造条件，做好准备。中国特色社会主义发展道路、理论体系在人类社会发展历史进程中的独特地位和作用，就是完成马克思所说的人类社会发展史上第二形态的使命。只有这样来认识中国特色社会主义理论体系，才能真正理解它在人类社会发展进程中的独特地位，才能真正认识它的伟大作用、实际价值和理论意义。

第三节　坚持社会主义本质的同一性、基本制度特征的稳定性和体制模式的多样性有机统一，充分发挥社会主义的优越性

一、社会主义从本质上优越于资本主义

社会主义制度究竟有没有优越性和生命力，这是科学社会主义研究中的一个重大理论问题和实践问题。目前，在社会主义运动处于低潮和社会主义初级阶段的大背景下，要想很好地回答这个问题，既有较大的难度，又是不能回避的热点。正确认识优越性，是坚定社会主义信念的思想基础，也直接关系到社会主义的前途和命运。我们思考和研究这个问题时，一定要从实际出发，既要讲社会主义取得的伟大成就，又要承认遇到的困难和存在的差距；既讲社会主义的发展，又讲社会主义发展中的曲折，特别应着重从世界观和方法论的角度解决更深层的问题。因为即使属于历史事实，也有人视而不见，或得出不同的结论。“社会主义优越性”的基本含义，是指社会主义社会的基本制度比以往任何社会制度远为先进的本性，它表现在社会的经济、政治和精神生活等各个领域。根据上述精神，怎样才能科学地看待这个问题呢？我们认为，应从以下几个方面思考问题：

1. 从人类社会发展规律和历史发展的必然趋势上看社会主义的优越性

这里首先要从理论上用马克思主义关于人类社会历史发展客观规律的知识武装头脑，认清社会主义经历一个长期发展过程后必然代替资本主义，这是社会历史发展不可逆转的总趋势。但道路是曲折的，坚信新生事物一定优胜于旧事物，并能最终取而代之。社会主义作为一种新生事物，虽然在其开始阶段较弱小，但却比逐步走向衰落的资本主义旧事物有更大的生命力，更有发展前途。社会发展史证明，任何一种新生的社会制度，在其成长壮大的过程中都要经历曲折和反复，才能取得最后的胜利。封建社会代替奴隶社会、资本主义社会代替封建社会都是如此，社会主义代替资本主义社会更不会例外。这是新生事物成长的规律，也符合人类社会发展的规律。

2. 从评价社会制度是否优越的根本标准看社会主义的优越性

按照科学社会主义观点衡量一种社会制度是否优越的根本标准，并不在于现有生产力水平和人民生活水平的高低，而是看在这种社会制度下生产力能否得到更快的发展。因此，看一个社会的生产关系是否先进，社会制度是否优越，最根本的就是要看它是否更有利于解放和发展生产力，使广大人民群众更快地走向共同富裕。邓小平强调指出，社会主义制度优越性的根本表现，就是能够允许社会生产力以旧社会所没有的速度迅速发展，使人民不断增长的物质文化生活需要能够逐步得到满足。又说："社会主义的优越性归根到底要体现在它的生产力比资本主义发展得更快一些，更高一些。"[①]现在我国生产力还比较落后，人民生活水平不高，与发达资本主义国家相比尚有较大差距，这是历史事实，但是，绝不能由此得出社会主义不如资本主义的结论。因为经济、文化、生活水平方面的差距，同社会制度的优劣并不完全是一回事。一个国家的经济文化和生活状况是由多种因素造成的，社会制度只是一种因素，此外，还受环境、人口、资源、历史、文化等各种条件的制约。例如，中国一百多年经济文化落后，主要是新中国成立前帝国主义、封建主义和官僚资本主义长期剥削、压迫的结果。新中国是刚刚从半殖民地半封建社会经济十分落后的基础上建立起来的，其他社会主义国家也大都起步晚，基础差。如果把它归罪于社会主义制度，那是很不公平的。我们应当历史地、全面地看待我国生产力落后于发达资本主义国家的原因。

3. 从社会主义的本质、特征和根本制度来看它的优越性

社会主义社会的优越性是由社会主义的本质和特征决定的，同时，这些本质、特征又是社会主义制度优越性的根本内容和集中表现。邓小平关于社会主义本质的科学论断，就是从更深的层次上揭示了社会主义制度优越性。社会主

① 《邓小平文选》第3卷，人民出版社1993年版，第63页。

义根本制度是指规定社会主义的总准则和总方向的基本的经济、政治制度。它集中反映社会主义社会的本质、特征并贯穿社会主义社会的始终，具有相对稳定性。具体制度是指运用根本制度的原则制定的各项带有操作性的制度，它是根本制度的具体体现和表现形式，并服务于根本制度。它的制定受历史的发展和许多主客观条件的限制，因而不可能在很短的时间内达到尽善尽美。我们说的“社会主义优越性”，就是指体现本质和基本特征的社会主义根本制度或基本制度的优越性。它主要表现在：以公有制为主体的社会主义经济制度比以私有制为基础的资本主义剥削制度好；以按劳分配为主体、消除两极分化走共同富裕之路比按资分配走两极分化之路的分配制度好；工人阶级和劳动人民掌握政权，实行人民当家作主的民主政治制度，比少数剥削阶级掌握政权的资产阶级专政制度好；以马克思主义为指导的社会主义意识形态比以利己主义为核心的资产阶级意识形态好；实行民族平等和民族团结比实行民族歧视和民族压迫的资产阶级民族制度好；坚持独立自主的和平外交政策和原则，比资本帝国主义国家搞对外侵略，实行霸权主义和强权政治好。当然，我们说社会主义根本制度是好的，而不是说现行的一切具体制度和体制没有任何弊端。

4. 从可能性和现实性的角度研究社会主义优越性

社会主义制度的建立，仅仅是为其优越性的发挥提供了一种客观可能性。这种可能性不管人们认识和利用的程度如何，它都客观存在，并贯穿于社会主义社会的经济、政治、思想文化诸方面。但是，社会主义优越性的实现绝不是自发的。它在实践中能否真正发挥出来，能否由可能变成现实，还需要通过人们的主观能动性的发挥和几代人的艰苦奋斗、辛勤劳动。也就是说，社会主义优越性的发挥是一个长期过程。它体现在历史规律与主观能动性、必然与偶然、可能与现实的辩证统一之中。按照事物发展的规律，一个事物有无优越性，取决于它的本质。但一个事物的优越性能否发挥出来，则取决于该事物本身的完善程度和其他客观条件。社会主义社会同样如此。它的优越性固然由它的本质及其特征所决定，但这种优越性能否得到充分发挥，就取决于这个制度本身的完善程度和人们对社会主义制度发展规律的认识、掌握、运用的情况。在这里，人的主观因素起着非常重要的作用。其中，领导的科学决策和人民群众的积极参与、主动性和首创精神的充分发挥是一个极其重要的因素。由此看来，社会主义有没有优越性，优越性能否得到充分发挥，两者虽联系紧密，但这毕竟是两个问题，不能混为一谈。

5. 要用科学的比较方法研究社会主义优越性

社会主义优越性是与资本主义制度相比较而言的。比较的方法是研究社会主义优越性最常用的方法，但比较要有正确的比较观，把握其科学性。否则，即使用比较的方法也难以得出正确的结论。为此，应注意下列几点：

第一，要在可比性的基础上进行比较。可比性大致有：共同对象的比较——两种经济基础和上层建筑在本质及其特征上比；共同指标的比较——如经济发展速度等；国情大体相当的不同类型国家的比较——如中国和印度。不可比因素有：(1)起跑线不同，不能直接比。如，几十年的中国社会主义初级阶段与经过三百多年历史演进的发达资本主义阶段之间的当前结果无法比较。不能离开历史谈现实，离开国情论长短。(2)发展经济的道路和手段不同，不能比较。西方国家的暴富，主要采用残酷的剥削和掠夺手段并在一定程度上是以东方的落后为奠基石的。如近百年，外国侵略者在中国通过1100多个不平等条约掠去战争赔款和其他款项达白银1000亿两。其中，8个条约勒索赔款19.53亿两白银，相当于清政府1901年收入的16倍。日本仅通过《马关条约》勒索的赔款就达2.3亿两白银，相当于当时日本财政4年半的收入。社会主义国家发展经济主要通过自力更生、增产节约、艰苦奋斗的道路来积累资金，这也是同资本主义国家不可比的重要方面。

第二，要进行全面比较，避免片面性，既要同发达资本主义国家比，也要同不发达资本主义国家比。全世界有180多个国家和地区，发达国家只不过二十几个，大多数是不发达国家，有些甚至非常贫穷落后。因此，我们不能把资本主义国家统统归于发达资本主义国家。即使在同发达资本主义国家比较时，也要从生产力与生产关系、经济基础与上层建筑来全面比较。我们承认在许多方面落后，但不等于一切都落后。

第三，要在历史发展的动态中比，不能用静止的观点看问题，就是用发展的眼光把两种社会制度放在一个动态的过程中比较，既要了解过去，弄清现状，也要预测未来。要把新旧社会形态放到历史的长河中比，不能只看一时一地。现在，发达国家在生产和物质生活方面比社会主义国家处于优势，说到底这是个时间差的问题。只要经济发展速度较快，社会主义国家总有一天定会赶上和超过它们。

第四，要纵向比较和横向比较相结合。纵向比较，指同一个国家在不同时期内的具体形态及发展状况的比较。如新旧中国比较、新中国路线方针正确时期同犯严重错误时期比较，从中认识社会主义优越性及其经验教训。横向比较，就是通过对社会主义和资本主义两种制度的比较研究，深刻探求社会主义制度的优越性及其存在的差距，正确处理社会主义与资本主义的关系，以便更好地发挥自己的优势，充分利用资本主义的先进成果发展社会主义。

此外，还要正确认识理想中的社会主义同现实中的社会主义之间的差距，不能把二者相提并论。我们说社会主义优越，是指由社会主义基本制度所决定的社会现状的本质和主流是好的，并不是说现实中社会主义社会的一切现象都是好的。要正确看待社会主义发展中的曲折和失误，不能据此否定社会主义制度的优越性。

二、社会主义制度在实践中已初步显示了优越性和强大的生命力

社会主义优越性问题，既需要理论上的论证，也需要实践上的证明。对社会主义制度诞生七十多年的历史（从 1936 年苏联宣布基本建设社会主义起）究竟怎么看？是对人类社会作出了巨大的贡献还是带来了巨大的灾难，是人类社会的重大进步还是严重的倒退，需要作进一步的回答。我们认为，20 世纪的历史实践证明，科学社会主义学说的基本理论是正确的。根据这些基本理论建立和发展起来的社会主义制度在几十年的实践中，尽管遇到过各种困难与挫折，甚至发生了像苏东剧变这样的大挫折，但总体上说社会主义还是取得了一些历史性的伟大胜利，对人类进步与世界和平作出了不可磨灭的贡献，初步显示了它的优越性和强大生命力。这些贡献主要包括：

第一，在一些国家基本上消灭了阶级压迫和阶级剥削，建立了以公有制为主体的和人民当家作主的社会主义经济政治制度。1917 年俄国十月革命的胜利，建立了世界上第一个社会主义国家，使科学社会主义由理论变为现实，不管后来发生了什么变化，但在世界历史上终究是开辟了人类历史的新纪元，开辟了人类由资本主义向社会主义逐步过渡的新时代。从此，打破了帝国主义一统天下的世界格局，并推动了世界社会主义和民族解放运动的蓬勃发展。这个基本事实是任何人无法否认的。第二次世界大战后，社会主义革命在一系列国家取得胜利，共产党执政的社会主义国家曾一度扩展到 15 国，占世界总人口近 1/3。特别是社会主义制度在中国这样一个东方大国的确立，无疑是给帝国主义在东方的战线打开了一个很大的缺口，进一步促进了帝国主义殖民体系的瓦解。中国革命的成功，是十月革命胜利后人类历史上最伟大的事件，并对当代社会主义运动和人类的进步事业已经并将继续产生积极而深远的影响。

第二，社会主义制度的建立，解放了社会生产力，推动了社会经济的迅速发展。如苏联，从 1928 年开始实行五年计划，到 1938 年，制造业产量达到欧洲第一，世界第二。到 1940 年，只用了十几年的时间就基本上实现了工业化，走完了主要资本主义国家用 50～100 年走过的路程。到 20 世纪 80 年代，苏联的经济实力已仅次于美国，位居世界第二，在科学技术的许多部门处于世界领先地位。其他社会主义国家的国民经济也得到了较快的发展，此间，中国的经济建设取得了举世瞩目的成就。从 1978 年到 2010 年，国内生产总值由 3645 亿元增长到 39.8 万亿元，增长了 100 多倍，年均增长达 10%，是同期全球经济年均增长率的

3倍多，经济总量跃升到世界第二位；人均国民收入超过4000美元，跨入中等收入国家行列。财政收入从1978年的1000亿元增长到2010年的8万亿元，国家实力和经济社会调控能力显著增强。我国建立了门类齐全、具有较高国际竞争力的现代工业体系，成为世界加工制造基地，制造业产值跃居世界第一位。在制造业行业分类的30多个大类中，已有半数以上行业生产规模居世界第一位，220种工业品产量居世界第一位。农业连年增产，用占世界7%的耕地解决了世界1/5人口的吃饭问题。载人航天、大型计算机、高速铁路、装备制造、通信设备等领域的科技创新能力已达到世界领先水平，向创新型国家大步迈进。我们还用较短时间突破基础设施瓶颈，建设三峡工程、南水北调、西气东输、青藏铁路等重大工程，铁路、公路、机场、港口等长足发展。目前，我国沿海港口吞吐能力、高速铁路通车里程已居世界第一位，高速公路和铁路通车里程居世界第二位。[①] 现实社会主义各国抵御了经济危机的冲击，国家经济平稳增长。中国、越南、老挝、朝鲜和古巴在2009年和2010年都实现了经济的平稳增长，2009年国内生产总值(GDP)年均增长率分别为9.1%、5.3%、6.5%、3.7%和1.4%；2010年第一季度GDP增长率中国为11.9%(全年比上年增长10.3%)，越南为6.5%，老挝为6.4%，古巴为1%。年均GDP增长率在世界上的排名位于前列，如2009年分别为第4、24、13、51和97位；人均GDP世界排名分别为第103、167、187、191和111位。在资本主义国家普遍受到经济危机的负面影响、国内生产总值增长率为零甚至为负的情况下，社会主义国家的表现在一定程度上证明了社会主义高效配置资源、合力解决重大问题的制度优越性。[②]

第三，社会主义国家的兴起，支持并促进了亚、非、拉民族解放运动的发展。由于社会主义国家在解放前一般都受到帝国主义的侵略和欺侮，同亚、非、拉殖民地、半殖民地人民有共同遭遇，社会主义革命和建设的胜利，对这些国家也是一个极大的鼓舞，使他们看到了胜利的前景和希望，增强了斗争信心。同时，在社会主义国家的支持和声援下，世界民族解放运动的风暴首先在亚洲大规模兴起，出现了一系列民族独立国家。特别是第二次世界人战后，有一百多个殖民地、半殖民地国家获得了独立，第三世界国家也成为当今世界不可忽视的重大政治力量。

第四，社会主义国家是人类文明与进步的支持者和保卫者，是反对法西斯主义的坚强堡垒和维护世界和平的伟大力量。20世纪发生的两次世界大战，都是帝国主义重新瓜分殖民地和划分势力范围而引起的。在帝国主义肌体上长出的

---

① 参见曾培炎《中国改革开放成功的领导者和实践者》，载《求是》2011年第11期。

② 参见陈硕颖《2010年世界社会主义发展动态》，载《世界社会主义研究》2011年第4期。

法西斯毒瘤，更是对世界和平和人类进步事业的最大威胁。法西斯主义是垄断资产阶级公开实行专制独裁和恐怖统治的专政形式和政治思潮。由德、意、日法西斯发动的第二次世界大战，极大地威胁着人类和文明。在大战中，苏联人民为打败法西斯作出了最大的贡献，付出了最大的牺牲。美国总统罗斯福承认：俄国军队所消灭的敌军士兵的数量，比同盟国中其他25个国家所消灭的敌军总数还多。战后，在美国发动的侵朝、侵越战争中，中国人民同朝鲜人民、越南人民一道，粉碎了帝国主义的侵略，为维护亚洲和世界和平作出了巨大的贡献和牺牲。近七十年来之所以没有发生新的世界大战，和平与发展所以成为当今世界的主题，决定的因素就是社会主义国家的存在和在它们支持下的第三世界力量的兴起。

三、坚持体制模式多样性，不断改革完善社会主义，才能充分发挥社会主义优越性

十月革命以来诞生的现实社会主义国家，都曾取得了一定的成就，初步显现了社会主义的优越性，积累了丰富的发展社会主义的历史经验。第二次世界大战前，苏联社会主义是唯一的模式。战后，东欧、东亚、拉美先后产生了十几个共产党领导的社会主义国家。新产生的社会主义国家，因为没有建设社会主义的经验，所以都积极向苏联学习；而苏联也认为自己建设社会主义的历史最长，经验最丰富，有义务帮助各兄弟社会主义国家，除了政治上支持、经济上援助之外，大力推广苏联建设社会主义的经验，是对各兄弟社会主义国家的最大援助。实事求是地说，这两者的想法和做法都是正常的，是无可非议的。然而，对于世界上第一个社会主义模式(也称“苏联模式”、“斯大林模式”、“传统社会主义模式”，含义相同)，在很长的时间内在理论认识上并不深刻，甚至很不清醒。斯大林乃至他为首的苏共中央领导集体把苏联所做的一切与社会主义画等号，谁对苏联的某些理论和实践持有异议就认为是离经叛道，甚至扣上“反苏、反共、反社会主义”的“三反分子”政治帽子。20世纪50年代初，以铁托为首的南斯拉夫共产党人在探索走符合本国特点的社会主义道路方面同苏共发生了严重分歧，矛盾激化后南斯拉夫被清除出苏联为首的社会主义阵营。东欧其他国家共产党人中，有些能独立思考、对把苏联经验神圣化的做法持有异议的人，也被打成“三反分子”，被捕坐牢，乃至绞死。这一事件的实质是：如何看待苏联经验，如何评价苏联模式，应不应允许新生的社会主义国家根据自己的国情和实践经验走自己的道路，建设具有本国特点的社会主义。然而，当时绝大多数社会主义国家的共产党人乃至国际共运中未执政的共产党人都尚未认识到这一点，几乎都参加了对南斯拉夫的围攻。当然，除了认识问题以外还有政治压力问题。但有一点是不能否认的，即在很长的时期内人们对“什么是社会主义，什么是马克思主义”这样的问题并没有完全搞清楚，并不十分清醒。具体地说，就是对社会主义本质、社会主义基本制度特征、社会主义体制模式的科学内涵及其相互关系没有完全搞清楚。

为什么对在今天看来如此明白的问题，在相当长的时期内人们不能完全搞清楚呢？原因是多方面的，但主要的是，这样的问题不只是个理论问题，还是一个实践问题，不经过胜利和失败的反复实践，单靠书本是不能解决问题的。事实正是如此。自从南斯拉夫被清除出社会主义阵营之后，独立地走上探索符合本国特点的社会主义道路，并最终在实践中形成了不同于苏联模式的南斯拉夫自治社会主义新模式。南斯拉夫的改革是现实社会主义国家改革的发端。匈牙利在1956年“十月事件”之后也被迫走上了改革之路，匈牙利社会主义工人党在总书记卡达尔的领导下，由于准备比较充分，步骤比较稳妥，改革取得了成功，形成了计划和市场相结合、经济方法和行政手段相结合为主要特点的匈牙利社会主义新模式。在南、匈改革的影响下，东欧各国一度出现新的改革浪潮。就是苏联，也开始了某些改革，但没有达到南、匈改革的水平。当时在现实社会主义各国并存着苏、南、匈三种模式。

在中国，由于经历了近二十年左的折腾，特别是十年“文革”的严重左倾路线错误，致使国民经济跌到了崩溃的边缘，所以从上到下人们开始思索，开始寻找新的出路，最后终于在1976年年末粉碎了“四人帮”反革命集团，并于1978年底召开了党的十一届三中全会，使中国的社会主义发展有了新的转机：结束了“以阶级斗争为纲”和全国大动乱的局面，经过拨乱反正，走上了以经济建设为中心和改革开放的新路。1980年，邓小平在中共中央政治局扩大会议上的讲话——《党和国家领导制度的改革》中，论述了改革具体制度（即体制模式），完善基本制度，把社会主义基本制度与具体制度区别开来。1982年，在党的十二大开幕词中，邓小平提出“走自己的道路，建设有中国特色的社会主义”的崭新命题。胡耀邦在党的十二大报告中，论述了社会主义的基本特征。1991年，江泽民在《庆祝中国共产党成立七十周年的讲话》中，提出了“建设有中国特色社会主义的经济，建设有中国特色社会主义的政治，建设有中国特色社会主义的文化”的纲领性口号。1992年，邓小平在视察南方的谈话中，提出并论述了社会主义的本质。就这样，当代中国共产党人经过艰难的实践探索和理论创新，终于把社会主义本质、社会主义基本制度和社会主义体制模式的内涵及其相互关系这一理论和实践的难题搞清楚了。从此，中国共产党人就以牢记社会主义本质的同一性，坚持社会主义基本制度特征的稳定性和体制模式的多样性，积极改革经济、政治、文化、社会体制的理论与实践，开辟了中国特色社会主义道路，形成了中国特色社会主义理论体系，使社会主义本质的同一性、社会主义基本制度特征的稳定性和体制模式的多样性有机统一起来，开始较充分地发挥了社会主义的优越性。

现实社会主义国家的正反历史经验，特别是中国特色社会主义建设、改革和发展较成功的实践证明了一条真理：社会主义本质和社会主义基本制度确实是有优越性的，但是如果在一定历史条件下选择的体制模式能体现社会主义本质和适应社会主义基本制度的发展要求，其优越性就能发挥出来；当所选择的体制模式在新的历史条件下不再能体现社会主义的本质和适应社会主义基本制度的发展要求时，执政的共产党人却仍坚持原来的体制模式，拒绝改革，使体制僵化，它就会阻碍社会主义优越性的发挥；只有因时、因地、因条件地改革过时的体制，始终做到社会主义本质的同一性，社会主义基本制度特征的稳定性与体制模式的多样性有机统一，才会不断发挥社会主义的优越性，使社会主义永远充满生机和活力。

第九章　“阶段论”:社会主义社会的长期性与发展阶段性有机统一

人类社会发展的规律以及社会主义实践表明,与其他任何社会形态一样,社会主义社会的产生、发展和完善也有一个漫长的历史过程,并且表现为阶段性发展的特征。长期性与阶段性有机统一是社会主义社会发展的一条重要规律。这一规律,主要不是从科学社会主义创始人马克思和恩格斯、列宁主义创始人列宁所论述的社会主义社会的长期性、阶段性及其相互关系得出的结论,而主要是根据十月革命以后九十多年来的社会主义实践中痛苦的经验教训得出来的结论。然而,只有充分认识、掌握和遵循这一规律,才能制定和实施正确的路线、方针和政策,才能使社会主义社会健康发展,从而不断把社会主义事业胜利推向前进,最终走向共产主义社会。

第一节　社会主义社会的长期性

一、社会主义社会是一个很长的、相对独立的历史阶段

20 世纪上半叶,在科学社会主义理论的指导下,社会主义运动轰轰烈烈、风起云涌,社会主义由理想变为现实,由一国实践发展为多国实践,开辟了人类社会历史的新格局。然而,现实社会主义国家的发展并非一帆风顺,在取得长足发展和辉煌成就的同时也遭遇了种种失误和挫折,尤其是 20 世纪后期的苏东剧变使世界社会主义的发展遭受到史无前例的巨大挫折,从而打破了人们快速进入共产主义社会的预期。面对社会主义的曲折发展,人们不得不重新审视社会主义的发展进程。按照马克思的设想,社会主义社会是共产主义社会的第一阶段,但马克思没有也不可能告诉我们,共产主义社会第一阶段本身还要经历一个十分漫长的历史过程,因为在马克思所处的历史条件下,能够设想出进入共产主义

高级社会之前还必须经历一个政治上的过渡时期和共产主义社会第一阶段,就充分说明他已经认识到共产主义新社会代替资本主义旧社会的长期性了。1917年十月社会主义革命到现在的近百年的现实社会主义发展的实践史告诉我们,社会主义社会是一个十分漫长的历史过程,并且是一个相对独立的历史阶段。

第一,社会发展的一般规律决定了社会主义社会发展的长期性。从历史上来看,任何新旧社会制度的更替都不是一帆风顺、一蹴而就的,都经历了一个曲折反复的长期过程。就欧洲说,封建社会代替奴隶社会用了上千年的时间,经历了无数次的反复和斗争。且不说资本主义在全世界范围内代替封建主义,仅从1640年具有世界历史意义的英国资产阶级革命到1875年法国第三共和国诞生,资本主义制度从初步建立到基本巩固就经历了235年的时间。一种私有制代替另一种私有制尚且需要经历如此漫长的历史过程,更何况社会主义代替资本主义是用公有制代替私有制,这要比私有制社会的更替更加困难,历程更加曲折、漫长。作为一种崭新的社会制度,社会主义社会刚刚产生时是不会十全十美的,它自身的发展也要经历一个从低级到高级、从不成熟到成熟的过程。更何况社会主义社会的建设没有现成经验可借鉴,需要不断实践和探索,其间也会不可避免地遭遇种种挫折和失败,从而出现曲折和反复。也就是说,社会主义社会同一切新生事物的成长一样,它的产生虽然是必然的,但它的发展和完善过程却是漫长的,这是符合新生事物成长发展规律的。

第二,现实社会主义建设的历史起点决定了社会主义社会发展的长期性。马克思和恩格斯当年立足于欧洲发达资本主义国家的生产力和社会结构状况,曾经设想社会主义革命首先在发达的资本主义国家同时发生,所以他们设想的社会主义社会的起点是发达资本主义,是在高度发达的社会生产力的基础上来进行社会主义建设的。然而,20世纪的历史并没有像马克思和恩格斯当年所设想的那样发展,社会主义革命不是首先在发达的资本主义国家同时发生,而是首先在一个或几个经济文化比较落后的国家取得了胜利。正因为20世纪进入社会主义社会的都是经济文化比较落后的国家,大多数没有经过资本主义的充分发展,从半封建半殖民地社会或者殖民地社会直接进入社会主义社会,这就决定了现实社会主义社会的历史起点都远远低于马克思和恩格斯当年所设想的社会主义社会的起点,不仅与发达的社会主义相距甚远,而且赶上发达的资本主义也不是一朝一夕的事情。

第三,现实社会主义所要完成的特殊历史任务决定了社会主义社会发展的长期性。按照社会发展的自然历史过程,在一定条件下,政治制度虽然能够实现跨越,但经济和文化的发展却无法跨越。正如马克思所说:"社会经济形态的发展是一种自然历史过程。""一个社会即使探索到了本身运动的自然规律……它还是既不能跳过也不能用法令取消自然的发展阶段。但是它能缩短和减轻分娩的痛苦。”[①]现实中的社会主义都没有经过资本主义的充分发展，这就决定了在社会主义制度确立以后社会主义国家就面临着比较特殊的历史任务：一方面要完成社会主义自身的解放生产力、发展生产力、消灭剥削、消除两极分化、实现共同富裕，从而巩固自己的经济基础的任务；另一方面还必须要承担历史上由资本主义社会完成的生产社会化和商品经济充分发展的使命。这是生产力发展的一个不可逾越的阶段，而且在相当程度上，社会主义国家必须花更大的精力去完成工业化和经济的社会化、市场化和现代化任务。因为它是和社会主义自身的任务紧密联系在一起的，如果不能实现这一目标，社会主义自身的使命也就无法完成。集多种任务于一身的社会主义社会必然要经历一个长期的历史发展过程。

第四，现实社会主义所处的国际环境决定了社会主义社会发展的长期性。众所周知，社会主义制度一诞生就处于强大的资本主义世界的包围之中，国际环境异常严峻。资本主义的本性决定它不容许社会主义的存在和发展，所以社会主义从一诞生就受到了来自国际资本主义无情的打压。国际资本主义一刻也没放弃对社会主义的破坏和颠覆，不是武力进攻就是和平演变。20世纪末，苏联解体、东欧剧变的原因虽然非常复杂，但和平演变也是其中原因之一。苏联解体、东欧剧变大大削弱了社会主义的力量。虽然在近三十年的短暂时间内，以中国为代表的现实社会主义国家通过改革创造了惊人的发展奇迹，取得了举世瞩目的成就，综合国力大大提高，但与发达资本主义国家相比，无论是经济、军事和科技发展水平，还是国民整体素质，都还存在着较大的差距。而国际资本主义则因为科技革命和自我调节又获得了更大的发展空间。就是说，在相当长的时间里，社会主义力量与资本主义力量相比，还是“资强社弱”。因此，社会主义由弱变强，由少数几个国家发展成为世界体系，在全世界范围内取代资本主义将是一个漫长的历史过程。

总之，现实社会主义由于受其内外发展条件的限制，所以不能在短时期内就能过渡到共产主义社会，而必须经历一个漫长的历史发展过程。

二、认识社会主义社会的长期性，避免急于求成的左倾错误

社会主义的发展是一个客观的历史进程，任何人为的缩短或者超越都不利于社会主义自身的发展。充分认识社会主义发展的长期性，就可避免急于求成的左倾错误。

众所周知，社会主义实践中出现的种种失误和挫折，原因虽然复杂，但其中

① 马克思：《资本论》第1卷，人民出版社1975年版，第12、11页。

一个带有共性的原因则是对社会主义的长期性认识不足，急于向共产主义过渡，犯了左倾急性病。邓小平指出："搞革命的人最容易犯急性病。我们的用心是好的，想早一点进入共产主义。这往往使我们不能冷静地分析主客观方面的情况，从而违反客观世界发展的规律。"[①] 陈云针对党内存在的急于求成、盲目冒进的错误倾向，也多次强调："搞建设，真正脚踏实地、按部就班地搞下去就快，急于求成反而慢，这是多年来的经验教训。"[②]

犯急于求成左的错误的重要原因之一，是不认识社会主义的长期性，在这个问题上处于盲目的"必然性"阶段，而未获得"自由"。中国共产党人在民主革命时期的教训就非常深刻，由于没有经验，没有认识到中国民主革命的长期性，曾犯了三次左倾路线的错误，特别是第三次，即王明的左倾错误路线，使我党的民主革命事业遭到了极大的损失，革命力量在白区几乎损失了百分之百，红区损失了百分之九十，教训十分惨痛。当时的毛泽东是认识到民主革命的长期性而反对左倾错误急性病的典型代表，他还在理论上对什么是左倾作出总结。他指出："什么叫'左'？超过时代，超过当前的情况，在方针政策上、在行动上冒进，在斗争的问题上、在发生争论的问题上乱斗，这是'左'，这个不好。[③]左倾空谈主义者，"他们的思想超过客观过程的一定发展阶段，有些把幻想看作真理，有些则把仅在将来有现实可能性的理想，勉强地放在现时来做，离开了当前大多数人的实践，离开了当前的现实性，在行动上表现为冒险主义"[④]。然而，到了社会主义时期，由于没有实践经验，作为在民主革命时期反左倾的模范毛泽东，因不认识社会主义社会的长期性而犯了更加严重的左倾急性病错误。由此可见，能否真正认识社会主义社会的长期性，是在社会主义建设、改革和发展过程中避免犯左倾急性病错误的根本认识原因。

第二节　社会主义社会发展的阶段性

一、马克思列宁主义关于社会主义社会发展阶段的理论

马克思和恩格斯由于时代和实践的局限性，没有对社会主义社会进行具体的阶段划分，但他们创立了关于未来社会阶段划分的学说，为我们今天总结社会

① 《邓小平文选》第3卷，人民出版社1993年版，第139～140页。

② 中共中央文献研究室编：《三中全会以来重要文献选编》(下)，人民出版社1982年版，第1134页。

③ 《毛泽东选集》第5卷，人民出版社1977年版，第152页。

④ 《毛泽东选集》第1卷，人民出版社1991年版，第295页。

主义建设的经验，对社会主义社会进行阶段性划分提供了科学的方法和理论基础。马克思、恩格斯依据社会发展的客观规律，提出一个极为重要的思想：未来的社会主义社会不是一成不变的，而是不断发展的，发展又是分阶段的。在马克思和恩格斯的著作中曾具体阐明未来新社会有两个发展阶段的思想。在《1844年经济学哲学手稿》中，马克思指出：人的异化“只有通过共产主义的实际实现才能完成。要消灭私有财产的思想，有共产主义思想就完全够了。而要消灭现实的私有财产，而必须有现实的共产主义行动。历史将会带来这种共产主义行动，而我们在思想中已经认识到那个正在进行自我扬弃的运动，实际上将经历一个极其艰难而漫长的过程。但是，我们必须把我们从一开始就意识到这一历史运动的局限性和目的，并有了超越历史运动的觉悟这一点，看作是现实的进步”[①]。在这里，马克思告诉我们，私有财产的思想通过共产主义思想的批判去消灭是可以的，但消灭私有财产本身需要共产主义的行动，而这种共产主义行动从现实的起步到完全实现是一个极其艰难而漫长的过程。实际上，马克思已开始认识到实现共产主义是一个长期的、艰难的历史过程。马克思在1871年所写《法兰西内战》一书论到“工人阶级并没有期望公社做出奇迹”时指出：“他们知道，为了谋求自己的解放，并同时创造出现代社会在本身经济因素作用下不可遏止地向其趋归的那种更高形式，他们必须经过长期的斗争，必须经过一系列将环境和人都加以改造的历史过程。工人阶级不是要实现什么理想，而是要解放那些由旧的正在崩溃的资产阶级社会本身孕育着的新社会因素。”[②]这些论述，实际上包含着由资本主义向共产主义转变和共产主义本身，需要经历长期的过程和一些历史阶段的思想。到1875年，马克思在《哥达纲领批判》中全面阐述了共产主义两个发展阶段的学说，并把未来社会划分为三个互相衔接的发展时期——从资本主义向共产主义社会的革命转变时期即过渡时期、共产主义的第一阶段、共产主义的高级阶段。[③]马克思主义认为，这两个阶段是同一社会形态中成熟程度不同的两个时期，均属同一社会形态。马克思和恩格斯关于未来社会发展的理论揭示了共产主义社会发展的一般规律，为我们提供了分析社会主义发展的科学方法和研究社会主义社会发展阶段的理论依据。

如果说马克思关于未来社会阶段划分的理论主要用来说明未来社会发展的一般规律，那么列宁则对过渡时期和社会主义社会的阶段划分理论作出了重大贡献，并把这一理论运用于俄国社会主义革命和建设的具体实践之中，探索在经

① 《马克思恩格斯全集》第42卷，人民出版社1979年版，第140页。

② 《马克思恩格斯选集》第3卷，人民出版社1995年版，第60页。

③ 参见《马克思恩格斯选集》第3卷，人民出版社1995年版，第314、304、305页。

济文化较落后的国家建设社会主义社会所需经过的发展阶段及途径。列宁在《国家与革命》、《马克思主义论国家》等著作中坚持了马克思"三个阶段"划分的理论,首次把共产主义第一阶段明确地称为"社会主义社会",把无产阶级夺取政权后的社会发展划分为"从资本主义到社会主义的过渡时期"、"社会主义社会"、"共产主义社会"。[①]同时,列宁又把这些阶段本身看作是一个多级的发展过程,并生动地比喻为由许多环节组成的链条。关于社会主义社会,列宁认为,绝不能把"社会主义看成是一种僵死的、凝固的、一成不变的东西",它只有经过若干阶段才能达到共产主义。"至于人类会经过哪些阶段,通过哪些实际措施达到这个最高目的,那我们不知道,也不可能知道。"[②]这就是说,社会主义也具有自身的发展阶段,有一个从尚不完善到逐步完善的过程,特别是在经济不发达的落后国家,更不可能直接建立成熟的社会主义社会。列宁虽然对社会主义究竟需要哪几个发展阶段才能达到共产主义社会这一问题不可能作出明确的回答,但他还是提出了若干表述社会主义社会形成和发展过程的概念。诸如,"初级形式的社会主义"、"没有稳固基础的社会主义"、"发达的社会主义"、"完全的社会主义",等等。最可贵的是,列宁在《共产主义运动中的"左派"幼稚病》一书中批判德国左派共产党人时,提出了"共产主义中级阶段"和"共产主义低级阶段的初级阶段"概念。他指出:"从共产主义的观点看来,否认政党就意味着从资本主义崩溃的前夜(在德国)跳到共产主义的最高阶段而不是进到它的低级阶段和中级阶段。我们在俄国(推翻资产阶级后的第三年)还刚处在从资本主义向社会主义即向共产主义低级阶段过渡的初级阶段。"[③]这些概念从不同的侧面揭示了社会主义制度建立和发展的丰富内容,体现了当时社会发展的阶段和形式,说明了社会主义社会是一个从片面、不成熟到全面、成熟的发展过程。

继列宁之后,斯大林等苏联共产党人积极推进苏联的社会主义建设事业。苏联实现国家工业化和农业集体化的过程,深深打上了苏共关于社会主义社会发展阶段的认识的烙印。一方面,社会主义制度的建立使人们对社会主义本质特征的认识更具体化并带有现实性,从而划清了从资本主义到社会主义的过渡时期和社会主义制度确立时期的界线;另一方面,斯大林否认了社会主义社会自身发展阶段的命题。沿着这一思路,他把苏联在1936年形成的高度集权的社会主义体制看得更接近于共产主义。在宣布基本建成社会主义制度后不久,就提出了向共产主义过渡的任务,在客观上滋生和助长了超阶段过渡的冒进倾向,严

① 参见《列宁选集》第3卷,人民出版社1995年版,第188～197页。

② 《列宁选集》第3卷,人民出版社1995年版,第201页。

③ 《列宁全集》第39卷,人民出版社1986年版,第24页。

重地影响了苏联的社会主义建设和后来走上社会主义道路的其他国家，对国际共产主义运动的发展造成严重后果。

毛泽东关于社会主义社会发展阶段问题的探索，更具有典型意义。他虽然在实践中犯过比较严重的“超越阶段”和“混淆阶段”的错误，但他提出和论述的社会主义发展阶段理论，还是具有重大的理论价值和实践价值。1957 年，毛泽东在《关于正确处理人民内部矛盾的问题》一书中指出：“我国的社会主义制度还刚刚建立，还没有完全建成，还不完全巩固”，“还需要有一个继续建立和巩固的过程”①。这实际上是对社会主义初级阶段思想的表述。1959 年 12 月至 1960 年 2 月，研究苏联《政治经济学教科书》“社会主义部分”时，毛泽东又阐述社会主义的发展阶段问题。他指出：“社会主义一定要向共产主义过渡。过渡到了共产主义的时候，社会主义阶段的一些东西必然是要灭亡的。就是到了共产主义阶段，也还是要发展的，他可能要经历几万个阶段。能说到了共产主义就什么都不变了，就一切都‘彻底巩固’下去吗？难道这个时候只有量变而没有不断的部分质变吗？”“一切事物总是有‘边’的。事物的发展是一个阶段接着一个阶段，不断进行的，每一个阶段也都是有‘边’的。不承认‘边’就是否认质变或部分质变……建成社会主义，也有一个‘边’，要有笔账。例如工业占多大比重，生产多少钢，人民生活水平多么高，等等。但是，说建成社会主义有个‘边’，当然不是说不要进一步过渡到共产主义。社会主义这个阶段，又可能分为两个阶段，第一个阶段是不发达的社会主义，第二个阶段是比较发达的社会主义。后一个阶段可能比前一个阶段需要更长的时间。经过后一个阶段，到了物质产品、精神财富都极为丰富和人们的共产主义觉悟极大提高的时候，就可以进入共产主义社会了。”②

综上所述，从马克思主义经典作家关于社会主义社会发展阶段理论的论述中我们可以看出：其一，由于时代的局限性，他们对社会主义究竟应划分几个发展阶段的问题，还没有作出明确的结论，但对社会主义社会是个相当长的时期，需要划分不同的阶段这一问题已取得共识。其二，社会主义制度的确立体现着社会主义质的规定性。在社会主义社会发展中，无论划分为几个阶段，都是社会主义社会已具有了稳定的质的规定性的前提条件下的发展。其三，在经济文化较落后的不发达国家，社会主义制度的建立并不等于社会主义的建成。社会主义社会的长期性必然产生划分阶段问题，这是由于社会主义社会本身就是一个

① 《毛泽东著作选读》下册，人民出版社 1986 年版，第 768、769 页。

② 中华人民共和国国史学会编：《毛泽东读社会会主义政治经济学批注和谈话》(上)，1998 年 1 月印，第 258～260 页。

产生、发展和完善的过程，同时又要为共产主义社会创造条件。其四，从方法论上讲，任何事物的发展过程都有层次性，任何社会形态的发展都呈现出阶段性，这是社会发展的一般规律，社会主义社会更是如此，社会主义社会的长期性与阶段性有机统一是它发展的重要规律。总而言之，马克思主义经典作家关于社会主义社会需要划分若干阶段的重要思想，社会主义社会自身发展的长期性以及任何社会形态呈现的阶段性发展规律，为我们正确认识和把握社会主义社会发展阶段，制定正确的战略和策略提供了重要依据。

二、现实社会主义各国在社会主义发展进程中所犯"超越阶段"错误的严重教训

所谓"超越阶段"，是指在社会主义革命取得胜利之后，一些社会主义国家违背经济和社会发展的规律，脱离本国国情，从主观愿望出发，采取一些过急的政策或措施，试图超越一些必经的社会发展阶段，向更高级的社会阶段跨进。"超越阶段"主要有三种情况：一是试图越过或缩短过渡时期，急于向社会主义社会过渡。二是试图越过或缩短社会主义初级阶段，迅速实现马克思所设想的共产主义第一阶段的那种社会主义。三是试图越过社会主义充分发展的阶段，急于向共产主义过渡。

社会主义社会是一个从初级到高级、分阶段逐步发展和完善的长期过程，认识并遵循这一规律，正确定位本国社会主义的发展阶段，才能制定出符合本国国情的路线、方针和政策。然而，现实社会主义各国在社会主义建设实践中由于对马克思和恩格斯经典社会主义的教条式理解，不能很好地把马克思主义与本国实际相结合，在社会主义发展阶段的定位问题上几乎都犯过"超越阶段"的错误，给社会主义事业带来严重的损害。1936 年，苏联就宣布已经完成农业集体化、工业化，基本上实现了共产主义的第一阶段，即社会主义。提出"准备在实际上而非口头上过渡到共产主义"[①]。赫鲁晓夫执政后在社会发展阶段问题上比斯大林走得更远，他上台后提出了共产主义"全面建设论"，并宣称"用 20 年的时间(1961～1980 年)建成共产主义社会"的口号。在保加利亚，1958 年保共就宣布保加利亚完成了从资本主义向社会主义的过渡，进入社会主义建设时期。1962 年提出建设发达社会主义社会，1971 年又正式宣布保加利亚已进入建设发达社会主义社会的阶段，1976 年，又进一步提出在 20 年内将基本建成发达社会主义社会，然后开始向共产主义过渡。在匈牙利，1962 年匈牙利社会主义工人党八大宣布匈牙利结束了从资本主义向社会主义的过渡时期，1975 年提出开始建设发达的社会主义社会，并指出在未来的 15～20 年内，要建立发达的社会主义社

① 《斯大林选集》下卷，人民出版社 1979 年版，第 589 页。

会。在捷克斯洛伐克，1957 年捷共认为捷已大大地接近于建成社会主义社会。1960 年 7 月通过的宪法指出："我们已进入我国历史上的一个新时期，我们决心继续朝着新的、更高的目标前进。社会主义建设已完成，我们正在建设发达的社会主义社会，我们正在集中力量向共产主义过渡。"[①]急于向共产主义过渡，毕竟只是一种主观愿望，在实践中是行不通的。于是，自 20 世纪 60 年代末开始，前苏联以及东欧各社会主义国家的共产党开始逐步对超越阶段的思想进行纠正，使认识逐步接近客观实际，但最终也没有从根本上彻底解决这一问题。

在急于向共产主义过渡的思想指导下，自然就制定了一系列左的冒进政策。在所有制结构上，盲目求纯，追求所谓"纯粹"的社会主义，实行"一大二公"。认为个体经济是资本主义的尾巴，集体所有制是公有制的低级形式，全民所有制是公有制的高级形式，要建成完全的社会主义、向共产主义过渡，就必须消除一切非社会主义经济成分，向全民所有制过渡，因而就不顾经济发展的规律，人为地强制取消个体私营经济，急于把集体所有制向全民所有制过渡，扩大全民所有制的规模和程度。在分配上，认为按劳分配是产生资产阶级的社会土壤，提出要限制"资产阶级法权"，结果导致了分配上的平均主义。在生产流通领域，忽视社会主义物质利益原则，排斥交换和流通，过早地限制或取消商品货币关系，搞所谓"产品经济"，实行高度集中的计划经济。在经济发展战略上急躁冒进，提出了许多实现不了的任务。1931 年，斯大林就提出要用 10 年的时间跑完西方资本主义国家 50～100 年所走过的路程。1959 年，赫鲁晓夫在苏共二十一大上提出 10 年内要在按人口平均计算的产品产量方面赶上并超过美国。1958 年，我们党在北戴河召开的中央政治局扩大会议正式决定并公开宣布，1958 年钢的产量要比 1957 年翻一番，达到 1070 万吨，掀起了一个空前规模的"全民大炼钢铁运动"。大炼钢铁成为压倒一切的中心任务，"元帅升帐"其他让道，全国各行各业都支援大炼钢铁。结果耗费了巨大的人力和资源，全年合格的钢产量只有 800 万吨，仅完成翻一番计划的 3/4。左倾冒进在政治上的表现就是"以阶级斗争为纲"，不断地开展政治运动，搞阶级斗争扩大化，企图用阶级斗争的手段或搞政治运动的办法来进行经济建设，作为推动生产力发展的直接动力。

实践证明，超越阶段的左的指导思想及左的冒进政策，不仅没能促进经济社会的发展，实现人们良好的愿望，反而阻碍甚至破坏了经济社会的发展，给社会主义事业的发展带来了极其严重的恶果。

一是束缚甚至破坏了社会生产力的发展。由于政策超越了现实，脱离了实际，超出了人们的承受能力，因而就窒息了人民群众生产的积极性、主动性和创

---

① 转引自王爱珠《苏联东欧经济改革概论》，复旦大学出版社 1989 年版，第 183 页。

造性，从而政策也就不能转化为推动社会生产力发展的动力，反而束缚了社会生产力的发展，致使国民经济增长延缓，甚至处于停滞状态。

二是损害了社会主义在国内外的威信。在国内，由于思想上、理论上的僵化，导致了社会主义国家在实践中的挫折和困难，延缓了生产力的发展，影响了人民群众生活水平的提高，使一部分人对社会主义产生了怀疑、动摇甚至否定。在国外，在许多人的心目中，“社会主义”就意味着集权主义、民主缺乏、物资短缺、贫穷落后，社会主义的吸引力受到损害。

三是导致社会主义国家出现了政治危机。在高度集中的计划经济体制下，人们的劳动积极性不高，生产效益低下，国民经济长期处于停滞状态，物资匮乏，人民生活长期得不到改善，再加上阶级斗争扩大化和连绵不断的政治运动，造成了人们的极度不满，结果人们把长期郁积的不满化为行动，导致了某些国家的动荡和混乱。

四是导致苏联解体、东欧剧变，使世界社会主义运动陷入低潮。超越社会发展阶段的思想不仅直接导致各领域具体政策和措施的失误，而且在更高更深的层次上产生了影响更为深远的后果，那就是成为苏东剧变最重要的历史原因之一。20 世纪 80 年代末 90 年代初，苏东剧变震惊世界，社会主义阵营瓦解，社会主义阵地大大缩小，实力大大削弱，世界社会主义主义运动遭遇前所未有的挫折，社会主义事业损失惨重。苏东剧变的原因虽然是复杂的、多方面的，但从根本上来讲，超越社会发展阶段是一个非常重要的历史原因。苏东剧变的一个直接原因在于其国内出现的经济政治危机，而导致经济政治危机出现的是其高度集中的政治经济体制，而高度集中的政治经济体制形成的一个理论根源就是超越阶段的指导思想。虽然前苏联以及东欧各社会主义国家的共产党自 20 世纪 60 年代末开始对超越阶段的思想进行纠正，但纠正地并不彻底，对本国社会主义发展阶段的判断并没有真正到位，所以，社会主义建设总的指导思想并没有发生根本改变。虽然苏东后来对高度集中的经济体制进行改革，由于指导思想不正确，也就不能制定出正确的改革措施，改革也就没能成功。

总之，超越阶段给现实社会主义各国的社会主义建设带来的教训是极其深刻的。历史唯物主义认为，每一个社会都会按其客观规律依次从低级阶段向高级阶段发展，人们可以认识到这些前后相连的发展阶段，但在实践中却不能超越任何一个必经的阶段。客观地分析国情，科学地判断社会所处的发展阶段，是形成正确的理论，确定切实可行的目标和任务，制定行之有效的路线、方针和政策的根本出发点和依据。超越阶段的错误观念和政策的必然结果是“欲速则不达”，甚至引起历史的大倒退。苏东剧变的教训从反面证明了这一点。

第三节 中国特色社会主义理论体系的社会主义初级阶段论是对马克思列宁主义社会主义发展阶段理论的创造性发展

一、社会主义初级阶段理论的提出、发展及其内涵

我国处在并将长期处于社会主义初级阶段，这是党的十一届三中全会以来，以邓小平为代表的中国共产党人对当代中国社会主义发展阶段的正确定位和对当代中国基本国情的科学判断。这一论断已载入我党十三大以来的党章总纲。

在十一届三中全会之前，由于我们党对社会主义社会的长期性认识不足，在我国社会主义发展阶段问题的认识上出现了严重的失误，给社会主义建设带来了巨大的损失。挫折使我们认识到，正确认识我国所处的历史发展阶段是一个极端重要的问题。十一届三中全会之后开始了社会主义建设的新时期，我党在总结国内外社会主义建设历史经验教训和改革开放以来新的实践经验的基础上，对我国社会主义所处历史阶段的认识不断深化，并逐步形成了关于社会主义初级阶段的理论。十一届四中全会通过的叶剑英《在庆祝中华人民共和国成立三十周年大会上的讲话》中指出，我们的社会主义制度还处在幼年时期，还不成熟、不完善。这些论述显然已孕育着社会主义初级阶段思想的端倪。十一届六中全会通过的《关于建国以来党的若干历史问题的决议》第一次明确提出了中国社会主义处于初级阶段的理论，但并没有作出具体论述。中国共产党第十二次代表大会再次提出中国还处在社会主义初级阶段，并把物质文明不发达作为社会主义初级阶段的基本特征。十二届六中全会通过的《关于社会主义精神文明建设指导方针的决议》在社会主义发展阶段的认识上则更进了一步，分析了社会主义初级阶段经济结构和精神文明的特点。1987 年党的十三大召开前夕，邓小平明确指出："我们党的十三大要阐述中国社会主义是处在一个什么阶段，就是处在初级阶段，是初级阶段的社会主义。社会主义本身是共产主义的初级阶段，而我国又处在社会主义的初级阶段，就是不发达阶段，一切都要从这个实际出发，根据这个实际来制订规划。"①这一论断第一次把社会主义初级阶段作为事关全局的基本国情加以把握，明确提出这一问题是制定路线、政策的出发点和根本依据。1987 年 10 月，党的十三大报告正式肯定了"我国正处在社会主义初级阶段"，报告全篇以社会主义初级阶段作为立论的根据，第一次系统地论述了我

① 《邓小平文选》第 3 卷，人民出版社 1993 年版，第 252 页。

国正处在社会主义初级阶段问题，指出正确认识这一点是建设有中国特色社会主义的首要问题，并且完整地概括和表述了党在社会主义初级阶段的基本路线。至此，“社会主义初级阶段”的概念基本形成，社会主义初级阶段理论也基本确立。社会主义初级阶段理论形成以后，又在新的实践中不断充实和发展。1992年，党的十四大报告重申了我国还处在社会主义初级阶段的科学论断，进一步论述了十三大报告中关于社会主义初级阶段理论的一些基本内容，从九个方面概括了邓小平建设有中国特色社会主义理论的主要内容，第一次明确提出我国经济体制改革的目标是建立社会主义市场经济体制，并对建立社会主义市场经济体制有关的一系列理论和政策作了深入的探讨。1997 年党的十五大报告再次全面深刻地阐述了社会主义初级阶段这一论断，又对我国社会主义初级阶段的基本特征、主要矛盾、根本任务、发展趋势和历史进程等问题进一步作了全面深刻的论述。同时，党的十五大还把“社会主义初级阶段”的科学概念写入了党章总纲。党的十七大报告中对当今中国社会发展阶段作了深刻的论述，指出：“我国仍处于并将长期处于社会主义初级阶段的基本国情没有变。”①党的十七大之所以重申我国仍处于并将长期处于社会主义初级阶段的基本国情没有变，之所以在阐述重大问题时再三强调要立足社会主义初级阶段基本国情，这是因为，认清当前我国社会所处的历史阶段，是正确提出和贯彻党的理论和路线、方针、政策的关键，是推进改革和谋划发展的根本依据。

一般而言，任何一个国家的社会主义都要经过若干发展阶段，作为经济不发达的国家建立社会主义制度后更是如此。但我们提出的社会主义初级阶段，并不是泛指任何一个国家进入社会主义都将经历的起始阶段，而是特指像中国这样经济文化落后国家建设社会主义所必然要经历的特定历史阶段。就我党来说，“社会主义初级阶段”只是用于表述中国社会主义社会本身一个发展阶段的概念，是针对中国而言的，是基于中国国情提出来的，它高度概括了中国现阶段的特殊性。

党的十三大明确了社会主义初级阶段的内涵，指出社会主义初级阶段包括两层含义：第一，我国社会已经是社会主义社会。我们必须坚持而不能离开社会主义。第二，我国的社会主义社会还处在初级阶段。我们必须从这个实际出发，而不能超越这个阶段。② 第一层含义确认了我国社会的社会主义性质，第二层含义指出了我国社会主义社会的发展程度。这两层含义相辅相成，体现了质和

---

① 胡锦涛：《高举中国特色社会主义伟大旗帜　为夺取全面建设小康社会新胜利而奋斗——在中国共产党第十七次全国代表大会上的报告》，人民出版社 2007 年版，第 14 页。

② 参见中共中央文献研究室编《十三大以来重要文献选编》（上），人民出版社 1991 年版，第 12 页。

量的辩证统一。新中国成立之后，经过一系列的斗争和改造，我们在政治上建立了以工人阶级为领导、以工农联盟为基础的人民民主专政政权，在经济上确立了社会主义公有制的主体地位，在意识形态领域内确立了马克思主义的领导地位。社会主义制度已深入人心。也正是在社会主义制度下，我国的经济才有了突飞猛进的发展，国家的综合国力才逐步增强，人民生活水平才有了大大提高。坚持和发展社会主义制度，是我国进一步繁荣昌盛的保证，而偏离社会主义轨道我国必定会出现倒退。但我国的社会主义社会还处在不发达的阶段，我们的社会主义制度还不成熟、不完善。正如邓小平所说："现在虽说我们也在搞社会主义，但事实上不够格。"[①]我们必须从这个实际出发，而不能超越这个阶段。历史上我们犯过超越阶段的错误，结果给社会主义事业造成了巨大的损失。党的十一届三中全会以来，我们党的路线、方针、政策之所以正确，之所以在实践中能够推动社会的发展和进步，就是因为能够立足于社会主义初级阶段这个客观事实。所以，只有把社会性质和它的发展程度有机地统一起来，才能够正确地把握国情，防止左和右两种错误倾向，从而制定出符合实际的正确的路线和政策。

二、社会主义初级阶段理论提出的重大意义

社会主义初级阶段理论的提出和不断丰富发展，无论是在理论上还是在实践中，对社会主义的发展都具有极为重要的意义。

1. 社会主义初级阶段理论是对科学社会主义学说的丰富和发展

我党创造性地提出社会主义初级阶段理论，在科学社会主义发展史上是第一次，是对马克思列宁主义关于社会主义社会发展阶段理论的重大贡献。如前文所述，马克思主义经典作家虽然提出了共产主义两阶段学说，但是他们是以当时经济文化比较发达的国家为分析研究对象的，对于经济文化落后的国家进入社会主义社会以后如何进行阶段划分，由于历史的局限，他们没有也不可能给予说明。列宁根据短暂的社会主义实践发展了马克思主义，提出经济文化落后的国家进入社会主义社会以后还要经历不发达到发达的过程。但是，列宁最终没有解决经济文化落后的国家建设社会主义究竟要经历哪些阶段的问题。毛泽东领导中国人民完成了社会主义改造的任务，在我国建立起了社会主义制度，并在实践和理论上作了许多有益的探索，但他最终也没有解决我国社会主义所处的具体发展阶段问题。十一届三中全会以后，以邓小平为代表的中国共产党人，依据马克思列宁主义基本原理，在全面总结我国社会主义建设正反两方面经验和科学分析我国基本国情的基础上，提出了"我国处于社会主义初级阶段"的科学

① 《邓小平文选》第3卷，人民出版社1993年版，第225页。

论断，这在科学社会主义发展史上是一个崭新的命题，是我们党对社会主义发展阶段理论的创新和发展，也是马克思主义与时俱进理论品质的传承和体现。

2. 社会主义初级阶段理论是我们党制定和执行正确的路线、方针和政策的科学依据

毛泽东说过："按照实际情况决定工作方针，这是一切共产党员所必须牢牢记住的最基本的工作方法。我们所犯的错误，研究其发生的原因，都是由于我们离开了当时当地的实际情况，主观地决定自己的工作方针。"[①]党的十三大报告指出："正确认识我国社会现在所处的历史阶段，是建设有中国特色的社会主义的首要问题，是我们制定和执行正确的路线和政策的根本依据。"[②]党的十五大报告也指出："面对改革攻坚和开创新局面的艰巨任务，我们解决种种矛盾，澄清种种疑惑，认识为什么必须实行现在这样的路线和政策而不能实行别样的路线和政策，关键还在于对所处社会主义初级阶段的基本国情要有统一认识和准确把握。"[③]这说明，正确的路线、方针和政策的制定和执行，首先在于对国情的正确判断和把握。我国处于并将长期处于社会主义初级阶段，这是我国最基本的国情，也是最大的实际。从初级阶段出发，我们就可以找到建设有中国特色社会主义的正确道路，制定和执行正确的路线、方针和政策。因此，社会主义初级阶段理论是我们党制定路线、方针和政策的根本依据和立足点。我们党正是从这一根本依据和立足点出发，制定了党在社会主义初级阶段的基本路线和基本纲领，以及一系列符合实际的方针政策。

3. 社会主义初级阶段理论是我们反左防右的强大思想武器

众所周知，在我国革命和社会主义建设中，左和右两种错误倾向屡屡发生，严重破坏和干扰了社会主义建设事业。在社会主义建设中之所以会出现左右倾这两种错误倾向，根源就在于没有正确认识国情。也就是说，正确认识和判断国情是防范左右倾错误的根本。就目前来讲，我国的基本国情就是处于并将长期处于社会主义初级阶段。所以，在我国现阶段，判断左和右的基本坐标就是我国处于社会主义初级阶段的现实国情。党的十四大报告指出："右的表现主要是否定四项基本原则，搞资产阶级自由化，甚至制造动乱。'左'的表现主要是否定改革开放，认为和平演变的主要危险来自经济领域，甚至用'以阶级斗争为纲'的思想影响和冲击经济建设这个中心。"[④]党的十五大报告也指出："十一届三中全会

---

① 《毛泽东选集》第4卷，人民出版社1991年版，第1308页。

② 中共中央文献研究室编：《十三大以来重要文献选编》(上)，人民出版社1991年版，第9页。

③ 中共中央文献研究室编：《十五大以来重要文献选编》(上)，人民出版社2000年版，第14～15页。

④ 中共中央文献研究室编：《十四大以来重要文献选编》(上)，人民出版社1996年版，第15页。

前我们在建设社会主义中出现失误的根本原因之一，就在于提出的一些任务和政策超越了社会主义初级阶段。近二十年改革开放和现代化建设取得成功的根本原因之一，就是克服了那些超越阶段的错误观念和政策，又抵制了抛弃社会主义基本制度的错误主张。"同时还指出："全党要毫不动摇地坚持党在社会主义初级阶段的基本路线，把以经济建设为中心同四项基本原则、改革开放这两个基本点统一于建设有中国特色社会主义的伟大实践。这是近二十年来我们党最可宝贵的经验，是我们事业胜利前进最可靠的保证。要警惕右，但主要是防止'左'。"[①]所以说，社会主义初级阶段理论是反左防右的强大思想武器。

4. 社会主义初级阶段理论具有一定的国际借鉴意义

从国际上来看，社会主义初级阶段理论的提出，对于其他经济文化比较落后的社会主义国家正确认识自身所处的发展阶段和国情，具有一定的借鉴意义。20世纪社会主义各国在社会主义建设中出现的种种失误，其中一个带有共性且具有根本性的就是各社会主义国家不能够正确认识本国的国情，不能够正确地判断本国社会主义所处的发展阶段，犯了超越阶段的左倾错误。虽然后来各国在总结经验教训的基础上对此都有所纠正，对本国社会主义发展阶段的认识越来越接近实际，但是理论的说明并不充分，而且也都没有真正解决。苏东剧变使当代世界社会主义运动遭到了重大挫折，国际共产主义一度转入了低潮。那么，对于那些依旧坚持社会主义道路的国家就必定面对如何在新的时期、新的形势下建设社会主义的问题。我国按照社会主义初级阶段理论的指导在新时期所取得伟大成就表明，科学定位本国社会主义的发展阶段是首要的问题。要想发展，首先要正确认识自身所处的发展阶段，以此为出发点，才能制定出符合实际的路线、方针、政策。虽然各国的国情不同，而且各国社会主义政党认识问题的角度和出发点也不同，但社会主义初级阶段理论至少为他们提供了一种正确把握形势、确定发展战略和发展道路的思维方式和科学的方法论。应该说，很多国家的发展都从中国的社会主义初级阶段理论中获得过启示。特别是一些第三世界国家，开始立足于自己的实际，发展本国的经济和社会事业，取得了长足进展。

① 中共中央文献研究室编：《十五大以来重要文献选编》(上)，人民出版社2000年版，第14、18页。

第十章 "发展论":社会主义发展的以人为本、重点性、全面性、协调性、可持续性有机统一

"发展",是人类社会永恒的主题,也是近年来出现频率越来越高的一个概念。目前,世界各国都在研究和解决本国的发展问题。对于中国而言,作为一个发展中的国家,则更关注发展。然而,要想谋求发展,就必须首先对发展有一个正确的认识,树立起科学的发展观,这样才能制定出符合实际的发展战略,才能实现社会的健康发展。在马克思主义社会发展理论的指导下,我党在社会主义实践当中对发展的认识不断深化,逐步形成了以人为本、全面协调可持续发展的科学发展观。科学发展观体现了社会主义社会发展的规律,是对马克思主义社会发展理论的继承和发展,是指导社会主义事业健康发展的强大思想武器。

第一节 马克思列宁主义关于社会全面进步和人的全面发展问题的理论遗产

一、马克思、恩格斯历史唯物主义的发展观

马克思、恩格斯坚持辩证唯物主义和历史唯物主义的世界观和方法论,揭示了资本主义必然灭亡、社会主义必然胜利的客观规律。他们在对资本主义社会畸形发展的批判中提出了自己科学的社会发展观,主张在生产力发展的基础上实现社会全面协调发展。

1. 强调物质生产是社会发展的首要内容

马克思和恩格斯认为,人类社会发展的历史首先是物质资料生产的历史,物质资料的生产和再生产构成了人类社会全面生产中的最基本的生产,是人类社会赖以存在和发展的基础,它制约着人类其他一切活动,是推动社会从低级到高级发展的决定力量。他们指出:"我们首先应当确定一切人类生存的第一个前提也就是一切历史的第一个前提,这个前提就是:人们为了能够'创造历史',必须能够生活。但是为了生活,首先就需要衣、食、住以及其他东西。因此第一个历

史活动就是生产满足这些需要的资料，即生产物质生活本身。”①“物质生活的生产方式制约着整个社会生活、政治生活和精神生活的过程。”②生产方式和交换方式的变革是“一切社会变迁和政治变革的终极原因”③。“社会的物质生产力发展到一定阶段，便同它们一直在其中活动的现存生产关系或财产关系（这只是生产关系的法律用语）发生矛盾。于是这些关系便由生产力的发展形式变成生产力的桎梏。那时社会革命的时代就到来了。随着经济基础的变更，全部庞大的上层建筑也或慢或快地发生变革。”④马克思和恩格斯也正是从物质生产及生产方式的变化来揭示人类社会由低级向高级更替和发展的进程的，并且强调无产阶级在夺取政权以后要“把一切生产工具集中在国家即组织在无产阶级的手里，并尽可能快地增加生产力的总量”⑤。这些体现了马克思和恩格斯关于社会的发展应以经济发展为首要内容，也即我们现在所说的“以经济建设为中心”的思想。

2. 注重社会全面协调发展

马克思和恩格斯虽然非常重视经济发展在社会发展中的基础性作用，但是从未将经济发展的作用绝对化。马克思指出：“人们在自己生活的社会生产中发生一定的、必然的、不以他们的意志为转移的关系，即同他们的物质生产力的一定发展阶段相适合的生产关系。这些生产关系的总和构成社会的经济结构，即有法律的和政治的上层建筑竖立其上并有一定的社会意识形式与之相适应的现实基础。物质生活的生产方式制约着整个社会生活、政治生活和精神生活的过程。”⑥恩格斯指出：“政治、法律、哲学、宗教、文学、艺术等的发展是以经济发展为基础的。但是，它们又都互相影响并对经济基础发生影响。并不是只有经济状况才是原因，才是积极的，而其余一切都不过是消极的结果。这是在归根到底不断为自己开辟道路的经济必然性的基础上的互相作用。”⑦“历史过程中的决定性因素归根到底是现实生活的生产和再生产。无论马克思或我都从来没有肯定过比这更多的东西。如果有人在这里加以歪曲，说经济因素是唯一决定性的因素，那么他就是把这个命题变成毫无内容的、抽象的、荒诞无稽的空话。”⑧

---

① 《马克思恩格斯选集》第1卷，人民出版社1995年版，第78～79页。

② 《马克思恩格斯选集》第2卷，人民出版社1995年版，第32页。

③ 《马克思恩格斯全集》第19卷，人民出版社1963年版，第228页。

④ 《马克思恩格斯选集》第2卷，人民出版社1995年版，第32～33页。

⑤ 《马克思恩格斯选集》第1卷，人民出版社1995年版，第293页。

⑥ 《马克思恩格斯选集》第2卷，人民出版社1995年版，第32页。

⑦ 《马克思恩格斯选集》第4卷，人民出版社1995年版，第732页。

⑧ 《马克思恩格斯全集》第37卷，人民出版社1971年版，第460页。

“……所有人的关系和职能，不管它们以什么方式和在什么地方表现出来，都会影响物质生产，并对物质生产发生或多或少起决定的作用。”[①]在马克思和恩格斯看来，经济因素并不是社会发展的唯一因素，还包括政治的、法律的、道德的以及宗教的等各方面的因素，而且它们彼此之间相互作用、相互影响。因此，社会的发展不能仅仅归结为单纯的经济运动，也不能把经济因素在社会发展过程中的决定作用绝对化。马克思和恩格斯这是从社会整体性发展的角度来看待社会发展的，他们把社会看作是一个由经济、政治、文化以及其他相关系统组成的有机整体，认为社会的发展不是社会某个组成部分的孤立发展，而是社会各要素全面协调的发展。

3. 强调人与自然之间的良性互动

马克思恩格斯认为，人产生于自然界，同时也是自然界的一部分。物质资料的生产和再生产以及人自身的生产和再生产，都要以自然界的存在和发展为前提条件，没有自然界就没有人本身，他们反对离开自然环境的可持续发展来谈人类社会的发展。马克思指出：“自然界，就它本身不是人的身体而言，是人的无机的身体。人靠自然界生活。这就是说，自然界是人为了不致死亡而必须与之不断交往的人的身体。所谓人的肉体生活和精神生活同自然界相联系，也就等于说自然界同自身相联系，因为人是自然界的一部分。”[②]恩格斯指出：“我们每走一步都要记住：我们统治自然界，决不像征服者统治异族人那样，决不是像站在自然界之外的人似的——相反地，我们连同我们的肉、血和头脑都是属于自然界和存在于自然界之中的。”“美索不达米亚、希腊、小亚细亚以及其他各地的居民，为了想得到耕地，把森林都砍完了，但是他们梦想不到，这些地方今天竟因此成为荒芜不毛之地，因为他们使这些地方失去了森林，也失去了积聚和贮存水分的中心。”[③]他还告诫人们：“不要过分陶醉于我们对自然界的胜利。对于每一次这样的胜利，自然界都报复了我们。”“我们对自然界的全部统治力量，就在于我们比其他一切生物强，能够认识和正确运用自然规律。”[④]在马克思和恩格斯看来，人不应凌驾于自然界之上，不应以自然的征服者、统治者自居，应该善待自然，保护自然，人类利用和改造自然的活动，要以遵循自然本身的规律为前提，人类和自然之间要形成良性互动，要在生产物质生活资料的同时也要再生产自然界，使自然得以持续发展，以便子孙后代能够持续利用。这体现了马克思、恩格

---

① 《马克思恩格斯全集》第 26 卷第 1 册，人民出版社 1972 年版，第 300 页。

② 马克思：《1844 年经济学哲学手稿》，人民出版社 1985 年版，第 52 页。

③ 《马克思恩格斯选集》第 4 卷，人民出版社 1995 年版，第 383～384、383 页。

④ 《马克思恩格斯选集》第 4 卷，人民出版社 1995 年版，第 383、384 页。

斯的可持续发展思想。

4. 强调人的全面而自由的发展

马克思和恩格斯认为，人的发展与社会发展是辩证统一的关系，具有深刻的一致性。一方面，社会的发展就是人的发展，社会发展的终极价值在于实现人的全面发展；另一方面，人是社会的主体，人的生产实践是推动社会发展的根本力量，同时人的发展又受制于社会的发展。因此，马克思和恩格斯十分关注人的生存和发展问题，一直把实现人的解放和全面而自由的发展作为他们的追求目标。马克思指出："要不是每一个人都得到解放，社会本身也不能得到解放。"[①]马克思按照人在社会方面获得的自由度，将人类社会的发展划分为三个大的阶段：最初的社会形态——"人的依赖关系"，第二大形态——"以物的依赖关系为基础的人的独立性"，第三阶段——"建立在个人全面发展和他们共同的社会生产能力成为他们的社会财富这一基础上的自由个性"[②]。在马克思看来，虽然资产阶级打破了前资本主义社会中人与人之间的直接依赖关系，实现了"以物的依赖关系为基础的人的独立性"，但它实际上与"人的依赖关系"一样，还是一种人与人的社会关系的片面化形式，因为在这里，资本具有独立性和个性，而活动着的个人却没有独立性和个性。他尖锐地批判了资本主义社会只重视经济价值而无视人的价值，从而出现劳动异化的错误做法。他说："劳动对工人来说是外在的东西，也就是说，不属于他的本质的东西；因此，他在自己的劳动中不是肯定自己，而是否定自己，不是感到幸福，而是感到不幸，不是自由地发挥自己的体力和智力，而是使自己的肉体受折磨，精神遭摧残。"[③]为了克服这种异化现象，就必须以一种新的社会制度来取代私有制，在这种新的社会制度下，劳动者将摆脱剥削和压迫，成为社会的主人。马克思主义创始人设想："代替那存在着阶级和阶级对立的资产阶级旧社会的，将是这样一个联合体，在那里，每个人的自由发展是一切人的自由发展的条件"，"由社会全体成员组成的共同联合体来共同而有计划地尽量利用生产力；把生产发展到能够满足全体成员需要的规模；消灭牺牲一些人的利益来满足另一些人的需要的情况；彻底消灭阶级和阶级对立；通过消除旧的分工，进行生产教育、变换工种、共同享受大家创造出来的福利，以及城乡的融合，使社会全体成员的才能得到全面的发展——这一切都将是废除私有制的最主要的结果"[④]。在这个新的社会里，人的"一切天赋得到充分发展"，人的"体力

① 《马克思恩格斯选集》第3卷，人民出版社1995年版，第644页。

② 《马克思恩格斯全集》第46卷（上），人民出版社1979年版，第104页。

③ 马克思：《1844年经济学哲学手稿》，人民出版社1985年版，第50页。

④ 《马克思恩格斯选集》第1卷，人民出版社1995年版，第294、243页。

和智力获得充分的自由的发展和运用”,能“全面地发展人的一切能力”,使人能“发挥他的全部才能和力量”,等等。每个人的自由发展与一切个人的自由发展不再是对立的,而是互为条件、互相促进的。马克思主义创始人所主张的“人的全面而自由的发展”,既在于使人在世间确立其价值和主体地位,达到自由生存、自由活动、自我实现,又在于求得个人发展与社会发展的和谐一致。

二、列宁对马克思、恩格斯历史唯物主义发展观的重大贡献

作为马克思主义理论忠实的继承者和捍卫者,列宁以马克思主义科学的世界观和方法论为指导,继承了马克思主义创始人关于社会和人的全面发展的理论,并在初步的社会主义实践中对这一理论作了进一步的深化和发展,使马克思主义关于社会和人的全面发展理论实现了由理论到实践的飞跃,为马克思主义理论宝库增添了新的内容。

1. 主张发展现代化大生产，建立强大的社会主义物质基础

列宁坚持马克思和恩格斯关于经济因素是社会发展的决定因素以及无产阶级夺取政权以后要尽可能快地增加社会生产力总量的思想,在十月革命胜利后,列宁就提出把工作重心转移到经济建设上来,大力发展生产力,建立社会主义的物质基础。他指出:“在任何社会主义革命中,当无产阶级夺取政权的任务解决以后,随着剥夺者及镇压他们反抗的任务大体上和基本上解决,必然要把创造高于资本主义的社会结构的根本任务提到首要地位,这个根本任务就是:提高劳动生产率。”①工作重心转移几经波折,屡次被国内反革命叛乱和外国帝国主义的武装干涉所打断,但在国内战争一结束,列宁就又及时地提出了工作重心转移的问题。在全俄苏维埃第八次代表大会上,根据列宁的提议,大会正式作出了实行这一转移的战略决策。为了尽快提高劳动生产率,建立巩固社会主义政权的强大的物质基础,列宁根据当时俄国的基本国情,提出了发展大工业尤其是重工业、实现社会主义工业化的发展战略。因为十月革命前的俄国是一个小农经济占优势的农业国,工业不仅在工农业总产值中所占比重较小,而且总体技术水平还非常低,又经过多年的战争,使原本基础就很薄弱的工业遭到了严重的破坏。对此,列宁一针见血地指出:“我们目前正处在一种特殊的情况下,就是说,我们俄国无产阶级在政治制度方面,在工人政权的力量方面,比不管什么英国或德国都要先进,但在组织像样的国家资本主义方面,在文明程度方面,在物质和生产上‘实施’社会主义的准备程度方面,却比西欧最落后的国家还要落后。”②这表

---

① 《列宁选集》第 3 卷,人民出版社 1995 年版,第 490 页。

② 《列宁全集》第 41 卷,人民出版社 1986 年版,第 204 页。

明，当时俄国社会最为突出的矛盾就是先进的政治制度和落后的经济基础之间的矛盾。所以列宁指出："建立社会主义社会的真正的和唯一的基础只有一个，这就是大工业"，如果"没有高度发达的大工业，那就根本谈不上社会主义，而对一个农民国家来说就更是如此"[①]。列宁还非常注重运用现代科学技术——电气化改造和发展大工业。他指出："振兴全国经济，要在立足于现代科学技术、立足于电力的现代技术基础上使农业和工业都得到改造和恢复。"[②]列宁认为，只有当国家实现了电气化，为工业、农业和运输业打下了现代大工业的技术基础的时候，苏维埃俄国才能取得最后的胜利。为此，他还提出了"共产主义就是苏维埃政权加全国电气化"的著名公式，并主持制订了第一个全俄电气化计划。

鉴于重工业在整个工业体系中的重要地位及俄国工业的实际情况，列宁特别强调恢复和发展重工业的意义，他指出："不挽救重工业，不恢复重工业，我们就不能建成任何工业，而没有工业，我们就会灭亡，而不能成为独立国家。"[③]因此，他主张实现社会主义工业化，必须优先发展重工业。但与此同时，列宁又指出优先发展重工业并不能脱离农业和轻工业而孤立地发展，主张在优先发展重工业的同时必须兼顾农业和轻工业的发展。

2. 强调加强民主政治建设

十月革命后，在列宁的领导下建立了世界上第一个无产阶级专政的国家——苏维埃政权。新型苏维埃政权的职能，一方面对敌人实行有效的专政，另一方面是在工农群众内部实行广泛的民主，其实质就是人民当家作主。列宁阐释了苏维埃民主的本质特征："苏维埃民主制即目前实施的无产阶级民主制的社会主义性质在于：第一，选举人是被剥削劳动群众，破除了资产阶级；第二，废除了选举上一切官僚主义的手续和限制，群众自己决定选举的程序和日期，并且有罢免当选人的完全自由；第三，建立了劳动者先锋队即大工业无产阶级的最优良的群众组织，这种组织使劳动者先锋队能够领导最广大的被剥削群众，吸收他们参加独立的政治生活，根据他们亲身的体验对他们进行政治教育，从而第一次着手使真正全体人民都学习管理。"[④]但新生的苏维埃政权体制也是非常不成熟不完善的。当国内战争结束，国家机关工作日趋正常后，政权机关中的官僚主义现象愈演愈烈，严重地影响苏维埃俄国社会主义的发展，如果长期下去就必定会使党和国家蜕化变质，列宁深感进行政治体制改革的迫切性。其思想主要包括：

① 《列宁全集》第 41 卷，人民出版社 1986 年版，第 301、301～302 页。

② 《列宁全集》第 39 卷，人民出版社 1986 年版，第 301 页。

③ 《列宁全集》第 43 卷，人民出版社 1987 年版，第 282 页。

④ 《列宁选集》第 3 卷，人民出版社 1995 年版，第 504 页。

(1)改善党的领导,实行党政分开。针对当时存在的以党代政的现象,列宁提出要正确处理党和国家关系,不能把党的组织职能和国家机关的职能混淆,党应通过苏维埃机关在宪法范围内贯彻自己的决定,党的任务是对所有国家机关的工作进行总的领导,而不能包办代替。

(2)加强民主监督制度建设。为了防止在新的历史条件下人民公仆蜕化变质,列宁非常重视民主监督制度的建设,要求对政权采取多种多样的自下而上的监督形式和监督方式,包括党内监督、群众监督及法律监督等。

(3)改革和完善国家机关。列宁认为,克服官僚主义的有效办法就是必须对现有的国家机关进行改革。因为当时工农检查院的官僚主义最严重,所以要以改组工农检查院为改革的突破口。改组工农检查院,列宁强调要着力于三个方面:一是精简人员;二是精简机构;三是提高机关工作人员的文化素质。改革的原则是:"宁可数量少些,但要质量高些"①,改革要循序渐进。

(4)加强法制建设。列宁非常重视法制建设。针对有些人认为进入社会主义社会就无需太多法令的思想,列宁批评指出:"假如我们拒绝用法令指明道路,那我们就会是社会主义的叛徒。"②他认为建设社会主义,实现共产主义,仍然需要法律,用法律治理国家,管理社会,是保证人民当家作主的主要手段。为了巩固新生的苏维埃政权,列宁亲自指导立法工作,制定和颁布了宪法、劳动法、刑法、民法等一系列法规。

3. 注重文化建设

列宁认为,无论是进行经济建设还是社会主义民主政治建设,都必须要进行文化建设。因为当时俄国的文化比较落后,严重制约着经济和政权的建设。从社会主义经济建设的角度讲,列宁认为经济建设要靠新的科学技术,重点是要实现电气化,而"不识字的人实现不了电气化"。同样,由于文化的落后性,也严重影响了苏维埃政权性质的体现和作用的发挥。列宁指出:"我们深深知道,俄国文化不发达是什么意思,它对苏维埃政权有什么影响;苏维埃政权在原则上实行了高得无比的无产阶级民主,对全世界作出实行这种民主的榜样,可是这种文化上的落后却限制了苏维埃政权的作用并使官僚制度复活。"③"只要在我国还存在文盲现象,那就很难谈得上政治教育。这并不是政治任务,这是先决条件,没有这个条件就谈不上政治。文盲是处在政治之外的,必须先教他们识字。不识

① 《列宁选集》第4卷,人民出版社1995年版,第786页。

② 《列宁全集》第36卷,人民出版社1985年版,第188页。

③ 《列宁选集》第3卷,人民出版社1995年版,第766页。

字就不可能有政治，不识字只能有流言蜚语、谎话偏见，而没有政治。”[①]所以，“为了革新我国的国家机关，我们一定要给自己提出这样的任务：第一是学习，第二是学习，第三还是学习，然后是检查，使我们学到的东西真正深入血肉，真正地完全地成为生活的组成部分。”[②]在列宁看来，“在一个文盲的国家里是不能建成共产主义社会的”，必须要进行文化建设。为了进行文化建设，列宁提出了一系列措施：一是把教育放到重要地位，并加大对教育的投入；二是重视扫盲工作，特别是到农村扫盲；三是尊重教师，把教师看作发展教育事业的关键；四是重视科学技术工作。

4. 关注社会主义新人的全面发展

第一，列宁结合俄国革命和建设的实际，十分关注社会主义新人的发展问题。把实现人的全面发展看作共产主义社会所追求的最高目标，并将这一思想写进了党纲。列宁指出：“消灭人与人之间的分工，教育、训练和培养出全面发展的和受到全面训练的人，即会做一切工作的人。共产主义正在向这个目标前进，必须向这个目标前进，并且一定能达到这个目标，不过需要经过许多岁月。”[③]1902年，列宁在起草第一个党纲时，在对相关提案的修改意见中，他始终坚持无产阶级革命的最终目标是在于“有计划地组织社会生产过程来保证社会全体成员的充分福利和自由的全面发展”[④]。1919年，列宁主持制定了第二个党纲，仍然把无产阶级革命的最终目标规定为：“有计划地组织社会生产过程来保证社会全体成员的福利和全面发展。”[⑤]

第二，强调必须根据社会发展的需要培养人才。十月革命胜利后，列宁领导制定了实现工业化和电气化的经济发展战略，并强调要按照这个发展战略培养社会所需要的全面发展的人才。

第三，强调教育与生产劳动相结合是促进人的全面发展的重要途径。列宁认为，人的全面发展首先是教育、训练和培养出来的，其次是和生产劳动联系在一起的。他指出，教育任务对于俄国非常重要，应当提到首位，目的在于为社会主义建设训练群众。教育工作者和共产党的基本任务就是帮助培养和教育劳动群众。同时还指出：要“把教育和社会生产劳动紧密地结合起来”[⑥]。因为“没有年轻一代的教育和生产劳动的结合，未来社会的理想是不能想象的：无论是脱离

① 《列宁选集》第4卷，人民出版社1995年版，第590页。

② 《列宁选集》第4卷，人民出版社1995年版，第786页。

③ 《列宁全集》第39卷，人民出版社1986年版，第29～30页。

④ 《列宁全集》第6卷，人民出版社1986年版，第193页。

⑤ 《列宁专题文集》(论无产阶级政党)，人民出版社2009年版，第188页。

⑥ 《列宁选集》第3卷，人民出版社1995年版，第726页。

生产劳动的教学和教育，或是没有同时进行教学和教育的生产劳动，都不能达到现代技术水平和科学知识现状所要求的高度”①。所以列宁要求学校不但要对学生进行书本知识的教育，还应该组织学生参加必要的生产劳动，尤其是参加与他们所学知识相关的技能性的劳动。

综上所述，列宁把社会主义建设看作是一个系统的整体工程，他认为社会主义社会是由社会主义的经济、政治和文化诸方面组成的有机统一体，社会主义建设包括经济建设、政治建设和文化建设等各方面，它们彼此之间相互促进，相互制约。所以，在以经济建设为中心的前提下，必须要协调好各方面的发展，实现社会主义社会的全面进步。

三、马克思主义中国化的理论成果对马克思列宁主义社会全面进步和人的全面发展理论的新贡献

中国共产党一贯坚持把马克思主义基本原理和中国实际相结合，创造性地实现了马克思主义的中国化，形成了一系列马克思主义中国化的理论成果——毛泽东思想和中国特色社会主义理论体系。这些理论成果是对马克思列宁主义，特别是其社会全面进步和人的全面发展理论的创新性贡献。

（一）坚持以经济为中心的重点性建设

中国共产党坚持马克思主义基本原理，认为生产力是社会发展的最终决定力量，以经济建设为中心，大力发展生产力是社会主义社会的本质要求。

中国共产党第一代领导核心毛泽东在新民主主义革命胜利之际就特别重视经济建设，多次强调要将党的工作中心转移到经济建设上来，并提出了许多有关经济建设的新思想。在七届二中全会上他就强调了“两个必须”，即党的工作重心必须由乡村转移到城市，城市工作必须以生产建设为中心，且党的其他一切工作“都是围绕着生产建设这一个中心工作并为这个中心工作服务的”②。在建立了社会主义制度以后，鉴于中国社会阶级关系发生的根本变化，毛泽东指出，我们国内的主要矛盾，已经是人民对于建立先进的工业国的要求同落后的农业国的现实之间的矛盾，已经是人民对于经济文化迅速发展的需要同当前经济文化不能满足人民需要的状况之间的矛盾。所以，“我们的根本任务已经由解放生产力变为在新的生产关系下而保护和发展生产力”③。为此，作出了把党和国家的工作重心转移到经济建设上来的战略决策。但由于后来对形势发展的判断出现失误，以阶级斗争为纲的错误指导思想冲击并逐步取代了以经济建设为中心的

① 《列宁全集》第 2 卷，人民出版社 1984 年版，第 461 页。

② 《毛泽东选集》第 4 卷，人民出版社 1991 年版，第 1428 页。

③ 《毛泽东选集》第 5 卷，人民出版社 1977 年版，第 377 页。

正确指导思想，给社会主义建设带来了一场灾难。

邓小平作为以毛泽东为核心的第一代领导集体的重要成员，直接参与了早期中国社会主义建设道路的探索，也亲自目睹了“以阶级斗争为纲”给中国社会发展带来的危害，能深刻体悟到经济建设对于中国社会主义发展的重要意义。1978年底，党的十一届三中全会果断地作出了把党和国家的工作重心由“以阶级斗争为纲”转变到社会主义现代化建设上来的决定。邓小平多次、反复地阐述了以经济建设为中心的思想。他指出：“我们的生产力水平很低，远远不能满足人民和国家的需要，这就是我们目前时期的主要矛盾，解决这个主要矛盾就是我们的中心任务。”“要把经济建设当作中心。离开了经济建设这个中心，就有丧失物质基础的危险。其他一切任务都要服从这个中心，围绕这个中心，决不能干扰它，冲击它。”①

以江泽民为核心的第三代中央领导集体，也毫不动摇地坚持党的十一届三中全会所作出的“以经济建设为中心”的决定和邓小平这方面的思想。江泽民指出：“我们要始终遵循邓小平同志建设有中国特色社会主义理论和党的基本路线，牢牢掌握经济建设这个中心，通过改革，坚定不移地发展社会主义市场经济，坚定不移地发展社会主义民主政治，坚定不移地发展社会主义精神文明，把我国建设成为富强、民主、文明的社会主义现代化国家。各项工作都要围绕经济建设这个中心来开展，为这个中心服务，不能干扰这个中心。”②“社会主义的根本任务是发展社会生产力。在社会主义初级阶段，尤其要把集中力量发展社会生产力摆在首要地位。我国经济、政治、文化和社会生活各方面存在着种种矛盾，阶级矛盾由于国际国内因素还将在一定范围内长期存在，但社会的主要矛盾是人民日益增长的物质文化需要同落后的社会生产之间的矛盾，这个主要矛盾贯穿我国社会主义初级阶段的整个过程和社会生活的各个方面。这就决定了我们必须把经济建设作为全党全国工作的中心，各项工作都要服从和服务于这个中心。只有牢牢抓住这个主要矛盾和工作中心，才能清醒地观察和把握社会矛盾的全局，有效地促进各种社会矛盾的解决。发展是硬道理，中国解决所有问题的关键在于依靠自己的发展。”③

胡锦涛为首的党中央也一贯强调：要始终牢记发展是第一要务，坚持以经济建设为中心不动摇，聚精会神搞建设，一心一意谋发展。“全党全国都要增强促进发展的紧迫感，在任何时候任何情况下都紧紧扭住经济建设这个中心不放松，

① 《邓小平文选》第2卷，人民出版社1994年版，第182、250页。

② 中共中央文献研究室编：《十四大以来重要文献选编》(上)，人民出版社1996年版，第402页。

③ 中共中央文献研究室编：《十五大以来重要文献选编》(上)，人民出版社2000年版，第16～17页。

充分调动和切实保护广大干部群众加快发展的积极性,坚定不移地推动经济持续快速协调健康发展。"[①]

总之,以经济建设为中心是兴国之要,是我们党、我们国家兴旺发达和长治久安的根本要求,并且要坚持把以经济建设为中心同四项基本原则、改革开放这两个基本点统一于发展中国特色社会主义的伟大实践,任何时候都决不能动摇。

(二)坚持社会主义社会全面进步的原则

社会主义社会是全面发展的社会,从毛泽东、邓小平到江泽民、胡锦涛,历代党和国家领导人都坚持马克思主义关于社会主义的这一本质规定,在强调以经济建设为中心的同时,也特别重视推进社会主义社会的全面进步。

早在民主革命胜利前夕,毛泽东就提出要建立新民主主义社会的经济、政治、文化问题,并阐述了三者之间的辩证关系,即:经济是基础,政治则是经济的集中表现,一定的文化是一定社会政治和经济的反映,同时又反作用于一定社会的政治和经济。这说明,毛泽东强调经济、政治和文化的全面协调发展。这一思想在毛泽东发表的《论十大关系》的报告中进一步充分体现。毛泽东在《论十大关系》的报告中,详尽全面地论证了社会主义建设中需要把握的"十大关系":重工业和轻工业、农业的关系;沿海工业和内地工业的关系;经济建设和国防建设的关系;国家、生产单位和生产者个人的关系;中央和地方的关系;汉族和少数民族的关系;党和非党的关系;是非关系;中国和外国的关系等。毛泽东对这十大关系的论述,就体现了他既重视经济建设也关注政治社会的发展,既明确了要以经济建设为中心,也很注重全面协调发展。1957 年,毛泽东还指出,要"将我国建设成为一个具有现代工业、现代农业和现代科学文化的社会主义国家"[②]。

邓小平早在 1979 年就指出:"我们的国家已经进入社会主义建设的新时期。我们要在大幅度提高社会生产力的同时,改革和完善社会主义的经济制度和政治制度,发展高度的社会主义民主和完备的社会主义法制,我们要在建设高度物质文明的同时,提高全民族的科学文化水平,发展高尚的丰富多彩的文化生活,建设高度的社会主义精神文明。"[③]这反映出邓小平对新时期社会全面发展的基本构想。改革开放以来,邓小平反复强调要推动整个社会的协调发展和共同进步,指出:"现代化建设的任务是多方面的,各个方面都要综合平衡,不能单打一。"[④]明确了我国的现代化战略目标是把我国建设成为富强、民主、文明的社会

---

① 中共中央文献研究室编:《十六大以来重要文献选编》(上),中央文献出版社 2005 年版,第 851 页。

② 《毛泽东选集》第 5 卷,人民出版社 1977 年版,第 366 页。

③ 《邓小平文选》第 2 卷,人民出版社 1994 年版,第 208 页。

④ 《邓小平文选》第 2 卷,人民出版社 1994 年版,第 250 页。

主义现代化国家。他强调："经济体制改革同政治体制改革应该相互依赖，相互配合。只搞经济体制改革，不搞政治体制改革，经济体制改革也搞不通。""不加强精神文明建设，物质文明建设就要受到破坏，走弯路。"①他还提出了一系列"两手抓"思想：一手抓物质文明建设，一手精神文明建设；一手抓建设，一手抓法制；一手抓改革开放，一手抓严厉打击经济犯罪和惩治腐败；一手抓反对僵化，一手抓反对自由化；一手抓引进，一手抓抵制；等等。这些都体现了邓小平关于社会主义社会经济、政治、文化等协调全面发展的思想。

20 世纪 90 年代以来，以江泽民为核心的党的第三代领导集体，坚持马列主义、毛泽东思想和邓小平理论，在推动社会全面发展方面作出了更多积极的探索，相关论述更加具体全面。江泽民在《在庆祝中华人民共和国成立四十周年大会上的讲话》中，首次公开提出"社会全面进步"这一命题。他指出："社会主义不仅要实现经济繁荣，而且要实现社会的全面进步。"②在党的十四大报告中提出："我们要在九十年代把有中国特色社会主义的伟大事业推向前进，最根本的是坚持党的基本路线，加快改革开放，集中精力把经济建设搞上去。同时要围绕经济建设这个中心，加强社会主义民主法制和精神文明建设，促进社会全面进步。"③江泽民在党的十四届六中全会的讲话中明确提出："社会主义社会是全面发展、全面进步的社会，社会主义现代化事业是物质文明和精神文明协调发展、相辅相成的事业。"④党的十五大报告进一步指出："把我们的事业全面推向二十一世纪，就是要抓住机遇而不可丧失机遇，开拓进取而不可因循守旧，围绕经济建设这个中心，经济体制改革要有新的突破，政治体制改革要继续深入，精神文明建设要切实加强，各个方面相互配合，实现经济发展和社会全面进步。"⑤党的十六大报告指出："全面建设小康社会的目标，是中国特色社会主义经济、政治、文化全面发展的目标，是与加快推进现代化相统一的目标。"⑥

以胡锦涛为首的党中央从我国社会主义事业在新形势下发展的要求出发，在深刻总结国内外经济社会发展经验教训的基础上，对社会的全面发展又给予了新的阐释，指出："我们要更好地坚持协调发展、全面发展、可持续发展的发展观，更加自觉地坚持推动社会主义物质文明、政治文明和精神文明协调发展，坚持在经济社会发展的基础上促进人的全面发展，坚持促进人和自然的和谐。""全

---

① 《邓小平文选》第 3 卷，人民出版社 1993 年版，第 164、144 页。

② 《江泽民论有中国特色社会主义》（专题摘编），中央文献出版社 2002 年版，第 379 页。

③ 《江泽民文选》第 1 卷，人民出版社 2006 年版，第 224 页。

④ 《江泽民文选》第 1 卷，人民出版社 2006 年版，第 571 页。

⑤ 《江泽民文选》第 2 卷，人民出版社 2006 年版，第 1～2 页。

⑥ 《江泽民文选》第 3 卷，人民出版社 2006 年版，第 544 页。

面发展，就是要以经济建设为中心，全面推进经济、政治、文化建设，实现经济发展和社会全面进步。”“必须坚持全面协调可持续发展。要按照中国特色社会主义事业总体布局，全面推进经济建设、政治建设、文化建设、社会建设，促进现代化建设各个环节、各个方面相协调，促进生产关系与生产力、上层建筑与经济基础相协调。”①

（三）注重促进人的全面发展

全面发展理论的重点是人的全面发展。中国共产党历代领导人带领中国人民在探索社会主义建设的过程中，结合中国实际和时代特点，在促进人的全面发展方面提出了许多新思想，对马克思主义关于人的全面发展理论作出了突出的贡献。

1.根据时代的发展不断深化对人的全面发展内涵的认识

毛泽东提出了要培养“又红又专”德智体全面发展的社会主义新人的思想。1957年2月，毛泽东又提出：“我们的教育方针，应该使受教育者在德育、智育、体育几方面都得到发展，成为有社会主义觉悟的有文化的劳动者。”②在中共八届三中全会上，毛泽东又对“又红又专”的科学含义及其相互关系作了科学论述，指出：“我们各行各业的干部都要努力精通技术和业务，使自己成为内行，又红又专。”“知识分子要同时是红的，又是专的。”③“红与专，政治与业务的关系，是两个对立物的统一。一定要批判不问政治的倾向。一方面要反对空头的政治家，另一方面要反对迷失方向的实际家。政治和经济的统一，政治和技术的统一，这是毫无疑义的，年年如此，永远如此。这就是又红又专。”④毛泽东提倡“红”就是要培养广大青年树立正确的政治方向、立场和观点，主张“专”就是要求广大青年具备扎实的为人民服务的专业知识、专业技能。

邓小平提出了培养“四有新人”的理论。1982年7月，邓小平在军委座谈会上明确指出：“搞社会主义精神文明，主要是使我们的各族人民都成为有理想、讲道德、有文化、守纪律的人民。”⑤同年9月，党的十二大报告根据邓小平的思想，要求全党和全社会培育有理想、有道德、有文化、守纪律的劳动者。1983年，邓小平在接见外国友人时就指出：在社会主义国家，一个真正的马克思主义政党在执政以后，一定要致力于发展生产力，并在这基础上提高人民生活水平。与此同

① 中共中央文献研究室编：《科学发展观重要论述摘编》，中央文献出版社2009年版，第32、35、44页。

② 《毛泽东著作选读》下册，人民出版社1986年版，第780页。

③ 《毛泽东选集》第5卷，人民出版社1977年版，第471、489页。

④ 《毛泽东著作选读》下册，人民出版社1986年版，第803页。

⑤ 《邓小平文选》第3卷，人民出版社1993年版，第408页。

时，还要建设社会主义精神文明，最根本的是要广大人民有共产主义理想、有道德、有文化、守纪律。[①] 1985年3月，邓小平在全国科技工作会议上再次提醒大家："在建设具有中国特色的社会主义社会时，一定要坚持发展物质文明和精神文明，坚持五讲四美三热爱，教育全国人民做到有理想、有道德、有文化、有纪律。"[②]至此，形成了"四有"这一具有重要意义的概念。邓小平关于"四有"新人的理想人格的设计，较之毛泽东"又红又专"的设计，在基本精神上是一致的，但更加具体化、更加明确化了。

江泽民指出："为了挑起振兴中华的重担，青年人应该有崇高的理想，有正确的世界观和人生观，有献身精神，有丰富的知识和真才实学，有脚踏实地的工作作风，有高度的纪律修养和高尚的道德风尚，有坚强的意志和健康的体魄。"[③]这些具体内容的提出使现阶段的人的全面发展的践行更加实际而不空泛。

2. 强调人的全面发展与社会全面发展的互动性

唯物史观认为，社会是人的社会，人是社会的人，人要在社会中求发展，社会要由人来建设，所以人的发展与社会的发展是相辅相成、内在统一的。当今世界，经济全球化和高新科技的发展一日千里，我国社会主义现代化建设突飞猛进，我国人民的物质生活和精神生活的发展日益多样化，人们的自身发展要求不断提高，同时经济社会发展与人的发展过程中出现了比较明显的不平衡、不全面、不协调情况。面对新情况和新问题，我们党应当怎样才能充分代表中国最广大人民群众的自身发展要求，把社会的全面发展与每个人的全面发展统一起来，继续推进改革开放和社会主义现代化事业，全面建设小康社会，构建社会主义和谐社会，迎接中华民族的伟大复兴，就成为新的时代最重大的课题之一。江泽民指出："推进人的全面发展，同时推进经济、文化的发展和改善人民物质文化生活，是互为前提和基础的。人越全面发展，社会的物质文化财富就会创造得越多，人民的生活就越能得到改善，而物质文化条件越充分，又越能推进人的全面发展。社会生产力和经济文化的发展水平是逐步提高、永无止境的历史过程，人的全面发展程度也是逐步提高，永无止境的历史过程。这两个历史过程应相互结合、相互促进地向前发展。"[④]

3. 提出以人为本的发展观

面对国内外新形势的发展，新一届领导人胡锦涛在带领中国人民探索中国

① 参见《邓小平文选》第3卷，人民出版社1993年版，第28页。

② 《邓小平文选》第3卷，人民出版社1993年版，第110页。

③ 中共中央文献研究室编：《江泽民思想年谱》，中央文献出版社2010年版，第29页。

④ 江泽民：《论"三个代表"》，中央文献出版社2001年版，第180页。

社会发展的过程中提出了以人为本的发展观，把马克思主义人的全面发展理论推进到了一个新的阶段。他指出："坚持以人为本，就是要以实现人的全面发展为目标，从人民群众的根本利益出发谋发展、促发展，不断满足人民群众日益增长的物质文化需要，切实保障人民群众的经济、政治和文化权益，让发展的成果惠及全体人民。""要按照以人为本的要求，从解决关系人民群众切身利益的现实问题入手，更加注重经济社会协调发展，加快发展社会事业，促进人的全面发展。""科学发展观，第一要义是发展，核心是以人为本，基本要求是全面协调可持续，根本方法是统筹兼顾。"[①]在这里，人的全面发展作为我们国家建设的根本目标被提出来，人的全面发展的内容更加丰富，不仅体现在教育和个人的素质方面，而且体现在经济、政治、文化、社会等各个方面，人的全面发展被纳入经济社会发展的规划之中，通过社会的全面发展来实现。这些新思想、新观点是推进我国社会和人全面发展的指导思想。

（四）强调改革是推进社会全面发展的不竭动力

在社会主义制度下，生产力和生产关系的矛盾、经济基础和上层建筑的矛盾仍然是社会主义社会的基本矛盾，当它们彼此不相适应时，必须通过改革的方式来解决，改革调整那些束缚生产力发展的生产关系和上层建筑。总结中国社会主义建设的经验教训，邓小平认为，必须进行改革，不改革将是死路一条。改革的目的是为了解放和发展生产力。不但要坚决推进改革，而且要进行全面改革。因为阻碍社会生产力发展的因素不是单一的，而是多方面的，尤其是社会主义发展目标的全面性和整体性也就决定了社会主义改革的全面性。不仅要进行经济体制改革，而且要在经济体制改革的基础上大力推进政治体制改革，并且要使各项改革相互配套、相互补充。邓小平在设计和领导中国社会主义改革的过程中，始终贯穿着全面改革的思路。他指出："改革开放以来，我们立的章程并不少，而且是全方位的。经济、政治、科技、教育、文化、军事、外交等各个方面都有明确的方针和政策，而且有准确的表述语言。""改革是全面的改革，包括经济体制改革、政治体制改革和相应的其他各个领域的改革。"[②]江泽民指出："在社会主义初级阶段，围绕发展社会生产力这个根本任务，要把改革作为推进建设有中国特色社会主义事业各项工作的动力。改革是全面改革，是在坚持社会主义基本制度的前提下，自觉调整生产关系和上层建筑的各个方面和环节，来适应初级阶段生产

① 中共中央文献研究室编：《科学发展观重要论述摘编》，中央文献出版社2009年版，第6页。

② 《邓小平文选》第3卷，人民出版社1993年版，第371、237页。

力发展水平和实现现代化的历史要求。”[1]胡锦涛也强调：“改革开放是强国之路。必须坚定不移地推进各方面改革。改革要从实际出发，整体推进，重点突破，循序渐进，注重制度建设和创新。”“发展必须坚持和深化改革。一切妨碍发展的思想观念都要坚决冲破，一切束缚发展的做法和规定都要坚决改变，一切影响发展的体制弊端都要坚决革除。”[2]“改革开放是决定当代中国命运的关键抉择，是发展中国特色社会主义、实现中华民族伟大复兴的必由之路；只有社会主义才能救中国，只有改革开放才能发展中国、发展社会主义、发展马克思主义。”“新时期最鲜明的特点是改革开放。从农村到城市、从经济领域到其他各个领域，全面改革的进程势不可当地展开了。”[3]历经三十多年，改革由点到面、由浅入深，广度和深度不断得到拓展，使我国的社会主义事业取得了举世瞩目的成就。所以，全面改革是21世纪中国社会全面发展的强大动力，经济社会和人的全面发展必须通过全面改革来实现。

第二节 现实社会主义各国在社会主义发展的重点性、全面性、协调性、可持续性有机统一问题上的正反两方面的历史经验

一、中国社会主义发展进程中的正反经验

重点、全面、协调、可持续发展相统一，是社会主义建设的重要规律，遵循这一规律就能促进社会主义的健康发展，否则社会主义事业就会遭受挫折，我国六十多年的社会主义建设在这方面的经验教训是极其深刻的。

1956年，随着对生产资料私有制的社会主义改造基本完成，我国就进入了社会主义社会，开始了探索社会主义建设的历史时期。以毛泽东为首的中国共产党人坚持马克思主义基本原理，从当时中国的实际出发，在对国内经济结构和阶级结构进行客观分析的基础上，明确了社会的主要矛盾，并在此基础上确定了党和国家的工作重心。1956年9月召开的党的八大通过的决议强调，在完成社会主义改造、建立社会主义制度后，我国国内的主要矛盾已不再是阶级斗争，已

---

① 江泽民：《高举邓小平理论伟大旗帜　把建设有中国特色社会主义事业全面推向二十一世纪——在中国共产党第十五次全国代表大会上的报告》，人民出版社1997年版，第18～19页。

② 胡锦涛：《全面建设小康社会　开创中国特色社会主义事业新局面——在中国共产党第十六次全国代表大会上的报告》，人民出版社2002年版，第8、14页。

③ 胡锦涛：《高举中国特色社会主义伟大旗帜　为夺取全面建设小康社会新胜利而奋斗——在中国共产党第十七次全国代表大会上的报告》，人民出版社2007年版，第7、6页。

经是人民对于建立先进的工业国的要求同落后的农业国的现实之间的矛盾,已经是人民对于经济文化迅速发展的需要同当前经济文化不能满足人民需要的状况之间的矛盾。这一矛盾的实质,是先进的社会主义制度同落后的社会生产力之间的矛盾。党和国家的主要任务就是要解决这一矛盾,集中力量发展生产力,把我国尽快地从落后的农业国变为先进的工业国。从社会主要矛盾分析入手,明确党在社会主义时期的中心任务是发展生产力,是当时我党提出的正确思想。但遗憾的是,此后不久由于国内外形势的变化,自 1957 年反右派扩大化以后,党对中国进入社会主义社会后的主要矛盾的认识出现了偏差,毛泽东认为社会的主要矛盾仍然是无产阶级和资产阶级的矛盾、社会主义道路和资本主义道路的矛盾。这种对社会主要矛盾认识的变化,也就导致了党的工作中心的偏离,原来确定的以经济建设为中心的任务逐渐被阶级斗争所冲击,工作重心逐渐偏移到阶级斗争上,到"文化大革命"时期,以经济建设为中心完全被"以阶级斗争为纲"所代替,全党和全国人民都要"以阶级斗争为纲",其他所有工作都围绕和服务于阶级斗争。在这种错误思想的指导下,我国社会主义建设事业蒙受巨大损失。国民经济停滞,党组织和国家政权遭到极大削弱,大批干部和部分群众惨遭迫害,社会主义民主和法制被肆意践踏,科技和教育事业遭到严重摧残,历史文化遗产遭到巨大破坏……全国陷入严重的政治和社会危机之中。十一届三中全会之后,党的第二代领导人邓小平坚持解放思想、实事求是的思想路线,在对我国基本国情和社会主要矛盾正确判断的基础上,果断地终止了"以阶级斗争为纲"的错误方针,实现了工作中心的转移,党的工作重心又重新回到经济建设上来。党的十三大制定了党在社会主义初级阶段的"一个中心,两个基本点"的基本路线,"以经济建设为中心"从此成为党的基本路线的核心内容。党的十一届三中全会以来的中央领导集体都坚定不移地坚持"以经济建设为中心",强调"坚持党的基本路线不动摇,关键是坚持以经济建设为中心不动摇"。三十多年来,正是因为我们党领导全国人民排除来自各个方面的干扰,始终坚持经济建设这个中心,奋发图强,艰苦创业,现代化建设的第一、二步战略目标才能够如期实现,社会主义中国才发生了前所未有的翻天覆地的历史性巨变。

在以经济建设为中心、大力发展生产力的思想指导下,经过三十多年的改革开放,我国经济社会发展取得了举世瞩目的成就,"发展是硬道理"的思想深入人心。但值得注意的是,在改革开放的实际工作中却又出现了另一种极端的现象,那就是把社会发展简单等同于经济发展,忽视社会其他方面的协调发展。在一些人眼中,经济发展是硬指标,只要经济搞上去了,其他都好说,都好办。一些地方将经济发展指标作为判断工作好坏的唯一标准,一些干部不惜人力、物力、财力大搞"数字工程"、"形象工程",展示所谓"政绩";一些地方的干部管理部门也主要以经济发展的标准来提拔任用干部。社会上流行一种观点：只要经济发展了，社会就进步了，其他问题也就迎刃而解了。这种观点是非常有害的，我们的教训也是比较深刻的。早在1989年政治风波过后，邓小平就沉痛地总结说："十年最大的失误是教育，这里我主要是讲思想政治教育，不单纯是对学校、青年学生，是泛指对人民的教育。对于艰苦创业，对于中国是个什么样的国家，将要变成一个什么样的国家，这种教育都很少，这是我们很大的失误。"[①]此后，邓小平多次反复强调，在抓物质文明建设的同时要抓精神文明建设，要两手抓，两手都要硬。近几年来，偏重追求经济增长造成的负面效应愈来愈严重：经济过热，通货膨胀；重复建设，资源浪费；生态环境遭到严重破坏，各种环境灾害不断；党风和社会风气不正，腐败猖獗；违规征地，强制拆迁住房；煤窑坍塌、瓦斯爆炸、交通事故、食物中毒等频繁发生，各种犯罪现象层出不穷；等等。特别是在2002年11月中旬至2003年6月，爆发了"非典"流行疾病，暴露出我们人类在处理与自然环境的关系上存在的问题。"非典"也曾让政府公共卫生部门一度陷入被动局面，暴露出我们在应对突发公共卫生事件方面机制不健全、能力不足等问题。抗击"非典"斗争给我们最重要的启示就是，在全面建设小康社会和整个现代化进程中，必须坚持统筹兼顾，保持经济社会协调发展、城乡协调发展、区域协调发展；必须坚持以人为本，提高人民物质文化生活水平和健康水平；必须坚持人与自然和谐相处，实现可持续发展；必须坚持改革创新，推动社会主义物质文明、政治文明和精神文明共同进步。2004年2月21日，温家宝总理在省部级主要领导干部"树立和落实科学发展观"专题研究班结业式上的讲话中再次强调："改革开放以来，各项社会事业虽然取得明显进步，但总体上看，经济发展和社会发展存在着'一条腿长，一条腿短'的问题。"[②]2003年"非典"疫情的蔓延，集中暴露出这个方面的问题。我们必须按照科学发展观的要求，在大力推进经济发展的同时，更加注重加快社会发展。所有这些发展中暴露出来的社会问题，反过来又制约了经济的进一步发展。面对这种情况，以胡锦涛同志为总书记的党中央适应形势发展的要求，提出了科学发展观。其主要内容是：坚持以人为本，树立全面、协调、可持续的发展，按照"五个统筹"(统筹城乡发展，统筹区域发展，统筹经济社会发展，统筹人与自然和谐发展，统筹国内发展和对外开放)的要求，推进改革开放，实现经济、社会、环境和人的全面发展。目前，全国上下正在努力贯彻落实科学发展观。相信在科学发展观的指导下，一定能够有效推进各项事业，实现经

---

① 《邓小平文选》第3卷，人民出版社1993年版，第306页。

② 中共中央文献研究室编：《十六大以来重要文献选编》(上)，中央文献出版社2005年版，第763页。

济社会更快更好地发展，顺利实现全面建设小康社会的宏伟目标，不断开创中国特色社会主义事业的新局面。

二、其他现实社会主义各国在社会主义发展进程中的正反经验

前苏联，是世界上诞生的第一个社会主义国家，也是唯一能与美国相抗衡的社会主义大国、强国。然而就是这样一个泱泱社会主义大国却于 20 世纪 80 年代末 90 年代初轰然倒下，土崩瓦解。紧跟前苏联的东欧一些社会主义国家也随之发生剧变。苏联解体、东欧剧变震惊世界，使世界社会主义运动遭遇前所未有的挫折。苏东剧变的原因是复杂的，教训也是极其深刻的，而重要原因之一就是没有很好地认识和把握社会主义发展的以人为本、重点性、全面性、协调性、可持续性有机统一的规律。

1. 社会发展没有很好地坚持以人为本，没有突显以经济建设为中心的本质特征

如前所述，马克思主义的一个基本观点就是，社会主义社会生产的根本目的是为了实现社会成员的全面发展，同时社会发展要以经济建设为中心，而以经济建设为中心的本质特征则在于，社会生产是以最大限度地满足广大人民群众日益增长的物质和文化生活需要为目的。当时的苏联在社会主义建设过程中也非常重视经济建设，尤其是列宁，他认为在任何社会主义革命中，当无产阶级夺取了政权，随着剥夺剥夺者及镇压他们反抗的任务基本上解决以后，就必须迅速地、坚决地把工作着重点转移到经济建设上来，大力发展社会生产力，为社会主义建立强大的物质基础。十月革命胜利后，特别是国内战争结束后，经过一系列的调整，列宁坚持把恢复和发展俄国经济作为工作的重点。列宁对社会主义建设的探索是多方面的，但始终围绕经济建设这个中心。总的来说，斯大林也是把经济建设当作工作的中心任务，并且领导苏联人民把苏联建成世界第二强国，正是因为有了强大的经济实力才取得了卫国战争的胜利。但是后来苏联的社会发展尤其是以经济建设为中心并没有体现出它的本质特征，并不是以提高广大人民群众的物质文化需要为目的，而是为了与美国争夺世界霸权，采取了优先发展军事和重工业，而轻视农业和轻工业的发展。虽然当时成为世界上的军事和工业超级大国，但是广大人民群众的日用消费品供应严重不足。这样，以经济建设为中心就演变成了以重工业甚至以军火工业建设为中心。它搞的是准军事化的经济，不是服务于提高人民的生活水平，而是服务于军事扩张。人民生活长期被置于服从所谓“国家长远利益”的地位，其结果是国家的军事实力上去了，人民的生活水平却不能与时代同步提高。“民以食为天”，人民的生活水平如果上不去，短期之内为了特殊的任务可以忍受，但长期则不可。人民群众的生活水平上不

去，就不能显示出社会主义制度的优越性，社会主义的吸引力也就必然削弱甚至消失，从而产生社会主义信念危机，得不到人民信任的政权，自然也就无法维持。

2. 没有坚持社会全面、协调发展

虽然当时的苏联是与美国相抗衡的一个社会主义大国，然而苏联社会的发展却是片面的、畸形的、失衡的。苏联的卫星率先上了天，它所拥有的核武器可以有效地威慑以美国为首的西方国家，但是苏联人民群众的生活水平却长期落后于西方。导致这种结果的一个主要原因就是苏联没有适时地调整经济发展战略。众所周知，基于当时的国情，为发展经济，巩固社会主义政权，苏联确定了实现社会主义工业化的发展战略，战略核心是要高速优先发展重工业和军事工业，形成了“重重、轻农、轻轻”的经济结构模式。在特定历史条件下，苏联共产党人选择了这种经济结构模式无疑是正确的，因为在那种国际环境中，不加强军备、国防就难以保住社会主义阵地。也就是说，这种经济结构模式是特定历史环境的产物，虽然在一定时期内曾发挥过很大的作用，但并不适合一国常态下经济社会的发展需要。随着形势的变化应该适时调整和改革这种结构比例，从而使“重、农、轻”全面、协调发展，国民经济的发展才能健康推进。遗憾的是，苏联却不顾变化了的条件，不顾广大人民群众要求改善生活的意愿，仍固守既定的经济发展战略，片面地加速发展重工业和军事工业，忽视轻工业和农业的发展。尤其是在斯大林之后的几十年里，战前实行的强军固国思想逐渐演变成了与美国争夺世界霸权的强军扩张战略。为此，苏联几乎倾尽全力发展军事工业，终于使其在与军事相关的科研、技术、生产、应用各领域赶上甚至超过了美国，成为全球唯一能向美国“叫板”的超级大国。然而，苏联却是世界畸形发展的超级大国。苏联的这种严重失衡的经济结构，使其经济负重前行，耗尽了苏联的国力，最终导致国民经济的崩溃，教训是极其深刻的。

因为东欧各社会主义国家在第二次世界大战后开展本国经济建设时，一开始都照搬苏联的做法，片面地强调发展重工业，忽视农业和轻工业的发展。结果，重工业增长快，轻工业增长慢，农业则停滞不前，造成了农、轻、重比例的严重失调，使素有“欧洲粮仓”之称的东欧国家出现了严重的商品短缺，消费品长期供应不足的现象引起了人民强烈的不满，日益严重的经济困难是导致严重的社会危机和政治危机的主要原因。这种经济发展战略还在客观上制约着苏东各国的体制改革。因为实施这种发展战略，在很大程度上需要有高度集权的经济体制和政治体制作保障。发展战略不改变，体制上就难以有根本性的改变。所以，由于始终坚持重工业优先、军事发展至上的既定发展战略，再加上苏东各国长期思想僵化，教条主义严重，民主法制缺乏，不注重执政党自身建设等原因，最终苏东各国的社会主义改革未能成功。

另外，顶住压力，一直坚守社会主义阵地的越南、古巴、老挝和朝鲜，在中国社会主义改革的启示下，借鉴中国的经验，都纷纷根据本国的基本国情，顺应世界经济政治发展的形势，适时地调整本国的发展战略，坚持以经济建设为中心，积极进行全方位改革，全面推进社会主义进步，已经取得很大的成就。

第三节　中国共产党十六大以来新中央领导集体概括总结的科学发展观

一、科学发展观提出的过程及历史背景

科学发展观，是党的十六大以来，以胡锦涛为首的党中央从我国社会主义事业在新形势下发展的要求出发，在深刻总结国内外经济社会发展经验教训的基础上提出来的，是马克思主义中国化的最新理论成果。

2002 年 11 月 16 日，胡锦涛在与中外记者见面会上提出“聚精会神搞建设，一心一意谋发展”；2003 年 4 月，在广东考察工作时强调，抓住新机遇，增创新优势，开拓新局面，努力实现加快发展、率先发展、协调发展，强调了发展的重要性。2003 年 7 月，胡锦涛在“七一”讲话中指出，发展是以经济建设为中心、经济政治文化相协调的发展，是促进人与自然相和谐的可持续发展。在《在全国防治“非典”工作会议上的讲话》中强调，我们要更好地坚持协调发展、全面发展、可持续发展的发展观，更加自觉地坚持推动社会主义物质文明、政治文明和精神文明协调发展，坚持在经济社会发展的基础上促进人的全面发展，坚持促进人和自然的和谐。这些论述阐发了发展的内涵。科学发展观作为我国经济社会发展的重大战略思想和指导方针，是在十六届三中全会通过的《中共中央关于完善社会主义市场经济体制若干问题的决定》中第一次明确提出的。《决定》指出：“坚持以人为本，树立全面、协调、可持续发展观，促进经济社会和人的全面发展。”①

科学发展观的形成，是我们党对社会主义市场经济条件下经济社会发展规律在认识上的重要升华，是我们党执政理念的一个飞跃，具有重要的现实意义和深远的历史意义。此后，胡锦涛又多次对科学发展观作了进一步的阐述，使科学发展观的概念更加完整科学，内涵更加丰富明确。2004 年 3 月，胡锦涛在《中央人口资源环境工作座谈会上的讲话》中指出：“坚持以人为本，就是要以实现人的全面发展为目标，从人民群众的根本利益出发谋发展、促发展，不断满足人民群众日益增长的物质文化需要，切实保障人民群众的经济、政治和文化权益，让发

---

① 转引自冷溶主编《中国特色社会主义年鉴（2003～2004）》，中国法制出版社 2006 年版，第 32 页。

展的成果惠及全体人民。”“全面发展，就是要以经济建设为中心，全面推进经济、政治、文化建设，实现经济发展和社会全面进步。协调发展，就是要统筹城乡发展、统筹区域发展、统筹经济社会、统筹人与自然和谐发展、统筹国内发展和对外开放，推进生产力和生产关系、经济基础和上层建筑相协调，推进经济、政治、文化建设各个环节、各方面相协调。可持续发展，就是要促进人与自然的和谐，实现经济发展和人口资源、环境相协调，坚持走生产发展、生活富裕、生态良好的文明发展，保证一代接一代地永续发展。”[①]2004 年，党的十六届四中全会通过的《中共中央关于加强党的执政能力建设的决定》，把树立和落实科学发展观作为提高党的执政能力的重要内容。2005 年党的十六届五中全会通过的《中共中央关于制定国民经济和社会发展第十一个五年规划的建议》强调：“要坚定不移地以科学发展观统领经济社会发展全局，坚持以人为本，转变发展观念、创新发展模式、提高发展质量，把经济社会发展切实转入全面协调可持续发展的轨道。”[②]在党的十七大报告中，胡锦涛对科学发展观作了新的概括和阐述：“科学发展观，第一要义是发展，核心是以人为本，基本要求是全面协调可持续，根本方法是统筹兼顾。”[③]同时，对科学发展观的理论基础、实践依据、基本内涵以及如何贯彻落实等相关问题作了更为系统和全面的总结，回答了什么是发展、为什么发展、为谁发展、怎样发展等一系列重大问题，标志着中国共产党对于社会主义社会发展规律的认识达到了一个新的高度，是推动我国社会主义现代化建设必须长期坚持的重要指导思想。

科学发展观的提出有着极为重要的时代背景，正如十七大报告所指出的：“科学发展观，是立足社会主义初级阶段基本国情，总结我国发展实践，借鉴国外发展经验，适应新的发展要求提出来的。”[④]

第一，科学发展观的提出是我党对当前国际形势发展的一种积极回应。中国是世界最大的发展中国家，中国的发展与世界的发展密切相关，这就决定中国的发展总是处于国际宏观大背景之下的。从这个层面上来讲，科学发展观的提出是我党对当前国际形势发展的一种积极回应。在十七大报告中我党对当前国

---

① 中共中央文献研究室编：《十六大以来重要文献选编》（上），中央文献出版社 2005 年版，第 850 页。

② 中共中央文献研究室编：《十六大以来重要文献选编》（中），中央文献出版社 2006 年版，第 1063 页。

③ 中共中央文献研究室编：《中国共产党第十七次全国代表大会文件汇编》，人民出版社 2007 年版，第 11 页。

④ 中共中央文献研究室编：《中国共产党第十七次全国代表大会文件汇编》，人民出版社 2007 年版，第 13 页。

际形势发展所作出的判断是:“当今世界正处在大变革大调整之中。和平与发展仍然是时代主题,求和平、谋发展、促合作已经成为不可阻挡的时代潮流。世界多极化不可逆转,经济全球化深入发展,科技革命加速推进,全球和区域合作方兴未艾,国与国相互依存日益紧密,国际力量对比朝着有利于维护世界和平方向发展,国际形势总体稳定。同时,世界仍然很不安宁。霸权主义和强权政治依然存在,局部冲突和热点问题此起彼伏,全球经济失衡加剧,南北差距拉大,传统安全威胁和非传统安全威胁相互交织,世界和平与发展面临诸多难题和挑战。”①这种对国际局势基本状况的总判断,是我们制定经济社会发展政策的总依据。当今世界处于大变革大调整当中,科技革命方兴未艾,经济全球化日益深入,信息化广泛普及,世界范围内的生产力布局大调整,综合国力竞争加剧,等等,深刻地改变着人类的生产方式、生活方式和思维模式,这对包括中国在内的发展中国家,既带来了历史性的发展机遇,也带来严峻的挑战。世界许多国家纷纷围绕如何抓住发展机遇、应对挑战而调整本国的发展战略。所以,面对纷繁复杂的国际形势,我们必须把中国的发展放到世界的大局中来思考,用更广阔的全球视野来谋划未来的发展,探索新的发展模式,以保持我国经济社会又快又好地发展。这就是科学发展观提出的当今国际宏观背景。

第二,科学发展观是在借鉴国外发展经验,顺应世界发展潮流而提出来的。社会发展的实践和发展的观念始终是相辅相成,处于辩证发展过程之中的。往往是发展的观念引领发展的实践,而发展的实践及结果则又不断地促使人们反思和修正发展的观念。第二次世界大战后,在饱受战争带来的巨大灾难之后,加快经济增长,致力于经济重建,成为各国的共识。于是“经济增长论”应运而生。这种发展观认为,社会发展的基本含义就是经济增长。在这种发展观念的指导下,无论是发达国家还是发展中国家,都普遍把国内生产总值(GDP)作为评价发展的首要标准,把发展单纯归结为物质财富的积累。其结果是,经济高速增长的目的虽然达到了,但随着时间的推移,这种经济增长模式的弊端和矛盾也日趋暴露,有些国家出现了“有增长无发展”的现象。于是人们开始对这种发展理论进行反思和质疑。20 世纪 60 年代中期人们对“发展”含义的理解出现了明显的变化。著名发展经济学家汉斯·辛格指出,“增长”和“发展”是两个不同的概念:所谓增长就是指人均产品量的增加,它通常以人均实际国民生产总值的增长率来表示;发展包含了增长,不仅包含人均产品量的增加,而且还包括社会经济结

① 胡锦涛:《高举中国特色社会主义伟大旗帜 为夺取全面建设小康社会新胜利而奋斗——在中国共产党第十七次全国代表大会上的报告》,人民出版社 2007 年版,第 31～32 页。

构的变化和人民生活质量的改善。[①]这种发展观比单纯追求经济增长的发展观有了进步，它表明人们的发展观开始由单一性、片面性向多元性、全面性转变。到了20世纪70年代初期，由于全球性环境污染、资源短缺、经济发展不平衡等问题越来越突出，于是人们开始关注生态环境，考虑社会发展的持续性问题。由罗马俱乐部的报告《增长的极限》和联合国斯德哥尔摩会议通过的《人类环境宣言》明确提出“持续成长”、“合理的持久的均衡发展”等概念，强调以未来的发展规范现在的行为，主张实现保护地球生态系统基础上的、人与自然和谐相处的人类社会的永续发展。显然，这种发展观又大大前进了一步。到了20世纪80年代，人们对发展的认识又有了重大的突破。1983年，法国著名社会学家佛朗索瓦·佩鲁发表了他的发展学论著《新发展观》，指出：“必须牢牢记住，个人的发展、个人的自由，是所有发展形式的主要动力之一。这种个人的发展和自由能够在每个人所赞成的和在其各种活动中所感受到的各种价值范围内充分实现他们的潜力。”[②]这种发展观强调发展应以人的价值、人的需要和人的潜力的发挥为中心，注重人的全面发展，更加成熟。由此可见，随着实践的发展，人们对发展的认识越来越深化，越来越合理、科学。世界各国越来越注重把经济、社会、人的发展以及人与自然的和谐统一起来考虑，制定本国的发展战略。所以，党和政府提出科学发展观是反映了当代世界最新的发展理念，顺应了世界发展潮流。

第三，科学发展观是基于我国国情，针对当前我国经济、社会发展中存在的突出问题和矛盾提出来的。经过三十多年的改革开放，我国社会发生了巨大的变化，在全面进步的过程中也产生了诸多的问题和矛盾，我国社会的发展呈现出新的阶段性特征，对此党的十七大报告从八个方面作了系统阐述，指出：“进入新世纪新阶段，我国发展呈现一系列新的阶段性特征，主要是：经济实力显著增强，同时生产力水平总体上还不高，自主创新能力还不强，长期形成的结构性矛盾和粗放型增长方式尚未根本改变；社会主义市场经济体制初步建立，同时影响发展的体制机制障碍依然存在，改革攻坚面临深层次矛盾和问题；人民生活总体上达到小康水平，同时收入分配差距拉大趋势还未根本扭转，城乡贫困人口和低收入人口还有相当数量，统筹兼顾各方面利益难度加大；协调发展取得显著成绩，同时农业基础薄弱、农村发展滞后的局面尚未改变，缩小城乡、区域发展差距和促进经济社会协调发展任务艰巨；社会主义民主政治不断发展、依法治国基本方略扎实贯彻，同时民主法制建设与扩大人民民主和经济社会发展的要求还不完全

---

① 参见田启波《发展主义的反思与超越：当代中国发展哲学的替嬗与鼎新》，社会科学文献出版社2010年版，第5页。

② ［法］佛朗索瓦·佩鲁：《新发展观》，张宁、丰子义译，华夏出版社1987年版，第175页。

适应,政治体制改革需要继续深化;社会主义文化更加繁荣,同时人民精神文化需求日趋旺盛,人们思想活动的独立性、选择性、多变性、差异性明显增强,对发展社会主义先进文化提出了更高要求;社会活力显著增强,同时社会结构、社会组织形式、社会利益格局发生深刻变化,社会建设和管理面临诸多新课题;对外开放日益扩大,同时面临的国际竞争日趋激烈,发达国家在经济科技上占优势的压力长期存在,可以预见和难以预见的风险增多,统筹国内发展和对外开放要求更高。"①这是党和政府对我国当前发展形势的正确判断。这些阶段性特征表明我国已经进入改革的关键时期和社会矛盾凸现时期。随着社会的大变革大调整,我国的发展既具有巨大的发展潜力和发展空间,也承受着来自人口资源环境等方面的巨大压力。有些矛盾和问题是中国现阶段发展过程中难以完全避免的,而有些则是由于发展观的偏差所导致或者加剧的。发展实践在客观上呼唤着一种新的发展思想和理念的产生。科学发展观正是在这样的实践基础上,针对发展中实际存在的不全面、不协调、不可持续的问题提出来的。

二、科学发展观的本质与核心:以人为本

科学发展观的内涵十分丰富,但其本质与核心则是以人为本。所以,深刻理解以人为本,是全面把握科学发展观的精神实质以及切实贯彻科学发展观的关键所在。

党的十七大报告不但强调了"以人为本"是科学发展观的核心,而且还论述了"以人为本"的含义。报告指出:"必须坚持以人为本。全心全意为人民服务是党的根本宗旨,党的一切奋斗和工作都是为了造福人民。要始终把实现好、维护好、发展好最广大人民的根本利益作为党和国家一切工作的出发点和落脚点,尊重人民主体地位,发挥人民首创精神,保障人民各项权益,走共同富裕道路,促进人的全面发展,做到发展为了人民、发展依靠人民、发展成果由人民共享。"②科学发展观强调以人为本,回答了发展的目的和价值取向问题,是对马克思主义关于人的全面发展理论的继承和发展。具体来讲,其内涵主要体现在以下几个方面:

第一,人民群众的根本利益是谋求发展的根本出发点。科学发展观强调的以人为本的"人",是指广大人民群众;以人为本的"本",就是根本,是发展的出发

---

① 胡锦涛:《高举中国特色社会主义伟大旗帜 为夺取全面建设小康社会新胜利而奋斗——在中国共产党第十七次全国代表大会上的报告》,人民出版社 2007 年版,第 9~10 页。

② 胡锦涛:《高举中国特色社会主义伟大旗帜 为夺取全面建设小康社会新胜利而奋斗——在中国共产党第十七次全国代表大会上的报告》,人民出版社 2007 年版,第 11 页。

点和落脚点。马克思主义认为，人是经济和社会发展的目的。一切经济活动和社会发展都不是为了活动而活动、为了发展而发展，都是有一个最终的目的，那就是满足人类自身的需求。因此，在社会发展中要以满足人的需要、提高人的素质、促进人的发展为核心内容和终极目标。要着眼于满足人的经济、政治、文化生活的现实需要，坚持万物人为本，万事民为先，把人们对物质、精神、文化的需要和自身发展的实现程度作为衡量社会进步的根本标准。我们党坚持了这一思想，强调发展的目的是为了人民群众的根本利益。中国共产党是以全心全意为人民服务为根本宗旨的党，始终坚持人民的利益高于一切。所以，党和政府一切工作的出发点和落脚点就是要实现和维护广大人民群众的根本利益，坚持发展为了人民，不断满足人民群众的多方面需求和实现人的全面发展，切实保障人民群众的经济、政治和文化权益，不断提高人们的思想道德素质、科学文化素质和健康素质，创造人们平等发展、充分发挥聪明才智的社会环境。坚持以人为本，就是从人民群众的根本利益出发谋求发展。

第二，人民群众是促进发展的主体力量。人民群众是历史的创造者，是推进经济社会发展的主体和决定性力量。我党坚持了这一点，强调在发展中要发挥人民群众的首创精神，密切联系群众，始终相信群众，紧紧依靠群众，最充分地调动人民群众的积极性、主动性、创造性，最大限度地集中全社会全民族的智慧和力量，最广泛地动员和组织亿万群众投身中国特色社会主义伟大事业。十一届三中全会后波澜壮阔的改革开放，之所以使中国特色社会主义取得举世瞩目的辉煌成就，就是因为顺应了人民的愿望和要求，同时也是广大人民群众积极参与的生机勃勃的创造。中国的改革不可动摇，但是，人民才是改革的真正主人，改革必须实现好、维护好、发展好最广大人民的根本利益，而绝不能成为少数利益团体攫取利益的工具。改革改什么，不改什么，先改什么，后改什么，怎样改，最终应由人民群众的需求和事物的发展规律来决定。不能视人民群众为被动的改革工具，置人民群众意见而不顾，而应按照胡锦涛总书记强调的“人民拥护不拥护、赞成不赞成、高兴不高兴、答应不答应”作为衡量改革和发展的标准。

第三，发展的成果要由人民群众来共享。如果发展的成果没有或很少被最广大人民享受到，以人为本的发展就会落空，发展依靠人民就没有基础。所以，科学发展观强调要走共同富裕道路，把改革发展取得的各方面成果体现在不断提高人民的生活质量和健康水平上，体现在不断提高人民的思想道德素质和教育科学文化素质上，体现在充分保障人民享有的经济、政治、文化、社会等各方面权益上，让发展成果惠及广大人民群众。

第四，发展是经济社会发展与人的全面发展的统一。经济社会的发展是人的全面发展的前提和条件，没有经济社会的发展，人的全面发展也就失去了基础和保障。人的全面发展是经济社会发展的根本目的，离开了人的全面发展，经济社会发展就失去了目标和动力。坚持以人为本，就是要把促进人的全面发展作为经济社会发展的最终目的，既着眼于人民群众现实的物质文化生活需要，又着眼于促进人民素质的提高，把促进人的全面发展落实到经济社会发展的全过程，贯穿到各项工作中。

三、科学发展观的基本内容：发展的重点性、全面性、协调性、可持续发展性

党的十七大报告指出：科学发展观的基本要求是全面协调可持续发展。科学发展观所倡导的发展之所以是科学的，就在于它是全面协调可持续的发展，而不是片面的、畸形的、失衡的、短期的发展。

(一)发展的重点性

把握发展，必须抓住发展的重点。科学发展观强调发展的重点性，就是以经济建设为中心，大力发展生产力。因为经济是基础，以经济建设为中心是兴国之要，是我们党、我们国家兴旺发达和长治久安的根本要求。只有经济发展了，经济实力和综合国力增强了，人民的生活才能不断改善，国家才能长治久安，社会全面进步和人的全面发展才有坚实的物质基础。十七大报告强调要提高自主创新能力，促进技术进步，解决制约经济进一步发展的技术瓶颈，加快转变经济发展方式，推动产业结构优化升级，加强能源资源节约和生态环境保护，增强可持续发展能力，完善基本经济制度，健全现代市场体系，深化财税、金融等体制改革，完善宏观调控体系，拓展对外开放广度和深度，提高开放型经济水平等，进一步释放社会生产能力，从而促进国民经济又好又快地发展。

(二)发展的全面性

全面发展，是指各个方面都要发展，而不是片面的、局部的、不平衡的发展。要按照中国特色社会主义事业总体布局，全面推进经济、政治、文化和社会建设。发展社会生产力，促进物质文明建设，创造更丰富的社会物质财富，提高国家的整体实力和人民的生活水平，是构建和谐社会的物质基础；促进政治文明建设，发展社会主义民主政治，建设社会主义法治国家，是构建社会主义和谐社会的政治保障；促进社会主义精神文明建设，发展社会主义先进文化，加强思想道德建设，是构建社会主义和谐社会的精神支撑；而通过构建社会主义和谐社会，加强社会主义的社会建设，提高社会生活文明和生态文明的程度和水平，又为社会主义的物质、政治、精神文明建设创造有利的社会条件，提供良好的社会生活和生态环境。因此，和谐社会建设，同整个社会的文明建设是一个有机统一的大系统，绝不能孤立地、片面地认识和处理。其中，经济建设是基础，经济发展了，其

他方面的发展就有了坚实的物质基础；政治建设是保障，只有积极发展社会主义民主政治，建设社会主义政治文明，才能为其他方面的发展提供坚强的政治保证；文化建设为其他方面的发展提供精神动力和智力支持，没有文化建设，就没有共同的理想信念和道德规范，就不能形成昂扬向上、开拓进取的主流精神；社会建设能形成促进其他方面建设的良好社会环境。要优化结构，转变经济增长方式，在提高经济增长质量和效益的基础上实现经济平稳较快的发展，为社会全面进步、人的全面发展奠定物质基础。

（三）发展的协调性

世界是普遍联系的，任何事物的发展必然与其他事物相互联系、相互制约，只有协调好各方面关系，才能实现健康发展。协调发展，是指各个方面的发展要相互适应，各个环节的发展要有机衔接，各个阶段各个步骤的发展要良性运行。科学发展观提出了"五个统筹"，即统筹城乡发展、统筹区域发展、统筹经济社会发展、统筹人与自然和谐发展、统筹国内发展和对外开放。统筹城乡发展，就是要解决城乡差距过大、城乡发展不平衡的问题，目的在于促进城乡二元经济结构向现代社会经济结构转变。统筹区域发展，就是要解决区域发展不平衡问题，其实质是实现区域共同发展。统筹经济社会发展，就是要解决经济和社会发展不协调的问题，其实质就是要在经济发展的基础上实现社会全面进步。统筹人与自然和谐发展，就是要尊重自然规律，正确处理好人与自然的关系，要合理开发和节约自然资源，坚持"在保护中开发，在开发中保护"的总原则。统筹国内发展和对外开放，就是要更好地利用国内外两种资源、两个市场，把利用外部有利条件和发挥自身优势结合起来，更好地促进我国的现代化建设。

（四）发展的可持续性

可持续发展，是指发展进程要有持久性、连续性和可再生性。人类的延续是社会发展的基本前提和基本要求，每一代人的发展都应该为下一代人的更好生存和发展留下一定空间和条件。这就要求我们在谋求发展时，必须充分考虑资源和环境的承受能力，既重视经济增长指标，又重视环境资源指标；必须统筹考虑当前发展和未来发展，既积极满足人民群众现实的物质文化需要，又为子孙后代留下充足的发展条件和发展空间。科学发展观所要求的可持续发展，就是要促进人与自然的和谐，实现经济发展和人口资源、环境相协调，坚持走生产发展、生活富裕、生态良好的文明发展道路，保证一代接一代地永续发展。

总之，发展的重点性、全面性、协调性和可持续性是一个互相联系、互相制约、互相促进的有机整体，体现了发展的内在规律性。只有按照科学发展观的这一基本要求推进发展，才能保证经济社会又好又快地发展。

四、科学发展观集中体现了辩证法的重点论与全面论辩证统一的思想

辩证的发展观，既讲“全面”又讲“重点”，全面发展是坚持重点论的全面发展，重点发展是坚持促进全面发展的重点发展，科学发展观就充分体现了全面论与重点论的辩证统一。

(一)全面发展是以经济建设为重点的全面发展

科学发展观坚持全面发展，同时强调在全面发展中要有重点，这个重点就是以经济建设为中心。因为在构成全面发展的诸要素中，经济增长是基础、是主题。经济发展关系发展的全局，抓住了经济建设这个中心，就是抓住了社会主义现代化建设的全局，丢掉了经济建设这个中心，也就丢掉了社会主义现代化建设的全局。一个社会只有经济发展了，才能谈得上全面发展的要求和目标的实现。当前我国经济社会发展中出现的一系列矛盾和问题，要求我们要更加注重经济社会协调发展，注重和谐社会建设，然而这一切都没有改变经济建设的中心地位。相反，只有坚持以经济建设为中心，大力发展生产力，才能为化解矛盾、解决问题提供必要的物质基础。科学发展观是用来指导发展的，不能离开发展这个主题，离开发展这个主题就没有意义了，发展首先要抓好经济发展，“只有坚持以经济建设为中心，不断增强综合国力，才能为抓好发展这个党执政兴国的第一要务、为全面协调发展打下坚实的物质基础。只有坚持以经济建设为中心，不断增强综合国力，才能更好地解决前进道路上的矛盾和问题，胜利实现全面建设小康社会和社会主义现代化的宏伟目标。因此，全党全国都要增强促进发展的紧迫感，在任何时候任何情况下都要紧紧抓住经济建设这个中心不放松，充分调动和切实保护广大干部群众加快发展的积极性，坚定不移地推动经济持续协调健康发展”①。

(二)重点发展是注重经济、政治、文化和社会全面发展的重点发展

任何重点都是全面中的重点，离开全面性也就谈不上重点性。科学发展观坚持经济建设重点论，并不是片面强调经济增长，而是以推进社会全面发展为目的的重点论。社会是由生产力与生产关系、经济基础与上层建筑所构成的有机整体，其中生产力是社会发展的最终决定力量，同时生产关系对生产力、上层建筑对经济基础又具有反作用，它们相辅相成使社会作为整体向前发展。因此，必须坚持全面性的观点，推进社会的整体性进步。从当前我党对社会主义建设总体布局来看，中国特色社会主义是全面发展和进步的事业，实现社会主义社会的

---

① 中共中央文献研究室编：《十六大以来重要文献选编》(上)，中央文献出版社 2005 年版，第 851 页。

全面协调发展是科学发展观所追求的目标。科学发展观强调以经济建设为中心，实现经济社会与人的全面发展和进步，是贯彻唯物辩证法的发展观，充分体现了重点论与全面论的辩证统一。

第十一章　“建设论”:物质文明、政治文明、精神文明、社会文明建设有机统一(一)——社会主义物质文明建设

社会主义物质文明建设,是“建设论”四要素(物质文明、政治文明、精神文明、社会文明)有机统一规律的首要和最基础的要素。建立社会主义社会的物质基础,即进行现代化经济建设问题,是科学社会主义的重要课题;通过社会主义物质文明建设奠定社会主义物质基础,是社会主义国家的根本任务。认真学习和研究马克思主义关于社会主义经济建设理论,并在实践中坚持和创造性地发展它,对建成完全的社会主义和向共产主义过渡具有重大的理论意义和实践意义。

第一节　社会主义社会的物质基础

一、高于资本主义的生产力和劳动生产率是成熟社会主义社会的物质基础

物质基础又称“物质技术基础”,是指一个社会存在和发展的物质条件。物质资料生产是任何一个社会的经济、政治、文化制度赖以建立和发展的物质基础。社会主义社会制度也必然要有自己的物质基础。社会主义社会的物质基础,一般地说,是社会主义社会赖以建立和发展的社会生产力状况,包括劳动资料的状况、加工过的劳动对象的状况、劳动者的科学文化素质,等等。其中,首先是生产工具的状况。具体而特殊地说,高于资本主义的社会生产力和劳动生产率才是社会主义社会的物质基础。物质基础未达到这个水平之前,就是不够格的社会主义。经济、文化相对落后的国家走上社会主义道路后,一个极其艰巨的任务就是,要在一个相当长的初级阶段甚至中级阶段里,大力发展社会生产力,为成熟社会主义社会建立够格的物质技术基础。

马克思和恩格斯在论述资本主义社会之后的新社会——社会主义、共产主

义社会的物质基础时，主要从劳动生产率角度予以阐明。他们认为，剥削阶级和被剥削阶级、统治阶级和被压迫阶级之间的到现在为止的一切历史对立，都可以从人的劳动的这种相对不发展的生产率中得到说明。当实际劳动的人口要为自己的必要劳动花费很多时间，以致没有多余的时间来从事社会的公共事务，例如劳动管理、国家事务、法律事务、艺术、科学等等的时候，必然有一个脱离实际劳动的特殊阶级来从事这些事务；而且这个阶级为了自己的利益，永远不会错过机会把愈来愈沉重的劳动负担加到劳动群众的身上。只有通过大工业所达到的生产力的大大提高，才有可能把劳动无例外地分配于一切社会成员，从而把每个人的劳动时间大大缩短，使一切人都有足够的自由时间参加社会的理论和实际的公共事务。当然，在马克思和恩格斯的时代，他们所看到的能保证劳动生产率提高到社会主义物质基础高度的就是蒸汽机为代表的大工业。列宁也和马克思、恩格斯一样，十分重视劳动生产率问题。他说："劳动生产率，归根到底是使新社会制度取得胜利的最重要最主要的东西。资本主义创造了在农奴制度下所没有过的劳动生产率。资本主义可以被最终战胜，而且一定会被最终战胜，因为社会主义能创造新的高得多的劳动生产率。这是很困难很长期的事业，但这个事业已经开始。"①由于资本主义创立了机器大工业，从而为社会主义的诞生准备了物质条件。所以，在列宁生活的时代，他认为，按一般原理，"社会主义的物质基础只能是同时也能改造农业的大机器工业"②。但列宁同时又认为，不能被这个一般原理所局限，必须将其具体化，指出："适应最新技术水平并能改造农业的大工业就是全国电气化。"③这就是说，列宁根据当时生产技术发展的最新水平，认为社会主义的物质基础已经不是陈旧落后的蒸汽时代的大工业，而是以最先进的电气工业技术为标准的大工业。从此以后，特别是第二次世界大战以来，科学技术有了新的巨大发展，并且又面临着新的世界性科学技术革命，资本主义的物质基础已比过去雄厚得多和先进得多。因此，成熟社会主义社会的物质基础不应停留在列宁时代电气化大工业的水平上，而应采取列宁的另一种更准确、更有伸缩性而又不会过时的说法，来表述社会主义的物质基础。这就是："高于资本主义的生产力和劳动生产率是成熟社会主义社会的物质基础。"④这种高水平的物质基础，对于处于初级阶段的社会主义国家来说，则是奋斗目标、必然要求和最终结果。

---

① 《列宁选集》第4卷，人民出版社1995年版，第16页。

② 《列宁选集》第4卷，人民出版社1995年版，第542页。

③ 《列宁选集》第4卷，人民出版社1995年版，第542页。

④ 《列宁选集》第4卷，人民出版社1995年版，第16页。

二、社会主义物质基础形成的两条根本途径

各国建立社会主义物质基础的任务，是因资本主义遗留下来的生产力水平的不同而不同的。世界历史发展的客观进程表明，社会主义物质基础的形成不只是一条道路，而是出现了两条基本途径：发达资本主义国家无产阶级夺取政权之后，可以凭借现成的高度发达的社会生产力和劳动生产率建立社会主义的物质基础，并在此基础上进行生产资料私有制的社会主义改造，建立社会主义的基本经济制度；而不发达的资本主义国家，特别是原来的殖民地和半殖民地国家，无产阶级领导的民族民主革命胜利并逐步走上社会主义道路以后，无产阶级专政或人民民主专政的国家，可以凭借资本主义留下来的一定的机器大工业，作为国家的经济命脉，然后再在社会主义制度下逐步创造并达到成熟社会主义社会所需要的物质技术基础。十月革命胜利后的俄国走的是这条路，我国和现今其他的社会主义国家也都是走的这条路。

事实证明，经济、文化相对落后的国家走上社会主义道路后，这样建立社会主义社会的物质基础，并不违背科学社会主义基本原理，同生产关系一定要适应生产力性质的客观规律也是相符的。在这类国家，社会生产力不可避免地有一个从低级到高级的发展过程，社会主义的生产关系也必然有一个从低级到高级的发展过程(比如在中国，就可能顺序经历社会主义初级、中级、高级三个发展阶段)。前一个过程决定后一个过程，后一个过程又反过来促进前一个过程。这样辩证地向前发展，既不否认生产力的决定作用，也有利于发挥社会主义生产关系的积极的反作用；既可以避免资本主义制度使广大劳动人民遭受痛苦和灾难的漫长岁月，又能够发挥社会主义制度的优越性，以比资本主义所经历的更短得多的时间赶上和超过发达资本主义国家。

我国生产资料私有制的社会主义改造于1956年基本完成后，就开始了全面建设社会主义的时期。尽管由于我们党在近二十年时间内指导思想上犯了左的错误，曾使经济建设受到很大挫折，但是经过六十多年的发展，特别是1978年党的十一届三中全会以来三十多年的发展，生产力水平已得到很大的提高。它使我国的社会主义制度已具备了相当的物质技术基础。当然，仍然必须认识到，同发达资本主义国家相比，我国的生产力和劳动生产率水平还是相当落后的，尤其是农业方面，物质技术基础更加薄弱。从整体上说，离高于发达资本主义的水平还相差甚远。所以在一个相当长的时期内全力进行社会主义现代化经济建设，创造一个用现代科学技术武装起来高度发达的物质基础，仍然是我国的最中心的任务。

第二节 社会主义现代化建设的科学含义和意义

一、社会主义现代化建设的科学含义

社会主义建设是一个庞大的系统工程，经济建设是其最重要的组成部分。它是社会主义国家的工人阶级执政党，领导广大人民群众为建设社会主义物质基础而进行的创造性活动和过程。社会主义现代化建设是经济文化相对落后国家走上社会主义道路之后的一个特有阶段。比如，在中国，从1949年新中国成立到21世纪的中叶，约一百年的时间为建设社会主义物质基础的"社会主义现代化建设阶段"。而发达资本主义国家的无产阶级及其政党取得政权和建立了社会主义制度之后，由于在资本主义阶段下已获得了很高的物质技术基础，所以，就不一定像中国这样单独经历一个"社会主义现代化建设阶段"，只要在原有物质技术基础上大力进行社会主义建设就可以了。

社会主义现代化与资本主义现代化既有联系又有区别。仅就生产力范畴的现代化而言，现代化没有什么阶级属性或制度属性，是无所谓社会主义现代化和资本主义现代化的。在这个意义上说，资本主义现代化的优秀文明成果，社会主义国家进行现代化建设时应大力借鉴和吸收，应在资本主义现代化的基础上建设社会主义现代化。

二、社会主义现代化与资本主义现代化的区别

现代化总是同一定的社会制度相联系的。就当今世界来说，就有资本主义现代化和社会主义现代化这样两个类型。前者是同资本主义基本制度结合在一起的，后者则是同社会主义基本制度结合在一起的。于是，两者在根本目的、基本道路和最终结果等方面，便产生了原则区别。

1. 实现现代化的目的根本不同

资产阶级搞资本主义现代化的目的就是保证最大限度的资本主义利润。资本主义对待新技术的态度，完全以能否带来最大利润为转移。"当新技术向资本主义预示着最大利润的时候，资本主义就拥护新技术。当新技术不再预示着最大利润的时候，资本主义就反对新技术，主张转而采用手工劳动。"[①]社会主义国家搞现代化的目的，则是保证最大限度地满足整个社会经常增长的物质和文化的需要，为实现共产主义创造物质条件。社会主义之所以永远拥护新技术，始终

---

① 《斯大林选集》下卷，人民出版社1979年版，第569页。

坚持在高度的现代化技术基础上使社会主义生产不断增长和不断完善，就是因为符合广大人民群众的需要和利益，能满足整个社会经常增长的物质和文化的需要。

2. 实现现代化的道路、步骤和方法也有原则区别

实现资本主义现代化的道路、步骤和方法，从总的方面说，就是“用剥削本国大多数居民并使他们破产和贫困的办法，用奴役和不断掠夺其他国家人民，特别是落后国家人民的办法，以及用旨在保证最高利润的战争和国民经济军事化的办法”①，来实现资本主义发展过程中各个历史时期不同水平的现代化的。这种现代化的道路和方法，是同其获得最大限度的资本主义利润这种现代化的根本目的密切相关的，是资本主义生产本质的集中体现。实现社会主义现代化的道路、步骤和方法有一个最大的特点，就是必须通过充分发扬社会主义民主，调动工人阶级和最广大人民群众的积极性，依靠群众的意愿和奋斗来实现现代化。如果没有政治上的高度民主，不在高度民主的基础上群策群力，并在这个基础上实现适当集中，就不可能实现社会主义的现代化。这是因为：

第一，只有充分发扬民主才能使全国人民思想解放，心情舒畅，发扬主人翁的责任感、积极性、首创精神和奋不顾身的自我牺牲精神，才能勇于研究和解决国民经济各方面的问题，提出各种切合实际的创造性建议，并百折不挠地加以实现，才有可能更多地出现重大的创造和发明，推动各项经济事业和文化事业日新月异地向前发展。

第二，只有充分发扬民主，才能实现广大群众对领导机关和领导干部的批评监督，克服官僚主义和保守习气，及时揭露可能出现的蜕化变质分子、贪污盗窃分子、刑事犯罪分子，巩固我们的社会主义现代化成果和社会主义国家。

资本主义现代化，当其实现到一定程度时，经济力量膨胀，超过其他国家时，便往往以超级经济大国和超级军事大国的地位向外扩张其势力，剥削以至奴役他国人民。社会主义国家实现了现代化，由于其社会主义的本质所决定，经济力量大大强盛起来，也不允许搞强权政治和霸权主义。就是说，绝不应以自己的经济力量去剥削、奴役他国人民，更不允许依靠强大的经济力量实行军事上的扩张，在世界上称王称霸。如果一个社会主义的国家，实现了工业化、现代化，却大搞强权政治、霸权主义，就说明这个国家在对外政策上犯了严重错误，并已开始走上蜕化道路。前苏联出现的“勃列日涅夫主义”，就是典型的实例。

3. 实现现代化的结果根本不同

资本主义现代化造成的结果是，亿万富翁越来越富，而工人仍然是雇佣劳动

① 《斯大林选集》下卷，人民出版社 1979 年版，第 568 页。

者，并且由于不断发生经济危机，经常受到失业的威胁；社会主义现代化的实现，则是社会主义经济制度和政治制度日益巩固和完善，人民群众的物质文化生活水平日益提高，成熟社会主义社会的条件将日益成熟。

三、社会主义现代化建设的重要意义

经济文化相对落后国家的无产阶级及其政党取得政权后，特别是基本完成了生产资料私有制的社会主义改造之后，在一个相当长的时期内，集中力量和精力通过现代化经济建设，建立雄厚的社会主义社会的物质基础，不仅是必然的，而且非常必要，有着极其深远的历史意义和现实意义。

第一，进行社会主义现代化建设，是经济文化相对落后的现实社会主义各国根本改变落后面貌，尽快达到世界先进水平的迫切需要。

历史的发展同马克思和恩格斯当时的预料相反，无产阶级革命没有首先在发达资本主义国家取得胜利，而是在经济文化相对落后国家获得了成功。这类国家的无产阶级及其政党夺取政权和实现了生产资料私有制的社会主义改造之后，必然要经历社会主义现代化建设这一特殊阶段。在这个阶段中，必须迅速发展社会生产力，尽快达到世界先进水平。否则，就不可能建成完全的社会主义。就我国情况来说，新中国成立六十多年来，我们在旧社会遗留下的破烂摊子的基础上，已建成了一个有相当高水平的工业—农业国家，在各个方面都取得了举世瞩目的成就，发生了巨大的变化。劳动生产率是测量一个国家经济发展水平的极为重要的标志。在 20 世纪 80 年代时，美国粮食的劳动生产率等于我国的 80 多倍，日本钢的劳动生产率等于我国的 30 多倍。改革开放以来，劳动生产率逐步提高，增速较快。根据国际商业组织“大企业联合会”(Conference Board)发布的研究报告显示，2006 年中国的劳动生产率增长非常强劲，为 9.5%，超过了美国的 1.4%和印度的 6.9%。但总体上说，中国工业劳动生产率仍然大大落后于发达资本主义国家。根据国际劳工组织的报告显示，美国还是世界上劳动生产率最高的国家，美国劳动力年平均创造财富 6.38 万美元，其次是爱尔兰劳动力年平均创造财富 5.59 万美元，卢森堡劳动力年平均创造财富 5.56 万美元，比利时劳动力年平均创造财富 5.52 万美元，法国劳动力年平均创造财富 5.4 万美元，中国工业劳动力年均创造财富仅 1.26 万美元。就是说，美国的劳动生产率是中国的 5 倍，法国是中国的 4 倍多。这说明，现在我们仍然还是世界上经济和技术比较落后的国家之一。九亿多农民居住在广大农村，虽然机械化水平有很大提高，但还未从根本上改变以手工劳动和畜力为主的局面。随着科学技术的迅猛发展，世界各发达国家的经济和科技还将有新的巨大变化。在这种情况下，如果不继续集中力量和精力进行社会主义现代化经济建设，那么到 21 世纪中叶

实现社会主义现代化的伟大目标，就将是一句空话，建成“够格”的即发达的社会主义也只能是幻想而已。

第二，进行社会主义现代化建设，是巩固国家政权、加强国防建设、防止和抵御外敌颠覆和侵略的迫切需要。

列宁根据俄国的经验，对经济文化相对落后国家革命胜利后如何巩固政权问题提出这样一个极其重要的思想：无产阶级的基本的和最重要的利益，就是恢复大工业和建设大工业的巩固的经济基础。有了这些，无产阶级才能巩固自己的政权。这就是说，当无产阶级取得了政权，建立起无产阶级专政类型的新国家政权之后，只有大力进行社会主义现代化经济建设，迅速发展社会生产力，才能将无产阶级专政建立在强大和雄厚的物质基础之上。历史经验也告诉我们，如果不尽快地实现社会主义现代化，我们就会被动挨打，甚至导致整个国家和民族的灭亡。苏联如果在第二次世界大战前不加快经济建设，迅速建立起相当的物质基础，那么就不会在卫国战争和世界反法西斯战争中取得如此巨大的历史性胜利；我国在新中国成立初期如果不着重抓国民经济恢复工作，一面革命，一面建设，就不能胜利支撑那场举世瞩目的“抗美援朝”战争。即使在今天，虽然时代已发展到和平与发展为主题的阶段，但社会主义国家如不扭住经济建设这个中心不放，加快现代化建设的步伐，尽早立于世界先进民族之林，那么也仍然会受制于人，被人欺侮。资本主义国家亡社会主义国家之心是不死的，比如对待我国。中国崛起前，他们经常喊“中国崩溃论”；改革开放三十年来，中国开始崛起，他们又整天喊“中国威胁论”，其目的是遏制中国，并寻找适当时机和借口颠覆中国。资本帝国主义国家对社会主义国家的战略是既定了的：不是武装颠覆，就是和平演变。不达目的，是不会罢休的。因此，包括中国在内的现实社会主义各国，应当保持清醒的头脑，不能存在不切实际的幻想。

第三，进行社会主义现代化建设，是为了不断提高全体社会成员物质文化生活水平，充分显示社会主义制度优越性的需要。

早在一百多年前，恩格斯就提出：“我们的目的是要建立社会主义制度，这种制度将给所有的人提供健康而有益的工作，给所有的人提供充裕的物质生活和闲暇时间，给所有的人提供真正的充分的自由。”[①]而在一百多年之后，我国改革开放的总设计师邓小平，则针对在左的指导思想下形成的“贫穷社会主义”和“贫穷共产主义”的错误思潮，更明确地指出：“关于共产主义，‘文化大革命’中有一种观点，宁要穷的共产主义，不要富的资本主义。我在一九七四年、一九七五年重新回到中央工作时就批驳了这种观点。……按照马克思主义观点，共产主义

① 《马克思恩格斯全集》第21卷，人民出版社1965年版，第570页。

社会是物质极大丰富的社会。因为物质极大丰富，才能实现各尽所能、按需分配的共产主义原则……不能有穷的共产主义，同样也不能有穷的社会主义。”[①]然而，要使社会主义富裕、民主、文明，不断提高广大人民群众物质文化生活水平，充分显示社会主义制度优越性，唯一的出路就是集中力量和精力进行社会主义现代化经济建设，保证社会主义经济又好又快发展，并在社会主义物质文明的基础上建设好社会主义政治文明、精神文明和社会文明。

第四，进行社会主义现代化经济建设，是造成使资产阶级既不能存在也不能再产生的条件，使社会主义最终战胜资本主义，并由社会主义发展为共产主义的需要。

马克思主义认为，要使社会主义彻底战胜资本主义，就必须使社会主义生产力和劳动生产率高于资本主义。只有大力进行社会主义现代化建设，才能创造出使资产阶级既不能存在又不能再产生的根本条件。只有到那时，人们才会清楚地看到资本主义已经不能给任何人带来利益，它失去任何存在的理由。否则，资本主义即使消灭了，也会死灰复燃。在这种情况下，当然谈不到由社会主义发展为共产主义了。

列宁特别强调社会主义现代化建设对于实现共产主义的重大意义。他把俄国全国电气化计划称为“第二个党纲”，并明确指出：“共产主义就是苏维埃政权加全国电气化”，“只有当国家实现了电气化，为工业农业和运输业打下了现代大工业的技术基础的时候，我们才能得到最后的胜利”[②]。邓小平则更有针对性地明确指出：“社会主义时期的重要任务是发展生产力，使社会物质财富不断增长，人民生活一天天好起来，为进入共产主义创造物质条件。”[③]人所共知，实现社会主义向共产主义的过渡，一个重要方面就是要从根本上消灭“三大差别”。消灭“三大差别”的根本途径是大力进行社会主义现代化建设，大幅度地提高劳动生产率。因此，我们现在把党的工作着重点真正转移到社会主义现代化建设上来，加快实现工业、农业、国防和科学技术的现代化，就是为彻底战胜资本主义，最终过渡到共产主义奠定物质基础。

---

① 《邓小平文选》第3卷，人民出版社1993年版，第171～172页。

② 《列宁选集》第4卷，人民出版社1995年版，第364页。

③ 《邓小平文选》第3卷，人民出版社1993年版，第171页。

第三节　社会主义现代化建设的历史前提和基本指导原则

一、必须及时实现工作重点的转移

经济文化相对落后的国家的工人阶级及其政党，取得政权和解决所有制问题之后，把工作重点从以阶级斗争为纲逐步转移到以经济建设为中心的社会主义现代化建设上来，是历史发展的必然结果。实现党和国家工作重点的转移，是顺利发展社会主义现代化建设的历史前提。

整个无产阶级的解放斗争，以夺取政权和生产资料私有制的社会主义改造为界，可分为两个大的战略阶段，即破坏旧社会的阶段和建设新社会的阶段。这是工人阶级及其政党在夺取了政权并基本完成了生产资料私有制的社会主义改造之后工作重心必然转到经济、文化建设上来的客观依据，是生产力与生产关系、经济基础与上层建筑矛盾运动的必然结果，是无产阶级解放斗争发展和胜利的历史规律。对此，马克思、恩格斯和列宁都曾作过极其精辟的论述。马克思和恩格斯早在 1848 年就强调指出："工人革命的第一步就是使无产阶级上升为统治阶级、争得民主。""无产阶级将利用自己的政治统治，一步一步地夺取资产阶级的全部资本，把一切生产工具集中在国家即组织成为统治阶级的无产阶级手里，并且尽可能快地增加生产力的总量。"[①]列宁在俄国十月革命胜利后，也曾多次强调要把党和国家的工作重心逐步转移到经济建设上来。他在 1918 年的《苏维埃政权的当前任务》一文中明确指出："在任何社会主义革命中，当无产阶级夺取政权的任务解决以后，随着剥夺剥夺者及镇压他们反抗的任务大体上和基本上解决，必然要把创造高于资本主义的社会结构的根本任务提到首要地位，这个根本任务就是：提高劳动生产率，因此（并且为此）就要有更高形式的劳动组织。"[②]后来，由于外国的武装干涉和白卫军的进攻，战争代替了和平，破坏了经济建设这个重心。然而，就是战争还在进行的时候，列宁仍然深刻地阐述了把党和国家的工作重心转移到经济建设方面所需要的基本条件。他认为，社会主义建设、社会主义和共产主义的劳动组织是从破坏历来的旧制度到创造新制度中最重要的问题，只有在无产阶级夺取政权之后，只有在夺得了国家政权的无产阶级对那些垂死挣扎、组织反革命暴力和国内战争的剥削者获得了决定性胜利之后，这个问题才有可能在实际上提出来。在这里，列宁的基本思想就是，无产阶

① 《马克思恩格斯选集》第 1 卷，人民出版社 1995 年版，第 293 页。

② 《列宁选集》第 3 卷，人民出版社 1995 年版，第 490 页。

级革命在夺取政权和剥夺了剥削阶级的生产资料之后，只要不发生大规模的战争，党和国家的工作重心就应该及时地转移到经济建设上来。

毛泽东从民主革命时期到社会主义革命阶段反复强调，在具备了条件之后，必须坚决而及时地实现由破坏旧世界到建设新世界的战略转变。早在第二次国内革命战争时期，他就在《必须注意经济工作》一文中明确指出，在现在的阶段上，革命战争是中心任务，在国内战争完结之后，就应该以经济建设为一切任务的中心。[①] 当我国革命在全国取得胜利，党的工作重心必须从乡村转到城市时，毛泽东在党的七届二中全会上，对全国胜利的工作重心应逐步转移到经济建设上来的问题又作了极为重要的指示。他说："从我们接管城市的那一天起，我们的眼睛就要向着这个城市的生产事业的恢复和发展，务须避免盲目地乱抓乱碰，把中心任务忘记了。"城市中的其他工作"都是围绕着生产建设这一个中心工作并为这个中心工作服务的"，否则，"我们就不能维持政权，我们就会站不住脚，我们就会要失败"。不仅城市工作这样，而且在根本解决了土地问题的农村也应该如此，"党在这里的中心任务，是动员一切力量恢复和发展生产事业，这是一切工作的重点所在"[②]。1952 年，毛泽东又提出了以实现社会主义工业化为主体，以对农业、手工业和资本主义工商业实行社会主义改造为内容的过渡时期总路线。在这条总路线的光辉照耀下，我国于 1956 年基本实现了生产资料私有制的社会主义改造。1957 年，毛泽东在《关于正确处理人民内部矛盾的问题》的报告中指出：我国"革命时期的大规模的急风暴雨式的群众阶级斗争基本结束"，"我们的根本任务已经由解放生产力变为在新的生产关系下面保护和发展生产力"[③]。1957 年 3 月，他又在《在中国共产党全国宣传工作会议上的讲话》中指出："我们一定会建设一个具有现代工业、现代农业、现代科学文化的伟大社会主义国家。"[④]1964 年 12 月，毛泽东又进一步指出："我们不能走世界各国技术发展的老路，跟在别人后面一步一步地爬行。我们必须打破常规，尽量采用先进技术，在一个不太长的历史时期内，把我国建设成为一个社会主义的现代化的强国。"[⑤] 1966 年 3 月，毛泽东又在《关于农业机械化问题的一封信》中提出了符合我国实际情况的指导方针。然而，1966～1976 年"十年动乱"期间，由于毛泽东为主要代表的我们党犯了长时间的全局性的左倾严重错误，把社会主义现代化经济建设这一工作着重点打断了。只是在党的十一届三中全会以后，才又开始把全党

① 参见《毛泽东选集》第 1 卷，人民出版社 1991 年版，第 123 页。

② 《毛泽东选集》第 4 卷，人民出版社 1991 年版，第 1428、1429 页。

③ 《毛泽东选集》第 5 卷，人民出版社 1977 年版，第 375、377 页。

④ 《毛泽东选集》第 5 卷，人民出版社 1977 年版，第 404 页。

⑤ 《毛泽东著作选读》下册，人民出版社 1986 年版，第 849 页。

全国的工作着重点转移到经济建设上来，继续实现这个伟大的历史转变。这一历史教训从反面证明，党和国家工作重点的转移，对顺利进行社会主义现代化建设具有极其重大的意义。

二、必须坚持四项基本原则和改革开放

社会主义改革的历史和经验证明，坚持四项基本原则和改革开放是进行社会主义现代化经济建设的基本指导原则之一。

坚持四项基本原则，即坚持社会主义道路，坚持无产阶级专政(在中国称为“人民民主专政”)，坚持共产党的领导，坚持马克思主义(在中国即坚持马列主义、毛泽东思想，中心内容是邓小平建设有中国特色社会主义的理论)。这四项基本原则从总体上可以使社会主义国家的现代化建设能获得正确的政治方向、稳定的社会环境、高度的社会凝聚力。

我国是人民民主专政的社会主义国家，我国的现代化建设不是资本主义类型的现代化，而是社会主义类型的现代化。坚持四项基本原则，则是我国社会主义现代化建设最鲜明的思想政治特征。在我党十一届三中全会后的十几年里，邓小平反复强调坚持四项基本原则对我国社会主义现代化建设的指导意义，他认为：“如果动摇了这四项基本原则中的任何一项，那就动摇了整个社会主义事业，整个现代化事业。”①

进行社会主义现代化建设还必须坚持改革开放。不改革阻碍生产力发展的旧经济体制和妨碍社会主义经济基础巩固和发展的过分集中的政治体制以及其他领域体制，现代化建设就迈不开步伐，就不能解放受其束缚的生产力；不实行对外开放，大胆吸引外资和技术，以及发达国家适应社会化大生产的先进管理经验及方法，就不能增强自力更生的能力，现代化建设的根本目标就不可能达到。邓小平早在 1978 年 12 月 23 日中央工作会议上就明确指出：“要搞四个现代化，把社会主义经济全面地转到大生产的技术基础上来，非克服官僚主义这个祸害不可。现在，我们的经济管理工作，机构臃肿，层次重叠，手续繁杂，效率极低。政治的空谈往往淹没一切。这并不是哪一些同志的责任，责任在于我们过去没有及时提出改革。但是如果现在再不实行改革，我们的现代化事业和社会主义事业就会被葬送。”②又说：“目标确定了，从何处着手呢？就要尊重社会经济发展规律，搞两个开放，一个对外开放，一个对内开放。对外开放具有重要意义，任何一个国家要发展，孤立起来，闭关自守是不可能的，不加强国际交往，不引进发

---

① 《邓小平文选》第 2 卷，人民出版社 1994 年版，第 173 页。

② 《邓小平文选》第 2 卷，人民出版社 1994 年版，第 150 页。

达国家的先进经验、先进科学技术和资金，是不可能的。对内开放就是改革。改革是全面的改革，不仅经济、政治，还包括科技、教育等各行各业。”[①]我党十一届三中全会以来十几年所取得的举世瞩目的成就，已经充分证明，邓小平的改革开放思想确实是我国社会主义现代化经济建设的重要指导原则。离开这一方针和原则，我国的现代化经济建设事业是决然不会获得如此巨大的成就的。

三、必须尊重和遵循自然规律、经济规律

所谓“规律”，照列宁的说法，是指现象中同一的东西、现象中巩固的（保存着的）东西，规律＝现象的平静的反映，规律把握着平静的东西。这就是说，各现象存在着同一的东西，表明客观世界是一个秩序井然地联系着的统一的整体，而每一现象是统一的客观世界的一部分；变化中存在着巩固的、同一的东西，表明事物的历史的发展是有连续性的。因此，列宁又认为，规律就是关系。然而，不是任何联系都是规律。规律只是各现象间本质的联系，各种不同的现象背后存在着相同的本质。自然规律是自然界现象间的本质联系，社会规律是社会领域现象间的本质联系，经济规律是经济现象及其过程中内在的本质的必然联系。不论是自然规律还是经济规律，都具有二重性：一方面，它是不依人的意志为转移的客观必然性；另一方面，又具有可知性和可利用性，就是说，“人们能发现这些规律，认识它们，依靠它们，利用它们以利于社会”[②]。

在社会主义社会里，在进行社会主义经济建设过程中究竟有哪些客观规律在起作用？一般说来，主要有两类规律，一是人改造自然的规律，即生产力发展规律；二是人在生产过程中相互发生关系的规律，即生产关系发展规律。前者是生产力经济学的研究对象，后者是生产关系经济学即政治经济学的研究对象。

生产力发展规律主要包括：(1)作为生产力主要因素的劳动者的发展变化规律——劳动力智力变化规律；(2)生产工具的发展变化规律——生产工具劳动功能化规律；(3)劳动对象的发展变化规律——劳动对象材料化和精细化规律；(4)科学技术发展规律；等等。进行经济建设时，必须尊重它，遵循它，不能违背它，否则就要受惩罚。我党在1958年的“大跃进”过程中曾流行过一个口号，即“人有多大胆，地有多大产”，这是典型的不尊重生产力发展规律的“唯意志论”的表现。

生产关系发展规律（包括生产力和生产关系相互关系的规律在内）即经济规律，主要有：生产关系一定要适合生产力性质的规律，价值规律即市场经济发展规律，社会主义基本经济规律，按比例协调发展规律，按劳分配规律，等等。在社

① 《邓小平文选》第3卷，人民出版社1993年版，第117页。

② 《斯大林选集》下卷，人民出版社1979年版，第541页。

会主义经济建设过程中，必须尊重这些规律，否则，就会受规律的惩罚。

生产关系一定要适合生产力性质的规律。这个规律不仅在社会主义社会起作用，而且是贯穿于人类社会各个发展阶段的普遍的经济规律。社会主义社会，不论是初级阶段还是中级、高级阶段，都应尊重和遵循这一发展规律。社会主义各国过去所犯过的"超阶段"、"穷过渡——共产风"的错误就是违背了这一经济规律，因而使经济建设受到挫折。中共十一届三中全会以后，党根据我国生产力发展不平衡的状况，适应多层次生产力而发展多层次的生产关系，确定了公有制(包括集体所有制)为主体，国有制为主导，多种经济成分并存和发展的所有制结构。由于它符合生产关系一定适合生产力性质的规律，所以生产力获得了巨大发展，经济建设取得了举世瞩目的成就。

价值规律是商品市场经济的普遍规律。以往社会主义各国在传统计划体制下都排斥市场机制，将商品经济等同于资本主义，所以，价值规律发挥作用的范围十分有限。现在，就我国来说，十四大已确定社会主义改革的目标模式是建立社会主义市场经济体制，市场经济起资源配置的基础性作用，因此，价值规律即商品市场经济发展规律就极大地扩大了它发挥作用的范围。所以，在社会主义经济建设过程中必须尊重和遵循价值规律，否则，就会破坏社会主义经济建设。

社会主义基本经济规律。关于这一规律的基本内容，迄今为止，人们大多还是采用斯大林《苏联社会主义经济问题》一书中的表述，即"用在高度技术基础上使社会主义生产不断增长和不断完善的办法，来保证最大限度地满足整个社会经济增长的物质和文化的需要"①。这是社会主义、共产主义社会特有的经济规律，它在社会主义经济规律体系中是起主导作用的规律。这决定社会主义生产关系和生产力矛盾运动的全过程。即使现在搞社会主义市场经济，也不应将其同社会主义基本经济规律对立起来，这一规律体现了社会主义生产的根本目的，仍起主导作用。它仍然是工人阶级政党制定路线、方针、政策的重要客观依据，是一切经济工作最根本的出发点。尊重客观经济规律，应首先尊重社会主义基本经济规律。

按比例协调发展规律。人类社会各个阶段的生产发展都应是协调发展，但在社会主义社会之前的各个社会阶段只是自发地起作用，而在社会主义、共产主义社会条件下，人们是有条件自觉认识和利用它为社会服务。所以，一般说来，这一规律主要适用于社会主义、共产主义社会。在此需加说明的是，传统社会主义模式下的计划经济，由于是指令性的，主观意志占统治地位，因而，各国名曰"按有计划按比例的规律办事"，实则违背按比例协调发展规律，国民经济失调现

---

① 《斯大林选集》下卷，人民出版社 1979 年版，第 569 页。

象频频发生就是证明。通过经济体制改革建立起社会主义市场经济体制后，尽管市场经济起资源配置的基础性作用，但国家的宏观计划调控仍极端重要，而国家宏观计划调控所遵循的客观经济规律就是按比例协调发展规律。

按劳分配规律。这是社会主义社会特有的规律。在我国的社会主义初级阶段，经济体制改革后由于所有制结构发生了显著变化，所以，只能是按劳分配为主要形式，其他分配形式仍应允许存在和发展。这就是说，按劳分配的规律只是在公有制主体范围内发挥作用，主体之外则是其他分配规律起作用。然而，在社会主义市场经济条件下进行社会主义经济建设，仍然必须尊重和遵循按劳分配规律，这一点应是毫无疑义的。

四、必须从本国特点出发，走具有本国特色的经济建设道路

从本国国情出发，走有本国特色的经济建设道路，这是现实社会主义各国进行经济建设的基本指导原则之一。

国情是一国相对稳定的实际情况的总和。国情分为自然国情、历史国情、现实国情三部分。它是自然和社会的统一、历史和现实的统一。只有这样来把握国情才会是全面的和准确的。各国进行社会主义经济建设的根本出发点，就是要全面、准确地把握国情。

由于世界各国国情千差万别，发展又十分不平衡，所以社会主义经济建设的道路必然多种多样，不可能是一条道路。社会主义国家的经济建设在本质上和大方向上是相同的。这是由其基本制度的同一性所决定的。而具体建设道路则是因不同国情而各异。这样认识问题本来完全符合马克思主义的基本立场、观点和方法，但在现实社会主义各国的实践中曾经产生过偏差，认为社会主义建设道路只有一条，那就是前苏联的建设道路，谁要根据本国国情选择自己的建设道路，就往往被扣上“反苏、反共、反社会主义”的“三反分子”的大帽子，而遭到政治迫害。我党十一届三中全会之后，在科学总结新中国成立后几十年正反两方面经验和借鉴其他社会主义国家兴衰成败的历史经验基础上，对中国建设社会主义的道路作出新的判断，邓小平指出：“把马克思主义普遍真理同我国的具体实际结合起来，走自己的道路，建设有中国特色的社会主义。”[①]开始提出这种思想时，在国内外曾遭到一些思想僵化的人的非难，现在由于实践证明其是普遍真理，所以国内外有此共识的人越来越多了。比如，越南、古巴等社会主义国家，现在都在从本国国情出发，走自己的道路，建设有本国特点的社会主义。这是社会主义开始走上复兴之路的标志之一。

---

① 《邓小平文选》第3卷，人民出版社1993年版，第3页。

第十二章 “建设论”:物质文明、政治文明、精神文明、社会文明建设有机统一(二)——社会主义政治文明建设

社会主义政治文明建设,是“建设论”四要素(物质文明、政治文明、精神文明、社会文明)有机统一规律的诸要素之一。社会主义政治文明建设是社会主义建设的重要组成部分,它同社会主义物质文明建设、精神文明建设、社会文明建设构成有机统一体,四者相互促进,协调发展。政治文明建设,对于整个社会的发展和进步有着重要的推动作用。中国共产党把政治文明建设作为全面建设小康社会的政治要求,是党对执政规律认识深化的表现。

第一节 社会主义政治文明建设的科学含义和重要意义

一、社会主义政治文明的科学含义

(一)政治文明的含义

政治文明是人类政治活动的进步状态和人类改造社会的政治成果的总和,是人类文明体系中不可或缺的重要组成部分。“政治文明”是由“政治”和“文明”两个概念构成的复合体。在现代社会,政治是社会的统治体系、管理体系和参入体系的建立和运行。政治的本质是制定政策和实施政策,是对社会利益的权力性分配。文明是人类改造自然和社会的积极成果,既包括物质文明,也包括精神文明、政治文明。马克思和恩格斯认为,人类文明的发展是从低级阶段不断走向高级阶段的过程,经历了蒙昧时代和野蛮时代到达文明时代的。奴隶社会、封建社会、资本主义社会是剥削阶级占统治地位的三大文明时代,共产主义文明是人类社会最高类型的文明。①

① 参见恩格斯《家庭、私有制和国家的起源》第一章和第九章,见《马克思恩格斯选集》第 4 卷,人民出版社 1995 年版,第 18～24、158～188 页。

正确认识政治文明的内涵，必须把关于文明系统的分析建立在对社会结构科学划分的基础上。关于社会结构的划分，马克思指出："人们在自己生活的社会生产中发生一定的、必然的、不以他们的意志为转移的关系，即同他们的物质生产力的一定发展阶段相适合的生产关系。这些生产关系的总和构成社会的经济结构，即有法律的和政治的上层建筑竖立其上并有一定的社会意识形式与之相适应的现实基础。"①依据马克思的分析，任何一个社会形态都是一定的经济、政治和思想文化的统一体，任何形态的社会都是在经济基础、政治上层建筑和意识形态三者的结合和运动中向前发展的。恩格斯指出："政治、法、哲学、宗教、文学、艺术等等的发展是以经济发展为基础的。但是，它们又都互相作用并对经济基础发生作用。"②在这里恩格斯深刻揭示了人类社会物质文明、政治文明和精神文明三位一体、不可分割的关系。

马克思在拟撰写以法国革命为主题的《关于现代国家的著作的计划草稿》一文时，不但使用了"政治文明"和"人民主权"③这两个概念，而且勾画出了政治文明的大致轮廓：政治文明主要是由政治意识文明、政治制度文明和政治行为文明构成的一个有机整体。政治意识文明是社会政治生活中的进步观念形态，包括进步的意识形态思想、进步的政治心理、进步的政治思想和进步的政治道德以及其中体现的公平、公正、正义、民主、平等、自由、博爱等价值取向。政治观念文明是精神文明的重要组成部分，它与精神文明的其他部分一起，为政治文明的发展提供强大的精神动力和智力支持。政治制度文明是政治制度形态上的进步状态，具体包括政治制度和法律制度。主要表现为由于经济基础和阶级力量对比的变化所引起的国家管理形式、结构形式的进化发展，即政体或国体、政体范围内的政治体制、机制等方面发展变化的成果。如代议制民主的确立、选举制度的推行、司法制度的近现代化、政党制度的建立、文官制度的形成等等。其中，民主政治制度的建立是政治制度文明发展的最重要成果。纵观人类发展史，政治文明不仅是人类文明不可或缺的重要组成部分，而且是人类社会进步状态的重要标志，是物质文明发展到一定程度的产物。

综上所述，所谓"政治文明"，就是人类改造社会的积极的政治成果的总和，是人类政治智慧的结晶，它标志着人类政治活动的进步状态与发展程度。从静态的角度看，政治文明是人类社会政治进程中取得的全部进步政治成果，它是由政治思想文明、政治制度文明和政治行为文明三个部分组成的有机整体。从动

① 《马克思恩格斯选集》第 2 卷，人民出版社 1995 年版，第 32 页。

② 《马克思恩格斯选集》第 4 卷，人民出版社 1995 年版，第 732 页。

③ 《马克思恩格斯全集》第 42 卷，人民出版社 1979 年版，第 238 页。

态的角度看，政治文明是人类社会政治进化发展的具体过程，体现了人类政治逐步发展完善的总体趋势，它总是随着人类的认识和实践能力的不断提高而在观念、制度和行为方式上实现创新和飞跃，并通过这种创新和飞跃巩固人类已有的文明成果，进一步提高人类在政治领域的认识水平和实践能力。政治文明不是抽象的，而是具体的，它总是和一定的社会形态相联系，处在不断的演进之中。新的社会形态的政治文明包括对旧的社会形态政治文明中的合理因素的积淀和借鉴，也是对旧的社会形态政治文明的更新和超越。

（二）社会主义政治文明的含义

社会主义政治文明是人类政治文明发展的一个重要阶段，它是政治文明的特殊形态，它在具有一般政治文明的含义的基础上，同时具有自己的特质。在当今中国，提出“社会主义政治文明”这一概念，反映了中国社会的发展和国家政治生活的进步，是中国共产党在实践基础上的理论创新。它是建立在社会主义基本经济制度和人民当家作主的国家政权条件下的新型政治文明，其名称和内涵与资本主义政治文明相比都有质的不同。社会主义政治文明具有极为丰富的内涵：从政治文明的国家制度形态看，实行民主政治是社会主义政治文明的核心；从民主的形态进行考察，绝大多数人享有政治权利是社会主义政治文明的本质内容；从文化价值形态加以透视和考察，先进的政治文化是社会主义政治文明的底蕴。威廉·李卜克内西认为，社会主义和民主之间存在着“不可分割的联系”[①]，“它们互相联系、互相补充，从来不可能互相矛盾。没有民主的社会主义是臆想的社会主义，正如没有社会主义的民主是虚伪的民主一样。民主的国家，是按社会主义原则组成的社会的唯一形式”。列宁认为：“没有民主，就不可能有社会主义，这包括两个意思：(1)无产阶级如果不通过争取民主的斗争为社会主义革命作好准备，它就不能实现这个革命；(2)胜利了的社会主义如果不实行充分的民主，就不能保持它所取得的胜利，并且引导人类走向国家的消亡。”[②]邓小平更强调：“没有民主就没有社会主义，就没有社会主义的现代化。”[③]在当代，中国共产党提出：发扬社会主义民主，建设社会主义政治文明，是全面建设小康社会的重要目标。

社会主义政治文明代表着人类发展前进的方向。它体现时代的进步性，敏锐洞察人类政治发展的前沿，它以追求每个人的全面发展？实现人民共同富裕

---

① ［德］威·李卜克内西：《不要任何妥协，不要任何选举协议》，姜其煌、张舆、毛韵泽译，三联书店1964年版，第7页。

② 《列宁全集》第28卷，人民出版社1990年版，第168页。

③ 《邓小平文选》第2卷，人民出版社1994年版，第168页。

和人类彻底解放为目的，展示了远大前景，代表了人类文明发展的历史趋势。它在继承和发扬资本主义政治文明优秀文明成果的同时，创造出满足最广大人民群众所需要的新的文明成果，表现出巨大优越性，是比资本主义更高的文明形态，有着广阔的发展前景和强大的生命力。首先，表现在它能更大程度上解放生产力，发展生产力，更快地促进物质文明的发展。“社会主义同资本主义比较，它的优越性就在于能做到全国一盘棋，集中力量，保证重点。”[①]集中力量办大事，集中有限的资源保障最大的利益，这是在落后国家搞现代化的必然选择。实行社会主义市场经济模式的中国，取得了举世瞩目的成就即是例证。其次，表现在它建立健全了一整套完备的社会主义政治法律制度，真正实现广大人民当家作主，以多数人的统治代替资本主义制度下少数人的统治。从发展的途径和目标上，它比资本主义政治文明更实质地体现了人类文明的基本价值趋向，消除相互的奴役状态，实现以财产平等为基础的人人平等，获得人的彻底解放。

二、中国特色社会主义政治文明的含义

1. 中国特色社会主义政治文明是建立在公有制为主体、多种经济成分共同发展基本经济制度基础上的政治文明

建立在这种经济制度上的政治文明，首先，它属于社会主义政治文明的范畴。其次，它的经济基础还不牢固和完备，它必须随着经济制度的发展而发展，完善而完善。和经济制度一样，它也需要经历低级阶段、中级阶段、高级阶段的发展过程。

2. 中国特色社会主义政治文明是中国共产党领导的政治文明

坚持共产党的领导，这是中国特色社会主义政治文明建设最具本质的特征。坚持党的领导也是中国特色社会主义政治文明建设的必然选择。民主政治体制需要有效的集中和科学的指导；人民群众中各个阶层、各个群体的利益和愿望需要进行分析综合，以形成统一有效的意志和可以付诸实践的路线、方针和政策。因此，要保证人民民主实践的正确方向和有效性，就必须坚持共产党的领导。不懂得党在政治文明建设中的领导作用，就不懂得中国特色社会主义政治文明的真谛，就不能把握社会主义政治文明建设的方向。

党对政治文明建设的领导表现在政治领导、思想领导和组织领导上。首先是政治上的领导，保证正确的政治方向，保证党的纲领、路线、方针、政策的正确制定和实施，调动各个方面的积极性。党的纲领、路线、方针、政策，是党的一切行动的出发点。党通过制定符合实际的、反映人民群众根本要求的纲领、路线、

---

① 《邓小平文选》第3卷，人民出版社1993年版，第16～17页。

方针、政策，对社会主义现代化建设作出总体的战略部署，提出明确的政治任务，使全国人民有正确的行动目标，这就是党的政治领导。党的思想领导是实现政治领导的保证，其实质就是坚持马克思主义作为自己指导思想的理论基础。我党自成立起就把马克思主义普遍真理与中国的具体实际相结合，在漫长的马克思主义中国化的过程中，总结正反两方面历史经验，成功地实现了两次理论飞跃，形成了毛泽东思想和中国特色社会主义理论体系两大理论成果。党对政治文明建设的思想领导，在当前，就是以中国特色社会主义理论体系的思想路线——解放思想、实事求是、与时俱进、求真务实统领政治文明建设的全局，指导政治文明建设各方面的工作。党的组织领导是社会主义政治文明建设的物质保证。党的先进性和群众性使党具有巨大的组织优势，党通过各级组织动员党员、党的干部和人民群众，为实现党的目标和纲领而奋斗，这是党的政治优势。坚持和完善民主集中制，是党实现组织领导的保障，必须坚持在民主基础上的集中和集中指导下的民主相结合，集中全党的智慧，积极推进社会主义政治文明建设。

3. 中国特色社会主义政治文明是人民当家作主的政治文明

坚持人民当家作主，这是中国特色社会主义政治文明建设最本质的要求。民主是现代政治文明的标志，是现代政治文明最本质的特征，建设中国特色社会主义政治文明应当实行真正的民主。

中国特色社会主义政治文明的发展，实现了革命性的变革，确立了人民当家作主的地位，否定了社会政治生活中少数人对于多数人的公民权利的排斥，实现了绝大多数人的民主，使人民群众真正成为国家和社会的主人，成为政治活动的主体。公民可以通过各种形式和途径享有管理国家和社会事务的一切权利。经济上、政治上的平等决定了各种政治关系的和谐。一切政治机器的设置、运转，所有政治制度的建立、运行，所有政治集团、政治组织以及所从事的活动，包括所有的政治规范和准则，都体现和维护最广大人民群众的根本利益，以人民群众的根本利益的实现为出发点和归宿。中国特色社会主义政治文明使国家和人民的意志在本质上达到了内在的统一，人民群众可以通过建立健全权力制约和监督机制合理配置国家权力，切实维护自身的权益；人民群众也获得了基本的生存权、发展权和管理国家的权利；人民群众作为政治文明实践的主体，具有了对国家政治生活和政治活动干预、变革的主动权，他们不再是作为某种被动的力量参与政治活动。这些变革，无疑是中国特色社会主义政治文明的重要标志。

4. 中国特色社会主义政治文明是坚持以德治国和依法治国相结合的政治文明

我们在建设有中国特色的社会主义、发展社会主义市场经济的过程中，要坚持不懈地加强社会主义法制建设，依法治国；同时，也要坚持不懈地加强社会主义道德建设，以德治国。法治属于政治建设，属于政治文明；德治属于思想建设，属于精神文明。两者范畴不同，但其地位和功能都是非常重要的。

坚持依法治国，这是中国政治文明建设最重要的环节。现代政治不仅要求政权的产生和运行要程序化、制度化，并用体现人民意志的法来约束，同样，政党的活动也要受到法的制约。依法治国是中国共产党领导中国各族人民在21世纪治理国家、完善党的领导和实现人民当家作主的基本方略。中华人民共和国宪法和法律是中国共产党的主张和中国人民意志相统一的体现，党的领导最终要通过宪法和法律体现于国家的治理之中。在当代中国，无论党的领导还是人民当家作主，都必须在法律范围内实行，都必须严格依法办事，任何组织和个人都不允许有超越宪法和法律的特权。任何违反法治原则的权力意志和所谓"民主"，都会对社会秩序、人民的权利和自由造成损害，进而危害社会主义民主政治。法治的程度最直接地体现着社会主义民主政治的制度化、规范化和程序化水平。

以德治国是我们党治国经验的深刻总结，是马克思主义国家学说的丰富和发展。德治强调以道德教化作为重要治国手段，通过提高人们的思想道德素质，利用道德的内在约束力，达到社会稳定协调发展。德治具有法治所不可替代的重要作用。在一个正常运转的社会，调整各种利益关系要运用经济的、政治的、法律的、行政的等多种手段，其中道德是诸种手段中最基本的调节手段之一。而一个社会，无论有怎样强有力的法律、经济控制，若没有道德的自觉约束，在竞争中没有合作、礼让等道德规范和精神，社会也必将充满矛盾和危机，这些矛盾不能得到正常有效的缓和以至化解，只能日积月累，最终发生激烈对抗，这是不利于维护社会稳定和发展的。因此，重视道德教化作用，大力加强道德建设，是治理国家、稳定社会、实现长治久安的重要手段。当前，我国正处于社会利益关系急剧变化、利益矛盾比较尖锐的时期，重视道德建设，强化"德治"显得尤为突出。要善于运用道德调节手段，最大限度地将各种利益矛盾调节到可控的范围内，避免利益矛盾对立、对抗，增强全社会的凝聚力，形成稳定、协调、健康、有序的社会环境，保证建设有中国特色社会主义事业的顺利发展。"以德治国"关键是要"以德治党"、"以德治政"。因为我们党是执政党，党的道德面貌不仅直接影响党自身的素质和执政能力，而且直接影响到全社会的道德水平。当然，在抓好"以德治党"、"以德治政"的同时，也要把道德建设同提高整个国民素质结合起来。

综上所述，在社会主义政治文明建设的诸因素中，党的领导是前提，人民当家作主是根本，依法治国是保障，三者的有机统一构成有中国特色政治文明的基本特征。

三、社会主义政治文明建设的重要意义

1. 社会主义政治文明建设是社会主义民主制度自我完善和发展的需要

作为社会主义国家,政治文明的实质是人民当家作主的实现程度。建设社会主义民主政治,实现政治文明,从根本上说,就是使党和国家政权始终保持同人民群众的紧密联系,不脱离人民群众,并能接受人民群众的监督。我国把社会主义政治文明建设纳入全面建设小康社会的重要目标之一,而通过政治文明建设所实现的小康社会又必须达到这样的目标:社会主义民主更加完善,社会主义法制更加完备,依法治国基本方略得到全面落实,人民的政治、经济和文化权益得到切实尊重和保障。基层民主更加健全,社会秩序良好,人民安居乐业。社会主义政治文明建设必将大大推动中国的社会主义民主化、法制化建设,充分体现人民当家作主这一社会主义民主政治的本质内容。因此,把社会主义政治文明建设作为党的基本纲领的重要内容,作为全面建设小康社会的奋斗目标之一,是社会主义民主制度自我完善和发展的需要,也是实现经济、政治、文明协调发展,实现社会全面进步的迫切要求。

2. 社会主义政治文明建设是促进人的全面发展的保证

人的全面发展是马克思一生都始终关注的一个重要问题,是马克思关于人的解放的理论核心。社会主义政治文明追求社会公正、社会平等、社会成员共同富裕、促进人的全面解放全面发展的价值目标,追求“以人为本”。人的全面解放不仅指人从自然力的控制和社会关系的压迫这两方面解放出来,同时也包括同这两方面相联系的思想解放。人由此以一种全面的方式,作为一个完整的人,占有自己的全面的本质。社会主义政治文明建设追求“以人为本”。所谓“以人为本”,就是以人为本源,以人为主体,以人为目的,以人为动力,一切从人出发,一切为了人,一切依靠人。在当代中国,就是一切为了人民,一切依靠人民,建设改革发展的成果由人民共享。

人的发展是多层面的立体的发展。我们必须从经济、政治、精神文化等方面关注人的全面发展问题。在经济上,要尽快地使全国人民都过上殷实的小康生活,并不断向更高水平前进;在政治上,要充分发挥人民群众的主观能动性和伟大的创造精神,保证人民群众依法管理好自己的事情,能充分行使民主选举、民主决策、民主管理、民主监督的权利;在精神文化方面,要努力提高全民族的思想道德素质和科学文化素质,实现人们思想和精神生活的全面发展,使人们的精神世界更加充实,文化生活更加丰富多彩。

强调建设社会主义政治文明,体现了中国共产党执政为民、促进人的全面发展的崇高价值追求。社会主义社会区别于其他一切剥削阶级社会的标志之一,

就在于它第一次真正把促进人的全面发展作为自己的本质属性，并在实践上通过确立自己的经济、政治制度为人的全面发展开辟了无限广阔的前景。社会主义政治文明的基本价值功能在于：实现、维护、保障人民的民主权利和主人翁地位，营造自由、平等、宽松、和谐的政治氛围，确认人的价值和存在，优化人的生存环境，提高人的生活质量，促进人的自由、全面、持续发展。

3. 社会主义政治文明建设制约或影响着其他文明的发展进程

实践证明，政治文明在一定程度上制约或影响着其他文明的发展进程。

首先，政治文明通过政治制度的规范作用，为物质文明建设、精神文明建设和社会文明建设提供明确的政治方向。不同时代不同社会的物质文明建设、精神文明建设和社会文明建设总是围绕着一定的利益关系而展开的。为使物质文明建设、精神文明建设和社会文明建设有利于本阶级的需要，占统治地位的阶级往往通过思想政治教育、制定和实施政策法规等手段保障物质文明建设、精神文明建设和社会文明建设向着有利于自己需要的方向发展。邓小平在领导我国社会主义现代化建设过程中反复强调要坚持“四项基本原则”，加强思想政治工作，一个重要的原因就是要使我国的物质文明建设、精神文明建设和社会文明建设沿着社会主义的方向前进。

其次，政治文明通过政治行为的示范作用，纠正社会发展中的行为偏差，为物质文明建设、精神文明建设和社会文明建设提供必要的政治环境。无论是物质文明建设、精神文明建设，还是社会文明建设都需要一个良好的政治环境。历史上，凡是经济发展、文化昌盛的时代，都是政治清明、社会安定的时代；反之，凡是政治腐败、社会动荡的时代，必定是经济衰退、文化扭曲发展的时代。政治文明着重解决的是政治秩序问题，它要求人们在社会政治活动中要“在位”而不“缺位”，“到位”而不“越位”，只有在人们各在其位、各尽其责的情况下，才能保障社会政治活动的顺利进行。在社会发展中，政治文明通过传播一定的政治思想、制定和实施一定的政治准则、开展一定的政治活动等，来调整各阶级、阶层、党派在社会政治结构中的不同地位和力量对比关系，维护相应的政治格局和政治秩序从而实现一定的政治目的。

最后，政治文明建设与物质文明建设、精神文明建设和社会文明建设的内容相互交叉，政治文明的进步也必然体现为物质文明、精神文明和社会文明的进步。因为政治文明当中的物质设施和政治思想分别就是物质文明、精神文明和社会文明的成果。因此，政治文明既是人类文明建设的重要目标，又是人类文明进一步发展的重要条件。

第二节 社会主义政治文明建设的基本内容

一、政党文明建设

在社会主义政治文明架构中，工人阶级政党是执政的党，政党文明建设实质上就是执政党文明建设。工人阶级执政党是社会主义国家的领导核心，政党文明建设是社会主义政治文明建设的首要内容。

(一)政党文明的含义和特征

政党文明属于政治文明的范畴，是政治文明的核心内容，是政治文明发展的火车头。它与人类政治文明发展一样是一定历史阶段的产物，是民主政治的一种表现形式。从狭义上讲，它是指政党在形成、发展和发挥作用的过程中，自身所达到的开化程度和进步状态，或指政党创造和吸纳人类文明成果的能力。其基本性质和发展水平体现为在马克思主义政党原理指导下的政党性质确立、政党职能定位、政党目标提出，以及政党组织结构、政党活动方式、政党制度安排和政党管理方法的运用上。从广义上讲，它是指政党在改造主观世界和客观世界两个方面所具有的交互作用、优化发展能力和所达到状态水平。[①]

工人阶级政党文明的特征主要是：(1)工人阶级政党是工人阶级的先锋队。这是工人阶级政党文明存在、发展和发挥作用的基石。有了这块基石，不论采取什么样的政党形式，建立什么样的政党政治运行机制，其宗旨都是为了实现和维护无产阶级的政治统治。(2)工人阶级政党文明的发展总是在已有的政党文明的基础上形成和发展起来的，具有很大程度上的继承性。特别是其中的思想观念、思维方式、活动方式等，不会因政党地位、政党环境和政党任务的不同而立即被新的思想观念、思维方式、活动地位取而代之。(3)政党文明一旦形成，便具有统领政治文明的特性，即具有价值目标的导向性和整合性。这种整合本质上是利益的整合，它要求工人阶级的政党在实现本阶级代表性的同时，应充分考虑到社会的各种不同的利益差别和利益要求，并通过对国家行为机关的总协调予以实现。(4)政党文明在民族国家的条件下，既带有那个民族国家的烙印而具有民族性，同时随着生产力的发展和人们交往的扩大，而使文明国家的政党文明成为世界政党文明的一部分。政党文明的这些特点决定了政党文明在社会主义政治文明建设中的地位和作用。

---

① 参见王韶兴《工人阶级政党文明问题探讨》，载《新华文摘》2004年第6期。

(二)中国政党制度的特点和政党文明建设的必要性

中国实行的政党制度是中国共产党领导的多党合作和政治协商制度,是适合中国国情的一项基本政治制度,是具有中国特色的社会主义政党制度,是中国社会主义民主政治的重要组成部分。中国共产党领导的多党合作和政治协商制度其自身的特点体现了社会主义政治文明的特征和优势,是中国共产党与各民主党派的共同创造,是中国共产党领导下的中国人民对人类政治文明的一大历史性的贡献。

中国特色社会主义政党制度与西方竞争性政党制度的最大不同就在于,西方多党制反映的是西方资本主义社会存在的歧异甚至是对立的阶级和阶层利益格局,政党是通过公民投票选举的民主形式追求各党派自身利益的最大化。而我国,剥削阶级作为一个阶级已经消灭了,工人阶级、农民阶级和其他社会阶层具有根本利益上的一致性,共产党和各民主党派都不是以本党利益最大化作为追求目标,而是把国家的富强、人民的幸福、中华民族的伟大复兴作为自己的追求目标。中国多党合作制度规定了中国共产党和各民主党派在国家政治生活中的地位、作用和相互关系,中国共产党处于领导和执政地位,各民主党派是中国的参政党,执政党与参政党有着共同的理想、共同的目标和共同的行动,中共和民主党派的广泛合作与协商是党和政府决策科学化、民主化的重要因素。

加强政党文明建设是社会主义政治文明建设的需要。社会主义政治文明的核心内容就是要不断发展社会主义民主政治。而社会主义政治文明建设中党的领导与人民当家作主在本质上是一致的。尤其在中国,党的领导、人民当家作主、依法治国,是具有中国特色社会主义政治文明的三大支点和三大基本特征。这三个方面共同构成了当代中国政治文明的主体结构。而在这一整体结构中,党的领导则是社会主义政治文明建设的基本前提,是人民当家作主和依法治国的根本保证。因此,政党文明建设必然成为社会主义政治文明建设的首要内容。没有执政党的文明,社会主义政治文明就无从谈起。

(三)加强执政党——中国共产党的文明建设

第一,加强执政党自身文明建设。政党执政要能够体现文明,政党自身必须是民主的、开放的。否则,执政党就不可能自由、民主、公正、有效地运用公共权力,更不可能做到文明执政。因此,加强执政党自身文明建设就带有根本意义。执政党自身文明建设是指党在发展过程中自身所达到的开化程度和进步状态以及政党创造和吸纳人类文明成果的能力。执政党自身的文明建设内容,从横向看,包括执政党的政治、思想、组织和制度等方面的建设,使其达到时代的最高水平;从纵向看,指执政党诸方面建设所经历的不同发展阶段以及水平。执政党自身建设的重点目标是反腐倡廉,执政党自身的腐败是一个很严重的问题,而对这个问题的解决是直接关系到执政党执政地位的关键。因此，要重视党的自身建设，尤其是重视党的反腐败问题。当前，我们党提出了党的建设的总体布局：以党的执政能力建设为重点，以党的先进性建设为主线，全面加强党的思想建设、组织建设、作风建设和制度建设。这是执政党文明建设的重要战略部署，更是社会主义政治文明建设的重要内容。

第二，加强执政党的执政文明建设。所谓“政党执政文明”，是指执政党以民主、和平的方式，公正、有效地运用公共权力，推行公共政务，发挥公共职能的作用，推动国家经济、政治、文化的发展。根据我党执政的经验，党的执政文明建设包含以下重要内容：一是民主执政。作为民主性的政党，党内的所有成员都是平等的；党内的各级职务是由民主选举产生的；党的纲领、路线、方针、政策，都是经过自由、民主的讨论，按照民主程序作出表决，实行少数服从多数的原则；党内的事务是公开的，实行公开性的原则；党的干部要受到监督，允许对他们的言行进行批评；等等。二是合法执政。现代国家和社会是民主和法治的国家和社会，因此，执政党执政必须注重合法性问题。西方政治学者让—马克·夸克准确地概括了合法性的三个要素：被统治者的首肯，价值观念和社会的认同，符合法律的规定和要求。[①] 合法性的要求在于政党执政必须得到民众的认可和支持，执政理念必须符合进步的政治价值观念并得到社会和法律的认可并厉行法治。三是受制约的执政。执政必须受到制约和监督，否则必然滋生贪污腐败等丑恶现象。孟德斯鸠把不受监督、滥用权力的政府称为“暴虐政府”，指出：“一切有权力的人都容易滥用权力，这是万古不易的一条经验。”[②]英国历史学家阿克顿说：“权力导致腐败，绝对权力导致绝对腐败。……绝对权力会败坏社会道德。”[③]总之，执政党执政过程必须受到制约和监督，一方面是以权力制约权力，这是监督执政的最为关键、最为有效的手段；另一个方面是来自社会民意的监督，包括政治党派、社团、新闻舆论、民意调查等监督。社会民意的发展和发达，是监督政党执政最为广泛、最为敏感的手段。实行民意监督的必要条件是，政务公开，民众有获取信息的自由。在民意受到钳制的社会，自由成为虚幻，监督实际上已不可能进行。四是文明的执政方式。文明的执政方式要求党的领导是通过政治、思想的领导，通过制定大政方针，提出立法建议，推荐重要干部，坚持依法执政，实现对国家和社会的领导。

第三，加强执政党的制度文明建设。中国政党政治文明的核心内容是要提

① [法]让—马克·夸克《合法性与政治》，佟心平等译，中央编译出版社 2002 年版，第 2 页。

② [法]孟德斯鸠：《论法的精神》上册，张雁深译，商务印书馆 1961 年版，第 154 页。

③ [英]阿克顿：《自由与权力》，侯健、范亚峰译，商务印书馆 2001 年版，第 342 页。

高政党制度的制度化水平。提高我国政党制度的制度化水平是适应政治文明的发展要求、推进我国多党合作伟大事业的迫切需要。制度文明是政治文明的核心，也是判断政治文明水平高低的主要标志。制度文明的价值具体体现在对政治权威的约束，促进政党之间相互宽容和尊重，保证政治运转程序的正义和有序等。如果政党制度的制度化水平高，政党组织就会有独立的地位和价值判断，能够摆脱具有个人目的的控制，政党运作机制就有深厚的群众基础，有利于保持政治稳定。我国当代政党制度的形成、发展经历了一个长期、曲折的历史过程，制度化建设取得许多成果。但是我们的政党制度自身制度化水平还不高，不少内容规定得过于原则，规范化、程序化水平偏低，实践操作中的随意性较大。从体现多党合作的特点、增强约束力、增加操作性、更好地树立中国特色政党制度的国际形象出发，我国必须通过执政党与参政党的共同协商、联合签署的方式，制定内容具体、程序明确、便于操作的制度化建设的实施文件，努力提高政党制度自身的制度化水平。

第四，加强执政党的党政关系文明建设。所谓“党政关系”，就是政党与国家政权之间的关系。近代以来，党政关系的形成和发展，在资本主义国家已经历了两三百年的历史过程，在社会主义国家也有了九十多年的历史。社会主义国家的执政党采取了直接执政的方式，共产党是站在直接执政的位置上。列宁指出：“党是直接执政的无产阶级先锋队，是领导者。”[①]中国社会主义国家的政权结构以及党与政权的关系具有自己的特点，国家宪法明确规定了共产党是执政党，执政党采取了直接执政的方式。与西方国家执政党实行间接执政的方式不同，中国共产党是在直接执政的位置上。正是这种直接执政的方式，造成了党政不分、以党代政的弊端。执政党在社会主义国家的党政关系中，党的地位高于政的地位，党权明显高过政权。这是一种不正常的党政关系，它不利于执政党依法执政和科学执政。这也是提出党政关系文明建设任务的主要原因。近些年来，社会主义国家党政关系问题也始终是围绕党政不分和党政分开的焦点展开的。审视我国的现实，我们的党现在已经成为国家政权中的核心部分，因此，在党政关系的文明建设过程中始终要关注这个问题。

（四）加强参政党——各民主党派的文明建设

在中国政党政治体制中，各民主党派发挥参政党作用，履行参政议政、民主监督职能。各民主党派坚持把促进发展作为团结奋斗的第一要务，紧紧围绕国家的中心工作，认真履行参政议政、民主监督的职能，积极推进社会主义经济、政治、文化和社会建设。因此，坚持多党合作，既要加强执政党建设，也要加强参政

---

① 《列宁选集》第 4 卷，人民出版社 1995 年版，第 423 页。

党建设，两者都要与时俱进，才能更好地合作。参政党建设得如何，既取决于自身的努力，也取决于执政党的执政方式。中共中央领导集体非常重视多党合作，并在制度化、规范化和程序化方面起到很好的示范作用。中国共产党支持民主党派加强自身建设，是多党合作制度长期存在和发展的必然要求，对于民主党派在开放性、多样性的社会环境中坚持正确的政治方向，全面完成政治交接的任务，更好地履行参政党的职能，从政治上、思想上、组织上巩固和发展与中国共产党在新时期的长期合作，具有重要而深远的意义。

参政党建设内容广泛，包括思想建设、组织建设和理论建设等各个方面，总体目标是建设适应新世纪要求的高素质的参政党。目前，加强参政党建设的核心内容，第一，参政党及其成员要转变思维方式，树立新的符合新世纪要求的参政党意识和观念，促进政党文明建设。一方面，参政党及其成员要认识中国政党制度的特殊性，树立正确的政党观念。克服过去那种把政党之间的关系看作是相互攻讦、相互拆台的关系，甚至把自己看成是反对执政党的党。参政党要监督共产党，帮助共产党执好政。参政党成员要树立与共产党同乘一条船、同唱一台戏的观念，处理好舵手与水手、主角与配角的关系。另一方面，参政党及其成员也应培养"建设性思维"，克服"对抗性思维"，在参与国家政治生活中增加冷静的建设性的思考。第二，要通过积极参政议政，促进政党文明建设。参政议政是民主党派的基本职能，也是民主党派为社会主义政治文明建设服务的具体体现。各民主党派一定要强化参政议政意识，提高参政议政能力，通过参政议政提高党和政府重大决策的科学化和民主化程度，为维护人民群众的根本利益提供强有力的政策和制度保障，为促进社会主义政治文明建设作出应有贡献。第三，要搞好合作共事，促进政党文明建设。实行共产党同党外人士合作共事，是执政党长期坚持的一项基本政策和优良传统，是促进政党文明建设发展的重要途径。民主党派要与中国共产党搞好合作共事，就是从严要求自己，统一思想，改进作风。要在复杂多变的形势面前把握好参政议政的航向，做到永不迷航，就要统一政治思想，保证清醒的政治头脑，自觉做到与中共"长期共存，互相监督，肝胆相照，荣辱与共"。

二、政府（行政）文明建设

政治文明，集中体现为治理国家的文明，即政府文明。政府文明主要包括政府管理理念、政府管理体制和政府管理行为文明。

（一）政府管理理念文明建设

政府文明作为一种理念，表现出政府观念的不断更新，并具有时代精神。随着全球化的日益深入，文明之间的交互作用日益加强。与世界多极化和文明多样化同时并存，政府文明在某些管理理念方面出现了渐趋一致的高度认同。这是政府文明建设具有世界历史意义的一大进步。在现代社会，得到多数国家广泛认同的政府文明的管理理念有：

1. 公民社会理念

“公民社会”这一概念很难用简单的语言概括，其核心内涵是强调社会对国家权力和市场霸权的制衡，其主要内容是公民的自我组织和社会自治。“公民社会”理念是在西方社会中孕生并发育起来的，它长期为西方学术界所重视，近些年来也引起了国内学者的重视。“公民社会”理念反映了公民维权意识的觉醒和社会团体的兴起，表现在公民个人、社会团体和政府机关的互动。在深化改革和扩大开放过程中，要创新“公民社会”理念，并以这个新的理念为指导，构建政府有限理念、政府服务理念、政府公开理念、政府适度规制理念、政府效能理念等一系列新理念。公民社会的构建是民主执政、文明执政的重要条件。

2. 有限政府和效能政府理念

实行有限政府的核心问题就是实现对于权力的制衡。所谓“政府效能”，是指国家行政机关及其行政工作人员在处理社会公共事务、实现行政职能和行政目标活动中所得到的结果与所消耗的人力、物力、财力、时间、信息、空间等要素之间的比率关系，即政府的投入与产出的比率。追求政府的高效能是政府改革的主要目标。有限政府理念是政府转变职能的重要理论支撑。有限政府要求政府职能应转到经济调节、市场监管、社会管理和公共服务上来，全面实现从“全能政府”向“有限政府”转变，从“管制政府”向“服务政府”转变，从“细职能、大政府”向“宽职能、小政府”转变。这是我国现代政府职能的转变趋势。

3. 服务型政府理念

我国在传统计划经济时代，政府俨然是企业、市场、社会的主宰者，政府机关与行政相对人之间是一种不平等关系，习惯于以行政计划、行政审批、行政强制等体现单方意志的强硬手段来实施行政管理，维持行政秩序，这是计划经济时代形成的行政管理的基本模式。随着市场导向的经济体制改革不断深入，转变政府职能、满足民众需求、建设服务型政府，就成为改革和完善行政管理体制的重大课题。我国的政府是人民政府，应以全心全意为人民服务为宗旨。通过法定程序，按照绝大多数人民的意志组建服务型政府。十六届六中全会通过的《中共中央关于构建社会主义和谐社会若干重大问题的决定》中明确提出要“建设服务型政府，强化社会管理和公共服务职能”[①]，并对建设服务型政府提出了明确的任务和要求。

---

① 中共中央文献研究室编：《十六大以来重要文献选编》(下)，中央文献出版社 2008 年版，第 663 页。

4. 法治政府和责任政府理念

建立"法治政府",推动政府管理的法治化,是当代政府管理的重要理念,也是我国发展社会主义市场经济的必然要求,是政府施政创新的本质内涵之一。责任政府的出现是现代民主发展的结果。它在实践中要求政府在犯错时必须承担道义上、政治上和法律上的责任,政府必须接受来自内部的和外部的控制以保证责任的实现。我国的政府是人民当家作主的政府,政府是全体人民利益的集中代表者,政府的一切行为都要对人民负责,政府必须积极地履行其社会义务和职责,必须承担道义上、政治上和法律上的责任;同时,政府还必须接受来自内部的和外部的控制,以保证责任的实现。

5. 透明和诚信政府理念

透明政府,也称"阳光政府",是指政务公开和透明度高的政府。它要求我国政府除了法律、法规规定不宜公开者外,凡与民众切身利益有关的事项均须公开,以保障人民群众的知情权,接受人们群众的监督。诚信政府是指政府要对公众真切地怀有善良意志并对公众信守诺言。在现代社会中,政府诚信是社会诚信的核心和关键,它引导、影响着公众的诚信精神,推动、决定着社会的诚信程度。

(二)政府管理体制文明建设

管理体制是指管理系统的结构和组成方式,即采用怎样的组织形式以及如何将这些组织形式结合成为一个合理的有机系统,并以怎样的手段、方法来实现管理的任务和目的。政府管理体制是规定中央、地方、部门在各自方面的管理范围、权限职责、利益及其相互关系的准则,它的核心是管理机构的设置、各管理机构职权的分配以及各机构间的相互协调,它的强弱直接影响到管理的效率和效能,在中央、地方、部门整个管理中起着决定性作用。因此,政府管理体制的改革和调整是必要的,也是政府文明建设的重要环节,推进政府行政管理体制改革是政府文明建设的关键。政府管理体制改革的核心应是政府机构改革,而机构改革的重点是建立"决策科学,分工合理,执行顺畅,运转高效,监督有力"的行政管理体制。按照精简、统一、效能的原则和决策、执行、监督相协调的要求,完善机构设置,理顺职能分工,合理划分中央和地方经济社会管理权责,全面推行依法行政,强化外部监督体制,实行政府行为责任追究制度,完善政府自我约束机制。此外,还要健全科学民主决策机制。对涉及经济社会发展全局的重大事项,要广泛征询意见,充分进行协商和协调。

(三)政府管理行为文明建设

政府管理行为文明,是人们改造社会及自身所获得的积极的成果和进步状态在政府行为中的体现。政府管理行为文明是政府文明的重要组成部分,它直接决定着政府文明能否实现。

政府管理行为文明,首先要求“政府人”行为与政府组织行为的合理性和合法性。2004年国务院发布的《全面推进依法行政实施纲要》要求,各级行政机关实施行政管理要做到合法行政、合理行政、程序正当、高效便民、诚实守信、权责统一,还从政府职能转变与行政管理体制改革、制度建设、法律实施、科学民主决策和政府信息公开、纠纷解决机制、行政监督、提高行政机关工作人员依法行政的观念和能力等方面提出了具体目标、任务和措施。

其次,要求“政府人”行为与政府组织行为的科学性和规范性。一是要依靠高素质的公务员队伍和高效率的政府机构作保障。要加强公务员队伍建设,特别要加强行政文化建设,塑造公务员的现代人格,是政府文明建设的基础性工程。二是要依靠建章立制规范“政府人”和行政组织的行为,通过革新政府制度,推动政府文明。

再次,要求“政府人”行为与政府组织行为方式进行变革。通过变革行政方式改变传统的有惰性的工作习性,提高行政质量。通过建立学习型政府和知识型政府,革新政府公务人员的知识结构,努力提高他们的业务素质,确定管理者管理政府,并能建立充分的由不同专家组成的决策集团,科学决策,以民主科学方法实现公共决策的总目标。同时,调整和缩小权力范围,撤销一切不合理的行政审批制度,把政府“行政”的视野投注到市场做不了、公民社会无力完成的公共事务上。提高服务水平,把提供先进制度与优质政策结合在一起,把规范行为与有效监督结合在一起,实施制度服务、政策服务、合理监督的行政机制。

总之,政府文明建设有其自身的逻辑,这一逻辑是:政府理念的更新——政府体制的变革——政府行为的规范。其中,政府理念更新起着先导作用,政府体制变革则起着关键作用。

三、立法和司法文明建设

通过立法和司法文明建设,促进政府文明,是社会主义政治文明发展的根本保证。立法和司法文明,需要司法机关和立法机关独立行使职权,同时也必须使司法体制和立法体制自身完善起来,通过有效的制度建设确保它们公正立法和司法,提高效率,最终服务于发展变化着的政府。

(一)立法文明建设

立法是指特定国家机关依照一定程序,制定或者认可反映统治阶级意志,并以国家强制力保证实施的行为规范的活动。根据我国宪法,立法是指全国人民代表大会及其常设机关制定法律这种特定规范性文件的活动。立法文明是立法的最本质要求。

立法文明，取决于立法制度、立法体制的健全和立法程序的文明。立法制度，是立法活动、立法过程所须遵循的各种实体性准则的总称，是国家法制的重要组成部分。从民主的角度看，立法权是否属于人民，立法机关是否由民意产生，立法程序或立法过程是否民主、是否有透明度，都直接和明显地反映出一国法制的民主化程度。我国是统一的、单一制的国家，各地方经济、社会发展又很不平衡。与这一国情相适应，在最高国家权力机关集中行使立法权的前提下，为了使我们的法律既能通行全国，又能适应各地方千差万别的不同情况的需要，在实践中能行得通，我国依据“在中央的统一领导下，充分发挥地方的主动性、积极性”的原则，我国确立了统一领导和一定程度分权的多级并存、多类结合的立法权限划分体制，包括全国人大及其常委会立法、国务院及其部门立法、一般地方立法、民族自治地方立法、经济特区和非行政区立法。我国立法体制经过多年的探索、改革和发展，已日臻完善，渐趋成熟。这一体制，确保“良法之治”，已经并必将长久影响共和国依法治国，建设社会主义法治国家的进程。立法程序文明基本要求是限制和排除立法活动中的恣意因素，广泛吸纳民意，集思广益，协调利益冲突，以制定具有实质性正义的法律规范。立法的程序性正义有赖于“程序公开”和“公众参与”等制度性设计。改革开放以来，我国把立法过程的制度化、法律化当成中国立法发展的目标，三十多年来，中国的立法工作的确有了极大的改进，人大和国务院内部的立法程序上实现了制度化和法律化，各种议事规则和各种制定办法的出台也在很大程度上规范了法律、法规和规章的制定程序，代表联系制度和监督机制逐步完善和固定，这些都大大促进了立法工作的制度化和法律化。

（二）司法文明建设

所谓“司法”，是指国家司法机关依法处理案件的活动。司法文明就是指由人类建立的特定国家机关在长期处理各类案件的过程中所创造的法律文化及其各种表现形式的总和。司法文明的水平高低反映了特定社会法律文化和法律运行的制度化、规范化和程序化的水平。在某种意义上可以说，它是社会的物质文明、精神文明和政治文明在司法领域中的表现，是人类社会在长期的司法活动中所创造积累的精神成果、物质成果和政治成果的总和。司法文明不仅是“三个文明”建设的重要组成部分，更是实现“三个文明”的重要保障，它在法治文明建设中发挥着核心作用。

司法公正是司法文明的本质特征，司法不公直接表现为司法腐败，是与文明背道而驰的。司法腐败，是指行使司法权力的主体即国家司法机关及其司法人员利用侦查权、检察权、审判权等徇私舞弊、枉法裁判，谋取个人或小团体利益，造成恶劣影响和严重后果的行为。司法腐败的产生既有社会历史根源和思想根源，更有现时的经济因素和制度因素。司法腐败的影响是带有全局性的。司法制度是公平和正义的最后一道防线，一切纷争和冲突，在其他救济手段处理不了时，最后都要通过司法途径来解决，给当事方一个公正的说法和结论，达到缓和社会矛盾和冲突的目的。但是，一旦司法腐败了，必然是司法不公，正义得不到伸张，邪恶得不到应有的惩罚。这时人们对国家和政府就会感到失望乃至绝望，社会矛盾和冲突得不到处理，积聚到一定程度就会随时爆发，造成社会动荡。如果一个政府无力根治社会腐败问题，甚至它的制度设计本身就是腐败产生的温床，这样的政府就失去了存在的正当理由，人民有权抛弃这样的政府。因此，治理司法腐败，加强司法文明建设，是社会主义政治文明建设的重要任务。

司法文明建设实际上就是要解决人民意志、国家权力、法律、公民权利和司法的关系问题。按照"主权在民"的公认法理，国家权力来源于人民意志，拥有国家权力的国家机关行使人民赋予的立法权，规定公民的基本权利，而后，为了防止国家司法机关侵犯公民的基本权利，必须规范和制约国家司法权力的行使。这就需要司法权建立在民主制度的基础之上。司法文明建设包括司法理念的文明、司法制度的文明、司法条件的文明和司法行为的文明四个方面。司法理念的文明是指人类在对司法规律以及司法本质产生科学认识的基础上形成的诸如法官中立、司法公正、司法民主、法律至上等思想观念。司法制度的文明是指，人类的司法活动有完备、系统的法律加以规范，有制度健全、配置合理、职能明确的司法机构和一系列行之有效的司法运作程序。司法条件的文明是指，司法环境特别是人们的价值取向以及司法设施和手段为司法活动的开展及司法公正价值的实现提供了可靠的保障。司法行为的文明是指，司法人员的司法行为及其语言、态度、服装、形象和思维方式等都符合先进的司法理念，都有助于实现司法制度，体现司法公正。在上述司法文明的四项内容中，司法理念的文明是前提，司法制度的文明是关键、是核心，司法条件的文明和司法行为的文明是保障。司法文明建设不可能一蹴而就，必须分层次、有重点、渐进式地向前推进。

四、非政府组织文明建设

政府作为最大的管理主体，其文明不能忽略非政府组织的文明建设，并且必须以政府文明带动非政府组织的文明发展。非政府组织是英文"Non-Government Organizations"的意译，英文缩写"NGO"。联合国经社理事会在其决议中将非政府组织定义为"凡不是根据政府间协议建立的国际组织都可被看作非政府组织"。在当时，这主要是指国际性的民间组织。从20世纪70年代初开始，非政府组织的活动被有意识地、越来越广泛地引入了联合国体系的运作。各国政府也都注意发挥非政府组织的作用。

我国根据特定目的形成的习惯把非政府组织称为“民间组织”。虽然表称不一却实质类似或者相同,都是指那些独立于政府系统和市场系统之外的一类组织。这类组织的基本特点是:第一,它们不代表政府或国家的立场,而是来自民间的诉求,即非政府性;第二,它们把提供公益和公共服务当作主要目标,而不把获取利润当作追求,即非营利性;第三,它们拥有自己的组织机制和管理机制和独立的经济来源,无论在政治上、管理上还是在财政上,都在相当程度上独立于政府,即独立性;第四,它们的成员参加组织完全出自自愿而不是迫于无奈,即自愿性。此外,它们还有非政党性和非宗教性的特征,即它不以取得政权为主要目标,也不从事传教活动,因而政党组织和宗教组织不属于非政府组织的范围。随着我国改革开放的深入和社会主义市场经济的建立和发展,整个社会越来越趋向一元化和多元化的统一。特别是在一些社会问题比较突出和尖锐的领域里,非政府组织的活动尤为活跃和集中,它们往往发挥着政府和企业所没有或难以充分发挥的作用,推动了社会进步。非政府组织的发展壮大对于一个处于转型过程中的社会更是有益处的。因为,如果没有这些非政府组织,政府又不能有效地对体制外的力量进行组织,体制外的力量就将是无序的,社会动荡的概率就大得多。因此,非政府组织是政府有效的“减压阀”和“稳定器”,它有着不可忽视的精神功能。

要搞好非政府组织的文明建设,一是要完善它的治理结构和责任机制。中国的官方非政府组织虽然有理事会等治理结构,但相当一部分组织的理事会只是形同虚设,组织的重大决策基本上是由少数领导人决定,甚至由业务主管部门的领导决定;而极少数草根组织由于各种原因,更是由个别领导人独断专行,缺乏责任机制。这是目前一些非政府组织决策失误、贪污腐败、缺乏社会公信度的主要原因。二是要建立非政府组织的第三方监督和评估机制。三是加强非政府组织自身能力建设,提高它们解决社会问题和满足社会需求的能力。四是尽快完善非政府组织管理方面的法律法规体系。

五、尊重和保障人权

人权是人依其自然属性和社会属性所应享有的权利,包括人的权利、公民的权利和特殊群体的权利。人权的思想基础是对人的生命、自由、尊严、价值的敬畏和重视。人权本质上是道德权利,治国者对人权的态度体现国家的政治道德,也是政治秩序的合法性所在,更是政治文明的标志。马克思主义政治道德的核心是社会中真实的、广泛的民主和人的彻底解放,以马克思主义为指导思想的我国社会主义制度奉行和体现这一政治道德,尊重人,爱护人,以确认、保护和实现人民的权利为自己的神圣职责,通过制度的力量来推行尊重和保障人权的价值观，必将大大提高国家的道德权威和政治权威，推进社会主义政治文明的发展。

尊重和保障人权，是人类社会进步的重要成果和现代文明社会的重要标志，是世界各国人民的共同追求和各国执政者治国理政的共同原则，也是中国共产党、中国政府和中国人民长期为之努力奋斗的崇高目标。加强政治文明建设，必须重视和保障人权建设。新中国成立以来，特别是改革开放以来，党和政府为促进和保障人民的人权，从制度、法律、政策和物质帮助等各个方面作出了巨大的努力，使全体中国人民的物质文化和政治生活水平随着现代化的发展而不断提高，享有了越来越广泛、越来越充分的人权。党的十六大和十七大以来，我党提出以人为本的科学发展观和构建社会主义和谐社会的重大战略思想，将尊重和保障人权提到了空前的高度，使中国的人权理论和实践取得了一系列里程碑式的进展。尊重和保障人权先后被写入党的重要决定和文件中，2004 年又将"国家尊重和保障人权"写入中国宪法。这充分体现了中国政府"以人为本"的执政理念。

六、建立和完善惩治和预防腐败机制

腐败是指国家公务人员借职务之便获取个人利益，从而使国家政治生活发生病态变化的过程。目前，腐败问题是各国都存在的通病，而我国腐败现象发展迅猛的势头，既危及和破坏法律的权威性和有效实施，又破坏我国社会主义的经济基础，动摇着我国社会的政治基础。腐败问题已经对党、对国家和社会构成了潜在的威胁。腐败现象根源于剥削阶级腐朽没落的意识形态，它与共产党的性质和宗旨严重对立，对建设社会主义事业具有严重的破坏性。如果听任腐败现象蔓延，党和人民的政权就有可能被葬送。腐败也是最不文明的政治现象，建设社会主义政治文明，必须把惩治和预防腐败的问题放在重要的位置。目前，反对和防止腐败是我党的一项重大政治任务。反腐败斗争是阶级斗争在一定范围内的特殊表现形式，是资产阶级与无产阶级之间腐蚀与反腐蚀、和平演变与反和平演变的政治斗争，是执政党为巩固政权建设而迫切需要解决的政治任务。惩治和预防腐败，必须坚持深化改革和创新体制，建立和完善教育、制度、监督并重的惩治和预防腐败体系。

1. 加强廉政文化建设，形成拒腐防变教育长效机制

腐败是从权力者思想腐败开始的。腐败的产生首先是思想的堕落，所以克服腐败现象必须狠抓思想教育。这是从内因入手预防和治理腐败的基础性工程，是从主观因素上根治腐败的重要举措。思想道德教育是反腐败斗争纵深阵地中的第一道防线。这条防线巩固了，广大干部和群众都提高了思想政治素质和道德水准，自觉地遵纪守法，廉洁自律，那么，贪污腐败行为就被遏制于未发之

前。这也是最为理想的治本之策。当前,要通过建立拒腐防变教育的长效机制,提高全体党员干部特别是领导干部的政治思想素质和法律意识。第一,要加强马克思主义理论学习,树立正确的世界观、人生观、价值观、权力观、政绩观。第二,要加强党性修养,自觉抵制腐朽思想的侵蚀。第三,要加强道德建设,提高权力主体职业道德水平。国家的一切权力是人民赋予的,权力主体只是代行权力职能,应全心全意为人民服务,时刻把人民群众的利益放在首位。因此,要树立崇高的职业道德理想,并把它奉为职业活动的行动指南;要磨炼职业道德意志,用马克思主义武装头脑,辨别善恶,分清美丑,全心全意为人民服务;要养成职业道德习惯,把道德规范变成自己高度自觉的要求,使自身权力的行使完全符合社会的要求。第四,要加强法制观念,使权力的运行法制化。树立法律面前人人平等的法律意识,依法办事,而不能以权代法,以权压法,甚至是领导者以言代法。

2. 形成反腐倡廉的制度体系

反腐败的根本性保障就是制度建设和改革。制度是指要求成员共同遵守的,按一定程序办事的规程和行为规范。所谓"制度建设",是指把党的和国家的战略目标、具体对策、组织原则、领导制度以及各级党的组织和国家机关的工作程序、工作纪律制定为人们的行为规范,并建立起相应的机构设施,贯彻执行,违者必究。

党和国家的各种制度在反腐败中的作用主要表现在:制度的规范指引作用、制度的制约警戒作用、制度的惩罚威慑作用。改革开放以来,我党对反腐倡廉问题极端重视。随着我国加入《联合国反腐败公约》,中共中央 2008 年印发了《建立健全惩治和预防腐败体系 2008～2012 年工作规划》,使我党的反腐败斗争翻开了新的一页。反腐败斗争中的制度建设,主要包括党纪、政纪建设和法制建设。制度建设是动态的、开放的、发展的。加强党的反腐败制度建设,首先需要根据实行改革开放、建立社会主义市场经济体制的新形势下出现的新的情况,尤其是当前党内腐败现象严重存在的新情况新问题,不断确立新的制度,使制度因时而变,以便更有针对性地预防和惩治腐败行为和腐败分子。与此同时,还要对过去的那些行之有效的制度进行认真继承和发扬,也要对过去的某些制度存在的缺陷及时修补,否则,过时的制度就可能为破坏制度的人提供机会。所以,要及时总结经验,不断完善制度,切实提高制度建设的质量和水平,使制度真正成为反腐倡廉的保障。

3. 建立权力运行监控机制

在反腐败斗争中,加强对权力的有效监督和制约不仅是从严治党的重要手段,也是社会主义政治文明建设的重要组成部分。关于对权力监督的必要性问题,早在 18 世纪法国思想家孟德斯鸠就认为:"从事物的性质来说,要防止滥用权力，就必须以权力制约权力。”[①]历史的经验也证明，监督制度是防止党的干部由人民“公仆”蜕变为社会“主人”的关键性措施。权力滥用和失范是腐败的核心问题。因此，建立权力运行监控机制是反腐败工作的重点。《中国共产党党内监督条例(试行)》第三条强调：“党内监督的重点对象是党的各级领导机关和领导干部，特别是各级领导班子主要负责人。”这说明，我国的监督已经指向“核心权力”。而且在不断加强对主要领导干部监督的同时，也加强了对重大权力运行的监督措施，以防范权力失控、决策失误、行为失范。要完善权力制约机制，以独立、客观、公正、公开的监督权制约公共权力运行；要发挥多渠道和多种形式的监督；建立严格的监督责任追究制，强化监督主体的责任。

第三节　社会主义政治文明建设的主要途径

一、坚持党的领导、人民当家作主和依法治国的有机统一

江泽民在党的十六大报告中指出：“发展社会主义民主政治，最根本的是要把坚持党的领导、人民当家作主和依法治国有机统一起来。”[②]这体现了我国社会主义依法治国方略的特色，是我国建设社会主义政治文明、推进依法治国所必须坚持的根本指导方针。党的领导、人民当家作主和依法治国是一个相互紧密联系的统一整体，建设社会主义政治文明，最根本的是要把三者有机统一起来。中国共产党是中国特色社会主义事业的领导核心。党的领导对于建设社会主义政治文明的方向和性质具有决定意义，是建设社会主义政治文明的根本保证。离开了党的领导，就谈不上社会主义政治文明。坚持党的领导是坚持四项基本原则的核心，是政治建设的根本保证。坚持党的领导表明，中国的政治发展不走西方多党制、议会民主的道路。

人民当家作主是社会主义民主政治的本质要求，是社会主义政治文明建设的根本出发点和归宿。我国宪法明确规定，中华人民共和国的一切权力属于人民。所以，人民当家作主是社会主义国家与一切剥削阶级国家的本质区别。共产党执政就是领导和支持人民当家作主。健全民主和法制，全面落实依法治国基本方略，切实尊重和保障人民的政治、经济和文化权益，这既是社会主义民主政治建设的根本要求，也是我们党执政的根本目的和可靠基础。发扬人民民主，又是加强和改善党的领导的有效途径。党只有领导人民创造各种有效的当家作

① [法]孟德斯鸠：《论法的精神》上册，张雁深译，商务印书馆1961年版，第154页。

② 中共中央文献研究室编：《十六大以来重要文献选编》(上)，中央文献出版社2005年版，第24页。

主的民主形式，坚持依法治国，才能充分实现人民当家作主的权利，巩固和发展党的执政地位。

依法治国是党领导人民治理国家的基本方略。依法治国与人民民主、党的领导是紧密联系、相辅相成、相互促进的。依法治国不仅从制度上、法律上保证人民当家作主，而且也从制度上、法律上保证党的执政地位。我国的宪法和法律是党的主张和人民意志相统一的体现。人民在党的领导下，依照宪法和法律治理国家，管理社会事务和经济文化事业，保障自己当家作主的各项民主权利，这是依法治国的实质。依法治国的过程，实际上就是在党的领导下维护人民主人翁地位的过程，保证人民实现当家作主的过程。党领导人民通过国家权力机关制定宪法和各项法律，又在宪法和法律范围内活动，严格依法办事，保证法律的实施，从而使党的领导、人民当家作主和依法治国有机统一起来。

总之，坚持党的领导、人民当家作主和依法治国的有机统一，是社会主义民主政治的根本优势，是有中国特色政治文明的本质特征，是社会主义政治文明建设的正确指导方针，也是我国社会主义政治文明与资本主义政治文明的根本区别。我们要紧密联系全面建设小康社会的实践，紧密联系社会主义民主法制建设的实践，不断研究新情况、解决新问题、积累新经验，努力探索和发展实现这种有机统一的新形式、新机制、新途径。

二、发展社会主义民主，健全和完善社会主义民主制度

发展中国特色社会主义民主，推进中国特色民主政治制度在新世纪不断向纵深发展。

第一，要坚持和完善人民代表大会制度。人民代表大会制度是社会主义民主的根本体现。要加强人民代表大会及其常委会自身建设，使其真正依法履行国家权力机关的职能。应当在实践的基础上，探索人民代表大会自身建设的规律，改革和完善人民代表大会开会和闭会期间的活动规范，加强人大专门委员会的建设，依照法律维护人民代表大会及其常委会的权威。要加强人民代表大会的立法和监督工作，强化人民代表大会及其常委会对宪法和法律实施情况的监督。

第二，要坚持和完善共产党领导的多党合作制度。完善政治协商制度需要解决两个问题：一是进一步在实践中探索广泛吸收民主党派和民主人士参政议政的渠道。这对加强决策的科学化、民主化具有重要的作用。二是进一步加强民主党派和民主人士在政治生活中的监督作用。我们党是执政党，广泛听取各民主党派的意见和批评，从中吸取有益的营养，这是在发展社会主义市场经济条件下党加强自身建设的一项重要措施。

第三，坚持和完善民族区域自治的基本政治制度。必须切实贯彻执行民族区域自治法，保证民族自治地方依法行使自治权，保障少数民族的平等权利和特有权利，巩固和发展平等、团结、互助的社会主义民族关系；必须加快发展民族地区经济文化事业，逐步缩小同发达地区的差距，促进共同繁荣进步；必须巩固和发展各族人民的大团结，维护祖国统一，反对民族分裂。

第四，要积极发展基层民主。扩大基层民主是发展社会主义民主的基础性工作。要健全基层自治组织和民主管理制度，完善公开办事制度，保证人民群众依法直接行使民主权利，管理基层公共事务和公益事业，对干部实行民主监督。改革开放以来，我国的基层民主建设有了很大的发展，农村的村民自治、城市的社区自治等都是其中的有效形式。应在实践的基础上，进一步完善基层民主制度，从制度化、规范化、程序化的层面保证基层民主健康顺利地发展。

三、加强法治建设，建设社会主义法治国家

实行依法治国，建设社会主义法治国家，是一项宏大的系统工程，需要多方面的努力。

第一，要建立中国特色社会主义法律体系。我国的宪法和法律是党的主张和人民意志相统一的体现，是党领导人民建设社会主义现代化国家的实践经验的总结。要适应社会主义市场经济发展、社会全面进步和加入世贸组织的新形势，建立中国特色社会主义法律体系。

第二，要维护社会主义法制的统一和尊严。我国法制是符合全国人民根本利益的统一法制，任何地方和部门都必须严格遵守宪法和法律，防止和克服地方和部门的保护主义。

第三，要坚持法律面前人人平等。这是我国法制的一项基本原则，一切国家机关、团体和个人在法律面前都是平等的，任何组织和个人都不得有超越宪法和法律的特权。党领导人民制定宪法和法律，党也领导人民遵守宪法和法律。

第四，要坚持依法行政和司法公正。各级政府的权力是人民授予的，必须严格依法行使职权，努力为人民服务。我国的司法机关要严格依法行使独立的审判权和检察权，维护司法公正，保护公民和法人的合法权益。

第五，要做到违法必究，执法必严。公民、国家工作人员特别是各级领导干部要严格遵守法律，对违法行为必须依法予以追究。

四、正确处理民主与集中、民主与专政的关系，反对专制主义、官僚主义和极端民主主义

专制主义、官僚主义和极端民主主义是与社会主义政治文明格格不入的。

在社会主义政治文明建设中，要正确处理好民主与集中、民主与专政的关系，反对专制主义、官僚主义和极端民主主义。

专制主义是与民主政体相对立的。它是指一个人或少数几个人独裁的政权组织形式。体现在帝位终身制和皇位世袭制上，其主要特征是皇帝个人的专断独裁，集国家最高权力于一身，从决策到行使军政财政大权都具有独断性和随意性。专制主义作为封建主义的意识形态，在现代的某些领导干部思想中仍然有极其明显的表现，如做事主观武断，不讲民主。特别是一些高层决策层的领导者，采取专制主义的决策方法，是决策失误的重要原因。这不仅给社会发展造成失误，也严重干扰政治民主的发展。

官僚主义是指脱离实际、脱离群众、做官当老爷的领导作风。官僚主义是剥削阶级思想和旧社会衙门作风的反映。周恩来曾经指出，官僚主义是领导机关最容易犯的一种政治病症，是剥削阶级长期统治的必然产物。中国长期处于封建社会和半殖民地半封建社会，官僚主义更有深远的影响。他把当时执政党内和国家机关内存在的各种官僚主义现象归纳为二十种表现形式，指出官僚主义与自由主义、个人主义、命令主义、事务主义、分散主义、本位主义、宗派主义都是密切相关的，并一一加以批判。他告诫人们，“官僚主义在我们执政党内，在我们国家机关内，的确是十分有害的、非常危险的”，“绝不能容许官僚主义再继续发展下去”①。邓小平也指出：“官僚主义现象是我们党和国家政治生活中广泛存在的一个大问题。它的主要表现和危害是：高高在上，滥用权力，脱离实际，脱离群众，好摆门面，好说空话，思想僵化，墨守陈规，机构臃肿，人浮于事，办事拖拉，不讲效率，不负责任，不守信用，公文旅行，互相推诿，以至官气十足，动辄训人，打击报复，压制民主，欺上瞒下，专横跋扈，徇私行贿，贪赃枉法，等等。”②目前在我们党内和领导干部中，官僚主义仍然很严重，不仅造成国家和人民的财产损失，更为严重的是，直接损害了党和政府的威信，使广大人民群众对党和政府失去信任，进而导致党群关系、干群关系紧张，最终失掉民心。

极端民主主义是打着“民主”的旗号，把民主推向了极端。民主作为表达民意的一种形式，它是与集中相统一的，是民主与集中的统一，我党将其称为“民主集中制”。它要求充分发扬民主，健全民主制度，保障党章规定的党的各级组织和党员的民主权利，使各级党组织和广大党员朝气蓬勃，以自己的积极性和创造性贡献于党的事业，并有效地监督党的干部特别是领导干部。在充分发扬民主的基础上实行正确的集中，使全党在思想上、政治上保持统一，在行动上做到步

---

① 《周恩来选集》下卷，人民出版社 1984 年版，第 423 页。

② 《邓小平文选》第 2 卷，人民出版社 1994 年版，第 327 页。

调一致。极端民主主义者只是片面的强调民主，忽视了集中。没有严格集中制保证的民主，实质上不是真正的民主，而必然表现为无政府主义和自由主义。

综上所述，无论是专制主义、官僚主义还是极端民主主义都是对我国政治生活的破坏，是社会主义政治文明建设的绊脚石。因此，在社会主义政治文明建设中，必须正确处理好民主与集中、民主与专政的关系。在改革开放和发展社会主义市场经济新的历史条件下，民主集中制遇到了一些新情况、新问题，主要表现在民主不够与集中不力的两种倾向同时存在，相互交错，相互影响，使这一制度在实际工作中难以落到实处。所以，目前在民主与集中的关系上，仍然需要坚持民主基础上的集中和集中指导下的民主相结合，这里的关键仍然是要结合实际做好结合的文章。在民主与专政的关系问题上，要坚持民主与专政的辩证统一。民主与专政是紧密结合、相辅相成的。只有在人民内部对绝大多数人民实行充分的民主，才能对极少数敌人实行有效的专政；也只有对极少数敌人实行强有力的专政，才能够充分保障绝大多数人民的民主权利。两者绝不能割裂或有所偏废，更不应互相排斥和互相代替，在任何情况下都必须坚持民主和专政的统一。

五、借鉴资本主义政治文明的科学成分，建设社会主义政治文明

社会主义政治文明建设是一个系统工程，各国必须结合自己的国情走自己的发展道路。我们党始终坚持我国的现代化是社会主义现代化，我国的政治发展绝不是照搬西方政治模式的“政治现代化”，而是坚持马克思主义基本原理同中国具体情况相结合，从中国的历史和经济条件出发，走自己的政治发展道路。与此同时，“社会主义要赢得与资本主义相比较的优势，就必须大胆吸收和借鉴人类社会创造的一切文明成果”①。人类社会创造的“一切文明成果”中包括政治文明成果。西方国家的资本主义政治文明建设成果包含着一些值得我们借鉴的科学因素，我们可以在社会主义政治文明建设过程中有比较、有选择地吸收，这有利于我们建设比资本主义国家更加进步的政治文明。如资本主义政治中的合理分权及对权力的互相制约和有效监督，直接选举、直接参与等一些民主的具体形式和程序，我们虽不能照搬，但可以结合我国实际加以改造，吸收其中有用的东西为我所用。总之，我们只有放眼世界，以宽广的世界眼光和博大的胸怀积极吸纳各国文明成果，才能不断地提升自己的素质，领世界政治文明之风骚。

① 《邓小平文选》第3卷，人民出版社1993年版，第373页。

第十三章 “建设论”:物质文明、政治文明、精神文明、社会文明建设有机统一(三)——社会主义精神文明建设

社会主义精神文明建设,是“建设论”四要素(物质文明、政治文明、精神文明、社会文明)有机统一规律的诸要素之一。社会主义精神文明,是社会主义社会的基本特征之一,也是社会主义优越性在思想文化方面的重要体现。社会主义精神文明建设,是社会主义建设的重要组成部分。加强社会主义精神文明建设,对社会主义制度的巩固和发展有着重要的推动作用,具有重大的理论意义和实践意义。

第一节 社会主义社会的文化

一、“文化”概念的一般含义

文化,既是人类文明发展的历史产物,也是衡量人类社会文明程度的标尺。初始的“文化”概念,在世界各民族的早期词汇中便已出现。“文化”一词来源于拉丁文“Cultura”,原意指人们在改造自然以满足生存需要的过程中对土地的耕耘、加工和改善,含有在自然界中劳作收获的意思。后来这个术语又引申为“智慧文化”,即指改造、完善人的内心世界,使人具备知识水平、教育程度、思想修养的过程。随着历史的发展,这一概念不断充实完善,并把不同形式的人类活动引入它的内容中加以具体化和扩大化。由此可见,“文化”作为社会历史范畴,概括着人类社会一切时代的文化现象。文化的产生、发展是社会历史发展、变革的过程,并渗透于人类社会的经济、政治、社会和环境整体的发展之中,它与人的发展、社会的进步、生态的治理是同一过程的几个不同的方面。无论是哪一个时代的文化,都是代表着那个时代的精神,体现着人类发展的目标与核心价值观。人类在劳动生产实践中,不但促进人与社会的进步,同时也按人的需要改造客观世界,从而形成文化本身。

文化，有广义和狭义之分。广义的文化，映现的是历史发展过程中人类的物质力量和精神力量所达到的程度和方式。依据其领域的不同可分为人类在改造客观世界过程中积累起来的物质成果和精神成果、实践经验和理论形态，即人们通常所说的物质文化和精神文化、实践文化和理论文化。物质文化包括全部物质活动及其成果，例如，物化型方面的生产工具、交通工具、建筑物等社会物质财富，构成了物质文化的实体部分。精神文化是精神活动的成果，例如，科学知识、价值观念、思想体系、道德规范和法律条文、艺术、智慧与技巧等形式，构成其社会精神财富。文化与人类活动相联系并在改造自然界的基础上产生了实践文化和理论文化。实践文化属动态性文化，呈经验形态，是社会实践的反映。人类借助于文化，把积累的经验一代代地不断传递，实现着国家之间、民族之间的交往传播，形成文化的延续、升华和再造。随着社会实践的不断丰富和发展，人类文化也不断拓展，产生出新的文化特质。理论文化具有相对稳定性，是系统性的精神文化。作为一种精神创造物，它是人类通过劳动和实践，把广泛存在于民间精神中的文化心态积淀、转化为一套外显的文字符号系统，具体表现为自然科学和哲学社会科学两大类。因此，人类创造了文化，文化又塑造了人，文化的发展涵盖人类发展的整个历史，构成文化发展的内在动力。

狭义的文化是特指以社会意识形态为主要内容的观念体系，由政治、哲学、宗教、道德、艺术等观念形态所构成，体现人类改造主客观世界的精神成果，是精神文化的重要组成部分。作为观念形态的文化，又包括虚、实两个方面，即思想道德、教育科学文化观念和教育科学文化的物质内容及其设施。前者是虚的部分，后者是实的部分，虚实统一，构成观念形态的精神文化。在人类社会发展的历史长河中，精神文化不仅具有自身的内涵特质，而且具有自己独特的发展规律。

文化的内涵丰富多彩，纷繁复杂，并通过文化的特点反映出来。

其一，文化的实质体现了人的能力、智力、道德、审美以及人的各种活动方式发展的程度。人们在生产活动过程中，形成人的智能、本领、趣味而赋予物的人化形式，使文化景观背后的物质文化按照人的方式存在，映现着人与自然包括人与人相互作用的社会方面。

其二，文化呈现着社会性特点。从社会更深层运动的过程中把握理解文化的特殊运动看，文化和劳动一样，具有人与人交往中存在的社会性创造形式，“只有在社会里和通过社会，才能成为财富和文化的源泉”①。这就是说，文化不仅依赖于人类社会活动，被社会客观性所决定，而且又依赖于人类所创造的物质财

① 《马克思恩格斯选集》第3卷，人民出版社1995年版，第300页。

富和精神财富。

其三,文化具有多样性特点。文化的多样性记载着各民族历史发展的轨迹和特殊性。在近代世界文化系统形成的同时,各民族的文化依然保持着自身特色,形成了在民族文化多样性基础上的世界文化体系,由此构成特定的文化形态和各自的文化有机体。

二、社会主义文化的科学含义

社会主义文化也有广义和狭义之分。广义的社会主义文化包括物质文化和精神文化,两者是有机的统一体。狭义的社会主义文化仅指精神文化,它包括马克思主义的意识形态、社会主义和共产主义理想、社会主义和共产主义道德以及以马克思主义为指导的教育、科学、文学、艺术、卫生、体育等。社会主义文化的核心内容是马克思主义意识形态,它在观念形态上反映社会主义社会的政治、经济并为其服务,在本质上高于以往一切社会的文化。

社会主义文化是由马克思主义的文化观点组成的理论体系,它从历史唯物论的角度揭示了文化的起源、实质、结构、功能及其发展的一般规律,为我们认识社会主义文化理论提供了科学的方法论原则。马克思主义认为,人类改造世界和改造人本身的活动是文化的源泉和基础,物质生产活动是文化产生和发展的最基本条件。同时,文化形态的变更发展,也归附于人类生产方式的变更发展。文化反映历史发展过程中人类的社会力量所达到的程度,人的社会关系的发展是文化发展的标志。所以文化的实质、目的、意义就在于人的发展,在于培养全面发展的人。文化自身具有相对的独立性。马克思指出:"关于艺术,大家知道,它的一定的繁华时期决不是同社会的一般发展成比例的,因而也决不是同仿佛是社会组织的骨骼的物质基础的一般发展成比例的。"[①]由于历史因素的差异,必然造成文化形态的相互差异,使文化出现自已构建自己的特殊过程。

社会主义精神文化,是在社会主义经济制度和政治制度下广大劳动人民群众创造的精神财富,体现着人类精神生产和精神生活的进步状态,是历代社会精神文化发展的最高阶段。它是由其自身内部本质所规定的。

其一,马克思主义作为社会主义精神文化的指导思想,体现了以往社会精神文化无可比拟的先进性。社会主义精神文化无论是动态结构还是静态过程,都是一个包含多方面璀璨瑰丽的思想文化形式的复杂体系。在这些不同的系统要素和层次结构的社会主义精神文化体系中处于指导核心地位的马克思主义是科学的世界观和方法论,它正确反映客观世界的发展规律,使社会主义思想文化具

---

① 《马克思恩格斯全集》第46卷(上),人民出版社1979年版,第48页。

备革命性与科学性的统一，全面地调整和丰富人们的精神生活，使内心世界得到完美发展。

其二，社会主义精神文化的功能，反映了以往社会文化所不曾有的人民性、向上性和进步性。作为新型的社会主义精神文化，在观念形态上反映社会主义社会的政治、经济并为其服务，从本质上高于以往一切社会的文化。它继承本民族优秀文化成果，而又吸收当代世界先进文化，两者融会贯通，成为一体，并通过多种文化形式，满足人们的精神需求，激发人们的热情。因此，社会主义精神文化从形式到内容，都超越以往的文化而进入全新的阶段。

其三，社会主义精神文化具有以往任何社会精神文化无可比拟的整体性和全面性。资本主义精神文明无论是文化、教育还是社会思想，最终目的都是为钱的增殖而奋斗，在物增值的同时，人的真正价值却在贬值。而社会主义精神文化则要培养全面发展的新人，以人的全面发展促进生产力的增长，从而达到全面发展的社会和全面发展的人的境界。

综上所述，社会主义精神文化无论是从它赖以形成和发展的基础，还是从它本身质的规定性看，都是一种更高类型的精神文化。当然，我们还不能断言，社会主义精神文化在现阶段所有方面都高于以往社会。因为，社会主义精神文化的发展需要有一个过程，它赖以发展的物质基础也需要有一个积累过程。

三、社会主义精神文明的基本内容及特征

马克思主义认为，人类的社会生活本质上是实践的。人们在社会实践中，在改造客观世界的同时也改造了自身。人们改造自然界的物质成果就是物质文明。在改造主观世界的过程中，社会精神生产和精神生活得到改善、发展，这方面的成果就是精神文明。社会主义精神文明是建立在生产资料公有制基础上，与社会主义生产方式相联系，以马克思主义为指导的先进的文明形态。它的基本内容可概括为思想道德和科学教育文化两大系列。

从建设的角度讲，思想道德系列主要包括马克思主义的科学理论，共产主义理想、信念和道德，集体主义思想，正确的权利义务观念和法制纪律观念，勇于奉献的精神以及正确的劳动态度，等等；科学教育文化系列主要包括教育、科学、文学艺术、新闻出版、广播电视、卫生、体育、图书馆、博物馆等各项有形的文化事业的发展和人民群众知识水平的提高。社会主义精神文明正处于不断发展完善的过程中，其内容也将随着实践的发展不断丰富充实。

理想，在社会主义精神文明的思想系列中居于重要地位。它是作为社会主体的人们的政治立场和世界观在奋斗目标上的集中体现。社会主义理想和共产主义最高理想，是社会主义精神文明的主要内容，以理想为激励，造成全社会朝

着远大目标奋发进取的精神状态。

道德，是古老的社会意识形式。共产主义道德是社会主义公有制以及与此相适应的各种经济关系和政治关系在社会思想方面的抽象概括，体现了人类历史上最进步的思想意识和道德境界，是道德体系中的最高层次。在现阶段虽然还不能以此作为全民范围内道德建设的基本要求，但是以共产主义道德精神促进人们积极向上，乃是社会主义社会的性质和发展目标所必需的。

纪律，是社会思想方面不可缺少的内容。社会主义社会是由各种社会关系构成的有机整体，要把社会高度统一协调起来，仅有道德的约束还不够，必须有纪律作保证。各种社会关系内部以及它们之间的协调，都要通过纪律来实现。在社会主义制度下，社会成员有着共同的根本利益，各种纪律意识和纪律观念都必须以这种利益为基础，反过来又必须有利于约束个人、集体和国家的活动，保证个人和集体在法律规定范围内的正当利益的实现。作为社会主义意识形态的纪律性，对社会精神生活起着一种宏观指导与调节作用。

以上所述的社会主义精神文明思想系列，体现为社会意识形态，它与社会制度密切地联系在一起，具有鲜明的阶级性，规定了整个精神文明的性质和方向。

人类在改造客观物质世界的实践中，各种与自然界和人类社会有直接关系的认识、思维、观念和科学文化首先得到发展，同时教育、艺术、卫生和体育事业也得到推进。它们共同构成社会文化的总体。

教育，是文化系列中的重要内容。教育所具备的社会职能，是传授知识和思想，开发智力资源，培养提高社会成员的整体文化素质，为社会输送建设人才。当今世界各国经济实力的竞争，实质上就是物化在商品经济中的科技的竞争，是科技、教育、文化、智能水平的竞争，归根到底，是人才的竞争。①现代社会的教育职能更为强化，教育深入到社会领域的各个方面，发展教育是建设社会主义精神文明的迫切要求，必须把教育文化建设放在优先的战略地位上。

科学，是社会文化的基础和核心，人类文明发展的里程碑。科学作为知识体系和文化的载体，是以概念和逻辑的形式为人们改造自然、改造社会提供理论依据和精神手段的。

艺术，是审美意识的集中表现。社会主义的艺术继承历史上的优秀文化成果，其内容十分广泛，包括绘画、雕塑、音乐、舞蹈、戏剧、影视、语言艺术，等等。无论哪种形式的艺术，都应以其特有的社会功能向人们展示美的思想境界，使之在娱乐中受到熏陶、启迪，满足精神需求。艺术作为高层次的社会意识，体现着

---

① 参见郑必坚、杨春贵《中国面向21世纪的若干战略问题》，中共中央党校出版社2000年版，第374页。

高尚、文明、进步的精神状态，塑造着全社会的精神美。

卫生，是社会主义文化不可缺少的内容，是人类随着科技的发展和社会条件的改善，在历代与愚昧、无知、落后的不卫生行为斗争中文明的创造性积累。社会主义卫生事业是社会主义精神文明的综合体现，它使人们具有健康的体魄、充沛的精力和舒适的环境。

体育，是一种娱乐性的社会现象，又是一种与人体有联系的社会活动。社会主义的体育事业发展、创造并普及了锻炼身体的风尚，激发建设者的奋发精神。在全民性的体育锻炼中培育和强化人们的竞争意识和不甘人后的心态。体育事业作为文明建设的一面窗口，从中可以看到全民族的身心素质和精神风貌。

综上所述，思想和文化两大系列，作为社会主义精神文明的基本内容，各自起着不同的作用。先进的思想道德是社会主义精神文明的核心和决定因素，进步的教育、科学、文化是社会主义精神文明的知识基础及发展水平的标志。它们各自通过与社会主体的联系发挥着对社会主体的影响作用，彼此又存在着相互影响和相互渗透的关系。

社会主义公有制的建立使社会关系发生了根本性的变化，这种社会关系的变化决定着思想文化的发展，使社会主义精神文明呈现出不同于以往的新特征。

第一，社会主义精神文明坚持以马克思主义为指导，这是社会主义精神文明建设的根本，并决定精神文明建设的性质和方向。马克思主义是全人类精神文明的伟大成果，是社会主义意识形态中最重要的组成部分，并对整个精神文明建设起决定性作用。我们坚持以马克思主义为指导，并不否认思想道德建设上的多层次性和文化教育建设上的多成分、多样化的发展格局，也不否定人民内部在科学和艺术领域中不同风格、不同流派和不同意见之间的争鸣。坚持马克思主义为指导，就是要坚持马克思主义的基本原理和由这些原理构成的科学体系，善于用马克思主义的立场、观点、方法结合不断变化的实际，探索解决新问题，使马克思主义随着实践的发展而发展并指导实践发展，始终保持其生机和活力，有效地发挥马克思主义的指导作用。

第二，国家、集体、个人三者利益相结合的集体主义原则，是社会主义社会整体利益要求人们必须遵循的行为准则。社会主义的集体主义是同生产资料公有制相适应的思想原则，是社会主义社会意识形态的主体部分，它对社会主义经济基础的巩固和发展有着巨大能动作用。社会主义的经济是以公有制为主体，就其社会的生产、交换、分配、消费诸方面看，也都是由国家宏观调控并按照整个社会的发展战略部署来进行。这种客观的社会经济基础，必然要求人们把整体利益和局部利益、长远利益和眼前利益结合起来，从而保证国家利益、集体利益和个人利益在根本上一致。集体利益高于个人利益，而集体利益的发展又离不开个人积极性的发挥，并为个人利益的实现创造条件。这种与公有制经济相适应的集体主义原则，是社会主义整体利益和个人利益的辩证体现，是社会主义经济关系在观念形态上的反映，并贯穿到社会生活的各个领域。

第三，实现人的全面发展是社会主义精神文明的基本特征之一。在私有制为基础的社会制度下，无论是个人还是社会，都不可能有自由而充分的发展。资本主义尽管为人的进步、发展创造了客观条件，但这些条件受到了社会生产关系性质的严重制约。生产社会化和私人占有这一根本性矛盾，决定了社会物质的丰富和人们精神的贫困这样一种畸形发展的社会现象。社会主义社会确立了由全体社会成员共同占有生产资料的制度，由此形成劳动者与劳动资料、个人利益与社会利益之间的协调关系的基础，从而把人的全面发展自觉地纳入社会主义精神文明建设的轨道之中。人是认识的主体，也是实践的主体，人与自然和人与社会的关系本质上体现为主体的能动性活动。社会主义社会人的主体精神得以弘扬，人在改造客观世界的同时也就是人的主体全面发展、自我丰富的过程。因此，重视人的全面发展是社会主义精神文明的根本任务，也是社会主义精神文明的基本特征之一。

第四，社会主义精神文明是继承优秀文化传统，而又体现时代精神的新文化。精神文明是人类社会在其发展演变的过程中所创造的精神现象在人类历史长河中的积淀，是在继承前人优秀文化遗产的基础上丰富发展起来的。社会主义精神文明无疑是以本民族的文化为主体，吸收容纳本国传统文化之精华。因为任何民族文化的变革，都不可能脱离本民族的传统文化。邓小平就曾指出："要懂得些中国历史，这是中国发展的一个精神动力。"[①]与此同时，还要有选择地吸收外来文化，兼收并蓄，博采众长。那种闭关锁国，拒绝外来的优秀文化，只能使文化园地荒芜起来。在改革中弘扬民族文化之精华，在开放中借鉴吸收外来文化之长处，相互渗透，融会贯通，才能创造出立足本国、面向世界、熔人类文化于一炉的社会主义新文化。

第五，社会主义精神文化体现了无产阶级和劳动人民的共同利益，是为大多数人谋利益的精神文明。在剥削制度下，一切文明成果的产生都是建立在私有制基础上的，是以对劳动人民的剥夺为前提，以不平等为特征。劳动人民创造了文明成果，却无权享用，而只能被少数剥削者所垄断，并为其所享用。社会主义制度把精神文明的创造和享有在生产资料公有制的基础上统一起来，真正实现了精神财富同劳动人民最广泛的结合，因而使"几千年来文明发展的成果……为

① 《邓小平文选》第3卷，人民出版社1993年版，第358页。

全体劳动者所普遍享有”①。每个社会成员既是精神文明的创造者和建设者，又是精神文明成果的所有者和享用者。社会主义精神文明获得了最广阔的群众基础，日益成为全体社会成员的生活需求。

第二节 社会主义精神文明的重要地位和作用

一、社会主义精神文明是社会主义本质的内在要求

在当代中国，发展先进文化就是发展有中国特色的社会主义文化，就是建设社会主义精神文明。文化是相对于政治经济而言的，精神文明是相对于物质文明和政治文明而言的。一个政党能否长期稳定执政，牢固掌握政权，既取决于它所拥有的政治资源、经济资源，也取决于它所掌握的文化资源，取决于它是否掌握先进文化发展的主导权。精神文明作为人类社会发展合目的性的一种潜在力量，通过价值观念、思想信仰和行为规范来保持社会的认同，凝聚社会的共识，制约社会发展的方向，从而成为人类社会发展的精神支柱。建设高度的精神文明是经济政治文化相互促进、协调发展的当代社会发展趋势，也是社会全面发展进步的重要标志，体现了社会主义本质的内在要求。

发展社会主义先进文化，为社会的全面发展创建高度的社会主义精神文明，这是我国全面建设小康社会对精神文明建设的基本要求，也是中国特色社会主义的本质属性。中国共产党从十一届六中全会到十二大、十三大、十四大、十五大，始终强调坚持社会主义物质文明、精神文明“两手抓，两手都要硬”。从党的十六大开始，又强调全面建设社会主义物质文明、政治文明、精神文明。党的十七大则进一步提出：“建设社会主义核心价值体系，增强社会主义意识形态的吸引力和凝聚力，把社会主义核心价值体系融入国民教育和精神文明建设全过程，转化为人民的自觉追求。建设和谐文化，培育文明风尚。”②建设富强、民主、文明、和谐的社会主义现代化国家的发展过程，实质上就是中国特色社会主义事业总体布局从两位一体、到三位一体再到四位一体的发展过程。在现代社会中，经济越发展，人类文明越发展，精神文明的地位和作用就越突出越重要。在当今世界，精神文化越来越成为经济社会发展的战略资源，成为一个国家综合国力的重要组成部分，文明的矛盾和冲突也越来越成为国际竞争和冲突的重要因素。近

---

① 《列宁全集》第36卷，人民出版社1985年版，第50页。

② 胡锦涛：《高举中国特色社会主义伟大旗帜 为夺取全面建设小康社会新胜利而奋斗——在中国共产党第十七次全国代表大会上的报告》，人民出版社2007年版，第34～35页。

些年来，我国学术理论界的专家学者从不同的角度，选择不同的经济社会指标，构造类型各不相同的评价指标体系，并把社会精神文明发展程度在某种意义上归属于以人的素质为核心的“文化国力”的研究范畴。在社会主义市场经济体制下，发挥精神文明的先导作用，以可持续发展的思路构建起与当代社会主义市场经济相适应的核心价值体系、政治意识、生活方式，使经济的发展植根于经济、政治、文化一体化发展的深厚基础上。实践证明：任何国家或地区要取得经济和社会的持续稳定发展，就必须建构与市场经济相统一的社会结构和价值观念，重视经济、政治、文化的协调发展和民族文化精神的重建工程。因此，文化是在特定的经济、政治、社会基础上产生，同时又以其特殊的方式给予经济、政治、社会以巨大的影响和有力的促进，这就决定了它必须具有不断探求和不断创新的时代特征。

从人类文明发展的历史角度看，任何一个社会形态的变革与更替，对于一种新的社会形态来说总是在历经磨难后浴火重生。其重要原因就在于有先进文化的内在支撑力量，在挫折和失败中往往能给人们以坚定信念和不懈追求的支撑，成为人们追求新社会不断发展的力量源泉。在社会发展过程中，如果没有或者缺乏先进文化支撑的盛世辉煌，那只能是暂时的、没有根基的经济繁荣，实质上是一尊没有灵魂的雕塑，最终将在岁月的洗礼下土崩瓦解，随风飘落。中国历史上的17～18世纪，就是虽被称为“康乾盛世”但缺乏先进文化支撑的典型印证。尽管其间法国的启蒙学者伏尔泰、德国哲学家莱布尼茨都对这种社会繁荣赞叹有加，但是这种缺少内在力量支撑的繁荣景象，只不过是当时已经逐渐日落西山的封建文化的最后辉煌，而不是在先进文化支撑下的经济繁荣。自鸦片战争以来康有为、梁启超等人的社会改良思想受到阻滞，孙中山主张的民主共和难以实现，这就从本质上宣告了曾经是人类文化先进代表的中国封建文化已经风光不在，导致近代中华文化在中西方的对撞屡屡失败中最终流产。此后，如何在中国传统文化国度里培育出现代精神文明的参天大树，就成为中国共产党必须面对的历史性课题。在“五四”新文化运动中诞生的中国共产党，通过前赴后继和艰苦卓绝的奋斗，把苦难深重的中国从胜利不断引向新的胜利。其根本原因就在于，中国共产党不是一味地固守传统文化，而是把合理地继承传统文化与积极地吸收域外先进文化相结合，并在此基础上根据中国国情和实际进行不懈的探索和创造，使正确的理论结合具体情况并根据现存条件加以阐明和发挥，从而为中国的新民主主义革命、社会主义建设和改革发展铸就了文化的先进内核，确立了正确的导向，树立起鲜明的旗帜。因此，先进文化必然会对现实社会的发展产生巨大的主导作用。新社会的建立实质上也是先进文化所蕴涵的价值观念制度化和规范化的过程，新型文化或新型文明所蕴涵的价值观念不仅是建立各种社会制度的价值源泉，而且也是新型社会建立一系列道德规范的价值尺度。

随着当代中国和世界文化的迅猛发展、我国建设社会主义和谐社会的不断推进，我们一方面面临着全球西方资本主义文化剧烈冲击，另一方面我们还面临着中国传统文化和经济转型时期大众文化心理嬗变的严峻挑战，在西方文化和民族文化的激荡中经历着激浊扬清的阵痛和考验。代表中国先进文化的前进方向是中国共产党根本性质的内在要求，是我党保持自身先进性的文化根基。实现新形势下社会主义文化建设与社会主义全面发展的有机统一，是我们党走向新世纪面对的历史性课题，表明了我党以崭新的面貌迈向新世纪的历史性抉择，也是我国全面建设小康社会的文化建设的基本要求，是社会主义社会质的规定性。

第一，把握人类社会先进文化前进的方向，建设高度发达的社会主义精神文明。任何文化都具有意识形态性，是特定思想观念和价值体系的必然反映。作为衡量先进与否的标准，不同的阶级有不同的价值取向和价值标准。所谓的“共同标准”，是在克服了民族片面性和局限性之后的人类文化的“公共财产”，而绝不是也不能是强势文化吞噬弱势文化，或者是充满西方文化偏见和片面利益的殖民文化和强权文化。每一个国家和每一个民族都有自己生存发展的历史和精神演化的历史，即使是在文化全球化的浪潮中，面对世界范围各种思想文化的相互激荡，我们也要以社会主义文化作为构建和发展先进文化的准则和目标，创建面向现代化、面向世界、面向未来的民族的科学的大众的社会主义新文化，弘扬培育民族精神，不断丰富人们的精神世界，增强人们的精神力量，保持昂扬向上的精神状态。

第二，社会主义精神文明既要兼容并蓄，又要鉴别采纳；既要积极传承和吸收当代人类优秀的文化成果，又要发掘民族文化传统中所积淀的精神力量和思想内蕴。任何一种文化都具有自身固有的本质和特点，是一种现代化和世界化的文化，同时又是政治、经济的体现和反映，因而它具有科学性、时代性、民族性、民主性和开放性的本质特征。先进文明成果内在价值的生命力往往都具有永恒性和普遍性，它作为全人类的精神财富蕴涵着文化的科学性、现代性、新理性精神和人文精神。当今世界，各个民族的文化在经济全球化和市场经济大潮中相互碰撞，相互影响，相互渗透。在开放的世界中，每一个国家的经济发展和文化建设都离不开人类新的文明主流，当代文化建设发展的趋势也呈现出各国文化相互交流、相互借鉴、共同繁荣的趋势。人类发展不能割断历史，人的发展也不能割断同世界的联系，“没有拿来的，人不能自成为新人”①。这就要求每一个国

① 《鲁迅选集》第4卷，人民文学出版社1983年版，第30页。

家和民族都必须将自己的文化纳入世界文明体系中。在人类文明发展历史上有一个规律性现象:凡是能够吸收人类社会优秀文明成果,使科学文化与人文精神较好地结合的国家和时期,国家的经济社会就会出现繁荣、盛世,反之则走向落后、衰败。

第三,社会主义精神文明建设的最终目的是提高人的素质,促进社会全面发展。在高科技和知识经济的时代,人的现代化素质是文化国力和综合国力的重要构成要素,并决定国力的强弱。人的发展,尤其是人的素质的提高和优化,对推动社会全面进步有着直接的影响。人的素质是历史的产物,又给历史以巨大的影响。在推动社会全面进步的一切因素中,归根到底,人是一切活动的主体,人的素质是一切活动成效大小的关键。具体而言,对社会发展规律的认识、掌握及运用,在一定程度上取决于人的认识能力和实践能力,也就是说,需要依赖人的理论思维和能力素质的优化。在某种意义上说,人的素质的现代化是社会经济现代化的主体性前提。因此,在社会主义市场经济条件下,特别是我国实施以经济建设为中心、经济社会相互协调可持续发展战略中,注重人的综合素质提高,一方面对经济社会发展产生巨大的推动作用,另一方面对于人自身来说,也是生产力的首要因素。提高国民的综合素质,不仅是解决人与经济社会关系问题的核心,而且是解决人与自然、经济与环境关系问题的关键。

中国共产党在第十七次全国代表大会上提出建设社会主义的物质文明、政治文明、精神文明、社会文明,把社会主义现代化建设提升到四个文明建设有机统一的理论高度,为社会主义精神文明建设提供了新的研究视角和新的定位。

二、社会主义精神文明是社会主义社会的重要特征之一

明确把社会主义精神文明作为社会主义社会的重要特征,是中国共产党对科学社会主义的重要理论贡献,也是我们正确认识社会主义社会精神文明建设战略地位的理论依据。若从精神文明在社会主义社会发展中的作用这一视角作静态分析,精神文明构成社会主义社会的重要特征。

第一,社会主义精神文明是社会主义社会的重要组成部分。在人类发展历史上,任何一个社会形态都是由一定的经济、政治和思想文化构成的有机统一体。这个统一体的三个方面相互关联,互相制约。经济是基础,政治是经济的集中体现,而思想文化则是一定社会经济和政治的一种反映,并反作用于一定的经济和政治。社会主义社会同任何社会一样,也是由与一定的生产力发展水平相适应的经济制度、政治制度以及与经济、政治相适应的思想文化构成的统一体。生产资料公有制和按劳分配是社会主义的经济制度,工人阶级和劳动人民的政权是社会主义的政治制度,与此相适应,反映并反作用于这个经济制度和政治制

度的是以马克思主义为指导的社会主义精神文明。因此，社会主义社会的基本特征不仅表现在它的经济、政治制度上，而且还体现在它的思想文化即精神文明方面。只有从这三个方面去认识把握社会主义社会有机整体，才能求得社会主义的全面性发展。

第二，社会主义精神文明是社会主义本质的重要体现，是社会主义的优势所在。社会主义克服了资本主义的基本矛盾，解放和发展了生产力，消灭了剥削制度，走共同富裕的道路。除此之外，以马克思主义为指导的社会主义精神文明，能够在全国范围内和全体规模上形成共同的社会理想信念、共同的道德标准，能够消除资本主义制度所必然产生的种种贪婪、腐败和不公正的现象。这种社会本质不仅体现在能创造更多的物质财富上，更重要的是体现在造就社会主义新人上；不仅能使人从经济政治上获得解放，也使人从精神上获得发展。恩格斯指出：社会主义的发展，“需要一种全新的人，并将创造出这种新人来”[①]。而只有依靠社会主义精神文明，才能培养造就新人。因此，社会主义精神文明建设则主要是对人的培育，它集中反映了社会主义社会的本质，也是区别于资本主义的一个重要特征。

第三，社会主义精神文明是社会主义经济沿着正确方向发展的重要保证。作为上层建筑的重要组成部分，精神文明对社会生产力和社会经济的发展有着重要的影响。固然，发达的生产力可以创造出巨大的物质财富，但财富的社会分配却并不直接取决于生产力，而是取决于生产关系及与其相适应的上层建筑。在剥削制度下，劳动的异化始终是以普遍的形式存在着，文明的发展只能在不同的奴役形式所提供的狭隘范围内进行。只有坚持社会主义发展方向，才能确保物质生产以满足劳动人民的需要为目的。社会主义精神文明是保证社会主义方向的有力思想武器，坚持马克思主义，运用马克思主义的立场、观点、方法，确立社会主义的意识形态的指导地位，对人民进行马克思主义理论教育，进行理想、道德、纪律和法制观念的教育，提高人们的思想道德和教育科学文化素质，为物质文明建设和改革开放提供精神动力和智力支持，使社会主义经济建设沿着社会主义方向发展。

若从精神文明建设的全过程这一视角作动态分析，来进一步认识社会主义精神文明是社会主义社会的重要特征，就可以看出：社会主义精神文明是社会主义现代化建设总体布局不可分割的组成部分，在社会主义建设中占有极其重要的战略地位，是一项带有全局性、长期性和根本性的战略任务。它的发展状况如何，将直接关系到社会主义的兴衰成败，在社会主义社会中具有重要地位和作用。

---

① 《马克思恩格斯选集》第1卷，人民出版社1995年版，第242页。

第一,社会主义精神文明建设是社会主义物质文明建设的重要保证。马克思主义认为,人类社会的发展是在相互作用的形式中进行的,尽管物质文明建设是精神文明建设的基本前提,精神生产决定于物质生产,但精神生产绝不是被动和消极的因素,相反,它们将通过一系列中介环节,最终对物质生产产生强有力的反作用。生产力的发展,离不开人的发展,人是生产力中最积极的能动要素,也是生产力赖以发展的“潜能”,生产者的主体能力、精神动力的获取和积累,都是精神文明建设的直接成果。人们自身的解放、发展,生理、心理、技能等主体能力的提高,将促使生产力全面持久迅速地发展。两个文明建设互为条件,又互为目的,物质文明建设不能离开精神文明建设,精神文明又为物质文明的发展提供精神动力和智力支持。在进行社会主义物质文明建设的同时,如不加强社会主义精神文明建设,没有高尚的理想和道德情操,没有对社会主义前途的坚定信念,没有科学文化知识和为保证事业成功所必需的组织性、纪律性和法制观念,那么,物质文明建设就难以进行,甚至会走上畸形发展和变质的邪路。

第二,社会主义精神文明建设是社会主义政治文明建设的重要条件。社会主义政治文明建设取决于各方面条件的成熟,精神文明建设就是不可缺少的思想文化条件。社会主义精神文明和社会主义政治文明建设是相辅相成、互相促进的。首先,社会主义精神文明要靠加强民主、法制建设来保证。只有发扬社会主义民主,健全社会主义法制,充分保障人民群众的合法权利和利益,打击和制裁危害社会的不法行为,才能为物质文明建设和精神文明建设创造一个安定的社会环境。其次,政治文明的完善和发展又有赖于社会主义精神文明建设,政治文明建设是受经济、文化和思想条件制约的。人们必须具备必要的思想道德素质、科学文化素质和法制观念,否则,政治文明就不可能实现。只有通过加强社会主义精神文明建设,破除与民主政治不相适应的陈旧观念,树立适应社会主义现代化建设要求的民主政治观念、法律意识、公民的权利与义务相统一的观念,增强社会主义的公民意识,提高人民群众参政、议政的能力,才能有效地推进社会主义政治文明建设的进程。

第三,社会主义精神文明建设是关系到社会主义兴衰成败的大事。当前及今后一个相当长的时期,社会主义都将面临着两个方面的严峻挑战。一方面是来自现代资本主义的挑战,另一方面是来自新的科技革命的挑战。当今世界,正经历着一场新的科技革命,竞相发展的高科技产业,已成为越来越多的国家谋求发展的战略重点。世界经济的竞争越来越多地表现为物化在商品中的科技水平的竞争和智能的竞争。教育、科学文化建设在生产力发展中所起到的重要作用越来越显著和突出。面对这一严峻的挑战,现实社会主义国家应在加强经济建设的同时,进一步加强社会主义精神文明建设,以提高全民族的思想道德和教育科学文化素质，尽快地发展生产力，把综合国力搞上去，使人民生活水平不断改善和提高，使社会主义制度的优越性进一步体现出来，最终战胜资本主义。总之，在物质文明建设的同时，搞好社会主义精神文明建设，实现社会主义的全面进步，是我们国家战胜挑战，巩固和发展社会主义制度的一个关键性的大问题。

第三节 发展先进文化，建设社会主义精神文明

一、社会主义精神文明建设的根本目标是培养全面发展的社会主义新人

不断提高全民族的思想道德和科学文化素质，培养"四有"新人，是社会主义精神文明建设的根本目标。"人的思想道德修养的优劣，关系到民族的政治走向和精神风貌。"[①]对社会主义社会人的全面发展问题，邓小平曾明确地指出："搞社会主义精神文明，主要是使我们的各族人民都成为有理想、讲道德、有文化、守纪律的人民。"[②]江泽民也提出："精神文明建设，说到底，是要提高全民族的素质，培养有理想、有道德、有文化、有纪律的社会主义新人。"[③]由此可见，社会主义精神文明建设是对人的培育。这也是精神文明建设的根本落脚点。作为社会活动的主体的人来说，社会活动的成效大小、成败如何，不仅要受到社会环境、历史条件等客观因素制约，更重要的是取决于人在其中所居的地位和作用。社会的发展进步，是人同自然界相互完成的本质统一，是具有主体意识的人按照客观事物的发展规律有目的作用的结果。因此，把人的全面发展作为社会主义精神文明建设的根本目标，就是抓住了问题的实质。

"人的全面发展"作为一个科学的概念，是马克思和恩格斯在揭示生产社会化发展规律的基础上提出来的。他们全面考察了资本主义大工业机器生产对人的发展的要求，系统地论述了人的全面发展的理论。在《德意志意识形态》中，马克思和恩格斯提出，生产力的发展和科学技术的进步，要求人的全面发展。"因为现存的交往形式和生产力是全面的，所以只有全面发展的个人才可能占有它们。"[④]人的全面发展，是指人的智力和体力诸方面得到充分的自由的发展，是人从自然力量和社会关系的束缚下解放出来，使自身的各种潜能素质得到最充分的发挥，个体达到丰富完美的境地。人的全面发展，就其内容来说，一般包括两

① 王正平：《加强社会主义思想道德建设》，上海人民出版社 1998 年版，第 366 页。

② 《邓小平文选》第 2 卷，人民出版社 1994 年版，第 408 页。

③ 中共中央文献研究室编：《十三大以来重要文献选编》（中），人民出版社 1992 年版，第 626 页。

④ 《马克思恩格斯全集》第 3 卷，人民出版社 1960 年版，第 516 页。

个层次:一是造就社会主义一代新人,使公民的各种素质由不甚完全到比较完全的发展;二是马克思和恩格斯曾阐明的未来共产主义社会中人的全面发展。前者相对于人不甚完全的发展而言,是一种全面发展;后者相对于人的智能、体力和个性发展而言,使人得到最充分最全面的发展。从这个角度看,社会主义社会,特别是处于社会主义社会初级阶段的人的全面发展尚不能达到很高的程度,但它却是实现未来共产主义社会人的自由而全面发展的必经阶段,其程度将逐渐高于资本主义社会人的发展状况。

人是社会的人,人的发展同社会历史的发展是一致的。在不同的历史阶段上,人本身的发展状况是不同的。在人类社会发展的早期阶段,人的发展表现为一种原始的全面性,那是因为人的生产能力只是在狭窄的范围内和孤立的支点上发展着,还未形成丰富的社会关系,并且这种关系也没有作为独立于它之外的社会权力和社会关系同他自己相对立。这种原始的全面性与人类的蒙昧和野蛮相伴随,是生产力水平低下的标志。到了资本主义社会,一方面,资本家作为价值增值的狂热追求者,迫使人类为生产而进行生产,创造剩余价值;另一方面,资本主义的雇佣奴隶制度在形成普遍的社会物质交换和全面的社会关系的同时,把工人变成了机器的附属物,将人异化为身心片面和畸形发展的人。这就暴露了资本主义发展的局限性:它虽然能全面地发展社会生产力,但同时又把人这个生产力的主体推向了片面性发展。然而,不可否认,资本主义在它的自身运动中,与资本的意愿相反,为个人的全面发展、为一代新人的形成创造了必要的客观现实基础。因此,人的全面发展是一个历史的进程,是整个人类社会逻辑发展的必然趋势和必然结果。

马克思主义认为,共产主义社会生产资料公有制的建立和发展为个人的全面发展提供了坚实的经济基础,个人根据社会需要和自身素质自由选择职业,有充分的时间和社会条件从事能发挥个人的才智、体力和个性所必需的各种活动。只有到那时,人的全面发展的愿望才能实现。社会主义是共产主义的低级阶段,人的全面发展进程从社会主义制度建立之日起就已经拉开帷幕。社会主义为人的全面发展开辟了广阔的道路,提供了前提条件,使人们有可能朝着全面发展的目标迈进。这就从社会制度上为人的全面发展创造了适宜的社会环境,提供了经济、政治、文化等条件。随着社会生产力的发展,它将为人的全面发展提供愈益充分的条件,开辟愈益广阔的前景。

社会主义作为取代资本主义的社会形态和共产主义的初级形式,显然不可能只是资本主义与共产主义之间的临界点,而必然是受一定规律支配的自然历史过程。马克思主义的哲学方法论和社会运行轨迹的渐进性从认识逻辑和客观实践两方面作出判断:社会主义社会具有过程性。尤其是在经济基础薄弱、文化落后的发展中国家建立社会主义制度后，社会主义的生产力将是一个逐步发达的过程，社会主义的生产关系是一个不断完善的过程，社会主义社会的人民生活是一个逐渐走向富裕的过程，高度的社会主义精神文明和人的全面发展有一个逐步建设的过程。社会主义的过程性，规定了社会主义发展的阶段性。在起点较低、任务艰巨、问题复杂、时间漫长的社会主义发展过程中必然包含不同的阶段。在中国，根据生产力发展的不同水平可划分为初级阶段、中级阶段和高级阶段。目前，我们正处在社会主义初级阶段。在社会主义社会的初级阶段，培养一代"四有"新人是社会主义精神文明建设的目标。所以，提高全民族的思想文化素质，使劳动者具有社会主义的理想和道德，有良好的文化修养和纪律观念，是促进社会全面进步、人全面发展的需要，也是同社会主义初级阶段的发展层次要求相适应。既然社会主义社会是一个不断完善、不断发展的过程，那么，社会主义社会中人的各种素质的发展也必然要经过由不甚完全到比较完全发展的转化过程。人的全面发展的目标模式也将随着社会的进步不断赋予新的内容。在社会主义社会的初级阶段完成了培养"四有"新人的目标后，社会让位于更高社会形态中人的全面发展的目标模式，这将是一个长期的渐进过程。因为人的发展和社会的发展是同步的关系，人的发展要以社会发展作为前提条件，又要以进一步推动和促进社会的发展为目的。因此，人的全面发展必须在改造社会、促进社会发展的实践活动中才能实现，也必然要在这一过程中展现出来。

培养"有理想、有道德、有文化、有纪律"的社会主义新人是现阶段我国培养人的全面发展的目标模式。"四有"是一个有机统一整体，它们之间呈现出互相联系的关系，共同体现了社会主义制度对社会成员精神文明方面的基本要求。崇高的理想规定着社会主义新人的本质和发展方向，使人们自觉地运用道德和纪律来约束自己，产生勤奋学习文化知识的思想动力；纪律和道德分别作为外在的强制和内在的信念力量，来保证革命理想的实现；文化知识是形成和实现理想、道德和纪律的重要条件。

二、社会主义精神文明建设应遵循正确的指导方针

世界上任何事物都有自身发展规律，社会主义精神文明建设也必须遵循其客观规律。就我党来说，自十一届三中全会以来，在精神文明建设的实践中不断总结经验教训，逐步深化了对精神文明建设规律的认识。这种认识集中体现在党的十二届六中全会通过的《中共中央关于社会主义精神文明建设指导方针的决议》和十四届六中全会通过的《中共中央关于加强社会主义精神文明建设若干重要问题的决议》之中。简明概括地说，社会主义精神文明建设的基本指导方针主要包括以下四个方面：

第一,坚持社会主义精神文明重在建设,重在管理。建设注重管理,管理促进建设,这是一个极其重要的指导方针。社会主义精神文明在社会主义建设中的重要战略地位,决定了社会主义精神文明建设的整体发展方向。精神文明必须"坚持一切着眼于建设"。这就是说,它必须是推动社会主义现代化建设的精神文明,必须是促进全面改革和实行对外开放的精神文明,必须是坚持"四项基本原则"的精神文明,必须是发展社会主义市场经济的精神文明。这一基本指导方针是我们党的基本路线即政治路线的主要内容在精神文明建设方面的具体体现。精神文明建设必须服从于、服务于经济建设这个中心,围绕经济建设来进行,起配合、促进作用,为经济建设的发展提供巨大的精神动力和智力支持,为它的正确发展方向提供有力的思想保证。只有如此,社会主义精神文明才能显示出自己的价值。精神文明建设必须促进改革开放。实践证明,改革开放推动了精神文明建设,同时,改革开放又需要精神文明建设的思想保证和智力支持。精神文明建设要推动改革开放的发展,就要不断研究新情况,解决新问题,总结新经验,健全管理体制,加强制度建设,提高管理水平,为改革开放提供科学的理论指导;要发挥大众传播媒介的作用,引导人们支持和参与改革开放;还要积极引导人们转变观念,树立有利于发展生产力和社会进步的新观念,为改革开放提供文化氛围,保证其健康发展。"建立社会主义市场经济体制,是我国经济振兴和社会进步的必由之路,是一项前无古人的伟大创举。这种经济体制,不仅同社会主义基本经济制度政治制度结合在一起,而且同社会主义精神文明结合在一起。我国的实践已经证明,发展社会主义市场经济有利于解放和发展社会主义社会的生产力,增强社会主义国家的综合国力,提高人民的生活水平,也有利于增强人们的自立意识、竞争意识、效率意识、民主法制意识和开拓创新精神,使社会主义的优越性进一步发挥出来。同时,市场自身的弱点和消极方面也会反映到精神生活中来。建立和完善社会主义市场经济体制,必须紧密结合改革和发展的实践,健全社会主义法制,加强精神文明建设,引导人们正确处理竞争和协作、自主和监督、效率和公平、先富和共富、经济效益和社会效益等关系,反对见利忘义、唯利是图,形成把国家和人民的利益放在首位而又充分尊重公民个人合法利益的社会主义义利观,形成健康有序的经济和社会生活规范。"①精神文明建设必须坚持四项基本原则,在深化改革开放的新形势下,精神文明建设应在坚持四项基本原则的基础上,并在改革开放的新形势下,赋予它时代的崭新内容。

社会主义精神文明建设要重在建设,就是要着眼于创造新事物,探索新问

① 中共中央文献研究室编:《十四大以来重要文献选编》(下),人民出版社 1999 年版,第 2048~2049 页。

题，培养社会主义新人；着眼于现在与未来；着眼于整个社会发展的总体布局，进行持续不断的精神文明建设。之所以强调"重在建设"，还在于社会主义精神文明本身就是一项十分复杂和艰巨的系统工程，承担着非常繁重的"基本建设"任务，需要做大量的工作。而在我们这样一个幅员辽阔的大国，生产力发展不平衡，民族习惯、文化素质差异很大，这在客观条件上就要求精神文明建设必须从实际出发，真正把注意力集中到"建设"上来。

第二，精神文明建设与物质文明建设要相互作用、协调发展。历史唯物主义认为，物质文明和精神文明是社会文明的统一体。社会制度的进步，最终表现为物质文明和精神文明的发展进步上。物质文明和精神文明互为条件、互为目的，物质文明是精神文明形成和发展的基础。人们必须首先解决吃、穿、住等物质生活，才有可能从事精神生产和精神生活。物质文明的发展为精神文明的发展提供了物质条件，因为精神文明中的文化实体建设需要具备一定的物质手段，需要相应的物质设施，需要物质载体。人们在从事物质生产和物质生活的过程中，也为精神生产和精神生活积累了实践经验。生产实践中形成的生产方式以及与其相适应的政治上层建筑，规定着精神文明的社会性质和发展方向。精神文明对物质文明的发展有巨大的推动作用。精神文明中的文化教育部分可以提高劳动者的文化素质，为物质文明的发展提供智力条件。科学知识可以转化为生产力，并推动物质文明的进步。精神文明中的思想道德部分则为物质文明建设提供理论指导和思想保证，激发人们团结一致，奋发向上，为物质文明发展提供精神动力，形成有利的物质文明建设的社会环境。因此，物质文明与精神文明相辅相成，缺一不可，客观上要求精神文明必须与物质文明协调发展，求得社会主义社会的全面进步。这也是必须遵循的社会主义文明发展的规律。

第三，思想道德建设和文化教育建设也必须协调发展。从思想建设和文化建设在整个精神文明建设中所处的地位来看，教育文化建设是基础，思想道德建设是核心，两者相互联系，相互渗透，相互促进。各项文化事业的发展，既是满足人们精神生活的需要，也是提高人民群众思想觉悟、道德水平和认识能力的条件，还是传播革命理想、道德和纪律观念的文化形式和手段，并在一定程度上制约着思想道德建设。思想道德建设对文化建设有巨大的促进作用，促使人们更好地学习掌握各种科学文化知识，提高专业技能，更为重要的是，保证文化建设的社会主义方向和为人民服务的宗旨，并提供强大的精神动力，树立崇高的理想和强烈的社会责任感，培养顽强的拼搏精神和不畏艰难的毅力。文化教育建设与思想道德建设相互促进，共同推动精神文明建设的发展。为此，必须用思想道德建设和文化教育建设相统一、相协调的方针来指导社会主义精神文明建设。只注重一个方面，忽视甚至偏废另一个方面，其后果都是严重的。

第四，吸收和借鉴民族传统文化和世界优秀文化成果。列宁曾说："应当明确地认识到，只有确切地了解人类全部发展过程所创造的文化，只有对这种文化加以改造，才能建设无产阶级的文化，没有这样的认识，我们就不能完成这项任务。"[①]社会主义精神文明具有历史继承性，它既表现在同本民族传统文化的关系上，又表现在同外来文化的关系上。正确对待民族传统文化和外来文化是社会主义精神文明建设的重要指导原则。任何一个国家的思想文化，都具有本民族的特色，又绝不是离开人类文明发展大道孤立产生的，而是人类创造的一切优秀文化成果的继承和发展。弘扬民族文化，并不是无批判地兼收并蓄，而是要剔除其糟粕，吸收其精华。所以，弘扬民族文化本身就是一个选择、消化和扬弃的过程。应坚持"古为今用，洋为中用"的方针，结合时代的特点加以发展，使本民族创造的文明成果在社会主义现代化建设中获得新生，放出光彩。在当今对外开放的条件下，社会主义精神文明建设面临的问题是，如何批判继承资本主义的文化。当今时代，是"一球两制"，虽然资本主义社会制度下文化中有腐朽的东西，但它已积累了几百年的统治管理经验，发展得较为成熟，仍然存有不少优秀文化成果；社会主义制度虽然优越，但社会主义初级阶段在许多方面还不成熟、不完善，还存在封建腐朽文化的残余。这一特点就决定了社会主义必须批判地吸收资本主义文化。在资本主义文化中，有一部分是同物质生产直接相关的，其本身并没有阶级性，是全人类的共同财富，资本主义需要，社会主义也可以运用。因此，社会主义必须吸收和借鉴当今世界包括资本主义发达国家的先进科学技术和一切反映现代化生产规律的科学经营方式、管理方式以及一切对我们有益的知识和文化。但是，这种开放、吸收和借鉴绝不是良莠不分，盲目照搬，更不是"全盘西化"。在社会主义精神文明建设中正确的指导原则是：继承发扬民族优秀传统文化，而又充分体现社会主义时代精神，立足本国而又充分吸收世界优秀文化成果，把民族传统文化、外来文化的精华，同我们党长期形成的优良传统和革命精神有机地结合在一起，并在实践中不断创新，使社会主义精神文明充满活力，不断向前发展。

三、社会主义精神文明建设应探索并遵循正确的途径

社会主义精神文明建设是一个系统工程，它包括的内容具有多面性、多层次性，因此精神文明建设的途径和措施也有多样性和多渠道性。为此，应主要完成好以下各项精神文明建设工程：

第一，坚持以中国特色社会主义理论体系为根本指针，并以此指导社会主义

① 《列宁选集》第4卷，人民出版社1995年版，第285页。

精神文明建设的全部工作。在社会主义育人工程中，坚持以科学的理论武装人，以正确的舆论引导人，以高尚的精神塑造人，以优秀的作品鼓舞人，不断培养和造就一代又一代有理想、有道德、有文化、有纪律的社会主义新人。中国特色社会主义理论体系深刻反映了中国社会主义建设的客观规律，是对毛泽东思想的继承和发展，是全党和全国各族人民的精神支柱，是我们进行社会主义精神文明建设的强大思想武器。把握这一根本指针，才能保证精神文明建设的正确方向，围绕建设社会主义新人这一根本目标，开展爱国主义、集体主义、社会主义核心价值观的思想政治和道德教育，把先进性的要求与广泛性的要求结合起来，把思想教育同行为规范的培养结合起来，在实践中不断开拓前进。

第二，为加速发展生产力，促进社会全面进步，必须坚持发展教育，加速科技进步，培养造就社会主义的“四有”新人，提高全民族的思想、文化整体素质。国家的强盛和民族的振兴靠人才，人才培养的基础在教育。教育事业的发展是建设社会主义精神文明的重要工程。没有教育事业的发展，就不可能有生产力的高度发展，也不可能建立起社会主义物质基础以及提高综合国力。因此，要把教育摆在优先发展的战略地位上，增加教育经费的投入，优化教育结构，加强基础教育，这是提高民族素质的奠基工程；进一步发展职业教育和成人教育，它是工业化、社会化和现代化的重要支柱，是把智力优势转化为现实生产力的桥梁；积极发展高等教育，这关系到我国高级专业人才的培养和科技水平的提高；鼓励社会办学和民间办学，通过多渠道多途径来发展教育事业；全面贯彻党的教育方针，建立充满生机和活力的能够适应社会主义现代化需要的教育体制。《国家中长期教育改革和发展规划纲要(2010～2020年)》指出：我们要“实施科教兴国战略和人才强国战略，优先发展教育，完善中国特色社会主义现代教育体系，办好人民满意的教育，建设人力资源强国。全面贯彻党的教育方针，坚持教育为社会主义现代化建设服务，为人民服务，与生产劳动和社会实践相结合，培养德智体美全面发展的社会主义建设者和接班人。全面推进教育事业科学发展，立足社会主义初级阶段基本国情，把握教育发展阶段性特征，坚持以人为本，遵循教育规律，面向社会需求，优化结构布局，提高教育现代化水平”。《纲要》还提出了基本工作方针，即“优先发展，育人为本，改革创新，促进公平，提高质量”。

第三，加强马克思主义研究，坚持和发展马克思主义，是社会主义精神文明建设的根本。在当代的改革开放及现代化建设中，几乎所有的问题都与哲学社会科学有着直接或间接的联系。为此，必须高度重视理论建设，注重理论联系实际，坚持在实践中发展马克思主义，特别要加强对中国特色社会主义理论体系的研究工作，为党和国家制定经济和社会发展决策提供科学依据。根据《中共中央关于进一步繁荣发展哲学社会科学的意见》实施马克思主义理论研究和建设工程:加强马克思主义基本理论研究,是繁荣发展哲学社会科学的一项极为重要的工作;加强毛泽东思想和中国特色社会主义理论体系的研究,对于我国哲学社会科学繁荣发展至关重要;组织编写全面反映中国特色社会主义理论体系的哲学、政治经济学、科学社会主义以及政治学、社会学、法学、史学、新闻学和文学等学科的教材,进一步推动中国特色社会主义理论体系进教材、进课堂、进学生头脑的工作。这是胡锦涛为首的党中央的一项意义十分重大的战略举措。

第四,加强改善思想政治教育,激发广大人民群众投身于社会主义建设的积极性。邓小平说:“所谓精神文明,不但是指教育、科学、文化(这是完全必要的),而且是指共产主义的思想、理想、信念、道德、纪律,革命的立场和原则,人与人的同志式关系,等等。”[①]深入进行民族精神和革命传统教育以及集体主义、社会主义思想教育。中华民族在长期实践中形成的渴望团结统一的民族精神和爱国自强的优良传统,铸成了一种坚不可摧的民族之魂,深深扎根于民众之中,植根于民族的心理深层,曾激励中华民族在数千年中走在世界前列。继承弘扬这些民族精神和传统,赋予其时代的崭新内容,增强民族自尊、自信和自强精神,抵御资本主义和封建主义腐朽思想的侵蚀,树立正确崇高的理想、信念和价值观,必将对社会主义精神文明建设产生特殊的功能和作用。

第五,加强职业道德和行业文明建设,大力开展全民性的精神文明建设活动。精神文明建设是一项社会系统工程,既要求广大群众积极参与,也要发挥社会舆论的作用,加强社会公德的教育,形成道德规范,才能达到预期目的。社会主义精神文明建设的根本任务,就是提高每个社会成员的整体素质和思想境界。每个社会成员不仅要投身于精神文明建设之中,而且其自身素质又直接影响着整个精神文明的发展进程。因此,必须动员全体社会成员积极参与各种形式的精神文明建设活动,重视搞好企业文化、社区文化、村镇文化、校园文化等建设,把精神文明建设落实到城乡基层和企事业单位,促进整个社会风气的好转和人们道德面貌的改观。

第六,建立文明、健康、科学的生活方式,是社会主义精神文明建设的重要组成部分。精神文明建设有助于人们形成文明的生活方式,而文明的生活方式反过来又有助于提高人们的精神生活的水平。社会主义精神文明建设与社会生活方式有着内在统一的关系,人类精神文明的全部内容几乎都直接或间接地在其中得到体现和反映。以闭关自守、缺乏创新和开拓精神为特征的小农经济的生活方式,不利于社会的进步和发展,不利于提高全民素质,对改革开放起着阻碍作用。同时,在对外开放的过程中,资本主义生活方式中的丑恶腐败现象也在侵

---

① 《邓小平文选》第2卷,人民出版社1994年版,第367页。

袭毒害人们的身心，有损社会主义形象。对此，要求我们在社会主义精神文明建设中应着眼于社会主义生活方式的倡导和建设，既要克服小农经济意识的安于现状、墨守成规的精神状态，又要抵制资产阶级生活方式中消极因素的侵蚀，净化社会环境和人们的灵魂，在全社会形成文明、健康和科学生活方式的氛围，这也是社会主义精神文明建设的必然要求。

第十四章 “建设论”:物质文明、政治文明、精神文明、社会文明建设有机统一(四)——社会主义社会文明建设即和谐社会建设

社会主义社会文明建设,是“建设论”四要素(物质文明、政治文明、精神文明、社会文明)有机统一规律的诸要素之一。社会文明建设即和谐社会建设,是社会主义物质文明、政治文明、精神文明、社会文明有机统一规律的基本要素之一。和谐社会,是各具本国特色社会主义的本质属性;构建社会主义和谐社会与建设有中国特色社会主义既有内在联系,又有一定区别。同时,还应探寻构建社会主义和谐社会的途径和方法。社会主义社会文明建设的理论与实践,是科学社会主义的应有之义。

第一节 社会主义和谐社会——科学社会主义应有之义

一、马克思恩格斯关于未来理想社会的认识与社会主义和谐社会理念的内在关联

“社会主义”概念自从被创建出来,它就与追求公平、自由、民主、平等、正义等实现社会和谐状态的价值目标绑缚在一起,更确切地说,“社会主义”一来到这个世间,就成为不公正、不平等的现实社会的对立物,就成为追求人类美好社会发展状态的代名词,就成为追求真理、正义、公平等价值目标的化身。

社会主义发展史经历过从空想到科学的跃迁。这最早应追溯到 18 世纪的启蒙运动。这次伟大的思想解放运动交织着两种思想:空想平均共产主义思想和资产阶级启蒙思想。两者都希冀建立一个永恒的平等、自由、正义的理性王国,“以往的一切社会形式和国家形式、一切传统观念,都被当作不合理性的东西扔到垃圾堆里去了……从今以后,迷信、非正义、特权和压迫,必将为永恒的真

理，为永恒的正义，为基于自然的平等和不可剥夺的人权所取代”[1]。所不同的是，后者与资产阶级革命运动紧密联系在一起，希冀通过新兴的资产阶级革命来达到一个理性社会；前者则升华了早期纯粹的空想社会主义的虚幻理想，开始从理论上论证、构建未来的共产主义社会理想——土地和财产公有、人人劳动、人人自由平等、人人友爱团结等等，反映出要实现一个高度和谐的社会发展状态的价值取向。

19世纪，随着欧洲资本主义产业革命相继发生，资本主义社会基本矛盾逐渐暴露出来。在这样的社会背景下，出现了批判的空想社会主义。与18世纪的启蒙思想家不同，他们不是局限在对理性社会的抽象的逻辑推导上，而是从批判现实社会出发，具体构建“有形”的社会模型；有的还通过实验，把“社会主义”价值内涵“实体化”。不管是圣西门的“实业制度”、傅立叶的“和谐制度”，还是欧文的“公社制度”，都相对完整地构建出“实体性”的社会主义理想模式来。这些“理想的社会组织”都把社会平等、民主、合作等价值取向放在第一位，无不闪耀着对建立一个充满和谐状态的理性社会的憧憬的光辉。但是，空想社会主义者们把“社会主义”看作为“绝对真理、理性和正义的表现”，“只要把它发现出来，它就能用自己的力量征服世界”[2]。因此，他们没认识到，不以阶级斗争的方式，在资本主义世界中和平实现理想社会是做不到的。空想社会主义企图构建一个理想化的和谐社会只停留在一个理论构想的平面上，只能是一种乌托邦幻想。

马克思和恩格斯认为，只有实现共产主义社会，人类才能真正实现社会和谐状态，才是人类真正的理想社会形态。他们依据当时资本主义具有的自身不可克服的弊端，对未来理想社会作了这样的描述：“共产主义和所有过去的运动不同的地方在于：它推翻一切旧的生产关系和交往关系的基础，并且第一次自觉地把一切自发形成的前提看作是前人的创造，消除这些前提的自发性，使它们受联合起来的个人的支配。因此，建立共产主义实质上具有经济的性质，这就是为这种联合创造各种物质条件，把现存的条件变成联合的条件。共产主义所造成的存在状况，正是这样一种现实基础，它使一切不依赖于个人而存在的状况不可能发生，因为这种存在状况只不过是各个人之间迄今为止的交往的产物。”“扩大的生产在现今的社会制度下引起生产过剩……到那个时候，这种生产就会显得十分不够，还必须大大扩大。超出社会当前需要的生产过剩不但不会引起贫困，而且将保证满足所有人的需要，将引起新的需要，同时将创造出满足这种新需要的

---

① 《马克思恩格斯选集》第3卷，人民出版社1995年版，第720页。
② 《马克思恩格斯选集》第3卷，人民出版社1995年版，第732页。

手段。”[①]恩格斯在《共产主义原理》中认为，这种新的制度应该是财产共有、联合经营，废除私有制、消灭阶级、消灭竞争——“这种新的社会制度首先必须剥夺相互竞争的个人对工业和一切生产部门的经营权，而代之以所有这些生产部门由整个社会来经营，就是说，为了共同的利益、按照共同的计划、在社会全体成员的参加下来经营。”“由社会全体成员组成的共同联合体来共同地和有计划地利用生产力，把生产发展到能够满足所有人的需要的规模；结束牺牲一些人的利益来满足另一些人的需要的状况；彻底消灭阶级和阶级对立；通过消除旧的分工，通过产业教育、变换工种、所有人共同享受大家创造出来的福利，通过城乡的融合，使社会全体成员的才能得到全面发展。”[②]从马克思主义创始人对未来理想社会的特征描述中，可以透视出那实际上是一个没有阶级矛盾、没有对抗性利益冲突而完全处在和谐发展状态的社会。

但是，马克思和恩格斯所追求的理想社会之所以不是乌托邦，是因为他们认为，共产主义绝不是一种既定的给现实提供标准模板的理想追求，而是一种基于现实又超越于现实、需要经过长期发展的运动状态。“共产主义对我们来说不是应当确立的状况，不是现实应当与之相适应的理想，我们所称为共产主义的是那种消灭现存状况的现实的运动。这个运动的条件是由现有的前提产生的。”[③]这就是说，要达到共产主义的高度和谐状态不是在消灭资本主义制度之后通过主观的制度设计就能够实现的。实现共产主义，必须从现实出发，从实际出发，需要一个长期的实践过程。而马克思和恩格斯所处的时代正是资本主义社会各种矛盾滋长、阶级对抗日益尖锐时期，在这样的时代背景下，追求理想的和谐社会发展状态，就必须首先通过阶级斗争解决阶级矛盾，才能为这一目标奠定基础、铺平道路。否则，任何企图回避阶级对抗来寻找实现理想社会的意图都是脱离现实的空想。正因为如此，马克思主义创始人主张阶级斗争。他们认为，在一个充满社会冲突的时代，若没有革命的行动，就没有实现理想的可能性。但是，革命不是目的，而是手段。用马克思的话来说：“暴力是每一个孕育着新社会的旧社会的助产婆。”[④]也就是说，暴力革命和阶级斗争本身不具备孕育新社会婴儿的功能，只是在新社会的婴儿已经发育成熟即将分娩的时候，起到“助产”的作用。社会主义根本目的是为了最广大人民的幸福，是为了实现一个普遍幸福和谐的理想社会。这也是无产阶级革命斗争所要追求的最终目的。如果说，无产

---

① 《马克思恩格斯选集》第1卷，人民出版社1995年版，第122、242页。

② 《马克思恩格斯选集》第1卷，人民出版社1995年版，第237、243页。

③ 《马克思恩格斯选集》第1卷，人民出版社1995年版，第87页。

④ 《马克思恩格斯选集》第2卷，人民出版社1995年版，第255～256页。

阶级在没有“助产婆”的帮助下顺利地生下新社会，那是再理想不过的事情了。因而，恩格斯在《共产主义原理》中回答“能不能用和平的办法废除私有制”时明确指出：“但愿如此，共产主义者当然是最不反对这种办法的人。”[①]

因此，从最终的落脚点来看，马克思主义是为了整个人类走向一个和谐状态的理想化社会而成为无产阶级的思想武器。也正是它隐含着这一价值内核，才使之成为在时代变迁中永葆生机的科学理论。所以，社会主义和谐社会理念是科学社会主义应有之义，是它生命力、影响力和创新力得以存在的根据。

二、社会和谐是各国特色社会主义的本质属性

社会和谐是各国特色社会主义的本质属性。但历史事实是，“和谐社会、和谐世界”理念未能在世界上第一个社会主义国家——苏联体现出来。苏联从建国起，经过七十多年的风雨洗礼，直到最后轰然崩溃，从整体来说，都是在不和谐中渡过的。有一点确实值得人们深思：苏联从刚刚诞生时起就面临着内外交困的境地，在敌人的枪林弹雨中能够茁壮成长起来，但是却在和平与发展的世界大时代中走到尽头，这说明什么呢？的确，面对同样的国际环境，面对西方同样的和平演变，中国顶住了压力，开拓出中国特色社会主义的新道路；苏联却从内部自行消解了。从表面上看，似乎是某一个或几个大人物“出卖”了人民，但是从本质上看，“在任何情况下，它都不能说明任何问题，甚至不能说明，‘人们’怎么会让别人出卖自己。而且，如果一个政党的全部本钱只是知道某某公民不可靠这一件事，那么它的前途就太可悲了”[②]。

苏联最初是在经济和文化都相对落后的单一国家追求社会主义理想的，仿佛资本主义汪洋大海中的一只孤岛。国内国际形势的特殊性决定了实践道路的特殊性，苏联实际上也走出了一条特殊道路。在刚刚建国时，苏联领导人一直谋求按着马克思主义经典作家对社会主义基本特征的预想来构建苏联社会主义模式，但是当利用战时共产主义政策向社会主义直接过渡失败以后，列宁从实际出发，适时提出“新经济政策”。从表面上看，列宁的“新经济政策”在很多方面偏离了社会主义特征，但是，它恰恰抓住了社会主义本质要求的核心点——从现实出发发展经济，缓和国内社会矛盾，谋求与资本主义经济往来，更好地满足人们生活水平需要。继列宁之后，斯大林逐渐放弃了“新经济政策”路线，开始构建“苏联模式”（史称“斯大林模式”）。人们分析苏联模式，在斯大林时代主要是“称赞”的观点；在斯大林之后，“怀疑”的观点逐渐兴盛；到苏联解体，则持“否定”观点成

---

① 《马克思恩格斯选集》第1卷，人民出版社1995年版，第239页。

② 《马克思恩格斯选集》第1卷，人民出版社1995年版，第483页。

了主流。这属于平面看问题,缺乏立体深度。

若历史地分析苏联模式,它的形成除了与苏联领导人的“斗争哲学”价值取向直接有关联以外,还与建设社会主义历史起点低和严峻的国内国际环境有关联。十月革命以后,苏联经济、文化落后的客观状态不会因为革命的胜利就迅速自然改观,尽管现代化路径选择可以跨越资本主义的“卡夫丁峡谷”,但是生产力发展以及与生产力直接相联系的各种社会因素是不能跨越的。正如在生产力之树上,苏联没有沿着资本主义枝干上继续长出枝丫,而是在生产力主干上直接长出分枝来,但是,起点是低的,要生长得比资本主义更高更好,就需要长出更长的枝子来。正因为如此,就必须面临马克思主义经典作家都没有预见的许多社会问题,苏联领导人在处理满足人们具体的现实利益需要与维护国家安全、迅速壮大国家力量的关系上,长期坚持后者至上原则。据历史材料,斯大林为了向国外购买工业机器设备,发展工业,强行推行集体农庄,并大量征集粮食进行出口贸易,造成很多人被饿死,出现国家与农民关系紧张的局面。以牺牲农民利益为基础,优先发展重工业,实行不平衡的片面发展战略,虽然追求的是社会主义终极目标,但人们却不能从中获得现实利益,一旦经济出现困境,一直鼓舞人们建设热情的精神动力也不存在了。苏联模式的基本结构的特点是个人或者少数领导核心过度集权式的决策体系、高度集中的金字塔式的权力结构、行政命令式的权力实施方式、自上而下单线式的控制结构、高度封闭的信息结构等,必然使这种模式不能有效调节社会利益和个人利益,在抑制资本主义式的社会不公平同时,却造成官僚主义、特权群体等新的社会不公平现象,不仅缺乏效率,不能激励社会成员充分发挥才智,而且使“追求社会主义终极目标”成为空洞的政治号召,失去现实意义。

第二次世界大战以后,苏联虽然处在与美国全面对抗的旋涡中,但自身生存威胁的压力基本上消除了,苏联模式偏离社会主义本质要求的“应急性”内容部分应该被改变,但是苏联没有与时俱进,不仅认定固有的模式具有至上的完美性,而且把同美国对抗、争夺世界霸权作为国家政策重点,而把满足人们群众现实生活水平问题放在次要位置上,在社会主义目标追求上,把原本次要的属于环境条件因素当作主要目标,而把主要的属于本质规定的因素作为支持性条件目标。人们在现实生活中得不到利益享受,社会主义未来美好理想又破灭了,那么,人们凭什么还坚持社会主义呢?如果说,以前人们“勒紧腰带”是为了保卫社会主义,是为了一个美好的未来;那么,第二次世界大战以后,要求人们继续“勒紧腰带”,则是为了与美国对抗,与资本主义对抗。由于过分强调意识形态的重要性,社会主义本质规定被淹没了,似乎搞社会主义就是为了同资本主义对抗。赫鲁晓夫时期曾经作过一些调整,但到勃列日涅夫时期,这些有限的调整都被恢复回来，直到戈尔巴乔夫改革走上不归路。戈尔巴乔夫改革表面上看好像意识到这一点，但是他却走到问题的另一个极点：既然不该对抗，就应该投降。他没有意识到另外还有一条道路，即以实力为后盾，发展经济，不断改善人民生活，在综合国力不断提高的基础上，同资本主义国家和谐共处。戈尔巴乔夫给苏联以及给他自身政治生涯带来的悲剧，从某种意义来看，是因为他没有意识到：如果放弃了原则，就不可能与狼共舞。

苏联领导人对两件事一直没有弄清楚：一是利用政治动员力量强行构建起社会主义价值体系，不等于社会天然就会沿着社会主义价值目标前进，也就是说，只要具备了社会主义特征未必就是社会主义。实现社会主义的公平合理的社会和谐状态，需要一个长期构建的过程。而在这个过程中，社会主义特征也好，社会主义具体价值目标也好，未必在起始阶段都要全面体现出来，因为有的是社会主义发展到成熟阶段之后才会彻底映现出来。二是苏联领导人没有看到只存在着一个世界经济体系，而苏联不可避免地是其中一部分，学会与资本主义和平共处、共谋发展是客观的理性选择。与资本主义对抗是必要的，但不是目的，社会主义来到世间，不是为了寻求与资本主义对抗而来，而是为了要解决资本主义不能解决的不和谐状态而来。而斯大林模式的传统社会主义不仅没有解决资本主义的不和谐状态，反而又产生了一系列新的不和谐因素。当然，如果需要对抗，也是因为资本主义要对抗，但应该谋求和谐共处的途径，这对于处于相对发展劣势的社会主义国家就更必要了。因为世界社会主义革命运动不会很快到来的客观事实和社会主义要追求的终极价值目标决定了谋合作、促发展是正确的选择。对于这两件事，其实列宁已经意识到了，他所推行的“新经济政策”说明了这一点，但是，苏联其他重要领导人没有能够领会到，当理论与实践发生冲突时，固有的僵化的理论成为他们正确解决实际问题的障碍。

中国特色社会主义是在苏联传统社会主义模式的危机中萌芽、生长和发展起来的。当苏联传统社会主义模式的一劳永逸成为进一步发展的障碍时，中国却开始了建设中国特色社会主义的伟大征程。中国特色社会主义从本质属性上是建立在中国实践基础上的一种社会主义模式，其指导思想、价值目标、精神动力、领导力量等等都是社会主义的，因此，社会和谐理念也必然体现在中国特色社会主义本质属性之中。

中国特色社会主义既是共同理想，又是发展道路，还是奋斗目标。作为理想，中国特色社会主义就是在中国共产党的领导下，走中国特色社会主义道路，实现中华民族的伟大复兴。作为道路，中国特色社会主义就是从我国正处于并将长期处于社会主义初级阶段的实际出发，以经济建设为中心，坚持四项基本原则，坚持改革开放，不断推进经济、政治、文化、社会的全面发展。作为奋斗目标，中国特色社会主义就是要把我国建设成为富强、民主、文明、和谐的社会主义现代化国家。在这里，理想是对人们精神动力的积极导向，道路是建立在实践基础上的路径规定，而奋斗目标则是引导人民朝向所确定的目标统一行动起来的旗帜。中国特色社会主义把理想、道路与奋斗目标有机统一起来，可以说，这三个方面是从不同角度揭示出中国特色社会主义的本质属性。从奋斗目标上看，中国特色社会主义就是要把我国建设成为富强、民主、文明、和谐的社会主义现代化国家，因此，实现"社会和谐"是其重要的目标之一，是其本质属性之一。过去，我们特别强调社会主义追求富强、民主和文明三大目标，以胡锦涛为总书记的党中央提出追求"社会和谐"这一新的奋斗目标，反映出对从社会整体发展到社会具体发展的认识转变。富强、民主和文明三大目标反映的是对社会整体发展状态的综合要求，是对一个社会发展阶段的纵向水平认知，而和谐目标则是对社会具体发展状态的向度要求，是对一个社会发展阶段的横向状态认知。

中国特色社会主义不是建立在资本主义高度发达的生产力基础之上的，特殊的国情、特殊的实践路径决定了社会主义本质属性从隐性内涵到显性规定有一个渐进渐显的过程。党中央根据新形势的变化，提出追求社会和谐这一奋斗目标，正是对中国特色社会主义本质属性更加深入全面认识的结果，反映出我们党对全球化时代特征的深刻体认。

和谐社会，作为中国特色社会主义本质规定，不仅有着马克思主义深厚的理论积淀，而且有着浓郁的中国传统"和合"文化的底蕴，更有着坚实的中国改革开放的实践基础。

第一，它有着深厚的马克思主义理论积淀。中国共产党人不仅把马克思主义当作斗争的思想武器，而且根据新形势的变化，形成了中国化的马克思主义"和谐"思想和观点。例如，在新民主主义革命时期，毛泽东在《矛盾论》中结合中国革命斗争实践，不仅全面地阐述了矛盾的对抗性，而且还深刻地论述了矛盾的同一性，论证了在一定条件下矛盾对立双方可以相互转化的可能性，这里面就包含着对矛盾运动的"和谐"与对立的辩证统一关系。在毛泽东思想中关于统一战线的理论中，无产阶级与资产阶级之间的复杂关联也包含着彼此搁置阶级对立，"和谐共处"、共御外侮的因素。在新中国成立初期，毛泽东创造性地认识到社会主义社会也存在生产力与生产关系的矛盾、经济基础与上层建筑的矛盾，但是，它们不同于以往阶级社会中对抗性矛盾，它们是非对抗性的，是可以通过改革来解决的。这就反映出，我们党对社会主义社会基本矛盾所存在"和谐"属性的创新认识。毛泽东在《关于正确处理人民内部矛盾的问题》中认为，敌我矛盾和人民内部矛盾是可以相互转化的，也就是说，两种性质的矛盾之间不仅是对立的，在一定条件下还是统一的，有"和谐"的成分。实际上，对资本主义工商业的改造，就是把敌我矛盾转化为人民内部矛盾处理的结果。邓小平从中国落后生产力实践出发，提出“猫论”，实际上也包含着“和谐”理念。“白猫”、“黑猫”所指代的就是社会主义公有制经济形式和非公有制经济形式。在邓小平看来，“只要抓住老鼠”——只要把生产力搞上去，两种经济形式不是水火不相容的，是可以“和谐共处”的。这是把植根于中国大地上的马克思主义“和谐”哲学形象化运用的理论观点。这些“和谐”思想和观点反映出我们党对马克思主义理论的深刻感悟，是我们党解决矛盾、战胜困难的重要理论基础。

第二，它深深打上了中国民族文化特色的烙印。“追求和谐”是中国传统民族文化的重要内容。中国传统的政治思想、哲学思想、文学美学等等，无不渗透着“和谐”思想。在中国，无论儒家还是道家，都把和谐当成社会的终极目标。儒家主张的“和合”、“中庸”、“大同思想”，道家主张的“天地人神合一”思想，都包含着追求和谐社会发展理念的光辉。甚至历史上一些封建王朝的开明君主，也都从不同的政治目的出发，强调君民“和谐”共治天下的理念，唐朝的李世民提出“民水君舟”思想即为典型表征。在中国哲学中，“合二为一”、“执两用中”、“和而不同”、“相形相生”、“物生有两”、“过犹不及”等哲学观点，也都体现出“和谐”内涵。在中国的文学中，追求故事结果的喜庆和大团圆是一个传统主流模式，一般并不喜欢“蓝色基调”、“冷结局”。人们从文学价值感悟中，更愿意或者希望获得美好的结局，而不是痛苦的反思。而中国传统美学也把“和谐”作为美的构成要素，从建筑风格到绘画艺术，“方正”、“规矩”、“四平八稳”等等都强调追求协调统一，追求和谐完美。总之，“和谐”文化在中国源远流长，是中国传统文化的一个重要特点。从这一意义上说，人们对和谐社会的向往，具有浓厚的历史传统性和社会普遍性。应该说，中国传统“和合”文化积淀为“和谐社会”理念的产生奠定了深厚的社会文化基础，使之具有鲜明的中国特色。

第三，它具有中国改革开放的实践基础。“和谐社会”理念不是应时之作，更不是空穴来风，而是有着深厚的社会实践基础。在改革开放进程中，我们遵循邓小平理论的精髓，既防左又反右，既防止“西化”又反对改革“裹足不前”甚至保守倒退，坚持走一条符合中国国情的社会主义改革之路；我们把发展生产力、提高综合国力与人民生活水平提高结合起来，强调“鱼和熊掌兼得”的必要性；把发展生产力与实现共同富裕结合起来，即允许一部分人一部分地区先富裕起来，指出大力解放和发展生产力的重要性，又强调消灭剥削、消除两极分化，坚持走共同富裕道路，把社会公平、社会正义放在同样重要地位；在制定发展战略问题上，既有发展的综合指标，又有人们生活水平提高的具体指标，既有长期战略，又有具体要求；在发展市场经济问题上，既重视把市场经济的高效资源配置作用发挥出来，又注意保持市场经济的社会主义性质；在处理港澳台问题上，奉行“一国两制”原则，既保持港澳台的社会稳定和经济繁荣，又追求祖国的统一完整性；在对外政策中，在坚持独立自主原则的基础上，不搞对抗，推动合作，谋求共赢；等等。

三、构建社会主义和谐社会与建设中国特色社会主义的内在联系与区别

实现共产主义，从社会发展状态来看，就是实现了高度和谐的社会发展状态。我们所说的实现共产主义要完成的历史任务和共产主义自身所具有的社会基本特征，可以说都是为达到这一社会发展状态所需要的前提条件和具体表现。这就需要一个长期发展的过程。

马克思在《哥达纲领批判》中指出：“我们所说的是这样的共产主义社会，它不是在它自身基础上已经发展的，恰好相反，是刚刚从资本主义社会中产生出来的，因此它在各方面，在经济、道德和精神方面都还带着它脱胎出来的那个旧社会的痕迹。”[①]它在很多方面还没有超出“资产阶级权利的狭隘眼界”，资本主义一些弊病“在经过长久阵痛刚刚从资本主义社会产生出来的共产主义社会第一阶段，是不可避免的。权利决不能超出社会的经济结构以及由经济结构制约的社会的文化发展”[②]。恩格斯在《共产主义原理》中回答第十七个问题时指出：新的社会制度不能一下子就废除私有制，“正像不能一下子就把现有的生产力扩大到为实行财产公有所必要的程度一样”，“只能逐步改造现社会，只有创造了所必要的大量生产资料之后，才能废除私有制”[③]。但是，这一阶段的社会性质已经完全不同于阶级社会，它的最终目标是共产主义，就是说，社会主义社会的价值取向是共产主义的，属于共产主义的第一阶段。从这一意义上看，可以说，社会主义社会是一个存在阶级社会的旧痕迹而又逐渐消除这些旧痕迹走向新境界的阶段，是一个建立无产阶级专政而又最终消灭阶级并促使国家自行消亡的阶段。从这里可以看出，从社会主义社会到共产主义社会发展过程，就是社会主义和谐社会理念在实践基础上不断演进的过程。因此，社会主义社会虽然具有和谐社会的本质属性，但是，实现社会主义社会不等于已经实现了社会和谐发展状态，这需要一个长期的构建过程。在这一点上，社会主义社会不同于资本主义社会的地方是它把实现和谐社会发展状态作为自己的既定奋斗目标，至于发展水平的起点如何，不是两者的本质区别。

中国特色社会主义是建立在生产力比较落后且发展不平衡的基础之上的，虽然从本质上属于社会主义，但是从社会发展基础上，不仅没有达到马克思所设想的生产

---

① 《马克思恩格斯选集》第 3 卷，人民出版社 1995 年版，第 304 页。

② 《马克思恩格斯选集》第 3 卷，人民出版社 1995 年版，第 305 页。

③ 《马克思恩格斯选集》第 1 卷，人民出版社 1995 年版，第 239 页。

力的发展水平要求，而且比发达资本主义发展水平还落后，这就决定了中国特色社会主义发展的复杂性和创新性，也使其本质属性规定具有自身独特性。因此，构建社会主义和谐社会与建设中国特色社会主义具有复杂的内在关联。

首先，两者统一在社会主义价值追求之中，是一个目标在两个视角上的反映。建设中国特色社会主义最终奋斗目标之一就是实现社会和谐，保证人们在富强、民主、文明的社会主义国家中和谐幸福地生活，而构建社会主义和谐社会就是以此为奋斗宗旨，从现实出发，逐步推进社会和谐发展进程。"和谐社会"是中国特色社会主义的本质属性，那么，建设中国特色社会主义实践过程必然包含着构建社会主义和谐社会的组成部分，而构建社会主义和谐社会也必然植根于建设社会主义历程之中。

其次，两者也存在着区别。构建和谐社会主义社会是建设中国特色社会主义的重要组成部分，是建设中国特色社会主义的目标之一，因此，不能用前者囊括后者、取代后者，把中国特色社会主义建设单纯理解为是一个构建和谐社会主义社会的过程。而从发展历程上看，虽然和谐社会是社会主义社会本质属性，但是，只有社会发展到一定程度才能逐渐显现出来。中国特色社会主义社会是从社会主义初级阶段出发的，很多方面尚不具备社会主义发展的本质要求，因此，存在不和谐发展状态是客观事实，不能否定这一点。基于这样的现实条件，构建和谐社会需要一个曲折的长期过程。对于"和谐社会"的实现途径问题，学者们已经提出很多可行性方案。透过其中的语境，很多学者的观点似乎是只要实现所列举的某些条件，"和谐社会"就实现了。其实不然，严格地说，只有到共产主义才能真正实现。在社会主义阶段，只是一个构建过程，一个不断趋近的过程。由于社会主义社会并不是没有社会矛盾的社会，也不是社会矛盾绝对地、不可逆地消减的社会，随着社会问题不断涌现不断解决，它必然在动态中、在波动中发展，在变化中成长。"和谐社会"实现的过程，就是在社会主义建设实践中，在与国际各种制造矛盾的势力作斗争过程中，通过党和人民的努力，和谐因子不断积累，和谐成分不断增多，而不和谐现象出现的次数和程度不断减小，这样一个此消彼长的过程。就像大海的涨潮，总是在一涨一落的交替中慢慢攀涨起来。所以，"和谐社会"不是一个社会发展阶段性的问题，不是一个针对社会现实不和谐问题应变的策略问题，而是一个长期指导方针，对我国社会主义发展具有长期的指导意义。

当前，建设中国特色社会主义实践中，还存在很多不和谐社会现象。例如：市场经济体制还不完善，由此导致国有企业改革任务繁重、生产要素市场化相对滞后、市场秩序还不规范、分配关系尚未理顺、社会保障体系还不健全，特别是如何把社会主义与市场经济有机结合起来，实现以人为本和共同富裕的目标方面，还缺乏成熟的经验；经济增长成本过高，资源不足日益严重，生态环境不断恶化，自主创新能力低，技术依赖问题突出等；社会腐败现象屡禁不止，“寻租”现象不断滋生；社会不公平现象突出，收入差别日益加剧，人民的平等的生存权和发展权还没有得到切实保障；失业问题压力巨大，而且呈现蔓延之势；国有制与市场经济的兼容问题还没有完全解决；经济发展不平衡现象明显，城乡差别、区域差别、行业差别等问题突出；等等。应该说，这是基于落后生产力发展水平建设社会主义过程中必然出现的问题，社会主义优越性不是体现在不会出现这些社会问题上，而是体现在积极解决这些问题上。同理，社会主义所具有的构建和谐社会的本质属性也不是体现在能够回避出现不和谐社会现象上，而是如何正确解决这些问题，使之逐渐趋近和谐社会发展状态上。在中国特色社会主义建设的大的历史环境中，我们党提出构建和谐社会主义社会这一发展目标，在现实性上，就是针对这些不和谐社会发展现象提出的。

如果建设中国特色社会主义是一个远航的帆船，那么，构建和谐社会主义社会就是船上一个风帆。因为竖起了这一风帆，帆船才能更好地破浪前进；因为有了帆船，风帆才能具备远航的条件。建设中国特色社会主义所取得的成就，为构建和谐社会主义社会奠定了基础，而构建和谐社会主义社会则有利于进一步推进建设中国特色社会主义。两者既是部分与整体的关系，又是相互推进的关系。处在社会主义的初级阶段的中国特色社会主义，在生产力发展水平上还属于不合格的社会主义，这就决定了不仅实现共产主义的高度和谐社会状态是一个长期的过程，而且实现完全意义上的社会主义和谐社会状态，也得需要一个较长时间的构建过程。顺应时代的发展要求，提出“构建社会主义和谐社会”这一科学命题，与马克思主义关于社会发展的思想相契合，是我们党坚持实事求是思想路线，对社会主义发展规律的科学把握，对社会主义的建设实践的正确反映。

第二节　构建社会主义和谐社会的途径和方法

一、提高认识，应把构建社会主义和谐社会放在重要位置

实现社会和谐，建设美好社会，始终是人类孜孜以求的社会理想，也是包括中国共产党在内的马克思主义政党不懈追求的社会目标之一。根据科学社会主义基本原理和我国社会主义建设的实践经验，根据新世纪新阶段我国经济社会发展的新要求和我国社会出现的新趋势新特点，我们所要建设的社会主义和谐社会应该是民主法治、公平正义、诚信友爱、充满活力、安定有序、人与自然和谐相处的社会。民主法治，就是社会主义民主得到充分发扬，依法治国基本方略得到切实落实，各方面积极因素得到广泛调动；公平正义，就是社会各方面的利益

关系得到妥善协调，人民内部矛盾和其他社会矛盾得到正确处理，社会公平和正义得到切实维护和实现；诚信友爱，就是全社会互帮互助、诚实守信，全体人民平等友爱、融洽相处；充满活力，就是能够使一切有利于社会进步的创造愿望得到尊重，创造活动得到支持，创造才能得到发挥，创造成果得到肯定；安定有序，就是社会组织机制健全，社会管理完善，社会秩序良好，人民群众安居乐业，社会保持安定团结；人与自然和谐相处，就是生产发展，生活富裕，生态良好。这些基本特征是相互联系、相互作用的，需要在全面建设小康社会的进程中全面把握和体现。因此，党的十六届六中全会指出："社会和谐是中国特色社会主义的本质属性，是国家富强、民族振兴、人民幸福的重要保证。构建社会主义和谐社会，是我们党以马克思列宁主义、毛泽东思想、邓小平理论和'三个代表'重要思想为指导，全面贯彻落实科学发展观，从中国特色社会主义事业总体布局和全面建设小康社会全局出发提出的重大战略任务，反映了建设富强民主文明和谐的社会主义现代化国家的内在要求，体现了全党全国各族人民的共同愿望。"[①]同时，构建社会主义和谐社会，同建设社会主义物质文明、政治文明、精神文明是有机统一的。要通过发展社会主义社会的生产力来不断增强和谐社会建设的物质基础，通过发展社会主义民主政治来不断加强和谐社会建设的政治保障，通过发展社会主义先进文化来不断巩固和谐社会建设的精神支撑，同时又通过和谐社会建设来为社会主义物质文明、政治文明、精神文明建设创造有利的社会条件。因此，构建社会主义和谐社会，同各方面的事业密切联系在一起，并在各方面的具体实践中体现出来。要在推进社会主义物质文明、政治文明、精神文明发展的历史进程中，扎扎实实做好构建社会主义和谐社会的各项工作。我们党提出构建社会主义和谐社会，具有重大的现实意义。

从国内看，构建社会主义和谐社会，是我们抓住和用好重要战略机遇期、实现全面建设小康社会宏伟目标的必然要求。目前，我国改革发展正处在一个关键时期。一些国家和地区的发展历程表明，在人均国内生产总值突破 1000 美元之后，经济社会发展就进入了一个关键阶段。在这个阶段，既有因为举措得当从而促进经济快速发展和社会平稳进步的成功经验，也有因为应对失误从而导致经济徘徊不前和社会长期动荡的失败教训。综合起来看，在当前和今后相当长一段时间内，我国经济社会发展面临的矛盾和问题可能更复杂、更突出。我们要抓住和用好重要战略机遇期、实现全面建设小康社会的宏伟目标，就必须正确化解这些矛盾和问题，花更大气力妥善协调各方面的利益关系，正确处理各种社会

① 中共中央文献研究室编：《十六大以来重要文献选编》(下)，中央文献出版社 2008 年版，第 648 页。

矛盾，大力促进社会和谐。这既是全面建设小康社会的重要内容，也是实现全面建设小康社会宏伟目标的重要前提。

从国际看，构建社会主义和谐社会，是我们把握复杂多变的国际形势、有力应对来自国际环境的各种挑战和风险的必然要求。和平与发展仍是当今时代的主题，但国际形势继续处于深刻复杂的变化之中。我们必须清醒地看到，当今世界仍很不安宁，各种矛盾错综复杂，影响和平与发展的不稳定不确定因素依然存在。由于世界力量失衡的局面在短期内难以根本改变，世界多极化趋势的发展不会一帆风顺。由于国际经济旧秩序没有根本改变，经济全球化趋势在推动世界经济发展的同时，也给各国特别是发展中国家带来挑战和风险。发展中国家在经济、政治、文化、信息、军事等方面面临着严峻压力。由于传统安全威胁和非传统安全威胁的因素相互交织，民族、宗教矛盾和边界、领土争端导致的局部冲突时起时伏，恐怖主义活动依然猖獗，地区和国际安全形势不容乐观。在这样复杂多变的国际形势下，我们要有力应对来自外部的各种挑战和风险，必须把国内的事情办好，始终保持国家统一、民族团结、社会稳定的局面。这是我们集中全党全民族的智慧和力量全面推进中国特色社会主义事业的重要保障。

从我们党肩负的使命看，构建社会主义和谐社会，是巩固党执政的社会基础、实现党执政的历史任务的必然要求。构建社会主义和谐社会，是我们党坚持立党为公、执政为民的必然要求，是我们党实现好、维护好、发展好最广大人民的根本利益的重要体现，也是我们党实现执政的历史任务的重要条件。巩固党执政的社会基础、实现党执政的历史任务要求我们：必须紧紧依靠人民群众，团结一切可以团结的力量，调动一切可以调动的积极因素，把人民群众以及各方面的积极性、主动性、创造性都充分发挥出来，为实现全面建设小康社会的宏伟目标而奋斗；必须正确认识和妥善处理人民内部矛盾和其他社会矛盾，协调好各方面的利益关系，不断在发展的基础上满足人民群众日益增长的物质文化需要，保证人民群众共享改革发展的成果；必须抓紧解决人民群众生产生活中的突出问题和困难，夯实党执政的阶级基础和群众基础，保持党同人民群众的血肉联系；必须加强社会建设和管理，营造良好的人际环境，保持良好的社会秩序，维护社会稳定，保证广大人民群众安居乐业。只有把这些工作都更加自觉、更加主动地做好了，我们党才能不断增强执政的社会基础，才能更好地实现继续推进现代化建设、完成祖国统一、维护世界和平与促进共同发展这三大历史任务。

总之，我们党提出构建社会主义和谐社会，既是对我国改革开放和现代化建设经验的科学总结，也是在新的国内外形势下提高党的执政能力、贯彻落实科学发展观、更好地推进我国经济社会发展的战略举措。明确提出构建社会主义和谐社会，反映了我们党对中国特色社会主义事业发展规律的新认识，也反映了我们党对执政规律、执政能力、执政方略、执政方式的新认识，为我们紧紧抓住和用好重要战略机遇期、实现全面建设小康社会的宏伟目标提供了重要的思想指导。构建社会主义和谐社会，关系到最广大人民的根本利益，关系到巩固党执政的社会基础、实现党执政的历史任务，关系到全面建设小康社会的全局，关系到党的事业兴旺发达和国家的长治久安。我们都要从这样的战略高度，深刻认识构建社会主义和谐社会的重大意义，自觉承担起和谐社会建设的历史任务。

二、积极应对，正确化解经济社会矛盾

在当今中国，尚存在一些不和谐现象和社会矛盾，需要在和谐社会建设中积极应对，逐步加以解决。这些不和谐现象和社会矛盾主要表现在：

第一，经济领域存在着三种明显的"不协调"：一是供给与需求不协调。突出的表现是，由于积累比例过高，导致投资规模过大，消费比例过低，消费品普遍供大于求。二是速度与效益不协调。高投入与低产出之间的矛盾未能从根本上得到解决，经济的高速发展与科技自主创新能力不强之间的问题亟待解决。三是经济发展的目标与资源供给和环境条件不协调。我们已定的经济增长目标是今后10年再翻一番，20年要再翻两番。但许多重要资源，如石油、铁矿、有色金属和木材等，现在已经捉襟见肘，相当程度上依靠进口维持。生态环境的破坏，也相当严重，需要修复的任务已经很艰巨。如果没有特别有效的措施，通过科学技术和管理水平的提高来大幅度降低单位消耗水平，提高经济发展的效益，要继续保持20年的高增长是十分困难的。

第二，社会领域存在着三个突出的矛盾：一是劳动就业不足的矛盾。我们现在统计公布的失业状况，同世界上许多国家比较都不算高，但如果将至今还没有工作的大量下岗职工计算进去，实际已达8%左右，同世界许多国家比较，失业率就很高了。加之，我国农村还有上亿人的多余劳动力亟待就业，城镇每年还有1000万左右新增劳动力必须安置就业。可以预期，我国的劳动失业率还会进一步上升。这必然威胁到社会稳定。二是城乡二元结构的矛盾。改革开放三十年来，我国经济发展很快，原有落后的社会面貌变化很大。但主要是各个城市，在广大农村，除少数沿海地区和大中城市郊区以外，变化很小。因此，导致城乡二元结构的矛盾很明显，突出反映在城乡居民收入差距上。从其他国家经验看，合理的界限应当在1.5∶1左右。但我国现在已经超过3∶1。这很不合理，城乡经济与社会发展矛盾突出。三是居民收入差距过大的矛盾。一个国家居民收入的差距，按照一般公认的基尼系数计算，0.4～0.5为差距过大，我国现在已扩大到0.45左右，已经接近或达到了美国的差距，这对保证人际关系和谐与社会稳定都很不利。

另外,还存在社会道德风险问题。主要是社会不正之风、官僚腐败现象问题。如果不能尽快从根本上缓解和解决这方面的问题,有可能会使我国的市场经济走入歧途,导致社会诚信低下,贪污腐败盛行,贫富两极分化,经济政治动荡不断。还有,随着社会主义市场经济的深入发展,社会保障面临着多方面的严峻挑战:一是城乡社会保障覆盖范围还不够宽,保障体系还不够完善,特别是乡镇,社会保障制度还在初创阶段,很多方面还是空白。二是社会保障资金筹措困难。主要是单纯依靠财政拨款,很多地方的多方面资金筹措渠道尚未落实,使保障制度很难见到实效。三是人口老龄化趋势对养老、医疗保险制度提出新的要求,原有制度不能很好地适应这种变化趋势。四是由于失业人口增加,失业保险面临重大压力。五是对于农民的社会保障制度还在探索阶段,很多问题都尚未解决。总之,中国的社会保障制度还有待进一步发展和完善。

社会主义和谐社会并不是没有矛盾的社会。矛盾运动是社会发展的基本动力,这是马克思主义的一个基本道理。构建社会主义和谐社会的过程,就是在妥善处理各种矛盾中不断前进的过程,就是不断消除不和谐因素、不断增加和谐因素的过程。我们既反对在"构建和谐社会"的旗帜下企图虚掩、隐瞒经济社会生活中存在的矛盾问题,也反对危言耸听,主观夸大现实生活中的矛盾,故意制造紧张局面,影响经济健康发展和社会稳定。这就要求首先必须有一个正确的态度来对待经济社会中的各种不利因素,同时从政策上、具体措施上采取有效行动,才能有力地推动社会朝着和谐方向发展。

首先,要认识到构建社会主义和谐社会与正确化解各方面的经济社会矛盾是一个相辅相成的过程。要构建社会主义和谐社会,就必须从两个方面入手:一是通过建立良好经济社会秩序,积极构建和谐的新型经济社会关系;二是通过有效地解决各方面存在的矛盾问题,保持经济社会协调、稳定发展,防止出现巨大的波动。因此,正确化解各方面矛盾,解决各方面问题,把矛盾问题处理在萌芽状态之中,以免出现矛盾激化、问题升级。保持经济社会发展的相对平衡,本身就是构建和谐社会的重要组成部分。同时,由于社会是一个相互联动的大系统,我们在各方面积极构建起和谐社会,也就是为解决现存的经济社会发展问题提供一个良好的环境,创造有利的条件。在一个和谐发展的社会环境中,很多矛盾会迎刃而解,很多问题会自然化解。因此,两者之间互相影响,互相促进。

其次,坚持和落实科学发展观,转变传统的经济发展观念,如重积累轻消费,重速度轻效益,重经济轻社会,重生产轻生态,重形式轻实惠,重领导政绩轻客观能力,等等。要认真搞好地区之间、城乡之间、国内外之间、人与自然和经济社会之间等五个方面的统筹兼顾,促进经济的全面、协调和可持续发展。要促进社会主义物质文明、政治文明、精神文明建设与和谐社会建设全面发展。要以人为本，始终把最广大人民的根本利益作为党和国家工作的根本出发点和落脚点，在经济发展的基础上不断满足人民群众日益增长的物质文化需要，促进人的全面发展。

再次，必须进一步深化改革，认真实施科教兴国战略，积极推进社会保障制度建设，大力抓好廉政建设，全面提高党的执政能力。构建和谐社会重在将矛盾防患于未然之时，化解于萌芽之中，以最小社会代价获得解决。在发展中求稳定，在稳定中促发展，只有继续改革，保持经济的持续发展，社会才能保持稳定，社会才能趋向和谐。因此，深化改革，调整各方面不合理关系，就是积极化解矛盾、解决问题的有效途径。通过深化改革、创新体制，调动一切积极因素，激发全社会的创造活力；必须注重社会公平，正确反映和兼顾不同方面群众的利益，正确处理人民内部矛盾和其他社会矛盾，妥善协调各方面的利益关系；必须正确处理改革、发展、稳定的关系，坚持把改革的力度、发展的速度和社会可以承受的程度统一起来，使改革、发展、稳定相互协调、相互促进，确保人民群众安居乐业，确保社会政治稳定和国家长治久安。必须提高全民科技文化素质，大幅度提高我国的科学技术和经营管理的水平，力争用尽可能少的资源消耗创造出尽可能多的社会增加值，来缓解和解决我国经济增长目标与资源、环境条件严重不协调的问题。全社会都应行动起来，积极推进社会保障制度建设，为抵御市场经济的波动、保持社会稳定提供有效的安全阀、稳定器。要从根本上扭转社会风气，全面提高社会道德风气水准，不仅要加强党风廉政建设，提高党的社会服务意识，宣扬主旋律，弘扬集体主义精神，抵制各种不良文化、思潮的侵蚀，扬正气、树新风，构建和谐社会。

三、突出重点，着力解决好人民群众最关心、最直接、最现实的利益问题

人民群众既是构建和谐社会的主体，也是享有和谐社会成果的主人。社会主义和谐社会，实际上是以人为主体的社会和谐发展状态，包括人与人之间的和谐、人与自然之间的和谐。其中人与人之间的和谐是最基本的内容。社会和谐取决于人与人之间的和谐。人的一切行为皆根源于利益。马克思曾指出："人们奋斗所争取的一切，都同他们的利益有关。"①建立和谐社会的过程，实际上是不断地协调解决人与人之间利益矛盾的过程，也就是协调好最广大人民利益的过程。

构建社会主义和谐社会是艰巨复杂的系统工程，只有动员广大人民群众共同参与，才能使这一宏伟目标变成现实；构建社会主义和谐社会是造福全体人民

① 《马克思恩格斯全集》第1卷，人民出版社1979年版，第82页。

的伟大事业，只有让广大人民群众不断从和谐社会建设中得到实惠，才能使和谐社会建设成为广大人民群众的自觉行动。

因此，一定要在党的领导下，突出重点，着力解决好人民群众最关心、最直接、最现实的利益问题，最大限度地实现好、维护好、发展好最广大人民群众的根本利益。只有这样，才能最大限度地激发广大人民群众的参与热情和创造活力，把共同建设、共同享有和谐社会建设的成果贯穿于和谐社会建设的全过程，真正做到在共建中共享、在共享中共建。

在实际工作中，既要全面关心群众疾苦，坚持贯彻党的群众路线，千方百计把群众工作做深、做细、做实，又要突出重点，下大力气解决好直接影响到人民群众切身利益的亟待解决的重大问题。那种遇到问题绕着走的做法是对群众利益不负责任的表现。当前，城乡经济社会发展差距问题、失业问题、社会保障问题、收入差距问题、环境污染问题等等，都是群众最关心的社会性重大问题。解决好这些问题，需要全国一盘棋，统筹兼顾，齐抓共管。这对党和社会各方面都提出更高要求。主要有三个方面：

第一，对党的执政素质提出更高的要求。要进一步加强基层党组织建设，加强对党员的思想教育和管理。党员要发扬求真务实、谦虚谨慎、艰苦奋斗的工作作风，倾听群众呼声，了解群众愿望，关心群众疾苦，扎扎实实为群众解决实际困难。要使党的干部树立正确的世界观、人生观、价值观和权力观、利益观、地位观，自觉做到权为民所用、情为民所系、利为民所谋，常修为政之德、常思贪欲之害、常怀律己之心，自觉抵御拜金主义、享乐主义、极端个人主义等消极腐朽思想文化的侵蚀，以自己的优良作风和良好形象带动群众做好各项工作。

第二，对党的执政能力提出更高的要求。构建社会主义和谐社会，关键在于提高党的执政能力。而要提高党的执政能力关键在于把党的各级组织建设好，把党员队伍建设好。我们要全面推进党的思想建设、组织建设、作风建设和制度建设，使党内各级组织和整个党员队伍始终保持先进性，始终充满生机和活力，为构建社会主义和谐社会提供坚强的政治和组织保证。随着我国改革发展进入关键时期，我国社会存在的一些人民内部矛盾出现了多发多样的状况。这是我国社会深刻变革中难以完全避免的现象。关键是我们要正视矛盾，找到化解矛盾的正确途径和有效方法，形成妥善处理矛盾的体制机制，而不能让矛盾积累和发展起来，以致影响国家改革发展稳定的大局。要深刻分析现阶段人民内部矛盾产生的原因特别是深层次原因，注重从源头上减少人民内部矛盾的发生。要认真检查我们的各项政策措施和工作部署、工作方法、工作作风是否切合实际，是否符合最广大人民的根本利益，着力避免因决策失误和工作不当引起群众不满和抱怨。要深入基层、深入实际，加强矛盾纠纷的排查工作，及早发现可能发生的各种矛盾，及时采取有效措施妥善加以解决。要坚决依法纠正各种损害群众利益的行为。要进一步完善处理人民内部矛盾的方式方法，完善信访工作责任制，建立健全社会矛盾纠纷调处机制，把人民调解、司法调解、行政调解结合起来，依法及时合理地处理群众反映的问题。要深入细致地做好思想政治工作，引导群众以理性合法的形式表达利益要求、解决利益矛盾。要积极预防和妥善处置群体性事件，坚持依法和按照政策办事，既依法维护群众正当权益，又依法维护社会安定团结。

第三，对社会民主制度和监督机制提出更高的要求。群众利益是各种各样的，如何真实、准确、及时地反映给党和政府，避免被隐瞒压制或者打折扣，就需要建立健全社会民主制度和社会监督机制，让群众真实利益要求能够表达出来，让政府真正帮助群众办公事、办实事、办好事。发扬社会主义民主，是构建社会主义和谐社会的重要途径。和谐社会必然是广大人民群众的利益诉求能够得到充分表达的社会。有没有完善的利益诉求机制和畅通的意见表达渠道，直接影响到人民群众的利益是否得到充分的、真实的反映，从而为党和人民政府正确维护群众利益创造条件。近年来，人民群众利益诉求机制不断创新，意见表达渠道大幅度拓宽。除了人民代表大会、政治协商会议、信访等制度和机制外，听政制度的推广、媒体作用的发挥、政府网站的开通，都对完善利益诉求机制、畅通意见表达渠道起到了重大作用。这对于缓解社会紧张、消除利益冲突、化解各种矛盾，效果十分明显。同时，为了更有效地防止腐败现象、官僚主义、徇私舞弊、欺上瞒下等社会不良现象，除了党要加强自身建设外，进一步加强社会监督机制也是非常必要的。只有把党的自身监督与全社会监督结合起来，才能更有力地维护好群众利益，才能真正解决好群众最关心的问题。近年来，新闻媒体发挥了重要的监督作用，对很多伤农害农的现象、损害群众利益的事件作了客观的揭露，极大地督促、帮助党和政府积极处理各种事件，维护了社会公正，保护了群众的利益。

四、深化改革，建立健全促进社会和谐的制度和机制

社会的和谐与稳定，体现在经济结构、社会结构、制度安排之间取得一种以矛盾为核心的互动制约体系，从而引导各种利益矛盾从潜在的剧烈冲突的可能性向辩证的自适应运动方向转化。这种调和，无疑需要靠制度创新来实现。现代社会是一个不断更新、不断发展的社会，因此，没有一个万能的制度可以一劳永逸地化解各方面不断变化的社会矛盾。这就需要继续深化改革，通过调整、改善不适应的社会具体制度，创新社会体制，建立多元化新型社会体制模式。

建立健全社会具体制度，促进社会管理制度化、法制化、科学化，是构建社会

主义和谐社会的重要内容。随着改革的不断深入,我国传统单位制的社会结构正在向多样化的方向转变,但社会具体制度建设并没有很好地与经济发展相适应,从而影响了经济社会的全面发展。因此,坚持与时俱进,更新理念,努力实现社会具体制度和管理方法的创新,已经成为当前的一项紧迫任务。党的十六届四中全会第一次提出了要建立健全党委领导、政府负责、社会协同、公众参与的社会管理格局,分别明确了党委领导核心的地位、政府社会管理的职能、社会组织协同和公民广泛参与的作用。① 十六届六中全会则明确提出,要加强制度建设,保障社会公平正义;同时强调,要完善社会管理,保持社会安定有序,建设服务型政府。② 社会具体制度建设,具体来说,根据当前中国经济社会发展现状和存在的主要矛盾,主要完善民主权利保障制度、法律制度、公共财政制度、收入分配制度和社会保障制度。这些制度直接关系到人民的民主权利、法制保障、经济利益和社会保障等方面的权益,为构建和谐社会提供必要的制度保障。加强社会管理,当前主要包括:推进社区建设,健全社会组织,统筹协调各方面利益关系,完善应急管理体制机制,加强安全生产、社会治安综合治理、国家安全和国防建设。这些方面既涉及到人民的日常生活需要,又涵盖了社会安定、国家安全、国防建设等关系到国家、民族利益的全局性社会管理。

制度健全、管理到位,需要有一个高效的运作机制,才能发挥应有的作用。总体来说,体现在四个方面:

第一,要重视全社会创造活力的激发,形成富有创造力的动力机制。十六届六中全会指出:社会主义和谐社会应该是充满活力的社会,必须最大限度地激发社会活力。主要是形成“尊重劳动,尊重知识,尊重人才,尊重创造”的动力机制,营造鼓励人们干事业、支持人们干成事业的社会氛围,形成集中全国人民的智慧和力量,聚精会神搞建设,一心一意谋发展的局面。

第二,要重视全社会的公平和正义,形成合理的利益协调机制。在这个机制建设中,要高度重视和维护群众最现实的、最关心的、最直接的利益。主要是要高度重视社会低收入群体,重视和解决困难群众的实际问题。要缩小社会收入差距,壮大中等收入群体,实现收入分配的相对公平,妥善协调社会各方面的利益关系。

第三,要重视全社会的诚信和友爱,形成有效的社会管理创新机制。社会主

---

① 参见中共中央文献研究室编《十六大以来重要文献选编》(中),中央文献出版社 2006 年版,第 287 页。

② 参见中共中央文献研究室编《十六大以来重要文献选编》(下),中央文献出版社 2008 年版,第 657、662 页。

义和谐社会应当是一个充满关爱、诚实守信的社会。这就需要有效地整合社会管理资源，加快形成与当今社会相适应的能够有效实施社会管理的创新机制。从当前来说，创新社会管理机制的重点应该放在发挥社会组织作用和完善公共安全体系上。要更新社会管理思路，重视社会组织的作用。

第四，要重视社会救助和社会保障工作，形成良好的社会保障机制。目前要采取切实有效的措施，帮助困难群众解决就业再就业、养老保险、失业保险、失地保险、医疗保险以及“低保”问题；要健全社会保险、社会救助、社会福利和慈善事业相衔接的社会保障体系等，为困难群众、弱势群体编织一个可靠的社会安全网；要加强对低收入阶层和困难群众的生活保障，加大对农村的扶贫力度，采取切实有效的措施，减少农村贫困人口的数量，逐步提高贫困人口的生活水平；等等。此外，还要重视社会的安定有序，形成敏感的社会控制预警机制；要重视正确处理人民内部矛盾，形成灵活的矛盾疏导机制；要重视做好新形势下的群众工作，形成顺畅的社会服务机制；要重视人与自然的和谐相处，形成生产发展、生活富裕和生态良好的互动机制。

只有通过深化改革，建立健全社会制度和管理体制，形成高效完整的社会运行机制，构建和谐社会所要实现的各项目标才能够获得社会制度保证和社会管理支持，才能使各项政策、措施落到实处，产生良好的效果。

五、加强领导，有重点分步骤地进行社会主义和谐社会建设

在我国社会发生深刻变革的历史进程中，能否建设一个全体人民各尽其能、各得其所而又和谐相处的社会，是对我们党的执政能力的重大考验。构建社会主义和谐社会，是一项艰巨复杂的系统工程，需要全党全社会长期坚持不懈地努力。十六届六中全会强调：构建社会主义和谐社会，关键在党。必须充分发挥党的领导核心作用，坚持立党为公、执政为民，以党的执政能力建设和先进性建设推动社会主义和谐社会建设，为构建社会主义和谐社会提供坚强有力的政治保证。因此，要提高全体党员特别是领导干部进行社会主义和谐社会建设的本领，要把和谐社会建设放在全局工作的突出位置，把握方向，制定政策，整合力量，营造环境，切实担负起应有的责任。各级党委要坚持和完善民主集中制，扩大党内民主，推进党务公开，严格党内生活，严肃党的纪律，增进党的团结统一，以党内和谐促进社会和谐。要建立科学高效的领导机制和工作机制，明确工作分工，搞好协调指导，增强政治敏锐性，加强对社会文明建设重大问题的调查研究，提高政策措施的针对性和有效性，解决好本地区本部门影响社会和谐的突出矛盾和问题。要坚持党要管党、从严治党，加强党章和法纪学习教育，加强党员干部党性锻炼和思想道德修养，健全防范腐败的体制机制，加强对领导机关和领导干部

的监督,深入开展党风廉政建设和反腐败斗争,以优良的党风促政风带民风,营造和谐的党群干群关系。

应当认识到,进行社会主义和谐社会建设不是一蹴而就的事情。它既是当前全党全国人民为之努力的重大任务,又是全党全国人民不懈奋斗的长期目标。

新中国成立后,我们党为促进社会和谐进行了艰辛探索,积累了正反两方面经验,取得了重要进展。党的十一届三中全会以后,我们党坚定不移地推进改革开放和现代化建设,积极推动经济发展和社会全面进步,为促进社会和谐进行了不懈努力。党的十六大以来,我们党对社会和谐的认识不断深化,明确了构建社会主义和谐社会在中国特色社会主义事业总体布局中的地位,作出一系列决策部署,推动和谐社会建设取得新的成效。经过长期努力,我们拥有了构建社会主义和谐社会的各种有利条件。

新世纪新阶段,我们党要带领人民抓住机遇、应对挑战,把中国特色社会主义伟大事业推向前进,应当坚持以经济建设为中心,把构建社会主义和谐社会摆在更加突出的地位。构建社会主义和谐社会是一个不断化解社会矛盾的持续过程。坚持解放思想、实事求是、与时俱进,一切从实际出发,自觉按规律办事,立足当前、着眼长远,量力而行、尽力而为,有重点分步骤地持续推进,切实把构建社会主义和谐社会作为贯穿中国特色社会主义事业全过程的长期历史任务和全面建设小康社会的重大现实课题抓紧抓好。

第十五章 “改革论”:社会主义社会的矛盾与改革有机统一(一)——社会主义社会是不断改革和变化的社会

社会主义社会的矛盾与改革有机统一,是现实社会主义发展、建设、改革的重要规律。社会主义社会是仍然存在矛盾的社会,矛盾要求改革,改革引起变化,变化促成发展,这是不以人们意志为转移的客观必然性。正如恩格斯所说:“所谓‘社会主义社会’不是一种一成不变的东西,而应当和任何其他社会制度一样,把它看成是经常变化和改革的社会。”①改革是解决现实社会主义社会的矛盾、推动社会主义不断向前发展的直接动力,改革是社会主义制度的自我完善。社会主义改革是全面系统的改革,要有领导、有组织、有秩序地进行,要处理好改革、发展、稳定的关系。认真探讨社会主义社会的矛盾与改革有机统一的规律,对于促进现实社会主义国家的改革和发展、世界社会主义事业的复兴和光大具有极其重大的意义。

第一节 社会主义社会是仍然存在矛盾的社会

一、社会主义社会的基本矛盾仍然是生产力与生产关系的矛盾、经济基础与上层建筑的矛盾

唯物辩证法告诉我们,世界是由矛盾构成的,没有矛盾就没有世界。矛盾无处不有,无时不在;旧的矛盾解决了,新的矛盾又会层出不穷地涌现出来;世界就是在解决矛盾的过程中一步步发展和变化的。人类社会也是在不断解决各种矛盾的过程中逐渐演进的。人类社会的矛盾多种多样,其中有一种矛盾是贯穿于人类社会始终、对社会发展全过程都起支配作用的,人们称其为“社会基本矛盾”,即生产力与生产关系的矛盾、经济基础与上层建筑的矛盾。

---

① 《马克思恩格斯选集》第4卷,人民出版社1995年版,第693页。

社会基本矛盾的理论是马克思主义的一个重大理论。早在19世纪40年代,马克思和恩格斯在《德意志意识形态》中就指出:“按照我们的观点,一切历史冲突都根源于生产力和交往形式之间的矛盾。”[①]1859年,马克思在《〈政治经济学批判〉序言》中更加明确地论述了社会基本矛盾的思想:“社会的物质生产力发展到一定阶段,便同它们一直在其中活动的现存生产关系或财产关系(这只是生产关系的法律用语)发生矛盾。于是这些关系便由生产力的发展形式变成生产力的桎梏。那时社会革命的时代就到来了。随着经济基础的变更,全部庞大的上层建筑也或慢或快地发生变革。”[②]这就是说,生产力是社会发展的最终决定力量,随着生产力的发展,原来适应生产力发展状况和要求的生产关系逐渐变得不再适应了,甚至变成了生产力继续发展的障碍。这时,代表生产力发展要求的阶级就会通过革命等手段消灭旧的生产关系及其上层建筑,建立起能够促进生产力发展的新的生产关系和上层建筑。人类社会就是在社会基本矛盾的运动中不断发展和演进的。

恩格斯在分析资本主义社会生产力与生产关系之间的矛盾时,曾经使用过“基本矛盾”一词,他指出:“生产已经成为社会的活动;而交换以及和它相伴随的占有,仍旧是个体的活动,单个人的活动:社会产品被个别资本家所占有。这就是产生现代社会的一切矛盾的基本矛盾,现代社会就在这一切矛盾中运动,而大工业把它们明显地暴露出来了。”[③]但是,第一次明确地提出生产力与生产关系的矛盾、经济基础与上层建筑的矛盾是社会基本矛盾的当属毛泽东。

马克思和恩格斯关于社会基本矛盾的思想,是在分析人类社会特别是资本主义社会发展规律的基础上得出的一条科学结论。那么,社会主义社会是否还存在基本矛盾?除了基本矛盾外还有哪些矛盾?由于没有经历过社会主义的实践,马克思和恩格斯只能进行原则性的预测和推断,不可能作全面、深入的探讨。按照矛盾的普遍性原理,社会主义社会肯定也是一个充斥着各种矛盾的社会。根据马克思和恩格斯的有关论述,我们可以得知他们关注的存在于社会主义社会中的矛盾,如旧式分工与人的全面发展之间的矛盾、按劳分配中所包含的形式上平等与事实上的不平等之间的矛盾、体力劳动与脑力劳动之间的矛盾等等。至于社会基本矛盾,在马克思和恩格斯看来,适用于包括社会主义、共产主义在内的一切社会形态。

列宁认识到了社会主义社会矛盾的存在及其与以往社会矛盾的区别,他指

---

① 《马克思恩格斯选集》第1卷,人民出版社1995年版,第135页。

② 《马克思恩格斯选集》第2卷,人民出版社1995年版,第32～33页。

③ 《马克思恩格斯选集》第3卷,人民出版社1995年版,第758～759页。

出："对抗和矛盾完全不是一回事。在社会主义下，对抗将会消失，矛盾仍将存在。"[①]列宁还看到了社会主义条件下的一些具体矛盾，如苏维埃制度中的弊端与发展生产力和文化之间的矛盾、工人与农民之间的矛盾、民族之间的矛盾等等。但是，由于经历的社会主义实践的时间太短，列宁不可能对包括社会基本矛盾在内的社会主义社会的矛盾进行系统而深入的研究。

斯大林执政29年，按说应该有足够的时间对社会主义社会的矛盾作全面细致的探讨，但是，由于受形而上学思维的影响，斯大林不能用对立统一的观点分析社会主义社会的矛盾，认为在社会主义制度下"生产关系完全适应生产力性质"[②]。只看到两者之间相统一、相适应的一面，而否定了它们之间的矛盾。对此，毛泽东曾经指出："斯大林在一个长时期里不承认社会主义制度下生产关系和生产力之间的矛盾、上层建筑和经济基础之间的矛盾。直到他逝世前一年写的《苏联社会主义经济问题》，才吞吞吐吐地谈到了社会主义制度下生产关系和生产力之间的矛盾，说如果政策不对，调节得不好，是要出问题的。但是，他还是没有把社会主义制度下生产关系和生产力之间的矛盾，当作全面性的问题提出来，他还是没有认识到这些矛盾是推动社会主义社会向前发展的基本矛盾。"[③]

毛泽东继承和发展了马克思主义关于社会矛盾的学说，在这方面作出了重大贡献。

第一，强调社会主义社会还存在矛盾，正是这些矛盾推动社会不断向前发展。1956年，毛泽东在《论十大关系》中指出："这十种关系，都是矛盾。世界是由矛盾组成的。没有矛盾就没有世界。我们的任务，是要正确处理这些矛盾。"[④]1957年，在《关于正确处理人民内部矛盾的问题》中，毛泽东进一步论述了社会主义矛盾问题，指出："马克思主义的哲学认为，对立统一规律是宇宙的根本规律。这个规律，不论在自然界、人类社会和人们的思想中，都是普遍存在的。矛盾着的对立面又统一，又斗争，由此推动事物的运动和变化。……许多人不敢公开承认我国人民内部还存在着矛盾，正是这些矛盾推动着我们的社会向前发展。许多人不承认社会主义社会还有矛盾，因而使得他们在社会矛盾面前缩手缩脚，处于被动地位；不懂得在不断地处理和解决矛盾的过程中，将会使社会主义社会内部的统一和团结日益巩固。"[⑤]毛泽东还强调，认为社会主义社会没有矛盾的想法是不符合客观实际的天真的想法。

第二，第一次明确地把包括社会主义社会在内的一切社会形态所存在的生产力

---

① 列宁：《对布哈林〈过渡时期的经济〉一书的评论》，人民出版社1976年版，第12页。

② 《斯大林选集》下卷，人民出版社1979年版，第445页。

③ 《毛泽东选集》第5卷，人民出版社1977年版，第356页。

④ 《毛泽东选集》第5卷，人民出版社1977年版，第288页。

⑤ 《毛泽东选集》第5卷，人民出版社1977年版，第372页。

与生产关系的矛盾、经济基础与上层建筑的矛盾概括为社会基本矛盾。毛泽东指出："在社会主义社会中，基本的矛盾仍然是生产关系和生产力之间的矛盾、上层建筑和经济基础之间的矛盾。不过社会主义社会的这些矛盾，同旧社会的生产关系和生产力的矛盾、上层建筑和经济基础的矛盾，具有根本不同的性质和情况罢了。"[①]这就清楚地告诉我们，社会主义及其以前的社会的基本矛盾是生产力与生产关系的矛盾、经济基础与上层建筑的矛盾。那么，未来的共产主义社会的基本矛盾是什么呢？毛泽东指出："将来全世界的帝国主义都打倒了，阶级消灭了……那个时候还有生产关系同生产力的矛盾、上层建筑同经济基础的矛盾。"[②]

第三，联系中国生产资料私有制社会主义改造完成以后的实际，分析了社会主义社会基本矛盾的特殊性。在《关于正确处理人民内部矛盾的问题》中，毛泽东指出："社会主义生产关系已经建立起来，它是和生产力的发展相适应的；但是，它又还很不完善，这些不完善的方面和生产力的发展又是相矛盾的。除了生产关系和生产力发展的这种又相适应又相矛盾的情况以外，还有上层建筑和经济基础的又相适应又相矛盾的情况。……资产阶级意识形态的存在；国家机构中某些官僚主义作风的存在，国家制度中某些环节上缺陷的存在，又是和社会主义的经济基础相矛盾的。"[③]社会主义社会的基本矛盾不是对抗性的矛盾，可以经过社会主义制度本身不断地得到解决。

第四，第一次阐明了在社会主义条件下存在着两类不同性质矛盾的思想，并提出了处理两类不同性质矛盾的具体方法。毛泽东指出："在我们的面前有两类社会矛盾，这就是敌我之间的矛盾和人民内部的矛盾。这是性质完全不同的两类矛盾。"[④]他认为："敌我之间的矛盾是对抗性的矛盾。人民内部的矛盾，在劳动人民之间说来，是非对抗性的；在被剥削阶级和剥削阶级之间说来，除了对抗性的一面以外，还有非对抗性的一面。"[⑤]这两类矛盾性质的不同决定了处理方法的不同：处理敌我矛盾要用专政的方法，处理人民内部矛盾则要用民主的方法。

---

① 《毛泽东选集》第5卷，人民出版社1977年版，第373页。

② 《毛泽东选集》第5卷，人民出版社1977年版，第318～319页。

③ 《毛泽东著作选读》下册，人民出版社1986年版，第768～769页。

④ 《毛泽东选集》第5卷，人民出版社1977年版，第364页。

⑤ 《毛泽东著作选读》下册，人民出版社1986年版，第758页。

二、现实社会主义社会的主要矛盾是人民日益增长的物质文化需要同落后的社会生产之间的矛盾

毛泽东在《矛盾论》中指出："任何过程如果有多数矛盾存在的话，其中必定有一种是主要的，起着领导的、决定的作用，其他则处于次要和服从的地位。因此，研究任何过程，如果是存在着两个以上矛盾的复杂过程的话，就要用全力找出它的主要矛盾。捉住了这个主要矛盾，一切问题就迎刃而解了。"①每一种社会形态中的矛盾都是纷繁复杂、多种多样的，在这些矛盾中，必定有一种是起着领导和决定作用的主要矛盾，捉住和解决了这个主要矛盾，其他矛盾就都可以迎刃而解了。

"社会主要矛盾"与"社会基本矛盾"不是一个概念，两者的主要区别是：

第一，地位不同。社会基本矛盾是第一层次或更深层次的矛盾，社会主要矛盾则属于第二层次或较浅层次的矛盾。社会基本矛盾决定和制约着社会主要矛盾，社会主要矛盾则是社会基本矛盾在某一具体社会形态及其发展阶段上的体现。

第二，时效不同。社会基本矛盾贯穿于人类社会发展过程的始终，适用于每一种社会形态，只要人类社会不灭亡，它就会发生作用。社会主要矛盾则随着社会形态的更替而变化，甚至在同一种社会形态的不同发展阶段上都会有不同的主要矛盾，它只适用于某一种社会形态，甚至只适用于某种社会形态的特定发展阶段。

第三，稳定性不同。社会基本矛盾存在于一切社会形态中，因而具有相对的稳定性。社会主要矛盾只存在于某几种社会形态或某种社会形态特定的发展阶段中，因而处于不断的变化中，具有相对的不稳定性。

在阶级社会中，基本矛盾是对抗性的。奴隶社会、封建社会、资本主义社会都不能解决自身的基本矛盾，而是要靠代表生产力发展要求的阶级的革命来解决。因此，阶级社会的主要矛盾是阶级矛盾。例如，资本主义社会的主要矛盾就是无产阶级与资产阶级之间的矛盾。通过无产阶级反对资产阶级的阶级斗争，通过社会主义革命，推翻和消灭资本主义制度，建立起社会主义制度，资本主义社会的基本矛盾才能够从根本上得以解决。

社会主义社会的基本矛盾仍然是生产力与生产关系的矛盾、经济基础与上层建筑的矛盾。但是，这种基本矛盾与阶级社会中的基本矛盾有着不同的性质和情况。由于剥削阶级作为阶级已经被消灭，社会主义社会中只剩下了工人阶

① 《毛泽东选集》第1卷，人民出版社1991年版，第322页。

级、农民阶级和知识分子阶层，他们在生产中形成了平等的互助合作的关系。社会主义生产关系和上层建筑在总体上能够适应和促进生产力和经济基础的发展，它们之间的矛盾是局部的、非对抗性的，不再表现为剥削阶级与被剥削阶级之间剧烈的阶级斗争。因此，社会主义社会的主要矛盾就不再是阶级矛盾。

现实社会主义国家在社会主义制度建立之前，生产力和经济文化都比较落后，现在还属于发展中国家，生产的发展满足不了人民日益增长的物质文化需要。只有改变这种状况，才能不断提高人民的生活水平，显示出社会主义制度的优越性，使社会主义制度得以巩固和发展。这就要求现实社会主义国家必须始终坚持以经济建设为中心，加大改革开放的步伐和力度，发展生产，关注民生。由此可见，只有在发展生产的基础上，才能不断满足人民日益增长的物质文化需要；只有不断满足人民日益增长的物质文化需要，社会主义制度才能巩固和发展，其他问题才能迎刃而解。因此，现实社会主义社会的主要矛盾就是人民日益增长的物质文化需要同落后的社会生产之间的矛盾。

在对社会主义社会主要矛盾的认识上，中国共产党走过曲折的道路。1956年9月召开的党的八大决议指出：社会主义改造完成后，我国的社会主义制度已经基本上建立起来，无产阶级与资产阶级之间的矛盾已经基本上解决。“我们国内的主要矛盾，已经是人民对于建立先进的工业国的要求同落后的农业国的现实之间的矛盾，已经是人民对于经济文化迅速发展的需要同当前经济文化不能满足人民需要的状况之间的矛盾。这一矛盾的实质，在我国社会主义制度已经建立的情况下，也就是先进的社会主义制度同落后的社会生产力之间的矛盾。”[①]这种对社会主义社会主要矛盾的概括，尽管不是很规范、简洁、精确，但是其内容是正确的，方向是对头的。按照这一主要矛盾的要求，全党和全国工作的重点应该是发展经济和文化，尽快地把我国从落后的农业国变成先进的工业国。

1957年2月，毛泽东在《关于正确处理人民内部矛盾的问题》中进一步阐述了社会主义社会主要矛盾的问题。他指出：“革命时期的大规模的急风暴雨式的群众阶级斗争基本结束”，我们要“团结全国各族人民进行一场新的战争——向自然界开战，发展我们的经济，发展我们的文化……建设我们的新国家”。“我们的根本任务已经由解放生产力变为在新的生产关系下面保护和发展生产力。”[②]但是，同年10月，毛泽东在党的八届三中全会上改变了对社会主义社会主要矛盾的正确认识，而把无产阶级与资产阶级的矛盾、社会主义道路与资本主义道路的矛盾看作我国社会的主要矛盾。后来，毛泽东又提出了“以阶级斗争为纲”、

① 中共中央办公厅编：《中国共产党第八次全国代表大会文献》，人民出版社1957年版，第810页。

② 《毛泽东选集》第5卷，人民出版社1977年版，第375、377页。

“无产阶级专政下继续革命”等错误理论，并发动了“一个阶级推翻另一个阶级”的“文化大革命”，使我国的社会主义建设事业遭受重大损失。

1978年12月召开的党的十一届三中全会，拨乱反正，正本清源，恢复了党的实事求是的思想路线，废除了“以阶级斗争为纲”的错误理论和路线，提出要“把全党工作的着重点和全国人民的注意力转移到社会主义现代化建设上来。”[①]1979年3月，邓小平在《坚持四项基本原则》的讲话中，进一步强调了全党和全国人民的中心任务及主要矛盾问题。他指出：“至于什么是目前时期的主要矛盾，也就是目前时期全党和全国人民所必须解决的主要问题或中心任务，由于三中全会决定把工作重点转移到社会主义现代化建设方面来，实际上已经解决了。我们的生产力发展水平很低，远远不能满足人民和国家的需要，这就是我们目前时期的主要矛盾，解决这个主要矛盾就是我们的中心任务。”[②]1981年6月，党的十一届六中全会通过的《中国共产党中央委员会关于建国以来党的若干历史问题的决议》指出：“在社会主义改造基本完成以后，我国所要解决的主要矛盾，是人民日益增长的物质文化需要同落后的社会生产之间的矛盾。”[③]此后，在党的重要文献中都坚持了这种提法。这样，在经历了曲折之后，我们党对社会主义社会主要矛盾的认识又走上了正确道路。

三、现实社会主义社会的两类不同性质矛盾：敌我矛盾和人民内部矛盾

现实社会主义社会不仅存在着基本矛盾和主要矛盾，而且还存在着两类不同性质矛盾，即敌我矛盾和人民内部矛盾。两类不同性质矛盾是社会主义社会基本矛盾和主要矛盾在人与人之间关系上的集中反映和具体表现。正确认识和处理社会主义条件下的两类不同性质矛盾，对于调动一切积极因素进行社会主义现代化建设、巩固社会主义制度等都有着十分重大的意义。

两类不同性质矛盾理论特别是正确处理人民内部矛盾理论，是毛泽东从中国实际出发进行理论创新的一项重要成果。“早在民主革命时期，毛主席就十分注意区分和处理两类不同性质矛盾（尽管当时还没有这样明确的提法），这正是保证我们革命取得胜利的重要条件。”[④]在1956年4月的《论十大关系》中，毛泽东论述的十大关系也就是十大矛盾，其中“革命和反革命的关系”属于敌我矛盾，“国家、生产单位和生产者个人的关系”、“中央和地方的关系”、“汉族和少数民族

---

① 中共中央文献研究室编：《三中全会以来重要文献选编》上册，人民出版社1982年版，第4页。

② 《邓小平文选》第2卷，人民出版社1994年版，第182页。

③ 中共中央文献研究室编：《三中全会以来重要文献选编》下册，人民出版社1982年版，第785～786页。

④ 薄一波：《若干重大决策与事件的回顾》下册，中共中央党校出版社1993年版，第581页。

的关系”、“党和非党的关系”等则属于人民内部矛盾。1957 年 1 月，在省、市、自治区党委书记会议上讲话时，毛泽东指出：“社会上的事情总是对立统一的。社会主义社会也是对立统一的，有人民内部的对立统一，有敌我之间的对立统一。”“怎样处理社会主义社会的敌我矛盾和人民内部矛盾，这是一门科学，值得好好研究。”①

1957 年 2 月，毛泽东在《关于正确处理人民内部矛盾的问题》中，把正确处理人民内部矛盾问题作为一个总题目，全面系统地论述了两类不同性质矛盾问题。他指出：“在我们的面前，有两类社会矛盾，这就是敌我之间的矛盾和人民内部的矛盾。”“在社会主义建设时期，一切赞成、拥护和参加社会主义建设事业的阶级、阶层和社会集团，都属于人民的范围；一切反抗社会主义革命和敌视、破坏社会主义建设的社会势力和社会集团，都是人民的敌人。”②毛泽东具体分析了两类社会矛盾的性质，他说：“敌我之间的矛盾是对抗性的矛盾。人民内部的矛盾，在劳动人民之间说来，是非对抗性的；在被剥削阶级和剥削阶级之间说来，除了对抗性的一面以外，还有非对抗性的一面。”“一般说来，人民内部的矛盾，是在人民利益根本一致的基础上的矛盾。”“在一般情况下，人民内部的矛盾不是对抗性的。但是如果处理得不适当，或者失去警觉，麻痹大意，也可能发生对抗。这种情况，在社会主义国家通常只是局部的暂时的现象。这是因为社会主义国家消灭了人剥削人的制度，人民的利益在根本上是一致的。”③毛泽东还列举了人民内部矛盾的具体内容，如工人阶级内部的矛盾，农民阶级内部的矛盾，工人、农民同知识分子之间的矛盾，工人阶级和其他劳动人民同民族资产阶级之间的矛盾，民族资产阶级内部的矛盾，国家利益、集体利益同个人利益之间的矛盾，民主同集中的矛盾，领导同被领导之间的矛盾，国家机关某些工作人员的官僚主义作风同群众之间的矛盾，等等。

在认识和区分两类不同性质矛盾的基础上，毛泽东提出了处理两类不同性质矛盾的方针和方法。他指出：“敌我之间和人民内部这两类矛盾的性质不同，解决的方法也不同。简单地说起来，前者是分清敌我的问题，后者是分清是非的问题。”“我们历来就主张，在人民民主专政下面，解决敌我之间的和人民内部的这两类不同性质的矛盾，采用专政和民主这样两种不同的方法。”④毛泽东认为，解决敌我矛盾要用专政的方法，即在必要的时期内，不让他们参与政治活动，强

① 《毛泽东选集》第 5 卷，人民出版社 1977 年版，第 351、357 页。

② 《毛泽东著作选读》下册，人民出版社 1986 年版，第 757、757～758 页。

③ 《毛泽东选集》第 5 卷，人民出版社 1977 年版，第 364、365、370 页。

④ 《毛泽东选集》第 5 卷，人民出版社 1977 年版，第 365、371 页。

迫他们服从人民政府的法律，强迫他们从事劳动，并在劳动中改造他们成为新人。解决人民内部矛盾则不能用强迫的方法，只能用民主的方法，即必须让他们参与政治活动，不是强迫他们做这样做那样，而是用民主的方法向他们进行教育和说服工作。这种教育工作是人民内部的自我教育工作，批评和自我批评的方法就是自我教育的基本方法。毛泽东甚至从以往工作的经验中总结出一个公式：团结——批评——团结。或者说，惩前毖后，治病救人。具体说，就是从团结的愿望出发，经过批评或者斗争使矛盾得到解决，从而在新的基础上达到新的团结。毛泽东强调，这是解决人民内部矛盾的一个正确的方法。"我们现在的任务，就是要在整个人民内部继续推广和更好地运用这个方法，要求所有的工厂、合作社、商店、学校、机关、团体，总之，六亿人口，都采用这个方法去解决他们内部的矛盾。"①

毛泽东提出了解决人民内部矛盾的总方针。他指出："我们的方针是统筹兼顾，适当安排。无论粮食问题、灾荒问题、就业问题、教育问题、知识分子问题、各种爱国力量的统一战线问题、少数民族问题，以及其他各项问题，都要从对全体人民的统筹兼顾这个观点出发，就当时当地的实际可能条件，同各方面的人协商，作出各种适当的安排。"②此外，毛泽东还进一步提出了解决人民内部各方面矛盾的具体方针和方法：在分配问题上，"必须兼顾国家利益、集体利益和个人利益"；对知识分子，"应当给予信任，从根本上改善同他们的关系，帮助他们解决各种必须解决的问题，使他们得以积极地发挥他们的才能"；在少数民族问题上，"关键是克服大汉族主义。在存在有地方民族主义的少数民族中间，则应当同时克服地方民族主义"；在科学和艺术上，要坚持"百花齐放，百家争鸣"的方针。在共产党与民主党派关系上，实行"长期共存，互相监督"的方针；等等。

由于现实社会主义国家的国情不同，两类不同性质矛盾会表现出各自的内容和特点，处理矛盾的方针和方法也会有一定的差异。但是，毛泽东的两类不同性质矛盾理论特别是正确处理人民内部矛盾理论，从总体上和原则上说是正确的，是适用于其他社会主义国家的。

按照国际经验，一个国家的人均国内生产总值达到1000～3000美元，是社会矛盾尖锐化时期、社会问题多发时期、社会最不稳定时期。从收入差距来看，基尼系数超过0.4，就超越了国际警戒线标准。我国正处于这样一个时期。在这一时期，我国的人民内部矛盾出现了一些新问题和新特点：

第一，范围更加宽泛。我国新时期的"人民"不仅包括内地的劳动者、拥护社

---

① 《毛泽东选集》第5卷，人民出版社1977年版，第370页。

② 《毛泽东选集》第5卷，人民出版社1977年版，第387～388页。

会主义的爱国者，而且还包括港、澳、台的劳动者、拥护社会主义的爱国者、拥护祖国统一的爱国者。“人民”范围的广泛性决定了人民内部矛盾范围的宽泛性。

第二，内容更加复杂。我国新时期的人民内部矛盾表现在经济、政治、文化、社会等各个方面，有些矛盾往往是经济、政治、文化等各种矛盾交织在一起，非常复杂。矛盾的主体日趋多元化，矛盾的数量和种类越来越多，如中央政府与包括港、澳、台在内的地方政府之间的矛盾，各部门之间及其内部的矛盾，各单位之间及其内部的矛盾，各地区之间及其内部的矛盾，管理者与被管理者之间的矛盾，大陆同胞与港、澳、台同胞之间的矛盾，党员与群众之间的矛盾，干部与群众之间的矛盾，工人与农民之间的矛盾，工人、农民与知识分子之间的矛盾，劳资之间的矛盾，东部地区与中、西部地区之间的矛盾，富裕阶层与贫困阶层之间的矛盾，国家、集体和个人之间的矛盾，汉族与少数民族之间的矛盾，等等。

第三，利益矛盾更加突出。马克思指出：“人们奋斗所争取的一切，都同他们的利益有关。”[①]在社会主义市场经济的条件下，由于体制不健全、利益分配不公正等原因，社会成员之间的贫富差距不断扩大，利益矛盾更加突出。国际上公认，基尼系数的警戒线是 0.4，超过 0.5 就出现两极分化，超过 0.6 就表明社会两极分化严重。据有关方面专家测算，我国的基尼系数，1979 年为 0.31，1988 年为 0.38，1994 年为 0.434，1997 年为 0.455，2003 年为 0.53。[②] 在这种情况下，我国的利益矛盾更加突出，利益矛盾已经成为我国人民内部矛盾的重点和焦点。

第四，群体性事件发生的频率更高。许多人民内部矛盾是通过静坐、上访、请愿、集会、游行、示威、罢工、罢市、罢课等群体性事件的形式表现出来的。而且群体性事件发生的频率越来越高，参与的人数越来越多。1993 年，我国发生群体性事件 8700 多起，现在每年则达 4 万～5 万起。[③]

第五，腐败使人民内部矛盾更加激化。许多人民内部矛盾是由党政干部的腐败引起的。在社会利益分化、差距扩大的情况下，人民群众特别是生活有困难的群体对各种腐败现象和腐败分子恨之入骨。当终日辛勤劳作仍不能完全解决全家人的温饱问题和子女上学问题时，当看到一些领导干部用公款大吃大喝、铺张浪费、公费旅游、包养情妇、以权谋私、贪污受贿时，他们会怎么想？又会怎样做？毫无疑问，腐败现象和腐败分子的存在必然会引起人民内部矛盾的增加和

① 《马克思恩格斯全集》第 1 卷，人民出版社 1995 年版，第 187 页。

② 参见包心鉴《加快中国特色社会主义现代化的重大战略决策——论构建社会主义和谐社会》，载《山东社会科学》2005 年第 8 期。

③ 参见国家行政学院课题组《当前人民内部矛盾的主要特点及解决思路》，载《红旗文稿》2005 年第 10 期。

激化。

江泽民指出："在加快经济建设和改革开放的新形势下，正确处理人民内部矛盾，调动一切积极因素，化消极因素为积极因素，是我们国家政治生活的主题，也是维护社会稳定的重要基础。"[①]因此，我们必须采取强有力的措施，正确处理我国新时期的人民内部矛盾。

第一，深化经济体制改革，实现社会公正，处理好人民内部的利益关系。我国新时期的人民内部矛盾主要是利益矛盾。要处理好这种矛盾，就必须深化经济体制改革，理顺分配关系。正如江泽民在党的十六大报告中所指出的那样：要"坚持效率优先、兼顾公平，既要提倡奉献精神，又要落实分配政策，既要反对平均主义，又要防止收入悬殊。初次分配注重效率，发挥市场的作用，鼓励一部分人通过诚实劳动、合法经营先富起来。再分配注重公平，加强政府对收入分配的调节职能，调节差距过大的收入"[②]。目前，要把工作重点放在解决居民收入差距过大的问题上。要允许和鼓励一部分人通过诚实劳动和合法经营先富起来，先富带后富，逐步实现共同富裕；同时，要综合运用分配、财政、税收、法律等手段，调节过高收入，整顿不合理收入，取缔非法收入，使居民的收入差距日趋合理，防止两极分化。

第二，用民主和法制手段解决人民内部矛盾。解决人民内部矛盾要靠民主的方法、说服教育的方法，不能用专政和强迫的方法。要健全社会主义民主制度，使人民真正成为国家和社会的主人。要实行民主决策、民主管理、民主选举、民主监督，扩大公民的政治参与。要完善信息公开制度，做好党务公开、政务公开、村务公开、厂务公开，保障公民的知情权。要健全民意表达机制，疏通民意表达渠道，倾听人民的呼声，为他们排忧解难，有效地化解各种矛盾。同时，解决人民内部矛盾也要靠法制。邓小平指出："国家和企业、企业和企业、企业和个人等等之间的关系，也要用法律的形式来确定；它们之间的矛盾，也有不少要通过法律来解决。"[③]要建立健全各种法律制度，做到有法可依、有章可循。要依法行政，依法办事，依法处理各种人民内部矛盾。要加强法制教育，提高广大干部和群众的法律意识，正确认识和解决工作和生活中的各种矛盾。

第三，健全社会保障制度，关注弱势群体。社会保障制度是解除劳动者的后顾之忧、化解人民内部矛盾的重要手段。要采取各种措施，进一步建立健全企业职工基本养老保险、失业保险、医疗保险、城市居民最低生活保障等方面的制度。

---

① 中共中央文献研究室编：《十四大以来重要文献选编》(上)，人民出版社 1996 年版，第 127 页。

② 中共中央文献研究室编：《十六大以来重要文献选编》(上)，中央文献出版社 2005 年版，第 21 页。

③ 《邓小平文选》第 2 卷，人民出版社 1994 年版，第 147 页。

要关注弱势群体，特别要关注尚未完全解决温饱问题的农民及城镇下岗人员等生活有困难的弱势群体，想方设法为他们提供起码的生活条件和保障。

第四，加强社会主义精神文明建设。通过加强社会主义精神文明建设，提高全体居民的思想道德水平和科学文化素质，对于不断减少和有效解决人民内部矛盾具有重大意义。因此，要坚持物质文明和精神文明“两手抓，两手都要硬”的方针，加大对精神文明建设的投入，重视思想政治教育工作，提高全民族的素质，培养有理想、有道德、有文化、有纪律的社会主义新人。

第五，加大反腐败的力度。腐败现象和腐败分子的存在，引发和激化了各种人民内部矛盾。因此，必须把反对腐败作为一项严重的政治斗争来对待，要警钟长鸣，常抓不懈。要健全制度，完善法制，加强监督，重视教育。要坚持治本与治标相结合的方针，各部门齐抓共管。要严肃法纪，加大对腐败分子惩处的力度。各级领导干部要以身作则，严于律己，清正廉洁，勤政为民。

第六，加强领导，提高综合调处人民内部矛盾的能力。要正确处理人民内部矛盾，必须加强党的领导，认真贯彻执行党的路线、方针和政策。坚持把最广大人民的根本利益作为制定政策、开展工作的出发点和落脚点，正确反映和兼顾不同方面群众的利益。要高度重视和维护人民群众最现实、最关心、最直接的利益，坚决纠正各种损害群众利益的行为。要教育引导广大干部群众正确处理个人利益和集体利益、局部利益和整体利益、当前利益和长远利益的关系，增强主人翁意识和社会责任感。要建立健全社会利益协调机制，引导群众以理性合法的形式表达利益要求、解决利益矛盾，自觉维护安定团结。要落实领导责任制，明确各级党政领导班子一把手是处理人民内部矛盾、维护社会稳定的第一责任人。要坚持党委领导、政府主管、部门负责、综合调处的工作机制，建立健全信访、调解等制度及处理群体性突发事件的应急机制。要加强基层党政领导班子建设，尽量把各种人民内部矛盾解决在基层。

四、矛盾及其正确解决是现实社会主义社会发展的动力

（一）现实社会主义改革的必然性和必要性

现实社会主义改革是历史的必然。

1. 马克思主义的唯物辩证法从哲学层面上揭示了现实社会主义改革的必然性

马克思主义认为，事物始终处于不断的运动变化之中，任何事物都有一个产生、发展、灭亡的过程。社会主义也不是一成不变的，必然会处于经常的变化和发展中。在无产阶级政党的领导下，通过革命等手段推翻资产阶级的政治统治，建立起社会主义的国家政权。社会主义社会产生后，自身有一个由低级到高级、

有不完善到比较完善、由不成熟到比较成熟的发展过程，要经历几个不同的发展阶段，如社会主义初级阶段、社会主义中级阶段、社会主义高级阶段等。而社会主义社会又是共产主义社会的第一阶段，将来还要过渡到共产主义社会。在这一发展过程中，始终离不开社会主义改革。因为只有改革才能不断消除生产关系和上层建筑具体制度中的弊端，逐步完善社会主义制度，促进社会主义向前发展。

2.社会主义基本矛盾运动决定了现实社会主义改革的必然性

社会主义社会的基本矛盾仍然是生产力与生产关系、经济基础与上层建筑的矛盾。其中，生产力是最积极、最活跃、最革命的因素，在社会基本矛盾中处于主导的、支配的地位。社会主义制度的建立，从总体上看，是能够促进生产力发展的。但是，一方面，社会主义制度在建立之初必然会带有旧社会的痕迹，有不完善的地方，这必然会阻碍生产力的发展；另一方面，随着生产力的发展，本来适应生产力发展要求的生产关系和上层建筑的某些环节和具体制度不再与生产力相适应，甚至成为生产力继续发展的羁绊和桎梏。在这种情况下，只有通过改革，革除生产关系和上层建筑具体制度上的弊端，完善社会主义制度，才能促进生产力的发展，进而推动社会主义社会不断进步。因此，列宁指出："今后在发展生产力和文化方面，我们每前进一步和每提高一步都必定要同时改善和改造我们的苏维埃制度。"①

3.从认识论角度看，在人们对社会主义认识不断深化的过程中必然会提出改革的要求

人们对任何事物的认识都有一个从浅到深的过程，对社会主义的认识也不例外。马克思和恩格斯在批判资本主义制度的基础上，对未来的社会主义社会进行了构想：生产资料社会所有、按劳分配、计划经济、国家逐步消亡等。这些构想是理论推理的结果，尚缺乏实践的检验。退一步讲，就算马克思和恩格斯的社会主义理论是完全正确的，也不可能是终极真理，也有一个发展的过程。列宁从十月革命后俄国的实际出发，改变了对社会主义的看法。他在《论合作制》中指出："在生产资料公有制的条件下，在无产阶级对资产阶级取得了阶级胜利的条件下，文明的合作社工作者的制度就是社会主义的制度。""现在我们有理由说，在我们看来，单是合作社的发展就等于社会主义的发展，与此同时我们不得不承认我们对社会主义的整个看法根本改变了。"②正是基于这种对社会主义看法的改变，列宁提出并实施了适合苏俄生产力发展要求的"新经济政策"，对社会主义

---

① 《列宁选集》第4卷，人民出版社1995年版，第613页。

② 《列宁选集》第4卷，人民出版社1995年版，第771、773页。

制度进行了改革和完善。但是,斯大林上台后犯了严重的教条主义错误,在20世纪20～30年代逐步形成了苏联社会主义模式,并将其凝固化。后来,由于种种原因,其他社会主义国家都照搬了这一模式。随着社会主义实践的深入发展,苏联社会主义模式的弊端在各国相继暴露出来,人们对社会主义的看法又发生了变化,并提出了改革的要求。但是,由于苏联东欧的改革没有从根本上冲破和置换传统社会主义模式,最后以失败和发生剧变而告终。

现实社会主义改革不仅是必然的,而且还是必要的。其必要性集中表现在通过改革消除传统社会主义经济体制、政治体制、文化体制、社会体制等体制存在的严重弊端,以解放和发展生产力,提高人民物质文化生活水平。改革是推动现实社会主义发展的直接动力。

(二)改革是现实社会主义社会发展的直接动力

人类社会是在社会基本矛盾的运动中不断发展的。在阶级社会中,阶级斗争是社会发展的直接动力;在社会主义社会中,改革能够解放和发展生产力,进而促进整个社会的发展,因此,改革是社会主义社会发展的直接动力。而苏联东欧各国却没有做好改革这篇"文章"。在一段时期里,斯大林不承认社会主义社会还存在着生产力与生产关系、经济基础与上层建筑的矛盾,把"道义上和政治上的一致"当作社会主义社会发展的动力,认为社会主义条件下的生产力与生产关系是完全适合的,不需要进行改革。斯大林之后的苏联和东欧各国尽管大都看到了旧体制的弊端,也认识到了改革的必要性,但是,由于种种原因,各国的改革只是对计划经济体制修修补补,没有从根本上冲破和置换这一体制,更没有建立起社会主义市场经济体制。在剧变之前的几年中,苏东各国的改革变成了"改向",超出了改革的社会主义性质和范围,逐步走向资本主义。

中国在1978年以前,对传统的社会主义体制也没有进行全面和根本的改革,结果阻碍了生产力的发展,人民的生活水平也没有得到多大的提高。据统计,1955年,我国的国民生产总值占世界国民生产总值的4.7%,1978年下降到2.5%;1960年,我国的国民生产总值与日本相当,1978年只有日本的1/4。从1958年到1978年间,我国农民人均年收入从73元增长到133.6元,年均增长不到3元;城镇居民人均年收入也仅从235元增长到316元,年均增长不到4元。① 改革开放前,我国有2.5亿人没有完全解决温饱问题。三十多年的改革,使中国发生了翻天覆地的变化,生产力得到了大解放和大发展,人民生活水平也得到大幅度提高。截止到2010年,中国的国内生产总值达到39.8万亿元,超过日本,成为世界第二大经济体,财政收入增加到8.31万亿元,国家外汇储备达到

---

① 参见奚广庆主编《邓小平理论概论》,中国人民大学出版社1998年版,第117、118页。

28473亿美元，居世界第一位。2010年，农村人均纯收入5919元，剔除价格因素，比上年实际增长10.9%；城镇居民人均可支配收入19109元，实际增长7.8%。①

第二节 社会主义改革的性质、任务和实质

一、改革的性质——社会主义制度的自我完善

根据《汉语大词典(普及本)》的解释，“改革”一词有以下两种含义：一是“变更，革新。现多指把事物中旧而不合理的部分改成新的，使之适应客观情况”。二是“革除恶习劣行”②。现在人们所说的“改革”通常是指社会领域的改革，有广义和狭义之分。广义的改革是指一切社会中在不改变社会根本制度的前提下，对生产关系和上层建筑所进行的调整和变革，以使其适应生产力发展的性质、水平和要求。狭义的改革专指社会主义国家对传统体制进行的改革，即在不改变社会主义基本制度的前提下，对社会主义国家传统的经济、政治、文化等体制进行全面的、深刻的根本性变革，用新体制置换传统的社会主义体制，以达到解放和发展生产力、完善社会主义制度、促进经济社会全面发展之目的。

在社会主义改革的性质问题上，邓小平曾一语破的地指出：“改革是社会主义制度的自我完善。”③要深刻理解这一科学命题，关键是要正确区分社会主义基本制度和具体制度(体制)这两个既相联系又有区别的概念。

社会主义基本制度是指生产关系和上层建筑中体现社会主义本质特征的一些制度，如生产资料公有制、按劳分配制度、社会主义民主制度、社会主义文化制度等。社会主义具体制度(体制)是指基本制度在某一国家、某一阶段上的具体表现形态，是社会主义生产关系和上层建筑的具体形式或结构，也就是社会主义经济、政治、文化等方面的体制。例如，生产资料公有制是社会主义的一项基本制度，在不同的社会主义国家甚至在同一社会主义国家的不同发展阶段上，公有制的具体实现形式可能是不一样的：有的实行国家所有制，有的实行集体所有制，有的实行社会所有制，有的实行股份制，等等。这就是社会主义具体制度或体制的问题。

---

① 参见国家统计局编《2010年中华人民共和国国民经济和社会发展统计公报》，中国统计出版社2011年版。

② “本书编辑委员会”编：《汉语大词典(普及本)》，汉语大词典出版社2000年版，第1673页。

③ 《邓小平文选》第3卷，人民出版社1993年版，第142页。

社会主义基本制度与具体制度(体制)既相联系又有区别。社会主义基本制度具有普遍性、原则性和稳定性,只要是社会主义性质的国家和社会,就必须坚持社会主义的基本制度。离开这些基本制度,社会主义国家和社会就不会存在;抛弃了原先坚持的社会主义基本制度,国家和社会的社会主义性质就会发生改变。社会主义具体制度(体制)则具有特殊性、灵活性和可变性,在不同的社会主义国家中,在社会主义发展的不同阶段上,在坚持社会主义基本制度的前提下,社会主义具体制度(体制)应该也必然会根据具体情况的不同和变化而多姿多彩、各具特色。

社会主义基本制度决定社会主义具体制度(体制),社会主义具体制度(体制)必须反映和符合社会主义基本制度的性质和要求。但是,由于种种原因,在社会主义具体制度(体制)中往往存在许多弊端。这些弊端阻碍了社会主义国家生产力的发展和整个社会的全面进步,使社会主义基本制度的优越性难以发挥出来,甚至有可能使社会主义制度改变性质。因此,只有消除这些弊端,才能完善社会主义基本制度;而要消除这些弊端,唯有改革。

可见,社会主义改革既不是一个阶级推翻另一个阶级的政治大革命,也不是否定和改变社会主义的基本制度,而是在坚持社会主义基本制度的前提下,对不适应生产力发展要求的生产关系和上层建筑中的某些具体制度(体制)进行的调整和变革。通过这种不断的改革,逐步消除社会主义具体制度(体制)上的弊端,使社会主义基本制度得以自我更新、自我完善和自我发展,充满生机和活力,永葆其美妙之青春。

二、改革的任务——实现传统体制的根本转换

传统社会主义在经济体制、政治体制和文化体制等方面都存在着许多弊端。这些弊端导致以下三大矛盾的发生:过度集中的经济体制与发展生产力和提高人民物质生活水平之间的矛盾,过度集权的政治体制与发展社会主义民主和提高人民政治地位之间的矛盾,过度统一的文化体制与发展社会主义文化和提高人民文化生活水平之间的矛盾。要解决这三大矛盾,就必须进行社会主义改革。这种改革,既不是像苏联东欧在 20 世纪 80 年代中期以前那样,对传统社会主义体制修修补补,进行细枝末节上的调整、变革和完善;也不是像苏联东欧在 20 世纪 80 年代中期以后那样,把社会主义改革变成了“改向”,把对社会主义具体制度或体制的改革变成了对社会主义基本制度的否定,最终导致党丢权、国家变质甚至解体、社会主义亡命的悲惨结局;而是要从根本上冲破和置换传统社会主义体制,建立起充满生机和活力的社会主义经济、政治、文化新体制。这就是社会主义改革的任务。

根据社会主义改革正反两方面的经验，我们可以描述出社会主义经济、政治、文化新体制的大体轮廓：

在经济体制方面，要用社会主义市场经济体制代替过度集中的计划经济体制。要建立适应现实社会主义国家生产力发展性质、水平和要求的生产资料所有制体系，变“一大、二公、三纯”的单一公有制为以公有制为主体、多种所有制经济共同发展，公有制的实现形式也应该多样化，如国有经济、集体经济、合作经济、股份制、股份合作制和各种混合所有制经济等；要建立以按劳分配为主、多种分配形式并存的分配制度，把按劳分配和按生产要素分配结合起来；要建立产权明晰、权责明确、政企分开、管理科学的现代企业制度；要建立社会主义市场体系，特别要培育和完善商品市场、资本市场、劳动力市场、技术信息市场、房地产市场等；要建立适应社会主义市场经济要求的宏观调控体系，把宏观调控由计划和行政命令为主变为以经济和法律手段为主；要建立社会保障制度，完善养老、医疗、失业等保险制度，对社会弱势群体实施救济；要建立对外经济体制，促进对外贸易的发展；等等。

在政治体制方面，要实行党政分开，权力下放，改革和完善社会主义国家的权力结构及其运行机制；要按照精简、统一、效能的原则，改革政府机构，转变政府职能，实现政府行政管理的科学化、制度化和法制化；要改革干部人事制度，完善干部的考试、选拔、培养、考核、监督、奖惩、待遇等制度，反腐倡廉，提高工作效率；要建立和完善社会主义民主制度，特别是人民代表会议制度、选举制度、监督制度、基层居民自治制度等，保证人民当家作主权利的实现；要建立健全社会主义法律体系，依法治国，建设社会主义法制国家；等等。

在文化体制方面，要更新思想政治工作的方法，建立道德约束机制，不断提高人民的思想道德水平；要建立和完善科技教育体制，培养高素质人才，促进科学技术的发展；要建立健全文化市场体系，完善文化市场管理机制；要进行文化企事业单位的内部改革，建立健全有利于调动文化工作者积极性、文化创新、多出精品、多出人才的文化管理体制及其运行机制；要加强文化法制建设，对文化事业依法进行管理；等等。

值得注意的是，实现传统体制的根本转换是一项长期的、艰巨的任务，不可毕其功于一役。只要社会主义还存在，改革旧体制、建立和完善新体制的任务就永远不会终结。这一点是社会主义国家的党、政府和人民应该牢记的。

三、改革的实质——一场革命

对于改革的实质问题，邓小平论述得比较多。早在1978年9月，他就指出："引进先进技术设备后，一定要按照国际先进的管理方法、先进的经营方法、先进的定额来管理，也就是按照经济规律管理经济。一句话，就是要革命，不要改良，不要修修补补。"①1985年3月，邓小平在会见日本客人时明确指出："改革是中国的第二次革命。"②1986年9月，邓小平又强调："我们现在搞的实质上是一场革命。"③那么，如何理解"改革的实质是一场革命"呢？

第一，同革命一样，改革也是为了解放和发展生产力。1985年3月，邓小平在全国科技工作会议上指出："经济体制，科技体制，这两方面的改革都是为了解放生产力。"④1987年6月，邓小平在谈到政治体制改革时指出："我们的改革要达到一个什么目的呢？总的目的是要有利于巩固社会主义制度，有利于巩固党的领导，有利于在党的领导和社会主义制度下发展生产力。"⑤在1992年1月的南巡谈话中，邓小平又指出："革命是解放生产力，改革也是解放生产力。推翻帝国主义、封建主义、官僚资本主义的反动统治，使中国人民的生产力获得解放，这是革命，所以革命是解放生产力。社会主义基本制度确立以后，还要从根本上改变束缚生产力发展的经济体制，建立起充满生机和活力的社会主义经济体制，促进生产力的发展，这是改革，所以改革也是解放生产力。过去，只讲在社会主义条件下发展生产力，没有讲还要通过改革解放生产力，不完全。应该把解放生产力和发展生产力两个讲全了。"⑥可见，革命是为了从根本上铲除束缚生产力发展的旧的生产关系和上层建筑，以解放和发展生产力；改革是在不改变社会主义基本制度的前提下，对不适应生产力发展要求的生产关系和上层建筑某些方面和环节上的具体制度或体制进行调整和变革，以达到解放和发展生产力的目的。改革对生产力的解放和促进作用主要表现在物和人两个方面。就物的方面来说，通过改革，促进科学技术的发展和生产工具的改进，使各种物力资源得到合理有效的配置和利用，以促进生产力的发展。从人的方面来说，通过改革，解放人的思想，提高人的素质，调动起人的生产积极性、主动性和创造性，使各种人力资源得到合理有效的配置和使用，以促进生产力的发展。正是从革命和改革的目的都是解放和发展生产力这个意义上讲，改革实质上是一场革命。正如邓小平所说："改

① 《邓小平文选》第2卷，人民出版社1994年版，第129～130页。
② 《邓小平文选》第3卷，人民出版社1993年版，第113页。
③ 《邓小平文选》第3卷，人民出版社1993年版，第174页。
④ 《邓小平文选》第3卷，人民出版社1993年版，第108页。
⑤ 《邓小平文选》第3卷，人民出版社1993年版，第241页。
⑥ 《邓小平文选》第3卷，人民出版社1993年版，第370页。

革的性质同过去的革命一样，也是为了扫除发展社会生产力的障碍，使中国摆脱贫穷落后的状态。从这个意义上说，改革也可以叫革命性的变革。"①

第二，改革是对旧体制实施根本性变革，用充满生机和活力的新体制代替传统社会主义体制。现实社会主义国家的改革，不是对传统社会主义体制进行细枝末节的修补和微调，不是通过改革完善传统社会主义体制，而是要从根本上冲破和置换束缚生产力发展的过度集中的计划经济体制，代之以符合生产力发展要求的社会主义市场经济体制，同时相应地改革政治、文化等体制。从对旧体制进行根本性变革、实现体制创新的角度看，改革实质上也是一场革命。

第三，改革具有全面性和广泛性，必将引起经济生活、政治生活、文化生活等一系列重大而深刻的变化。现实社会主义国家的改革，不只是对经济体制进行改革，也不只是对政治体制或文化体制进行改革，而是对一切领域进行的改革。因为传统社会主义体制在各个方面都存在弊端，而且经济、政治、文化等体制是互相联系、互相作用的，往往牵一发而动全身。在这种情况下，如果只进行某一个方面的改革，那么这种改革就很难深入下去，就不会是全面的、深刻的、彻底的，就有可能半途而废，以失败而告终。因此，社会主义改革必然具有全面性和广泛性。正如邓小平所说："改革是全面的改革，包括经济体制改革、政治体制改革和相应的其他各个领域的改革。"②全面而广泛的改革，必将引起经济生活、政治生活、文化生活等一系列重大而深刻的变化。从自然经济到商品经济，从计划经济到市场经济，从平均主义到按劳分配，从贫穷到富裕，从权力过度集中到简政放权，从思想僵化到解放思想，从文化水平低到文化水平高，等等，这些重大而深刻的变化都是全面而广泛的改革带来的。从这一视角看，也可以说改革实质上是一场革命。

第三节　社会主义改革的基本指导原则和方法

1. 要把马克思主义的基本原理与各社会主义国家的具体实际相结合，创造出具有本国特色的社会主义新理论，指导改革开放的实践

社会主义改革需要有科学理论的指导。这种理论不是机械照搬的马克思主义的"本本"和"条条"，而是通过把马克思主义的基本原理与各社会主义国家的具体实际相结合而创造出来的具有本国特色的社会主义新理论。在中国，就是毛泽东思想和中国特色社会主义理论体系。其中，中国特色社会主义理论体系是当代中国的马克思主义，是马克思主义在中国发展的新阶段。因此，中国的改

① 《邓小平文选》第3卷，人民出版社1993年版，第135页。

② 《邓小平文选》第3卷，人民出版社1993年版，第237页。

革必须以中国特色社会主义理论体系为指导。在当代中国，坚持中国特色社会主义理论体系，就是坚持马克思主义，坚持社会主义。只有坚持中国特色社会主义理论体系，中国的改革大业才能沿着正确的方向顺利前进。中国三十多年改革开放的成功实践已经充分证明了这一点。

2. 要坚持实事求是、理论联系实际、一切从实际出发的原则

现实社会主义国家各有各的国情，经济、政治、文化、社会等方面的实际情况各具特色。这样，在社会主义建设和改革开放的过程中，就既不能教条主义地坚持马克思主义，不进行理论创新，也不能不顾自己的国情机械照搬别国的模式和经验，而是要坚持实事求是、理论联系实际、一切从实际出发的原则。对待别国的做法和经验，既不能全盘否定，一概拒绝，也不能机械照搬，而是要根据自己的国情和实际有选择地学习和吸收。制定改革开放的路线、方针和政策，必须从本国的实际出发，从国家和人民的根本利益出发。只要能促进社会主义国家生产力的发展和综合国力、人民生活水平的提高，一切改革举措都可以出台。苏联东欧的社会主义改革之所以失败，一个重要的原因就是没有坚持实事求是、理论联系实际、一切从实际出发的原则。在20世纪80年代中期以前，苏东各国一切从“本本”和“条条”出发，犯了严重的教条主义错误，给各国的社会主义建设和改革事业造成巨大损失。在20世纪80年代中期以后，苏东各国依然没有坚持实事求是、理论联系实际、一切从实际出发的原则，而是不顾自己的国情，机械照搬西方模式，最终导致剧变的发生。

3. 要坚持社会主义的道路和方向

现实社会主义国家的改革是社会主义性质的改革，必须坚持社会主义的道路和方向。要坚持社会主义的道路和方向，就必须坚持以公有制为主体、多种所有制经济共同发展的所有制结构和以按劳分配为主体、多种分配方式并存的分配制度，避免两极分化，最终达到共同富裕。公有制是社会主义的本质特征，没有生产资料公有制(在初级阶段则是公有制为主体)，就没有社会主义。分配制度是由生产资料所有制决定的，生产资料公有制决定了社会主义的分配制度必然是按劳分配。只有实行按劳分配(在初级阶段则是按劳分配为主体)，才能避免两极分化，最终达到共同富裕。因此，邓小平指出：“一个公有制占主体，一个共同富裕，这是我们所必须坚持的社会主义的根本原则。我们就是要坚决执行和实现这些社会主义的原则。”“中国要搞现代化，绝不能搞自由化，绝不能走西方资本主义道路。”[①]当然，要坚持社会主义的道路和方向，还必须坚持工人阶级政党的领导和人民民主专政等项制度和原则。

---

① 《邓小平文选》第3卷，人民出版社1993年版，第111、123页。

4. 社会主义经济体制、政治体制、文化体制等方面的改革要整体推进，重点突破，配套进行

社会主义改革是全面系统的改革，不仅要进行经济体制改革，用社会主义市场经济体制代替传统的计划经济体制，而且还要进行政治体制、文化体制等方面的改革。实践表明，现实社会主义国家的改革往往先从经济体制改革开始。但是，当经济体制改革发展到一定阶段和程度时，政治体制、文化体制等方面的改革必须跟上来。否则，经济体制改革就无法再向纵深发展，整个社会主义改革就会停滞不前，甚至前功尽弃，走向失败。因此，现实社会主义国家的经济体制、政治体制、文化体制等方面的改革要整体推进，配套进行，协调发展，不能"单打一"。当然，在改革的不同阶段上可以也有必要确定各自的重点，集中一切资源和力量，协同攻关，重点突破，以带动其他方面的改革。例如，在改革之初，可以把重点放在经济体制改革上，通过改革，促进生产力发展，让人民从中得到实惠，调动起大家改革的积极性。当不改革政治体制，经济体制改革就无法深化时，则应把政治体制改革作为社会主义改革的重点。

5. 社会主义改革要有领导、有秩序、有步骤地进行

社会主义改革必须在党和政府的统一领导下进行，离开了党的正确领导，改革必将走入歧途和失败。社会主义改革必须既大胆又慎重，循序渐进，稳步向前，要按照党的路线、方针和政策，有组织地进行，不能搞大规模的群众运动，不能陷入无政府主义和混乱之中。社会主义改革必须有计划、有步骤地进行，先要在调查研究、考察国情、分析具体情况的前提下，制定一个切实可行的计划，然后要做好充分的理论、法律、干部等各方面准备，不打无把握之仗，最后有步骤、分阶段地去实施改革。在改革的过程中，还要及时总结经验教训，尽量减少失误，避免大的失误。要根据客观情况的变化，对改革的计划和方案进行必要的修正和调整，确保改革沿着正确的道路和方向顺利发展。

6. 要处理好改革、发展、稳定的关系

改革、发展、稳定三者之间是相互联系、相互促进的。其中，发展是目标，是目的，是第一要务。因此，现实社会主义国家必须始终抓住经济建设这个中心，促进生产力和国民经济的发展及整个社会的全面进步。改革是发展的动力，是走向现代化的必由之路。因此，现实社会主义国家必须始终坚持改革的路线、方针和政策，不断深化改革、扩大开放，通过改革，达到解放和发展生产力之目的。稳定是前提，是保证，离开稳定的政治局面和社会环境，"改革"和"发展"都成为一句空话。正如邓小平所说："中国一定要坚持改革开放，这是解决中国问题的希望。但是要改革，就一定要有稳定的政治环境。""中国的问题，压倒一切的是

需要稳定。没有稳定的环境,什么都搞不成,已经取得的成果也会失掉。"[1]因此,现实社会主义国家必须采取强有力的措施,始终保持一个稳定的政治局面和社会环境。当然,要保持一个稳定的政治局面和社会环境,也离不开改革和发展。只有通过改革促进发展,并在此基础上不断提高人民的物质文化生活水平,国家强盛,人民富裕,才能达到国泰民安,才能实现真正、持久的稳定。正如中国共产党十四届三中全会所指出的那样:"只有抓住有利时机,深化改革,扩大开放,加快发展,才能巩固安定团结的政治局面。"[2]总之,要在稳定的环境中推进改革和发展,通过改革和发展,促使社会更加稳定,实现国家的长治久安。

---

① 《邓小平文选》第3卷,人民出版社1993年版,第284页。

② 中共中央文献研究室编:《十四大以来重要文献选编》(上),人民出版社1996年版,第522页。

第十六章 “改革论”:社会主义社会的矛盾与改革有机统一(二)——社会主义市场经济与经济体制改革

社会主义市场经济与经济体制改革,是社会主义社会矛盾与改革有机统一规律的诸要素之一。经济体制改革是社会主义改革的重点和核心内容,是政治体制、思想文化体制改革的基础和前提。进行经济体制改革,抛弃已严重束缚生产力发展的计划经济,用社会主义市场经济取而代之,是现实社会主义各国经济领域乃至整个社会生活领域的又一次历史性变革,是发展社会主义生产力的必由之路,是不断解决社会主义社会矛盾的基础和条件。

第一节 社会主义市场经济是社会主义基本制度与市场经济相结合的产物

一、计划与市场不是社会主义与资本主义本质区别的标志

在社会主义国家,长期以来由于受传统计划经济观念和计划经济体制的影响,以及对马克思主义经典作家有关计划经济思想的教条理解,人们习惯把计划经济看作是社会主义经济,而市场经济看作是资本主义经济,认为两者是带有制度属性的范畴,是社会主义和资本主义的分水岭或本质区别的标志。

在马克思和恩格斯的论述中,商品经济与市场经济是同一经济范畴。生活在自由资本主义时代的马克思和恩格斯继承了空想社会主义者的反市场传统,在对商品经济推动生产力发展的历史功绩作出高度评价的同时,又敏锐地认识到市场机制的缺陷以及由此产生的一系列有害后果,从而确认社会主义经济是有计划的经济。按照马克思和恩格斯的设想,在未来的社会主义社会中,实现了生产资料的全社会占有,劳动与生产资料直接结合,社会整体利益与局部利益、个人利益实现了一致,因而不存在商品货币关系,劳动和其他经济资源的分配不

再由市场调节，而是由计划调节，实行计划经济。他们指出："一旦社会占有了生产资料，商品生产就将被消除，而产品对生产者的统治也将随之消除。社会生产内部的无政府状态将为有计划的自觉的组织所代替。"[①]在他们看来，商品经济是与私有制联系在一起的，私有制是商品经济存在和发展的根本条件，而计划经济是与生产资料公有制联系在一起的，公有制是计划经济的基础。随着私有制的消除和资本主义制度的消亡，商品经济也将失去其存在和发展的条件，而被另一种新的经济形式所取代，社会生产将由直接的计划加以调节，从而商品经济固有的弊端也将从根本上得到克服。总起来看，其基本观点是：在生产力和生产关系这一基本矛盾运动的作用下，人类社会将出现私有制和公有制两种不同的生产关系，以及与此相联系的两种不同的社会形态——资本主义社会和社会主义社会。这两种不同的社会形态各有与之相联系的经济形式——商品经济和产品经济，以及与两种不同经济形式相联系的资源配置形式——市场配置形式与计划配置形式。这一结论的得出有其内在的逻辑，但是，同时我们应看到，由于历史条件的局限，马克思和恩格斯对计划和市场的认识，属于一定历史条件下的成果，理应在实践中不断得到补充和发展。

围绕着社会主义条件下商品、市场、价值规律存在的必要性及其作用等问题，列宁、斯大林、毛泽东等马克思主义继承者不同程度地作出了自己的贡献。但是，计划经济与市场经济对立的思想始终得以沿袭，尤其在斯大林时期，传统计划经济理论和传统计划经济体制最终形成，从此，高度集中的计划经济体制便取得了与社会主义等值的意义。计划经济被定义为：以生产资料公有制为基础，有计划地发展国民经济的社会经济制度。市场经济被定义为：以私有制为基础，通过自发的市场机制调节国民经济的一种社会经济制度。计划经济是社会主义的基本特征，市场经济是资本主义的基本特征，成为不可动摇的信条，不允许对此有任何的怀疑和否定。否则，就是"离经叛道"，就是背离了马克思主义。

无独有偶。在西方经济学界，把市场经济作为资本主义同义语的观点也曾颇为流行。英国著名经济学家戴维·皮尔斯主编的《现代经济学辞典》中，对市场经济的定义是："根据生产者、消费者、工人和生产要素所有者彼此之间自愿交换而形成的价格来作出关于资源配置决策和生产决策的一种经济制度。这样一种经济的决策是分散化的，即是，独自地由这种经济中的集团和个人而不是由中央计划工作者来作出决策。市场经济通常还是包含生产资料私人产权的一种制度，即市场经济是资本主义经济。"《简明不列颠百科全书》写道："资本主义亦称自由市场经济"，这种经济是"在资本主义制度下，生产资料大多为私人所有，主

① 《马克思恩格斯选集》第3卷，人民出版社1995年版，第303～304页。

要是通过市场的作用来指导生产和分配收入的"[①]。

以邓小平为代表的中国共产党人，以巨大的政治勇气和理论勇气，冲破了传统观点和传统思维定势的束缚，在计划经济、市场经济问题上提出了新观点、新思想，从而廓清了迷雾，创造性地发展了马克思主义经济理论。早在 1979 年，邓小平在会见美国《不列颠百科全书》副总编吉布尼时便指出："说市场经济只存在于资本主义社会，只有资本主义的市场经济，这肯定是不正确的。社会主义为什么不可以搞市场经济，这个不能说是资本主义。"[②]1992 年春，邓小平在南巡讲话中更加明确地指出："计划多一点还是市场多一点，不是社会主义与资本主义的本质区别。计划经济不等于社会主义，资本主义也有计划；市场经济不等于资本主义，社会主义也有市场。计划和市场都是经济手段。"[③]这告诉我们，计划经济与市场经济是"中性的"，它们不过是调节国民经济的两种方法和手段，本身不具有独立的社会属性，与特定的社会制度没有本质的联系，因此，不能作为社会主义与资本主义本质区别的标志。

事实上，计划经济与市场经济就实质而言，都只是一种资源配置方式。社会上可以利用的资源在一定的技术条件下总是既定的、有限的，但是人类的需求就其总体增长趋势来说是无限的。人类对资源需求的无限性与资源供给的有限性始终存在着一定的矛盾，决定了必须进行资源配置。所谓资源配置是对相对稀缺的经济资源在各种可能的生产用途之间作出选择，或者说是如何将有限的资源合理地分配到不同部门、地区和企业中，使它们产生最佳的效益。合理配置资源的关键在于资源配置方式。从人类社会经济发展来看，资源配置方式主要有两种：一是市场配置，二是计划配置。以市场作为资源配置的主要方式就叫市场经济，以计划作为资源配置的主要方式就叫计划经济。市场经济与计划经济所要解决的经济问题以及所要面对的资源条件是相同的，但两者在资源配置的机制原理上却是根本不同的。市场经济的主要特点是：市场成为社会经济资源分配的枢纽，市场机制对由谁生产、生产什么、如何生产等问题的解决起着基础性的决定作用。计划经济的主要特点是：资源的流动主要是通过自上而下的指令性计划和行政命令来推动的，由谁生产、生产什么、如何生产等问题都是由中央计划部门直接调节的。

资源配置方式与社会经济制度之间有着根本的不同。社会经济制度反映一个社会生产关系和所有制的本质，而资源配置方式则反映的是资源配置的社会

① 转引自胡代光等编著《当代国外学者论市场经济》，商务印书馆 1996 年版，第 38 页。

② 《邓小平文选》第 2 卷，人民出版社 1994 年版，第 236 页。

③ 《邓小平文选》第 3 卷，人民出版社 1993 年版，第 373 页。

组织形式。不同的社会制度可以有相同的资源配置方式,相同的社会制度可以有不同的资源配置方式。把计划经济、市场经济看作是带有制度属性的范畴,进而作为判断社会主义与资本主义的标准,是没有道理的,是缺乏科学依据的。

二、社会主义基本制度与市场经济可以相容和结合

党的十四大将我国经济体制改革的目标模式定位为建立社会主义市场经济。社会主义市场经济,顾名思义,就是要把社会主义基本制度与市场经济结合起来。社会主义基本制度是指生产关系、上层建筑中体现社会主义本质特征的制度,它包括生产资料社会主义公有制、按劳分配、人民当家作主、以马克思主义为指导的社会主义精神文明等。两者的结合涉及经济、政治、文化多个层面,是个复杂、系统的工程,其中的关键是公有制与市场经济的结合。

社会主义与市场经济是否兼容?传统经济理论给出了否定的回答。从经济理论发展史来看,否定公有制与市场经济可以兼容的理论来自两个方面:一是马克思主义经典作家的传统社会主义经济理论,他们从否定商品经济、市场机制、私有制的角度排除了社会主义经济中存在市场的可能性,认为公有制的建立意味着市场经济的终结;二是资产阶级经济学家,特别是自由主义经济学家的经济理论,他们从否定社会主义和公有制的角度排除了社会主义条件下充分利用市场机制合理配置资源的可能性,认为由于社会主义社会中生产资料私有制的消除,将导致真正生产资料市场的缺乏和生产要素价格的缺失,社会主义因此无法进行资源的合理配置。其代表人物奥地利经济学家米塞斯在20世纪20年代就断言:在社会主义条件下,市场是不可能被人为仿制的,要么是社会主义,要么是市场经济,两者必居其一。[①]

私有制果真是市场经济不可或缺的前提?公有制果真从本质上排斥市场经济?事实并非如此。如上所述,市场经济是市场在资源配置中发挥基础性作用的经济。作为一种经济运行方式,市场经济要顺利运行和充分发挥作用,必须具备一定的条件。从微观主体的角度看,要求实行自主的企业制度。作为市场经济最重要的微观主体,企业必须对市场供求、价格的变动作出灵敏的反应,这是市场机制合理配置资源的必要条件。要做到这一点,企业一是必须有自己的经济利益,是利益主体;二是有生产经营自主权,能自由支配、使用和处置自己的财产,并能独立承担财产经营的风险和责任。唯有如此,企业才能在经济利益的激励和约束下,按自己的意志独立从事生产经营活动,根据市场供求、价格的变动

① L. Von Mises, *Die Wirtschatsrechnung : im sozialistischen Gemeinwesen*, Archiv fur Sozialwissenschaft und Sozialpolitik, 1920.

合理地安排企业的产、供、销，从而实现资源的优化配置。一句话，适应市场经济要求的企业，必须是自主经营、自负盈亏、自我发展、自我约束的企业。只要企业能满足这些要求，市场经济就能正常运行，至于企业的经济性质是公有制经济还是私有制经济，并不影响市场经济效能的发挥，即市场经济对企业的生产资料性质并无特别的要求。反过来说，公有制也并不排斥市场经济。从公有制的本质规定来看，它所要求的只是劳动者共同占有生产资料，实现按劳分配和经济平等，从劳动者的整体利益出发调节经济运行，至于整个经济运行形式是否采用市场经济形式，它并没有作特别的规定。也就是说，公有制的本质要求并不规定公有制的运行形式，公有制的运行形式是由公有制的发展程度及整个社会经济状况所决定的，它既可以存在于市场经济中，也可以存在于计划经济中。因此，公有制在本质上并不排斥市场经济。

然而，表面上看来，私有制似乎比公有制更加适合市场经济的要求。一般说来，私有制经济具有自主经营、产权清晰、预算约束硬化等特点，它们是天生的市场经济派，能够较好地促进市场经济的发展。一直到20世纪80年代末，人类历史上自然发育的市场经济，都是在私有制的基础上自发地逐渐演进而成的，特别是以私有制为基础的资本主义市场经济，是发展得最为充分和运转得最为有效的市场经济。人类历史发展的实践证明了私有制在市场经济发展中的积极作用。另一方面，长期以来，企业缺乏应有的经营自主权、产权模糊、预算约束软化等则成了公有制经济的标识或代名词，这样的公有制经济显然与市场经济的微观主体要求是背离的，自然谈不上与市场经济的结合或对接。

在这里，我们要把公有制与传统的公有制区分开。传统的公有制指的是社会主义计划经济时代的公有制，那时的公有制是按照产品经济模式建立的，整个国民经济是一个大工厂，企业(国有企业)只是这个大工厂的车间。企业既缺乏应有的经营自主权，又没有独立的利益，只是政府行政机关的附属物。无论是前苏联、中国原来的国家所有制形式，还是南斯拉夫的社会所有制形式，都没有解决法人财产权和独立市场主体问题，这种传统的公有制与市场经济的矛盾是显而易见的。然而，传统公有制与市场经济的对立并不表明公有制本质上与市场经济是对立的。因为传统的公有制超越了社会主义初级阶段的基本国情，超越了现实生产力的发展水平，可以且必须进行改革。如果说马克思主义创始人所设想的社会主义是在资本主义获得充分发展基础上产生的新的社会形态，是成熟的社会主义，那么，现实社会主义则是在资本主义不很发达甚至很不发达的基础上诞生的，是不成熟的社会主义。客观条件的差异决定了社会主义初级阶段的公有制与马克思所设想的公有制不完全相同。从我国目前的状况来看，无论是全民所有制还是集体所有制经济，都是一个独立的经济实体，有自己独立的经济利益，这种利益上的独立性和差别性要求公有制企业作为一个独立的法人与其他经济主体发生经济联系，要求实行商品的等价交换，要求劳动力的流动采用市场化形式。可见，在目前的公有制条件下，公有制与市场经济非但不是互相排斥的，反而存在着内在的统一性，有着某种必然的联系。公有制经济只有采用市场经济的形式才能顺利发展，市场经济只有在各种生产资料所有制经济包括公有制经济中得到普及，才能够高效运行。鉴于传统的公有制经济是按照产品经济设计的，与计划经济吻合，要实现公有制与市场经济的结合，就需要我们根据市场经济的要求，对公有制经济尤其是国有企业进行根本改造，以重塑微观主体。

解决社会主义公有制与市场经济相适应问题包括两层含义：一是解决公有制的外部结构，即在社会经济体系中各种不同所有制类型之间的关系；二是解决公有制的内部结构，即公有制的具体实现形式。解决公有制的外部结构问题，我国采取的主要措施是发展多种所有制经济，并针对原来国有经济过于集中和单一、缺乏市场竞争的必要条件，对国有经济进行战略性调整。解决公有制的内部结构问题，主要是大力发展国有资本、集体资本和非公有资本等参股的混合所有制经济，实现投资主体多元化，使股份制成为公有制的主要实现形式。

经过改革，我国较好地实现了公有制与市场经济的有机结合，取得了举世瞩目的成就。改革开放三十多年，我国国内生产总值以年均10%左右的速度递增，成为同一时期世界上经济增长最快的国家。与此同时，经济体制市场化取得了显著的、实质性的进展，市场化的深度和广度都在不断增强，2001年、2002年和2003年中国市场化指数分别达到69%、72.8%和73.8%，远远超过市场经济临界水平(60%)。中国不仅创造了经济快速健康发展的奇迹，而且形成了政治稳定、民族团结、社会进步的局面，被国际社会看作是成功转轨的典范。2002年党的十六大正式宣布，社会主义市场经济体制在中国已经初步建立。实践证明，社会主义与市场经济可以“兼容”。

三、社会主义市场经济世界上没有先例，是一个伟大的实验和创造

由于多种原因，包括我国在内的所有社会主义国家在其初期都选择了计划经济体制。客观地说，各社会主义国家在实行计划经济的初期，这种体制比较适合当时的客观条件，满足了恢复国民经济和“赶超战略”的需要，取得了巨大的成就，其“集中力量办大事”的优势得以充分体现。前苏联曾仅用数十年的时间就走过了西方资本主义国家一两百年走过的路程，一举成为欧洲第一、世界第二的经济大国。东欧多数国家也在较短的时间内由农业国或农业工业国转变为工业农业国。然而，20世纪五六十年代以后，传统计划经济体制与经济进一步发展

的矛盾逐步显现，以高投入、高消耗为代价的经济增长难以为继，许多社会主义国家经济发展由高速增长转为相对迟缓，同资本主义经济的差距越拉越大。于是，改革原有经济体制的问题被提了出来，社会主义各国相继走上了改革之路。

为了克服计划经济的弊端，重新焕发社会主义的生机与活力，世界范围内许多社会主义者进行了不懈的理论探索和实践探索，一些经济学家、改革思想家提出了很多独到的见解。如波兰的兰格提出了“模拟市场的计划经济模式”，认为中央计划当局可以模拟市场，通过试错实验，寻找合适的价格，合理配置资源。波兰的布鲁斯则主张建立“分权模式”，其核心是按不同层次分级决策，进而来限定计划和市场的不同作用范围。匈牙利的科尔奈要求以市场机制来补充计划机制功能的不足，实现计划与市场在不同层次的相互结合。捷克的锡克特别强调市场调节的重要作用，提出了宏观调控下自由市场的设想。这些观点的内容不尽相同，认识程度深浅不一，但是，剔除种种差异，都有这样一个共同点：无论是兰格的模拟市场模式、布鲁斯的分权模式，还是锡克的计划性市场模式，都暗含这样一个前提——社会主义经济本质上是计划经济。尽管已认识到要提高经济效率，促进经济增长，必须加大市场调节的力度，但仍强调以计划体制为主导，尚没有认识到要用市场体制取代计划体制。只承认有限的市场调节，不承认社会主义经济整体上是市场经济。这表明，他们的理论没有突破计划经济的框框，种种改革设想所谋求的不过是在社会主义计划经济中引入市场机制。

理论上对计划经济体制的缺陷和根源所在缺乏透彻的认识，停留在计划经济本身是合理的误区，所谓的“改革”充其量只是对传统体制细枝末节的修修补补。前苏联以及南斯拉夫、波兰、匈牙利等东欧各国从 20 世纪 50 年开始便不断进行着改革尝试。起初的改革表现为对计划经济的改良，改革的重点集中在改变经济决策权过分集中上，主要是下放权利，扩大地方和企业的决策权。如南斯拉夫在 1950 年放弃传统的计划体制，实行工人自治。赫鲁晓夫于 1957 年在苏联发动了“工业和建筑业管理改组”，将工业和建筑业管理的部门原则改变为地区原则，管理的中心由中央移向地方。20 世纪 60～70 年代，进入计划加市场的改革实验阶段。这一阶段的改革主要是放松对企业的计划控制，强调利润和奖金的刺激作用。勃列日涅夫上台后于 1965 年推行以“新经济体制”为核心的改革，强调将集中的计划领导同企业和全体职工的经营主动性相结合，同加强发展生产的经济杠杆和物质刺激相结合，把统一的国家计划同企业的全面经济核算结合起来。同一时期，罗马尼亚、保加利亚、匈牙利和波兰也进行了类似的改革。总的来看，这些改革实验都没有从根本上突破社会主义计划模式的框架，所以，直到 80 年代也没有一个社会主义国家真正建立起市场经济体制。出乎人们意料的是，在计划经济之“树”上嫁接市场经济之“枝”并非如想象的那般容易，那般奏效；相反，在实践中遇到了许多难以克服的矛盾，造成社会经济的普遍混乱——计划失灵，投资失控，市场不均衡状态加剧，经济效益初期得到一定的改善最后却锁定在无效或低效的路径上无法超越——改革没有取得预期的效果。这样的结果又被简单地当作市场经济与社会主义无法相容的证据，东欧一些为社会主义与市场结合作出过重大贡献的学者又相继放弃了自己的看法。从70年代开始，科尔奈在一系列论文和著作中明确指出，社会主义与市场经济是水火不容的。布鲁斯也断言：公有制与市场经济从本质上是矛盾的，过去把计划与市场结合起来的想法未免过于天真。80年代末期，前苏东社会主义国家在不断增大的内外压力下最终选择了市场经济模式，在由计划经济向市场经济转轨的同时，又纷纷抛弃了社会主义基本制度。

越南、老挝、朝鲜、古巴等社会主义国家在80年代也掀起新的一轮改革浪潮。1986年越共六大认为，越南仍处在“向社会主义过渡的初级阶段”，明确提出要在更新思维的基础上深入进行生产结构的调整和经济管理体制的改革，逐步由官僚集中的统包制向社会主义定向的市场经济转变。1986年11月，老挝党的四大认为，老挝目前处于“向社会主义过渡的准备阶段”，即处于巩固和发展人民民主制度，为逐步进入社会主义创造基本条件的历史阶段，大会强调要充分正确地利用商品货币关系。1991年，老挝党的五大又决定，将继续推进股份制和私有制经济的发展，把老挝自然或半自然经济逐步发展成市场经济。古巴、朝鲜仍主张计划经济，但经济改革中的市场因素不断增加。

回顾社会主义理论与实践，我们可以清楚地看到，中国建立社会主义市场经济体制，实现社会主义与市场经济的结合，是前无古人的开创性事业，是理论与实践上的伟大创举。前苏东社会主义国家在社会主义与市场经济之间始终作着非此即彼的抉择，要么是选择社会主义抛弃市场经济，要么是选择市场经济抛弃社会主义。越南和老挝分别强调的是“向社会主义过渡的初级阶段”和“向社会主义过渡的准备阶段”发展市场经济的重要性，并没有解决社会主义是不是市场经济的问题。唯有以邓小平为代表的中国共产党人冲破理论禁区，破解了社会主义与市场经济“联姻”之谜，并将社会主义市场经济理论付诸实践。当然，市场经济不是一个简单的工具，可以随便搬用，它的高效性能的发挥需要具备一定的制度环境和许多必要的前提条件。将社会主义与市场经济对接，是一项系统工程，涉及到一系列复杂的理论与实践问题，诸如：如何在公有制的基础上搞市场经济？如何在市场经济条件下实现按劳分配？如何协调劳动者的主人翁地位与市场经济下劳动力市场化的矛盾？如何解决市场经济价值观与社会主义价值观之间的冲突？建设社会主义市场经济，既没有现成的理论作指导，又没有成功的范例可供仿效，只能边干边学，开拓前进。邓小平明确指出：“我们现在所干的事业是一项新事业，马克思没有讲过，我们的前人没有做过，其他社会主义国家也没有干过，所以，没有现成的经验可学。我们只能在干中学，在实践中探索。"①中国共产党从改革实践中提升用于指导中国改革的理论，并且在不断总结新鲜经验的基础上使之日渐丰富和完善。1992年，党的十四大明确提出，中国改革的目标模式是社会主义市场经济体制，意味着中国共产党决心实现社会主义与市场经济的结合。接着，中共十四届三中全会提出了社会主义市场经济体制的基本框架设想。随后的十五大及十五届三中全会相继对社会主义与市场经济兼容的思想作了系统的阐述，并为"兼容"在各个重要经济领域的落实规定了方针政策。2003年10月召开的十六届三中全会进一步提出了完善社会主义市场经济体制的重大课题。改革理论不断深化，科学的理论对改革实践产生了不可估量的推动作用，确保社会主义市场经济体制建设顺利进行。尽管"兼容"的实践还在持续，"兼容"的理论也在不断发展，但中国社会主义市场经济体制建设已取得的广泛成果，给世界上关心社会主义事业的人们和关心中国发展的人们以巨大的信心，昭示着社会主义市场经济体制的前景是光明的，社会主义与市场经济的结合在中国一定会成功。

第二节 经济体制改革是社会主义社会改革的基础和重点

一、经济体制改革的科学内涵

经济体制改革是在坚持社会主义根本制度的前提下，对生产关系的具体形式或国民经济的管理形式和管理制度进行的调整和变革；是有领导、有组织、有计划、有步骤、有秩序地进行的，是社会主义生产关系的自我完善和发展；经济体制改革在整个社会主义制度存在的历程中，是不断进行的。而当今，包括中国在内的所有社会主义国家进行的经济体制改革，则是集中解决社会主义传统模式的弊端，是由计划经济体制向市场经济体制转变的一场重大变革。

要正确理解和全面把握经济体制改革的含义，必须注意三点：

第一，经济体制改革的性质是由基本经济制度的性质决定的。基本经济制度与具体经济制度即经济体制是两个不同的概念。基本经济制度是一定社会的居于统治地位的生产关系的总和，它决定该社会的经济性质。一定社会基本经济制度的质的规定性在该社会的整个历史阶段是始终不变的，如果基本经济制

---

① 《邓小平文选》第3卷，人民出版社1993年版，第258～259页。

度的性质变化了，整个社会制度也就变化了，即由一种社会制度转变为另一种社会制度。经济体制则是一定社会生产关系的具体实现形式，是一定基本经济制度所采取的具体组织形式和管理制度，它的性质是由基本经济制度的性质决定的。经济体制改革要以基本经济制度为依据，受这一制度的制约。社会主义经济体制改革自然是在坚持社会主义基本经济制度的前提下进行的，是社会主义制度的自我完善和发展。

第二，经济体制改革是一项系统工程。传统经济体制是一个完整的经济体系，是一个由许多子系统构成的大系统，各个子系统内部又是一个包括许多分支系统的网络。经济体制改革涉及广泛的领域和庞杂的对象，方方面面相互关联，错综复杂，谋求一步到位的改革显然是不现实的，而必须分产业、分层次、分地域逐步推进，由易到难、由简单到复杂分阶段进行。在改革的初始阶段可先进行单项改革，待取得一定成效时，要及时深化到全面的经济体制改革阶段。在不断探索和实验中，及时总结经验，改正错误，逐步逼近改革总目标。从改革的全过程看，改革是一个系统工程，各项改革应配套进行，以避免单项突进引起的体制间的冲撞。

第三，经济体制改革永不停止。社会主义制度永远是一个自我完善、自我发展的过程，这决定了经济体制改革贯穿于社会主义制度的全过程中。当然，从社会发展较长历史时期看，经济体制改革在社会主义发展的不同阶段表现得有缓有急，改革的具体目标、改革的程度以及改革的方式、方法等都会有所不同。

对于目前经济体制改革或过渡、转轨的内涵，学术界有不同的理解。匈牙利经济学家科尔奈认为，所谓"过渡"或"转轨"就是从社会主义向资本主义的转变，社会主义国家运用现行的体制去创造一种"社会主义市场经济"是不可能的。[①]美国经济学家、激进改革的设计者萨克斯教授也认为，转轨的核心是宪政规则的大规模改革，只有完成了宪政转轨，才能说是真正完成了过渡，经济转轨只是宪政转轨的一部分。这里的"宪政"实际上是指现代资本主义国家的政治制度和政治结构。萨克斯断言，转轨是后社会主义国家的制度与全球资本主义制度的趋向过程，而不是创造一个本质上不同于资本主义的制度创新过程。[②] 这种观点混淆了制度变革的几种形态。人类社会对改变社会制度和体制的实践有革命、改革和改良三种基本形态。革命是推翻原有社会基本制度的社会剧烈变革，改革是指保持社会基本制度框架的基础上对原有的体制进行大规模和根本性的改

① 参见陈甬军《过渡经济的本质与中国经济改革的走向》，载《理论经济学》2001 年第 7 期。

② 参见萨克斯、胡永泰、杨小凯《经济改革与宪政转轨》，载(香港)《信报》财经月刊 2000 年 4 月号、5 月号、6 月号。

变，改良则是在基本制度和体制都不变的前提下，对一些具体管理方法进行细枝末节的变动。我们把改革提高到革命的高度来认识，但这场革命显然不同于以往的政治大革命，不是指两种性质根本对立的制度之间非此即彼的简单替代，而是指对体制的革命。因此，不能因为前苏联、东欧国家的经济改革最后导致了社会制度逆变，就得出所有的改革都要走向推翻原有社会基本制度的结局。经济体制改革的本质内容，是在社会主义基本制度的基础上完成经济运行机制中用市场机制对原有计划机制的置换任务。

二、经济体制改革的根本性质

经济体制改革是社会主义生产关系的自我完善和发展，是在坚持生产资料公有制的基础上从根本上改变旧的经济体制，探索和创造符合社会生产力发展要求的社会主义生产关系的具体实现形式。

1. 经济体制改革是社会主义生产关系具体实现形式的创新

社会主义基本经济制度主要包括以公有制为主体的生产资料所有制结构，以按劳分配为主体、多种分配方式并存的分配形式，以及最终实现共同富裕的社会发展目标。社会主义国家的实践，其成功之处在于确立了社会主义基本经济制度，在于尽管经历过曲折，但又使社会主义基本经济制度有了继续发展、成长和壮大的现实基础。但是，毋庸讳言，很长时期社会主义各国并没有找到或最终确立适合生产力发展的生产关系最佳实现形式。原有的计划经济体制基本上是根据苏联的模式和后人对马克思主义经典作家关于社会主义社会设想的理解建立起来的——所有制结构单一化；政府直接管理企业，政企不分；忽视商品经济、价值规律和市场的作用；按部门和地区管理经济，条块分割；分配中平均主义严重，造成企业吃国家“大锅饭”，职工吃企业“大锅饭”的局面。这样的经济体制严重脱离了各国的具体国情，严重阻碍了生产力的发展和社会主义制度优越性的发挥。实际上，马克思和恩格斯对未来社会的设想是根据他们所揭示的资本主义生产方式的固有规律的发展趋势而得出的基本结论，没有也不可能有社会主义的实践作基础。所以，只能将其作为大方向，而不应该把马克思和恩格斯关于社会主义的设想当作现实社会主义生产关系的具体实现形式。应在社会主义实践中重新认识社会主义，根据社会生产力的要求来创造社会主义的具体实现形式。正如中国共产党十一届六中全会通过的《关于建国以来党的若干历史问题的决议》中所指出的：“社会主义生产关系的发展并不存在一套固定的模式，我们的任务是要根据我国生产力发展的要求，在每一个阶段上创造与之相适应的和便于继续前进的生产关系的具体形式。"[①]所以,经济体制改革是社会主义发展的必然要求,是社会主义生产关系具体实现形式的创新。

2. 经济体制改革是坚持社会主义基本经济制度和发展社会主义具体经济体制的有机统一

作为第一代领导集体的重要成员,邓小平对传统计划经济的弊端有着深刻的认识。他清醒地意识到,旧的经济体制存在着根本性的缺陷,极大地妨碍了社会主义潜力的发挥,使经济效率难以提高,因此,改革迫在眉睫。"不改革就没有出路,旧的那一套经过几十年的实践证明是不成功的"[②],"如果现在再不实行改革,我们的现代化事业和社会主义事业就会被葬送"[③]。一方面,改革是事关社会主义前途命运的大事;另一方面,改革又不能停留在对旧体制的修修补补上。苏联及东欧社会主义国家的改革实践证明了,企图在计划经济总的框架不变的条件下来增加某些市场因素的零打碎敲式的改革是不会成功的。中国自1956年以来对计划体制的频繁调整也均没有取得预期效果,始终没有走出"一统就死,一放就乱"的怪圈,中国的改革经历同样证明"修补式"的改革于事无补。在认真总结历史经验的基础上,邓小平把改革提到革命的高度来认识,提出"把改革当作一种革命"[④]。改革意味着经济运行机制的彻底转轨,意味着从计划经济体制向市场经济体制的根本转变。

经济体制的根本转换不是改变社会主义经济制度的根本性质和基本制度,相反,这种具体实现形式的转变是在坚持社会主义基本经济制度的前提下进行的,是为了增强社会主义基本经济制度的内在生机和活力,充分发挥社会主义基本经济制度的优越性。改革只能是社会主义制度的自我完善和发展,改革要达到的"总的目的是要有利于巩固社会主义制度,有利于巩固党的领导,有利于在党的领导和社会主义制度下发展生产力","我们的改革不能离开社会主义道路"[⑤]。坚持社会主义,"一个公有制占主体,一个共同富裕,这是我们所必须坚持的社会主义的根本原则"[⑥]。

所以,经济体制改革是坚持社会主义基本经济制度和发展社会主义具体经济体制的有机统一。

---

① 中国社会科学院工业经济研究所编:《十一届三中全会以来经济政策文献选编》,经济科学出版社1984年版,第141～142页。

② 《邓小平文选》第3卷,人民出版社1993年版,第237页。

③ 《邓小平文选》第2卷,人民出版社1994年版,第150页。

④ 《邓小平文选》第3卷,人民出版社1993年版,第82页。

⑤ 《邓小平文选》第3卷,人民出版社1993年版,第241、242页。

⑥ 《邓小平文选》第3卷,人民出版社1993年版,第111页。

三、经济体制改革的必然性和必要性

计划经济体制在社会主义社会初期确曾如它的建立者所期待的那样，发挥过重要作用。其优越性主要体现在：第一，计划经济体制有效地集中和动员了有限的社会资源，加速了工业化的进程。第二，建立了独立和比较完整的国民经济体系，为长期经济发展创造了一定条件。第三，在经济发展水平低、国民收入少、物质财富还不丰富甚至相当匮乏的情况下，计划经济保证了人民群众最基本的生活需要。

然而，随着时间的推移和外部因素的变化，传统体制的弊端便日益显露出来，许多社会主义国家经济发展由高速增长转变为相对迟缓。以前苏联为例，苏联国民收入 1951～1970 年平均增长率为 8.7%，1971～1980 年则下降到 5%，1981～1990 年又下降到 2.5%。[①] 再例如，1950～1955 年，经互会成员国平均工业增长率为 13.5%，1956～1960 年为 10.1%，1961～1965 年为 8.3%，1966～1970 年为 8.3%，1971～1975 年为 7.9%，1976～1980 年为 4.7%，1980～1985 年为 3.4%。[②] 20 世纪 80 年代初，其工业增长速度只是 50 年代初期增长速度的零头。不仅经济增长率逐渐下降，而且资源配置效率低，经济发展大起大落，经济波动问题突出，经济结构失衡，商品物资严重匮乏。在大致相同的体制下，所有社会主义国家的经济运行都碰到了类似的问题。

计划经济的实质，是把整个社会组织成为单一的大工厂，由中央计划机关用行政手段配置资源。计划经济有效运转所隐含的前提是：第一，中央计划机关对全社会的一切经济活动拥有充分的准确的信息，并能及时地掌握信息的变化。第二，全社会利益一体化，即个人利益和社会利益完全重合，不存在相互分离的利益主体和不同的价值判断。第三，完全理性假定，即计划者能够根据获得的信息，从国民经济全局出发，作出客观的正确的判断和决策。

在社会主义各国初期，由于发展目标单一，经济水平较低，经济结构简单，社会分工不发达，社会需求低层次、简单化、均等化，国家需求与民众需求结构中的安全、稳定需求高度拟合等原因，基本具备信息、激励、经济理性三个基本的前提条件，计划经济因此取得了可资称道的经济绩效。然而，随着以大机器生产为技术基础的现代企业大批建立，随着生产规模的扩大和生产力的扩张，采用计划体制配置资源遇到了难以克服的信息方面的障碍、激励方面的困难和计划者理性的局限，从而导致计划经济体制的失败。

---

① 参见侯远长《邓小平发展思想研究》，中国经济出版社 1997 年版，第 63 页。

② 参见谷书堂《社会主义经济学通论》，高等教育出版社 2006 年版，第 52 页。

从信息机制方面看，由于社会分工不断深化，供给与需求千变万化，生产者同消费者的联系广泛而复杂，对于掌握和处理各种事务的中央计划机关来说，要取得保证经济系统畅通运作所必需的全部信息几乎是不可能的。与经济规模扩大相联系的，不仅有信息不充分的问题，而且还存在着信息失真和时滞问题。在计划体制下，生产者和消费者之间缺乏横向的联系和有效的反馈机制，经济信息沿着计划等级组织纵向传递，情况层层上报，指令层层下达。由于信息渠道狭窄，不免经常发生延误和堵塞，而且传输距离长，环节多，难免出现扭曲。这样，计划常常建立在不充分、不准确甚至错误、过时的信息的基础上，必然导致决策的失误。

从激励机制方面看，计划经济体制下过分强调社会利益，漠视个人利益和局部利益；政治动员能力下降，企业和个人的经济利益又分别与其生产经营成果、所付出的劳动脱节；使经济参与主体的积极性、主动性、创造性趋于降低，而懒惰、弄虚作假和投机取巧的现象日甚一日。为了对付现实中机会主义行为，为了克服因受局部利益影响而发生的计划扭曲和偏离，国家不得不付出包括监督成本在内的为数可观的交易费用。

从计划者理性的角度看，技术变迁和产业进化一经发展，日趋复杂的劳动分工和千变万化的产业联系便迅速突破了计划者的有限理性边界。当经济规模扩大超过一定程度，社会经济结构日趋复杂，计划者又盲目地包揽了大量力所不及的管理任务，即使中央计划机关能够准确、及时地取得在社会各个角落分散发生、数以亿万计的数据，即便具备现代的物质技术手段，要在以日、月计的时间里正确处理浩如烟海的信息，求解含有几千万乃至上亿个变量的均衡方程组，据此编制出无所不包的计划，并层层分解下达到执行单位，也是根本不可能的。由于计划者认识能力的局限性，难免会出现决策失误、计划脱离实际的现象。

一方面，计划机制作用耗费的信息成本随着经济规模扩大日趋昂贵，经济利益的分化和差距的出现致使道德风险和机会主义之类的交易成本急剧增加，制度性成本最终成为社会无力承担的重负；另一方面，由经济规模扩展而引起的信息量快速递增，最终将远远超出计划者信息处理能力的极限，决策质量日益下降，其直接后果是制度效率降低，体制由盛转衰。可以说，计划经济缺乏效率，是同这种资源配置方式的本质联系在一起的，是其功能性的缺陷，无从克服。

市场经济则是迄今为止最为高效的资源配置方式。由市场竞争形成的各种资源的相对价格是一种全息参数，它们承载了各种资源相对于全社会千百万种其他资源而言的稀缺程度的信息，社会个别成员通过商品的相对价格掌握关键信息，就能够作出正确的决策，因而可以大大降低信息成本。经济信息横向传递，渠道短，失真的可能性小。市场经济中以个人利益为主的动力结构有利于发挥人们的主动性和创造性，促进生产技术、生产组织和产品结构的不断创新，提高资源的配置效率。市场活动的每一个参加者都既受到了竞争约束，又受到产权约束，因而可以大大降低监督成本。另外，分散的决策结构使生产者和消费者对供求的变化能作出有效的反应，较快地实现供求的平衡，减少资源的浪费。

既然计划和市场不是社会主义和资本主义的本质区别，而都是一种资源配置方式，都是发展生产力的手段，衡量其优劣、决定其取舍的标准只有一个，就是看它"是否有利于发展社会主义社会的生产力，是否有利于增强社会主义国家的综合国力，是否有利于提高人民的生活水平"①。第二次世界大战后，在同等条件、同等水平起步的国家之间，实行计划经济的国家与实行市场经济的国家在经济发展和人民生活水平提高方面逐渐拉开了距离。客观显示出在优化资源配置、促进生产力发展方面，计划经济不如市场经济那样有效。邓小平充分认识到了这一点，他说："多年的经验表明，要发展生产力，靠过去的经济体制不能解决问题。"②因此，进行经济体制改革，抛弃已严重束缚生产力发展的计划经济体制，用市场经济体制取而代之，是发展生产力的要求，是巩固社会主义制度、提高人民生活水平的要求。

第三节 经济体制改革的目标模式是建立和完善社会主义市场经济体制

一、经济体制改革的目标模式

1992年10月，中国共产党的十四大明确提出"我国经济体制改革的目标是建立社会主义市场经济体制"，这一结论的得出是党在改革开放的实践中对市场经济认识逐步深化的结果，是群众实践、理论探讨、中央决策三者有机互动的结果。

以社会主义市场经济体制作为改革的目标模式，在中国大致经历了如下过程：1978年12月召开的党的十一届三中全会，重新恢复了党的解放思想、实事求是的思想路线，拉开了对传统计划经济体制进行改革的序幕。十一届三中全会以后，中国经济学界围绕商品、市场机制、价值规律等再一次展开热烈的讨论，发挥市场调节辅助作用的思想逐步被多数人接受，成为我国改革前期的指导思想。1982年党的十二大报告正式提出"计划经济为主，市场调节为辅"，实现了

① 《邓小平文选》第3卷，人民出版社1993年版，第372页。

② 《邓小平文选》第3卷人民出版社1993年版，第149页。

由传统"限制论"到"主辅论"的局部飞跃,为市场取向的改革奠定了基础。随着以引进市场机制为主要内容的改革的深入,价值规律影响力的扩散,人们逐渐对社会主义制度下商品经济存在的必要性及其重要作用形成共识。在这一基础上,1984 年党的十二届三中全会通过的《中共中央关于经济体制改革的决定》中确认,社会主义经济是"公有制基础上的有计划的商品经济",突破了把商品经济视为异己力量的传统观点。在"有计划的商品经济"理论的指导下,市场取向改革的力度逐步加大。实践表明,一个地区、部门、企业市场取向程度越大,同市场联系越紧密,其活力也就越大。相反,我国经济运行中存在的一些深层问题,如经济结构难以调整,国民经济效益低下,浪费严重等,又都同计划经济体制得以沿袭,体制内的改革趋于停顿及市场机制的作用范围过于狭窄、作用力度不够等息息相关。于是,党的十三大进一步指出,新的经济体制是"计划与市场内在统一的体制",承认"计划和市场作用范围是覆盖全社会的",新的经济运行机制模式是"国家调控市场,市场引导企业",计划和市场由过去的"主辅论"变为"渗透结合论",无疑从理论指导上将市场取向改革向前推进了一大步。1988 年"价格闯关"失败,加之 1989 年的政治风波,对市场化改革思想的批评逐步尖锐起来。当时中国的改革面临着两种选择:或者重新实行行政性的集中化,或者加快改革,实行双重体制并轨。在这关键时刻,邓小平同志发表了重要的南巡讲话,重申"计划经济不等于社会主义,市场经济不等于资本主义",拨正了改革的方向。随后召开的党的十四大提出,我国经济体制改革的目标是建立社会主义市场经济体制,从而标志着该目标模式在我国的正式确立。

社会主义市场经济,是社会主义条件下的市场经济,或者说是与社会主义制度结合在一起的市场经济。建立社会主义市场经济,既要遵循市场经济的一般原则,又要充分体现社会主义制度的优越性。要把市场经济优化资源配置、提高经济效率的功能,同公有制维护社会公正、促进共同富裕的目标结合起来。

社会主义市场经济与其他类型的市场经济一样,具有市场经济的共性。这些共性主要包括:第一,自主的企业制度。所有企业,不管所有制性质有何不同,都具有作为商品生产者所拥有的全部权利,以及实现这些权利所需要的高度自主性,从而能面向市场,根据市场信号,为获取企业最大利润而自主地开展生产经营活动。第二,完善的市场体系。市场机制以市场体系为载体,如果没有较为完善的市场体系,市场机制就难以发挥其调节经济运行的作用。因此,应建立起完备的市场体系,由市场形成价格,保证各种商品和生产要素的自由流动,实现资源的有效配置。第三,健全的宏观调控机制。市场经济条件下,市场调节是基础,但仅有市场调节是不够的,还必须建立起有效的宏观调控机制,对市场经济进行宏观调控,以克服市场机制本身的缺陷和不足,保证市场经济有序运行。第四，完备的市场法规。为维护市场秩序，需要通过必要的法律制度来规范和约束企业和政府的行为。通过严密的立法来保障市场的公平竞争，整个市场经济运行建立在法制的基础上，市场运行的有序化由各种有关法律条文和健全科学的法规体系来提供保证。

社会主义市场经济，又是同社会主义制度结合在一起的市场经济，必然具有自己的特点：第一，社会主义市场经济是以公有制为主体的市场经济。我国是社会主义国家，所以必须坚持公有制作为社会主义经济制度的基础；又由于我国目前尚处在社会主义初级阶段，所以又需要在以公有制为主体的条件下发展多种所有制经济。公有制为主体、多种所有制经济共同发展，构成中国社会主义市场经济运行的基础，而不像资本主义市场经济那样以私有制为基础。第二，社会主义市场经济实行按劳分配为主体、多种分配方式并存的制度。坚持按劳分配和按生产要素分配的统一，遵循“效率优先，兼顾公平”的原则，允许合理的收入差距，又避免两极分化，逐步实现共同富裕。这样的分配原则和经济目标，是与资本主义市场经济不同的另一个特征。第三，社会主义市场经济的宏观调控更加自觉有效。宏观调控并非社会主义所独有，但社会主义的宏观调控却因其所有制特点和对社会公平的重视而更具自觉性、主动性，更为有力。

二、不断总结经济体制改革的实践经验，构建社会主义市场经济体制的基本框架

在中国，1993 年召开的中国共产党十四届三中全会通过的《关于建立社会主义市场经济体制若干问题的决定》，在借鉴其他国家发展市场经济的经验及不断总结中国经济体制改革实践经验的基础上，勾画出社会主义市场经济体制的基本框架。这个基本框架由五方面的内容构成。

1. 建立现代企业制度

所谓“现代企业制度”，是指适应社会化大生产和市场经济体制要求的产权明晰、权责明确、政企分开、管理科学的公司制度。建立现代企业制度是建立社会主义市场经济体制的中心环节，旨在对国有企业进行根本改造，重塑适应社会主义市场经济要求的微观主体。

现实社会主义国家原有的国有企业制度是按照产品经济、计划经济模式而设立的，千千万万个国有企业都建立在统一不可分割的国有财产的基础上，没有独立的法人地位，由政府直接经营。这样的企业并非真正意义上的企业，无法适应市场经济的要求，因此必须对它进行改革，而改革的方向就是要建立现代企业制度。国有企业实行公司制，是建立现代企业制度的一种新尝试。规范的公司，能够有效地实现出资者所有权与企业法人财产权的分离，有利于政企分开，转换

经营机制，使企业摆脱对行政机关的依赖，国家解除对企业承担的无限责任；在对公司法人财产作出明确界定的基础上，建立公司的治理结构，由股东大会将法人财产委托给它所选定的董事会经营，董事会雇请高层经理人员进行具体的经营管理，从而有利于提高企业的经营管理水平和竞争能力，有利于提高企业的经济效益，也有利于筹集资金，分散风险。实行公司制不是简单地更换名称，也不是单纯为了筹集资金，而是着重于完善公司法人治理结构和转换机制。另外，要对国有企业进行战略性改组，通过国有资产的流动和重组，在适当收缩国有经济战线的前提下，改善国有资产的配置结构和国有企业的组织结构，集中力量加强国家必保的行业和企业，使国有经济在社会主义市场经济中更好地发挥作用。

总之，企业制度的改革要从各社会主义国家的实际出发，并注意吸收和借鉴世界发达国家成功的经验，建立起既符合本国国情，又能与国际接轨的具有本国特色的现代企业制度。

2. 建立统一开放、竞争有序的市场体系

市场体系是密切联系、相互制约的各种市场的有机统一体，主要包括商品市场和生产要素市场。建立比较完善的市场体系，是市场经济发展的客观要求，是其有效配置资源的前提。因为市场机制以市场体系为载体，如果没有较为完善的市场体系，市场机制就难以发挥其调节作用。

市场体系的发育水平是市场经济发达程度的重要标志。市场体系的基础是商品市场，整个市场体系培育的重点是生产要素市场，当前要着重发展资本市场、劳动力市场、技术信息市场、房地产市场等。一是积极稳妥地发展债券、股票融资的资本市场。资本市场是市场经济的命脉，需要在继续发展和规范的同时，尽早与国际资本市场接轨。二是改革劳动制度，建立规范化的劳动力市场。通过市场机制调节劳动力供需关系，推动劳动力的合理有序流动，实现劳动力资源的合理配置。三是进一步发展技术信息市场，引入竞争机制，保护知识产权，实行技术成果的有偿转让，实现技术产品和信息的商品化、产业化。四是培育和发展房地产市场，使有限的房地产资源得到优化配置和合理利用。

在发展商品市场和要素市场的同时，还需制定和完善市场规则，加强市场管理和物价监督，规范流通秩序，打破地区封锁和部门分割，制止不正当竞争，保护生产者和消费者的合法权益，使市场能够有序地运行。

3. 建立和健全宏观调控体系

为了克服“市场失灵”或“市场缺陷”，就必须有政府的宏观调控。“看不见的手”和“看得见的手”相结合，在利用市场机制时由政府进行适度的宏观调控，是现代市场经济的重要标志之一。合理有效的宏观调控，能促进市场经济健康有序地运行，促进国民经济持续稳定地发展。

各现实社会主义国家特别是中国经济体制改革的实践经验证明，要建立适应社会主义市场经济的宏观调控体系，需要解决三个方面的问题：一是要正确处理计划、财政、金融三个宏观调控手段之间的关系，使之既相互配合又相互制约，形成合力，实施对国民经济的有效调控，以实现总供给与总需求的基本平衡，促进经济结构优化和经济稳定增长。二是深化计划投资、财政税收和金融体制改革，充分发挥利率、税率和汇率杠杆的作用，把宏观调控从以行政指令性计划为主真正转到以经济手段和杠杆为主的轨道上来，建立适应市场经济的宏观间接调控体系，即主要通过制定经济政策，运用经济手段、法律手段和必要的行政手段实施对国民经济的调节和控制。三是转变政府职能，积极进行政府机构改革。

在中国，当前完善宏观调控体系的重点是，进一步健全国家计划和财政政策、货币政策等相互配合的宏观调控体系，能够综合协调宏观经济政策和正确运用经济杠杆的机制。

4. 建立合理的收入分配制度

社会主义市场经济在个人收入分配上，实行以按劳分配为主、多种分配方式并存的制度，把按劳分配和按生产要素分配结合起来。社会主义社会实行个人消费品的按劳分配原则，是由社会主义公有制、现阶段的生产力水平、劳动差别所决定的。所有制多元结构、混合经济发展、生产要素的产权属性等决定了社会主义市场经济条件下实行按生产要素分配的必然性。

改革个人收入分配制度，必须处理好效率与公平的关系，坚持“效率优先，兼顾公平”的原则。确立效率优先的原则是发展社会主义市场经济的必然要求，因为市场经济是一种追求效率的经济。所谓“效率优先”，就是在保证人们生活不断提高的前提下，以效率作为尺度，在个人收入分配中引入竞争机制，通过竞争优胜劣汰，通过竞争产生效率，通过竞争打破平均主义，适当拉开个人收入之间的差距。贯彻效率优先原则，城乡居民个人收入水平必然会拉开距离，如果出现贫富悬殊，两极分化，就会危及社会稳定和经济发展。所以，强调效率优先，并不意味着可以牺牲或放弃公平。以牺牲公平为代价追求效率所达到的效率也绝不会持久。更重要的还在于，公平是社会主义题中应有之义，是社会主义基本制度的要求。总之，既要合理拉开收入差距，鼓励一部分地区、一部分个人通过诚实劳动和合法经营先富起来，又要使各社会成员的收入差距不过于悬殊，提倡先富带动和帮助后富，逐步实现共同富裕。

目前，对部分社会成员之间收入差距悬殊的问题，政府正积极发挥宏观调节的作用，采取正确的政策整顿和规范分配秩序，主要体现在：保护合法收入，扩大中等收入者的比重，提高低收入者收入水平，取缔非法收入，调节过高收入，规范和完善初次分配和再分配机制，使收入差距趋向合理。

5. 建立多层次的社会保障制度

社会保障制度是国家根据一定的法律和规定,对社会成员的基本生活权利给予保障的社会安全制度。社会保障制度是社会化大生产的产物,是经济发展和社会进步的标志。健全的社会保障制度起着重要的社会"安全网"和"减震器"的作用,可以消除市场经济因竞争而产生的社会不安定因素和由此所引起的社会震动,缓和社会矛盾,使社会有序发展,良性运行。所以,社会保障制度完善与否,将直接影响社会主义市场经济体制的建立和完善。

社会保障体系主要包括社会保险、社会救济、社会福利和社会优抚等。社会保障水平要与国家的生产力发展水平以及各方面的承受能力相适应。按照社会保障的不同类型确定其资金来源和保障方式。重点完善企业养老和失业保险制度,强化社会服务功能,以减轻企业负担,促进企业组织结构调整,提高企业经济效益和竞争能力。城乡居民社会保障办法应有所区别。城镇职工养老和医疗保险金由单位和个人共同负担,实行社会统筹和个人账户相结合。进一步健全失业保险制度,完善城市居民最低生活保障制度。农村养老保障以家庭为主,同社区保障、国家救济相结合。发展和完善农村合作医疗制度。

总体来讲,中国目前的社会保障制度还比较薄弱,已成为制约社会主义市场经济体制建立和完善的一个重大障碍。需要通过深化改革,动员社会各方面的力量,广开资金来源,建立适应社会主义市场经济发展要求和适合本国国情的多层次社会保障体系。

三、不断结晶经济体制改革的新成果,完善社会主义市场经济体制

在中国,自党的十四届三中全会以来,经过十余年的建设,国家各项改革已取得了重大进展,社会主义市场经济体制的五大基本框架已初步建立起来,但还不够完善。2003 年 10 月召开的十六届三中全会审议并通过了《关于完善社会主义市场经济体制若干问题的决定》,在全面总结二十多年改革经验的基础上,提出到 2020 年要实现完善社会主义市场经济体制的任务。

(一)中国初步建立起来的社会主义市场经济体制存在的主要问题

中国初步建立起来的社会主义市场经济体制还存在两个方面的缺陷:一是计划体制的核心部分尚未彻底触动,深层次、难度大的问题没有完全解决,这是完善新体制面临的首要挑战;二是新建立的重大制度仍是框架性的,尚不稳固,还有不少漏洞。具体来说,主要表现在以下几个方面:

1. 国有大企业改革和国有资产管理体制的改革还未完成,垄断领域的改革相对滞后

国有大企业机制不合理、社会负担重、创新能力弱等问题仍然比较严重。垄

断行业的大企业缺乏优胜劣汰的压力，在经营机制、收费标准、服务质量等方面，与整个社会和消费者的要求还有较大差距。国有经济布局战略性调整还未完全到位。国有资产管理体制还不适应新形势的需要。深化国有经济改革，仍然是整个经济体制改革中关键的环节和最繁重的任务。非公有制经济的发展也还存在不少制度性的限制和阻碍，尚未做到一视同仁地平等竞争和发展。

2. 政府职能与改革开放新阶段的要求还有较大差距

进一步完善社会主义市场经济体制，履行我国加入世贸组织的承诺，对政府深化行政管理体制改革、加快职能转换提出更高要求。目前，政府在提高依法行政水平、增加政策透明度和统一性、减少行政审批和微观事务干预、正确行使对经济和社会公共管理职能等方面还有不小差距。政府经济管理职能的转换尚未到位，行政审批制度改革有待深化，政府职能从审批型向服务型转变的步伐有待加快。财税体制和金融体制改革相对滞后，宏观调控体系尚不完善。

3. 市场体系尚不健全，市场秩序比较混乱

行业垄断和地区封锁的“市场条块分割”现象还存在，全国统一的市场体系尚未建成，市场的资源配置基础作用受到限制。市场秩序比较混乱，诚信缺失、假冒伪劣等问题严重。政府、企业、个人的信用体系残缺不全，已经成为市场经济运行的重大障碍。一些部门和地方政府干预经济活动引起的诚信缺失，比企业和个人的诚信缺失更有害，不仅扰乱市场经济秩序，而且导致政府公信力下降。国家整顿市场秩序的努力，往往受到行业垄断和地方保护行为的干扰，规范市场秩序的法律制度和执法监督还存在不少薄弱环节。

4. 收入分配制度尚不合理，社会保障制度漏洞较多

居民收入差距不断拉大，贫富差别现象突出，税收调节作用不明显。养老保险、失业保险和医疗保险的新机制不完善，突出的问题是：资金缺口大，覆盖面仍然狭窄，缴费率过高而影响覆盖面扩大；资金来源的可持续性不牢固，国家、单位、个人负担的比例不够合理，个人账户多是空账；制度设计过于复杂且不统一，管理成本过高。

5. 投融资体制改革进展缓慢，金融体制存在较大缺陷

投融资活动中的行政干预仍然过多，地方政府通过动用财政性资金、指令国有企业投资和国有银行贷款等不同方式，频繁介入一般竞争性领域的投融资活动，往往是低水平重复建设和局部投资过热的直接诱因。基础设施等公共产品的投融资活动仍然欠缺风险约束机制和竞争机制，导致资金流失和投资效率低下。国有金融企业尤其是国有独资商业银行的治理结构和经营机制不健全。金融体系不适应多种所有制经济和中小企业迅速发展的需要。金融业不良资产比例高，金融监管比较薄弱。证券市场尚不规范。

6. 国民经济发展与循环经济发展不协调、经济发展与社会发展不协调等问题日益突出

煤、石油和一些重要的矿产品消耗过高，使用率过低，供应过分紧张；生态恶化和环境污染的趋势仍在扩大；城乡差距扩大，二元经济结构亟待改变；地区差距扩大，区域经济协调发展问题急需解决；教育、卫生、科技、文化等事业发展相对落后。

(二)完善社会主义市场经济体制面临的主要任务

中共十六届三中全会通过的《关于完善社会主义市场经济体制若干问题的决定》指出，完善社会主义市场经济体制的主要任务包括以下几个方面：

1. 完善公有制为主体、多种所有制经济共同发展的基本制度

具体包括：(1)加快国有大企业的公司化改造。深化国企改革仍是深化改革、完善新体制的中心环节。除极少数特殊性质的企业外，国有企业应在股权多元化基础上建立规范的公司制度，形成有效的法人治理结构，切实转换经营机制，在产权制度、经营者激励机制和减轻社会负担等方面，都有新的突破。垄断行业的国有大企业应当成为改革的重点，主要改革途径有两条：一是着力培育竞争机制，包括加强同类业务竞争，放宽对国内资本的准入限制等；二是公共管理的制度规则，尽快颁布反垄断法和针对某一垄断行业的专门法律法规，以使不同领域、不同性质的垄断行为得到有效规制。(2)要进一步对国有经济的布局和结构进行战略性调整。坚持有进有退，有所为有所不为，将有限的国有资产特别是增量部分主要配置到提供公共产品和公共服务的领域。(3)建立新型的国有资产管理体制。在坚持国家所有的前提下，充分发挥中央和地方两个积极性。国家要制定法律法规，建立中央政府和地方政府分别代表国家履行出资人职责，享受所有者权益，权利、义务、责任相统一，管资产和管人、管事相结合的国有资产管理体制。(4)继续大力发展混合经济和非公有制经济，充分发挥个体、私营等非公有制经济在促进经济增长、扩大就业和活跃市场等方面的重要作用。放宽国内民间资本的市场准入领域，在投融资、税收、土地使用和对外贸易等方面采取措施，实现公平竞争。依法加强监督和管理，促进非公有制经济健康发展。

2. 建立有利于逐步改变城乡二元经济结构的体制

具体包括：(1)加大对农业的支持和保护力度。国民收入分配要向农业倾斜，通过税收政策、财政转移支付等，加强对农业和农村的支持。(2)积极发展适合农民需要的信贷方式，改革农村信用社，规范和发展农村民间金融，改善农村金融服务。(3)加快农村城市化进程，促进农村人口向城市和非农产业转移。进一步清除对农民进城的歧视性政策，创造有利于农民外出就业的公平环境。(4)在农村内部，重点可考虑：一是完善土地流转制度，逐步开放集体土地产权市

场，引导集体土地流转；二是积极发展各类农村专业合作组织，提高农村经济的专业化和市场化程度，增强农民的抗风险能力；三是大力精简县乡机构和人员，减轻农民负担。(5)统筹推进城乡改革，消除体制性障碍，逐步形成有利于城乡相互促进、共同发展的体制。

3. 形成促进区域经济协调发展的机制

要继续发挥各个地区的优势和积极性，逐步扭转地区差距扩大的趋势，实现共同发展。国家要从宏观政策上支持欠发达地区加快发展。要切实贯彻中央提出的促进地区协调发展的战略布局：坚持推进西部大开发，振兴东北地区等老工业基地，促进中部地区崛起，鼓励东部地区加快发展，形成东中西互动、优势互补、相互促进、共同发展的新格局。

4. 建立统一开放、竞争有序的市场体系

健全统一开放、竞争有序的现代市场体系，在更大程度上发挥市场在资源配置中的基础性作用，是社会主义市场经济的内在要求。(1)推进金融市场的改革开放和稳定发展。发展多种形式的金融市场，循序渐进地实现利率市场化。在加强外部金融监管和内控机制的基础上，促进金融工具创新，发展多样化金融服务，扩大股票、债券等直接融资方式的比重。对证券市场进行深层次的制度改造，解决国有股不能流通问题，使股票市场规范化运作，真正成为有效配置资本的场所。(2)进一步发展产权、土地、劳动力和技术等市场。(3)统一开放的市场体系要求打破各部门、各地区的行政壁垒和地域界限，不允许存在地方保护主义。为此，十六届三中全会明确要求：废止妨碍公平竞争、设置行政壁垒、排斥外地产品和服务的各种市场的规定，打破行业垄断和地区封锁。

5. 完善宏观调控体系、行政管理体制和经济法律制度

具体包括：(1)完善国家计划和财政政策、货币政策等相互配合的宏观调控体系，发挥经济杠杆的调节作用。深化财政、税收、金融和投融资体制改革。完善预算决策和管理制度，加强对财政收支的监督，强化税收征管。优化金融资源配置，加强金融监管，防范和化解金融风险。(2)继续改革行政管理体制，进一步推进政府职能转换，全面理顺政府、企业、消费者、中介组织等市场经济相关主体的基本关系，将着力点放在创造和维护公平竞争环境、促进经济和社会可持续发展上来，提高决策的科学化。(3)加快建设与市场经济相适应的法制体系，健全现代市场经济的社会信用体系，整顿和规范市场经济秩序。加强法制建设，要弥补依然存在的法律缺口，更重要的是，要解决有法不依的问题，重点关注并解决这种现象背后的体制和机制问题。信用体系是当前中国市场经济建设中突出的薄弱环节。应当从提高政府的公信力入手，加快发展和健全信用组织、机制和制度，培育信用文化，形成“城信为本”的道德规范。

6. 健全就业、收入分配和社会保障制度

具体包括：(1)坚持劳动者自主择业、市场调节就业和政府促进就业的方针，把扩大就业放在经济社会发展更加突出的位置，实施积极的就业政策，努力改善创业和就业环境。(2)健全收入分配体制，理顺收入分配关系。收入分配问题，事关广大群众的切身利益和积极性的发挥，因此，要完善按劳分配为主体、多种分配方式并存的分配制度，调整规范国家、企业和个人的分配关系。初次分配注重效率，发挥市场的作用，鼓励一部分人通过诚实劳动、合法经营先富起来。再分配注重公平，加强政府对收入分配的调节职能，缩小收入差距，形成兼顾效率与公平、促进经济和社会稳定发展的收入再分配机制。(3)建立健全同经济发展水平相适应的社会保障体系。多渠道筹集和积累社会保障基金，加快养老、失业和医疗保险制度改革，初步形成社会保险、社会救济、社会福利、社会互助和个人储蓄积累保障相结合的多层次的社会保障制度。

7. 建立促进经济、社会可持续发展的机制

坚持可持续发展，就要统筹人和自然的和谐发展，处理好经济建设、人口增长与资源利用、生态环境保护的关系，推动整个社会走上生产发展、生活富裕、生态良好的文明发展道路。

完善社会主义市场经济体制，任重而道远，需要付出艰苦的努力。归结起来，在当前和今后相当长的时期内，主要面临着两个方面的任务：一是计划经济遗留下来、至今仍未得到根本性解决的深层体制矛盾；二是解决社会主义市场经济发育过程中出现的新问题。

第十七章 “改革论”:社会主义社会的矛盾与改革有机统一(三)——社会主义民主政治与政治体制改革

社会主义民主政治与政治体制改革,是社会主义社会的矛盾与改革有机统一规律的诸要素之一。社会主义民主政治是科学社会主义的一条重要原理。根据人类社会政治文明发展的一般规律和本国的具体国情,不断发展和完善社会主义民主政治,积极推进政治体制改革,是社会主义建设的重大理论问题和实践问题。社会主义民主政治建设和政治体制改革的基本内容、进行政治体制改革的必要性,以及如何卓有成效地进行改革,等等,就是本章所要探讨的基本问题。

第一节 社会主义民主政治的基本内容

一、民主的含义

“民主”一词源出希腊文“demokratia”,由“demos”和“kratos”两个字合成。原义是指“人民的权力”,或是“由人民直接地通过分区选出来的代表来治理、统治国家”,实现大多数人的统治权力。当然,这里所说的“人民权力”,并不是真正劳动人民的政权,而是指在统治阶级范围内,按照少数服从多数的原则共同管理国家。

在我国,“民主”是个多义词,在社会生活的各个领域都使用它。我们常说的“民主原则”、“民主权利”、“民主精神”、“民主生活”、“民主作风”、“民主方法”等等,这些都不是民主的本来含义,而是“民主”这一概念的转意和引申。民主,首先和主要的是指一种政治制度,有关民主的其他含义,都是从这一主要点派生出来的。

作为国家政治制度的民主,它总是同一定的社会阶级划分联系在一起的,在人类社会不同的发展阶段上有不同的形态。原始社会,没有阶级,没有国家,也就没有什么民主和专政的问题。但恩格斯曾经把那时的非国家制度的“民主”称为“古代自然形成的民主制”[①]。奴隶社会是人类历史上第一个建立在剥削制度之上的社会。在奴隶制时期，虽然就大多数国家来讲，所采取的是专制独裁的统治形式，但在个别国家里，则出现过民主制的形式。公元前5世纪古希腊的雅典民主制则是奴隶社会民主制的典范。但是，这种民主制是建立在奴隶制的经济基础之上的，管理国家的平等权利只限于奴隶主阶级内部。只有奴隶主才享有民主权利，而占雅典居民绝大多数的奴隶以及被保护民则根本无民主可言。在封建社会，政治统治的典型形式是君主制度。但在欧洲的个别城市里，也出现过城市共和国这样的民主制形式。如意大利的威尼斯、热那亚、比萨、佛罗伦萨和米兰，德意志的卢卑克、汉堡、不来梅、纽伦堡和奥格斯堡等。在那里，他们仿效农村公社的形式，建立起城市自治机关。

从比较完整的意义上说，民主作为国家政治制度是从近代资本主义开始的，民主制是资本主义社会中最普遍、最基本的国家形式。资产阶级民主制度，是在与封建专制制度的斗争中产生的。随着资产阶级革命产生的这种国家民主形式，主要是指公民通过他们选出的代表(或代表集体)行使国家权力。这种以议会民主为核心的政治制度，就是现代的代议制度。这种制度遵循普选原则、任期制原则和少数服从多数原则，同时崇尚法治原则。因此，资产阶级民主制度作为封建专制的对立物，在历史上是一大进步。但是，这种民主制毕竟是建立在资本主义私有制的基础上的，因而它不能不是资产阶级用来保障自己的财产权、对无产阶级和人民大众进行统治的工具。资产阶级民主，是资产阶级实行专政的最精致的形式。正如列宁讲的，“资产阶级民主同中世纪制度比较起来，在历史上是一大进步，但它始终是而且在资本主义制度下不能不是狭隘的、残缺不全的、虚伪的、骗人的民主，对富人是天堂，对被剥削者、对穷人是陷阱和骗局”[②]。

二、社会主义民主政治的基本内容

社会主义民主是人类历史上更高类型的民主。人民当家作主是社会主义民主的本质。根据现实社会主义国家特别是中国社会主义民主发展的实践，我们可将社会主义民主政治的基本内容概括如下：

(一)体现人民主权原则的国家政权

由于在不同时代人们对“人民”这一概念的理解不同，因而民主作为一种国家形式，既是一个政体问题(即国家政权如何组织，社会公共事务如何治理的问题)，又是一个国体问题(即国家由谁去治理、统治的问题)。社会主义民主政治

① 《马克思恩格斯选集》第4卷，人民出版社1995年版，第103页。
② 《列宁选集》第3卷，人民出版社1995年版，第601页。

也是如此。

社会主义民主政治，首先必须体现人民主权原则，让人民真正成为国家和社会的主人。这是由以下因素决定的：一是无产阶级革命的性质。在包括资本主义社会的以往社会，广大劳动人民都处于被剥削、被压迫的无权地位，不能够真正享有管理国家和社会的权利。无产阶级革命是绝大多数人参加的、为绝大多数人谋利益的运动。所以，“工人革命的第一步就是使无产阶级上升为统治阶级，争得民主”①。二是社会主义生产资料所有制的性质。在社会主义条件下，实行生产资料公有制或以公有制为主体。这种所有制使社会大多数成员在经济上获得了平等地位，从而为平等政治权利的实现奠定了坚实基础。因此，社会主义国家必须高扬“一切权力属于人民”的大旗，从物质条件、法律规范、社会制度各方面，切实保证社会主义民主的真正实现。

(二)体现间接民主原则的人民代表制

社会主义国家政权的性质，不仅要体现在逻辑的推理和这些国家法律的抽象规定上，更要体现在具体的制度规范上。

从世界范围内看，自近代人口众多、地域辽阔的民族国家出现以后，由于主客观条件的限制，政治民主只能以代议制这种间接民主方式来实现。间接民主或“代议制民主”，主要是指由人民定期选举出特定的公职人员来实行对社会政治的管理，而不是事事、时时由人民全体直接对国家和社会事务作出决定。代议制民主在一定程度上是一种“精英民主”而不是“大众民主”。要保证人民大众的利益和要求得到最大程度的实现，防止公职人员背离人民的意志和利益行使权力，必须通过周密的代议制度设计，并要切实保障人民的选举、创制、复决和监督权利的贯彻、落实。

社会主义民主政治也是如此。不论是在现在还是在可以预见的将来，社会主义民主也只能实现间接民主或代议制民主。正如列宁所说的那样，“没有代表机构，我们不可能想象什么民主，即使是无产阶级民主”②。而要保证这种间接民主真正体现人民的意志，反映人民的要求，维护人民的利益，必须建立健全各具特色的人民代表制。

人民代表制，是指广大人民通过直接和间接选举选出自己的代表组成各级国家权力机关，再由它选举行政和司法机关的主要工作人员组成行政、司法机关，代表人民集中统一行使管理国家和社会事务的制度。这种代表制要真正反映人民的意志和要求，必须正确处理好以下三个相互联系的关系：一是人民群众

---

① 《马克思恩格斯选集》第1卷，人民出版社1995年版，第293页。

② 《列宁选集》第3卷，人民出版社1995年版，第152页。

与人民代表的关系；二是人民代表与代表机关的关系；三是代表机关与行政机关、司法机关的关系。

1. 建立健全选举、监督和罢免制度

选举是指公民按照法定程序，以特定的方式选择国家代表机关及其公职人员的政治行为。选举制度就是有关选举原则、程序与方法等各种法律规则的总和。在现代社会，选举制度是公共权力获得合法性的重要依据，是民主政治的基石。要真正体现人民代表制的人民性，必须建立健全选举制度。如，要真正落实公民选举权的普遍、平等原则；健全人民代表候选人的提名制度；加强代表候选人与选民的互动，健全选举方式；建立健全差额选举制度；根据各国国情，确定并逐步扩大直接选举的范围。同时，要建立健全选民及选举单位对各级代表的监督和罢免制度。为此，各级代表要定时向选民或选举单位汇报工作，征求意见。对于不履行或不认真履行代表义务的代表，要通过一定法定程序给予罢免，从而使选民或选举单位与代表的委托代理关系落到实处。

2. 建立健全代表机关的工作制度

各级代表机关是实现“人民主权原则”的重要组织形式。人民代表作为代表机关的组成者，他们本身具有平等的地位，在法律草案和其他议案的提出，各种议案及重大问题的讨论、审议和最终表决等方面，应享有平等的权利。为此，必须建立健全议案或提案的提出、审议、讨论、表决等相关制度、程序，使每一个代表都能充分发挥与其身份相适应的应有作用。

为充分体现代表的广泛性，社会主义代表机关的代表一般实行兼职制，即人民代表不是专职的“议员”，每年绝大部分时间都是在代表机关从事立法及其他重大国事的讨论、表决。相反，绝大多数代表每年只是定期参加短期会议，讨论、审议政府及司法机关的工作报告及其他重大问题。闭会期间的大量工作只能由代表机关的常设机构及专门机构来完成。为此，必须建立健全代表机关常设机构及专门机构的工作制度，并使其严格接受代表机关及其代表的有效监督，间接地受到全体人民的有效监督，从而确保国家机关的人民性。

3. 树立代表机关的权威，真正落实“议行合一制”

为确保国家权力的统一性和人民性，社会主义国家不论是实行“两院制”还是“一院制”，都奉行“议行合一制”原则，即国家主权统一由代表机关行使，由它来产生行政机关和司法机关，后者要接受前者的监督并向前者负责。为此，必须从宪法和法律上赋予人民代表机关特别是全国代表机关以绝对的权威，并通过各种具体制度来保证代表机关对行政机关和司法机关的组成、人事安排、重大问题决定、日常运作等各环节施加决定性的影响力，进而确保国家的立法、行政、司法各方面最大限度地体现人民的意志。

（三）体现共产党领导原则的政党制度

现实社会主义国家，都实行着一种非竞争性的政党制度，即在各国宪法中都明确规定共产党是国家和社会主义事业的唯一领导核心，坚持共产党领导的原则。这种政党制度与资本主义政党制度相比有以下三个不同特点：一是资本主义国家执政党执政地位的获得和统治的合法性基础来自于定期的普选；而社会主义国家共产党执政地位的获得和统治的合法性基础一开始是通过武装斗争，之后也是通过一定形式的选举。二是资本主义国家奉行政党轮流执政的法治，执政党的地位是不固定的。社会主义国家执政党的地位是固定的、长期的。三是资本主义国家执政党的权力是有限的——纵向上只限于控制中央政府，横向上只限于对政府行政权的间接影响。社会主义国家的共产党纵向上既掌握中央政府的权力，也掌握各级地方政府的权力；横向上不仅直接干预政府的行政，还直接负责对立法、司法、军队和经济、思想、文化等各个领域的领导和管理。①

社会主义政党制度的产生和存在有其历史的必然性：第一，这是由共产党的性质和历史使命所决定的。共产党是无产阶级的先锋队。其历史使命是带领无产阶级及广大劳动人民推翻资产阶级及其他剥削阶级的统治，最终实现共产主义。在社会主义条件下，始终坚持共产党的领导，也就顺理成章。第二，这是由社会主义社会的性质所决定。社会主义社会是以生产资料公有制为基础或为主体的新型社会形态，生产资料所有制的性质决定了广大人民在根本利益上的一致性，共产党自身的性质使之成为唯一能够代表或反映这种根本利益的领导力量。第三，这是由社会主义国家的国情所决定的。现实社会主义国家原来大多是一些经济文化比较落后、缺乏民主政治传统以及相关政治文化的国家，社会成员对自由、民主、宽容、妥协等理念十分陌生，而对“大一统”、权威崇拜、“打江山坐江山”等观念则比较认同。通过长期武装斗争最终获得国家政权的夺权方式，在客观上强化了共产党的威望和影响力。社会主义现代化建设的艰巨任务，决定了必须要有一个坚强有力的领导核心才能完成。这样的领导核心只能是具有完整意识形态、严密组织结构和纪律性的共产党。所以，必须坚持共产党的领导，也就成为社会主义国家的一项基本政治原则。

当然，由于具体国情不尽相同，社会主义各国的政党制度也就有所差异。迄今为止，现实社会主义政党制度主要有两种：

1. 共产党领导的一党制

即在一个国家里，只有共产党是唯一合法存在的政党，是国家政权和社会主义事业的领导核心。在这样的国家里，共产党主要是借助于自己庞大而严密的

---

① 参见刘智峰《中国政治：当代中国政治若干问题分析》，江西人民出版社2007年版，第23～24页。

组织体系，通过工会、青年团、妇女联合会等社会团体来联系广大人民群众，表达、反映他们的愿望、利益和要求，并通过国家权力机关将其意志上升为国家法律、政策。实行和曾实行过这种制度的有古巴，原蒙古、南斯拉夫、匈牙利、罗马尼亚和前苏联。这些国家建立一党制的过程有所不同，大致有以下几种情形：(1)一个国家原有几个政党，在建立社会主义制度的过程中，经过长期斗争，最终只保留了作为执政党的共产党。(2)一个国家原来只有共产党，经过革命斗争胜利后，共产党就成为唯一的执政党，如原蒙古。(3)一个国家原来存在着不同性质的政党，在革命斗争中领导武装革命胜利的不是无产阶级政党，革命胜利后无产阶级政党和相关政治组织合并成统一的共产党，如古巴。共产党领导的一党制，具有政治关系简单、决策效率高等优点，但也具有不能全面反映发展变化的社会要求、缺少有效监督而容易导致官僚主义、腐败现象比较严重等问题。

2. 共产党领导下的多党合作制

即在一个国家里，除执政的共产党外，还允许其他政党合法存在，共产党与这些政党存在着一党执政、多党协商合作的新型关系。实行和曾实行这种政党制度的国家主要有中国、朝鲜和东欧剧变前的波兰、民主德国、保加利亚、捷克斯洛伐克等国。这些国家之所以实行这种政党制度，主要是因为它们有着大致相似的历史背景和各党派的理性选择。即在长期的革命斗争中，特别是在第二次世界大战中，这些国家的各种民主力量在反对国内反动势力或法西斯侵略者的斗争中彼此信任、相互合作。革命胜利后在向社会主义转变时，其他民主党派意识到只有共产党才能带领人民不断前进，代表他们的根本利益，因而在新的历史时期他们依然选择与共产党真诚合作。共产党也认识到只有继续同民主党派进行友好合作，才能更好地进行社会主义革命和建设。

共产党领导下的多党合作制既不同于共产党领导的一党制，也不同于资本主义的多党制，是一种全新的政党制度。其特点是：

(1)具有宪法保证的多党合作制。在中国，除了执政的共产党外，还有八个民主党派(即中国国民党革命委员会、中国民主同盟、中国民主建国会、中国民主促进会、中国农工民主党、中国致公党、九三学社、台湾民主自治同盟)能够合法存在，独立开展各项政治活动。它们是共产党的亲密友党，是接受共产党领导的参政党。与共产党是友好合作、政治协商的新型关系。因此，《中华人民共和国宪法》规定：中国共产党领导的多党合作和政治协商制度将长期存在和发展。中国共产党和各民主党派都必须以宪法为根本活动原则，维护宪法尊严，保证宪法实施。

(2)坚持共产党领导的多党合作制。在中国，共产党长期处于领导和执政地位，是历史的选择、人民的选择、社会的共识。确立和维护共产党领导、多党派合作，共产党执政、多党派参政的政治格局，是社会主义现代化建设事业顺利进行和维护国家统一、社会稳定的根本保证。因此，坚持共产党的领导也就成为多党合作制的一个基本前提。

(3)以政治协商和互相监督为主要内容的多党合作制。在中国，各民主党派都是各自所联系的一部分社会主义劳动者、社会主义事业建设者和拥护社会主义爱国者的政治联盟，是在共产党领导下的参政党。其参政的基本点是参加国家政权，参与国家大政方针和国家领导人选的协商，参与国家事务的管理，参与国家方针政策、法律法规的制定和执行。这种参政的过程，实际上也就是共产党与之进行政治协商的过程。政治协商的主要组织形式是政治协商会议。共产党与各民主党派不仅遇事协商，而且还按照“长期共存，互相监督，肝胆相照，荣辱与共”的原则进行真诚的互相监督。这种监督主要是通过提出批评、意见、建议的方式来实现。由于共产党处于领导和执政地位，互相监督更需要来自民主党派的监督。这种监督对于更好地表达、反映、整合广大人民群众的利益和愿望，具有重要的作用。可见，中国共产党领导的多党合作和政治协商制度在国家政治和社会生活中发挥着重要的作用，它既能实现广泛的民主参与，集中各民主党派、各人民团体和各界人士的智慧，促进执政党和各级政府决策的科学化、民主化，实现集中统一，统筹兼顾各方面群众的利益要求，避免一党执政缺乏监督的弊端，又可避免多党纷争、互相倾轧造成的政治混乱和社会不安定团结，因而是一种比较符合现实社会主义国家国情的政党制度。

(四)体现直接民主原则的群众自治或基层民主制度

社会主义民主，除表现为国家形态的民主，还表现为社会形态的民主。因此，人民群众作为社会主义国家和社会的主人，不仅表现为定期选举自己的代表组成各级代表机关去行使国家权力，还要在基层政权和城乡基层自治组织中直接参加各种不同形式的决策和管理，使社会主义民主扩展到政治生活、经济生活、文化生活和社会生活的各个方面，成为更全面、更广泛、更真实的民主。扩大、发展基层民主，保障人民享有更多更切实的民主权利，“是发展社会主义民主的基础性工作”①。

基层民主形式在不同国家有不同的表现，概括起来主要有：

1. 通过职工代表大会的形式，不断发展各个企事业单位的民主管理

社会主义生产资料公有制的性质决定了企事业(特别是国有和集体企事业)单位内一切成员的平等关系，客观上要求在企事业单位内部实行民主管理。实

---

① 江泽民：《全面建设小康社会 开创中国特色社会主义事业新局面——在中国共产党第十六次全国代表大会上的报告》(单行本)，人民出版社2002年版，第33页。

行民主管理的基本形式是职工代表大会。职工代表大会作为企事业单位的群众组织,要与行政、党组织一道,积极参与本单位的生产、经营管理、分配、干部的选举、监督和罢免。对涉及广大职工切实利益的有关问题,职工代表大会更要承担起职工利益维护者的重任。当然,随着社会主义市场经济体制的确立,企事业单位的所有制性质和组织管理形式都会发生一定的变化,但只要我们国家和社会的性质没有发生变化,作为微观层面的企事业单位的民主管理,依然是社会主义民主的重要组成部分。

2. 直接选举或推举基层政权的领导人

现实社会主义国家,由于种种原因,人民管理国家的政治权利主要限于定期直接或间接选举各级权力机关的代表。随着社会主义改革事业的不断进展,一些国家的某些地区开始尝试突破以往的规定,直接选举或推举基层政权的领导人。如我国 20 世纪 90 年代后期在四川省遂宁县步云乡就开始由全乡选民直接选举乡长,21 世纪初云南省红河州石屏县七个乡镇进行了由选民直接选举乡镇长的试点。还有的地方对乡镇党委书记也进行了直接选举的试点。为回避法律上的困难,有的地方采取了迂回的方法,即由本乡镇的选民首先推举乡镇长候选人,然后由乡镇人大选举产生。这种由选民直接选举或推举基层政权领导人的做法,虽然目前理论界众说纷纭,但其体现的民主精神是值得肯定的。

3. 通过城镇居民或村民自治组织,充分发展基层社会生活的群众自治

群众自治就是人民群众在无产阶级政党和社会主义国家政权的领导下,按照有关法律规定直接管理自己的经济、文化和社会生活。城乡居民自治,是城乡居民群众直接管理社会基层公共事务的一种民主形式,是实现更大范围民主的基础和起点,是社会主义民主的重要组成部分。我国城乡群众自治组织是社区委员会和村民委员会。它们分别接受城市街道办事处或乡镇政府的指导,按照"自我教育,自我管理,自我服务"的原则,独立自主地开展各项工作。社区居民和村民在所在社区和村庄,依法享有民主选举、民主决策、民主管理和民主监督的平等权利。在全国绝大多数农村,"海选"村委会成员已成为广大村民比较熟悉的政治实践,也是中国大地上空频频飞舞的"民主蝴蝶"。①

(五)体现制衡原则的民主监督制度

权力导致腐败,绝对权力导致绝对腐败。为防止权力的滥用,必须对权力进行有效的制衡和监督。这是人类政治生活的一条"铁律"。当然,由于国家性质和国情不同,制衡权力的原则和方式也就不尽相同。在西方发达资本主义国家,

---

① 参见刘智峰主编《1978～1999:中国政治体制改革问题报告》,中国电影出版社 1999 年版,第 320 页。

一般遵循“三权分立”的原则来构建国家权力体系，使之相互制衡。同时，赋予公民许多不可剥夺的个人权利来制衡国家权力。社会主义国家虽然不能照搬资本主义国家模式，但不断完善制约和监督机制，保证人民赋予的权力始终用来为人民谋利益，应该是人们不断思考的重大课题之一。根据现实社会主义各国的经验教训，要确保“权为民所用”，必须不断建立健全民主监督制度。

1. 要“建立结构合理、配置科学、程序严密、制约有效的权力运行机制，从决策和执行等环节加强对权力的监督，保证把人民赋予的权力真正用来为人民谋利益”[①]。为此，首先要确保权力机关对行政机关、司法机关的有效监督；其次，要确保行政机关内部的上下级监督及行政监察部门的专门监督；再次，确保司法部门内部的相互制衡，使公、检、法各司其职，相互制约；最后，确保执政党对国家机关及其工作人员的监督及党内纪律检查机关对全党的监督。

2. 加强社会团体及民主党派的民主监督。要强化对执政党及国家政权的监督，除要依靠它们自身的同体监督外，还要依靠外部的有效监督。在社会主义条件下，由于不存在独立的反对党或在野党，因此，广泛的社会团体的各种监督就是十分必要的。同时，在共产党领导下的多党合作制的国家，各民主党派的监督更是一种不可缺少的异体监督。

3. 不断强化社会舆论监督。在当代西方，大众传媒被人们称为是与立法、行政、司法并列的社会的“第四种权力”。大众传媒主要通过社会舆论的形式对公共权力进行有效的监督。当然，在资本主义条件下，大众传媒往往被私人所垄断或控制，所以对资本主义国家政权的监督效能就要打一定的折扣，但从总体看，这种监督对于防止国家权力的滥用还是起到了不可忽视的作用。在现实社会主义国家，随着人民文化水平的提高和大众传媒的普及，强化大众传媒的社会舆论监督功能，对于及时表达人民的意愿和要求也是一条必不可少的途径。

4. 加强人民群众的广泛监督。人民群众作为国家和社会的主人或委托者，必须对其“代理人”（即各级国家机关及其公职人员）进行广泛的监督。这种监督包括对由他们直接或间接选举产生的各级人民代表的监督，还包括对由各级代表机关选出的行政机关、司法机关及其工作人员的监督，也包括对自己所在社区或单位领导人的监督。监督形式包括提意见、批评、建议，甚至可以联名罢免不称职的人民代表，以真正实现“主人”的权利。

5. 认真推行政务公开，确保权力在阳光下运行。列宁曾经谈到，民主原则起码要包含以下两个必要条件：一是完全的公开性；二是一切职务经过选举。

① 江泽民：《全面建设小康社会 开创中国特色社会主义事业新局面——在中国共产党第十六次全国代表大会上的报告》（单行本），人民出版社 2002 年版，第 36 页。

"没有公开性而谈民主制是很可笑的。"[①]"公开"之所以是民主的必要条件，是因为如没有信息的公开，广大群众对政务一无所知，就不会提出有针对性的意见，有效的监督权就会流于形式。所以，加强政务公开立法，从权力的产生、职责权限、运行程序及结果等各环节、各方面都及时、全面地公布于众，是确保权力正确运行的有效保证。

第二节　社会主义政治体制改革的必然性、必要性和基本内容

一、社会主义政治体制改革的必然性和必要性

(一)政治体制在社会主义社会体制中的地位和作用

"政治体制"是当下人们使用频率较高但尚未有权威性定义的概念。一般认为，政治体制就是以国家政权组织为中心的各种具体政治制度和政治行为规范的总和，是国家基本政治制度的各种具体表现形式及其运行机制的统称，它主要包括国家政治权力的构成、党和国家的领导体制、社会管理体制、干部人事制度、行政管理体制、国家政治生活的运行机制等等。社会主义政治体制是现实社会主义国家基本政治制度的具体表现形式，是用于组织和行使政权以实施对国家和整个社会的政治领导和行政管理的一整套相互联系、相互配合的政治设施和政治行为规范的复杂综合体。它包括政党、国家政权的组织形式以及权限划分，中央机关与地方相互关系的结构形式，组织协调各种机构的管理原则和方法，等等。

可见，"政治制度"与"政治体制"是两个既相联系又有区别的概念。政治制度通常是指统治阶级为实现其阶级统治而采取的统治方式、方法的总和，是社会政治形态基本性质的规定，具有明显的稳定性；政治体制是政治制度的具体的、外在的表现形式和实施方式，与前者相比，具有明显的可变性。长期以来，在一些现实社会主义国家都把共产党的领导方式、国家组织形式和管理方式、干部人事制度等政治制度的具体外在表现形式简单地等同于社会主义政治制度本身，因而在实践中往往把触及体制问题的反对意见视为对社会主义制度的否定而加以粗暴的打压，从而在一定程度上堵塞了彻底根除社会主义国家政治领域各种弊端的有效途径。今天，当我们明确了政治制度与政治体制的相互关系后，就可以大胆改革我们的政治体制，进而不断完善社会主义政治制度。

---

① 《列宁选集》第1卷，人民出版社1995年版，第417页。

政治体制改革是社会主义体制改革的重要组成部分，同时也是社会主义体制改革取得成功的可靠保证。正如邓小平所说："我们所有的改革最终能不能成功，还是取决于政治体制的改革。"[①]为什么政治体制改革在社会主义体制改革中具有如此重要的地位？这是因为：

1. 政治建设先于其他方面的建设，政治制度制约着其他方面的制度

现实社会主义国家都是通过武装斗争首先夺取政权，建立无产阶级专政，即社会主义政治制度以及与之相应的体制的。尔后依靠政权为杠杆，逐步建立起社会主义经济、文化制度。在整个社会主义建设过程中，政权建设先于其他方面的建设，政治制度必然制约着其他方面的制度，政治体制在整个社会体制中必将居于特殊地位，发挥着独特作用。

2. 生产资料国有制的确立大大加强了政治体制的作用

生产资料公有制是社会主义的最基本的特征，而这种公有制的具体表现形式则要依据不同国家经济的不同发展阶段来确定。当今社会主义公有制在一个相当长的时期主要表现为国家所有制，生产资料国家所有制的确立和巩固大大强化了政治体制的作用。

马克思主义创始人认为，社会主义公有制的确立乃是资本主义基本矛盾运动的必然产物。当生产资料资本主义私人占有日益成为社会化大生产发展的桎梏时，客观上要求生产资料归社会所有，由社会统一支配，以解放被严重束缚的社会生产力。无产阶级革命胜利后，顺应历史发展的要求，以国家政权为杠杆，及时将生产资料的私人占有转变为社会占有（一开始社会的集中代表只能是国家，所以社会所有也就表现为国家所有），也就是自然而然的事情。在这一历史性转变过程中，国家政权当然会发挥着巨大的杠杆作用。但国家政权这一历史性作用的实现，也就意味着它自身存在合理性的消失。"国家真正作为整个社会的代表所采取的第一个行动，即以社会的名义占有生产资料，同时也是它作为国家所采取的最后一个独立行动。那时，国家政权对社会关系的干预在各个领域中将先后成为多余的事情而自行停止下来。"[②]而现实社会主义则不然。虽然现实社会主义的产生也是资本主义基本矛盾发展的产物，其革命过程也是依据马克思主义基本原理来实现的，但起码有两点与马克思和恩格斯当时的设想不完全相同：一是现实社会主义各国革命的历史前提，二是世界无产阶级革命的历史进程。这就决定了这些国家在社会主义制度确立之后的一个相当长的历史时期内，作为阶级统治工具的国家仍有存在的必要。因此，在现实社会主义国家，生

① 《邓小平文选》第3卷，人民出版社1993年版，第164页。

② 《马克思恩格斯选集》第3卷，人民出版社1995年版，第631页。

产资料国有制的确立、巩固和发展主要依靠国家政权的力量，有赖于政治体制作用的充分发挥及其地位的进一步加强。可见，在现实社会主义条件下，经济与政治紧密地交织在一起，而且从动态考察，社会主义生产关系的进一步发展，从而经济基础的发展，往往取决于与此相适应的政治关系的发展和政治体制的变化。

3. 传统体制的弊端源于政治体制

传统社会主义体制的主要特征是权力过分集中，由此产生了党政不分，政企不分，机构重叠臃肿，人浮于事，工作效率低下，官僚主义严重等种种弊端。从某种意义上说，这些弊端的根源在政治体制。正是社会主义政治生活中权力过分集中的体制，才派生出类似的经济体制、文化体制以及由此而产生的类似后果。可见，社会主义政治体制影响和制约着社会主义经济、文化体制。要顺利进行社会主义体制改革，必须选择一定时机集中力量进行政治体制改革。

（二）传统政治体制的形式及其弊端

以高度集权为特征的传统社会主义政治体制，首先发端于20世纪二三十年代的苏联。这种高度集中的政治体制，在社会主义建立之初曾起过不可磨灭的历史作用：一是它减少了不必要的相互制约、相互扯皮，决策迅速，在决策层面有较高的效率。“社会主义国家有个最大的优越性，就是干一件事情，一下决心，一做出决议，就立即执行，不受牵制……就这个范围来说，我们的效率是高的。”① 二是这种体制有利于统一意志，完成抵御外敌，取得革命战争的胜利。在第二次世界大战中，苏联人民之所以能够战胜武装到牙齿的德国法西斯，与这种政治体制不无关系。三是这种体制有利于国家政治经济的统一，集中力量进行社会主义改造和工业化建设。现实社会主义国家建国之初都面临着巩固政权，实现全国经济的统一，并在此基础上集中一切有限的人力、物力和财力进行社会主义改造和工业化建设的历史重任，而在一个经济文化落后的国家里，要实现这一任务，唯有依靠高度集中的政治体制。

同时，我们也要看到，这种多少带有战时体制性质的政治体制，一开始就孕育着与社会主义民主原则的深刻矛盾，并且随着时间的推移，这种矛盾所外化的弊端也就日益显露。

以党政合一为主要内容的高度集中的政治体制，从横向看，国家和社会的各种权力都集中于执政党手中；从纵向看，基层和地方的应有的权力过分集中于中央。各级权力机构的权力又都过多地集中于同级党委特别是党委第一书记手中。可见，在这种纵横交错的权力网络中，国家权力往往集中在少数领导人手中，而国家的最高权力则往往集中在极少数甚至某一领导人手中。很显然，这与

---

① 《邓小平文选》第3卷，人民出版社1993年版，第240页。

社会主义民主原则是不相容的。但在革命战争年代和建国初期，由于当时社会的主要矛盾是阶级矛盾，主要任务是夺取和巩固革命政权并借此进行生产资料的社会主义改造，因此这种体制与社会主义民主原则的矛盾便退居到次要地位。随着社会主义事业的发展、国内主要矛盾和主要任务的变化，这种体制也就愈益失去其存在的合理性。

（三）政治体制改革的必然性及重大意义

政治体制改革的必然性可以从两个层面来理解：

第一，从哲学层面看，任何事物都有一个由低级到高级、由不成熟到逐步成熟的过程。这是政治体制必须不断改革的重要依据。

唯物辩证法认为，任何事物都有其产生、发展直至消亡的过程。新生事物在产生之初必然会带有种种不完善不成熟的东西，随着历史的发展，那些不完善之处必将被逐步克服而趋于完善。社会主义政治体制也是如此。在其产生之初，由于种种原因，必然会存在着种种不尽如人意的地方，甚至是严重的缺陷。这就要求人们必须根据变化了的客观条件不断对其加以改革完善，以更好地体现社会主义民主的本质要求。

第二，从现实性看，传统政治体制的内在矛盾在新时期的尖锐化及其所产生的消极后果客观上要求必须对其进行深刻改革。

在社会主义条件下，从理论上说，广大人民不仅是社会生产资料的主人，而且也因此成为国家和社会的主人，享有管理国家和社会事务的广泛权利，社会也因此而生机勃勃，充满活力。而在高度集中的政治体制下，国家权力的配置和运行机制都很不完善。这样，一是公民基本权利的实现形式不具体，公民的主人翁意识不强。二是地方、基层单位、企业、劳动者个体都缺乏应有的自主权和独立性，因而其积极性、主动性和创造性也难以充分调动，整个社会也就缺乏应有的生机活力。三是重大决策特别是中央决策一旦失误，就很难得到及时纠正，往往容易酿成全国性的重大灾难。四是权力过分集中，必然会伴随着形形色色的官僚主义，极易导致个人专制乃至个人迷信现象的产生。这与社会主义民主原则产生了尖锐矛盾。所以，改革原有高度集中的政治体制，已成为历史的客观要求。

改革传统的政治体制，具有重大的现实意义：

第一，有利于社会主义民主政治建设。社会主义政治的本质是人民民主。社会主义民主是社会主义国家的根本制度。作为根本政治制度的具体表现形式的政治体制，理应充分体现和反映社会主义政治的本质。但传统政治体制却难以做到这一点，从而严重制约了社会主义民主的充分实现。只有改变党政高度合一的领导体制、权力过分集中的行政管理体制、缺乏公平竞争的干部人事制度和乏力的监督机制等具体制度，才能建立起结构合理、机制完善、制度健全的新型社会主义民主政治体制。

第二，有利于社会主义法制的完备。社会主义民主与社会主义法制密不可分，唯有发达的社会主义民主，才有完备的社会主义法制。健全的社会主义法制，是社会主义民主的充分体现和重要保障。因此，要建立高度的社会主义民主，必须不断加强社会主义法制建设。

第三，有利于经济体制改革的顺利进行和社会主义市场经济的健康发展。现实社会主义实践表明，社会主义改革虽然是包括经济、政治、思想文化的全面改革，但在具体实施过程中往往是经济改革先行一步，经济体制改革的深入发展迫切需要政治体制改革。

第四，有利于社会主义精神文明建设。传统政治体制最主要的特征就是大一统的行政干预。这不仅深刻影响着经济体制，而且也深刻影响着思想文化体制。其严重后果就是社会成员的思想保守僵化，墨守成规，不思进取，缺乏批判意识和创新精神，传统臣民意识根深蒂固，现代公民意识难以确立，进而造成思想理论上的众口一词、文学艺术上的千篇一律和人格上的双重性。因此，只有改革传统政治体制，解除行政干预对人们思想的严重束缚，真正遵循“双百”方针和思想文化发展的特有规律，才能充分调动广大人民的积极性和创造性，与时俱进，提高文化素养，树立现代意识，发展思想理论，繁荣文学艺术，净化社会风气，使社会主义精神文明建设有一长足的发展。

总之，只有改革传统政治体制，才能充分调动广大人民的积极性、主动性和创造性，进而促进社会生产力的迅速发展，保证国家的长治久安和思想文化的繁荣昌盛，加速社会主义现代化建设的步伐，充分发挥社会主义的优越性。

二、社会主义政治体制改革的基本内容

（一）政治体制改革的目标模式

政治体制改革是一项十分艰巨而复杂的任务。它直接涉及到许多敏感而带有根本性的问题，社会主义国家的执政党及其领导人对此如果稍有不慎，处置不当，将会造成不堪设想的严重后果。因此，明确改革目的，制定切实可行的改革目标，就是十分重要的问题。

社会主义国家的性质要求，政治体制改革的根本目的就是要在共产党的领导下和社会主义制度下，充分调动各方面特别是广大人民群众的建设社会主义的积极性、主动性和创造性，大力发展生产力，更好地发挥社会主义优越性。[1]

---

① 参见《邓小平文选》第3卷，人民出版社1993年版，第177、241页。

具体来说，就是要通过改革，在经济上要有利于发展生产力，最终赶上和超过发达资本主义国家；在政治上要有利于发展社会主义民主，创造出比资本主义更高更切实的民主；在组织上要形成一种公平合理的竞争机制，使一大批德才兼备、年富力强的现代化建设人才脱颖而出。[①]

政治体制改革的目标同政治体制改革的性质密切相关。政治体制改革如同整个社会体制改革一样，其实质乃是社会主义政治制度的自我完善和发展。社会主义政治制度的实质或本质就是社会主义民主或人民当家作主。因此，社会主义政治体制改革就是要进一步体现社会主义的本质，充分实现社会主义民主。换言之，建设高度的社会主义民主政治，乃是社会主义政治体制改革的根本目标。

由于各国国情不同，甚至同一国家在不同历史时期的主要任务不尽相同，因而对政治体制改革根本目标的具体要求和表述也就不尽相同。如我国，改革开放以来，在历次党代会的政治报告中都把发展社会主义民主作为我党的根本任务和目标，但在不同的历史时期其表述却不尽相同。在改革开放初期的党的十二大政治报告中，从发展社会主义民主是建设社会主义物质文明和精神文明的重要保证的角度，提出了建设高度的社会主义民主是我们的根本目标和根本任务之一。进入 20 世纪 80 年代后期，随着国际国内形势的变化，政治体制改革也就日益成为全党所面临的亟待解决的重大课题。因此，党的十三大报告就对政治体制改革进行了全面而系统的阐述，从经济体制改革与政治体制改革的相互关系入手，从长远目标和近期目标两个方面论述了我国政治体制改革目标问题。我国政治体制改革的长远目标，是建立高度民主、法制完备、富有效率、充满活力的社会主义政治体制。改革的近期目标，是建立有利于提高效率、增强活力和调动各方面积极性的领导体制。20 世纪 90 年代初，国际国内形势出现了新的变化。与这种客观形势变化相适应，党的十四大政治报告认为，我们的政治体制改革目标是建设有中国特色的社会主义民主政治，绝不是搞西方的多党制和议会制。党的十五大作为一次跨世纪的党代会，基本上继承了十四大的主调，从经济体制改革和社会主义现代化建设的需要出发强调指出：我国经济体制改革的深入和社会主义现代化建设跨越世纪的发展，要求我们在坚持四项基本原则的前提下，继续推进政治体制改革，进一步扩大社会主义民主，健全社会主义法制，依法治国，建设社会主义法治国家。发展社会主义民主政治，是我们党始终不渝的奋斗目标。没有民主就没有社会主义，就没有社会主义现代化。社会主义民主的本质是人民当家作主，国家一切权力属于人民。我国实行的人民民主专政的

---

① 参见《邓小平文选》第 2 卷，人民出版社 1994 年版，第 322 页。

国体和人民代表大会制度的政体是人民奋斗的成果和历史的选择，必须坚持和完善这个根本政治制度，不照搬西方政治制度的模式，这对于坚持党的领导和社会主义制度、实现人民民主具有决定意义。新世纪之初，我党召开了具有历史意义的十六大。十六大政治报告从全面建设小康社会和党的历史使命的角度强调指出，发展社会主义民主政治，建设社会主义政治文明，是全面建设小康社会的重要目标。我们党历来以实现和发展人民民主为己任。

我们认为，党的十三大政治报告关于我国政治体制改革目标的阐述是比较科学的。现实社会主义国家的政治体制改革目标，确实应有长远目标和近期目标之分。长远目标就是要建立高度民主、法制完备、富有效率、充满活力的社会主义政治体制。高度民主，主要是指人民群众要在事实上成为国家和社会的主人，真正充分享有宪法和法律规定的各项权利和自由，有效参与国家事务、社会事务和经济文化事业的管理，并能对各级国家机关及其工作人员进行有效监督和罢免；法制完备，主要是指国家有以宪法为核心的完整而严密的法律体系，有严格依法独立行使职权的执法机关，广大人民有较强的法制观念，能够自觉依法办事，依法治国成为社会生活的普遍原则；富有效率，主要是指国家各级领导机关各司其职，各尽其能，积极运用现代化的办公手段，高效率、高质量地完成工作任务，及时解决国家政治生活、经济生活中所出现的问题，有效协调各方面的利益，使整个国家机器有序而快节奏地运转；充满活力，主要是指国家各级领导机关、各社会团体组织及其工作人员在健全的体制和各自的职权范围内进行创造性的工作，发挥出最大的能量。在这种政治体制中，高度民主是其核心内容，完备的法制是其必要保证，富有效率和充满活力是其重要外部特征。这一目标体现了民主、法制、效率和活力的高度统一，体现了社会主义政治制度的本质要求。

政治体制改革是一项巨大而复杂的系统工程，不可能一步到位。在确立改革目标时，必须兼顾长远和当前两个方面。长远目标代表着未来，近期目标代表着现实。长远目标能够为近期目标指明前进方向，激励广大人民奋勇前进；近期目标是实现长远目标的基础和保证。只有通过扎扎实实、卓有成效的当前工作，才能达到美好的未来。为此，长远目标一定要明确，近期目标要切实可行。唯有如此，才能把政治体制改革不断推向深入。

(二)改革和完善党的领导方式和执政方式

党的领导方式，是指共产党通过自身的组织体系，对社会进行组织、动员、整合，以实施党的各项方针政策的制度化的各种形式和手段。现实社会主义国家的共产党，大多是通过武装斗争的手段夺取了国家政权而取得执政地位。执政后，在一个相当长的时期内，基本上继续沿袭着革命战争时期的那种一元化的行政命令方式实施对国家和社会的领导。具体表现为：党政不分，以党代政，党与国家政权、社会组织在职能、组织结构上没有明确的划分和区别，党组织科层化、等级化、行政化，党组织直接指挥国家政权和社会组织。因此，在新的历史条件下，必须改革那种不恰当地把各种权力集中于党组织及其领导人、党政不分、以党代政的领导方式。具体地说，一是要明确党组织与国家政权、企事业、社会组织的职能，做到各司其职，各尽其责。特别要明确各级党委与人民代表机关、行政机关的关系。二是要明确党的领导主要是政治领导、思想领导、组织领导。党对国家和社会的领导，主要是通过制定大政方针，提出立法建议，推荐重要干部，进行思想宣传，发挥党组织和党员的先锋模范作用来实现的。三是党对国家和社会的领导主要不是通过党的政策而是通过国家法律来实现的。四是党对国家和社会的领导要充分发挥总揽全局、协调各方的领导核心作用。

党的执政方式，是指党执掌政权的法定方式，即该国宪法和法律予以确认的方式。现实社会主义国家的执政党与资本主义国家的执政党在执政范围上有明显不同。后者一般只是掌握了中央或联邦层级的行政权，而前者则是掌控国家政权的方方面面、社会生活的各个领域、自上而下的每个层级，而且这些国家的政党制度大多是一党制或共产党领导的多党合作制。这种执政方式，在经济全球化和政治民主化浪潮的冲击下面临着越来越大的挑战。如何应对这种挑战？在共产党领导的多党合作制的国家里，共产党要不断完善与各民主党派的关系，注重民主协商、民主监督，充分发挥各民主党派在社会主义现代化建设中的积极作用。同时，要不断推进党内民主和国家民主，努力在民主化过程中赢得执政的合法性。在一党制的国家里，只能通过不断扩大党内民主和社会民主来赢得广大社会成员的高度认同，进而获得执政的合法性。

(三)改革和完善人民代表制

改革、完善人民代表制，不同国家在不同历史时期的措施不尽相同，但大致说来，主要应从以下方面着手：

首先，健全选举制度，完善选举方法。一是要规范人民代表候选人的提名制度，使提名程序规范化、制度化，代表候选人的产生尽量体现多数选民或选举单位多数代表的意志；二是完善代表候选人的介绍方式，使选民和选举单位尽可能多地了解候选人的情况，以作出理性的选择；三是要在各级人民代表及公职人员的选举中尽可能实行差额选举，并要逐步进行竞争性选举；四是要积极创造条件，逐步扩大直接选举的范围。

其次，密切人民代表与选民、选举单位的联系，强化后者对前者的监督权、弹劾权和罢免权，使人民代表更能代表民意、反映民意。

再次，树立人民代表机关的权威，强化其权力。

最后，健全和完善人民代表机关的工作制度，并使之制度化、法律化。为此，一是要健全人民代表机关的全体会议工作制度。人民代表会议一定要按时、定期召开。国家各层级的重大问题一定要经过本层级人民代表机关的充分讨论、审议、通过,才能予以实施。每次人民代表机关将要讨论、审议的议案都要事先通知人民代表,以使他们能够有机会在听取选民或选举单位意见的基础上做好充分的准备。完善投票程序,使人民代表真正能够按照自己及所代表的选民意志不受干扰地进行意志表达。二是健全各级人民代表会议常设机构的工作制度。社会主义国家的人民代表机关一般分为两个层次:一是人民代表会议,二是人民代表会议常设会议。前者是非常设机关,其成员大多数是兼职的。后者是常设机关,担负着人民代表机关的主要职责。因此,要建立健全人民代表机关常设机关代表的专职工作制度、提案制度、审议制度,对"一府两院"的监督制度、视察制度,与人民代表及选民或选举单位的经常联系制度,专门委员会工作制度,等等。

(四)改革和完善行政管理体制

行政管理体制改革的重点,是在党政职能相对分开的前提下,变双重管理体制为单一管理体制,并在全国范围内建立起统一高效的行政指挥系统,以保证中央政令的畅行无阻。政府机构改革的关键是转变政府职能。实践证明,在当代,要管理好国家和社会,任何一个政府都不能是无所不包的万能政府或无限政府,只能是有所为而有所不为的有限政府。这种政府的主要职能就是经济调节,市场监管,社会管理和公共服务。以市场经济为基础的社会主义国家也应如此。为此,就要按照科学管理的要求和政企分开以及精简、统一、效能的原则,合理调整和配置人员结构,明确各部门职责,使政府行政管理逐步达到科学化、制度化和法制化。通过改革,逐步理顺政府机构与企事业、社会组织的关系,使政府对其由直接管理为主转变为间接管理为主,充分发挥它们各自的主动性和创造性。通过改革,不断调整政府组成部门各自的职能,加强宏观调控和监管部门的职能,强化社会管理部门的职能,弱化直接管理部门的职能。通过改革,逐步做到精兵简政,提高效率,努力克服官僚主义。要按照因事设岗定编的原则,整顿机构,裁减冗员,采取有效措施提高在职人员的素质。要加强和完善行政立法,建立切实可行的行政责任制和问责制,努力提高工作效率,克服官僚主义,真正做到依法行政。

(五)改革和完善司法体制

现代司法体制的确立,就是为了确保社会公平和正义的充分实现。为此,必须实现司法独立,即司法机关在法律范围内自主公正地行使司法权,不受任何非法律因素的干预。由于历史和现实的诸多原因,社会主义国家的司法体制还存在许多不完善之处,其集中表现就是司法不独立。具体表现在两个方面:一是从外部环境看，司法机关在人事任免、财政、编制、案件审理等方面都深受同级或上级党委、政府和人民代表机关的多方面干涉、制约；二是从其内部体制看，下级司法机关如法院在审理案件时深受上级法院的干涉和影响。在同一法院内部，一般法官在审理案件时深受法院院长、庭长的影响。审判委员会制度的设立，也使在具体案件审理中审而不判、判而不审的现象严重存在。司法不独立，进而导致了司法不公、司法腐败、司法地方保护主义盛行等各种严重社会政治问题。要改变这种状况，必须从内外两个方面着手。

从实现司法公正的外部环境看，必须处理好以下三个关系：(1)司法机关与同级党委的关系，或司法机关独立办案与坚持党的领导的关系；(2)司法机关与权力机关的关系，或司法机关独立办案与依法接受权力机关监督的关系；(3)司法机关与行政机关的关系，或司法机关独立办案与行政机关依法行政的关系。

从实现司法公正的内部机制看，应着力解决好以下问题：(1)按照公正执法和严格司法的要求，完善司法机关的机构设置、职权划分和具体管理制度，进一步健全权责明确、相互配合、相互制约、高效运行的司法体制，从制度上保证国家审判机关和检察机关依法独立公正地行使审判权和检察权；(2)努力消除司法领域特别是法院系统中不同审级法院间事实上的上下级关系以及法院内部的“院长负责制”、审判委员会制度，以充分落实每一法院和法官独立审判的权责；(3)改革司法机关的工作机制和人财物管理体制，逐步实现司法审判和检察同司法行政事务相分离，以有效遏止司法领域中的腐败；(4)强化“入口关”，畅通“出口关”，努力建设一支政治坚定、业务精通、作风优良、执法公正的司法队伍。

司法机关能否独立行使司法权，在很大程度上要通过法官和检察官来体现，司法的公正就是法官和检察官的严格执法和公正裁判。而法官和检察官的公正最主要地有赖于完善的制度和其自身良好的素质。为此，必须从体制上加强司法队伍建设。一是在全社会大量倡导法官和检察官的高尚职业道德，使法官和检察官成为追求正义和廉洁清正的群体；二是提高法官和检察官的任职条件，改革其任用制度，提高进入司法领域的“门槛”；三是建立严格的考核、奖惩、升迁、监督、辞退制度，疏通“出口”，以保证司法队伍的高素质和活力。

(六)改革和完善干部人事制度

原有干部人事制度管理模式单一，而且缺乏一整套严格的培养、选拔、任免、考核、奖惩、监督、退休等制度，因而不仅造成许多用人问题上的不正之风，干部只对上负责而不对下负责等弊端，而且干部队伍缺乏竞争意识，许多平庸之辈长期占据某些重要或关键领导岗位，优秀人才难以脱颖而出，从而使党和国家机关缺乏应有的生机活力，形成死水一潭的局面。

要改变这种状况，首先要对国家干部进行合理分类，建立科学的分类管理体制，改变用单一模式管理政党、人民代表机关、行政机关、司法机关、社会团体、企事业单位公职人员的状况，形成各具特色的管理制度。其次，发扬民主，鼓励竞争，不断完善干部的选拔制度。社会主义国家的各级各类干部都是人民的公仆，都应通过直接或间接的途径由人民群众选举产生，并接受群众的严格监督。特别是作为委员会制的执政党和国家代表机关的各级领导人的产生，更应体现广大党员和全体公民的意志。行政机关、司法机关和企事业单位的领导人，也应按照有关法律程序，尽量在公开、公正、民主的条件下产生。只有这样，才能将那些德才兼备的优秀人才选拔到相应的领导岗位，杜绝任人唯亲以及由此而形成的人身依附等腐朽现象，根本解决干部只对上负责不对下负责的“老大难”问题，进一步密切党群、干群关系。再次，公开办事原则、程序和结果，加强民主监督。“阳光政治”是最好的“防腐剂”。只有完善干部的培养、选拔、任免、考核、奖惩等各环节的制度、规范，并向全社会予以公布，才有助于全党和全社会对各级各类领导干部的有效监督，防止领导干部以权谋私，消除各种官僚主义和腐败现象。最后，加强法制建设，真正实现干部人事的依法管理，以律监督。

(七)加强和完善权力的制约和监督机制

权力作为特定人际关系中的一种影响力或能力，存在于一切社会之中。我国是社会主义国家，国家的各项权力都是人民意志的产物，所有掌权者都是人民的“公仆”，理应全心全意为人民服务，并要接受包括人民在内的广泛监督。因此，完善制约和监督机制，保证人民赋予的权力始终用来为人民谋利益，理应成为我国政治体制改革的重要组成部分。在当今和今后的一个相当长的时期，必须从以下方面着手：(1)要确保权力正确行使，必须让权力在阳光下运行，防止各种“暗箱操作”；(2)要坚持用制度管权、管事、管人，建立健全决策权、执行权、监督权既相互制约又相互协调的权力结构和运行机制，进一步使我们的权力合理配置和有效运行制度化；(3)要健全组织法制和程序规则，保证国家机关按照法定权限和程序行使权力、履行职责；(4)要完善各类公开办事制度，提高政府工作透明度和公信力；(5)要重点加强对领导干部特别是主要领导干部、人财物管理使用、关键岗位的监督，健全质询、问责、经济责任审计、引咎辞职、罢免等制度；(6)要落实党内监督条例，加强民主监督，发挥好舆论监督作用，增强监督合力和实效。

第三节 社会主义政治体制改革的基本指导原则

一、排除干扰，积极审慎地进行改革

政治体制改革是一场广泛、深刻而持久的社会政治变革，它将对原有政治格局、政治关系、人们的思想观念和某些人的切身利益都会带来前所未有的强烈冲击，当下复杂多变的国际局势也在一定程度上深刻影响着社会主义政治体制改革的方向和进程，这就使社会主义国家的政治体制改革有可能受到左、右两个方面的干扰。由于社会主义是一项前无古人的伟大的开拓性事业，社会主义建设者没有历史经验可供借鉴，这就需要他们去不断地探索、试验。在探索、试验的过程中，政治体制改革难免出现失误，产生波折，这就可能为反对改革者制造口实，从而加大改革难度。

因此，一方面，社会主义国家的领导者和广大人民要充分认识到政治体制改革的重要性和紧迫性，下定决心，勇于排除一切干扰，坚定不移地推进政治体制改革，绝不能因为本国或其他社会主义国家在改革中出现了问题就惊慌失措，停止或放弃改革。邓小平曾明确指出："改革开放是有风险的。要讲究稳妥，但稳妥变成停滞不前就坏了"，"停滞不前是没有出路的"[①]。现实社会主义国家的实践证明，不改革原有的政治体制，只能使长期积累的各种矛盾更加突出，以致全面激化，最终将从根本上破坏社会主义事业。改革不彻底或改革停滞不前，则会失去广大群众对改革的信任和支持，引发新的社会矛盾，延缓社会主义民主政治建设的历史进程，同样贻害无穷。另一方面，政治体制改革要审慎从事。因为政治体制改革"这个问题太困难，每项改革涉及的人和事都很广泛，很深刻，触及许多人的利益，会遇到很多的障碍，需要审慎从事"[②]。为此，首先要确定政治体制改革的范围，弄清从哪里着手。一般来说，应先从一两件敏感度低、影响力较小的事着手，先易后难，以点带面，逐步展开。重大决策一定要慎之又慎。否则，时机不成熟就盲目决策，全面铺开，改革措施的出台不考虑社会心理承受能力以及国际国内政治局势的影响，就会造成天下大乱，其严重后果不堪设想。

---

① 《邓小平文选》第3卷，人民出版社1993年版，第240、260页。

② 《邓小平文选》第3卷，人民出版社1993年版，第176页。

二、注重探索实践，有计划有步骤地进行改革

政治体制改革是一项迫在眉睫的全新的事业。建立在特殊历史条件下的现实社会主义国家的政治体制，随着客观条件的变化，必须进行相应的变革。但从马克思主义经典作家的本本中找不到现成的答案，从以往的经验中也找不到合乎现实的结论，国外也没有成功的经验可供借鉴。这只能依靠无产阶级政党和全体人民大胆探索，勇于创新，在充满荆棘的征途中创出一条新路。

政治体制改革是一项十分艰巨而复杂的社会系统工程。要完成这一浩大工程，仅有敢于"摸着石头过河"的敢闯敢干的勇气和决心是不够的。相反，还要有精心设计的规划，并能审时度势地把握改革时机。

第一，政治体制改革必须要有明确的目标。社会主义国家的领导者在进行政治体制改革时，一定要有明确的目标。不仅要有长远目标，还要有中期目标和近期目标；不仅要有总体目标，还要有各个方面的单项目标。各种目标要相互衔接，有机结合，从而构成一个完整的目标体系。确立明确的目标，才会使改革具有明确的方向，向人民展示光明的前景，给人民以极大的鼓舞，进而有力推动政治体制改革。

第二，要适当地确定各项改革的先后次序和实施步骤。政治体制改革是一项系统的工程，因而需要配套进行而不能单项冒进。但这绝不意味着在同一时间内政治体制各个不同组成部分不分主次地同步前进，四面出击。相反，改革要取得突破性进展，必须要有主次、先后之分，分阶段有步骤地进行。现实社会主义国家的改革实践证明，政治体制改革一般先从党和国家内部领导体制入手，进而过渡到机构改革、干部人事制度改革、法制建设，再进一步到党政关系的理顺和调整等重大问题。这样先易后难，循序渐进，平稳过渡，不会引起较大的社会震荡，带来严重的消极后果。由于政治体制内部各个组成部分相互影响，相互制约，因此政治体制改革的先后顺序不是固定不变而是滚动发展的，即在某一时期政治体制中的某一方面处于优先考虑之中，经过一段时间，这方面的改革取得了重大进展，其他方面的改革就要提到议事日程。

第三，要审时度势，准确把握改革时机。政治体制改革要分阶段有步骤地进行。确定改革先后次序的重要依据就是改革时机是否成熟。时机就是主客观条件综合而形成的适合于改革的最佳环境和时间。改革条件是否成熟，时机选择是否恰当，将会直接影响改革的成效。所以，社会主义国家的共产党及其国家领导人必须审时度势，准确把握改革时机。时机一旦出现就要抓住不放，及时推进改革；反之，则要进行积极的准备，蓄以待发。

三、把握全局效应，有机统一与协调配套地进行改革

政治体制是一个由各要素组成的复杂的有机整体。各要素之间，各要素内部诸方面之间，以及政治体制与经济体制、思想文化体制之间，都存在着相互联系、相互影响、相互制约的联动关系。因此，政治体制改革必须注重全局效应，坚持整体优化原则。否则，如果只进行单方面的改革，孤军深入，即使暂时在局部范围内取得一定效果，也不会得以巩固，更不能根本改变政治体制，实现改革的最终目标。如某些社会主义国家，曾多次对日益膨胀、效率低下的行政机构进行改革，虽然取得一定成果，但从总体上看效果并不理想，始终没有跳出“精简——膨胀——再精简——再膨胀”的恶性循环的怪圈。究其原因，主要是因为改革目标过于单一，缺乏诸如领导体制、干部人事制度、政府管理职能根本转换等方面的配套改革。这一教训说明，政治体制改革必须要有全面系统、切实可行的方案，否则难以成功。

政治体制改革必须配套进行。首先，政治体制各要素内部的改革要配套，如干部人事制度，必须从干部的培养、培训、考试、考核、奖惩、工资、福利、退休、离职等方面加以改革，建立起规范的考核、进退、激励机制，才能取得预期效果。这是改革的小配套。其次，政治体制各要素之间的改革要配套。如上所述，要进行机构改革，精简机构，裁减冗员，提高行政效率，建立起高效、廉洁的行政体系，必须围绕政府职能转换这一关键问题来进行。同时，对领导体制、干部人事制度等方面也进行相应的改革，才会达到预期效果。否则，只会出现减而复增、事与愿违的现象。这是改革的中配套。最后，政治体制改革还要同经济体制、文化体制改革，特别是同经济体制改革配套进行，因为它们存在着互为条件、相互依存、相互交织的密切关系。如简政放权、转变政府职能，既是政治体制改革的主要内容，也是经济体制改革的主要内容。这就要求我们在进行政治体制改革时，必须进行与之配套的经济体制改革，才能达到既定目标。这是改革的大配套。

当然，我们强调政治体制改革要配套进行，绝不意味着不分轻重缓急，四面出击，四处开花，完全同步解决所有问题。这是不可能的，也是办不到的。但在全面改革过程中，在充分调查研究的基础上，从系统的角度看待政治体制改革，制定出一项尽可能周密的计划，并在此基础上分阶段、有步骤地加以实施，却是十分必要的。

四、注意安定团结，有领导有秩序地进行改革

维护安定团结的政治局面，保持整个社会的稳定，是进行社会主义现代化经济建设的前提条件，同时也是进行政治体制改革的前提条件。

我们的政治体制改革是在比较复杂的历史背景下展开的，而改革本身又会对原有利益格局、思想观念产生一定的冲击，这就不可避免地会引起种种新的矛盾和冲突，产生许多易变因素和一些局部不稳定现象。在这种情况下，要使改革顺利进行并达到预期目的，客观上要求全党和全体人民统一思想，服从大局。同时，党和国家领导人要密切关注各种社会动向，采取各种有效措施，及时化解各种社会矛盾，使各个利益群体之间没有根本性冲突和明显对抗，绝大多数社会成员的政治认同趋于一致，国家政治生活、社会生活正常有序，充满和谐。这种安定团结的政治局面，是我们进行政治体制改革的前提条件和重要保证。反之，人心涣散，各社会群体之间特别是广大群众与执政党和国家政权之间的关系高度紧张，与党和国家的方针、政策相抵触的社会情绪大量存在和四处蔓延，各种不稳定因素和事件此起彼伏，整个社会动荡不安，必然会干扰改革的顺利进行，或中断改革导致旧体制的复归，或使改革转向，导致改革陷入误区。前苏联、东欧国家的教训充分说明这一点。所以，自改革开放以来，中国改革的总设计师邓小平就反复强调：在我们国家，稳定是第一位的，是压倒一切的大局，因为无论是搞改革还是搞建设，没有安定团结的政治局面什么都搞不成，已经取得的成果也会失掉。① 政治体制改革与维护安定团结、保护社会稳定是互为条件、相辅相成的。只有进行政治体制改革，理顺各种政治关系，完善各种体制，端正党风、政风，密切党群关系、干群关系，才能使整个国家上下一致，万众一心，形成强大的社会政治共识，进而及时消除各种不稳定因素，避免出现重大的社会动荡。反之，只有在稳定的政治环境中，才能在不受干扰的情况下全力推进包括政治体制改革在内的各项改革和社会经济建设。在一定时期，政治体制改革与社会稳定并不是没有矛盾，有时矛盾还比较突出。在这种情况下，一般来说，应以稳定优先。特别是在中国这样一个人口众多、社会主义现代化建设起步不久的国家，更应强调这一点。

当然，我们所说的“安定团结”、“社会稳定”都是相对的，是动态中的平衡。因为政治体制改革是一场广泛而深刻的社会变革，没有一丝风险的万无一失的改革方案只能是一种理论上的假设。相反，在这一变革过程中，各种矛盾相互交织，层出不穷，如果处置不当，某些矛盾在一定条件下可能激化。企求在改革过程中不出现一点风波的平稳推进，那就只能停止改革。而停滞是没有出路的。因为静态的一时稳定，只是使社会矛盾或不稳定因素处于一种潜伏状态，而不是得以解决。一旦社会控制有所松动，那些处于潜伏状态的不稳定因素就会以更大规模、更剧烈的形式出现。所以，对于改革中出现的不和谐音符要具体分析。

---

① 参见《邓小平文选》第3卷，人民出版社1993年版，第199、244、284、286页。

在改革过程中，各种不利于改革的矛盾或不稳定因素一定会大量存在，我们不能回避、掩盖而要正视矛盾。要尽可能在矛盾没有激化之前加以有效解决，尽量防止、避免全局性矛盾的激化，在动态平衡中寻求社会政治的相对稳定。

政治体制改革不仅要以安定团结为前提，而且要在共产党的领导下有领导有秩序地进行。政治体制改革是一项十分复杂的事情，仅靠自发的群众运动是难以完成的，必须要有一个强有力的领导核心。通过这一领导核心来集中全国人民的智慧，制定和实施周密详尽、切实可行的改革方案，协调各种关系，化解各种矛盾，引导人民去实现改革的目标。这个领导核心就是社会主义各国的执政党——共产党。这不是什么复杂的理论问题，而是十分明确的现实问题。在中国这样一个大国，没有共产党的领导，整个国家就会处于一种不稳定状态甚至四分五裂，届时将一事无成。邓小平指出："政治体制改革很复杂，每一个措施都涉及千千万万人的利益。所以，政治体制改革要分步骤、有领导、有秩序地进行。我们不能照搬资本主义国家那一套，不能搞资产阶级自由化。"①

政治体制改革既要坚持党的领导，又要坚持群众路线，并使之有机结合。人民群众是历史的创造者，是社会主义国家的主人，自然也是社会主义政治体制改革的主要力量。他们对原有政治体制有切肤之痛，具有强烈的改革愿望。因此，在整个改革过程中，不论是改革方案的制定，还是改革措施的推行，没有广大人民群众的积极参与和大力支持是很难成功的。所以，社会主义国家改革的领导者必须牢固树立群众观点，坚持群众路线，充分发动和依靠群众，尊重群众首创精神，认真倾听群众意见，积极回应群众反映。只有既坚持党和国家的集中统一领导，又充分调动广大群众的改革积极性，才能确保政治体制改革顺利进行。

---

① 《邓小平文选》第3卷，人民出版社1993年版，第252页。

第十八章 “改革论”:社会主义社会的矛盾与改革有机统一(四)——社会主义文化体制与文化体制改革

社会主义文化体制与文化体制改革,是社会主义社会矛盾与改革有机统一规律的诸要素之一。在时代的高起点上推动文化内容形式、体制机制、传播手段改革创新,解放和发展文化生产力,是繁荣文化的必由之路。[①] 学习、研究社会主义文化体制改革的理论和政策,对于建设各具本国特色的现实社会主义具有重要理论价值和实践意义。

第一节 社会主义文化体制改革的必要性

一、社会主义文化和文化体制的科学内涵

文化既是推动社会发展的重要手段,又是社会文明进步的重要目标。文化既是凝聚人心的纽带,又直接关系民生幸福。[②] 文化作为社会上层建筑的有机组成部分,具有意识形态性的特点。正如马克思所说:“任何一个时代的统治思想始终都不过是统治阶级的思想。”“各个世纪的社会意识,尽管形形色色、千差万别,总是在某些共同的形式中运动的,这些形式,这些意识形式,只有当阶级对立完全消失的时候才会完全消失。”[③]这就是说,在阶级社会里,占据主导地位的是统治阶级的思想文化。社会主义文化是以马克思主义为指导的,面向现代化、面向世界、面向未来的,民族的科学的大众的文化。无产阶级政党要自觉承担起用社会主义文化引领社会进步的责任,这是党的先进性的重要体现。

---

① 参见中共中央文献研究室编《中国共产党第十七次全国代表大会文件汇编》,人民出版社 2007 年版,第 35 页。

② 参见云杉《文化自觉 文化自信 文化自强——对繁荣发展中国特色社会主义文化的思考》,载《新华文摘》2010 年第 20 期。

③ 《马克思恩格斯选集》第 1 卷,人民出版社 1995 年版,第 292、292～293 页。

文化体制是指文化生产关系的制度安排，反映了社会与国家、公民与政府之间在文化权利和利益分配上的一种关系，是一个国家关于文化与政治、经济关系的制度性体现，它集中体现了国家执政主体关于这三者关系的理论主张，以及在这种理论主张下建立起来的国家文化和政策系统。① 社会主义文化体制是指社会主义国家文化生产关系的制度安排，反映了社会主义社会与国家、公民与政府之间在文化权利和利益分配上的一种关系，是社会主义国家关于文化与政治、经济关系的制度性体现，它集中体现了社会主义国家执政主体关于这三者关系的理论主张，以及在这种理论主张下建立起来的社会主义国家的文化和政策系统。

二、文化体制改革是社会主义市场经济发展的必然要求

市场体制是人类社会选择的从事经济发展活动的最基本的社会工具，它能促进人的解放，实现人的价值，调动人的主动性、积极性和创造性，能够创造出与市场经济相适应的文化类型以及人的崭新的价值观念、能力水平、道德品质、精神面貌和思维方式。市场体制促进文化发展和人的能力发展的根本之点就在于有利于独立主体的实践创新和自主活动，为人们从事实践活动的积极性、创造性和主动性的发挥提供了较为适宜的制度安排。在文化观念层面，市场体制有利于唤醒和增强个人的主体意识，能够产生开拓进取、独立自主、个人利益与社会利益协调、民主平等竞争等新观念、新的文化价值。鉴于市场体制在社会文化生产中的巨大优势和作用，我国文化体制改革的根本途径就是要充分发挥市场体制对文化生产、管理、经营、传播活动的积极作用，为文化的生产和创新消除体制性障碍，作出能调动人的积极性、创造性、主动性的制度安排和制度创新，从而为文化创新和繁荣提供制度保障，为社会经济政治的发展提供精神动力和智力支持。

历史唯物主义认为，经济、政治、文化三者之间既相对独立又互相依赖，它们以经济为基础，相互作用、相互制约，共同推动社会发展。在发展社会主义市场经济的历史条件下，市场已经成为文化资源配置的重要手段，人民群众越来越多地通过市场进行文化消费。因此，适应社会主义市场经济发展的要求，不断深化文化体制改革，大力发展文化事业和文化产业，已经成为繁荣社会主义文化、满足人民群众精神文化需求的重要途径。

三、文化体制改革是加强社会主义文化建设的迫切需要

社会主义文化建设的根本目的是满足人民群众日益增长的精神文化需要。

---

① 参见胡惠林《论文化体制改革》，载《开发研究》2005年第4期。

随着我国经济社会的发展和物质生活水平的提高，人民群众的精神文化需要也发生了较大变化。人民群众精神文化需求迅速增长，呈现出多层次、多形式、多样化的特点，文化消费能力大大增强，欣赏水平不断提高。这既为社会主义文化建设注入了新的动力，也使文化产品和文化服务的供需矛盾更加突出，主要表现在：一是文化产品和文化服务，不论数量还是质量、品种还是结构，都还不能很好地满足人民群众的需求；二是随着文化事业、文化产业的发展，文化体制机制、内容形式、硬件软件等方面与满足人民群众精神文化需要存在不相适应的地方；三是在满足城乡文化需求方面还不平衡，农村文化事业发展明显滞后于城市文化事业的发展；四是一些文化资源不能得到有效利用，一方面是国家某些文化资源大量闲置，另一方面是有能力生产精品力作的单位文化资源严重短缺。与此同时，在一些地方还存在西方文化产品大量涌入、侵权盗版屡禁不止甚至腐朽文化沉渣泛起等问题。这更加凸显了文化发展与人民群众日益增长的精神文化需要不相适应的矛盾，充分说明了深化文化体制改革的重要性和迫切性。

发展社会主义先进文化，满足人民群众日益增长的精神文化需求，要求我们不断深化文化体制改革，加快建立有利于社会主义文化发展，有利于面向群众、面向市场的优秀文化产品不断涌现的体制机制，最大限度地激发文化发展活力，生产出更多的思想性、艺术性、观赏性俱佳的精品力作，促进文化自身繁荣，使文化发展成果惠及全体人民。

四、文化体制改革是适应经济全球化发展趋势和推动中华文化走向世界的现实要求

在经济全球化背景下，文化在综合国力竞争中的地位和作用日益突出。一个国家、一种文明在文化上的成就，相对于经济和政治而言，往往具有更持久的竞争力和生命力。当今世界，文化与经济、政治相互交融，各种文化相互碰撞、相互激荡，这种相互激荡既有社会主义文化和资本主义文化的相互吸收和竞争，也有各种文明的相互借鉴和碰撞。全球化虽然主要是经济方面的进程，但也有文化方面的发展。因为全球化使某些强势文化得到扩展，我们必须妥善处理全球化与多元化、全球化与本土化的关系，增强我国综合国力，适应国际竞争的需要，我们要从全球文化的相互激荡中认识文化建设的重要性，并推动中华文化走向世界，为世界文明作出更大的贡献。

当前，面临外国文化企业和文化资本的大量涌入，我国在文化体制、结构和管理等方面还存在许多突出矛盾和问题，如许多国有文化单位还停留在传统体制，不具备进入国际市场、参与国际竞争的市场主体地位和实力。如果不改变这种状况，不加大文化体制改革的力度，不进一步促进文化发展，我们就不但不能在激烈的国际竞争中赢得应有的市场占有率，而且无法有效地维护国家的文化安全。要彻底改变这些不适应的状况，唯一的出路在于深化文化体制改革。因此，我们要加快形成有利于提高文化产品竞争力、促进文化“走出去”的体制机制，培育一批有较强实力和国际竞争力的文化企业和文化集团，积极参与国际文化市场竞争，推动博大精深、源远流长的中华文化走向世界。

第二节 社会主义文化体制改革的方向、目标和原则

一、社会主义文化体制改革的方向

改革方向正确，我们的事业就会走向兴旺。深入推进文化体制改革，首要的一条就是明确改革的正确方向。胡锦涛强调：“深入推进文化体制改革，必须以邓小平理论和‘三个代表’重要思想为指导，深入贯彻落实科学发展观，坚持社会主义先进文化前进方向，坚持文化事业和文化产业协调发展，遵循社会主义精神文明建设的特点和规律，适应社会主义市场经济发展的要求，以发展为主题，以体制机制创新为重点，以满足人民群众精神文化需求为出发点和落脚点，着力构建充满活力、富有效率、更加开放、有利于文化科学发展的体制机制，繁荣发展社会主义文化，不断增强我国文化软实力和国际竞争力。”①这一重要指导思想，鲜明地指出了文化建设的根本遵循，明确了文化建设的基本要求和发展方向，是深入推进文化体制改革必须坚持的正确方向。

在当代社会主义国家，进行社会主义文化体制改革应坚持“三个面向”，即面向世界、面向未来、面向现代化，牢牢把握社会主义先进文化的前进方向。支持健康有益文化，努力改造落后文化，坚决抵制腐朽文化。弘扬以爱国主义为核心的民族精神和以改革创新为核心的时代精神，树立新的文化发展观，解放思想，实事求是，与时俱进，求真务实。不断满足人民群众日益增长的精神文化需求，努力培育有理想、有道德、有文化、有纪律的社会主义公民。切实加强思想道德建设，建立与社会主义市场经济相适应、与社会主义法律规范相协调、与中华民族传统美德相承接的社会主义思想道德体系。以为人民服务为核心、以集体主义为原则、以诚实守信为重点，加强社会公德、职业道德和家庭美德教育，特别要加强干部和青少年的思想道德建设。提高全民族的科学文化素质，促进人的全

① 胡锦涛：《把握深化文化体制改革的正确方向》，载2010年8月4日《人民日报》。

面发展和社会全面进步。①

社会主义文化体制改革的先进文化方向还体现为，要始终坚持“二为”方向和“双百”方针。所谓“二为”方向和“双百”方针即是指，坚持为人民服务、为社会主义服务和百花齐放、百家争鸣的方针。② 社会主义文化体制构建应有利于弘扬主旋律，提倡多样化，坚持以科学的理论武装人，以正确的舆论引导人，以高尚的精神塑造人，以优秀的作品鼓舞人。坚持“二为”方向和“双百”方针还要始终抓住教育这一文化建设的基础。教育要全面贯彻党的教育方针，坚持教育为社会主义现代化建设服务，为人民服务，与生产劳动和社会实践相结合，培养德智体美全面发展的社会主义建设者和接班人；加强教师队伍建设，提高教师的师德和业务水平；继续普及九年义务教育；加强职业教育和培训，发展继续教育，构建终身教育体系；加大对教育的投入和对农村教育的支持，鼓励社会力量办学；完善国家资助贫困学生的政策和制度等。在全社会形成崇尚科学、鼓励创新、重视人才，反对迷信和伪科学的良好氛围。

二、社会主义文化体制改革的目标

根据我国文化事业发展的需要和文化体制改革的实践经验，文化体制改革的目标任务应是：以发展为主题，以改革为动力，以体制机制创新为重点，形成科学有效的宏观文化管理体制，富有效率的文化生产和服务的微观运行机制，以公有制为主体、多种所有制共同发展的文化产业格局和统一、开放、竞争、有序的现代文化市场体系；要形成完善的文化创新体系，形成以民族文化为主体、吸收外来有益文化，推动中华文化走向世界的文化开放格局。③

这既是文化体制改革的宏伟目标，又是文化体制机制创新的重要任务。文化体制改革旨在推动文化产业更加面向市场，以建立一套适应社会主义市场经济的管理体制和运行机制，充分发挥市场在资源配置中的基础性作用。由此形成多种不同的经营方式和流通渠道，以适应艺术生产力的发展，满足不同层次群众对文化生活和审美的需求。我们要深刻认识到，只有以发展为主题，以改革为动力，以体制机制创新为重点，以增强活力，壮大实力，提高竞争力，繁荣社会主义文化，满足人民群众日益增长的精神文化需求为根本目的，把符合社会主义市场经济规律的要求和社会主义精神文明建设的要求统一起来，把社会效益和经

① 参见中共中央文献研究室编《十六大以来重要文献选编》(下)，中央文献出版社 2008 年版，第 127 页。

② 参见卫冬《坚持文化建设的“二为”方向与“双百”方针》，载《天津人大》2003 年第 2 期。

③ 参见中共中央文献研究室编《十六大以来重要文献选编》(下)，中央文献出版社 2008 年版，第 127 页。

济效益统一起来，把健全宏观管理和搞活微观主体统一起来，不断革除制约文化发展的体制性障碍，社会主义文化发展繁荣的体制保障才能不断得到完善。

三、社会主义文化体制改革的基本原则

党的十六大以来，以胡锦涛为首的党中央高度重视文化建设，对深化文化体制改革、发展文化事业和文化产业作出了一些列重大决策部署。党的十七大进一步从中国特色社会主义事业“四位一体”总体布局的高度，提出了“兴起社会主义文化建设新高潮，推动社会主义文化大繁荣”的发展任务。近十年来，在实践中不断探索形成的文化体制改革和文化事业、文化发展的宝贵经验，反映了新的历史条件下我国文化发展的客观规律。中共中央政治局常委李长春在《正确认识和处理文化建设发展中的若干重大关系　努力探索中国特色社会主义文化发展道路》一文中将其概括为“十个重大关系”[①]，这实际上是社会主义文化体制改革应遵循的基本指导原则。

1. 正确认识和处理人民群众基本文化需求与多样化、多层次、多方面文化需求的关系，坚持一手抓公益性文化事业，一手抓经营性文化产业，做到“两手抓，两加强”，最大限度地满足人民群众日益增长的精神文化需求

人民群众的文化需求可以分为两部分：一部分是体现人民群众文化权益的基本文化需求；另一部分是多样化、多层次、多方面的文化需求。正确区分这两种文化需求并处理好两者关系，有助于我们在文化建设与文化体制改革中对政府职责和市场功能进行科学定位。人民群众的基本文化需求是社会主义制度下人民群众必须得到保障的基本文化权益。因此，要以政府为主导，以公共财政为支撑，以公益性文化事业单位为骨干，以全民为服务对象，以基层特别是农村为重点，构建覆盖城乡的公共文化体系。人民群众多样化、多层次、多方面的文化需求，主要靠市场来满足。在文化体制改革过程中，要把两者有机统一起来。

2. 正确认识“两种属性”、“两个效益”的关系，始终把社会效益放在首位，努力做到社会效益与经济效益有机统一

在社会主义市场经济条件下，文化产品既有教育人民、引导社会的意识形态属性，也有通过市场交换取得经济效益实现再生产的商品属性、产业属性、经济属性。在两种属性中，意识形态属性是文化产品的特殊性，商品产业经济属性是文化产品的普遍性，前一个属性要求文化产品提供社会效益，后一种属性要求提供经济效益。在文化体制改革过程中，应将两者有机统一起来。

---

① 参见李长春《正确认识和处理文化建设发展中的若干重大关系　努力探索中国特色社会主义文化发展道路》，载《新华文摘》2010 年第 17 期。

3．正确认识弘扬主旋律与提倡多样化的关系，坚持社会主义先进文化前进方向，坚持贴近实际、贴近生活、贴近群众，推动社会主义文化全面繁荣

正在改革和建设中的现实社会主义各国，根据中国的经验在文化上应当是“一”和“多”的有机统一，“一”即一元或一个主旋律，“多”即多样化、多元化。因此，党的文化方针应是坚持“二为”方向和“双百”方针。在实践中，将两者有机统一起来。

4．正确认识和处理改革创新与加快发展的关系，坚持以改革创新为强大动力，增强文化发展活力，不断解放和发展文化生产力

推动文化大发展大繁荣，是社会主义文化建设的鲜明主题，改革创新是加快文化发展的强大动力，文化建设和文化体制改革之间的关系是主题和动力的关系。坚持以改革创新为强大动力，推动文化科学发展，最根本的是要进一步解放思想，转变观念。思想观念是个总开关，观念解决思路，思路决定出路。只有思想真正解放了，才能把文化发展的主题和动力有机统一起来。

5．正确认识和处理文化与经济的关系，不断使文化产业对加快经济发展方式转变作出贡献

当今时代，文化与经济日益交融，在为经济发展提供强大精神动力的同时，文化的经济功能明显增强，经济的文化含量不断提高，文化产业对促进经济增长和经济发展方式的转变的贡献越来越大。因此，在加快经济发展方式转变过程中，文化产业应具有优结构、扩消费、增就业、促跨越、可持续的独特优势和突出特点。在实践中，注意发挥文化的优势和特点，就能较好地处理文化和经济的辩证关系。

6．正确认识和处理发挥政府作用与调动社会力量参与文化建设的关系，努力形成文化建设的强大合力

实践证明，无论是发展公益性文化事业，还是发展经营性文化产业，都要既充分发挥政府的主导作用，又充分调动社会各方面力量的积极性、主动性、创造性，努力形成多元投入、协力发展的新格局。政府在文化建设和改革中的作用，主要体现在提供公共服务和为各类文化主体发展创造良好的政策环境、法制环境和市场环境等方面。同时，应继续引导和鼓励社会各方面的力量参与文化建设和改革事业。要努力形成以公有制为主体、多种所有制共同发展的文化建设格局，将发挥政府作用与调动社会力量参与文化建设有机统一。

7．正确认识和处理民族文化与外来文化的关系，坚持对外开放，努力形成以民族文化为主体、积极吸收外来有益文化的文化市场格局，推动中华文化“走出去”，不断扩大中华文化的国际影响力和竞争力

随着世界多极化、经济全球化、文化多样化加快发展和我国对外开放不断扩

大，中外思想文化交流、交融、交锋更加频繁。这既为中国学习世界有益文化、推动中华文化“走出去”、扩大中华文化在国际上的影响力和竞争力提供了极好机遇，同时也使我们面临更加直接、更加激烈的国际文化竞争。这就要求我们必须统筹国际国内两个市场，利用两种资源，既大力弘扬民族优秀文化，又坚持对外扩大开放，积极借鉴吸收优秀文化成果，将两者有机统一起来。

8. 正确认识和处理促进繁荣和加强管理的关系，通过不断提高管理的科学化水平确保文化健康有序发展

繁荣是目的，管理是保障，推动社会主义文化大发展大繁荣，必须始终坚持“两手抓”，一手抓发展繁荣，一手抓加强管理。在促进繁荣的过程中，努力建立和完善中国特色社会主义文化管理体制，使繁荣发展和高效管理有机统一起来。

9. 正确认识文化与科技的关系，把运用高新技术作为推动文化建设、提高文化创新能力和传播能力的新引擎

在信息技术高度发展的当今时代，谁的传播手段先进、传播能力强大，谁的思想文化和价值观念就能更广泛地流传，谁的文化产品就能更有力地影响世界。因此，要将文化繁荣发展与科技手段先进有机统一起来。

10. 正确处理充分调动广大文化工作者积极性与培养造就大批文化领域创新型、复合型、外向型、科技型等新型人才的关系，为推动文化大发展大繁荣提供有力人才保障

推进文化大发展大繁荣，关键在人才，推进文化体制改革的目的之一就是要充分发挥文化人才的积极性、主动性、创造性。要牢固树立“人才资源是第一资源”的观念，进一步创新人才培养方式，提高人才培养质量。要重视公有制文化单位人才的同时，还要注重发挥非公有制文化单位人员的积极性，在职称评定、培训提高、政府奖励资助等方面一视同仁，努力形成各类文化人才竞相涌现的生动局面。

第三节 社会主义文化体制改革的方法和路径

一、积极提升观念，进行理论创新

改革要推进，观念是先导，观念新，则事业兴。观念新，主要表现在重视文化人才的培养。加快推进文化人才队伍建设，以科学求实的态度逐步建立起配置合理的文化专业人才队伍建设机制，进一步突破观念禁区，放宽选人视野，打破地区、行业、所有制等限制，逐步实现人才使用市场化，建立引得进、留得住、出得去的人才运行保障机制。建立和完善人才激励机制，充分调动各类文化人才的

积极性。观念新,还表现在解决文化体制改革为了谁的问题。在整个文化体制改革过程中,应树立以人为本、以人的能力为本的价值观念。新体制的建构和转换是通过具有相应能力的人来实现的。只有本着塑造人、引导人、提高人的能力的原则深化体制改革,才能真正实现体制创新,把文化生产者、管理者和传播者本身塑造成社会主义新人,由此也才能促进文化生产、管理、经营、传播活动的创新。

理论创新的重点在于,突破和超越经济体制改革理论的一般经验。时至今日,如果我们不能在一些关于文化建设和文化发展道路等根本理论问题上取得突破,不能为新一轮的文化体制改革和制度创新建立全新的合法性依据,文化体制改革会因此很难达到预期的目的。体制性障碍的克服,有待于更大程度上的思想解放和制度创新,有待于更大程度上的理论创新。已有的我国关于文化体制改革的理论成果主要是建立在经济体制改革的有限经验基础之上的,不能把经济体制改革形成的个别经验当作现成的普遍性经验不加区分地套用到文化体制改革中,也不能把只是适应于国外不同社会体制和文化背景下的文化制度结构和做法不加区分地套用到我国的文化体制改革中来。文化体制改革应超越经济体制改革理论的一般经验,积极探寻既符合文化体制运动规律,同时又反映我国文化制度发展特点的改革理论和改革政策。① 与此同时,要防止出现新一轮改革成果又成为下一次改革对象这样循环改革的怪圈,要防止出现改革的结果不仅没有缩小东西部文化发展不平衡的差距反而进一步扩大的趋势,统筹兼顾东西部文化发展,统筹兼顾农村和城市文化发展,不断缩小这两个方面存在的明显的文化发展差距。

我国文化体制中的深层次问题是在长期的历史过程中积累起来的,其中有的是由于过去左的理论和政策形成的制度性偏差,有的是制度本身发展到一定历史阶段所提出来的自我发展的必然性要求,并不是所有的问题都是左的因素造成的。要看到历史本身是有局限性的,即便是我们今天认为非常成功的改革,放到历史的长河中来看也还会有它的局限性。局限性也是历史发展的规律,而这种局限性又是非等到矛盾的充分展开才会被发现。一味地把什么都归结为"左的结果",容易使我们在选择新的制度创新和理论创新时走向新的极端。只有把问题放在制度发展运动本身的情势下,客观分析当前中国正在进行的文化体制改革,以及这个改革本身所遇到的难点,这样,在设计新的文化体制改革路径时,我们才可以有一个比较理性的判断,才能克服创新主体在思维方式和理论

---

① 参见胡惠林《论文化体制改革》,载《开发研究》2005 年第 4 期。

模式上的路径依赖。①

二、制定切实可行的文化体制改革总体方案

社会主义文化体制改革是与整个经济体制改革联系在一起的，如果我们不能尽快地推动文化体制的改革，不仅将会制约经济体制的发展，而且还会进一步阻碍政治体制改革的深化。进行文化体制改革，是牵扯到各个相关方面的配套工程，深化文化体制改革，思路至关重要。当前，我国文化体制改革的基本思路是：

1. 坚持"一个目标"

"一个目标"即通过深化文化体制改革，进一步解放和发展文化生产力，从而最大限度地满足人民群众日益增长的精神文化需要。当前，我国还处于并将长期处于社会主义初级阶段，经济发展正在由资源开发型向人力智力型转变，人民群众的生活水平获得较大提高，关注的重点正由解决物质贫乏向解决物质与精神平衡发展过渡，群众对精神文化的渴求越来越强烈，文化消费水平也越来越高。这就需要大力普及科学文化知识，提高全民的科学文化素质和思想道德素质，大力繁荣文学艺术，为人民群众提供更多更好的精神文化产品。

2. 转动"两个轮子"

"两个轮子"是指，一方面，大力发展文化事业，增强文化事业的活力和影响力；另一方面，大力发展文化产业，增强文化产业的实力和竞争力。"文化事业"是一个历史的特定的概念，它是指这样的文化部门或单位，它们在当前的发展阶段上，在文化市场的运行中直接的经济效益可能不大，但社会效益大，对推动社会生产力的发展和社会全面进步作用很大。文化事业具有公益性、无偿性的特点。发展文化事业，必须以增加投入、转换机制、增强活力、改善服务为重点，加大扶持力度，特别是对农村文化事业的扶持力度，逐步形成覆盖全社会的比较完备的公共文化服务体系，促进文化事业全面繁荣。文化产业是指按照工业标准生产、再生产、储存以及分配文化产品和服务的一系列活动。它具有市场性、营利性的特点。发展文化产业，必须以创新体制、转换机制、面向市场、增强活力为重点，培育市场竞争主体，提高文化产品和服务的市场化程度，增强文化产业的总体实力。通过满足人民群众多方面、多层次、多样化的文化需求来实现自己的利益追求。

---

① 参见蔡尚伟《向左走？向右走？——关于文化体制改革的思考》，http://media.people.com.cn/GB/40628/3834426.html（人民网）。

3. 抓住"三个关键环节"

第一,重塑市场主体,按照建立现代企业制度的要求,完善法人治理结构,打造一批自主经营、自负盈亏、自我发展、自我约束、有竞争能力的国有或国有控股的文化企业集团,逐步形成以公有制为主体、多种所有制共同发展的文化产业格局。第二,完善市场体系,在全国加快建立统一、开放、竞争有序的现代文化市场体系。第三,改善宏观管理,加快建立党委领导、政府管理、行业自律、企事业单位依法运营的文化管理体制和富有活力的文化产品生产经营机制;转变政府职能,调整管理权限,贯彻政企分开、政资分开、政事分开、政府与市场中介组织分开的原则,积极推进管办分离,更好地履行政策调节、市场监管、社会管理和公共服务的职能。改进管理方式,实现主要由行政管理为主向综合运用法律、经济、行政、技术等多种手段的转变。

三、调整文化结构,促进文化发展

(一)建立和完善多功能、多层次、多元化的文化结构

社会主义经济的迅速发展,不但使人们的物质生活获得极大改善,而且获得了精神生活方面广泛的选择权利,形成了一元和多元有机统一的价值观、审美观、享受观。中国文化结构也需要发生相应性的变革,应既强调教育功能又不忽视娱乐、信息、审美等功能。随着市场经济的发展,低层次文化迅速扩张而高层次文化发展相对不足,成为我国现代化进程中文化发展的一个新特点。所谓"低层次文化",是指思维成分较少,偏于感性的、具有突出娱乐功能的文化现象,它的泛化既满足了大众娱乐身心的渴求,也是对大众进行文化启蒙的必要阶段。然而,我国经济发展正在由以劳动密集型为主导转变为以技术、知识创新型为主导,从而对劳动者的文化素质提出了更高的要求。为此,中国现代文化应在继续发挥其娱乐功能的同时,调整结构,加强高层次文化建设,更多地发挥文化的思维、知识、审美等功能。这样的文化结构,将为人们提供更广阔的选择空间。

(二)加强公民的文化参与

随着社会主义市场经济的发展,"参与"成为一种渗透于社会生活各个方面的时代精神,人们不仅要求经济参与、政治参与,而且要求文化参与。我国群众性精神文明创建活动经久不衰,体现了社会主义文化的发展方向,它有利于人们在直接参与文化活动的过程中潜移默化地提高思想修养和文学艺术修养,促进自我教育和自我完善。我们必须因势利导,更广泛地开展社团性的群众文化网络。为了改变我国文化高低层次不平衡的状况,还要积极推进专业文化建设,大力建设高雅理性文化。改革开放以来,人民群众日益增长的文化需求和国家财力有限、文化投资不足的矛盾日趋尖锐,我国社会办文化热潮的兴起,正是对这

一矛盾日趋尖锐的自动调节。要进一步调动各方面的积极性，鼓励和推动集体、个体、外资、合资等各种经济成分一齐办文化，扩大文化投资中非国有制的成分，这不仅有利于增强文化事业的经济实力，而且有利于扩大政治民主和舆论民主。

(三)盘活与合理配置文化资源

要合理配置文化资源，就需加快文化领域结构调整，盘活存量，优化增量，解决国有文化资产结构失衡、效益不高、闲置浪费问题，科学规划和配置公益性文化事业资源、报刊及广播电视资源，促进文化资源配置向农村和中西部地区倾斜。大力提高文化产业规模化、集约化、专业化水平。培育和建设一批出版、电子音像、影视和动漫制作、演艺、会展、文化产品分销等产业基地。重点培育发展一批实力雄厚、具有较强竞争力和影响力的大型文化企业和企业集团，支持和鼓励大型国有文化企业和企业集团实行跨地区、跨行业兼并重组，鼓励同一地区的媒体下属经营性公司之间互相参股。支持中小型文化单位向"专"、"精"、"特"、"新"方向发展，形成富有活力的优势产业群。大力推进文化领域所有制结构调整，坚持以公有制为主体，鼓励和支持非公有资本以多种形式进入政策许可的文化产业领域，逐步形成以公有制为主体、多种所有制共同发展的文化产业格局。大力推进文化产业升级，用先进科学技术促进文化产业发展。整合现有文化资源，提高资源利用效率。科学设置文化行政管理机构和行政执法机构，解决"政出多门"和"多头执法"的问题。从实际情况出发，有效整合各类文化机构等。[①]

四、加强文化法制建设，培育现代文化市场体系

(一)加强文化立法

根据党的十五大确定的"依法治国，建设社会主义法治国家"的治国方略，按照法律、法规管理国家文化事务，是建设面向现代化、面向世界、面向未来的，民族的科学的大众的社会主义文化事业的根本保障。改革开放三十多年来，我国的文化立法工作取得了一定进展，但是仍然滞后于迅速发展的文化事业。在文化领域，改革开放的成果需要法律来巩固，在社会主义市场经济条件下，文化事业诸多方面需要法律调整和规范。各级文化行政部门要认真贯彻党在社会主义初级阶段的基本路线和基本纲领，加快文化立法的进程，提高文化立法质量，全面推进有中国特色社会主义文化法制建设。

文化立法是文化法制建设的基础工程，《文化立法纲要》是推进文化立法、强化依法行政、依法治文的行动纲领。各级文化行政部门必须充分认识加强文化

---

① 参见中共中央文献研究室编《十六大以来重要文献选编》(下)，中央文献出版社 2008 年版，第 132～133 页。

法制建设的重大意义，以高度的责任感和紧迫感积极推进文化立法进程，保证《文化立法纲要》的顺利实施，为创造良好的文化发展环境、为新时期有中国特色社会主义文化事业的发展作出努力。中国自改革开放以来加强了对文化立法的研究，文化立法工作开始走上了制度化、规范化的轨道。据不完全统计，自1949年中华人民共和国成立至今，国家已经制定了有关文化的法律、行政法规和文化行政规章400余件，其中包括《文物保护法》和《著作权法》等法律。此外，各地方的权力机关和行政机关根据各自地方的实际情况制定了大量的执行国家法律、行政法规的地方性法规和规章。可以说，在调整人们社会文化关系和文化事业管理的一些重要方面已初步做到了"有法可依"、"有章可循"。①

中国的文化法律体系是以宪法为核心，以文化法为主要内容，横跨行政法、民法、商法、经济法、社会法、刑法和诉讼法等多部门多层次的规范体系。它在结构上包括三个部分：

首先是宪法。宪法关于国家基本制度和发展文化事业及保障公民享有从事文化活动的权利的规定，为文化法制建设提供了基本原则。我国宪法规定："国家发展为人民服务、为社会主义服务的文学艺术事业、新闻广播电视事业、出版发行事业、图书馆博物馆文化馆和其他文化事业，开展群众性的文化活动。""国家保护名胜古迹、珍贵文物和其他重要历史文化遗产。""宪法保障公民享有进行科学研究、文学艺术创作和其他文化活动的权利，保障公民享有言论、出版、集会、结社、游行、示威的自由和宗教信仰的自由。"宪法的这些规定，既是建立文化法律体系的依据，又是文化法律体系的一部分。

其次是文化法。文化法是根据宪法制定的调整国家文化管理和社会文化生活中发生的各种社会关系的法律规范的总称。目前已经制定的关于文化方面的法律法规中，《文物保护法》是中国重要的文化法律之一，它对文物的保护、利用和研究作出了全面规定。在演出、电影、广播、电视、出版等方面，国务院也制定了大量的行政法规，它们对保障公民享有的言论、出版、表达等民主权利具有重要作用。

最后是相关的部门法律，包括行政法、民法、商法、经济法、社会法、刑法和诉讼法等。其中，行政法关于国家文化行政管理部门职责权限的规定是文化管理的法律依据。民法关于市场主体资格，市场主体的权利、义务和行为的一般原则的规定，为文化产品交换的存在和运作奠定了法律基础。目前，国家已经制定的适用于文化产品交换的民事法律规范主要有《民法通则》、《合同法》、《著作权法》

---

① 参见文化部《文化立法纲要》，1999年3月15日颁布。http://china.findlaw.cn/fagui/gj/22/15067.html。

等。商法中的公司法、保险法等法律规范对文化市场也具有普遍的约束力。经济法是调整因国家从社会整体利益出发的市场干预和调控所产生的社会经济关系的法律规范的总称。文化产品交换与一般商品的交换相比有其特殊性，它以追求社会效益为首要目标，因此，许多重要的经济法是保障文化产品正常流通的法律调控手段。如《反不正当竞争法》可以维护竞争秩序，制止对知识产权的侵犯。社会法调整因维护劳动权利、救助失业者而产生的各种社会关系，它在保障文化从业者的劳动权利和社会权利方面具有十分重要的作用。刑法对传播精神文化垃圾等违法犯罪活动加以控制。诉讼法包括民事诉讼法、刑事诉讼法和行政诉讼法，对非法侵犯公民、法人合法文化权利的行为，公民、法人可以通过诉讼途径得到法律的保护。

（二）培育现代文化市场体系

培育现代文化市场体系就是要加强文化产品和要素市场建设，打破条块分割、地区封锁、城乡分离的市场格局，形成统一、开放、竞争、有序的现代文化市场体系。充分发挥政府在文化管理方面的四项基本职能，即政策调节、市场监管、社会管理和公共服务的职能；重点培育书报刊、电子音像制品、演出娱乐、影视剧等文化产品市场；加强资本、产权、人才、信息、技术等文化生产要素市场建设，培育和规范以网络为载体的新兴文化市场；大力培育和开拓农村文化市场。完善现代流通体制，深化国有发行企业改革，打破按行政级次、行政区划分配文化产品的旧体制，发展现代流通组织形式；建立健全市场中介机构和行业组织，提高文化产品和服务的市场化程度；推行知识产权代理、市场开发、市场调查、信息提供、法律咨询等专业化、社会化服务；加强文化市场监管，建立依法经营、违法必究、公平交易、诚实守信的市场秩序，创造公开、公平、公正的市场竞争环境。[①]

总之，深化社会主义文化体制改革，是时代发展的客观要求，也是一项艰巨的历史任务。只有通过不断深化文化体制改革，才能促进文化事业全面繁荣，推动文化产业快速发展，才能进一步解放和发展文化生产力，满足人民群众日益增长的精神文化需求，为人类文明进步作出更大的贡献。只要我们敢于冲破妨碍文化发展的思想观念，不断革除制约文化发展的体制弊端，社会主义文化进步必将永葆生机和活力，必将能够创造出更加光辉灿烂的社会主义先进文化。

① 参见中共中央文献研究室编《十六大以来重要文献选编》（下），中央文献出版社 2008 年版，第 134～135 页。

第十九章 “开放论”:对外开放与独立自主有机统一

开放论,即社会主义社会对外开放的理论和策略,是不断发展着的科学社会主义学说的重要组成部分。具有本国特色的现实社会主义各国实行对外开放,是社会主义现代化建设的客观要求,也是社会主义改革的基本内容之一,其实质是对外开放与独立自主有机统一,也是一条重要规律。学习、研究和在实践中坚持对外开放,对建设和完善社会主义具有重大意义。

第一节 社会主义社会是一个开放性社会

一、社会主义社会实行对外开放的客观必然性

社会主义的开放性,是指它在与其他社会制度相联系的过程中,能够吸收、借鉴乃至同化其他社会特别是资本主义社会的优秀文化成果,并不断将自身的文化成果与世界其他国家进行交流。这种开放性主要表现为,在科学技术的研究、开发,生产资料的开发、配置,生产设备的研制等方面,社会主义国家可以和资本主义国家合作和交流;还表现为,在生产资料所有制的宏观结构、经营管理制度、劳动组合方式、市场经营体制和运行机制等方面,可以互相借鉴。就后者来说,实际上是指生产资料所有制领域归属权问题彻底解决之后,以经营关系为基础的一切具体经济关系及实现形式,可以按照生产关系一定要适应生产力性质的发展规律和社会化大生产的发展规律予以建构。在资本主义社会制度下发展起来的高度社会化生产力系统以及与其相适应的经营管理系统,构成了由资本主义社会向社会主义社会过渡的某些要素。而这些要素在消灭生产资料资本主义私人占有制过程中保留下来,并将其改造成为社会主义生产方式的一部分。这时,除根本制度上的区别外,上述部分就同资本主义具有共性基础,于是,社会主义社会就获得了比资本主义社会更重要的一种机制,即吸收机制。社会主义社会不仅具有吸收机能,而且还具有同化机能。比如,可以使借入资本同化为社

会主义的企业资金，使其与社会主义的联合劳动者实现直接结合，并扬弃掉资本榨取雇佣劳动者剩余价值的属性；可以使外国独资进入社会主义国家后形成的生产力成为社会主义整体生产力的一个有机组成部分，为不断满足人民群众日益增长的物质和文化需要服务。

关于社会主义社会的开放性问题，从整体上看，科学社会主义创始人——马克思和恩格斯并未直接就此问题作出系统分析；相反，他们主要是强调社会主义与资本主义两种制度的对立关系。然而，马克思和恩格斯强调社会主义同资本主义的对立性，目的并不在于简单地否定两制的联系性和否认社会主义社会的开放性，因为这是同他们所创立的唯物史观相违背的。对于社会主义社会的开放性问题，只能从实际出发，运用马克思主义的立场、观点和方法来作出科学回答。

160 多年前，马克思和恩格斯在《共产党宣言》中谈到资本主义社会的开放性时曾明确指出："资产阶级，由于开拓了世界市场，使一切国家的生产和消费都成为世界性的了……过去那种地方的和民族的自给自足和闭关自守的状态，被各民族的各方面的互相往来和各方面的互相依赖所代替了。物质的生产是如此，精神的生产也是如此。"①这就是说，人类社会的发展是一个从闭塞到开放、从地区到世界的进步过程，它是不依人的主观意志为转移的客观规律。资产阶级在破坏了封建制度基础上建立起来的现代资本主义社会，由封建闭关自守状态进到一个开放性社会。社会主义社会是比资本主义社会更高类型的社会，它应创造出比资本主义更高的文明和更加广泛的国际联系，所以，社会主义社会理应是更加开放的社会。这种看法是符合马克思主义立场、观点和方法的，也是题中应有之义。

根据马克思主义的观点，分工决定交换。"如果没有分工，不论这种分工是自然发生的或者本身已经是历史的成果，也就没有交换。"②商品经济与自给自足的自然经济不同，其本性是开放式经济。尤其是人类社会进入以机器大工业为基础的社会化大生产的资本主义时代以后，国际间的经济联系和交往就更为密切了。正如马克思所说："由于机器和蒸汽的应用，分工的规模已使脱离了本国基地的大工业完全依赖于世界市场、国际交换和国际分工。"③由此可见，实行对外开放是以社会化大生产为基础的商品市场经济发展的必然要求，是不以人的主观意志为转移的客观规律。社会主义生产是社会化大生产，其经济是公有

① 《马克思恩格斯选集》第 1 卷，人民出版社 1995 年版，第 276 页。

② 《马克思恩格斯选集》第 2 卷，人民出版社 1995 年版，第 16 页。

③ 《马克思恩格斯选集》第 1 卷，人民出版社 1995 年版，第 166 页。

制基础上的商品市场经济,这在客观上必然更加要求实行对外开放,广泛开展国际间的经济、技术、文化交流。现实社会主义各国建设社会主义的历史实践证明,顺应这一客观必然者即兴旺繁荣,逆者则受这一客观规律的惩罚,导致经济停滞衰败。

二、现实社会主义各国实行对外开放的迫切性

如上所述,实行社会化大生产的社会制度,不论是资本主义还是社会主义都要求实行对外开放,具有客观必然性。从 1917 年俄国十月革命到第二次世界大战后诞生的一系列社会主义国家,建国前大都是经济文化相对落后的国家。事实证明,这类国家在发展过程中则更迫切需要实行对外开放。之所以如此,主要是因为现实社会主义各国和发达资本主义国家走上社会主义道路之后的情况不同,必须经历一个特殊的、以经济建设为中心的现代化建设阶段,而对外开放则是实现社会主义现代化十分必要的条件。十月革命后,列宁根据俄国经济文化相对落后以及被资本主义包围的情况,把苏维埃国家实行的对外开放提高到关系新生的社会主义政权生死存亡的高度来认识。他说:“社会主义共和国不同世界发生联系是不能生存下去的,在目前情况下应当把自己的生存同资本主义的关系联系起来。”①列宁在这段时间反复论述社会主义现代化建设必须充分利用资本主义所积累的全部文化、科学和技术成果,使之由资本主义的工具变成社会主义的工具。列宁还形象地列出一个公式:“乐于吸收外国的好东西:苏维埃政权+普鲁士的铁路秩序+美国的技术和托拉斯组织+美国的国民教育等等等等++=总和=社会主义。”②从这个公式可以明确无误地得出结论:列宁主张社会主义国家应该大胆地、积极地实行对外开放政策。列宁不仅从理论上充分地论述了经济文化相对落后的国家走上社会主义道路后进行现代化建设时非常需要实行对外开放,而且还在实际工作中采取了一系列实行对外开放的具体措施。比如实行租让制,当时的苏联与外国公司签订了 210 多个租让合同。列宁逝世后,斯大林领导的苏联在第二次世界大战前仍然重视对外开放。比如,积极接受外国贷款,引进外国先进技术,聘请外国专家和技术工人到苏联参加经济文化建设。据有关资料统计,截至 1931 年底,苏联接受国际贷款 14 亿卢布,到 1932 年底聘请外国专家和技术工人共约两万多人。1944 年,斯大林会见外国客人埃里克·约翰斯敦时说:苏联 2/3 的大企业是利用美国的“技术援助”建成的,其余 1/3 是由德、法、英、意大利、日本“帮助”建成的。

① 《列宁全集》第 41 卷,人民出版社 1986 年版,第 167 页。

② 《列宁全集》第 34 卷,人民出版社 1985 年版,第 520 页。

然而，第二次世界大战之后发生了一些新情况，比如，社会主义国家由一国发展到多国，形成了“两个阵营”，很快进入冷战阶段，等等。在这种新情况面前，斯大林作出了不恰当的结论，提出了资本主义和社会主义“两个平行的世界市场”理论，认为，“两个对立阵营的存在所造成的经济结果，就是统一的无所不包的世界市场瓦解了，因而现在就有了两个平行的也是互相对立的世界市场”①。这就是说，在斯大林看来，社会主义和资本主义两个经济体系之间只有对立和斗争，没有联系和合作，这实际上否认了世界经济相互联系的客观规律，结果使苏联和其他社会主义国家不同程度地形成了封闭型经济体系，对社会主义现代化建设事业产生了不良影响。

就我国来说，新中国成立后六十多年来走了一个由“愿意开放——被封锁——实际上封闭——实行开放”的曲折路程。中华人民共和国一成立，就郑重地向世界宣布：发展对外交流是新中国经济社会发展的基本政策之一。早在新中国成立前夕，在我党七届二中全会上，毛泽东就曾指出，我们愿同外国人做生意，不仅要同社会主义国家，而且要同资本主义国家做生意。1949 年，在新政治协商会议筹备会上，毛泽东又代表我国政府向全世界庄严宣告：“中国人民愿意同世界各国人民实行友好合作，恢复和发展国际间的通商事业，以利发展生产和繁荣经济。”②然而，在战后的冷战年代，以美国为首的主要资本帝国主义国家，却对新中国实行敌对政策，实行封锁、禁运，限制新中国同世界各国的联系。50～60 年代的十多年时间里，我们同以苏联为首的社会主义阵营各国发展了经济、科技和文化交流；从 60 年代起，苏中关系破裂，社会主义阵营不复存在，致使我国不得不在实际上孤立的情况下进行建设。加上后来我党犯了左的错误，把自力更生与对外开放对立起来，以为中国可以脱离世界孤立地发展，结果实际上形成了关起门来搞建设的闭关锁国的局面。对此，邓小平在我党十一届三中全会以后作了实事求是的分析和总结。他说：“现在的世界是开放的世界。中国在西方国家产业革命以后变得落后了，一个重要原因就是闭关自守。建国以后，人家封锁我们，在某种程度上我们也还是闭关自守，这给我们带来了一些困难。”“中华人民共和国建立以后，第一个五年计划时期是对外开放的，不过那时只能是对苏联东欧开放。以后关起门来，成就也有一些，总的说来没有多大发展。当然这有内外许多因素，包括我们的错误。”③十一届三中全会以后，邓小平建设有中国特色的社会主义理论与“一个中心，两个基本点”的基本路线逐步形成，实行

---

① 《斯大林选集》下卷，人民出版社 1979 年版，第 561 页。

② 《毛泽东选集》第 4 卷，人民出版社 1991 年版，第 1466 页。

③ 《邓小平文选》第 3 卷，人民出版社 1993 年版，第 64、90 页。

开放政策是这一理论和基本路线的重要又极具时代特色的组成部分，是我国的一项基本国策。三十多年改革开放的实践证明，改革和开放是中国实现社会主义现代化建设伟大战略目标的两翼。中国要腾飞，缺少两翼中的哪一翼都难以达到目的。“现代化”本身就是一个开放的进行国际比较的概念。如果只是纵向地跟自己的过去比，现在的中国无疑有了长足发展，进步也是很显著的。但是，如果和发达资本主义国家相比较，我国在经济文化方面还是比较落后的，离实现现代化的战略目标还有相当大的距离。正因如此，所以我们说，对外开放为中国的现代化提供了进行横向比较的参照系和奋发图强的巨大推动力，它对于实现社会主义现代化建设伟大目标具有极其重大的意义。

第二节　坚持民族独立和实行对外开放

一、殖民地、半殖民地条件下的“门户洞开”不是真正意义上的对外开放

近代世界各个殖民地、半殖民地国家和地区，都曾在西方帝国主义列强炮舰政策的压力下被迫开放过。以中国为例，自从1840年的鸦片战争之后，就一步步变成了半殖民地半封建社会。1931年“九一八”事变，日本帝国主义列强侵略中国东北三省以后，中国在14年内逐步成了殖民地、半殖民地半封建社会。外国资本主义的入侵，客观上促进了中国封建社会的解体和其内部的商品经济的发展。但是，正如毛泽东所说：“帝国主义列强侵入中国的目的，决不是要把封建的中国变成资本主义的中国。帝国主义列强的目的和这相反，它们是要把中国变成它们的半殖民地和殖民地。”[①]在一百多年时间内，西方列强为了这个目的，曾经对中国采用了一切军事的、政治的、经济的和文化的侵略和压迫手段，使中国一步步变成为半殖民地和殖民地。它们先后通过五次侵华战争(1840年的英国鸦片战争、1857年的第二次鸦片战争、1884年的中法战争、1894年的中日战争、1900年的八国联军侵华战争)，强迫中国订立了许多不平等条约，割地赔款，使中国失去了主权独立地位。在主权不独立的情况下被迫“门户洞开”，使西方列强在中国领土上拥有种种特权：海关被外国人控制；列强在中国享有领事裁判权；外国人在中国自由地开设银行、商行、工厂，控制我国的经济命脉；按照他们的规矩在中国设立学校和教堂，大肆进行文化侵略；列强在中国有驻扎军队的权力，他们的炮舰和商船任意航行于中国的沿海和内河。从清朝皇帝到中华民国历届政府，基本上都是靠乞怜和讨好西方列强而维持自己的统治地位的，中国的

① 《毛泽东选集》第2卷，人民出版社1991年版，第628页。

对内对外重大政策基本上唯帝国主义之命是从。那时的中国和类似中国的广大殖民地、半殖民地国家和地区，形式上可以说是完全开放的。但是，那种殖民地、半殖民地条件下的所谓“开放”，客观上说也不是对那里的经济、文化的发展没有一点积极作用，但从总体上说这些国家和地区的人民得到的是蒙受民族灾难的痛苦经验，它同在民族独立、国家主权完整的情况下主动实行对外开放政策是有天壤之别的。因而，它绝不是今天我们所说的科学意义上的对外开放。现在以美国为首的一些西方大国口口声声要求中国“彻底开放”、“无条件开放”，实质上就是想要我们像当年的半殖民地半封建社会那样“门户开放”。然而，这是妄想，站起来的中国人民及其代表他们的中国政府绝不会重走老路，再当西方资本帝国主义国家的附庸。

值得注意的是，苏东剧变后，西方国家的一些所谓“社会发展”学者及政客，纷纷撰文总结所谓“世界各国的社会发展教训”，认为要现代化，就得无条件“开放国门”，并同时批评毛泽东的“独立主义路线”，把争取和坚持民族独立、国家主权完整同对外开放、实现现代化对立起来。这种观点，理论上是站不住脚的，政治上对发展中国家的发展是十分有害的。广大发展中国家特别是我国经济社会发展的实践证明，通过民族民主革命清除社会障碍，像中国那样推翻“三座大山”，实现民族独立，消除社会极端不平等，是实行对外开放、完成现代化大业的根本前提。无此前提，就很难达到上述目的。

二、社会主义国家的对外开放是在民族完全独立、国家主权完整的基础上实行的一项基本国策

现实社会主义各国几十年发展、建设和改革的正反两方面的实践证明，对内改革，对外开放，是强国之路。为此，我党十一届三中全会以来已将改革开放列为社会主义初级阶段基本路线的“两个基本点”之一，坚持对外开放已成为我国的基本国策。向发达资本主义国家开放，通过开放学习、借鉴发达资本主义国家一切适合社会化大生产的先进管理经验、先进科学技术，同时，大胆引进外资和先进设备，以增强自力更生的能力，在我国有一个认识过程。党的十一届三中全会之前，在左的思想指导下，我们曾把“独立自主，自力更生”这条根本的建国方针与对外开放对立起来，把引进西方先进技术和资金、学习西方国家先进的管理经验看作是“洋奴哲学”。这种闭关自守的指导思想曾使我国经济社会的发展受到严重损害。十一届三中全会以后作出“对外开放，对内搞活”的战略决策，我国经济社会的发展实现了从闭关型到开放型的转变。标志这一转变的，是中央提出如下方针：我们一定要利用国内和国外两种资源，开拓国内和国外两个市场，学会组织国内建设和发展对外经济关系两套本领。三十多年来，我国由于实行

开放政策，所以大大促进了我国现代化建设事业，取得了举世瞩目的成就。当然，开放过程中也发生了一些问题，如在引进西方发达国家先进东西的同时有些腐朽的东西也趁机混了进来，在社会上产生了消极影响。于是，又有人认为，现在的对外开放同新中国成立前的"门户开放"没有区别，也是以丧失民族独立为代价。这种看法显然失之偏颇，不符合事实，如按此观点行事，改革开放必然又要走回头路，使我国社会主义现代化建设重陷窘境。

十一届三中全会以来的历届党中央都是把实行对外开放作为基本国策，不论遇到什么困难都毫不动摇，并及时排除种种干扰，坚持前进，决不倒退。这种态度在加入世界贸易组织问题上表现得特别突出。在争取加入"关贸总协定"、世贸组织的十几年过程中，很多干部和群众忧心忡忡，害怕入世后使我国的国民经济完全融入到世界资本主义经济体系之中，把民族经济冲垮；有的甚至认为，这是使社会主义中国正式走上资本主义道路的重要标志。对此，党中央耐心地做说服教育工作，争取广大干部和群众支持我国入世。2001 年 12 月 11 日，我国正式成为世界贸易组织成员。为了履行世贸组织规则，我们迅速地修改了大量的入世前的法律和条例，使对外开放和对内改革有机地统一了起来。入世十年来的事实证明，我国的民族工业不仅没有被冲垮，反而得到了飞跃发展。而在事实面前，为此担忧的干部群众也消除了顾虑。

三十多年来改革开放的事实证明，现在的对外开放同新中国成立前被帝国主义强迫实行的"门户开放"有本质区别。主要标志是：作为我国基本国策的对外开放政策，是在民族完全独立、国家拥有完整的主权的情况下制定和实施的，是为了加快社会主义现代化建设步伐，增强自力更生的能力，抓住机遇，迎接挑战，迅速赶上发达国家，走强国富民之路，以便在同现代资本主义的竞争中取得优势。我国改革开放的总设计师邓小平和十一届三中全会以后的历届党中央，在实行开放过程中一贯强调坚持独立自主，并要求把国家主权和安全放在第一位。1982 年，邓小平在十二大开幕词中就郑重地向全世界宣布："独立自主，自力更生，无论过去、现在和将来，都是我们的立足点。中国人民珍惜同其他国家和人民的友谊和合作，更加珍惜自己经过长期奋斗而得来的独立自主权利。任何外国不要指望中国做他们的附庸，不要指望中国会吞下损害我国利益的苦果。我们坚定不移地实行对外开放政策，在平等互利的基础上积极扩大对外交流。同时，我们保持清醒的头脑，坚决抵制外来腐朽思想的侵蚀，决不允许资产阶级生活方式在我国泛滥。中国人民有自己的民族自尊心和自豪感，以热爱祖国、贡献全部力量建设社会主义祖国为最大光荣，以损害社会主义祖国利益、尊严和荣誉为最大耻辱。”[1]1989年，我国平息了那场政治风波之后，西方国家感到沮丧，并对我国采取制裁措施，严重干涉中国内政。针对这种情况，邓小平又严正指出：“国家的主权、国家的安全要始终放在第一位……西方的一些国家拿什么人权、什么社会主义制度不合理不合法等做幌子，实际上是要损害我们的国权。搞强权政治的国家根本就没有资格讲人权，他们伤害了世界上多少人的人权！从鸦片战争侵略中国开始，他们伤害了中国多少人的人权！巴黎七国首脑会议要制裁中国，这意味着他们自认为有至高无上的权力，可以对不听他们话的国家和人民进行制裁。他们不是联合国，联合国的决议还要大多数同意才能生效，他们凭什么干涉中国的内政？谁赋予他们这个权力？任何违反国际关系准则的行动，中国人民永远不会接受，也不会在压力下屈服。”[2]

总之，我们现在的对外开放，绝不是以牺牲民族独立和国家主权为代价；相反，是以此为根本政治前提的。三十多年的对外开放实践也完全证明了这一点。

第三节 我国对外开放的基本内容和指导原则

一、实行对外开放的基本内容

如上所述，我党十一届三中全会以来的三十多年，在中国社会主义建设发展史上实现了由“闭关锁国”到对外开放的战略转变。那么，对外开放的基本内容是什么呢？

1. 从开放范围看，我国对外开放是全方位的

其内容包括三个方面：

第一，对世界任何国家都开放。首先，是向美国、日本、欧共体等发达资本主义国家开放。因为开放的意图是要学习、借鉴、吸收先进科学技术和适合社会化大生产的先进管理经验，以及引进外资，充分利用资本主义的文明成果，为我国社会主义现代化建设服务。而我们要学习、利用的东西主要是在上述国家。其次，也对前苏联、东欧各国开放。因为，这些国家的经济社会发展同我国的发展互补性很强，向这类国家开放，对加速我国现代化建设事业也极为有利。最后，对亚、非、拉发展中国家开放。这类国家原来都是殖民地、半殖民地，是西方发达资本主义国家的附庸，同新中国成立前的情况极为相似。通过长期的民族解放运动实现了独立后，在经济社会发展过程中遇到的问题也与我们有某些相同之

① 《邓小平文选》第3卷，人民出版社1993年版，第3页。

② 《邓小平文选》第3卷，人民出版社1993年版，第348页。

处，而且这些国家也都有自己的特点和长处，在经济上和他们互通有无，发展经济贸易关系和其他领域的关系，也十分有利于我国社会主义建设。关于向全世界三种类型国家开放的思想，早在1984年，邓小平就已阐述得非常清楚。他说："我们还有一些人没有弄清楚，以为只是对西方开放，其实我们是三个方面的开放。一个是对西方发达国家的开放，我们吸收外资、引进技术等等主要从那里来。一个是对苏联和东欧国家的开放，这也是一个方面……还有一个是对第三世界发展中国家的开放，这些国家都有自己的特点和长处，这里有很多文章可以做。所以，对外开放是三个方面，不是一个方面。"[①]三十多年来，我国就是根据邓小平的这个战略思想实践的，并取得了重大成果和丰富的经验。

第二，在我国国内各地区之间也要打破壁垒，相互开放。1984年，邓小平在中央军委座谈会上论到对内对外开放及其相互关系时明确指出："一个对外经济开放，一个对内经济搞活。改革就是搞活，对内搞活也就是对内开放，实际上都叫开放政策。"[②]这就是说，国内省与省、市与市、沿海与内地、工业发展地区与资源丰富地区，以及各行业与各企业之间都必须改变以往封锁的局面，按照"扬长避短，打开门户，形式多样，互利互惠，共同发展"的二十字原则，实行横向联系与合作，促进资金、设备、技术和人才的合理交流，联合举办各种经济事业，促进经济结构和地区布局合理化，加速我国现代化进程。特别是国内经济欠发达地区应向经济较发达地区开放，以便引进先进地区的资金、设备和人才。先发达地区更应向欠发达地区开放，以便通过开放一方面帮助欠发达地区发展，同时也开拓自己的发展腹地，增强发展潜力。在国内地区间互相开放，必须坚决反对地区保护主义。

第三，全方位开放还包括除经济开放外，在政治、文化、教育、科学、艺术等其他领域也要开放。对此，中共十二届六中全会通过的《关于社会主义精神文明建设指导方针的决议》作了极为明确的阐述，指出："对外开放作为一项不可动摇的基本国策，不仅适用于物质文明建设，而且适用于精神文明建设。"[③]这就是说，拒绝外国的先进科学文化，任何国家任何民族要发展进步都是不可能的。我们摒弃维护剥削和压迫的资本主义思想体系和社会制度，摒弃资本主义的一切丑恶腐朽的东西，但是必须下大决心用大力气把当代世界包括资本主义发达国家的先进的科学技术、具有普遍适用性的经济行政管理经验和其他有益文化学到

---

① 《邓小平文选》第3卷，人民出版社1993年版，第98～99页。

② 《邓小平文选》第3卷，人民出版社1993年版，第98页。

③ 《中共中央关于社会主义精神文明建设指导方针的决议》(单行本)，人民出版社1986年版，第7页。

手，并在实践中加以检验和发展。不这样做就是愚昧的表现，就不能实现现代化。不仅如此，还必须明确，精神文明建设的对外开放也是物质文明建设对外开放的迫切要求和必然结果，否则物质文明建设也难以得到发展。

2. 从经济开放渠道的角度看，主要包括对外贸易、引进外国先进科学技术、利用外资、国际劳务合作等方面的内容

第一，对外经济贸易是我国实行对外开放和联系国际市场的主渠道。通过对外经济贸易可以将国内资源、劳动力和技术的潜力挖掘出来，可以调节国内市场供应，满足人民的需要，可以增加外汇收入，积累建设资金，可以更加广泛地进行外事活动。三十多年来，我国外贸有了很大发展。截至 2010 年，我国已同全世界 230 多个国家和地区发展了贸易关系，全年货物进出口总额 29728 亿美元，比上年增长 34.7%。其中，货物出口 15779 亿美元，增长 31.3%；货物进口 13948 亿美元，增长 38.7%。外贸出口在全世界各国的名次大大提前，到 2009 年，我国已超过德国成为第一大贸易出口国，而且在进口方面仅次于美国、德国，成为第三大进口国。[①]

第二，引进国外先进科学技术，是我国对外开放的显著标志，是社会主义国家加速本国经济发展的重要渠道之一。引进国外先进科技，包括“硬件”（即设备、部件、新型和优质材料）和“软件”（即先进设计原理、工艺、科学操作规程、经营管理制度和管理方法）。作为生产力的科学技术，本身并无阶级性，也无国界和民族界限。资本主义和社会主义都可利用，谁用为谁服务。据测算，全世界已积累了一百几十万项新技术，各国各民族都竞相利用。改革开放三十多年来，我国已引进先进技术几万项，对我国社会主义现代化建设起了极其巨大的促进作用。

第三，引进外国资金为我国社会主义现代化建设所用，是对外开放的重要内容和渠道之一。要加速现代化建设进程，就需要大量资金。历史上，资本主义国家的资金靠对外掠夺，对内加重剥削而获得。社会主义国家除靠人民厉行节约，实行内部积累外，还得靠引进外资，借钱发展，发展起来还钱。这也是加速现代化建设的一条路子。引进和利用外资包括直接投资和间接投资两种。直接投资，就是外国投资者把技术、设备、原材料或货币资本直接投资于企业，形式是通常所称的“三资企业”（合资经营企业、合作经营企业、独资经营企业）；间接投资，是指外国各种贷款，如政府贷款、国际金融机构贷款、出口信贷、银行间借贷、在国外发行债券、股票等等。三十多年来，我国已引进和利用了大量外资，对我国

① 参见国家统计局编《中华人民共和国 2010 年国民经济和社会发展统计公报》，中国统计出版社 2011 年版。

社会主义现代化建设起了很大的促进作用。

第四，积极发展国际劳务合作，也是对外开放的一条重要渠道。国际劳务合作有广义和狭义之分。广义劳务合作，包括向外出口科技知识产权、文化艺术和劳动力，为国外提供运输、通信以及保险、旅游业的服务；狭义劳务合作是指劳动力的输出和劳动力输出的高级形式——对外承包工程和在国外开办各类劳务服务企业等。改革开放三十多年来，我国的国际劳务合作事业已有很大发展。当然，我国是劳力资源最丰富的大国，这方面的潜力还很大，今后，还应积极开拓这方面的工作，使之为我国社会主义现代化建设服务。

3. 举办经济特区是对外开放的重要内容

社会主义国家的经济特区是指由政府依据社会主义现代化建设的需要，在划定的一定范围内，实行特殊经济政策和特殊管理体制。这就是说，特区有别于全国其他地区的“特”字主要表现在：经济发展的资金来源以利用外资为主，经济结构上以“三资企业”为主，产品销售方面以外销为主；同时，带头实行市场经济管理体制。社会主义国家举办经济特区，是我国的一个创造，实践证明，对于社会主义现代化建设意义十分重大。正如邓小平所说：“特区是个窗口，是技术的窗口、管理的窗口、知识的窗口，也是对外政策的窗口。从特区可以引进技术，获得知识，学到管理，管理也是知识。特区成为开放的基地，不仅在经济方面、培养人才方面使我们得到好处，而且会扩大我国的对外影响。”①三十多年来，我国先后举办的深圳、珠海、汕头、厦门等经济特区，其改革开放成功的实践已产生了巨大的示范效应。以经济特区——沿海开放城市——沿海经济开放区——沿边、沿江(河)——内地中心城市为序，逐步开放，很快形成了全国开放格局。经济特区已成为我国广阔内陆地区通往国际市场的窗口和桥梁，在我国社会主义现代化建设中发挥了重要作用。正因如此，我党十四大又郑重宣布：“继续办好经济特区、沿海开放城市和沿海经济开放区。扩大开放沿边地区，加快内陆省、自治区对外开放的步伐。以上海浦东开发开放为龙头，进一步开放长江沿岸城市，尽快把上海建成国际金融、贸易中心之一，带动长江三角洲和整个长江流域地区经济的新飞跃。加速广东、福建、海南、环渤海湾地区的开放和开发。力争经过二十年的努力，使广东及其他有条件的地方成为我国基本实现现代化的地区。”②

二、实行对外开放的基本指导原则

实行对外开放，需要坚持的总的指导原则是：对外开放与独立自主有机统

① 《邓小平文选》第3卷，人民出版社1993年版，第51～52页。

② 中共中央文献研究室编：《十四大以来重要文献选编》(上)，人民出版社1996年版，第22页。

一。具体说，表现在三个方面：

第一，实行对外开放，要以坚持四项基本原则为根本前提。

邓小平提出，在社会主义现代化建设与改革开放过程中必须坚持四项基本原则。而十一届三中全会之后，我党坚持的四项基本原则又赋予它们改革开放的崭新内容。我国改革开放三十多年来的实践证明，既要坚定不移地实行对外开放，不论在任何情况下都不应把已打开的国门再关上，重走闭关锁国之路，又要在四项基本原则指导下，坚决打击经济犯罪和深入开展反腐败斗争，力争把对外开放中难免产生的消极因素减少到最低限度，从而保证对外开放事业的健康发展。

第二，实行对外开放，要以独立自主、自力更生为基点。

任何国家实行对外开放，都应当以民族独立和国家主权完整为根本前提。社会主义国家实行对外开放更应以独立自主、自力更生为基点。马列主义、毛泽东思想一贯主张，争取民族独立，实现民族解放，摆脱帝国主义奴役，是建设社会主义的起码条件。但是，为了建设社会主义，又必须防止和反对闭关自守，坚决实行对外开放政策。然而，对外开放必须以坚持独立自主、自力更生为根本指导原则。实践证明，只有在这一原则指导下的对外开放，才是真正科学意义的开放，也才能达到强国富民之目的。由此可见，不论在理论上还是在实践中，都不能把对外开放和独立自主、自力更生对立起来，而应正确处理好两者的关系。从我党十一届三中全会以来的实践证明，实行对外开放达到了增强自力更生的能力和加快现代化建设进程的目的；同时，自力更生能力越强，对外开放的广度和深度也越扩大和加深，两者完全是相辅相成、互相促进的。

第三，实行对外开放要以平等互利为准则。

中国是发展中的社会主义大国，在实行对外开放过程中，首先必须遵循平等互利原则。就是说，既要平等待人，不论大国小国、强国弱国、穷国富国，都一视同仁，尊重别人，照顾别人的合法利益；又要反对强权政治和霸权主义，做到在开放过程中不上当，不受骗，不在别人压力下吞下苦果。

第二十章 “依靠力量论”:社会主义发展、建设和改革的依靠力量和领导力量有机统一

在社会主义发展、建设和改革进程中,社会力量结构问题是科学社会主义理论中的基本问题之一。学习和研究这一问题,具有重大实践意义和理论意义。能否正确地认识和自觉地配置好社会力量,关系到社会主义事业的兴衰成败。所谓“社会主义事业的社会力量结构”,是指推动社会主义社会向前发展的社会力量及其结合方式。根据中国的经验,其社会力量及其结合方式是“一个领导力量”和“四个必须依靠”,即工人阶级及其先锋队——共产党是领导核心,必须依靠广大工人、农民、知识分子,必须依靠各族人民的团结,必须依靠全体社会主义劳动者、拥护社会主义的爱国者和拥护祖国统一的爱国者的最广泛的统一战线,必须依靠党领导的人民军队。社会主义事业的依靠力量和领导力量是有机统一的整体。

第一节 工人、农民、知识分子是社会主义事业最基本的依靠力量

一、作为社会主义发展、建设和改革基本依靠力量的工人阶级

工人阶级,通常用于表示社会地位与社会等级。一般来说,该阶级在现代工业化社会中所占比例最高,但是随着经济社会的不断发展,其在社会阶级阶层结构中所占比例日益减少,一般以产业工人阶层为主。马克思主义的观点认为,在资本主义社会工人阶级(即无产阶级)是那些靠出卖劳动力(包括体力和脑力)、不拥有生产资料和生产工具,劳动成果大部分被资产阶级剥削,并为社会创造主要财富的阶层,包括大部分的体力劳动者和脑力劳动者。

现代工人，即无产者，是“伟大的工业革命的产物”[1]。工人阶级的历史可以追溯到14～15世纪欧洲的工场和手工业的产生，至18世纪的后半期，以蒸汽机的发明为标志的产业革命以及引发的社会全面变革，为其发展壮大、步入政治舞台提供了契机。在现代的资本主义社会抑或社会主义社会，无论工人阶级是作为被统治阶级还是统治阶级，都业已成为社会的组织结构和分层结构的重要成分，对社会的政治、经济、文化各个方面具有极大的影响力和感召力。

在社会主义社会，工人阶级是指社会从业人员中一切以工资收入为主要生活来源的工薪劳动者集团。现阶段，我国工人阶级是指与社会化大生产相联系、以公有制形式为主体占有生产资料、以工资收入为主要生活来源的劳动者所构成的社会集团。

随着社会主义发展、建设和改革事业的不断深入，随着工人阶级数量的不断增长，工人阶级在构成上和质量上都发生了巨大变化。现阶段，我国既有占大多数的国有企业的工人，也有在乡镇企业、私人企业、中外合资与合作企业工作的工人。从其职业分工上看，既有生产物质产品的工人，又有生产精神产品的工人和管理服务部门的工人。从其文化素质看，由于知识分子属于工人阶级的一部分，近年来加入工人阶级队伍的多是受过中等以上教育的各类学校毕业的学生，又由于职工教育的加强，使工人阶级总体文化素质、参与国家和社会事务管理活动的能力都有明显提高。工人阶级在数量和质量上的变化，毋庸置疑地说明他们是社会主义发展、建设和改革事业所必须依靠的一支基本力量。

首先，工人阶级有着先进的思想、高度的觉悟、优秀的品质和优良的传统，站在改革开放和现代化建设的前列，是推动改革开放和现代化建设的最基本动力，是维护安定团结的强大的社会力量。党应不断地进一步使广大工人群众明白自己的阶级地位和作用以及肩负的历史责任，以推动生产力的发展。

其次，工人阶级是社会主义国家和企业的主人。有没有职工当家作主的制度，是社会主义企业与资本主义企业的根本区别。工人阶级的主人翁地位是国家和企业的性质决定的，也是宪法、企业法和工会法所保证的。凡是搞得好的企业、单位，共同的经验就是依靠职工群众，调动其积极性，发挥其主人翁作用。

最后，工人阶级创造着最大部分的社会财富。在社会主义国家中，国有大中型企业是国民经济的命脉，关系到整个国民经济发展的前途，几乎绝大多数的工人阶级都集中在这些部门。所以，他们是对国民经济起着决定作用的社会阶级。

工人阶级执政党必须全心全意依靠工人阶级。对于现实社会主义国家来说，改革是推动经济建设不断向前发展的重大问题。广大职工是改革的主体和

---

① 《马克思恩格斯选集》第16卷，人民出版社2008年版，第74页。

动力，是改革的实践者，而不是改革的局外人。在改革开放的伟大实践中，必须全心全意依靠工人阶级。紧紧依靠工人阶级，是关系到改革成败和社会安定的大问题，全心全意依靠工人阶级是党和国家的一贯方针。因此，在加快改革开放和现代化建设过程中，要切实了解和掌握职工群众的思想、情绪、愿望和要求，尽力解决他们普遍关心和必须解决的实际问题，要从法律、政策和措施上保障职工的政治地位、经济利益和一切合法权益，充分发挥工人阶级的积极性和创造性。

作为社会主义发展、建设和改革事业基本依靠力量的工人阶级，要实现自己的历史使命和现实任务，还必须加强自身建设，全面提高自身素质。这就要求工人阶级在改造客观世界的同时努力改造主观世界，不断提高自己认识和改造世界的能力。

二、作为社会主义发展、建设和改革基本依靠力量的农民

关于如何定义什么是农民，国际学术界长期以来众说纷纭，是人类学家、社会学家和经济学家一直困惑的问题，直到今天也没有一个较为一致的看法。一般来说，农民常指占有或部分占有生产资料，靠从事农业劳动为生的人，也就是说，以农业为职业的社会群体，其中包括种植业、畜牧养殖业、林业等自然经济为主的人。在不同的历史时期，农民的经济性质不同。在奴隶社会，有自耕农和隶农；在封建社会，通常所说的“农民”是指生产资料的私有者和劳动者，即贫农和中农；在现代资本主义社会，农民则发展成为一种职业的概念，指的是经营农场或农业的人群。无产阶级政权建立以后，农民已由被剥削、被压迫者变为社会主义国家的主人，经过社会主义改造，又由小私有者变为社会主义的集体农民。[①]这里主要是从社会等级和阶层划分的角度，把农民看作是一个阶级。

在中国，在各个时期，伴随着经济发展水平的不断提高，人们对“农民”理解并不完全相同。1949 年中华人民共和国成立以后，由于一直实行农业人口与非农业人口户籍制，农民一般是指城乡二元体制下的农业人口。在这种体制下，农民既是一种出生、个人身份，也是一种生存状态。但随着农村经济体制改革的发展，广大农村普遍实行联产承包责任制。这种新的经济管理体制解放了农业生产力，使广大农民获得了生产和经营的独立地位，有了商品生产的自主权，成为从事现代农村家庭经营的承包农民。与此同时，作为一种社会等级的农民阶级内部也发生了新的变化，出现了不同的层次。主要表现在：(1)以承包集体耕地，从事种植业、养殖业为主的农业劳动者阶层；(2)向农民工、乡镇企业工、私人雇佣者阶层转化的农民工阶层；(3)从事某项专业劳动或经营小型工商业、服务业

① 参见高原《科学社会主义》，湖北人民出版社 1993 年版，第 340 页。

的劳动者和经营者，即个体劳动者阶层；(4)生产资料私有、自主经营，以营利为目的并雇佣一定数量雇工的私营企业主阶层；(5)以农业技术员、教师、医护人员为主体的农村管理员和知识阶层；(6)农村基层干部。其中，农业劳动者和农民工是目前农村中的两个主要社会阶层。

作为一种社会等级的农民阶级是社会主义社会的另一重要社会力量。迄今，世界上现实社会主义国家基本上都是原来经济上比较落后、农民占总人口大多数的国家。因此，农民阶级的状况如何，共产党对于农民阶级的政策是否正确，能不能把广大农民群众的社会主义积极性调动起来，都直接关系着整个社会主义事业的成败。

社会主义制度的建立使农民阶级已不再是农村中的被剥削、被压迫阶级，而成为在政治上、经济上获得解放的国家和社会的主人。经过对农业的社会主义改造，农民已经走上了社会主义道路，由原来的小私有者阶级变为社会主义的劳动阶级。他们在农村经济以至整个国民经济中具有举足轻重的地位。在农村改革的进一步深化过程中，农民队伍在构成和发展趋势上仍将不断变化，会出现一些新的特点和问题。

农民问题，归根到底是无产阶级的同盟军问题。工农联盟是社会主义建设最伟大的力量。社会主义事业是争取全人类彻底解放的最艰巨的事业，单纯靠一个阶级的孤军奋战是绝对不可能成功的，既要有领导者，也要有被领导者，有同盟军。广大的农民中蕴藏着极大的社会主义积极性，虽然其阶级地位和本质特点不同于工人阶级，但两者根本利益是一致的，能够和工人阶级结成可靠的联盟。在无产阶级领导的民族民主革命和社会主义革命中，农民阶级一直是无产阶级的可靠同盟军。进入社会主义时期以后，由于农民阶级已经成为农村的社会主义劳动者，这就为工农联盟在新的历史条件下的巩固和发展奠定了新的坚实的基础，为农村社会主义物质文明、精神文明和民主政治建设创造了有利的条件。应该看到，社会主义时期的农民虽然具有接受工人阶级的领导、坚持走社会主义道路的积极性，但他们毕竟是由小私有者阶级转化而来的，不可避免地会残存着小生产者或小农的私有观念和习惯势力。由于社会主义现阶段的生产力水平还比较低，由于还存在所有制、阶级和社会的明显差别，而只要这些差别存在，农民阶级就始终会有一定的阶级局限性。在这种情况下，工人阶级及其政党对于农民阶级实行正确的政策，就成为解决社会主义时期农民问题的关键。

为了充分发挥农民在社会主义建设中的作用，根据马克思主义关于工农联盟的理论，结合我国农民阶级的现状，工人阶级政党在社会主义时期解决农民问题的基本原则和基本政策主要是：

第一，充分关心农民的物质利益，坚决遵循“不可剥夺农民”这一马克思主义的基本原则，关心农民的物质利益，在发展生产的基础上逐步满足农民日益增长的物质文化需要，领导他们走共同富裕的道路。社会主义国家绝不可以对农民采取剥夺的政策，不管采取公开的还是隐蔽的，"合法"的还是非法的形式，都是不容许的。这一原则在整个社会主义时期都必须坚持。过去，我们党在指导思想上曾经犯过左的错误，片面强调重工业，忽视和侵犯了农民的经济利益，这方面的教训是很沉重的。改革开放以来，由于制定了一系列正确的农村经济政策，使农村的政治经济形势发生了显著变化。但是，有一些地方剥夺农民、增加农民负担的问题依然存在，甚至很严重，大大挫伤了农民的社会主义积极性。

第二，在政治上，切实保障农民的民主权利，充分调动农民的社会主义积极性。马克思主义认为，离开一定的物质利益和政治权利，任何阶级的任何积极性都是不可能自然产生的。在农村的经济管理和政治活动中，要充分尊重农民的民主权利，签订承包合同，分配劳动成果，兴办公共事业，选举农村各级政权机关等等，都要平等协商、民主讨论、依法办事，保证农民享有参与管理国家和社会事务的权利。这是社会主义国家政治、经济和社会生活民主化的重要内容，也是加强工农联盟、实现农业现代化的必要条件。

第三，加强对农民的教育，这是充分发挥广大农民社会主义积极性的精神条件。在社会主义时期，重新教育农民是共产党一项长期而艰巨的任务。毛泽东早在民主革命时期就指出："严重的问题是教育农民。"[①]这句话虽然主要指农业合作化以前的个体农民，但它对今天的社会主义农民来说，仍有其重要意义。对农民的教育有两个方面：一是思想教育。不断提高广大农民的思想政治觉悟，使农民坚信党的领导，愿意走社会主义道路，使农民懂得党的现行的政策的连续性、稳定性，处理好国家、集体、个人三者利益关系，引导农民为社会主义多作贡献。二是科学文化教育。目前，我国农村中还存在大量文盲、半文盲，这种状况与农业现代化要求极不适应。因此，要动员和组织各方面力量，采用各种形式，切实有效地普及农村教育和科技知识，提高农民的整体素质，更好地发挥其在社会主义建设中的作用。

三、作为社会主义发展、建设和改革基本依靠力量的知识分子

根据马克思主义的唯物史观，知识分子是社会历史发展到一定阶段的产物，也就是说，知识分子是一个历史的文化的范畴。作为一个社会阶层，它是在人类社会发展到一定历史阶段和一定的文化条件下产生的。在不同历史时期和文化背景下，人们对知识分子的理解和界说不同。

---

① 《毛泽东选集》第4卷，人民出版社1991年版，第1477页。

关于“知识分子”的定义，国外学者的看法是，知识分子是受过专门训练，掌握专门知识，以知识为谋生手段，以脑力劳动为职业，具有强烈的社会责任感的群体。国内学界一般认为，知识分子是具有较高文化水平，主要以创造、积累、传播、管理及应用科学文化知识为职业的脑力劳动者，分布在科学研究、教育、工程技术、文化艺术、医疗卫生等领域。按照马克思主义的观点，知识分子作为一个政治性的概念和一个相对独立的社会阶层将长期存在，最终将随着生产力的高度发展以及工农之间、城乡之间、脑力劳动与体力劳动之间差别的消失而消失。

作为脑力劳动者，一般说来，现代关于知识分子有三种定义。第一种定义是指以从事思想、著作以及精神生活等方面职业为主的人士；第二种定义主要来自马克思主义，知识分子是指从事教学、律师、新闻等职业的人员；第三种定义指文化知识分子，主要指具有文化、艺术方面特殊才能的人士。在现代汉语中，通常把“知识分子”解释为“有一定文化科学知识的脑力劳动者。如科技工作者、文艺工作者、教师、医生等”。在现代语境中，知识分子有三个基本特征：第一，受过专门训练，掌握专门知识；第二，以知识为谋生手段，以脑力劳动为职业；第三，形成一个与社会中其他阶级不充分整合的、相对独立的社会阶层。

社会主义时期的知识分子主要分为三个部分：一是从事物质生产的知识分子群体，一般称之为“科技知识分子”；二是从事精神生产的知识分子群体，主要包括文化、卫生、教育、科研等部门的知识分子，他们是知识分子的主体；三是从事社会管理和服务工作的知识分子群体，主要是国家行政人员和公共事业单位的管理干部。以上各部门知识分子都在不同领域为社会主义现代化建设贡献聪明才智。因此，知识分子同工人、农民一样，是社会主义事业的依靠力量。正确认识社会主义时期知识分子的状况，充分肯定知识分子在社会主义国家中的地位和作用，通过制定和执行正确的政策来调动知识分子的积极性，对于整个社会主义事业的发展具有极其重要的意义。

社会主义时期的知识分子是社会主义的劳动者，“已经是工人阶级的一部分”[①]。这是依据对知识分子状况的科学分析得出的正确结论。第一，从经济地位和生活来源来看，知识分子同工人一样，是各个企事业单位、社会和国家的主人，是社会主义国家的工作人员。他们无论是在工业、农业、商业中，还是在教育、文化、科学战线上，都直接和间接地创造物质财富和精神财富。他们的绝大多数是社会主义制度下的工资劳动者，都是以劳动所得为主要生活来源。毋庸置疑，知识分子和工人阶级的地位完全平等，生活来源完全一致。第二，从服务对象看，知识分子和工人一样，都是为社会主义事业服务的。知识分子掌握一定

① 《周恩来选集》下卷，人民出版社 1997 年，第 162 页。

的科学文化知识，由于其赖以存在的社会基础、社会实践的条件、环境不同，决定其为不同的阶级和社会服务。社会主义社会制度的确立，消灭了剥削阶级和剥削制度，从整体上说，知识分子已不存在为剥削阶级和剥削制度服务的问题，而是为全体劳动人民服务，为社会主义建设服务。第三，从其社会职能看，知识分子承担着工人阶级的重任和发挥着工人阶级的作用，同工人阶级一样都是社会主义劳动者，属于工人阶级的范畴。第四，社会主义时期知识分子的大多数是在社会主义制度下，在党和政府的培养下成长起来的。他们在社会主义条件和环境下工作劳动，接受的是社会主义教育和现代科技文化教育。他们是社会主义事业的生力军，无论从经济地位还是世界观来衡量，都是工人阶级的知识分子。他们同社会其他成员相比，唯一的特点是掌握了更多的科学文化知识。因此，社会主义时期知识分子只能是工人阶级的一部分，而不是一个独立的阶级。

在社会主义建设事业中，知识分子起着特别重大的作用。第一，社会主义建设是建立在现代化大生产和当代最新科学技术的基础之上的整个国民经济体系，从制订计划到全部生产过程的组织管理，哪一个环节都离不开各种科学知识和技术。而知识分子作为掌握技术和文化知识的人，是社会先进生产力的代表，而且是促进生产力发展的最活跃、最积极的因素。进行社会主义现代化建设，离开他们的参与和指导是不可能的。第二，在社会主义精神文明建设中，知识分子作为人类科学文化知识的重要继承者和传播者，在提高全民族的思想道德和科学文化水平，满足人们精神生活需要，培养有理想、有道德、有文化、有纪律的社会主义新人方面，负有重要责任。第三，在社会主义民主和法制建设中，知识分子在加强理论研究，完善民主制度，制定各种法律、法规，宣传、普及民主和法制知识，提高全民族的民主素质和法制观念等方面，负有责任和义务。第四，要顺利实现社会主义发展、建设和改革的任务，必须保证决策的科学性，从中央到地方，决策的研究、论证、咨询、制定和组织实施都离不开知识分子。所以，知识分子是社会主义现代化建设所绝对必需的智力因素，其地位和作用是社会其他阶级所无法替代的。没有知识，没有知识分子，就没有社会主义现代化。

此外，随着社会主义国家改革的深入发展，在所有制结构上出现了多种经济成分并存的状况，个体经济、私营经济作为社会主义经济的有益补充而发展，与此相伴随，也出现了个体劳动者阶层和私营企业主阶层，这两部分人不是一个独立的阶级，而是依附于其他阶级的特殊阶层。他们也是一支发展社会主义经济的不可缺少的力量。

第二节 正确处理民族问题和宗教问题，依靠各族人民的团结推动社会主义事业

一、现实社会主义国家的民族问题

民族是一个历史范畴，有其产生、发展和消亡的过程。民族不是自有人类就存在的，而是人类社会发展到一定历史阶段才形成的。民族也和任何历史现象一样，是受变化法则支配的，它有自己的历史，有自己的始末。但是，民族并不是普通的历史范畴，而是一定时代即资本主义上升时代的历史范畴。恩格斯在提到民族的发展规律时，所指的现代的民族或资本主义社会下的民族，应该是相应于现代国家的逐渐成形，涉及到以国家意识为核心的人们共同体所构成的。也就是说，民族必须依附于现代国家的形成才有它的地位，它只是特定历史发展阶段中的一个产物。等到国家体制所服务的资产阶级对无产阶级的压迫出现之后，《共产党宣言》中所谓“统一的民族阶级利益”①就让位给了阶级利益。在阶级对立中，只要能消灭阶级压迫，民族压迫就会随之解决。到那时，民族将会像国家一样，失去存在的必要而自然消亡。

斯大林曾给“民族”下了这样的定义：“民族是人们在历史上形成的一个有共同语言、共同地域、共同经济生活以及表现于共同文化上的共同心理素质的稳定的共同体。”②这个定义概括了民族的四个基本特征：共同语言、共同地域、共同经济生活和共同心理素质。民族的这四个特征是互相依赖和互相联系的，判定一个民族，一般地应当以四个特征的总和为依据，不能孤立地看待某一个特征，更不能把某一个特征说成是唯一的本质特征。由于各个民族所处的具体条件不同，各个民族的发展变化不同，构成民族要素的上述特征也会有很大的不同。从现代民族研究的进展来看，斯大林的这个定义虽然还存在不周延之处，但它毕竟是从历史唯物史观的角度用明确的客观特征首次界定了“民族”这个概念。所以，我们应当从实际出发，具体分析各个特征及其相互联系，分析其在不同时期的地位和作用，不能把上述的民族特征绝对化。

社会主义时期是各个民族共同繁荣发展的时期。由于消灭了剥削制度和剥削阶级，铲除了民族压迫和剥削的根源，建立了平等、团结、互助的社会主义民族关系，为各民族的共同发展开辟了广阔的道路。因而，无论原来是先进民族还是

---

① 《马克思恩格斯选集》第1卷，人民出版社1995年版，第277页。

② 《斯大林全集》第11卷，人民出版社1955年版，第286页。

落后民族，都已成为社会主义民族。但是，社会主义时期既不是民族融合的时期，更不是民族消亡的时期。在这种情况下，工人阶级政党在制定和执行民族工作的路线、方针、政策时，务必从民族的实际出发，使之有利于巩固社会主义民族关系，有利于各个民族的共同繁荣和发展。如果在这个时期人为地制造"民族大融合"，促进民族迅速消亡，就会违背民族发展的客观规律，犯左的错误；同样，如果漠视民族间的团结合作，甚至人为扩大民族差别，阻挠民族差别缩小的发展趋势，也会违背民族发展的客观规律，犯右的错误。

不同民族之间在社会生活的各个领域都存在着各种矛盾，民族关系中所发生的矛盾问题就是民族问题，这是其狭义的一面；从广义上说，民族问题不仅包括民族关系和民族矛盾，而且也还包括民族这个人们共同体自身的事务和问题。比如，我国的民族问题，当前更多地表现为少数民族地区迫切要求发展经济文化的问题。民族问题表现在民族间政治、经济、文化、语言文字、生活方式、风俗习惯乃至宗教信仰等诸方面，贯穿于民族存在和发展的全过程。

民族问题的产生和长期存在，主要来自两个方面。民族差别是民族问题的产生和存在的基本因素。在剥削阶级占统治地位的社会里，民族问题的产生和存在除了民族差别这个基本因素之外，还有建立在生产资料私有制基础上的阶级剥削和阶级压迫制度这个至关重要的因素。这是产生和存在民族问题的社会阶级根源。在这种社会条件下，民族压迫的实质是阶级压迫，民族问题的实质是阶级问题。人类进入社会主义社会之后，这个社会根源已不存在了。社会主义制度的建立开辟了解决民族问题的广阔道路，但不等于说社会主义时期已经不存在民族问题了。事实上，在整个社会主义时期民族问题将依然存在。一般来说，主要有以下几个方面：(1)各民族劳动人民之间的差别还将长期存在。(2)消除民族间经济文化事实上的不平等需要经历一个相当长的过程。(3)马克思主义民族观和资产阶级民族观在民族关系上的斗争还将长期存在。(4)由于社会主义社会依然存在着一定范围内的阶级斗争，阶级斗争还会在民族问题上反映出来，国内外少数敌视社会主义的分子还会利用民族和宗教制造民族矛盾，挑拨民族关系，分裂国家，破坏社会主义事业。

此外，还必须注意，在当今世界两极格局打破之后，民族问题和宗教问题上升为世界的一个主要问题的情况下，社会主义民族问题也会出现许多新的变化，应该慎重对待和处理民族问题。

二、现实社会主义国家在民族问题上的根本任务

既然社会主义时期民族问题还将长期存在，那就要抓住民族问题的实质，遵循民族问题的发展规律，正确解决民族问题，促进各民族共同发展繁荣。

民族问题的实质是无产阶级政党和社会主义国家制定民族政策、开展民族工作的重要依据。那么，什么是民族问题的实质呢？民族问题的实质是由社会主要矛盾决定的。社会主义社会民族问题的内容和性质同阶级对抗社会相比有了根本的变化，旧社会基于阶级对立意义上的民族问题已经基本解决了，阶级矛盾已不是民族之间的主要矛盾。民族问题的实质已主要不再是阶级斗争问题，而是消除民族间经济文化方面事实上的不平等。它基本上是劳动人民之间的关系问题，也是社会主义现代化建设总问题的一部分。

所谓"民族间事实上的不平等"，就是无产阶级和劳动人民取得政权，各民族都获得法律上、政治上的平等后，某些经济文化落后的民族没有力量同先进民族一样享用法律赋予的平等权利。国家和先进民族帮助落后民族发展经济文化，逐步赶上先进民族的经济文化发展水平，是消除民族间事实上不平等的根本途径，也是社会主义国家在民族问题上的根本任务。

我们党坚持把消除民族间事实上的不平等作为社会主义改造时期和建设时期民族工作的根本任务。1953年，中央政治局通过的过渡时期党在民族问题方面的任务就规定：在祖国的共同事业的发展中，与祖国的建设密切配合起来，逐步地发展各民族的政治、经济、文化，消灭历史上遗留下来的各民族间事实上的不平等，使落后的民族得以跻身于先进民族的行列，过渡到社会主义社会。各民族进入社会主义，民族间政治方面事实上的不平等基本解决后，我们党和国家强调："我们要诚心诚意地积极帮助少数民族发展经济建设和文化建设。"①"要把各民族在经济、文化方面事实上的不平等状况逐步消除掉。"②1984年5月31日，六届全国人大二次会议通过的《中华人民共和国民族区域自治法》第6条规定："民族自治地方的自治机关领导各族人民集中力量进行社会主义现代化建设……在不违背宪法和法律的条件下，有权采取特殊政策和灵活措施，加速民族自治地方经济、文化建设事业的发展……从实际出发，不断提高劳动生产率和经济效益，发展社会生产力，逐步提高各族人民的物质生活水平。……继承和发扬民族文化的优良传统，建设具有民族特点的社会主义精神文明，不断提高各民族人民的社会主义觉悟和科学文化水平。"③这就是说，我们要通过现代经济、文化建设，逐步消除历史上遗留下来的民族间的事实上的不平等，就必须大力帮助少数民族加速经济、文化发展，并将其当作一个长期的根本任务。

---

① 《毛泽东选集》第5卷，人民出版社1977年版，第278页。

② 《周恩来统一战线文选》，人民出版社1984年版，第367页。

③ 全国人民代表大会常务委员会法制工作委员会编：《中华人民共和国法律汇编（1979～1984）》，人民出版社1985年版，第541页。

新世纪是我国社会主义现代化建设的关键时期，也是促进各民族共同进步、共同繁荣的关键时期。具体来说，应着重抓好以下几个方面的工作：

1．巩固和发展各民族的大团结，确保民族地区的稳定

我国是一个统一的多民族国家，这是我国的基本国情。我国各族人民历来具有热爱祖国、维护统一的光荣传统。“汉族离不开少数民族，少数民族离不开汉族”的思想在各族人民当中深深扎了根，我国的民族关系是融洽的、团结的。我们的口号是“同呼吸，共命运，心连心”，“各族人民大团结万岁！”但是也要清醒地看到，少数敌对势力处心积虑地利用民族问题挑拨民族关系，煽动民族分裂。因此，坚持民族团结，维护国家的统一和民族地区的稳定，是我们民族工作的一项根本任务。

2．加快民族地区经济、科技、教育、文化事业发展，促进各民族的全面进步，逐步与全国的发展相适应

这是实现民族地区稳定、繁荣的基础。改革开放以来，少数民族地区同全国一样，全面贯彻执行党的改革、开放、搞活的政策，积极发展社会生产力，大力发展商品经济，各项事业蓬勃发展，人民生活有了较大的改善。但是，必须看到少数民族地区在发展中还面临着许多问题：生产力还很落后；相当一部分少数民族还处在自然和半自然经济状态；贫困面仍很大，还有相当数量的少数民族群众的温饱没有解决；与全国经济发展水平特别是与沿海地区的差距，有逐步拉大的趋势；等等。因此，在新的历史时期，搞好民族工作，增强民族团结的核心是，积极创造条件，加快发展少数民族和民族地区的经济文化等各项事业，促进各民族的共同繁荣。

3．培养、选拔少数民族干部和代表人物

民族问题的最终解决、民族工作的顺利进行，必须根据党的一贯方针，培养造就一大批德才兼备、坚持祖国统一和民族团结，又能密切联系群众的少数民族干部。少数民族干部同本族人民群众有着密切的联系，熟悉本民族的历史和现状，熟悉本民族的语言文字和风俗习惯，了解本民族人民的思想感情和要求、愿望。他们是党联系少数民族群众的桥梁。这种作用是汉族干部无法代替的。我们党历来重视少数民族干部的培养，少数民族干部为各民族的发展和繁荣进步作出了很大的贡献。但为适应社会主义现代化建设和改革开放的需要，今后仍要以更大的力量，进一步加强对少数民族干部特别是中高级干部和各种科技、管理人才的培养。既要在数量上有计划地扩大，更要在提高素质、改善结构上下工夫。

目前，我国处在改革开放、建立社会主义市场经济体制的新时期。这些任务能否胜利完成，关系到少数民族和民族地区能否持续发展和繁荣，也关系到能否

实现我国社会主义现代化建设战略目标，关系到祖国的强大和昌盛，因此，具有重要和深远的意义。

三、正确处理民族问题、加强民族团结的基本原则和政策

第一，坚持实事求是，理论联系实际，是马克思主义的基本原则，是无产阶级政党的思想路线。解决社会主义的民族问题也必须严格遵循这一原则，使马克思主义的基本原理同各民族的具体特点和实际情况紧密结合起来。

列宁说："一切民族都将走到社会主义，这是不可避免的，但是一切民族的走法却不完全一样，在民主的这种或那种形式上，在无产阶级专政的这种或那种形态上，在社会生活各方面的社会主义改造的速度上，每个民族都会有自己的特点。"[①]中国共产党从中国的历史条件和现实情况出发，特别注意照顾少数民族的特点和需要，始终坚持民族平等、团结、互助的原则，坚持实行少数民族区域自治的制度，在建设社会主义事业中促进各民族的共同繁荣，走出了一条具有中国特色的解决民族问题的正确道路，制定和执行了一系列民族政策，为社会主义国家解决国内民族问题，提供了理论联系实际的光辉范例。这些经验的取得，是我们党把马克思主义基本原理同中国的民族实际相结合的结果。

第二，坚持民族平等和民族团结的原则，反对大民族主义和地方民族主义。

民族平等是马克思主义关于解决民族问题的最重要的基本原则和基本观点，是制定民族问题的一切方针、政策的基础。虽然"民族平等"是资产阶级首先提出来的，但真正赋予其新的含义并做到这一点的是无产阶级。马克思主义认为，民族平等就是要消灭阶级，就是要反对一切阶级压迫和民族压迫，压迫其他民族的民族是不能自由的。"古往今来，每个民族都在某些方面优越于其他民族。"[②]民族只有大小之分，没有优劣和贵贱之别，因而不论大小民族应当一律平等。

民族平等和民族团结两者不可分割。民族平等是民族团结的政治基础和前提；民族团结是民族平等发展的客观要求和必然结果，是进一步实现民族平等的条件和根本保证。为了加强各民族的团结，必须反对大民族主义和地方民族主义。这两种民族主义都是剥削阶级民族观的表现，尤其是要反对大民族主义。大民族主义在我国就是大汉族主义。其主要表现：不是以平等的态度对待少数民族，不尊重他们的特点和愿望，不信任少数民族干部和群众，忽视和损害少数民族的平等权利和自治权利。在批判大民族主义的同时，在存在着地方民族主

---

① 《列宁全集》第28卷，人民出版社1990年版，第163页。

② 《马克思恩格斯全集》第2卷，人民出版社1972年版，第194页。

义的地方,也应当批判地方民族主义。其主要表现:借口“民族特点”,片面强调本民族的局部利益,忽视国家的整体利益,不愿接受其他民族的有益经验和帮助,甚至有排斥情绪。这两种民族主义都会影响民族团结,危害国家统一,损害社会主义事业,但这两种民族主义倾向主要表现在各族中,一般属于人民内部矛盾,应从民族团结的愿望出发,经过批评或斗争,在新的基础上达到新的团结。

民族平等和民族团结是无产阶级的阶级地位和阶级利益决定的,同时也符合社会主义国家各民族人民的根本利益,是社会主义事业胜利的基本保证。

第三,坚持民主集中制原则,实行民族区域自治制度。

从国家的具体制度上解决民族问题,马克思主义的一般原则是:建立尽可能大的、统一而不可分割的、实行民主集中制的单一制共和国,并在这样的国家里实行民族区域自治制。列宁认为,马克思主义是把自治特别是民族区域自治当作具有复杂民族成分和极不相同的地理等条件的民主国家的一种普遍原则。他深刻地阐述了民族区域自治同民主集中制的相互关系,“实际上,民主集中制不但丝毫不排斥自治,反而以必须实行自治为前提”①。贯彻这个一般原则,必须根据各国所处的历史时代和民族问题方面的具体情况加以灵活运用。

民族区域自治是中国共产党解决我国民族问题的一项基本国策,也是我国的一项重要的政治制度。这个政策是按民主集中制原则,把民族自治和区域自治正确结合起来的一个创造,最好地体现了各民族平等联合的原则,是对马克思主义民族理论的丰富和发展。

所谓“民族区域自治”,就是在国家统一领导下,在少数民族聚居的地方实行区域自治,设立自治机关,行使自治权。民族区域自治是民族因素和区域因素的结合、政治因素和经济因素的结合。它的特点和优点是把国家的集中统一与民族地区的自治有机地统一起来,既保证少数民族人民当家作主,管理本民族内部的地方性事务,发挥地方优势,促进本民族的经济、文化、教育、科技的发展,又保证国家的集中统一领导,巩固和发展中华民族大团结。六十多年来的实践证明,它是符合中国国情的,具有旺盛的生命力。

四、正确认识社会主义时期宗教的特点,充分调动宗教界人士的爱国主义和社会主义积极性

宗教是人类社会发展到一定阶段出现的一种文化现象,属于社会意识形态的范畴。宗教发展到今天,已成为世界现象,不仅资本主义国家普遍存在着宗教,社会主义国家也都不同程度地存在着宗教活动。而且,在新的世界政治经济

① 《列宁全集》第34卷,人民出版社1985年版,第139页。

格局下，宗教越来越成为一支不可忽视的社会政治力量。因此，正确认识和处理宗教问题，认真贯彻党的宗教政策，调动宗教界的积极性，变消极因素为积极因素，使宗教更好地为社会主义现代化建设事业服务，具有十分重要的现实意义。

社会主义时期，宗教赖以生存和发展的社会条件发生了不同于阶级对抗社会的根本性变化，宗教也必然或早或迟地随着社会条件的变化而表现出一些新的特点。着重有这样两个方面：

第一，宗教的政治面貌发生了巨大变化。

在社会主义条件下，随着整个社会的剥削压迫制度的消灭，宗教享有的各种特权也相应地被取消。人民政权采取宗教信仰自由政策，使宗教信仰成为公民个人的私事。这样，宗教的社会地位就发生了根本性的变化。同时，各社会主义国家实行了教会同国家、教会同学校相分离的原则，割断了与外国教会的联系，从组织上保证了宗教信仰真正成为个人的私事，使劳动者可以完全自由地进行自我学习，自我教育，自我选择，使宗教走上正常发展的道路。这种变化，使各种宗教、宗教界人士不仅热爱自己的宗教，而且热爱自己的社会主义祖国；不仅信仰神灵，而且拥护共产党的领导。因此，社会主义国家的宗教组织在政治上就由过去剥削统治阶级手中的工具变成了建设社会主义的一支社会力量。

第二，宗教观念和宗教界人士的思想也发生了巨大变化。

从宗教观念上讲，宗教神学思想出现了微小的量变过程。由于社会主义社会实现了人与人之间的平等关系，广大信教群众的根本利益和社会主义事业是一致的。这就使一些宗教开始从宗教经典中找出某些最初的神学思想作依据，用来说明宗教同社会主义的一致性。而且，宗教在伦理道德与社会主义道德相协调的部分在逐渐增加。它对维护社会主义秩序和社会主义精神文明建设都会起到一定的好作用。从宗教界人士的思想上讲，在社会主义条件下，他们受到社会主义思想的影响和共产党正确政策的感召，逐步树立了热爱社会主义祖国、热爱共产党领导的思想，积极参与对社会主义国家和各项事业的管理工作，投身社会主义建设的洪流。这些变化说明，社会主义时期的宗教不再是异己力量，而是巩固人民政权和建设社会主义的重要依靠力量的一部分。

但是，上述几个方面的变化并不是宗教本质特征的变化，而只是宗教在社会主义时期表现出的一些新特点。新特点也产生了新的社会作用，这就是宗教与社会主义社会的协调性。这种协调的基础在于：一是绝大多数信教群众本身就是劳动人民；二是社会主义现代化建设是广大人民群众共同的伟大事业，信仰方面的差异并不妨碍其经济上有共同的根本利益及政治上的团结一致。他们从自身的利益出发，按照社会主义发展的要求，对宗教作出适应性的调整，并在自己的信仰生活中把实现这一民族和社会进步的目标作为信仰内容的一部分，把爱国守法、积极进取作为行为的道德规范。这就能使信教群众与不信教群众在爱国主义和社会主义的基础上形成一种相互合作、共同努力的关系，共同为建设社会主义事业作出贡献。

当然，也应该看到，两者之间还存在着不协调的一面。由于宗教本身是建立在唯心主义体系之上的，本质上是反科学的。它在社会主义现代化建设中的消极作用不能低估。例如，宗教的幻想成分，消极厌世的思想，以及其他一些有害于人民身心健康、妨碍社会生活正常秩序的活动等，不利于人们建设现代化积极性的发挥，是与社会主义相矛盾的。

社会主义时期统一战线新特点和宗教的两重性作用，就要求无产阶级政党在制定和贯彻宗教政策时，需根据宗教自身发展规律因势利导地开展工作，化消极因素为积极因素。

尊重和保护宗教信仰自由，是社会主义国家对宗教问题的基本政策。宗教信仰自由政策包含：每个公民既有信仰宗教的自由，也有不信仰宗教的自由；有信仰这种宗教的自由，也有信仰那种宗教的自由；有过去不信仰宗教而现在信教的自由，也有过去信仰宗教而现在不信教的自由。我国宪法明确规定，宗教信仰自由是公民的一项基本政治权利。任何国家机关、社会团体和个人，都不得强制公民信仰宗教或不信仰宗教，不得歧视信仰宗教的公民或不信仰宗教的公民。无论信教与否，在政治上都是平等的。

社会主义国家实行宗教信仰自由政策的实质，就是要使宗教成为公民个人的私事，绝不允许利用宗教反对党的领导和社会主义制度，破坏国家的统一和国内各民族的团结。认真贯彻这一政策，使宗教的消极因素转化为积极因素，还应具体做好下列几个方面的工作：

(1)大力宣传和认真贯彻宗教信仰自由的政策，把宗教心理、宗教感情引导到党的宗教政策的范围之内，使广大教徒认识到只有在社会主义条件下才能真正实现宗教信仰的自由，从而在感情上逐步贴近社会主义和共产党的领导，最大限度地把各种宗教活动引向社会主义现代化建设轨道。

(2)正确处理和区分宗教问题中两类不同性质的矛盾，正确处理民族和宗教的关系，正确认识宗教信仰和封建迷信的区别和联系，全面理解和贯彻宗教信仰自由政策。

(3)努力培养青年爱国教职人员，充分发挥宗教组织本身的作用，使宗教控制功能的消极作用逐步转化为积极作用，使其朝着有利于社会主义现代化建设的方向发展。

(4)共产党在宗教界要广交朋友，努力做好宗教界上层爱国人士的工作，巩固和扩大当同宗教界爱国人士和信徒的统一战线，充分发挥宗教在社会主义国家中的调适功能。

(5)要经常地、耐心地宣传无神论思想和党在社会主义时期的路线、方针、政策，用共同理想调动广大宗教信徒建设社会主义的积极性，为实现富强、民主、文明的社会主义现代化强国而共同奋斗。

现实社会主义国家处理宗教问题的实践证明，对宗教采取不同的政策会产生不同的效果。对宗教的新特点和两重作用认识比较清楚，界限划得较准确，采取既坚持原则又比较灵活宽松的方针政策，就能较好地发挥宗教的积极作用，社会环境就比较安定，社会主义现代化建设事业的进展也就比较顺利。而对宗教采取绝对否定的态度，执行极左的方针政策，就会伤害宗教徒的感情，陷于宗教纠纷；采取极右的政策，国家就没有权威，社会就不得安宁。总之，无论采取极左还是极右的宗教政策，都达不到调动积极因素、化解消极因素的目的，都会分散社会主义现代化建设的精力，国家的发展必然受到影响。

历史经验告诉我们，宗教信仰自由政策绝不是权宜之计，而是一项长期的政策，是一直要贯彻执行到宗教自然消亡为止的政策。贯彻执行这一政策的根本出发点和落脚点，是要使全体信教和不信教群众联合起来，把他们的意志和力量集中到社会主义这个共同的目标上，把宗教这一社会政治力量变成推动社会主义现代化建设的动力。

第三节 在社会主义发展、建设和改革中调动一切积极因素，建立和巩固最广泛的爱国统一战线

一、全体社会主义的劳动者是爱国统一战线的依靠和基础

统一战线是一些不同的阶级、阶层、政党集团直至民族、国家为了实现一定的共同目标，在具有共同利益的基础上而组成的政治联盟。简单地说，统一战线就是一定社会政治力量的联合。这里所论述的统一战线是指在科学社会主义理论指导下，无产阶级及其政党领导和组织的统一战线。这个统一战线是无产阶级为了实现自己的历史使命，实现各个时期的战略目标和任务，团结本阶级各个阶层和政治派别，并同其他阶级、阶层、政党及一切可能团结的力量，在一定的共同目标下的政治联盟。

统一战线在不同的历史时期，其性质和内容是不一样的。无产阶级革命时期的统一战线，称为“革命统一战线”。建立和发展革命的统一战线是马克思主义经典作家的一贯思想。中国共产党历来非常重视统一战线工作，始终把马克

思主义关于统一战线的一般原则创造性地运用半殖民地半封建的中国与现代的国际环境，制定了一整套革命统一战线的理论、路线、方针和政策，解决了中国革命的一系列重大实际问题，大大丰富和发展了统一战线思想，把统一战线在无产阶级革命事业中的地位和作用提到了一个新的高度。我们党认真总结了中国革命和国际无产阶级革命的历史经验，得出了统一战线是中国革命的基本问题之一，是中国共产党在中国革命中战胜敌人的一大法宝的光辉结论。

进入社会主义时期，随着革命性质和任务的变化，统一战线的性质和任务也相应地发生了变化。一方面，统一战线的社会基础发生了根本变化。原来的统战对象主要是民族资产阶级、城市小资产阶级及其知识分子。现在，工人阶级的地位大大加强，工农联盟在社会主义现代化建设中更加巩固和发展，知识分子已经成为工人阶级的一部分，统一战线已经成为这些社会力量各自所联系的一部分社会主义劳动者和一部分拥护社会主义的爱国者的政治联盟，都是在共产党领导下为社会主义服务的政治力量。另一方面，社会主义时期社会的主要矛盾发生了根本变化，人民群众日益增长的物质文化需要同落后的社会生产之间的矛盾上升为社会主义时期的主要矛盾。虽然阶级斗争在一定的范围内还将长期存在，并且在一定条件下还可能激化，但是，统一战线中大量的是不属于阶级斗争范围的矛盾。统一战线要紧紧围绕经济建设这个中心开展工作。

基于上述条件的变化，社会主义时期统一战线的性质应该是爱国统一战线。社会主义时期，由于阶级关系、民族关系、党派关系的变化，工人、农民、知识分子和其他拥护社会主义的爱国者是社会主义社会的主人翁，建设和发展社会主义事业是所有这些人的共同利益和根本愿望，统一战线在新的为社会主义服务的基础上得到了进一步的巩固和发展。这个统一战线充分体现了爱国主义和社会主义的统一。因此，不再沿用"革命的统一战线"，而称之为"爱国统一战线"更合适。这不仅是名称和形式的变化，而且更重要的是其内涵的改变。

社会主义时期的爱国统一战线是一个非常广泛的联盟，而这个联盟的主体是全体社会主义劳动者。由于社会主义建设事业的不断发展，新时期全体社会主义劳动者的内涵发生了一个重要变化，随着改革开放的不断深入发展，出现了一些新的阶层、团体和党派，爱国统一战线所依靠的基础有了进一步扩大。从中上层广泛地发展到基层，从大中城市延伸到广大乡镇、农村。主要表现为非公有制经济人士等新社会阶层成为中国特色社会主义事业的建设者。2000 年 12 月，江泽民在第 19 次全国统战工作会议上首次对非公有制经济人士群体作出了准确评价。他指出："在改革开放的进程中，在党的富民政策的指引下，通过诚实劳动和合法经营先富起来的个体劳动者和私营企业主……他们为建设有中国特色社会主义事业贡献了力量，应该受到社会的尊重。"[①]肯定了非公有制经济人士群体是有中国特色社会主义事业的建设力量。2001 年，在庆祝中国共产党成立八十周年大会上，江总书记进一步明确指出："个体户、私营企业主等社会阶层，与工人、农民、知识分子、干部和解放军指战员团结在一起，也是有中国特色社会主义事业的建设者。"[②]我们要通过卓有成效的工作，积极引导非公有制经济人士把自身企业的发展与国家的发展结合起来，把个人富裕与全体人民的共同富裕结合起来，把遵循市场法则与发扬社会主义道德结合起来，带动整个非公有制经济人士爱国、敬业、守法，做合格的"有中国特色社会主义事业建设者"。

可以说，新时期统一战线的领导力量、基础力量以及团结在统一战线内部的各种拥护社会主义的爱国力量都是社会主义的劳动者。这部分劳动者是统一战线的主体，也就是我们常说的统一战线的第一个联盟。

二、拥护社会主义的爱国者和拥护祖国统一的爱国者是社会主义发展、建设和改革事业中最广泛统一战线的重要组成部分

我们新时期爱国统一战线是一个包括全体社会主义劳动者和拥护社会主义的爱国者以及拥护祖国统一的爱国者的广泛的政治联盟，达到了包括中华民族一切有爱国心的人们在内的最宏大的规模。

历史上，我党领导的统一战线包括两个联盟，一个是无产阶级同农民、知识分子以及其他劳动人民的联盟，另一个是无产阶级和全体劳动人民同一切可以合作的非劳动人民的联盟。社会主义改造任务完成后，资产阶级作为阶级已不复存在，原来的资产阶级分子大都逐渐变为社会主义劳动者。这样，原第二个联盟的绝大多数人转入了第一个联盟。今天我们所讲的"两个范围的联盟"与历史上曾有过的"两个联盟"在含义上是不同的。历史上的两个联盟是以不同的政治基础和不同地域来加以划分的。这两个联盟是指：一个是由大陆全体劳动者、爱国者组成的以社会主义为政治基础的联盟，我们简称之为"大陆范围的联盟"，或"第一范围的联盟"；另一个是广泛团结几千万台湾同胞、港澳同胞、海外侨胞，以拥护祖国统一为政治基础的联盟，我们简称为"团结大陆范围以外的'三胞'的联盟"，或"第二个范围的联盟"。这两个范围的联盟构成新时期统一战线的整体。

新时期统一战线包括两个联盟的提法，是在分析研究了新时期我国社会阶级关系根本变化的基础上提出的。这是中国社会主义建设时期统一战线的一大特色。提出两个范围的联盟的理论依据是"一国两制"和对外开放。十一届三中

---

① 《江泽民文选》第 3 卷，人民出版社 2006 年版，第 151～152 页。

② 中共中央文献研究室编：《十五大以来重要文献选编》（下），人民出版社 2003 年版，第 1916～1917 页。

全会以来，党中央制定了“一国两制”和平统一祖国的基本国策，把台湾与大陆的统一称为最大的统一战线。1982年，党中央明确将“三胞”列为统一战线的工作对象。1986年，中央召开的全国统战工作会议提出统战工作要立足大陆，面向台湾，面向港澳，面向海外。对大陆外的“三胞”，不以社会主义为政治基础，而以赞成祖国统一为政治基础，实行更加广泛的团结。

从“三胞”自身的情况看，他们都同祖国大陆有建立联盟的共同政治基础——爱国和赞成祖国统一。台湾同胞与大陆同胞不但有其共同的历史、文化背景，有割不断的亲情、乡情，而且有共同经济利益。海峡两岸日益扩大的经济、文化、科技交流，将以不可阻挡之势推动两岸和平统一的实现。实行改革开放以后，港澳同胞满怀爱国爱乡之情，积极支援祖国现代化建设。“一国两制”将在香港、澳门逐步实现，使港澳同胞与大陆的关系日益密切。国外侨胞虽然旅居异国，但他们的社会地位和命运也与祖国大陆建设成就息息相关。他们中大多数人都希望祖国现代化建设取得成就，希望祖国统一。在帮助大陆引进资金，引进技术，引进人才，在捐款捐物或投资支援大陆经济、文化建设等方面，在促进祖国和平统一方面，他们也是一支重要力量。“三胞”生活在资本主义制度下，不能要求其都赞成社会主义，只要是不进行反对社会主义祖国的活动，赞成祖国统一的，都可以进入第二个范围的联盟，都是社会主义发展、建设和改革事业中最广泛统一战线的重要组成部分。

爱国统一战线的两个范围的联盟是相辅相成的，都是不可缺少的。大陆范围的联盟是爱国统一战线的主题和基础，只有巩固和加强这一联盟，才能发展团结大陆范围外的“三胞”的联盟。同时，巩固和发展第二个联盟也是十分重要的。它不仅可以促进祖国的和平统一，促进中华民族的大团结，达到最大限度地联合一切可以联合的力量，而且，能更多地引进大陆现代化建设所需要的资金、技术和人才，有利于社会主义建设。总之，两个范围的联盟互相结合，互相促进，整个统一战线才能广泛发展。我国的历史经验证明，在爱国主义的旗帜下，能团结更为广泛的阶级、阶层和人们。拥护社会主义的爱国者和拥护祖国统一的爱国者都可以视为社会主义现代化建设的依靠力量。

三、社会主义时期爱国统一战线的根本任务

在社会主义新时期，统一战线的基本任务是：高举爱国主义、社会主义旗帜，团结一切可以团结的力量，调动一切积极因素，化消极因素为积极因素，全力维护和发展安定团结的政治局面，为推进社会主义发展、建设和改革服务。

第一，统一战线为维护安定团结的政治局面服务。

为了推动社会主义发展、建设和改革事业的顺利进行，必须努力实现国家政

治、经济和社会的稳定发展。国家稳定是党和人民最高利益之所在，维护国家的稳定是压倒一切的大事。国家的稳定，说到底取决于人心的稳定。统一战线内部有各种各样的矛盾，也存在一些不安定因素，如民族问题、宗教问题等。因此，要在统一战线中加强思想政治工作，经常进行形势和政策教育，疏通、拓宽反映民意的渠道，了解并反映多方面的意见和要求，正确协调统一战线内部各种不同利益关系，使各界人士心情舒畅，自觉成为维护稳定的重要力量。

第二，社会主义时期统一战线担负着为推进现代化建设和改革开放大业服务的任务。

社会主义时期统一战线为经济建设服务的着力点在于，调动统一战线中各民主党派、各人民团体和各界人士的积极性和创造精神，发挥其自身优势和专长，为现代化建设和改革开放多作贡献。具体地说：(1)进一步做好国有大中型企业内部的统一战线工作。国有大中型企业是国民经济的主要支柱，其中有一定数量的统战工作对象，要运用党的统一战线政策和方法，做好他们的工作，调动他们的积极性。(2)要推动各民主党派、工商联等有关团体和各界人士参加经济建设和改革开放的实践。这部分人有较高的科学技术文化水平，有广泛的海内外联系和影响，又有为祖国富强、民族振兴贡献力量的良好愿望，是社会主义现代化建设的重要力量。(3)要积极开展非公有制经济领域的统战工作。引导非公有制经济健康发展，关系到国家稳定、改革开放的大局，对建设有中国特色的社会主义具有重要意义。

第三，为健全社会主义民主和法制服务也是社会主义时期统一战线的一项重要任务。

统一战线包括各阶级、各党派、各团体和各界人士，社会主义民主需要他们积极参与。人民代表大会制度是我国的根本政治制度，是人民群众包括统一战线各方面人士参与国家事务管理，行使民主权利，实现当家作主的主要途径。在人民政权中搞好党与党外人士的合作共事，是统一战线在社会主义民主建设中发挥作用的重要方面。

我们要努力在统一战线中真正造成又有集中又有民主、又有纪律又有自由、又有统一意志又有个人心情舒畅的那样一种生动活泼的政治局面。为此要创造民主、团结、和谐的气氛，活跃统一战线工作。认真贯彻“长期共存，互相监督，肝胆相照，荣辱与共”的方针，在坚持四项基本原则的前提下，广开言路，鼓励和支持党外人士对党的方针政策、各项工作提出意见和建议，力求做到“知无不言，言无不尽”。要密切联系党外人士，巩固党和党外人士的联盟，要善于同党外人士广交、深交朋友，搞好党内外合作共事，共同推动社会主义民主和法制建设。

四、巩固和发展社会主义时期爱国统一战线的基本指导原则和政策

要进一步巩固和发展社会主义时期的统一战线，发挥全体社会主义劳动者、拥护社会主义的爱国者和拥护祖国统一的爱国者在社会主义发展、建设和改革事业中的作用，必须坚持党关于统一战线的一系列基本原则和政策。

（一）坚持和加强工人阶级及共产党的领导是巩固和发展社会主义时期统一战线的根本原则

统一战线由工人阶级来领导，这是由它的阶级地位和历史使命决定的。民主革命时期是这样，社会主义时期也是这样。工人阶级的领导即党对统一战线的领导，主要是通过贯彻落实关于统一战线的路线、方针和政策，通过党同人民群众的密切联系，通过党员的模范作用以及党的宣传工作和组织工作来实现的。正如毛泽东所指出的："所谓领导权，不是要一天到晚当作口号去高喊，也不是盛气凌人地要人家服从我们，而是以党的正确政策和自己的模范工作，说服和教育党外人士，使他们愿意接受我们的建议。"[①]党要与党外人士平等协商，认真听取各方面的意见，接受同盟者的批评、监督，减少党的决策失误，寓领导于协商之中。同时，要尊重党外人士的利益，了解他们的思想情况和具体要求，帮助他们解决应该解决的问题。

（二）巩固和发展社会主义时期统一战线的一般原则和方法

社会主义时期巩固和发展统一战线，只有掌握唯物辩证法，坚持"两点论"，才能正确掌握政策，防止片面性和绝对化。

1. 求同存异

统一战线必须要有共同的政治目标和共同的利益，不寻求和增进共同性就不会有统一战线。另一方面，还必须承认差异性，尊重、照顾参加统一战线的所有成员的不同利益。求同存异是统一战线的原则。求同存异在不同时期有不同内容。当前爱国统一战线中的"同"和"异"是：在大陆范围内，"同"就是需要坚持四项基本原则和坚持改革开放，维护国家和社会的稳定，共同建设有中国特色的社会主义；"异"就是在坚持四项基本原则的前提下既有具体利益的不同，也有思想认识上的差异。大陆范围以外的"同"和"异"就是，求爱国和统一祖国的"同"，存社会制度、意识形态和生活方式之"异"。正确处理好"同"与"异"的关系，爱国统一战线就能在爱国主义、社会主义基础上不断地巩固和扩大。

2. 原则的坚定性和策略的灵活性

工人阶级及其政党在统一战线的实践中，应以高度的政治斗争艺术，把原则

---

① 《毛泽东选集》第2卷，人民出版社1991年版，第742页。

性和灵活性巧妙地结合起来。在新的历史时期，邓小平提出"一国两制"的构想来实现祖国和平统一，是原则性和灵活性统一的光辉典范。

3. 团结——批评——团结

社会主义时期由于阶级状况的根本变化，统一战线内部关系也发生了变化，统一战线内部爱国主义、社会主义的一致性大大增强。虽然也存在这样或那样的矛盾和斗争，但没有根本利益的冲突，他们之间的矛盾属于人民内部矛盾的范畴。因此，新时期的统一战线应当把正确处理人民内部矛盾作为总题目，坚持正面教育的方法、批评和自我批评的方法，正确处理统一战线内部的各种矛盾，使之达到新的团结和统一，调动一切积极因素，为社会主义现代化建设服务。

（三）在巩固和发展社会主义时期统一战线时还必须坚持"一国两制"的方针，实现祖国统一

首先，爱国统一战线要为促进"一国两制"、和平统一祖国的实现服务。建设社会主义就是具有中国特色的社会主义。这个特色，很重要的一个内容就是对香港、澳门、台湾问题的处理，就是"一国两制"。我们必须在观念上充分认识到爱国统一战线为"一国两制"、和平统一祖国服务的重要性、长期性和艰巨性。

其次，以国家宪法和有关法律作保证，保持"一国两制"的长期性和稳定性。为了维护国家的统一和领土完整，保持台、港、澳地区的繁荣和稳定，国家对这些地区采取的特殊政策，已在宪法第 31 条作了规定："国家在必要时得设立特别行政区。在特别行政区内实行的制度按照具体情况由全国人民代表大会以法律规定。"根据宪法的这项规定，按照"一国两制"的构想，我国政府先后和英国、葡萄牙政府缔结了《关于香港问题的联合声明》和《关于澳门问题的联合声明》，并由全国人民代表大会通过了《香港特别行政区基本法》和《澳门特别行政区基本法》。《基本法》中对实施"一国两制"后香港、澳门地区享有的各种权利作了具体规定。这也成为中国恢复行使主权后，这些地区居民、社会、经济、文化等生活的行为准则和法律依据。党和政府将继续按照这个原则和这种途径，努力争取和平解决台湾问题，完成祖国统一大业。"一国两制"把统一战线原则创造性地运用于和平统一祖国问题，从而丰富了统一战线的理论和实践。

五、警惕敌对势力利用民族、宗教问题实行"分化"的政治图谋

"民族宗教无小事"，正确认识和处理社会主义时期的民族和宗教问题，一直是敏感、复杂的政治难题。当今世界民族问题和宗教问题日益成为各国的不安定因素之一，许多不稳定因素都与民族宗教问题有或多或少的关联。虽然我国民族宗教领域总的形势还是比较好的，但面对各种思想文化的冲击，面对民族分裂主义、宗教极端主义和国际恐怖主义的影响，特别是面对国内外敌对势力利用

民族宗教问题实行的“分化”图谋，我们必须保持清醒的头脑，切实重视和做好民族宗教工作。

民族问题历来是十分复杂的问题，也是当今世界许多国家面临的普遍性问题。民族问题处理得好坏，直接关系到国家的统一和社会的稳定。利用民族问题打开缺口，是国内外敌对势力“分化”中国的重要手段。为此，我们要旗帜鲜明地反对民族分裂，依法打击民族分裂活动，维护祖国统一。为了维护祖国的统一，必须同极少数分裂主义分子进行坚决的斗争。历史证明，民族分裂活动从来都是外国侵略势力策动的，民族分裂分子从来都是外国侵略势力分化中国的内应力量。必须旗帜鲜明地反对民族分裂主义，警惕和反对国际上敌对政治势力支持的民族分裂主义分子在我国某些地区煽动分裂的图谋；必须牢固树立“汉族离不开少数民族，少数民族离不开汉族，少数民族之间也相互离不开”的思想，维护民族团结和祖国统一；必须建立健全处理民族问题的应急机制，努力把各种突发民族问题的事件解决在当地、解决在基层、解决在萌芽状态；必须把加强民族团结、促进各民族共同发展和共同繁荣作为我们当前民族工作的行动纲领。

宗教问题常常与现实的国际斗争和地区冲突相联系，对一个国家的政治稳定产生重要的影响。近年来，随着我国加入世界贸易组织和对外开放的程度不断加大，我国宗教问题受境外的影响日益加深，国外敌对势力利用宗教问题干涉我国内政，作为“分化”我国的重要突破口，其破坏作用无论是广度和深度都是空前的，其手法越来越多样化。在今后一个相当长的历史时期内，渗透与反渗透、颠覆与反颠覆、控制与反控制的斗争越来越尖锐。因此，我们必须深刻认识和善于把握宗教问题的特殊性，发挥宗教的积极作用，克服宗教的消极作用，积极引导宗教与社会主义社会相适应。一方面，努力做到“两个要求”，即要求宗教界人士和信教群众热爱祖国，拥护社会主义制度，拥护共产党的领导，遵守国家的法律、法规和方针政策；要求他们从事的宗教活动要服从和服务于国家的最高利益和民族的整体利益。另一方面，努力做到“两个支持”，即支持宗教界对宗教教义作出符合社会进步要求的阐释；支持他们与各族人民一道反对一切利用宗教进行危害社会主义祖国和人民利益的非法活动，为民族团结、社会发展和祖国统一多作贡献。任何宗教活动都必须坚持“维护法律尊严，维护人民利益，维护民族团结，维护祖国统一”。

第四节 人民军队是社会主义发展、建设和改革基本的保卫者和建设者

一、党领导的人民军队既是社会主义发展、建设和改革事业的保卫者，又是建设者

人民军队的成员是穿军装的工人、农民、知识分子，所以，它也是建设社会主义所要依靠的重要力量。作为人民军队的整体，它是无产阶级专政国家的坚强柱石，是社会主义祖国的捍卫者。“没有一个人民的军队，便没有人民的一切。”[①]这是毛泽东在民主革命时期高度评价人民军队的一句名言。而在社会主义革命和建设时期，这句名言所指出的真理仍然具有指导意义。

社会主义的发展、建设和改革必须有一个安全稳定的社会政治环境。而维护国家安全和社会稳定，人民军队有着举足轻重的作用。其一，安全稳定的环境，离不开国防力量的加强。国防现代化是社会主义现代化建设的组成部分，是综合国力的重要体现。只有建设一支与国家地位相适应的强大军队，才能可靠地保卫国家安全，保障社会主义现代化建设的顺利进行。其二，当今世界正朝着多极化方向发展，新的战略格局还在形成过程中。虽然，世界大战可以在较长时间里推迟、避免，但是，在今后相当长时期内，国际环境仍然处在复杂多变的状况，强权主义、霸权主义依然存在，特别是宗教因素、领土因素或者民族主义情绪诱发的武装冲突，也很难避免。为了争取有利的国际条件进行社会主义现代化建设，必须有一支强大的人民军队。其三，在社会主义发展、建设和改革中，往往也会发生一些意料不到的突发事件，如自然灾害等。人民军队总能在关键时刻挺身而出，表现出大无畏的革命精神。另外，人民军队也是一些重大项目和重点建设工程的主力军。

二、牢固树立人民军队建设的根本指导思想，永葆人民军队的性质和本色

为了充分发挥人民军队在社会主义发展、建设和改革事业中的作用，必须加强人民军队的建设，牢固树立人民军队建设的根本指导思想，永葆人民军队的性质和本色。

第一是灵魂，即“党指挥枪”。确立和坚持党对军队的绝对领导，这是新型人民军队建设的根本原则，是建军的核心问题。遵循这一根本原则，军队才能成为

---

① 《毛泽东选集》第3卷，人民出版社1991年版，第1074页。

一支无产阶级性质的真正新型的人民军队。邓小平根据我军建设的历史经验，十分重视军队建设的这一根本原则，强调部队一定要从思想上政治上同党中央保持一致，"一定要坚持四项基本原则，加强政治思想建设，努力使部队成为贯彻执行党的路线、方针、政策的模范"①。

第二是宗旨，即人民军队为人民，全心全意为人民服务，是新型人民军队建设的唯一宗旨。毛泽东在《论联合政府》一文中指出：我们的军队"是属于人民和保护人民的，它们和一切属于少数人、压迫人民的旧式军队、旧式警察等等，完全不同"②。为人民服务的宗旨，集中体现了我军是一支无产阶级性质的，具有严格纪律的，同人民群众保持亲密联系的新型人民军队的本质。社会主义建设时期，人民军队要进一步继承和发扬这一宗旨，为建设具有中国特色的社会主义和共产主义理想的实现，建立新的功勋。

三、大力推进人民军队的革命化、现代化和正规化建设，保证高技术条件下的防卫作战能力

建军八十多年来，我们党始终坚持把马克思主义军事理论同中国实际结合起来，创造了一整套中国特色建军治军的方针原则，形成了毛泽东军事思想、邓小平新时期军队建设思想、江泽民国防和军队建设思想三大军事理论成果。新世纪新阶段，在以胡锦涛为总书记的党中央和中央军委领导下，把科学发展观作为国防和军队建设的重要指导方针，切实履行军队的历史使命，实现国防和军队现代化又好又快发展。在长期的实践过程中，人民解放军逐步确立了革命化、现代化和正规化建设的总目标，其中革命化是前提，现代化是中心，正规化是保证，全面推进军队和国防建设。

在新的历史条件下，按照"政治合格，军事过硬，作风优良，纪律严明，保障有力"的总要求，人民军队的革命化、现代化、正规化建设包括十分丰富的内容，概括起来说主要体现在以下几个方面：首先，加强人民军队的政治工作，用科学的理论武装全军干部和战士，用优良的传统和作风教育全军干部和战士。坚持把思想政治建设摆在各项建设的首位，根据不断发展变化的历史条件和社会环境，不断加强和改进思想政治工作，保持了人民军队的根本性质和宗旨，保证了军队建设的正确方向。

其次，加强民主制度建设，发扬政治民主、经济民主、军事民主，坚持官兵一致、军民一致、军政一致的原则。军队内部的民主制度是社会主义民主政治的重

① 《邓小平文选》第2卷，人民出版社1994年版，第395页。
② 《毛泽东选集》第3卷，人民出版社1991年版，第1057页。

要组成部分，也是人民军队的鲜明特点和优良传统。新阶段新形势要求人民军队必须加强民主建设，而且还要不断创新。

再次，实现国防现代化，这是保证社会主义现代化建设顺利进行的必要条件，是反映综合国力的一个重要方面。人民军队应适应现代战争的要求，以提高高技术条件下防卫作战能力为主要目标，不断改进军事装备和军事训练，不断加强以信息化为主要标志的军队质量建设、人才建设和体制创新。

最后，党和政府要重视对全体人民进行国防教育，增强国防意识，发扬光荣传统，爱护军队，维护军队的声誉，关心、支持军队建设和改革，努力为军队建设创造良好的条件。

第五节 工人阶级及其政党是社会主义事业的领导力量

一、社会主义社会中工人阶级通过自己的政党对整个社会主义发展、建设和改革事业实行领导

社会主义时期的工人阶级仍是指已经摆脱了资本家的剥削和压迫，成为生产资料的主人，掌握国家政权进行社会主义建设和改革的领导阶级。随着无产阶级政权的建立，特别是生产资料私有制社会主义改造的基本完成，剥削阶级已经被消灭；作为旧社会的资产阶级对立面的无产阶级已经不在存在，一个全新的社会主义工人阶级形成和发展起来了。[①]

社会主义社会中的工人阶级具有以下特点：

第一，在社会主义条件下，工人阶级是最先进的阶级。工人阶级特别是产业工人同现代化的大生产相联系，站在现代科学技术进步的前沿，是最先进、最强大的社会生产力的代表。它同社会主义公有制相联系，是新的社会主义生产方式的体现者。其主体部分在社会主义国有企业中联合劳动，任何别的阶级都不如工人阶级这样集中，这样有力量。而且，他们在社会化大生产中形成了优越于其他阶级的组织纪律性、团结互助精神和集体主义思想。

第二，在社会主义条件下，工人阶级仍然是最革命的阶级。工人阶级并没有因为占有了生产资料，成了领导阶级而丧失其革命性，而是正在充分表现着他们的革命彻底性。在社会主义基本制度建立之后，工人阶级的革命性主要表现在同国内为一切敌对势力作斗争，把一定范围的阶级斗争进行到底以维护社会主

① 至于有时还称之为“无产阶级”，那是习惯称呼，其内容、含义同资本主义条件下的雇佣劳动者阶级相比已经发生根本变化。

义生产关系和上层建筑,大力发展生产力,逐步消灭阶级差别,实现共产主义。

第三,在社会主义条件下,工人阶级成为领导阶级。经济上,其主体部分以国家所有制和集体所有制两种形式占有生产资料,成为生产资料的主人;政治上,通过自己的政党——共产党掌握着国家政权,是社会主义国家的主人翁。同时,工人阶级有以马克思主义为指导思想的工人阶级政党的指引,能够带领其他阶级和阶层的劳动者充分利用已经创造的政治和经济各方面的条件,通过积极完成各个不同发展阶段的具体任务,按照自己的意愿改造整个社会,成为整个社会主义发展、建设和改革事业的领导力量。

工人阶级在社会主义事业中的领导作用,主要是通过自己的先锋队——共产党的领导来实现的。只有通过自己政党的领导,才能将其阶级意志变成国家意志,才能完成工人阶级的伟大历史使命,即改造整个社会和建设社会主义,最终过渡到共产主义。

第一,党集中了工人阶级的先进分子,集中体现了工人阶级的先进性。

共产党是以马克思主义作为自己指导思想的理论基础,是按照民主集中制原则组织起来的工人阶级的先锋队。中国共产党从一开始就是按照马列主义建党原则组织起来的,集中了中国工人阶级的先进性,领导工人阶级并通过工人阶级领导全体人民,确立了社会主义制度。在此基础上,党又领导全国人民开始转入全民的大规模的社会主义建设。六十多年来,党在社会主义建设中虽然遇到过重重困难,也走过弯路,犯过错误,但还是取得了前所未有的光辉成就。

第二,党是社会主义发展、建设和改革事业的领导核心。

人民是历史发展的动力。社会主义事业是全体人民共同的事业。搞社会主义建设同搞革命一样,没有全体人民的大力支持和踊跃参加是不可能取得胜利的。我们现在进行的社会主义现代化建设是一场伟大的深刻的革命,如果没有广大群众的充分发动和自觉行动,这个变革是不可能成功的。但是,广大人民群众参加社会主义建设又不能是自发的,必须有党的组织和领导。如果离开党的领导,就不可能形成一支强大的革命力量,最终就要失败。邓小平指出:“离开了中国共产党的领导,谁来组织社会主义的经济、政治、军事和文化?谁来组织中国的四个现代化?在今天的中国,决不应该离开党的领导而歌颂群众的自发性。”[①]在社会主义社会中,党仍然是工人阶级政治上的领导者和领袖。党的责任就是领导和团结全体人民在马克思主义思想指导下,坚持社会主义方向,进行社会主义建设。

第三,党的路线、方针、政策是工人阶级的利益和意志的集中体现。

---

① 《邓小平文选》第2卷,人民出版社1994年版,第170页。

任何政党都是阶级的政党，都有其阶级基础，都代表一定阶级的意志和利益。共产党从不隐瞒自己的阶级性，它从创立的那一天起就公开申明自己是工人阶级利益的代表者，当然也是全体人民利益的代表者。全心全意为人民服务是党的根本立场和唯一宗旨。党章总纲中指出："党除了工人阶级和最广大人民群众的利益，没有自己的特殊利益。党的纲领和政策，正是工人阶级和最广大人民群众的根本利益的科学表现。"中国共产党在社会主义建设时期的各个发展阶段上制定的路线、方针、政策都始终代表着工人阶级的最根本利益，都是党探索和认识社会主义现代化建设规律的经验总结。十一届三中全会以后逐步确立的"一个中心，两个基本点"的基本路线，也是社会主义初级阶段中国工人阶级和全国各族人民根本利益的集中体现，是建设有中国特色社会主义的政治纲领和行动指南。

二、正确处理领导力量与依靠力量、团结力量的关系，形成合力，夺取社会主义发展、建设和改革大业的彻底胜利

社会主义发展、建设和改革从根本上说是最广大人民群众的共同事业，具有最广泛和深刻的人民性。一方面，人民群众始终是社会主义事业的实践主体，必须依靠最广大人民群众的共同创造；另一方面社会主义事业的价值取向始终应该是维护好、实现好和发展好最广大人民群众的根本利益。因此，作为这一伟大事业领导力量的工人阶级及其政党必须在社会主义发展、建设和改革的过程中尊重人民群众的历史主体地位，通过正确的路线方针政策把人民群众的积极性、创造性凝聚和发挥出来，把各种力量整合起来，同心协力，夺取社会主义事业的彻底胜利。

首先，充分发挥党的先锋队作用，提高党的社会整合能力。新世纪新阶段的工人阶级政党必须立足于"两个先锋队"的高度，把团结一切可以团结的力量作为政治责任。从工人阶级先锋队的角度出发，党必须坚定地贯彻全心全意依靠工人阶级的方针，在增进工人阶级团结、强化工人阶级优势的同时，充分发挥工人阶级作为领导阶级的伟大历史作用。从中国人民和中华民族先锋队的角度出发，党必须在继续巩固工农联盟的基础上重视做好扩大群众基础的工作，信任和团结新的社会阶层广大人员，扩大政治包容性，团结和凝聚一切社会力量，投身于社会主义发展、建设和改革事业中来。

其次，着眼于最广大人民群众的切身利益，充分尊重一切有益于人民和社会的劳动，最大限度地调动一切积极因素。一切为了人民，一切依靠人民，从群众中来，到群众中去，历来是我党的生命和力量源泉。社会主义事业是充分尊重和保护一切有益劳动的崭新事业。凡是从事有益于这个伟大事业的人，无论属于哪个社会阶层，也无论以何种方式从事劳动，党和政府都要团结他们，对他们的合法权益都要保护。通过正确的路线方针政策创造社会氛围，维护公平正义，创新管理体制，鼓励干事创业，集聚起推进社会主义事业的一切力量。最后，妥善处理各种利益关系和社会矛盾，增强中华民族的凝聚力，形成全体人民为实现共同理想团结奋斗的局面。在全体人民根本利益一致的基础上，充分认识改革开放以来的利益分化和利益调整，在新的历史条件下，正确处理政党关系、民族关系、宗教关系、阶层关系、党群关系、干群关系，坚持科学发展观，既要以维护和发展最广大人民根本利益为基本出发点，又要合理反映和兼顾不同阶层、不同方面群众的具体利益，努力使全体人民共享改革成果，形成全体人民各尽其能、各得其所而又和谐相处的局面。

第二十一章 “对外关系论”:国际主义与爱国主义有机统一

现实社会主义国家对外关系的实质,是世界性与民族性、国际主义与爱国主义的有机统一。它们奉行的独立自主的和平外交政策,是这一实质的根本体现。国际主义和爱国主义有机统一与和谐世界主张,决定了社会主义中国的对外关系和政策的根本任务。学习、研究对外关系理论和政策,对建设有中国特色的社会主义、维护世界和平、促进人类进步事业,具有重要的理论价值和实践意义。

第一节 无产阶级国际主义与爱国主义有机统一思想的形成和发展

一、无产阶级革命斗争时期国际主义与爱国主义有机统一思想的理论和实践

关于世界性与民族性、国际主义与爱国主义有机统一这一科学社会主义原理,是马克思和恩格斯在《共产党宣言》中奠定的。他们指出:“现代的工业劳动,现代的资本压迫,无论在英国或法国,无论在美国或德国,都是一样的,都使无产者失去了任何民族性。”“有人还责备共产党人,说他们要取消祖国,取消民族,工人没有祖国。决不能剥夺他们所没有的东西。因为无产阶级首先必须取得政治统治,上升为民族的阶级(1888 年英文版中是‘民族的领导阶级’),把自身组成为民族,所以它本身还是民族的,虽然完全不是资产阶级所理解的那种意思。”①这就是说,工人阶级在资本主义社会中,就他们的社会地位说已丧失民族性,各个国家都一样。在无产阶级取得政治统治,上升为民族的领导阶级之前,是没有祖国的,自身未成为民族,是世界无产阶级的一员,其争取解放的运动是国际性的;只有无产阶级争得了政治统治,夺得了政权,成为民族国家的领导阶级以后,其自身才组成为民族,才有自己的祖国,但绝不是资产阶级所理解的那种民族主

---

① 《马克思恩格斯选集》第 1 卷,人民出版社 1995 年版,第 283、291 页。

义或爱国主义，而是与无产阶级国际主义相统一的无产阶级的爱国主义或民族主义。马克思和恩格斯还指出："如果不就内容而就形式来说，无产阶级反对资产阶级的斗争首先是一国范围内的斗争。每一个国家的无产阶级当然首先应该打倒本国的资产阶级。""在无产者不同的民族的斗争中，共产党人强调和坚持整个无产阶级共同的不分民族的利益。""无产者在这个革命（指共产主义革命——引者注）中失去的只是锁链。他们获得的将是整个世界。全世界无产者，联合起来！"[①]1871 年巴黎公社以后，马克思和恩格斯又明确地论述了国际主义和爱国主义的关系问题。马克思指出："国际主义绝不意味着取消祖国，绝不意味着牺牲祖国"，"国际联合只能存在于国家之间，这些国家的存在、它们在内部事物上的自主性和独立性也就包括在国际主义这一概念本身之内"[②]。在这里，马克思和恩格斯又进一步精辟地论述了他们关于无产阶级解放运动的世界性与民族性、国际主义与爱国主义有机统一的思想。

第一次世界大战爆发后，在如何对待这次世界大战的态度和政策上，几乎整个第二国际的各党都背叛了马克思主义的无产阶级国际主义思想，站在本国资产阶级的立场上主张"保卫祖国"，只有列宁为代表的俄国布尔什维克党和保加利亚、塞尔维亚两个小党坚持马克思主义的无产阶级国际主义原则，主张"变帝国主义战争为国内战争"，"使本国政府在帝国主义战争中失败"[③]，成为在帝国主义为分赃而进行的战争中采取无产阶级国际主义立场的策略模范。但是，列宁一再强调，共产党人并不是在任何时候、任何情况下都反对"保卫祖国"和"自卫战争"。他指出："我们决不是笼统地反对'保卫祖国'，笼统地反对'防御战'。不论在哪一个决议中（也不论在我的哪一篇文章中）永远也找不出这种无稽之谈。我们反对保卫祖国和自卫，是就 1914～1916 年的帝国主义战争以及其他对帝国主义时代说来是典型的帝国主义战争而言。但是在帝国主义时代也会有'正义的'、'防御的'、革命的战争，即（1）民族的；（2）国内的；（3）社会主义的等等。""《共产党宣言》指出，工人没有祖国。这是对的。但是，那里不仅仅指出这一点。那里还指出，在民族国家形成的时期，无产阶级的作用有些不同。如果只抓住第一个原理（工人没有祖国），而忘记了它同第二个原理（工人组织成为民族的阶级，不过这不是资产阶级所理解的那个意思）的联系，这将是天大的错误。这种联系是什么呢？我认为，这种联系就是，在民主运动中（在这样的时期，在这

---

① 《马克思恩格斯选集》第 1 卷，人民出版社 1995 年版，第 283、285、307 页。

② 《马克思恩格斯全集》第 39 卷，人民出版社 1974 年版，第 518、84 页。

③ 联共（布）中央特设委员会编：《联共（布）党史简明教程》，（苏）外国文书籍出版局 1953 年中文版，第 208 页。

样的具体情况下）无产阶级不能拒绝支持这个运动（因而，也不能拒绝在民族战争中保卫祖国）。马克思和恩格斯在《共产党宣言》中说：工人没有祖国。可是，同一个马克思曾经不止一次地号召进行民族战争……1891 年，鉴于法国（布朗热）＋亚历山大三世反对德国的战争当时已迫在眉睫，恩格斯曾直接承认要'保卫祖国'。马克思和恩格斯是不是今天说东，明天说西，头脑不清呢？不是的。依我看，在民族战争中承认'保卫祖国'完全符合马克思主义。""马克思主义的全部精神，它的整个体系，要求人们对每一个原理只是（α）历史地，（β）只是同其他原理联系起来，（γ）只是同具体的历史经验联系起来加以考察。"[①]列宁的这些论述，用不着详细解读，他本人已经非常明确地阐明了马克思和恩格斯关于"工人没有祖国"的无产阶级国际主义思想之科学内涵，以及它与无产阶级爱国主义有机联系的思想。列宁也旗帜鲜明地表示了自己对马克思、恩格斯关于工人阶级解放运动的世界性与民族性、国际主义与爱国主义有机统一原则坚决拥护的态度。同时，他还具体指明了在何种情况下工人阶级及其政党不能保卫祖国，在什么条件下应当保卫祖国，支持和参加正义的民族解放战争。特别珍贵的是，列宁还以"工人没有祖国"为例，告诫全世界的共产党人如何运用马克思主义的精神实质来正确理解马克思和恩格斯著作中所论的理论原理。列宁创造性地发展了马克思、恩格斯关于无产阶级国际主义与爱国主义有机统一的思想。

我国抗日战争时期，毛泽东在回答抗日战争中作为国际主义者的共产党员是否可以同时又是一个爱国主义者的问题时，辩证地论述了国际主义和爱国主义的关系。他指出："我认为不但是可以的，而且是应该的。爱国主义的具体内容，看在什么样的历史条件之下来决定。有日本侵略者和希特勒的'爱国主义'，有我们的爱国主义。对于日本侵略者和希特勒的所谓'爱国主义'，共产党员是必须坚决地反对的。日本共产党人和德国共产党人都是他们国家的战争的失败主义者。用一切方法使日本侵略者和希特勒的战争归于失败，就是日本人民和德国人民的利益；失败得越彻底就越好。日本共产党人和德国共产党人都应该这样做，他们也正在这样做。这是因为日本侵略者和希特勒的战争，不但是损害世界人民的，也是损害其本国人民的。中国的情况则不同，中国是被侵略的国家。因此，中国共产党人必须将爱国主义和国际主义结合起来。我们是国际主义者，我们又是爱国主义者，我们的口号是为保卫祖国反对侵略者而战。对于我们，失败主义是罪恶，争取抗日胜利是责无旁贷的。因为只有为着保卫祖国而战，才能打败侵略者，使民族得到解放。只有民族得到解放，才有使无产阶级和劳动人民得到解放的可能。中国胜利了，侵略中国的帝国主义者被打倒了，同时

---

① 《列宁全集》第 47 卷，人民出版社 1990 年版，第 465、464 页。

也就是帮助了外国的人民。因此，爱国主义就是国际主义在民族解放战争中的实施。为此理由，每一个共产党员必须发挥其全部的积极性，英勇坚决地走上民族解放战争的战场，拿枪口瞄准日本侵略者……这些爱国主义的行动，都是正当的，都正是国际主义在中国的实现，一点也没有违背国际主义。只有政治上糊涂的人，或者别有用心的人，才会瞎说我们做得不对，瞎说我们抛弃了国际主义。”[①]毛泽东关于爱国主义与国际主义有机结合的思想，同马克思、恩格斯和列宁的思想一脉相承，完全一致。同时，结合第二次世界大战和中国抗日战争的实际创造性地发展了马克思、恩格斯和列宁的思想。

以上所论，不论是马克思、恩格斯、列宁，还是毛泽东，都是论述无产阶级及其政党夺取政权之前，如何将国际主义和爱国主义有机结合问题的。俄国十月革命之后所产生的一系列现实社会主义国家，如何依据国际主义与爱国主义有机统一的原则来制定和实施自己的国际战略和外交政策，则是前所未有的崭新的课题。

二、工人阶级政党执政后国际主义与爱国主义有机统一思想的理论和实践

恩格斯未经历过无产阶级执政党领导的社会主义国家如何处理国际主义与爱国主义相互关系的实践，但他从国际工人运动中国际组织，如第一国际、第二国际和各民族国家内的工人阶级组织相互关系的实践，科学设想了社会主义国家对外关系的一些准则。他指出：“一个大民族，只要还没有实现民族独立，历史地看，就甚至不能比较严肃地讨论任何内政问题。”“无产阶级的国际运动，无论如何只有在独立民族的范围内才有可能。……只有在平等者之间才有可能进行国际合作，甚至平等者中间居首位者也只有在直接行动的条件下才是需要的。”[②]“胜利了的无产阶级不能强迫任何异族人民接受任何替他们造福的办法，否则就会断送自己的胜利。当然这绝不能排除各种各样的自卫战争。”[③]恩格斯在这里特别强调的是“民族独立”，各民族国家内无产阶级组织的独立自主，胜利了的无产阶级及社会主义国家的无产阶级及其政党，在对外关系中不能强迫其他民族的人民做任何事情，哪怕是对该民族有利的事情。这就向前发展了他和马克思关于在无产阶级革命斗争中无产阶级国际主义与爱国主义有机统一的理论，为现实社会主义国家处理对外关系奠定了理论基础。

十月革命后，列宁执政时期的苏俄或苏联所奉行的国际战略和外交政策，既是国际主义的，又是爱国主义的。列宁执政后和执政前一样，是彻底的国际主义

① 《毛泽东选集》第2卷，人民出版社1991年版，第520～521页。

② 《马克思恩格斯文集》第10卷，人民出版社2009年版，第471、472页。

③ 《马克思恩格斯全集》第35卷，人民出版社1971年版，第353页。

与爱国主义有机统一论者。在十月革命前夕和十月革命后苏维埃政权刚刚建立之时，列宁就从世界革命的角度阐述了无产阶级国际利益和民族利益的相互关系。他指出："在民族问题上，无产阶级政党首先应当坚持宣布并坚持立刻实行的，就是一切受沙皇制度压迫、被强迫并入或被强迫留在俄国疆界内的各大小民族，即被兼并的民族，都享有同俄国分离的充分自由。没有真正实现分离的自由，任何放弃兼并的声明和宣言都不过是资产阶级对人民的欺骗，或是小资产阶级的天真愿望。""真正的国际主义只有一种，就是进行忘我的工作来发展本国的革命运动和革命斗争，支持（用宣传、声援和物质来支持）无一例外的所有国家的同样的斗争、同样的路线，而且只支持这种斗争、这种路线。"[①]在苏俄面临严峻的国际形势下，列宁又提出了敢于保卫祖国和善于保卫祖国的问题，他说："我们从 1917 年 10 月 25 日起就是护国派了，我们赢得了保卫祖国的权利。我们不维护秘密条约，我们废除了它们，并向全世界公布了这些秘密条约，我们保卫祖国使她不受帝国主义者的侵犯。我们在保卫祖国，我们一定胜利。我们维护的不是大国地位（俄罗斯遗留下来的除了大俄罗斯以外，没有任何其他东西），不是民族利益，我们肯定地说，社会主义的利益，世界社会主义的利益高于民族的利益，高于国家的利益。我们是社会主义祖国的护国派。"[②]当列宁论到一些自称左派的人提出要公开要求德国人遵守《布列斯特条约》以稳定当前局势时，他指出："他们忘记了，首先应该获得胜利，然后才能提出某些要求。如果你没有获得胜利，敌人就可以对你的要求迟迟不做答复，甚至根本置之不理。这就是帝国主义战争的规律。你们对这一点不满，那你们就要善于保卫自己的祖国！为了社会主义，为了工人阶级，为了劳动者，我们有权保卫祖国。"[③]

从列宁的以上论述我们可以看出：第一，列宁对沙皇俄国侵占和压迫周围小国和少数民族，是站在彻底的国际主义立场，主张它们有充分的分离自由。第二，当无产阶级取得了政权，上升为民族的领导阶级时，作为国际主义者的俄共（布）就理直气壮地宣布自己是"护国派"、爱国主义者，坚决保卫社会主义的祖国。第三，在复杂的严峻的国际形势面前，不仅敢于保卫祖国，还应讲究策略，善于保卫祖国，实现保卫祖国的权利。

斯大林时代的苏联在第二次世界大战中和大战前所奉行的国际战略和外交政策，与列宁时期基本一致。斯大林总体上说也应当是国际主义与爱国主义有机统一论者。但是，他本人和他奉行的党和国家的国际战略和对外政策包含着

① 《列宁选集》第 3 卷，人民出版社 1995 年版，第 52、53 页。
② 《列宁全集》第 34 卷，人民出版社 1985 年版，第 318～319 页。
③ 《列宁全集》第 34 卷，人民出版社 1985 年版，第 316～317 页。

明显的大党主义、大国主义成分，特别是他在南斯拉夫共产党人探讨符合本国实际的社会主义发展道路问题上所采取的蛮横的大党主义、大国主义，将南斯拉夫党和国家武断地指责为“帝国主义走狗”、“社会主义阵营的叛徒”，并利用自己在国际共运和社会主义阵营中的威权，发动各国共产党、各社会主义国家对南斯拉夫党和国家进行围攻，错误实在严重。这些违背无产阶级国际主义的消极成分，对他的后继者赫鲁晓夫、勃列日涅夫推行大党主义、大国主义、霸权主义产生了不良影响，特别是勃列日涅夫时期形成的以“主权有限论”、“国际专政论”为代表的勃列日涅夫主义，即霸权主义，严重地违背了社会主义根本性质决定的国际主义与爱国主义有机统一原则。勃列日涅夫推行的霸权主义，既损害了被其侵略国家人民的利益（如苏军占领阿富汗），又损害了社会主义国家的形象，也害了苏联自己。教训十分深刻。

中国共产党人执政后和执政前一样，一直坚持国际主义与爱国主义有机统一的原则。在这个问题上，毛泽东时代和邓小平时期及其以后的历届党和国家领导集体所奉行的国际战略和外交政策，基本上是一致的（当然在毛泽东时代，特别是十年“文革”时期，外交政策受到了左倾错误理论与实践的一些影响）。对此，邓小平作了清楚的论述。1982 年 8 月 21 日，他在论述中国的对外政策时指出：“中国是联合国安全理事会的常任理事国，中国理解自己的责任。有两条大家是信得过的，一条是坚持原则，一条是讲话算数。我们不搞政治游戏，不搞语言游戏。我个人爱好打桥牌，但中国在政治上不爱好打牌。不仅今天如此，建国以后，在毛泽东主席、周恩来总理领导我们国家的时候就是如此。……中国的对外政策是一贯的，有三句话，第一句话是反对霸权主义，第二句话是维护世界和平，第三句话是加强同第三世界的团结和合作。”“反对霸权主义、维护世界和平是我们真实的政策，是我们对外政策的纲领。”“我们现在还很穷，在无产阶级国际主义义务方面，还不可能做得很多，贡献还很小。到实现了四个现代化，国民经济发展了，我们对人类特别是对第三世界贡献可能会多一点。作为一个社会主义国家，中国永远属于第三世界，永远不能称霸。这个思想现在人们可以理解，因为中国现在还很穷，是不折不扣的第三世界国家。问题是将来我们发展了，搞不搞霸权主义。……到那个时候，如果中国还是社会主义国家，就不能实行霸权主义，仍然属于第三世界。如果那时中国翘起尾巴来了，在世界上称王称霸，指手划脚，那就会把自己开除出第三世界的‘界籍’，肯定就不再是社会主义国家了。一九七四年我在联大特别会议上作了一篇讲话，讲的就是这个内容。这是毛泽东主席、周恩来总理制定的对外政策，我们要用来教育子孙后代。”[①]在

---

① 《邓小平文选》第 2 卷，人民出版社 1994 年版，第 415、417、112 页。

进入新世纪，国际局势发生了冷战以来最深刻变化的形势下，江泽民在《共同创造一个和平繁荣的新世纪》(2002 年 4 月 10 日)一文中，系统地论述了我国的国际战略和外交政策。他指出：我们认为，维护世界和平、促进共同发展的正确途径是顺应时代潮流和各国人民的意愿，因势利导，积极推动建立公正合理的国际政治经济新秩序。各国政府和人民应该在以下方面共同做出努力：(1)积极推动世界走向多极化，尊重各国和各国人民的意愿和利益。这是促进世界和平与发展的重要基础。(2)推进国际关系民主化，凝聚各国人民的力量，解决面临的突出问题。国家不分大小、贫富和强弱，都是国际社会的平等一员。各国的事情由各国人民作主，国际上的事情由各国平等协商。(3)正确引导经济全球化，促进各国实现共同发展。国际社会应共同努力，趋利避害，实行共赢共存，使经济全球化朝着有利于世界经济平衡、稳定和可持续发展的方向前进，以缩小南北差距，防止“贫者愈贫，富者愈富”现象继续发展。(4)树立以互信、互利、平等、协作为核心的新安全观，努力营造长期稳定的国际和平环境。①

在当今世界正处在大变革、大调整、大发展之时，胡锦涛为首的党中央又系统论述了中国始终不渝走和平发展道路，并与全世界人民一起争取建立持久和平的和谐世界问题。胡锦涛指出：“和平与发展仍然是时代主题，求和平、谋发展、促合作已经成为不可阻挡的时代潮流。世界多极化不可逆转，经济全球化深入发展，科技革命加速推进，全球和区域合作方兴未艾，国与国相互依存日益紧密，国际力量对比朝着有利于维护世界和平方向发展，国际形势总体稳定。同时，世界仍然很不安宁。霸权主义和强权政治依然存在……世界和平与发展面临诸多挑战。”“我们主张，各国人民携手努力，推动建设持久和平、共同繁荣的和谐世界。”“当代中国同世界的关系发生了历史性变化，中国的前途命运日益紧密地同世界的命运联系在一起。不管国际风云如何变幻，中国政府和人民都将高举和平、发展、合作旗帜，奉行独立自主的和平外交政策，维护国家主权、安全、发展利益，恪守维护世界和平、促进共同发展的外交政策宗旨。”②主持我国外交工作的国务委员戴秉国在论述走和平发展道路与推动建设和谐世界是何关系时指出：“坚持和平发展道路是向世界宣示我们将如何实现发展和振兴，其实质是我们党对国家发展道路与战略的选择。推动建设和谐世界，回答的是中国将致力于建设什么样的世界、什么样的国际秩序，其实质是我们党的国际秩序主张与行

① 参见中共中央文献研究室编《江泽民论有中国特色社会主义(专题摘编)》，中央文献出版社 2002 年版，第 523～525 页。

② 中共中央文献研究室编：《中国共产党第十七次全国代表大会文件汇编》，人民出版社 2007 年版，第 44～45、45、45～46 页。

为准则。坚持和平发展道路是推动建设和谐世界的基础和前提,推动建设和谐世界是坚持和平发展道路的必然要求。中国坚持两者的有机统一,既做爱国主义者,也做国际主义者。"①

从邓小平、江泽民、胡锦涛等对我国国际战略和对外政策的论述中,我们可以看出:第一,执政后的中国共产党人和执政前一样,都是坚持无产阶级国际主义与爱国主义有机统一的原则。第二,新中国建立后,不论是毛泽东、周恩来等领导时期,还是邓小平、江泽民、胡锦涛主政时期,我国的国际战略和外交政策是一以贯之的,都是坚持原则说话算数,不搞资产阶级政客那一套。第三,不论是改革开放前的革命外交路线,还是改革开放后的独立自主的和平外交政策以及和平发展、和谐世界,等等,其实质都是无产阶级国际主义与爱国主义的有机统一。

第二节　和谐世界与现实社会主义国家对外关系的性质及原则

一、和谐世界主张来源于社会主义国家的根本性质

一个国家的对外政策属于政治领域,而"政治是经济的集中表现"②,"对内政策和对外政策是彼此紧密联系着的"③。一般说来,外交是内政的延续,它是由社会制度的根本性质决定的。社会主义国家的根本性质,决定了它的对外政策。

2005 年,胡锦涛在联合国成立 60 周年之际,在各国元首所瞩目的讲坛上,以简洁明确的语言提出了构建和谐世界的倡议。2006 年,又先后在上海合作组织成立五周年峰会和亚信会议上提出共建"和谐亚洲"的主张。"和谐世界"与"和谐亚洲"的理念昭示中国对外战略的根本宗旨,是调整中国与世界的关系,提升当代中国对世界深刻理解和战略选择的总体格调,以开阔的视野和博大的胸怀拓展了中国对外开放的国际发展空间。这一新命题的提出,乃是着眼于"两个最大限度",即最大限度地增加世界的和谐因素,最大限度地减少世界的不和谐因素。

"和谐世界"理念蕴涵平等、宽容、合作、协调的基本要素,是有原则的"和而

---

① 戴秉国:《坚持走和平发展道路》,载《新华文摘》2010 年第 7 期。

② 《列宁选集》第 4 卷,人民出版社 1995 年版,第 407 页。

③ 《列宁选集》第 3 卷,人民出版社 1995 年版,第 270 页。

不同”。和谐世界的本质是“和谐共处”，通过推动对话避免对抗，推动融合避免冲突，是不同文化的共存、共生、共同繁荣的世界文明发展趋势。它意味着通过“软实力”建设，运用各种资源和手段提升国家在国际社会中的地位和形象，坚持和平发展的道路。这种新的价值取向及认同感在赋予和平崛起意义的同时，也为崛起进程中的政治行为提供一种软约束。因此，“软实力”是构建和谐世界的理论基石，是实施“和谐世界”外交战略的基础条件。“软实力”是以发达的物质经济基础为前提条件的，没有硬实力的经济社会发展作为物质基础，“软实力”是没有根基和威力的。软权力与硬权力在国际关系领域各有其地位，各自发挥其作用。互补性是软权力和硬权力最显著的特点，它们是一个问题的相辅相成的两个方面。中国之所以欲通过“软实力”使世界变得更为和谐，其必然性和可行性主要得益于国际环境的大背景。当今经济全球化和地区一体化进程加快，全球化与区域化的组织形式不仅对参与全球化和区域化的任何国家的国际行为构成了制度性的制约，而且也使这些国家能够通过全球化和区域化来达到自己发展的目标。

随着人类社会步入新纪元，和平与发展已是当今世界的主题。国际社会的重大变革、经济全球化和政治多元化迅猛发展，时代变迁与现实发展使人们对当今世界的认识越来越深刻，中国外交战略又催生出新的政治理念——构建“和谐世界”。经历改革开放三十多年发展到今天，中国正处于经济快速持续增长的和平发展时期，对外战略正面临着历史性突破的契机，换言之，历史与现实已经水到渠成地提出新命题：从 1500 年以来世界大国兴衰交替历史经验的总结中寻求现代启示，以博大而开放的视野延承传统文化血脉和开启现代中国外交新政。构建“和谐世界”是以中国和平崛起过程中以文化、“和合”意识和公众外交的软实力资源提升国际地位和政治影响力的新途径，是以中国总体政治文化精神的一个有机、强劲而又富有活力的流脉，营造世界各国政治上和谐共处，安全上协作互信，经济上发展共赢，文化上互补融合。“和谐世界绝非是政治人物和外交官的‘障眼法’，而是中国发展到一定阶段社会本质需求的体现，是经过改革开放 30 年的洗礼熏陶自然形成、有深厚基础的世界观。”①“和谐世界”理论集中体现了社会主义国家的根本性质。

第一，社会主义国家对外政策的目的和性质，从根本上说，是由社会主义经济制度和全体劳动人民的经济地位、经济利益以及社会主义国家的对内政策决定的。社会主义的经济制度是生产资料的公有制和按劳分配（在初级阶段则是生产资料的公有制和按劳分配为主体），它是在消灭了剥削阶级和剥削制度的基

---

① 王逸舟：《中国外交十特色——兼论对外交研究的启示》，载《世界经济与政治》2008 年第 5 期。

础上建立起来的。无产阶级和劳动人民在推翻了剥削阶级的统治以后，为实现彻底的经济解放扫清了障碍，迫切要求有一个长期的和平环境，以从事社会主义现代化建设和改革开放事业，大大发展社会生产力，不断改善自己的物质和文化生活，创造比资本主义更高的劳动生产率，争取产品的极大丰富，建成发达的社会主义，进而实现更加美好的共产主义社会。科学社会主义认为，社会主义国家劳动人民的利益和世界各国人民的利益是一致的。民族之间的冲突，从根本上说，是由阶级冲突引起的。"人对人的剥削一消灭，民族对民族的剥削就会随之消灭。民族内部的阶级对立一消失，民族之间的敌对关系就会随之消失。"[①]在社会主义国家，既然消灭了依靠对国内人民进行剥削、奴役，对国外进行扩张掠夺来发财致富的阶级，也就消灭了对外侵略扩张的社会阶级根源，奠定了奉行和平对外政策的社会基础。社会主义国家奉行和平的对外政策，也正是社会主义制度的优越性在对外关系上的鲜明体现。

第二，社会主义国家的政治制度是与经济制度相适应的，其基本特征是人民当家作主，具有民主性，是民主与集中的有机统一。工人阶级领导的、工农联盟为基础的人民民主专政（即无产阶级专政）的社会主义国家，同人民的政治关系是人民内部的关系，广大人民享有通过各种形式管理国家的权利。以马克思主义武装的工人阶级政党是执政党，党和国家的工作人员是社会的公仆，是按照人民的意愿办事的，对人民负责，受人民监督。因此，社会主义国家政权已不像过去剥削阶级国家政权那样，对内压迫人民，对外实行强权政治、霸权主义乃至侵略扩张；它是对内为人民服务，对外奉行和平外交政策，反对霸权主义，维护与促进世界的和平与发展。

第三，社会主义国家对外政策的制定和实施，是在无产阶级的世界观——马克思主义指导下进行的。马克思主义认为，实现社会主义和共产主义是消灭一切剥削压迫的根本途径，私有制和阶级的存在是产生侵略和战争的根源，强权政治、霸权主义、对外侵略扩张是帝国主义的基本特征，只有彻底消灭剥削阶级和剥削制度，才能消灭侵略和战争；无产阶级革命不能输出，也不能输入，主要是依靠本国人民的革命斗争。马克思主义关于国际无产阶级对外关系的政策和理论，科学地反映了无产阶级根本利益和进行国际斗争的根本要求。社会主义国家推行和谐世界对外政策，正是马克思主义这一科学理论本质的具体体现。

由此可见，我国的政治、经济及社会制度，我们的文化传统，我们的理想追求，都决定了"和谐世界"既是一种社会思想，也是我们的基本国际行为准则。社会主义国家始终不渝地奉行和平、和谐的对外政策，是由社会主义国家的性质和

---

① 《马克思恩格斯选集》第1卷，人民出版社1995年版，第291页。

特点决定的，是有深刻的社会经济、政治和思想基础的，绝不是一时的策略需要，而是社会主义国家所固有的一贯性政策。“和谐世界是国际关系和国际社会的一种理想状态，和谐世界的实现取决于和平与进步力量的发展，取决于国际力量的对比，取决于世界各国的普遍发展，取决于最终实现国际关系民主化，需要世界各国长期的共同努力。”①中国的发展道路是维护和平、追求和谐的。

二、和谐世界与现实社会主义国家奉行和平的对外政策

“和谐”与“和平”是我们党治国理政的重要理念。当代中国提出的“和谐世界理”念，其内涵并非来自崛起大国的外交权宜之策，而是我国内政的延续和必然反映。建设和谐世界，是对我国长期坚持的独立自主的和平外交政策的继承、丰富和发展，是中国参与国际事务一贯原则的升华。从两者相互关系上可概括为，“和谐”是较“和平”更为高级的均衡状态，和谐是更高层次、更为深刻、更为宽泛意义上的和平。“如果说‘和平’是国与国之间各种力量相互关系的基本行为准则，那么‘和谐’则是国际社会各种利益之间共同发展的重要价值尺度，是国际关系从和平朝着和谐方向的发展和深化。”②新中国成立以来，中国一贯奉行和平外交政策，建设和谐世界是我国国际地位和作用的不断提升在外交政策上的集中反映。

新中国成立初期的20世纪50年代，以毛泽东为核心的党的第一代中央领导集体与周边邻国共同提出“和平共处五项原则”，奠定了新中国外交政策的基础，形成了具有中国特色的独立自主的和平外交政策；以邓小平为核心的党的第二代中央领导集体，实行改革开放的战略，中国政府继续奉行独立自主的和平外交，开创了我国对外关系的新局面；以江泽民为核心的党的第三代中央领导集体，相继提出新安全观、新文明观和新发展观，实行“富邻、安邻和睦邻”周边外交政策，进一步丰富了我国独立自主的和平外交政策；以胡锦涛为总书记的新一届党中央，在新的历史条件下面对纷繁复杂的国际政治经济格局，坚持独立自主的和平外交政策，实现了我国外交理论和实践的又一次与时俱进，提出中国走和平发展的道路，致力于建设持久和平、共同繁荣的和谐世界。

冷战的结束使国际关系发生了某些积极的变化，人们普遍意识到世界战争的威胁已大大缓解，但人类又面临新的安全态势挑战。人类进入21世纪之初，便发生了“9·11”恐怖事件，随之而来的阿富汗和伊拉克两场战争。这一切表明，在我们生活的世界里，还存在着利益冲突、价值观念的冲突、东西方文明的冲

---

① 董云虎：《积极推动建设和谐世界》，载《求是》2007年第17期。

② 王荣华：《和谐与和平：中国发展的世界意义》，载《求是》2007年第1期。

突、国家与国家的对抗冲突，当今世界仍不太平，并不和谐。世界格局的变动和政治战略的演变，势将牵动大国利益和大国关系新一轮调整，国际政治和国际关系进入新的历史时期。其预示着中国在和平崛起过程中将直面更深层次的矛盾。一方面，中国的陆权海权及地缘战略意义更为突出，也更加严峻；另一方面，经济全球化区域一体化超越冷战思维，对冷战时期形成的传统安全模式和安全理念构成冲击。倡导国际关系不应以价值观念或贫富差异及国家制度的不同划线，国际关系民主化是以公平、公正、协商、合作为基础的平等伙伴关系。在这样的背景下，中国政府提出构建和谐世界，这一理念不仅根植于中国传统文明和现代文明的沃土，又与国际关系民主化的精神有着相通之处，符合当今国际关系准则发展的大趋势。中国政府在一个并不那么和谐的世界里倡导并致力于和谐，是因为我们坚信人类有共同的根本利益，有共同的未来，有共同的终极关怀。

世界和谐蕴意着国际社会中各国之间内在有机的联系性，也就是各方相互协调、相互妥协、相互依存的性质和趋向，建立一种政治秩序、规则及机制，实现和平、公正、平等、有序、融洽相处的局面。构建和谐世界对中国实行独立自主的和平外交政策具有最根本、最直接、最具有决定性的动力。

第一，“原则性”是和谐世界理念的应有之义。它不是无原则的“和、和、和”，而是内涵着反对强权政治和霸权主义，维护世界和平，维护我国的核心利益。

第二，“和平性”是和谐世界理念的本质属性。以和平、和谐、和睦去协调各国家的行为体及政治利益集团的关系，它是在社会稳定、平和、有序状态下，遵循“游戏规则”渐进逐步进行的，是以和平、发展、合作为根本目的。

第三，“人本性”是和谐世界理念的精髓所在。构建“和谐世界”作为在国际社会领域有作为的一种方式，其最终目的是为每个人的发展创造物质富裕、精神富足的生存基础条件。《联合国宪章》提出“发展国际间以尊重人民平等权利及自决原则为根据之友好关系”①的宗旨，宪章中提出的平等公正准则不仅适用于国家关系，也适合于人与人的关系，体现人本精神。和谐世界理念中的“人本性”正是联合国倡导平等原则在当代的具体体现和运用。

第三，“包容性”是“和谐世界”理念的核心内涵。“和谐世界”理念涵盖着不同文明的共存和相互尊重，承认文明的多样性和各种文明兼容并蓄，是对不同的社会制度和发展道路的彼此尊重。中国选择的和平发展道路，构建的和谐世界，其理论基础当是对本国传统文明的承传和创新，对其他国家文明的宽容和敬重。

① 转引自董云虎、刘武萍编著《世界人权约法总览》，四川人民出版社 1990 年版，第 929 页。

三、和平共处五项原则是实现和谐世界的基本原则

从思想渊源上来看，“和谐世界”理念既是以中国传统思想文化为基础，又是后冷战时代新的国际政治格局的产物。“和谐世界”理念中的“和为贵”思想不仅是对中国古代传统文化的弘扬，而且是对20世纪50年代“和平共处”、80年代的“和平发展”、90年代“新安全观”中对话求安全、合作谋发展等共赢思想的丰富发展和具体应用，它们之间的核心部分是有历史与现代的传承关系，是一个不断延承、深化、创新的过程。

“和谐世界”理念的提出，客观反映了中国历史文化中的政治智慧与现代政治理念的有机结合，是中国和平共处五项原则的理论升华，是对新中国外交战略政治遗产的继承发展。第二次世界大战以来，中国的国际环境特别是与周边的地缘政治环境是不断发生变化的，其对外战略思想也是一个不断发生演化、选择、调整的过程。和平共处五项原则始终是实现和谐世界的基本原则。从总体上看，新中国成立以来“和谐共处”思想大致经历三次重大的历史性转变，每一次调整都对中国的对外政策产生了直接而深远的影响。

第一阶段，20世纪50年代至70年代末，“和平共处五项原则”作为一面旗帜，在维护和平、促进合作方面发挥了历史性作用。和平共处五项原则是由周恩来与尼赫鲁等在万隆会议上提出来的，中国政府倡导和平共处，与一切国家友好往来，通过协商和平解决国与国之间的分歧和争端。当时的国际背景是世界的民族独立和解放运动风起云涌，且国际政治舞台呈两种发展趋向：一方面，反对帝国主义和殖民主义运动方兴未艾；另一方面，冷战已拉开序幕，对立的军事集团迅速形成。和平共处的提出是中国当时所处的内外环境使然。新中国成立后，经济基础薄弱，综合国力不强，且又经过朝鲜战争，国家的生存与安全是当时面临的首要问题。因此，以毛泽东为首的党中央面对西方主导的国际体系强调的是对抗和斗争，而在处理国家之间关系时则强调和平共处。和平共处五项原则为新的国际秩序主张的提出确定了基本方向，逐步走向成熟，并日益为国际社会所接受。[①] 和平共处原则有很强的针对性，是当时那个时代的需要，至今仍具有强大的生命力和凝聚力。

第二阶段，20世纪80～90年代，我们党第二代领导集体提出“和平与发展”是时代主题，这是对和平共处思想的延续和深化。中国实行了改革开放，工作中心转移到经济建设方面来，综合实力提高，国际影响日趋扩大。重要的是，随着我国国际经济和政治地位的提高，现行的国际政治经济体系已逐步开始认同接

① 参见刘杰《秩序重构：经济全球化时代的国际机制》，上海社会科学院出版社1999年版，第32页。

纳我们，由过去被排斥于世界体系之外转变为世界体系中的重要成员。这一切表明，我们国家的生存与安全问题基本解决，国家面临的任务是如何更快地发展。此时邓小平提出："和平与发展是当今时代的两大主题。"[①]和平发展问题是我们要承担的历史责任和历史使命。为解决当时我们国家在国际政治经济体系中受到的歧视和不公平待遇，邓小平又提出要建立更加合理的国际政治经济新秩序的思想，他说："世界上现在有两件事情要同时做，一个是建立国际政治新秩序，一个是建立国际政治新秩序。"[②]这就清晰地显示了一条呼吁和平的外交政策主张。

第三阶段，20 世纪 90 年代至今，从江泽民的"新安全观"到胡锦涛的"和谐世界"理念，是对话求安全、和谐谋发展等共赢思路的丰富深化。"和谐共处"是和谐世界理念的本质内容，它是对"和平共处"思想的继承发展。改革开放三十多年来，我国无论是国家综合实力，还是在国际政治经济格局中的地位和影响力都呈上升趋势。特别是后冷战时期国际关系发生了积极变化和重大调整，同时也发生了许多地区冲突和错综复杂的矛盾。渴望和平、安宁和发展，期望国际关系民主化和发展模式多样化，已成为人类社会发展的大趋势。"新安全观"与"和谐世界"理念回应了当今时代的呼唤和要求，既有继承、遵循中国一贯坚持的和平外交原则，更有发扬光大，将一国外交政策提升为国际交往与合作的共同理念。客观上有利于争取和调动国际上一切积极因素，应对和解决各种不和谐因素，以推动世界的和平与繁荣；有助于消除国际社会对当代中国持续发展的疑虑，正面回应"中国威胁论"的影响。其理论价值和深远影响必将在未来得到印证。

邓小平在 1984 年根据历史经验和现实状况，曾经讲过这样一段名言："处理国与国之间的关系，和平共处五项原则是最好的方式。其他方式……都会带来矛盾，激化国际局势。总结国际关系的实践，最具有强大生命力的就是和平共处五项原则。"[③]2007 年，胡锦涛在中国共产党第十七次全国代表大会上又进一步阐明："中国坚持在和平共处五项原则的基础上同所有国家发展友好合作。"[④]和平共处五项原则概括了最根本的国际关系准则和国际法基本原则，符合联合国宪章的基本精神，反映国际新秩序的基本特征，具有强大的生命力。和平共处五项原则的内容是：互相尊重主权和领土完整，互不侵犯，互不干涉内政，平等互

---

① 《邓小平文选》第 3 卷，人民出版社 1993 年版，第 104 页。

② 《邓小平文选》第 3 卷，人民出版社 1993 年版，第 282 页。

③ 《邓小平文选》第 3 卷，人民出版社 1993 年版，第 96 页。

④ 胡锦涛：《高举中国特色社会主义伟大旗帜 为夺取全面建设小康社会新胜利而奋斗——在中国共产党第十七次全国代表大会上的报告》，人民出版社 2007 年版，第 48 页。

利，和平共处。这五项原则完全符合各国的利益，能够为不同制度的国家服务，能够为发展程度不同的国家服务，能够为左邻右舍服务，能够被世界不同类型的国家所接受。和平共处五项原则是实现和谐世界的基本原则。

第一，和平共处五项原则能够为不同社会制度的国家服务，被世界各个国家所接受。以五项原则作为基础确立不同社会制度国家的新型关系，完全是着眼于当代世界的客观现实和国际战略全局。世界各国的社会制度不同，意识形态、价值观念、政治信仰也有差异。要求同存异，友好相处，只有信守这五项原则，才能奠定建立正常关系的良好基础，从而超越社会制度、意识形态和价值观念，实行和平共处，建设和谐世界。中国坚持以和平共处五项原则作为指导国家关系的基本准则，努力建立和发展与不同社会制度国家的关系。我国同美国、日本和西欧一系列资本主义国家建立邦交，增进合作，发展关系，和平共处，都是贯穿了这五项原则的基本精神的，为世界不同社会制度的国家建立和发展关系提供了范例。

第二，和平共处五项原则能够为发展程度不同的国家服务，并能提供最有力的指导。当今世界，有发达国家，也有发展中国家；有经济强国，也有经济弱国。在过去的时期里，西方发达国家同许多发展中国家之间的关系是宗主国与殖民地的关系。第二次世界大战后，虽然这种旧关系形式上已结束，但彼此间不论在政治领域还是经济领域依然存在这样那样的矛盾和问题。不平等的国际经贸关系，使其经济发展的差距越拉越大，造成富国愈富，穷国愈穷。这种失衡状态，从根本上说源于不公正的国际经济旧秩序。要解决这些矛盾，确立新型国际关系，实现国际关系民主化，建设和谐世界，真正有效的还是要遵循和信守和平共处五项原则，并以五项原则中的“平等互利”这一条为基础条件。

第三，和平共处五项原则能够使邻国之间互相尊重，平等相待，是解决好同周围邻国关系的普遍适用的原则。世界上任何国家都存在着处理好与左邻右舍的国家关系问题。由于历史、种族等诸多因素，造成许多邻国之间关系紧张，多次发生武装冲突，使人民遭受生命财产的损失，影响了地区乃至世界和平与稳定。事实证明，要同众多周边国家建立和发展睦邻友好关系，解决好历史遗留下来的边界问题，构建和谐、和睦的周边关系，最为重要的就在于切实贯彻执行和平共处五项原则。

四、国际主义的世界性与爱国主义的民族性之有机统一是现实社会主义国家对外关系的重要出发点

社会主义国家，只有把国际主义的世界性与爱国主义的民族性结合起来，才能处理好同世界各国之间的关系，这是由社会主义国家的根本性质和利益决

定的。

无产阶级国际主义原则，是科学社会主义创始人——马克思和恩格斯在《共产党宣言》中正式提出并论证的，它是科学社会主义的基本原则之一，在无产阶级解放斗争中不是可有可无而是占有极其重要的地位。因此，在无产阶级解放斗争的各个阶段或时期，无产阶级国际主义原则的具体实现形式可以有很大区别，但这一原则本身不能取消，不能背离，背离了这一原则就违背了共产党人的本质属性。

无产阶级国际主义是全世界无产阶级为维护共同利益、最终实现共产主义而坚持实行的国际团结的思想，是运用马克思主义的立场、观点和方法认识和处理民族之间、社会主义国家之间以及无产阶级政党之间相互关系的基本原则之一，是无产阶级及其政党在民族问题上的世界观。世界近现代历史证明，随着资本主义的发展，国际市场把各国的生产和消费联系起来。各国的资产阶级为了各自的利益，总是联合起来反对和镇压各国的无产阶级，使资本和压迫成为一种国际现象。因此，各国的无产阶级受剥削压迫的状况是相同的，决定他们的利益必然是一致的，面对着共同的敌人，应联合起来共同战斗。随着历史的进一步发展，尤其是当代国际共产主义运动的丰富实践，将赋予“国际主义”更全面、完整的内涵。列宁曾指出：要做一个国际主义者，“就不应当只为本民族着想，而应当把一切民族的利益、一切民族的普遍自由和平等置于本民族之上”[①]。这就要求，各国无产阶级及其政党把世界人民的共同利益放在首位；各国无产阶级及其政党的革命和建设都要互相支持和援助；各国无产阶级政党之间是相互独立的，他们应独立自主地选择自己革命和建设的道路。

爱国主义是长期形成的对自己祖国的人民、山河、文化以及民族的历史和优秀传统的深厚感情。这种感情集中表现为对自己祖国的忠诚和热爱，具有民族自尊心和自信心，这是维系民族、国家生存发展的世代相传的思想和行为准则。“爱国主义”是一个历史的、阶级的概念，在不同的历史时期有不同的内容，不同的阶级有不同的理解。资产阶级的爱国主义是与资产阶级狭隘的民族主义相联系的。无产阶级的爱国主义是从本国人民和世界人民的共同利益出发，既为祖国的独立和解放而斗争，也反对本国资产阶级对其他民族的剥削和侵略，支持他国人民的正义斗争。爱国主义对外表现为，当自己的国家处于被压迫民族的地位时，反对帝国主义的侵略，捍卫领土的完整和独立；对内则把对祖国的热爱同争取社会主义革命和建设事业的胜利结合起来。在社会主义制度下“爱国主义”被赋予新的含义。社会主义已成为爱国主义最主要的精神实质和时代特色，是

---

① 《列宁全集》第28卷，人民出版社1990年版，第43页。

人类历史上最高类型的爱国主义。当今世界，我们面对激烈的竞争、严峻的挑战、明显的差距，如仅有早先那种田园诗式的、书斋式的爱国情感就很不够了。作为新时期的爱国者，既要继承民族传统之精华，更要具备面向世界的现代意识，能够放眼全球取各国之长，建设祖国，壮大祖国，提高综合国力，在更高的层次上来认识把握爱国主义的丰富内涵。

无产阶级的爱国主义和国际主义是一致的。社会主义国家在处理对外关系时，必须把爱国主义原则和国际主义原则结合起来，这是马克思主义民族观不可分割的整体。第一，爱国主义必须同国际主义相统一。各国人民的革命和建设事业从来都是相互支持的，各民族的利益必须与整个人类解放的整体利益联系在一起。一国胜利了的无产阶级应支持和援助其他国家人民的革命斗争，必要时要勇于承担民族牺牲，履行国际主义义务。第二，国际主义必须同爱国主义相统一。任何一国的无产阶级解放事业都是在民族国家的范围内进行的，民族的独立和繁荣是一切国际合作的基础。各国的无产阶级及其政党只有扎根于本民族之中，代表人民群众的利益和要求，并把本国的事情办好，才能更好地支持别国人民的解放斗争。

各个社会主义国家对外政策的经验表明，把爱国主义同国际主义结合起来，制定对外政策，处理对外关系，既有利于社会主义国家自身的发展，也有利于国际无产阶级解放事业和人类进步事业的发展。因此，各国无产阶级及其政党要把履行国际主义义务同本民族的发展、本国人民的利益所应承担的责任结合起来，以此作为制定对外政策的根本出发点。

五、独立自主是我国和平外交政策的立足点

独立自主是我国处理国际关系问题的一贯立场。党的十一届三中全会以来，为适应国内和国际形势的变化，我国对外政策适时地进行了调整、充实和发展。中国在外交工作中始终奉行独立自主的原则，但各个时期表现形式有所不同。我们党在总结过去三十多年经验的基础上，赋予了独立自主原则新的内容，这就是：中国同任何国家没有结盟关系，完全采取独立自主的政策；在涉及民族利益和国家主权的问题上，决不屈服于任何外来压力；不依附任何一个强国，也不同它们任何一方建立战略关系。不结盟政策的实施，为我国独立自主的外交原则注入了新的活力。

独立自主是我国革命和建设的根本方针，也是创建社会主义新型外交的基本立场。旧中国遭受帝国主义侵略和压迫长达一百多年，从清朝到国民党政府的外交都是屈辱外交，中华民族受尽了丧权辱国之苦。历史证明，没有独立自主，就没有一切。中国的历史发展和民族利益决定了新中国必须实行独立自主

的外交政策。基于这一基本立场,新中国一诞生我国就采取了毛泽东提出的“另起炉灶”、“打扫干净屋子再请客”和“一边倒”的三大方针。这就是说,不承认旧中国同任何外国建立的外交关系,同世界各国建立新的外交关系;在清除旧中国遗留下来的帝国主义在华特权和影响之后,再让外国客人进来;站在当时以苏联为首的和平、民主阵营一边。新中国成立后,美国推行敌视中国的政策,先后发动侵略朝鲜和越南战争,从东面和南面威胁我国。后来,前苏联把中苏两党分歧扩大到两国关系,从撕毁合同,撤走专家,一直发展到陈兵边境,从北面威胁中国。中国并没有被这些武装威胁所吓倒,捍卫了自己的独立主权和民族尊严,并逐步发展成为独立于美苏两大集团之外的重要力量。随着国际形势的变化和中国国际地位的提高,中美关系由敌对转向对话并进而经过谈判建立了外交关系,中苏关系经过长时期的对抗也最终实现了两国关系正常化。苏联解体后,我国迅速同原苏联各共和国建立了外交关系。同时坚持“巩固周边,立足亚太,放眼世界”的方针,在外交理论和实践方面都有所创新,打开了新局面,提高了中国在国际事务中的地位和影响。这一切都是我们坚持独立自主的和平外交政策所取得的伟大成就。

独立自主,是中国对外政策中坚持的基本原则,它是以马列主义、毛泽东思想为理论依据。恩格斯认为,工人阶级政党取得政权后,在处理国与国的对外关系上,必须建立在独立自主和互不干涉内政的原则基础上。恩格斯指出:“胜利了的无产阶级不能强迫任何异族人民接受任何替他们造福的办法,否则就会断送自己的胜利。”①毛泽东一直强调中国必须独立自主,不容许任何外国势力有一丝一毫的干涉。这是因为,没有国家的独立和民族的解放就不可能建设一个繁荣富强的国家,任何一个国家的革命和建设都只能依靠本国的力量去解决,适合各国情况和特点的发展道路也只能由各国人民去寻找、去创造、去选择。作为社会主义国家,只有立足本国,把马克思主义的普遍真理同本国具体实际结合起来,才是取得革命和建设胜利的唯一途径。

坚持独立自主的基本原则,又是由社会主义制度的性质和任务所决定的。社会主义制度的确立、巩固和发展,彻底清除了屈服于任何外来压力和对外实行侵略压迫的社会根源,奠定了独立自主的新型外交基础。作为一个社会主义大国,我们十分珍惜自己来之不易的独立主权,反对任何霸权主义和强权政治;同时,我们也尊重各国人民独立自主的权利,决不对外搞霸权主义和强权政治;从不干涉别国内政,也决不容许任何别国干涉自己的内政;中国不依附任何大国和国家集团,不屈从任何大国或国家集团的压力。在国际事务中,一切从中国人民

① 《马克思恩格斯全集》第35卷,人民出版社1971年版,第353页。

和世界人民的根本利益出发，根据事情本身的是非曲直，按照是否有利于维护世界和平、发展各国友好关系、促进世界经济繁荣的标准，独立自主地作出判断，决定立场和政策。归根结底，我们坚持独立自主的和平外交政策，其基本特征是不以社会制度和意识形态的异同划线，是从中国人民和世界人民最根本的利益和长远利益出发的。作为爱国主义者，要保持民族的自尊心、自信心，不允许民族尊严和民族利益受到侵害，作为国际主义者，要坚持全人类的总体利益，支持一切有利于世界和平、促进人类进步的事业，并为此作出不懈的努力。因此，我们坚持独立自主的原则，充分体现了爱国主义与国际主义的统一。

第三节 现实社会主义国家对外关系的根本任务

一、以和平共处五项原则为准则，积极发展同世界一切国家的关系

我国坚持独立自主的和平外交政策，在和平共处五项原则的基础上同所有国家发展友好关系。21 世纪以来，中国的外交总体布局是：大国是关键，周边是首要，发展中国家是基础，多边是重要舞台。在对外关系的基本格局中我国实施了大国外交、周边外交、多边外交战略，积极推进了全方位外交，增强了中国外交的软实力建设，进一步实现同世界各国的和谐相处、共同发展。

互相尊重主权和领土完整、互不侵犯、互不干涉内政、平等互利、和平共处这五项原则是 1954 年中印、中缅共同倡导把它作为国际关系准则的。1956 年，针对苏联在处理同其他社会主义国家关系上的大国主义做法，中国政府在声明中指出：和平共处五项原则应该成为世界各国建立和发展相互关系的准则，社会主义国家的相互关系就更应该建立在和平共处五项原则的基础之上。这样，和平共处五项原则从最初作为处理社会制度不同国家之间关系的准则，进而发展为处理社会制度相同国家及一切国家之间关系的准则。

和平共处五项原则不仅反映了广大发展中国家的共同愿望，而且完全适应现代国际关系发展的需要。第二次世界大战后，广大殖民地、半殖民地国家纷纷获得独立，强烈要求改革建立在殖民主义基础上的旧国际关系，建立和发展新型的国际关系。和平共处五项原则就是在这样的历史条件下应运而生的。国家不分大小、强弱、富贫，不论社会制度、意识形态和发展道路的异同，都应一律平等，互相尊重，友好合作，和睦相处。世界各国情况千差万别，又要在同一地球上长期共存和发展，就必须有一个各国都能遵守的基本准则。五项原则概括了最基本的国际关系准则。目前，它已为世界绝大多数国家所接受，并且在许多重要的国际会议上和一系列国际文件中不断被引用或重申。这说明，它已成为公认的

国际关系基本准则，具有强大的生命力。

互相尊重主权和领土完整，是指任何国家有权按照自己的意志，处理对内对外的一切事务，有权采取措施捍卫自己的独立；互不侵犯原则的实质就是反对以战争相威胁作为解决国际争端的手段；互不干涉内政是指他国不能以任何借口干涉别国的内部事务，不以强制手段把本国的意志、社会制度、意识形态强加于他国；平等互利是指国家不分大小、强弱，都要以主权国家相待，相互往来应从双方的利益出发，互通有无，互惠交往；和平共处是指各国之间和平友好地共处于一个世界，以和平方式解决争端。

和平共处五项原则在中国已发展成为科学社会主义理论的重要组成部分，这是有其必然性的。

首先，这是对列宁关于不同社会制度和平共处思想的继承和发展。在帝国主义时代，列宁依据资本主义经济、政治发展不平衡的规律，提出了社会主义将首先在一个或几个国家中获得胜利的理论。这就意味着社会主义国家必将在一个长时期内同社会制度不同的资本主义国家和发展中国家长期并存，还要正确处理同其他社会主义国家之间的相互关系。虽然我国与发达国家和发展中国家以及社会主义国家之间的关系各有不同特点，但基本点是共同的，这就是国与国之间的关系必须建立在和平共处五项原则的基础上。这是在新的历史条件下对列宁关于不同社会制度的国家和平共处思想的继承和发展。

其次，和平共处五项原则的提出，是由执政的中国共产党的性质所决定的。中国共产党是中国工人阶级的先锋队，其利益与本国人民的利益在根本上是一致的，并确认革命是不能输出的，任何国家选择什么样的发展道路只能由本国人民自己决定。这就决定了中国共产党所领导的国家只能实行和平共处五项原则，而绝不能实行对外侵略、扩张的霸权主义政策，即使将来成为世界新兴强国也是如此。

再次，和平共处五项原则适应了时代发展的要求。第二次世界大战后，殖民体系崩溃，民族解放潮流日趋发展。独立后的民族国家都面临着发展经济、巩固民族独立的任务，强烈要求保障本国的主权，反对外来的干涉和侵犯，希望与一切国家和平相处，友好合作。中国提出的和平共处五项原则适应了战后国际形势的变化，反映了世界人民的共同愿望。这就表明，社会主义中国的外交政策是同全世界人民的根本利益和时代发展的潮流一致的。

在当今世界上，有社会主义国家，有资本主义国家，有发达国家，有新兴国家，也有发展中国家。社会制度不同，意识形态不同，政治信仰和价值观念也不同。坚持和平共处五项原则，就不能以社会制度、意识形态、价值观念的异同决定亲疏、好恶，而要一律平等，互相尊重，友好合作，和睦相处。只有彼此之间真正信守这五项原则，才能奠定建立正常关系的良好基础，才会超越不同的社会制度和意识形态建立和发展正常的友好关系。作为不同社会制度的国家，相互交往，相互借鉴，互相取长补短，对双方都有利，而互相隔绝、互相对峙、互相冲突，则对彼此都没好处。因此，中国从战略高度运筹大国关系，扩大共同利益和相互合作，妥善处理大国矛盾和分歧，主动应对大国关系互动调整的新趋势；积极推进同周边国家的睦邻友好合作，贯彻与邻为善、与邻为友、以邻为伴的周边外交政策，营造和平安宁、和谐友好的周边环境和周边地区；进一步增强同发展中国家的团结合作，深化与发展中大国、发展中国家组织的对话、磋商和协调，扩大同发展中国家各领域的务实合作。中国一贯主张和坚持以和平共处五项原则作为指导国家关系的基本准则，努力建立和发展不同社会制度国家的对外关系。

二、加强同第三世界各国的团结与合作

战后，亚、非、拉民族解放运动风起云涌，一系列国家先后获得独立，逐步形成第三世界，这是维护世界和平和促进人类进步事业的重要力量，并极大地改变了世界政治力量的对比。第三世界有着长期遭受帝国主义、殖民主义剥削掠夺的历史，转入以发展民族经济来巩固政治独立的新阶段后，仍然受到不公正、不平等的国际秩序的束缚；再加之在经济建设方面由于种种原因走过曲折的发展道路，致使大多数第三世界国家仍然面临着摆脱贫困的任务。因此，巩固民族独立，发展民族经济和文化，争取建立公正合理的国际新秩序以维护世界的和平与稳定，依然是第三世界国家所面临的共同任务。中国与第三世界国家都是发展中国家，有着类似的历史遭遇，又面临着相同的历史任务，尽管中国与第三世界各国的社会制度不同，国情各异，但是彼此的根本利益是一致的。在解决各自国内问题上有许多共同语言，并在国际事务中尤其是对当今世界局势的看法上有许多共识，需要加强团结和互相支持。坚决支持被压迫民族和被压迫人民的正义斗争，加强同第三世界国家的团结与合作，不仅是中国人民应尽的国际主义义务，也是中国外交政策的基本立足点。

1986 年 6 月 21 日，邓小平在会见马里总统特拉奥雷时说："要教育我们的子孙后代，即使发展起来了，还是要把自己看成是第三世界，不要忘记第三世界所有的穷朋友，要帮助第三世界穷朋友摆脱贫困。实现中等发达水平的中国，仍不忘帮助穷朋友，这才能真正体现出中国是在搞社会主义。"①这就深刻地揭示了中国与第三世界的关系，中国对第三世界应持的态度及中国对第三世界承担

① 中共中央文献研究室编：《邓小平思想年谱（1975～1997）》，中央文献出版社 1998 年版，第 357 页。

的义务。亚、非、拉国家为争取维护民族独立所进行的一切正义斗争，中国都给予坚决支持，并竭尽全力，甚至不惜承担最大的民族牺牲和风险。在抗美援朝中，保卫了中朝两国的独立和主权，维护了远东的和平与安全；中国曾全力支援越南和印支人民的抗美救国斗争，并同他们生死与共，团结奋斗；中国一贯支持亚、非、拉各国争取和维护民族独立的正义斗争。1956年，中国支持埃及把苏伊士运河公司收归国有以及抗击武装侵略的正义行动。大力支持为反抗法国殖民统治而进行民族解放战争的阿尔及利亚人民，支援撒哈拉以南非洲各国人民反对殖民主义和种族主义，争取独立的斗争。1961年，中国人民全力支援古巴人民反对美国干涉的斗争。不仅如此，中国还一贯把发展同第三世界国家的经济合作放在自己对外政策的重要地位，除进行平等互利的贸易往来外还向许多第三世界国家提供了力所能及的经济技术援助，帮助他们逐步走上独立发展的道路。中国还不断探讨扩大同第三世界各国互利合作的新途径，把同第三世界各国加强经济关系的重点逐步转到开展平等互利的经济技术合作上来，提出了“平等互利，讲求实效，形式多样，共同发展”的四项原则，并同第三世界各国一起为建立公正合理、平等互利的国际经济新秩序而不懈努力。大力推动南北对话，积极促进南南合作、联合自强和地区经济一体化的事业。

三、维护世界和平，促进共同发展与合作

21世纪的世界正处在大变革、大调整、大发展之中。和平与发展仍然是时代主题，求和平、谋发展、促合作已经成为不可阻挡的时代潮流。全球和区域合作方兴未艾，国与国相互依存日益紧密，国际力量对比朝着有利于维护世界和平方向发展。冷战后，由几个大国操纵和垄断国际事务的时代已经结束。但是强权政治依然存在，世界各地依然很不安宁。霸权主义和强权政治依然存在，局部冲突和热点问题此起彼伏，全球经济失衡，南北差距拉大，传统安全威胁与非传统安全威胁相互交织。特别是21世纪以来，国际政治格局发生了一系列重大变化和调整，和平与发展成为世界两大战略性主题，各国的经济发展都需要有一个和平的国际环境。因此，世界的稳定与发展，关系到世界人民的根本利益。正是基于这些考虑和认识，中国把维护世界和平、促进共同发展与合作作为对外政策的根本任务之一。

维护世界和平，促进共同发展与合作这一对外政策根本目标的确立，有着极其深刻的社会基础。

首先，它是以当今世界政治经济基本格局的发展为依据的。在目前国际局势中，霸权主义和强权政治依然是造成世界形势紧张和矛盾冲突的主要根源，对世界的和平与安全带来不稳定因素。与此同时，和平的力量正在日益增长，抑制

世界战争的爆发也是完全可能的。在世界经济关系中，还存在着明显的、极不合理的现象，造成了南北贫富差距日趋扩大，南北对抗日趋加剧，造成某些发展中国家的动乱，使“热点”到处出现。这一切，都在威胁和影响着世界的和平发展。

其次，维护世界和平，促进共同发展与合作符合中国人民和世界人民的根本利益。中国人民正在致力于改革开放和现代化建设，需要有长期、稳定的国际和平环境。这一对外政策充分体现了中国人民的迫切愿望和要求，也符合各国人民的利益。尽管世界各国大小不同，民族各异，发展水平千差万别，但都面临着“和平与发展”这两个共同课题。争取世界和平，发展本国经济，实现共同繁荣，是世界人民所面临的共同任务。

再次，维护世界和平与促进共同发展与合作，两者互相联系密不可分。没有世界的和平、地区的稳定乃至一个国家的安全，世界各国的共同发展与合作是难以维持的；各国相互信任，加强发展与合作，对维护世界和平与稳定具有积极的促进作用。

中国积极维护世界和平，促进共同发展与合作，并在实践中为此作出了不懈努力。中国积极参加各类国际裁军会议，反对一切军备竞赛，主张全面禁止和彻底销毁核武器、化学武器、生物武器和太空武器，以及大规模裁减常规军备；中国政府加强同各国在重大国际和地区问题上的对话磋商，主张通过谈判解决争端冲突，通过对话协调利益分歧，通过合作增强相互信任，反对任意使用武力和以武力相威胁，最大限度地维护各国的国家利益，实现世界普遍和平与安全的目标；中国不断深化多边安全合作，推动建立集体安全机制，积极参与和促进有关全球和地区问题治理的国际机制建设，推进在反恐、打击跨国犯罪、防扩散、气候变化、环境保护、公共卫生等非传统安全领域的国际合作，发挥我国作为负责任大国的应有作用。积极发展同世界各国的友好合作关系，致力于创造和平稳定的国际环境，推动世界的繁荣与发展。中国政府所做的这一切，为维护世界和平、促进共同发展与合作起到了积极的推动作用。

第二十二章 “执政党论”:工人阶级执政党领导作用及自身建设的坚持与改善有机统一

工人阶级执政党领导作用及自身建设的坚持与改善有机统一,是现实社会主义发展、建设、改革的重要规律之一。工人阶级政党是社会主义革命和社会主义建设事业的领导核心。党执政后,特别是在改革开放和发展市场经济的条件下,面临着严峻考验。因此,必须重视执政的工人阶级政党的建设,否则就难以实现领导核心作用。而要坚持党的领导和加强党的自身建设,就必须特别重视通过改革来改善党的领导和自身建设,将坚持、加强与改革、改善有机统一起来。

第一节 工人阶级执政党的含义及主要特征

一、工人阶级执政党是无产阶级革命政党的继续和发展

无产阶级政党在取得政权以前被称为无产阶级革命政党,在夺取政权走上社会主义道路之后,发展成为工人阶级执政党。工人阶级执政党是无产阶级革命政党的继续和发展。在世界历史上,无产阶级革命政党成为执政党,是从俄国布尔什维克党开始的。1949 年,中华人民共和国成立后,中国共产党开始成为执政党。无产阶级革命政党发展成工人阶级执政党,这在整个无产阶级解放运动进程中是一个伟大的历史性转变。这个转变,使工人阶级执政党不仅能够把无产阶级革命政党的基本性质和一些特点在社会主义条件下继续保持下来,而且也给执政的工人阶级政党本身带来了许多新变化和新特点。

(一)执政党的地位由在野党变成了执政党

夺取政权前,无产阶级革命政党是在野党,处于无权的地位,甚至处于被迫害被围剿的地位,而且是在比较艰苦的革命斗争环境里生活和工作的。夺取政权以后,工人阶级政党在全国范围内变成了执政党,成为无产阶级专政的国家和社会主义建设事业的领导核心,代表人民掌握政治、经济、文化、军事、教育等大权,生活和工作也转入了和平、安逸的环境中。这种地位和环境的变化,就给执

政党带来了两个方面的问题：一是如何运用手中的权力。夺取政权前，无产阶级政党主要是靠自己纲领、路线的正确，靠自己的组织力、号召力来领导人民，主要是非权力性影响。执政后，尽管党仍然比较注意用自己的路线、方针、政策来动员群众、说服群众，注意把权力性影响和非权力性影响统一起来，但权力性影响毕竟会对党的领导起主导作用。另一个问题是，执政党如何在新的环境中保持工人阶级先锋队性质，提高党的战斗力，永葆革命的青春。工人阶级执政党必须认真对待掌权后所面临的这些新问题，要做到以政权为杠杆为人民服务，绝不能用这个权力为小集团谋利益，更不能为个人谋私利，否则就会损害党的形象，减弱党的战斗力，乃至亡党。

（二）执政党在国家权力系统中的地位和运作方式发生了新的变化

执政党是执政的主体，执政主体与客体的关系，就是党与国家政权的关系。执政的党与不执政的党，在国家权力系统中的地位和运作是不同的。执政的党能否科学地处理与政权系统的关系，形成党政良性互动局面，是判断一个政党执政能力强弱的标尺之一。政治发展的历史证明，权力带来的好处和危险总是像一对孪生兄弟一样形影不离，相伴相随。正因为此，古今中外有远见的政治家们都极力主张对权力进行监督和制约。而且许多国家都沿着这一思路，设计出了一套比较行之有效的监督制约机制，目的是要使执政党在国家权力系统中能够把握好自己的地位并运用好自己的权力。要解决这个问题，就需要认清政党性质、功能等在执政条件下的新变化，明确执政党的功能和权限，构建党在国家政权中的科学的运行机制，使党政和谐、互动，做到能够总揽全局、协调各方。

（三）执政党的工作重心由以阶级斗争为主转变到以组织经济建设为主

领导革命斗争的党，首要目标是推翻旧社会，取得政权，党的一切工作都紧密围绕这一中心任务来进行。而取得政权后，建设一个新社会，特别是推动社会经济、文化的发展，成了党的根本任务。党的一切活动，都要以是否有利于发展社会主义社会的生产力、是否有利于提高社会主义国家的综合国力、是否有利于提高人民的生活水平作为出发点和归宿。背离了这个根本目标和任务，党的工作就会迷失方向。

因此，党在取得政权成为执政党以后，党的工作重心必须由以阶级斗争为主转变到以组织经济建设为主。工人阶级执政党能否及时地提出并领导工人阶级和广大人民群众实现这个转变，是关系到社会主义事业成败的大问题。我们党在这个转变中走了许多弯路，直到 1978 年党的十一届三中全会以后，才逐步实现了这个转变。党抛弃了“以阶级斗争为纲”这一不适应社会主义建设的左的错误方针，将党和国家的工作中心转移到经济建设上来，作出了改革开放的伟大决策。以后又提出了坚持四项基本原则，从而形成了党在社会主义初级阶段“一个中心，两个基本点”的基本路线，这是十一届三中全会以来党的建设取得巨大成绩的一条根本经验，也是新时期党的建设的突出特点。

充分认识执政党的特点，是加强党的执政能力建设的根本保证。在这个问题上，我们党经历了许多曲折，积累了正反两方面的经验，才在把握执政党特点及其重要性上有了比较清醒的认识。我们将继续不断深化对执政党特点的认识，不断提高党的执政能力和领导水平。

二、工人阶级执政党面临的新考验

由无产阶级革命政党发展成为工人阶级执政党，是一个伟大的历史性转变。新的历史条件不仅使执政党自身产生了一些新变化和新特点，而且还必然会经受一些新的考验。党能否经得住这些考验，关系着党的生死存亡和社会主义事业成败的问题。

（一）党经受着执政的考验

新中国成立六十多年的历史实践证明，中国共产党无愧于我国社会主义事业的坚强领导核心，是无愧于人民重托和希望的执政党。但是在新的历史条件下，党仍面临着执政的严峻考验。所谓“执政的考验”，主要是指共产党能否领导全国人民把经济搞上去，成功地建设社会主义，最后战胜资本主义。工人阶级执政党从掌权开始就要经受执政的考验，这是由执政党自身地位和环境变化后首先带来的最严峻的考验。今后，党还要继续经受这种考验。目前，这一考验主要表现在以下三个方面：

一是能否始终保持对国家的领导权。中国共产党是执政党，各级政权组织都必须接受共产党的领导。但是，国内外反共反社会主义的敌对势力总是千方百计地要颠覆人民民主专政的国家政权或改变这种政权的性质，总是首先把攻击的矛头对准共产党的领导。东欧社会主义国家的剧变、苏联的解体和我国曾经发生的政治风波的事实表明，共产党已经取得的对国家的领导权并不是一劳永逸的，搞不好也有丧失的可能。如果党的决策出现重大失误，对国内外敌对势力的猖狂进攻步步退让，经济搞不上去，或者党内腐败现象滋长漫延、严重脱离群众，就会给国内外敌对势力以可乘之机，党就有丧失领导权的危险。因此，党在执政后就需要谨慎对待手中的权力，它关系到党的前途和命运。毛泽东早在党的七届二中全会上就强调：“因为胜利，党内的骄傲情绪，以功臣自居的情绪，停顿起来不求进步的情绪，贪图享乐不愿再过艰苦生活的情绪，可能生长”[①]，告诫全党同志要正确对待手中的权力。近些年来，一些消极的甚至腐朽的东西逐

① 《毛泽东选集》第4卷，人民出版社1991年版，第1438页。

渐滋生起来，从思想上和组织上严重侵蚀着党员、干部队伍。所以说，保持党的先进性，是加强党的自身建设、保证党的执政地位的迫切要求。

二是能否领导全党、全国人民成功地建设有中国特色的社会主义。改革开放以来，我们党经过多年理论和实践的探索，已经开辟了一条中国特色社会主义发展道路，形成了中国特色社会主义理论体系。我们取得的一切成绩和进步，根本原因就在于此。在当代中国，坚持中国特色社会主义道路就是真正坚持社会主义，坚持中国特色社会主义理论体系就是真正坚持马克思主义。"中国特色社会主义道路，就是在中国共产党领导下，立足基本国情，以经济建设为中心，坚持四项基本原则，坚持改革开放，解放和发展社会生产力，巩固和完善社会主义制度，建设社会主义市场经济、社会主义民主政治、社会主义先进文化、社会主义和谐社会，建设富强民主文明和谐的社会主义现代化国家。"①显然，要实现这一庄严使命，还有很多困难，还有许多难题。能否少走弯路、少犯错误，遵循既定路线，达到既定目标，实现社会主义现代化，这也是对我党能否始终掌握领导权的严峻考验。

三是在新的历史条件下，党能否坚持群众路线和全心全意为人民服务的宗旨，为人民掌好权，用好权。共产党成为执政党，既获得了更好地为人民服务的条件，也增加了脱离群众甚至腐化变质的危险。在改革开放和发展市场经济的条件下，如果放松警惕，这种危险会更大。同时，在我们的政治体制中还存在的某些不完善的地方和积累起来的某些弊端，也影响了人民群众当家作主。而共产党执政，从根本上说，就是要为人民服务，实现人民群众当家作主的权利。因此，在新的历史条件下，能不能消除党脱离群众的现象，继续保持全心全意为人民服务的宗旨，能不能通过改革和完善政治体制充分保证人民群众当家作主的地位，不仅考验着党的执政意识和执政能力，也考验着党的执政地位。面对执政的考验，我们必须加强党的先进性教育，树立正确的世界观、人生观、价值观和权力观。只有这样才有强大的精神支柱，才能站得高，看得远，才能一切从人民群众的利益出发，密切联系群众，真正坚持群众路线，增强党的战斗力和凝聚力，才能赢得广大群众的信赖和支持，才能保持住我们党得之不易的政权，确保党的执政地位。

(二)党面临着改革开放和发展社会主义市场经济的考验

改革开放和发展社会主义市场经济对执政的共产党同样是一个考验。首先，党能否与时俱进，在理论上不断提高对社会主义改革的必要性、正确思路、正

① 中共中央文献研究室编：《中国共产党第十七次全国代表大会文件汇编》，人民出版社 2007 年版，第 11 页。

确方向的认识和把握，能否正确认识自己走过的道路，肯定其基本成就，否定其主要弊端，对执政党也是一个很大的考验。其次，在改革开放和发展市场经济的环境中，腐朽没落的资本主义思想意识、价值观念和生活方式，“一切向钱看”的思想和行为也会乘隙而入，比以往任何时候都更加严重地渗透于我们的社会，侵蚀着我们党的健康肌体。能不能克服腐败现象，增强党员对腐败的免疫力和抵抗力，保持党的队伍的纯洁性；能不能使党员在改革开放中正确处理局部利益和长远利益的关系，正确处理国家、集体、个人三者利益的关系；能不能使党员既模范地执行党的政策，又坚持党的共产主义理想和共产党员标准，既在经济领域重视和运用价值规律，讲等价交换，又不把商品交换原则引入党内政治生活，从而保证改革开放和现代化建设的顺利进行，都是在改革开放这一新的历史条件下党面临的严峻考验。

（三）党面临着反对和平演变的考验

“和平演变”，是西方颠覆社会主义国家的一项长期的战略。自从 1917 年俄国十月革命后在世界上建立了第一个社会主义国家开始，国际上一直存在着两种社会制度、两种思想体系的对立和斗争。特别是第二次世界大战结束以后，随着社会主义阵营的出现、美国核垄断地位的被打破、北约和华约两大军事集团的产生，规模空前的冷战时期开始了。西方国家的政治家意识到，通过一场真枪实弹的“热战”不但难以击溃社会主义国家，而且这种战争的代价是西方国家自己也难以承受的，于是，以杜勒斯、凯南为代表的一批西方政治家、外交家提出了“和平演变”社会主义国家的战略。他们企图通过与社会主义国家的接触，用西方的价值观、意识形态和生活方式影响和改造社会主义国家人民，特别是第二代、第三代青年人的思想，使社会主义国家逐步变得对资本主义无害，逐步演变成和西方一样的“自由世界”。

自此，西方敌对势力从来没有放弃敌视和颠覆社会主义制度的根本立场。西方资本主义国家颠覆社会主义制度的斗争形式先后发生了三次转变。先是采取“扼杀”战略，妄图通过武装干涉和颠覆消灭新生的人民政权；继而采取“遏制”战略，妄图通过政治上孤立、经济上封锁、军事上的包围困死社会主义；在武力和威胁都不能达到消灭社会主义的目的的情况下，又不得不改变手法，采取新的“和平演变”战略。因此，和平演变与反和平演变便成为当今资本主义和社会主义两种制度进行斗争的重要形式。

尽管近年来西方国家的和平演变手法有一些变化，但是，它们的和平演变目标从来没有改变，行动也从来没有停止过。当 20 世纪 80 年代一些社会主义国家出现制度逆变，世界社会主义运动跌入低谷，社会主义事业呈现困难局面时，反和平演变的紧迫性更加突出出来。邓小平在倡导改革开放、推进现代化建设的同时，也明确地提出了“坚持社会主义，防止和平演变”[①]的问题。他告诫人们：“西方国家正在打一场没有硝烟的第三次世界大战。所谓没有硝烟，就是要社会主义国家和平演变。”[②]实践是检验真理的标准，20世纪90年代苏东的剧变，充分证明了中国共产党人防止“和平演变”的理论对当代世界的社会主义具有重大意义。

总之，全党必须始终十分警惕党执政后地位的变化可能带来的影响，始终坚持党的性质和宗旨，始终不脱离群众，始终保持蓬勃的生机和旺盛的生命力，要经得住考验。历史和现实都表明，执政党的建设和管理比没有执政的政党要艰难得多，我们党是马克思主义的执政党，必须自觉地坚持不懈地从思想上、政治上、组织上、作风上全面加强党的建设。

第二节 加强和改善工人阶级执政党自身建设

一、加强和改善工人阶级执政党自身建设的必要性

历史经验证明，加强和改善党的自身建设是关系党和国家兴衰成败的重大问题。邓小平在视察南方的谈话中曾指出：“中国要出问题，还是出在共产党内部。”[③]共产党内部能否搞好，是社会主义事业成败的关键。在改革开放这一新的历史条件下，加强党的建设的必要性是由我党提出的改革和建设的任务决定的。胡锦涛在党的十七大报告指出：“中国特色社会主义事业是改革创新的事业。党要站在时代前列带领人民不断开创新事业发展新局面，必须以改革创新精神加强自身建设，始终成为中国特色社会主义事业的坚强领导核心。”[④]这是党中央在新的形势下对党的自身建设提出的要求。

1. 把党建设好，才能使党成为社会主义现代化建设事业的领导核心

在新的历史时期，党所处的环境和肩负的任务有了很大的变化，面临着许多新情况、新问题，我们必须加强党的建设，努力提高党的执政水平和领导能力，使我们这个久经考验的马克思主义政党在社会主义现代化建设事业中更好地发挥领导核心的作用。在社会主义现代化建设的伟大进程中，我们已经胜利地走完了第一步，正在向着党中央提出的总目标迈进。首先，只有把党建设好，始终坚

---

① 《邓小平文选》第3卷，人民出版社1993年版，第344页。

② 《邓小平文选》第3卷，人民出版社1993年版，第344页。

③ 《邓小平文选》第3卷，人民出版社1993年版，第380页。

④ 中共中央文献研究室编：《中国共产党第十七次全国代表大会文件汇编》，人民出版社2007年版，第47～48页。

持党的领导，才能保证社会主义现代化建设的正确方向。社会主义现代化建设，始终是同社会主义基本制度结合在一起的。我们的目标，是把中国由不发达的社会主义国家变成富强、民主、文明、和谐的社会主义现代化国家，使社会主义制度优越性在中国充分体现出来。这些都是党的纲领、政治路线在社会主义建设问题上的具体体现。其次，只有把党建设好，才能顺利实现党提出的战略目标，才能更有效地动员和组织广大群众投身到改革和现代化建设中来，不断取得新的胜利。第三，只有把党建设好，才能顺利完成改革开放大业。改革也是一场规模宏大的社会系统工程，是一场广泛而深刻的革命，既没有成功的经验可以借鉴，又不能照搬别国模式。这就必须要有一个坚强的领导核心，作为改革的设计者和领导者，团结广大人民群众，协调和组织各方面的力量，夺取改革的成功。

2. 把党建设好，才能使党永远高举马克思主义旗帜沿着党的最终目标前进

共产党是工人阶级的政党，是工人阶级的先锋队。党的最终目标，是实现共产主义的社会制度。国际共产主义运动的实践证明，只有用马克思主义理论武装起来的党，才能够领导无产阶级赢得自身的彻底解放。正如列宁所说："只有以先进理论为指南的党，才能实现先进战士的作用。"[①]毛泽东也说："没有正确的政治观点，就等于没有灵魂。"[②]苏联、东欧的剧变，根本原因就是他们的党丢掉了马克思主义之魂，换上了"民主社会主义"之魂。一个党没有了灵魂，或者换上了另一个反马克思主义、非马克思主义的灵魂，那么，这个党就必然要变质，国家就要变色。因此，在改革开放的新形势下，面对多方面的考验和挑战，必须加强执政党建设，用马克思主义武装全党，克服教条主义和一切否定马克思主义的错误倾向，永远保持党的无产阶级先锋队性质。只有这样，才能使党在领导无产阶级向自己的目标前进时始终清醒地对待各种敌对势力的挑战，清醒地认识和对待改革开放提供的新机遇和新条件，并能正确地判断形势、抓好机遇，引导工人阶级和人民群众在改革的道路上不断走向胜利，成功地建设有本国特色的社会主义。

用马克思主义中国化的最新成果——中国特色社会主义理论体系武装全党，是我党在新的历史条件下提出的新要求和新命题，是立足我们党面临的新的历史方位所作出的必然选择。

首先，这是履行马克思主义政党历史责任的必然选择。历史每前进一步，理论创新就推进一步，理论武装就跟进一步，这是我们党作为马克思主义政党能够领导中国革命、建设和改革事业不断取得胜利的一条基本经验，是我们党始终保

---

① 《列宁选集》第1卷，人民出版社1995年版，第312页。

② 《毛泽东著作选读》下册，人民出版社1986年版，第780页。

持先进性、不断推进事业发展的一个决定因素，并且在长期的实践中，党的每一代领导集体都将此视为党的历史责任。

其次，是把握我国经济社会发展阶段性新特征的必然选择。进入新世纪新阶段，我国发展呈现一系列阶段性新特征，主要是："经济实力显著增强，同时生产力水平总体上还不高，自主创新能力还不强，长期形成的结构性矛盾和粗放型增长方式尚未根本改变；社会主义市场经济体制初步建立，同时影响发展的体制机制障碍依然存在，改革攻坚面临深层次矛盾和问题；人民生活总体上达到小康水平，同时收入分配差距拉大趋势还未根本扭转，城乡贫困人口和低收入人口还有相当数量，统筹兼顾各方面利益难度加大；协调发展取得显著成绩，同时农业基础薄弱、农村发展滞后的局面尚未改变，缩小城乡、区域发展差距和促进经济社会协调发展任务艰巨；社会主义民主政治不断发展、依法治国基本方略扎实贯彻，同时民主法制建设与扩大人民民主和经济社会发展的要求还不完全适应，政治体制改革需要继续深化；社会主义文化更加繁荣，同时人民精神文化需求日趋旺盛，人们思想活动的独立性、选择性、多变性、差异性明显增强，对发展社会主义先进文化提出了更高要求；社会活力显著增强，同时社会结构、社会组织形式、社会利益格局发生深刻变化，社会建设和管理面临诸多新课题；对外开放日益扩大，同时面临的国际竞争日趋激烈，发达国家在经济科技上占优势的压力长期存在，可以预见和难以预见的风险增多，统筹国内发展和对外开放要求更高。"[①]这种新的实践和变化了的实际，正是催生党的最新理论成果肥沃而深厚的土壤。

其三，是提高党的领导水平和执政能力的必然选择。马克思主义政党的最高权威是她理论上的权威，执政党最首要的能力是她的理论思维、理论创新的能力。如果党的理论创新能力衰败了，理论创新活动停止了，那党的生命也就停止了。当然，用马克思主义中国化的最新成果武装全党要保证"不丢老祖宗又超越老祖宗"，既一脉相承又与时俱进。要在坚持马克思主义基本原理的基础上结合中国国情发展马克思主义。

二、加强和改善工人阶级执政党自身建设的基本内容

加强和改善党的建设，是一个内涵十分丰富的完整体系。它不仅包括思想建设、组织建设、作风建设，而且还包括理论建设、政治建设以及制度建设。这几个方面的建设，紧密联系，互相促进，是一个有机的整体。其中，制度建设渗透于党的建设的各个方面，而且带有根本性、全局性、稳定性和长期性。

---

① 中共中央文献研究室编：《中国共产党第十七次全国代表大会文件汇编》，人民出版社 2007 年版，第 13～14 页。

(一)加强党的思想建设

思想建设是指党在执政条件下仍然坚持用马克思主义武装各级党组织和全体党员,用无产阶级思想战胜和改造各种非无产阶级思想,保证党在正确思想路线基础上的高度一致。马克思和恩格斯在创建工人阶级政党的过程中,非常重视革命理论的作用。早在1843年,马克思就指出:"批判的武器当然不能代替武器的批判,物质力量只能用物质力量来摧毁;但是理论一经掌握群众,也会变成物质力量。"[①]马克思和恩格斯在总结无产阶级反对资产阶级斗争经验、批判地吸收人类优秀文化思想的基础上,创立了无产阶级科学的思想体系,即马克思主义,为无产阶级的解放运动提供了强大的思想理论武器。列宁在创建俄国新型无产阶级政党过程中进一步阐明了马克思主义理论的指导作用和向工人阶级灌输社会主义思想的伟大意义,还提出,向工人阶级灌输社会主义思想是党的一项经常性的基本任务。中国共产党人也非常注重从思想上建设党,并强调,共产党员不仅要从组织上入党,而且要在思想上入党,要在党内开展反对各种非无产阶级思想的斗争,以无产阶级思想改造各种非无产阶级思想。因此,注重从思想上建设党,是毛泽东建党思想的突出特点。

党的思想建设的实质,是坚持党的马克思主义的思想领导,保持全党在思想上、政治上的高度一致和党的先进性。历史的经验说明,过去我们所取得的一切胜利,都是由于正确地运用了马克思主义基本原理,重视和加强了党的思想建设的结果。而在实践中所发生的各种失误和挫折,客观原因固然很多,但根本的原因就是脱离了马克思主义的正确轨道,违背了马克思主义的基本原理。党的思想建设是党的建设的首要问题,是把党建设成为工人阶级先锋队的基本条件。在新的历史条件下,党的思想建设面临着许多新问题。我们必须以马克思列宁主义、毛泽东思想为指导,以中国特色社会主义理论体系为根本指针,结合新的实际,加强党的思想建设,以统一全党的思想和行动,把党建设成为建设有中国特色的社会主义的坚强领导核心,保证党在社会主义初级阶段基本路线的贯彻执行。

当前,党为加强自身建设而在思想理论方面所开展的一系列工作,是党的政治建设、组织建设、作风建设和制度建设的基础。胡锦涛在党的十七大报告中论述"以改革创新精神全面推进党的建设新的伟大工程"时强调指出:党要"以坚定理想信念为重点加强思想建设",使广大党员、干部"做共产主义远大理想和中国特色社会主义共同理想的坚定信仰者","始终保持对马克思主义、对中国特色社

---

① 《马克思恩格斯选集》第1卷,人民出版社1995年版,第9页。

会主义、对实现中华民族伟大复兴的坚定信念”[①]。这是新形势下党的思想建设的根本思路和重大任务，为我们进一步加强和改进党的思想建设指明了努力方向。

（二）加强党的政治建设

政治建设是指执政后的工人阶级政党制定和实施政治路线的行为过程和内容，其根本目的就是确保党在政治上的先进性。为此，党的政治建设的基本任务就是制定和贯彻执行党的纲领、路线、方针和政策。党的纲领“是一面公开树立起来的旗帜”[②]，它规定党的奋斗目标和实现这一目标的行动路线。在半殖民地半封建社会的条件下，中国共产党的最低纲领是实行新民主主义革命，建立新中国，最高纲领是实行社会主义和共产主义。在社会主义条件下，党的最近目标是把我国建设成为富强、民主、文明、和谐的社会主义现代化的国家，党的最终目标是实现共产主义的社会制度。党为了实现自己的纲领，必须依据纲领进一步制定出一定历史阶段的政治路线，以及与此相适应的方针政策。党在十三大正式制定了党在社会主义初级阶段的“一个中心，两个基本点”的基本路线。每个共产党员应该增强贯彻执行党的基本路线的自觉性和坚定性，使全党步调一致地沿着正确的政治方向前进。在新的历史时期，党的建设必须密切联系党的这条政治路线。

中国共产党是工人阶级的先锋队，是由工人阶级队伍中的先进分子组成的。阶级关系、形势、任务发生了变化，党的性质不能变，必须不断提高广大党员的政治修养和革命素质。在当前，既要大胆解放思想，进一步深化改革、扩大开放，又要把我们党在政治上建设得更加坚强有力，在对外开放中能扬长避短、趋利避害，在政治经济改革中始终不偏离社会主义方向。越是改革开放，市场经济越是发展，越是要加强党的政治建设。改革不是要改变执政党的性质，开放也不是要完全照搬资本主义的政治经济制度，而是让我们社会主义事业发展得又好又快。改革开放更需要重视保持和增强党的先进性，在执行党的基本路线中发挥共产党员的先锋模范作用。在市场经济条件下，对党组织和党员要继续深入进行理想、纪律的教育。共产党员不能利用职权损公肥私，搞权钱交易。要坚决防止权力商品化，坚决防止把等价交换原则引入党和国家的政治生活。执行党的基本路线，实现共产主义目标，要靠共产党员一步步的努力，在坚持党的基本路线中发挥先锋模范作用。要做到这些，就要求我们党经常而又认真地搞好党的政治

---

① 中共中央文献研究室编：《中国共产党第十七次全国代表大会文件汇编》，人民出版社 2007 年版，第 47、48、49、54 页。

② 《马克思恩格斯书信选集》，人民出版社 1962 年版，第 326 页。

建设，根据形势的发展不断赋予党的政治建设以新的内容。

（三）加强党的组织建设

党的组织路线是为政治路线服务的，是实现党的政治路线的物质保证。加强党的组织建设就要制定并且执行与政治路线相适应的组织路线。这条组织路线的主要内容就是坚持和健全党的民主集中制；实行适应社会主义现代化建设时期新特点的干部路线和政策，培养、选拔、造就一支德才兼备、年富力强的干部队伍；建立健全党规党纪和党的监察制度，提高党的战斗力。

首先，必须坚持和健全党的民主集中制原则。工人阶级执政党实行民主集中制原则，是由党的工人阶级先锋队的性质和任务所决定的。党的组织原则、组织制度同党的性质和政治目标是一致的。衡量一个政党的组织原则合理性的最终标准，就是看其在多大程度上能够维护这个政党的性质，实现其政治目标和任务。民主集中制的科学性和正确性在于，唯有循此原则才能从组织上将党建设成为工人阶级的先锋队，保证党的任务和最终目标的实现。

民主集中制是党的根本组织原则和组织制度，是正确处理党内关系的准则。党之所以有力量，能够成为社会主义事业的领导核心，除了有正确的指导思想和纲领、路线之外，还要有组织上的保证。这就是必须按照民主集中制的原则把党组织成为行动一致的整体。社会主义建设是十分复杂艰巨的任务，要求更加充分地发扬党内民主。一方面，要发挥全体党员的积极性、创造性，使党的领导机关在决定路线、方针、政策的时候，能够集中全党的智慧，并且通过党员把群众的意见、要求集中起来，使党的路线、方针、政策更加完备、正确；另一方面，需要在民主基础上的集中，保证全党统一思想、统一政策、统一指挥、统一行动，并通过党的组织去宣传群众、组织群众，使党的决定能够迅速有效地贯彻执行。

坚持和健全党的民主集中制，必须处理好民主与集中的辩证统一关系。民主是基础，集中是指导，在高度民主的基础上实行高度集中，在集中指导下实行高度民主。历史经验证明，党如果没有充分的民主，就不可能有正确的集中和真正的统一；同理，党如果没有集中，处于极端民主化状态，就无法形成统一的意志和一个严密的整体，就不会有坚强的战斗力。正因如此，我们党在政治体制改革过程中要注意改善集中和发展民主。改善集中就是下决心解决党政不分、以党代政、权力过分集中于各级党组织和各级党组织的主要领导人身上的问题；发展民主，首先要解决党章中关于民主集中制的规定中过分强调服从、忽视民主监督的问题。现行党章规定，党的民主集中制的基本原则之一是："党员个人服从党的组织，少数服从多数，下级组织服从上级组织，全党各个组织和全体党员服从党的全国代表大会和中央委员会。”[①]这里显然只是强调服从，如果加上如此相对应的四句话，即“党员个人监督党的组织，多数保护少数，下级组织监督上级组织，全党监督中央”，那么民主和集中两者就对称了。在改革实践中，再将其具体制度化，全党上下就能更好地处理民主与集中的辩证统一关系，从而也会进一步改善党的组织领导。[②]

其次，要培养、选拔、造就一支德才兼备、年富力强的宏大的干部队伍，着力建设高素质的领导班子。政治路线确定之后，干部就是决定的因素。干部队伍建设是党的建设中带根本性的问题。因为干部是党组织的骨干，没有干部根本不可能组成党的组织机构；干部是人民的公仆，党的全心全意为人民服务的宗旨只有通过干部去组织群众、宣传群众才能实现；干部是党的路线的执行者，党的路线必须靠干部去组织实施，没有干部党的一切组织和活动都无从谈起。

在新的历史条件下，要“坚持正确用人导向，按照德才兼备、注重实绩、群众公认原则选拔干部，提高选人用人公信度。加大培养选拔优秀年轻干部力度，鼓励年轻干部到基层和艰苦地区锻炼成长，提高年轻干部的马克思主义理论素养和政治素质。重视培养选拔女干部、少数民族干部。格外关注长期在条件艰苦、工作困难地方努力工作的干部，注意从基层和生产一线选拔优秀干部充实各级党政领导机关。继续大规模培训干部，充分发挥党校、行政学院、干部学院的作用，大幅度提高干部素质。全面做好离退休干部工作。贯彻尊重劳动、尊重知识、尊重人才、尊重创造的方针，坚持党管人才原则，统筹抓好以高层次人才和高技能人才为重点的各类人才队伍建设。创新人才工作体制机制，激发各类人才创造活力和创业热情，开创人才辈出、人尽其才的新局面。”[③]

第三，要建立健全党规、党法和党内各项组织制度。党章和党内政治生活准则及其他有关规定，就是党规党纪。党章是党内的宪法，是党的最高法规。党内政治生活准则和其他有关规定是根据党章的基本原则制定的。要健全党规党纪，首先要制定一部完善的马克思主义党章。在执行党章的过程中，还要根据党章的基本精神建立一些具体制度。党规党纪建立之后，必须维护它的权威，以此维护党的团结和统一，提高党的战斗力。

---

① 中共中央文献研究室编：《中国共产党第十七次全国代表大会文件汇编》，人民出版社 2007 年版，第 74 页。

② 参见赵明义《关于我党现行党章中民主集中制问题的若干思考》，载《当代世界社会主义问题》2010 年第 3 期。

③ 中共中央文献研究室编：《中国共产党第十七次全国代表大会文件汇编》，人民出版社 2007 年版，第 51 页。

(四)加强党的作风建设

党的作风(党风)是工人阶级政党性质、宗旨和世界观在党组织的实践活动和党员的实际行动中的具体表现。执政党的党风问题实质上就是“权风”,它关系到党的生死存亡和社会主义事业成败。无产阶级政党执政后面临着各方面的严峻考验。特别是在改革开放和发展市场经济的条件下,如果不抓好党的作风建设,任凭不正之风泛滥,无产阶级执政党就有可能走向反面,蜕化变质。历史与现实证明,党风正,则能影响和带出一个好的社会风气;党风不正,就会严重破坏党群关系,助长社会不良风气的泛滥。党风建设也是直接影响到社会和谐的重要问题,构建和谐社会离不开党风建设,党风建设是构建社会主义和谐社会的前提和基础。因此,为了防止党的蜕变和树立良好的社会风气,党必须加强作风建设。

中国共产党在长期的革命斗争实践中培育和形成的优良作风是党引为殊荣的革命传统。其中,最主要的是三大作风——理论联系实际的作风、密切联系群众的作风、批评与自我批评的作风,它是我们党区别于其他政党的显著标志。随着改革开放的深入,党风建设也遇到了一些新问题,特别是干部中存在的官僚主义和以权谋私等腐败现象,要求我们科学地认识和解决改革开放、发展市场经济新形势下的党风建设问题,探寻党风建设的新特点,以使我们党经得起执政和改革开放的新考验。

(五)加强党的制度建设

关于加强党的制度建设的重要性,邓小平在《党和国家领导制度的改革》这篇重要文献中明确指出:“我们过去发生的各种错误,固然与某些领导人的思想、作风有关,但是组织制度、工作制度方面的问题更重要。这些方面的制度好可以使坏人无法任意横行;制度不好可以使好人无法充分做好事,甚至会走向反面。”“领导制度、组织制度问题更带有根本性、全局性、稳定性和长期性。这种制度问题,关系到党和国家是否改变颜色,必须引起全党的高度重视。”①在这里,邓小平是把制度建设作为一项关系到党和国家前途命运的长远战略问题来认识和对待的。

搞好党的建设,重在制度建设,它是衡量一个政党自身建设是否成熟的重要标志。因为在党的各项建设中,制度建设具有一些特殊的重要作用:一是制度建设具有根本性和全局性。党的建设中所形成的好作风、好经验和优良传统,一旦经过总结概括形成了具体的制度,就具有了普遍适用性和强制性,它对每个党员和党员干部就是必须执行的法规,具有较强的约束力,党内任何人都不能随意违

① 《邓小平文选》第2卷,人民出版社1994年版,第333页。

背，否则就要受到党纪的处罚。二是制度建设具有稳定性。党的各项制度都必须经过一定的程序和相应的权力机关审议批准才能制定、颁布和修改、废止，在没有修改和废除之前，原有的制度及其条文不会因为领导者的更迭而废止，也不会因为领导者看法的改变而改变。三是制度建设还具有长期性和连续性。制度能够把一定时期党内政治生活中好的经验和传统以规范的形式确立下来，用以指导和规范一个时期党内的建设和党内政治生活，使后人有所继承，有所遵循。四是制度建设具有保障性。制度不仅有明确的规范，还应有使制度实现的约束保障机制，否则只能成为"写在纸上，贴在墙上"的条文，起不到任何作用。

党的制度建设分为两个层次：一是党的根本领导制度和基本组织制度。对党的根本领导制度和基本组织制度必须全面地继承和毫不动摇地坚持，在总结新鲜经验的基础上继续发展创新。二是体现根本领导制度和基本组织制度的一系列具体制度，如党委工作条例、议事规则、干部民主考评制度、奖惩制度等。对党的建设中的许多具体制度，要根据形势和任务的需要，通过建章立制，不断进行改革和创新。

第三节 正确制定和实施党在社会主义建设时期的战略和策略

一、工人阶级执政党应特别关注社会主义建设时期的战略和策略问题

社会主义建设时期的政治战略是指党研究社会主义建设中的带有全局性的指导规律，工人阶级执政党遵循这种规律所制定的某一阶段的总任务或总路线是指党的政治战略路线或政治战略计划。政治战略具有长期的、宏观的指导意义，对社会主义建设有总的指导作用。社会主义建设时期的政治策略，是指党研究社会主义建设中的那些带有局部性指导规律的科学，是执政党遵循这种规律所制定的在一个比较短的时期内的行动路线，以及为实现这个行动路线而采取的斗争形式、组织形式与斗争口号。社会主义建设时期的战略和策略是为实现党在这个时期的政治纲领服务的。政策和策略是党的生命。只有科学地制定和坚决地贯彻党在社会主义建设时期的战略策略，才能保证党在社会主义建设时期基本路线的贯彻执行。

在新的历史条件下，为了改善并加强党的领导，更好地制定并实施党的战略和策略，工人阶级执政党必须做到：提高全党的马克思主义理论水平，用科学社会主义中国化的最新理论成果武装头脑，保证党所制定的战略和策略的科学性；强化执政意识，增强使命感和责任感，保证实施党的战略和策略的自觉性。

二、党在社会主义建设时期战略与策略的基本内容①

党在社会主义建设时期的战略和策略理论的基本内容包括：

1. 制定社会主义建设战略和策略的指导思想

制定社会主义建设战略和策略的指导思想是马克思主义理论。工人阶级执政党是以马克思主义为指导思想的党，社会主义建设事业是工人阶级完成历史使命的一个必经阶段。因此，工人阶级执政党在制定社会主义建设的战略和策略时仍然离不开马克思主义理论的指导。马克思主义是人类社会科学的最高成就，它为无产阶级及其政党科学认识社会提供了科学的世界观和方法论。因此，离开了马克思主义理论的指导，没有关于社会发展规律的知识，就不会正确地分析社会主义社会政治、经济、文化向前发展中的问题，找不到社会发展的正确道路，也就制定不出正确的战略和策略。

2. 制定社会主义建设时期战略和策略的客观依据

对历史方位的准确把握，是作出战略决策的前提和基础，制定社会主义建设时期战略和策略离不开客观条件所能提供的客观依据。首先，要依据时代的特征和当代世界社会主义的新格局制定战略和策略。当前的时代仍然是从资本主义向社会主义转变的时代。在这一转变时期，世界社会主义发展到了一个关键时刻，面临着资本主义的严峻挑战。社会主义必须加速发展，迎接挑战，才能使自己立于不败之地。显然，这一点是执政党制定社会主义建设战略和策略的最重要的依据。其次，要依据本国的基本国情制定战略和策略。国情是各个国家社会发展状况的综合反映，各国的工人阶级执政党要实现自己的战略目标，必须把马克思主义的普遍真理与本国改革和发展的实际结合起来，从实际出发，制定出适合本国国情的战略和策略计划。目前，我国正处在社会主义初级阶段，这是我们的基本国情，也是党制定社会主义建设战略和策略的依据。此外，还必须依据本国社会主义建设事业所取得的经验教训制定战略和策略。战略和策略从来都是实践经验的科学反映，没有丰富的实践经验，就不可能有科学的战略和策略。工人阶级执政党制定的战略和策略是否正确，并不是依据主观感觉如何而定，而是看客观上对改革和发展的结果如何。因此，实践经验也是党制定战略和策略的重要依据。

---

① 参见赵明义《关于无产阶级革命斗争战略策略与社会主义建设战略策略之比较》，载《当代社会主义论丛》，中国人民大学国际政治系 1985 年编印，第 264 页。

3. 制定中国社会主义建设战略和策略的基本原则

认真研究制定社会主义建设战略和策略的原理和原则是一个崭新的课题。毛泽东和其他老一辈无产阶级革命家，在新中国成立后，特别是1956年前后提出了一系列社会主义建设的战略和策略的原理和原则。党的十一届三中全会以来，我党对新中国成立以来正反两方面的经验进行了全面的科学总结，从而为社会主义建设制定了许多新的战略和策略原则，为这一课题的研究作出了新贡献。这些原则有：以经济建设为中心；坚持四项基本原则；改革开放；自力更生，艰苦创业；现代化、文明和民主化；富裕与公平；生机与活力；面向未来；正确把握优势与劣势之间的辩证关系；从实际出发因势利导；过渡性策略艺术；持久战略与速度战术的统一；战略原则与策略手段的统一；分类指导与统筹协调的统一；改革与稳定的统一；等等。我党在实践中总结制定出来的这些社会主义建设时期的重要战略和策略原则，不仅为党的建设增添了理论财富，也是执政党未来制定战略和策略的重要依据。

三、党在社会主义建设时期的战略和策略同无产阶级革命斗争的战略和策略之异同点

无产阶级革命斗争和社会主义建设事业是无产阶级解放运动的不同发展阶段，因此，两个时期所制定的战略和策略必然是各具特点同时又存在一定的联系。从总体上说，社会主义建设战略和策略是无产阶级革命斗争战略和策略的继续和发展，两者是异中有同，同中有异。

所谓"同中有异"，是指从高度抽象的意义上说，那些共同适用于无产阶级革命和社会主义建设的战略和策略的概念和原则，在革命时期和建设时期是各具特点的。马列主义经典作家和以毛泽东为代表的我国老一辈无产阶级革命家，在革命斗争年代，根据丰富的斗争经验，总结和概括了许多规范化的战略、策略、概念、范畴、原理和原则，这些内容大部分是在革命时期和社会主义建设时期共同适用的。但是，由于历史条件发生了变化，那些共同使用的概念和原则在新的历史条件下运用起来又必然会有不同之处，反映出时代的特点。如战略的全局性原则，尽管从高度抽象的意义上说，在革命时期和建设时期都是适用的，但是，一具体化，同具体的历史条件联系起来，全局的内容不同了，全局性的原则运用起来也要有所不同，这就是同中之异。马克思主义的战略和策略原则，很多具有这一特点。

所谓"异中有同"，是指表面看来只适用于革命时期的战略和策略的概念和原则，但它的精神实质也可以运用到建设当中去。例如，在无产阶级夺取政权以前，各国党遵照马列主义基本原理制定的符合本国情况的打击谁、依靠谁、团结

谁、领导谁等政治战略路线和战略计划，对已取得政权的工人阶级执政党来说，已成为过去。毛泽东提出的“利用矛盾，争取多数，反对少数，各个击破”的十六字方针是用于对敌斗争的，已不适用于社会主义建设了。这就反映了革命时期和建设时期的战略和策略原则的“异”。当然，这里也是异中有同。它的精神实质仍然可以运用到建设当中去。因为，在社会主义建设时期仍然存在着调动各方面力量为社会主义现代化建设服务的问题，所以，仍然要对社会各种力量进行阶级分析，并制定出相应的战略和策略计划。所以，以上战略和策略原则的精神实质在社会主义建设时期仍然可以使用。再如，毛泽东提出和阐述的“在战略上藐视敌人，在战术上重视敌人”的原则是一个重要的对敌斗争的指导思想和原则，但也表现了异中之同，它的精神实质也适用于社会主义建设。因为，做任何事情都有困难，破坏旧世界有困难，建设新世界也有困难。对待困难和对待敌人一样，必须在战略上、在全局上藐视它，敢于克服和战胜困难；但在策略（或战术）上，则必须重视它，认真对付它，努力实现由困难到顺利的转化。只有按此指导思想工作，才能把社会主义建设中的困难一一战胜，实现社会主义现代化的战略目标。针锋相对，以革命的两手反对反革命的两手，这是对敌斗争的策略，但也是异中有同。如果将其用于社会主义建设，必须根据其精神实质予以发挥。我党十一届三中全会提出对外开放和对内搞活的战略方针后，便同时提出了要一面对外开放和对内搞活，一面打击经济犯罪，反对资产阶级思想腐蚀的两手策略。这是社会主义建设时期对革命斗争时期两手策略的新发展。

综上所述，马克思主义关于无产阶级革命时期的许多战略策略原则与社会主义建设时期的战略策略原则之间存在着必然的内在联系，两者是同中有异，异中有同。认真研究两者之间的同中之异和异中之同，对于科学制定社会主义建设的战略和策略有着重要的意义。

四、工人阶级执政党正确制定和实施社会主义建设战略和策略的基本指导原则①

为了确保工人阶级执政党制定和实施社会主义建设战略和策略的科学性和准确性，在制定和实施社会主义建设的战略和策略时，必须遵循以下指导原则：

第一，要把当前的改革和建设事业与共产主义的远大目标紧密结合起来。只有在这一原则指导下制定的战略和策略计划，才能够做到既适用于社会主义现阶段又不偏离无产阶级的远大目标，同时，也才有现实的可能性。要做到充分调动一切积极因素，团结一切可以团结的力量，组成浩浩荡荡的社会主义建设大

① 参见林基洲等编《科学社会主义百科全书》，知识出版社 1993 年版，第 590 页。

军。在这一原则指导下的战略和策略能够达到团结大多数的目的，有利于社会主义建设和改革事业，也有利于共产主义远大目标的实现。我党目前制定实施的诸如民族、宗教政策等都是在这一原则指导下形成的。

第二，要遵循战略上藐视困难，战术上即策略上重视困难的原则。社会主义建设和改革事业都是前无古人的，特别是社会主义改革更无现成答案可循。因此，在改革的道路上困难甚至挫折都在所难免，克服这些困难的难度甚至不亚于革命战争中所遇到的困难。因为，改革的成败是关系着能否保住政权，巩固政权，朝着人类最美好的目标继续前进的大问题。为此，工人阶级执政党在制定和实施自己的战略和策略计划时，必须做到在战略上藐视困难，树立起克服困难的勇气和信心；但在战术上又必须重视困难，以便制定出周密科学的克服困难的战略和策略计划。

第三，必须把战略原则的坚定性和策略方法上的灵活性相结合。战略原则是带有全局性的原则，所以在制定和实施战略原则时必须坚定不移。而策略方法则是为实现战略任务服务的，只要能够实现战略任务，方法可以是灵活多样的。我党制定的现阶段的基本路线，坚持以经济建设为中心，坚持四项基本原则和改革开放。这就是战略原则，必须坚定不移地执行。而在实现这一基本路线的过程中，策略方法则可以在不违背“一个中心，两个基本点”的前提下灵活多变。

总之，遵循以上基本原则制定社会主义建设的战略和策略，是工人阶级执政党建设社会主义、实现共产主义的根本保证。

第四节 探索和遵循工人阶级执政党执政规律，提高党的执政能力和领导水平

一、工人阶级执政党探索和遵循执政规律的必要性

认识和把握党的执政规律，是增强党的执政能力、提高党的领导水平的重要前提条件。

世界上的事物、现象千差万别，它们都有各自的互不相同的规律。政党执政也有其规律性，政党执政的规律，就是政党在控制和行使政治权力过程中必须遵循的、反映政党政治本质和必然性的法则和客观要求。研究工人阶级执政党执政的规律，就是为了保证党长期执政，以实现工人阶级的伟大历史使命——变资本主义旧社会为社会主义、共产主义新社会。因为，工人阶级政党与社会主义、共产主义是命运共同体，党兴则社会主义、共产主义兴，党亡则社会主义、共产主

义衰。

作为执政党，都要遵循某些共同的规律。工人阶级执政党与资产阶级执政党有着本质上的区别，党的执政活动也与其他政党有着显著的不同。这些不同决定了共产党执政还有自己的特殊规律，应当坚持政党执政的一般规律与工人阶级政党执政的特殊规律的有机统一。研究工人阶级执政党的执政规律，必须坚持以马克思主义唯物史观为指导。坚持把工人阶级执政党的执政规律同社会主义建设规律和人类社会发展规律统一起来进行研究。这是特殊规律和一般规律的关系。社会主义建设规律，相对于人类社会发展的一般规律，是人类社会发展到社会主义阶段的特殊规律。共产党执政后的根本任务是解放和发展社会生产力，进行社会主义建设，尽一切可能为广大人民群众谋利益，推动社会不断进步。因此，把握社会主义建设规律是共产党执政规律的内在要求。同时，党执政还必须以人类社会发展的规律指导自己的行动。遵循这三方面规律的内在统一，是实现党的历史使命的根本保证。近年来，中国共产党提出和论证了科学的执政规律。2004 年 9 月，党的十六届四中全会上通过的《中共中央关于加强党的执政能力建设的决定》提出："必须坚持科学执政、民主执政、依法执政，不断完善党的领导方式和执政方式。"[①]这一科学的执政制度是既符合执政党行使执政权，又明确规定执政党行使执政权界限的制度。沿着此思路进行党的建设，是执政党充满执政活力、消除执政惰性、保持执政生机的根本保证。

二、工人阶级执政党执政规律的基本内容

探索工人阶级执政党执政规律的内容，是党科学执政的根本保证，否则，对规律的探索就是一句空话。伟大的马克思主义者列宁，领导俄国十月革命取得胜利并实现了共产党成为执政党的梦想，开始了对共产党执政规律的艰难探索。此后，在各现实社会主义国家，特别是在中国共产党执政的新中国，这一探索取得了重要成果。

研究工人阶级执政党执政规律，就是要研究工人阶级执政党在执政过程中所应遵循的基本理念、基本原则、基本方式方法。列宁是探索工人阶级执政党执政规律的开拓者，他为对工人阶级执政党执政规律的认识提供了宝贵的经验。中国共产党在新中国执政已有六十多年的历史。以毛泽东为核心的党的第一代中央领导集体把马列主义建党学说与中国共产党的执政实践相结合，创造性地提出了一系列中国特色的执政原则。如在经济上要发展生产，开展大规模的社

① 中共中央文献研究室编：《十六大以来重要文献选编》(中)，中央文献出版社 2006 年版，第 274 页。

会主义经济建设；在政治上要坚持共产党的领导，实行人民民主专政，发展民主，人民起来监督政府；在思想文化上强调马克思主义的指导地位，实行“百花齐放，百家争鸣”的方针；在党和民主党派的关系上提出“长期共存，互相监督”的方针；等等。这些都是我党执政的宝贵经验。在新的历史条件下，中国共产党的领导集体在继承发展这些执政经验的基础上，探索和回答了在改革开放和现代化建设条件下党的建设的一系列基本问题，对党执政规律的认识进一步深化。在马克思主义发展史上，我们党又第一次提出要深化对共产党执政规律的认识，开辟了人类社会发展规律研究的新领域。工人阶级执政党执政规律所包含的内容十分广泛，涉及党执掌政权、治理国家、造福人民的各个方面。这些规律主要有：

首先，加强和改进党自身的建设，是共产党执政的根本保证。实践证明，只有把党自身建设搞好了，使党的肌体健康，党的执政能力和领导能力才能增强，才能巩固党的执政地位。如果党的肌体不健康，党内自己发生了问题，那么党的衰败是不可避免的。目前，党的腐败屡禁不止是客观存在的问题，这一问题不解决，对党的执政地位是个很大的威胁。所以，加强党的自身建设对与一个执政党来说是个永恒的任务。而要加强党的自身建设，必须坚持用改革的精神全面加强党的建设。在全面加强党的思想建设、组织建设、作风建设、制度建设的基础上，要把党的建设的重点放在深入开展党风廉政建设和反腐败斗争上，这是全面推进党的建设的一个十分重要的环节。党风廉政建设的核心是党群关系问题，而这个问题又是决定一个政党兴衰的根本因素。因此，无论何时何地都必须紧紧抓住这个核心问题不放，从根本上加强党风廉政建设，这样才能有效地推进党的建设新的伟大工程。用改革的精神全面加强党的建设，不断进行理论、制度、体制创新，切实解决党内存在的各种问题，使党始终保持先进性和纯洁性，充满创造力、凝聚力和战斗力。

其次，坚持立党为公、执政为民是工人阶级执政党的基本执政理念。“政之所兴在顺民心，政之所废在逆民心。”历史和现实都表明，任何政权和政党，其前途与命运最终取决于民心向背。苏联、东欧执政的共产党先后失去政权，原因是多方面的，但失掉民心、脱离群众却是共同的、根本的原因。因此，加强党的执政能力建设，核心是保持党同人民群众的血肉联系，本质是坚持立党为公，执政为民。这是工人阶级执政党经过艰苦的实践探索总结出来的基本执政理念。只有抓住而不是偏离这个核心和本质，牢固树立这个基本执政理念，党的执政地位才有深厚的阶级基础和广泛的群众基础、社会基础，党的执政能力建设才能获得永不枯竭的智慧和力量源泉。

马克思和恩格斯在《共产党宣言》中指出：“过去的一切运动都是少数人的或者为少数人谋利益的运动。无产阶级的运动是绝大多数人的、为绝大多数人谋利益的独立的运动。”[1]显然，为什么人的问题是一个政党本质的反映和生命的根基。在党的全部活动中，是立党为公还是立党为私，是执政为民还是执政为己或为小集团，这是人民群众判断它的性质的根本标准。真正的马克思主义政党从来都牢记这个真理，并善于在实践中运用这个真理。马克思和恩格斯在深入研究近代国家的基础上，预见到了工人阶级政党在执政后存在着由社会公仆变成社会主人的危险。列宁在领导人民夺取政权后曾经疾呼：“共产党内部最可恶的敌人就是官僚主义者”[2]，“共产党员成了官僚主义者。如果说有什么东西会把我们毁掉的话，那就是这个”[3]。可见，马克思主义执政党的最大优势就是密切联系群众，而最大危险则是脱离群众。保持党同人民群众的血肉联系，代表最广大人民的根本利益，立党为公，执政为民，是共产党区别于其他任何政党的一个显著标志，也是我们党始终得到广大人民群众支持和拥护的根本保证。共产党执政以后，如何进一步保持和发展党与人民群众的血肉联系，直接关系到党和国家的生死兴亡。特别是在长期执政条件下，在对外开放和发展社会主义市场经济的环境中，党必须十分注重防范各种腐朽思想的侵蚀，始终十分警惕党长期执政可能带来的影响，始终坚持党的性质和宗旨，始终不脱离群众。

第三，把发展作为党执政兴国的第一要务，是工人阶级执政党执政的牢固基础。所谓发展，是指以经济建设为中心的社会和人的全面发展。发展是硬道理，这是巩固共产党执政地位、保证社会主义国家长治久安的一条根本经验。提出把发展作为党执政兴国的第一要务，是我党以沉重的代价换来的真理。我们党曾在生产资料私有制社会主义改造完成、剥削阶级作为阶级已经消灭的情况下，仍然把阶级斗争作为中心工作，使国民经济和社会发展受到很大影响。东欧剧变、苏联解体，除了西方在政治思想上实行和平演变的外部原因外，一个根本的、直接的原因就是这些国家忽视了发展这个最根本的因素，人民生活长期得不到改善，以致民众感受不到社会主义制度的优越性，转而羡慕西方的繁荣富裕。因此，改革开放以来，我们党毅然把发展问题提到党的中心任务的地位，并取得了一系列辉煌成就。

我们党是在中国这样一个经济文化落后的发展中大国领导人民进行社会主义建设的，发展社会生产力是我们党执政所面临的首要问题。能不能解决好发展问题，直接关系人心向背、事业兴衰。如果共产党不能在发展方面大有作为，如果不能带领人民创造比资本主义更高的劳动生产率和更加富裕、民主、文明的

---

① 《马克思恩格斯选集》第 1 卷，人民出版社 1995 年版，第 283 页。

② 《列宁全集》第 43 卷，人民出版社 1987 年版，第 14 页。

③ 《列宁全集》第 52 卷，人民出版社 1988 年版，第 300 页。

社会，马克思主义的真理性、社会主义制度的优越性、党的先进性就难以体现，党的执政基础就难以稳固。因此，发展不仅是重大的经济问题，而且是重大的政治问题。解决前进中的所有问题，最终都要靠经济和社会的全面发展。这样，发展必然成为共产党执政兴国的第一要务，这也是执政党多年执政经验的总结。

三、工人阶级执政党执政能力和领导水平集中表现为驾驭客观规律和制定、实施正确战略策略的能力

党的执政能力和领导水平，是指执政党在领导、管理国家和社会事务中所具有的本领和能力，是执政党理论水平、领导水平和党的自身建设水平的综合体现。执政能力建设是党执政后的一项根本建设，也是一项与时俱进的复杂系统工程。目前，党的执政能力主要表现为完善的执政方略、健全的执政体制、科学的执政方式和坚固的执政基础。一个执政党的执政能力和领导水平，是通过她在执政过程中驾驭客观规律的能力体现出来的。

无论是在革命时期还是建设时期，党都需要制定和实施正确的战略和策略。在社会主义建设时期，执政党的战略和策略是保证社会主义建设事业顺利发展的重要条件。所以，工人阶级执政党在领导全党和全国人民进行社会主义现代化建设过程中的执政能力和领导水平，还可以通过能否实施正确的战略和策略来判断。

工人阶级执政党首先要能够制定出符合时代发展要求的战略和策略。党的政治战略是带有全局性指导意义的，要符合党的基本路线和全人类的长远利益；党的策略是为了完成党的战略任务而提出来的具体政策。因此，制定出正确的战略和策略对于完成执政党的执政目标具有重要意义。而能否制定出符合客观规律的战略和策略，表明了执政党的执政方略的正确。执政方略，就是关于执政的全局性计划和策略，体现了一个政党对执掌政权的宗旨、目的、任务，实现执政任务的方法、手段、途径以及指导执政实践的理论、纲领、路线的理论思考。

当然，执政党制定出好的战略和策略还要能够正确有力地实施好这些战略和策略。而要实施好战略和策略，需要党有坚实的执政基础和科学的执政方法。党的执政基础非常重要，执政党不能成为孤家寡人。党的执政基础包括阶级基础和群众基础。必须坚定不移地依靠工人阶级，巩固工人阶级在国家生活中的主体地位和作用，巩固党执政的阶级基础。同时，团结一切可以团结的力量，调动一切可以调动的积极因素，不断扩大和巩固党执政的群众基础。巩固党的执政基础，一方面应坚持立党为公、执政为民，同时，妥善协调好方方面面的利益关系，处理好人民内部矛盾，努力形成全体人民各尽其能、各得其所而又和谐相处的社会。巩固党的执政基础，从党自身建设的角度看，还应当特别加强党风廉政建设，坚决反对权力腐败。此外，要做到科学执政、民主执政、依法执政。科学执政，就是以科学的思想、科学的理论、科学的制度、科学的方法进行执政，把党的执政能力建立在更加自觉地运用客观规律的基础上。民主执政，就是坚持为人民执政，靠人民执政，坚持人民民主专政，坚持和完善民主集中制，以发展党内民主带动人民民主，支持人民当家作主，扩大人民群众对国家和社会事务的知情权、参与权、选择权和监督权等民主权利。依法执政，就是党必须在宪法和法律的范围内活动，通过完备的法律体系来治理国家，坚持依法治国，领导立法，带头守法，保证执法，不断推动国家政治、经济、文化、社会生活的法制化、规范化。总之，执政党要努力探索好的执政方法，提高自己正确实施战略和策略的能力。

第四编

社会主义社会成长为
共产主义社会的一般发展规律

马克思主义的科学社会主义告诉我们：共产主义社会分为成熟程度不同的两个阶段，即低级阶段社会主义社会和高级阶段共产主义社会。社会主义社会成长为共产主义社会也有自己的发展规律。各具本国特色的现实社会主义社会尚未有这方面的成功经验，但从其所犯急于向共产主义社会过渡的“超阶段”错误中，可以从反面探寻到一些规律性的东西。九十多年的现实社会主义实践证明：由“必然王国”发展到“自由王国”、社会主义社会成长为共产主义社会具有历史必然性，否认这种必然性，就会因丧失共产主义的信仰和理想而犯右的错误；而社会主义社会成长为共产主义社会是需要具备充分的客观条件的，在条件不具备的情况下，急于向共产主义过渡，刮“共产风”，使社会主义事业遭受不应有的损失，就是左的错误。正确的认识和态度应是，不忘记大目标，更注重现阶段的艰苦奋斗，把共产主义目标的遥远性和为现阶段奋斗的现实性有机统一起来。本编的“三论”，即“自由王国论”、“共产主义本质论”、“奋斗论”就是阐述上述观点的。

第二十三章　“自由王国论”:社会主义发展到共产主义的历史必然性

共产主义社会是人类的“自由王国”,由“必然王国”向“自由王国”的飞跃是历史的必然。掌握这一科学社会主义原理,对于坚定共产主义信念具有重大理论意义和实践意义。

第一节　共产主义社会是人类社会从必然王国向自由王国的飞跃

一、必然王国与自由王国是人类发展的两种历史状态

社会进步和人类解放,即意味着人类不断从必然王国向自由王国迈进。

自由与必然,自由王国与必然王国,是两对既相联系又相区别的范畴。“必然”是指事物的客观规律,即事物内在的本质的必然的联系和趋势。“自由”是指人类根据对于事物规律的认识来行动并达到自己预定的目的。就认识的主体和被认识、被改造的客体的关系而言,人们在没有认识自然规律、社会规律时,总是受盲目的必然性所支配。一切自然规律和社会规律,对于人类来说,都是异己的、必然的。当人一旦认识了必然,就可以根据对必然的认识来组织自己的活动,利用必然性为人类谋福利,从而就获得了自由。恩格斯明确指出:“自由就在于根据对自然界的必然性的认识来支配我们自己和外部自然;因此它必然是历史发展的产物。”[①]人在认识中的每一个进步,都使人由必然向自由迈进了一步。

必然王国和自由王国作为社会历史范畴,表明人类对社会发展规律把握的程度,是人类发展的两种历史状态。它们之间既是相互联系的,又是相互对立的。必然王国,是指人们受盲目必然性的支配,特别是受到自己所创造的社会关系的奴役的社会状态的支配。自由王国,是指人摆脱了盲目必然性的奴役,成为

---

① 《马克思恩格斯选集》第3卷,人民出版社1995年版,第456页。

自己社会关系的主人,从而也成为自然界的自觉主人的社会状态。

必然王国和自由王国的对立是相对的。以往的社会进步和人类在历史上争取到的某种程度的解放包含着向自由王国前进的因素,但总的说来,人类仍处在必然王国之中。

二、从必然王国向自由王国的飞跃是一个过程

随着生产力的发展和科学的进步,人逐渐摆脱自然界必然性的盲目支配,获得了越来越多的自由。当人对客观的社会的和自然的必然性有了正确认识,并能支配和利用它,使它服务于人类自觉的目的的时候,才能实现从必然王国向自由王国的飞跃。

资本主义社会生产力高度发展,为人类从自然界的支配中解放出来创造了一定条件;同时,资本主义生产关系又把人类禁锢在经济剥削、政治压迫的牢笼之中。由于阶级压迫和阶级剥削的障碍,受私有观念和各种陈腐思想的束缚,因而在社会领域中人仍然受着社会客观规律的盲目支配。另外,资本主义社会生产力的发展也还没有达到使人类能完全有效地支配自然界的程度,因而也还没有获得完全的自由。这样,人对自然规律、社会规律的认识和利用还受到阶级的局限和社会制度的影响,受到物质生产力水平的限制,所以人类仍然处在必然王国之中

资本主义制度是最发达的也是最后的一个剥削、压迫和奴役人的社会制度。资本主义既是人类历史中最后一个阶级对抗性社会,也是人类向自由王国飞跃的历史准备的最后阶梯。剥夺剥夺者,成为历史发展的必然。资本主义制度必然灭亡,共产主义必然胜利,这是不可抗拒的社会历史发展的客观规律。

但是,进入自由王国并不是轻而易举的事情,而是一个十分艰巨的历史任务,需要经历一个漫长的历史过程。社会实践是人类从必然王国通向自由王国的根本途径。无产阶级进行的社会主义革命,推翻资本主义社会制度,代之以无产阶级专政类型的国家政权和生产资料的社会主义公有制,标志着人类从必然王国向自由王国的飞跃。

社会主义制度的建立只是这种历史性飞跃的真正起点,在前进的道路上仍然会遇到新的必然王国。由于这样或那样的原因,违背社会发展规律的事情仍会继续发生,人类只能逐步地由必然王国进入自由王国。社会主义打开了通向自由王国的大门,而自由王国的大厦却要人们一砖一瓦地建造起来。

三、共产主义社会是人类社会的自由王国

从整个社会来看,一旦人们对社会的和自然的必然性有了正确认识,并能支

配它,使其服务于人类自觉的目的的时候,也就从必然王国进入了自由王国。共产主义社会就是这样的自由王国。

共产主义社会彻底消灭了私有制以及同私有制相联系的一切不平等的社会关系,实现了人类的真正解放和自由;同时,又保存和大大发展了以往社会所造成的物质的和精神的财富,社会达到了空前高度的进步阶段。另外,共产主义社会的劳动是自觉的自由的劳动。这种劳动既是共产主义自由王国的基础,又是人类彻底解放的主要标志。

恩格斯预见了人类随着社会主义社会的建成、共产主义社会的到来而从必然王国向自由王国的飞跃。他写道:"一旦社会占有了生产资料,商品生产就将被消除,而产品对生产者的统治也将随之消除……人们第一次成为自然界的自觉的和真正的主人,因为他们已经成为自己的社会结合的主人了。人们自己的社会行动的规律,这些一直作为异己的、支配着人们的自然规律而同人们相对立的规律,那时就将被人们熟练地运用,因而将听从人们的支配。人们自身的社会结合一直是作为自然界和历史强加于他们的东西而同他们相对立的,现在则变成他们自己的自由行动了。至今一直统治着历史的客观的异己的力量,现在处于人们自己的控制之下了。只是从这时起,人们才完全自觉地自己创造自己的历史;只是从这时起,由人们使之起作用的社会原因才大部分并且越来越多地达到他们所预期的结果。这是人类从必然王国进入自由王国的飞跃。"①

这个伟大的飞跃,是历史进步的必然归宿,但却不是人类社会的终极状态。马克思主义的辩证法不承认世界上有什么绝对的东西。自由也不是绝对的,而是相对的。人类对自然规律、社会规律的认识和利用,也是历史的、相对的,是永远无止境的。共产主义社会只是获得彻底解放的真正人类历史的新开端。

第二节 每个人的全面而自由的发展是一切人自由发展的条件

一、个人的全面发展是共产主义的基本原则

恩格斯在《共产主义原理》中指出,共产主义社会用整个的社会力量来共同经营生产和由此引起的生产的新发展,需要一种全新的人,全面发展的共产主义新人。马克思甚至把个人的全面发展视为共产主义的基本原则。他在《资本论》

① 《马克思恩格斯选集》第3卷,人民出版社1995年版,第634页。

中指出,共产主义是“以每个人的全面而自由的发展为基本原则的社会形式”[①]。由此可以看出,人的全面发展问题在马克思主义中所占据的重要地位。

个人的全面发展的目标有两个具体内容:第一,要摆脱旧的社会分工强加于他们的一定的特殊的活动范围,克服旧的分工为每个人所造成的片面性,使每个人都可以在任何部门内发展,成为各方面都有能力的人,狭隘地域性的个人为世界历史性、真正普遍性的个人所代替;第二,要彻底摆脱愚昧、落后、无知的状态,使人的思想觉悟、道德品质、交际方式以及科学、文化、艺术水平等等得到极大提高,用人类创造的全部知识财富来丰富每个人的头脑。

个人的全面发展,不仅是共产主义社会的要求,也是人类自身发展的要求。但是,人的特性的形成和展现是受社会环境、社会关系所制约的。马克思指出:“既然是环境造就人,那就必须以合乎人性的方式去造就环境。”[②]就是说,只有到共产主义社会,个人的全面发展才能真正实现。

在人类社会早期,由于生产力落后,科学技术不发展,社会没有明确的分工,没有阶级的区分,脑力劳动和体力劳动还没有截然分开,物质生产和精神生产都还很不发达,所以单个人显得好像比较全面。因为,他必须生产自己生活资料和生产资料的全部或大部,必须熟悉生产的全过程,通晓各种劳动技能和生产手段。但这是一种原始的全面性。随着人类社会的发展、生产力的提高和科学技术的进步,不仅出现了阶级划分,而且社会分工也越来越精细,不同的工作分别由不同的阶级、不同的个人分担。这是人类社会的一个进步。同时,以社会经济奴役为基础的资本主义社会又把人变成畸形物。因为它把生产劳动的各种操作分离、独立之后,工人就按生产的需要分类和分组,每个人固定从事一种职业,终日甚至终身只需重复同样的单调动作,运用他肌体的某一局部。这种分工压抑人的多种多样的兴趣和才能,使人成为机器的附属品,成为生产肌体中的一个局部器官。在这里,人失掉独立自主的价值而成为资本主义利润生产的工具。所以,分工、生产力的发展,一方面造成了人类社会文明的巨大进步,另一方面却又造成了人类个体的片面化。当然,生产力的发展和社会文明的巨大进步将为人类更高级的全面发展创造条件。正如马克思所说:“个性的比较高度的发展,只有以牺牲个人的历史过程为代价。”[③]

共产主义社会,由于社会全体成员对生产资料的关系一律平等,整个生产的目的就是满足社会成员的需要。因此,每个人的个性将得到全面而和谐的发展。

---

① 《马克思恩格斯选集》第 2 卷,人民出版社 1995 年版,第 239 页。

② 《马克思恩格斯文集》第 1 卷,人民出版社 2009 年版,第 335 页。

③ 《马克思恩格斯全集》第 34 卷,人民出版社 2008 年版,第 127 页。

在共产主义社会中，劳动生产率大大提高，使社会必要劳动时间大大缩短，人们将享有充裕的业余时间，个人将在艺术、科学等等方面得到全面发展；在未来的社会里，生产劳动发生了实质性的变化，物质生产过程为一种完全的科学过程所替代，劳动脱去了沉重艰辛的旧貌，告别了它的传统形态，变成了真正的自由劳动。总之，只有在未来的共产主义社会里，才能真正实现每个人的全面发展。

二、每个人的自由发展是一切人自由发展的条件

人类所取得的自由程度，是人类解放程度的重要标志。马克思和恩格斯认为，在未来的共产主义社会里，每个人不仅能全面发展，而且每个人的自由发展是一切人自由发展的条件。这个思想是马克思和恩格斯关于共产主义学说的一个重要观点。《共产党宣言》指出："代替那存在着阶级和阶级对立的资产阶级旧社会的，将是这样一个联合体，在那里，每个人的自由发展是一切人的自由发展的条件。"[①]在恩格斯看来，再没有比以人所达到的自由的程度来反映共产主义社会的本质更贴切了。

每个人的自由发展的真正实现，是人的个性发展的内在要求。世界是多样性的统一，每个人都有权利和义务确定自己在世界中生存的位置。如果要求每个人的个性都消融在整体模式中，成为清一色的整体，那是对个性的限制和束缚。只有每个人都充分发挥自己的个性，每个人都向别人展示自己独特的一面，才能发挥每个人的最大的潜在能力。人的才华通常是由人的个性自由发展表现出来的。每个人的自由发展是一切人自由发展的条件，只有在共产主义社会才能实现。因为在共产主义的自由人联合体中，集体的利益与个人的利益已不再对立，人的个性与人的社会性之间的矛盾也易于解决。社会性作为类概念，应该是生动的、丰富多彩的个性的统一。这种统一只有在个性的全面发挥和创造中，才能显示自己的活力和地位。每个人都有声有色，集体才能威武雄壮。正是每个人的自由发展，形成了整个社会一切人的自由发展，即形成了整个集体的自由发展；而集体丰富多彩的发展又为每个个人的自由发展创造了条件。

每个人的自由发展是一切人自由发展的条件，这正是共产主义所主张的自由与资产阶级的"自由"本质上不同的地方。在资本主义社会中，统治阶级的自由是以压制、牺牲广大人民群众的自由为条件的，少数人的自由是与多数人的自由发展相对立的。而在共产主义的自由王国中，人与人之间是完全平等、和谐的，个性发展得到充分尊重。没有每个人的自由发展，就不会有整个社会一切人的自由发展。

---

① 《马克思恩格斯选集》第1卷，人民出版社1995年版，第294页。

第二十四章 “本质论”：共产主义社会的本质及其特征

马克思主义关于共产主义社会的理论是科学社会主义学说极其重要的组成部分，它是工人阶级及其政党的最终目的，了解共产主义社会的本质及其特征，对于在当前的斗争中为共产主义远大目标而奋斗具有重大意义。

第一节 共产主义社会两个阶段的联系和区别

一、共产主义的科学含义

“共产主义”一词由来已久，其内涵几经嬗变。原词来自拉丁文“Communis”，意为“公共的”、“普遍的”。其本义包括两个方面：一是表示一种邻里的自治单位，如公社，以及以公社为基础的社会组织形式的概念；二是物品公有制的思想。19世纪30～40年代，法国的布朗基、卡贝、德萨米等人开始使用“共产主义”来表述他们为之奋斗的未来社会。

在马克思和恩格斯的著作中，“共产主义”和“社会主义”这两个概念或范畴一般说来是同义语，社会主义社会即共产主义社会，科学社会主义即科学共产主义。马克思和恩格斯在创立科学社会主义过程中，批判地继承了历史上关于共产主义思想的一切优秀成果，赋予“共产主义”概念以明确的科学内含和坚实的阶级基础。就其理论形态说，认为共产主义是以消灭资本主义社会和建立共产主义社会为目标的无产阶级解放运动的性质、条件和目的的学说；就其制度形态说，共产主义是取代资本主义制度的未来新的最高级的社会制度。这就是说，在马克思主义创始人看来，共产主义也有广义和狭义之分。广义的共产主义，是共产主义思想体系、无产阶级解放运动和共产主义社会制度的有机统一体；而狭义的共产主义则是特指共产党人为之奋斗的最终目的——共产主义社会制度。

二、共产主义社会两个阶段的联系和区别

共产主义社会和社会主义社会是同一的社会形态而成熟程度不同的两个发展阶段。因而既有相同点又有不同点：

(1)两者的本质都是解放生产力和发展生产力，消灭剥削，消除两极分化，共同富裕，但共产主义高级阶段是实现了每个人全面而自由发展的社会，而社会主义阶段尚不能达此程度。

(2)两者都在本质上要求高于资本主义的生产力和劳动生产率，但共产主义高级阶段的生产力和劳动生产率不是一般地高于资本主义，而是达到了极高的程度，产品是极大丰富。

(3)两者都要求实行生产资料公有制，消灭剥削阶级和剥削制度，但共产主义高级阶段则是实行完全的共产主义所有制，同社会主义存在很大程度的差别。

(4)两者都要求劳动者是社会的主人，即不仅参加劳动生产，而且参与社会财富的管理和分配，人与人之间是同志式的互助合作关系。但在社会主义阶段，还达不到全体社会成员都参与管理社会的程度，而是其先进分子代表管理制；在共产主义社会阶段则将实行高度的共产主义自治。

(5)在消费资料方面，两者都要求消灭按资分配，但在社会主义阶段实行“各尽所能，按劳分配”，在共产主义社会阶段则实行“各尽所能，按需分配”。

(6)两者都要求以马克思主义为指导思想，以共产主义道德作为行为准则的最高要求。但在社会主义阶段只有少数先进分子要求以共产主义道德为行为准则，大多数人则是以社会公德和社会主义道德要求之；而共产主义阶段，由于其共产主义觉悟和道德水平已极大提高，所以，共产主义道德规范将成为全体社会成员普遍的行为准则。

(7)两者都要求全社会实行计划生产和管理。但在社会主义阶段仍坚持商品、市场经济，商品、货币、价值规律在社会和国家宏观调控下仍继续存在和发挥作用；而在共产主义社会阶段，则是无商品、货币的社会，价值规律、市场机制将失去存在价值。

(8)两者都要求消灭资产阶级专政。但社会主义阶段仍保留无产阶级和劳动人民的政权，共产主义社会阶段国家将完全消亡，从中央、地方到基层都将实行共产主义自治。

第二节　共产主义社会的本质及其特征

一、马克思和恩格斯关于共产主义社会的预见和设想

马克思和恩格斯根据对人类社会发展规律的研究，特别是通过对资本主义社会的分析，吸取了傅立叶、圣西门、欧文等空想社会主义者对未来社会的精彩论述，对共产主义社会提出了许多天才的设想和科学的预见。

恩格斯在《共产主义原理》中指出，所谓共产主义社会，就是“由社会全体成员组成的共同联合体来共同地和有计划地利用生产力；把生产发展到能够满足所有人的需要的规模；结束牺牲一些人的利益来满足另一些人的需要的状况；彻底消灭阶级和阶级对立；通过消除旧的分工，通过产业教育、变换工种、所有人共同享受大家创造出来的福利，通过城乡的融合，使社会全体成员的才能得到全面的发展”①。

在马克思主义经典作家对共产主义社会的描绘中，特别是对共产主义社会的基本特征的分析中，以马克思所写的《哥达纲领批判》最引人注目。马克思指出：“在共产主义社会高级阶段，在迫使个人奴隶般地服从分工的情形已经消失，从而脑力劳动和体力劳动的对立也随之消失之后；在劳动已经不仅仅是谋生的手段，而且本身成了生活的第一需要之后；在随着个人的全面发展，他们的生产力也增长起来，而集体财富的一切源泉都充分涌流之后——只有在那个时候，才能完全超出资产阶级权利的狭隘眼界，社会才能在自己的旗帜上写上：各尽所能，按需分配！”②

马克思和恩格斯之前的空想社会主义者，曾经对未来社会的绚丽图景作过许多描绘。但是，这些在人类思想史上占有重要地位的宝贵思想，“含有十分虚幻和空想的性质”③，他们不能科学地证明实现他们所描绘的未来社会的历史必然性。马克思和恩格斯关于共产主义社会的一些设想，虽然是预见，还没有完全实现，但它不是虚构、臆想，而是具有科学性、可靠性的。

第一，马克思和恩格斯关于共产主义社会的设想，是从经济现实出发的。他们以唯物史观为武器，从资本主义的基本矛盾运动在社会生活的各个方面所反映的大量事实中，从资本主义社会化大生产和资本主义私有制的不可调和的矛

---

① 《马克思恩格斯选集》第 1 卷，人民出版社 1995 年版，第 243 页。

② 《马克思恩格斯选集》第 3 卷，人民出版社 1995 年版，第 306 页。

③ 《马克思恩格斯选集》第 2 卷，人民出版社 1995 年版，第 635 页。

盾发展的现实及历史趋势中，从无产阶级同资产阶级斗争的发展规律中，得出资本主义必然被社会主义所代替的结论。正如列宁所指出的："马克思丝毫不想制造乌托邦，不想凭空猜测无法知道的事情。马克思提出共产主义的问题，正像一个自然科学家已经知道某一新的生物变种是怎样产生以及朝着哪个方向演变才提出该生物变种的发展问题一样。"①

第二，马克思和恩格斯关于共产主义社会的设想，它的第一阶段——社会主义社会，正处于初级阶段，已在现实世界中部分地区内由科学理论变成现实。虽然前苏联、东欧各社会主义国家已剧变，但其几十年中积累的社会主义经验仍有其重大现实意义。现实社会主义各国还正在不断总结历史经验，不断发展和巩固社会主义，通过改革有计划地和全面地完善社会主义，并坚定不移地向共产主义迈进。

二、共产主义社会的本质及其特征

根据马克思主义经典作家关于共产主义社会的设想和几十年社会主义的实践所积累的经验来看，共产主义社会的本质及其特征可概括如下：

(一)共产主义社会的本质

从马克思和恩格斯的论述看，对什么是共产主义社会的最简明的概括是《共产党宣言》第二章末段的那一句话："代替那存在着阶级和阶级对立的资产阶级旧社会的，将是这样一个联合体，在那里，每个人的自由发展是一切人的自由发展的条件。"②这个概括，显然尚包括共产主义社会的低级阶段，即后来被列宁首次称为"社会主义社会"的阶段。这样的社会，必然是解放生产力，发展生产力，消灭剥削，消除两极分化，逐步达到共同富裕的社会，最终实现每个人的自由而全面的发展的社会。不同的是，这种社会的最高阶段，即已完全达到人的自由而全面发展的阶段了。

(二)共产主义社会的基本特征

从"每个人自由而全面的发展是一切人自由发展的条件"这一本质出发，并受其决定，共产主义社会的基本特征可概括为五条：

第一，社会生产力高度发展，社会产品极大丰富。人类社会从低级向高级发展，新的社会形态代替旧的社会形态，从根本上说，都是生产力发展的必然结果。作为人类最高理想的共产主义社会，必然是生产力和劳动生产率达到极高水平的时期。这是共产主义社会最根本的特征。

---

① 《列宁选集》第3卷，人民出版社1995年版，第187页。

② 《马克思恩格斯选集》第1卷，人民出版社1995年版，第294页。

由于生产力的极大发展和劳动生产率的极大提高，必然为社会提供极为丰富的产品。这就为全体社会成员都可以按照自己的需要领取产品奠定了物质基础。

第二，实行生产资料的共产主义公有制。生产力的发展水平和性质，必然要求相应的生产关系。在生产力高度发达的共产主义社会，将建立单一的共产主义社会所有制。全体社会成员将是全部生产资料的主人，真正共同占有、使用、支配生产资料和社会产品。人人有权参加经济管理和社会管理，人人都是社会普通一员而不享有任何经济的、社会的特权。

第三，全体社会成员具有高度的科学技术、文化知识和共产主义觉悟。社会生产力的高度发展为社会成员的体力和智力的全面发展提供了条件，人们可以有更多的时间用于科学发明、艺术创造等精神产品的生产。社会成员都具有多种才能，科学文化知识水平和共产主义思想觉悟极大提高，成为全面发展的共产主义新人，从而彻底消灭体力劳动和脑力劳动的差别。

第四，劳动已不再是谋生的手段，消费品的分配实行“各尽所能，按需分配”的原则。社会产品的极大丰富和社会成员共产主义觉悟水平的极大提高，使劳动失去分配标准的意义，也不再是谋生的手段。劳动过程，同时也是精神上得到满足的过程，成为生活的第一需要。“按需分配”不仅是指人们对日常消费品的需要，而且是保证高度文化教养、全面发展的新人的一切需要。这样，就消灭了在社会主义阶段还必然存在的富裕程度的差别和各种事实上的不平等。

第五，国家自行消亡。由于阶级和阶级斗争已经完全消亡了，形式上平等、事实上不平等的现象也已经不存在了，每个人已习惯于遵守公共生活的基本原则，并自觉地尽其所能为社会工作，因此，任何强制性的机关和力量都不必要了。如同人到老年就要死亡一样，政党和国家机器将因其丧失作用而逐步地衰亡下去，完结自己的历史使命。

第二十五章 “奋斗论”:为实现共产主义社会的远大目标而奋斗

第一节 共产主义形成的特点和条件

一、共产主义社会形成的特点

历史的特点产生于这一历史进程发生的前提。对于社会主义社会来说,它形成的特点如马克思所言:“它不是在它自身基础上已经发展了的,恰好相反,是刚刚从资本主义社会中产生出来的,因此它在各方面,在经济、道德和精神方面都还带着它脱胎出来的那个旧社会的痕迹。”[①]正是这些“痕迹”,使社会主义即我们所说的共产主义第一阶段,既区别于资本主义,又区别于它发展的高级阶段即共产主义,从而形成了自己的特点。对于处于高级阶段的共产主义形成的特点而言,它又与社会主义不同。共产主义产生的前提,是发展已经成熟的社会主义的高级阶段。在这里,“迫使个人奴隶般地服从分工的情形已经消失,从而脑力劳动和体力劳动的对立也随之消失”;“劳动已经不仅仅是谋生的手段,而且本身成了生活的第一需要”[②]。更为重要的是,这时社会生产力已摆脱了价值规律的操纵,而变成为依据“个人的全面发展”需要的生产力,只有到了这个时候,并且到了不仅是世界上主要国家都进入社会主义高级阶段,而且世界上主要生产力都集中在社会主义国家手中的时候,我们才可以开始启动社会主义转变为共产主义的历史进程。

这样,便出现了关于“共产主义形成”这一概念广义和狭义的界定。根据马克思关于共产主义两阶段的划分,我们把这两阶段可以从广义上合称为“共产主义形成”的过程;同时,也可以把从社会主义高级阶段最终完成到共产主义制度

---

① 《马克思恩格斯选集》第3卷,人民出版社1995年版,第304页。

② 《马克思恩格斯选集》第3卷,人民出版社1995年版,第305页。

的初步成型看作狭义上的“共产主义形成”过程。本章讨论更多的是后一种含义上的内容。因此，在其发展的进程中，它在社会发展的各个方面都带有自己的特点:在生产力发展上，社会主义高级阶段的生产力已发展到相当的高度，但它还没有彻底摆脱利润及价值规律的影响。在分配上，尽管这时社会财富已经极大涌流，但还不能与“按劳分配”的旧的分配模式彻底分手。在精神文化方面，尽管已进入高度的文明时代，但尚没有达到与旧的传统观念彻底决裂的程度。最后，从世界范围看，社会主义制度已普遍确立和巩固，但其发展水平还参差不齐。比如，目前一些发达的资本主义国家，一旦转变为社会主义，那它们就能够较快地具备社会主义高级阶段的物质条件;而一些落后地区的国家，在进入社会主义后则不可避免地要依次经历社会主义的初级、中级和高级阶段。在国际范围内，私有制度已基本不存在，但在局部范围内还会有少数存留。然而，它已不对整个社会主义进程发生影响。此时，政治国家没有消失，但其消亡的程度已接近共产主义的无阶级社会。

总之，政治经济文化的上述种种的特征总和，便构成了共产主义形成过程的基本点，而这些特点又产生于处于高级阶段的社会主义制度已在国际上占据主体地位这样一个历史前提，因此也就不可避免地带有社会主义和共产主义特征交织在一起的色彩。与资本主义向社会主义转变过程相比，这次转变只是一种处于不断改革和自我完善，并在这种改革和自我完善中表现为协同发展的和平进程。

但是，这里应说明的是，在共产主义形成的进程中，尽管信息革命必然要带来各民族文化以及心理的日益接近，但由于各民族生长进化的背景十分不同，因而走向共产主义的道路也将各具特色。但是，不管怎样，在丰富多样的道路选择中，其社会主义本质都应是统一的。本质统一和模式多样，应被视为共产主义在世界范围内形成的国际特点。

二、共产主义社会形成的条件

社会主义发展为共产主义并不是随随便便就出现在社会主义高级阶段建设者眼前的，相反，它更多地要依靠现实条件的逐渐具备。没有条件，任何转化都是绝对不可能的。

那么，共产主义形成应具备哪些条件呢？大体说来，至少应具备如下条件:

1. 国际性进程

社会主义发展为共产主义是一个国际性的进程。

国际性原本是资本主义提供给人类的最了不起的文明成果之一，可以说，资本主义就是以其国际性的开拓来启动自己的事业的。共产主义并不排斥国际性，不同的只是，共产主义将在扬弃资本主义的条件下以更大的规模发展这一文明成果。可以说，共产主义就是人类活动国际性最辉煌的时代；同理，国际性也就成了共产主义形成的条件。这一点，马克思和恩格斯在1845～1846年写的《德意志意识形态》中就曾有过预见性论述。他们写道："只有随着生产力的这种普遍发展，人们的普遍交往才能建立起来；普遍交往，一方面，可以产生一切民族中同时都存在着'没有财产的'群众这一现象（普遍竞争），使每一民族都依赖于其他民族的变革；最后，地域性的个人为世界历史性的、经验上普遍的个人所代替。不这样，(1)共产主义就只能作为某种地域性的东西而存在；(2)交往的力量本身就不可能发展成为一种普遍的因而是不堪忍受的力量：它们会依然处于地方的、笼罩着迷信气氛的'状态'；(3)交往的任何扩大都会消灭地域性的共产主义。"①

这里，马克思和恩格斯讲的共产主义国际性实现的前提即由资本主义竞争创造的"世界市场的存在为前提的"②。马克思和恩格斯接着写道："因此，无产阶级只有在世界历史意义上才能存在，就像共产主义——它的事业——只有作为'世界历史性的'存在才有可能实现一样。而各个人的世界历史性的存在，也就是与世界历史直接联系的各个人的存在。"③在这里，有研究意义的是，马克思和恩格斯在他们的晚年即19世纪70年代仍强调共产主义所特有的"解放世界"的性质，称共产主义是"解放世界的事业"，而完成这一事业"是现代无产阶级的历史使命"④。

应当指出，马克思和恩格斯所设想的共产主义与我们这里讨论的共产主义还有所不同。我们所说的共产主义社会制度是从社会主义高级阶段生长出来的。马克思和恩格斯——至少在19世纪70年代之前——讲的共产主义社会（其低级阶段）则脱胎于资本主义社会。但不管怎样，未来处于高级阶段的社会主义应当已突破了"阵营"特征，并且几乎是一种普遍的国际存在。我们知道，由于帝国主义经济发展不平衡规律造成了一国或数国社会主义建立并结为"阵营"的事实，但这毕竟不是社会主义的最终形式。就其最终形式而言，没有社会主义在国际范围内的普遍形成，社会主义无论如何也不能开始其共产主义的进程。就是说，共产主义就其本质上说是一个世界性的进程，社会主义越发展，这个进程就越深入；换言之，社会主义国家在国际范围内的大面积联合是共产主义形成

① 《马克思恩格斯选集》第1卷，人民出版社1995年版，第86页。

② 《马克思恩格斯选集》第1卷，人民出版社1995年版，第87页。

③ 《马克思恩格斯选集》第1卷，人民出版社1995年版，第87页。

④ 《马克思恩格斯选集》第3卷，人民出版社1995年版，第634页。

的重要条件之一。

2. 整体性和阶段性协同发展

就是说，共产主义的形成是一个在条件日益成熟中整体性和阶段性协同发展的长期过程。

马克思和恩格斯在1871年巴黎公社失败之后对共产主义的形成条件的认识有了一个重大变化，这就是他们认识到，从资本主义转变为共产主义已不是一个短暂的阶段，而是漫长的、全面性和阶段性相统一的、协同发展的历史进程；不仅如此，他们还认识到，即使是共产主义社会本身的发展也是一个分阶段的过程。比如，马克思在《法兰西内战》一书中关于资本主义向共产主义转变的过程中要实现人与环境同时得以改造的思想、关于工人阶级"必须经历阶级斗争的几个不同阶段"并"需要相当长一段时间"才能"以自由联合劳动条件去代替劳动受奴役的经济条件"的思想，以及马克思在《哥达纲领批判》中关于共产主义分为两阶段发展的思想，都是上述认识成果的表述。

不同的只是，后来的历史演绎的程序与马克思和恩格斯设想的稍有差异。这是由于东方社会主义革命形势的提前到来使马克思和恩格斯设想的从资本主义转化为社会主义的长过程变得短暂而迅速，随之而来的是共产主义的第一阶段即社会主义阶段，特别是其中的初级阶段，因生产力发展不足而变得艰巨而又漫长。社会主义社会漫长的发展过程从客观上也延长了社会主义发展为共产主义的进程。从这个意义上我们才说，共产主义形成是一个在条件日益成熟中整体性和阶段性协同发展的长过程。换言之，整体性和阶段性协同和长期发展，是共产主义形成的重要条件。

说它漫长，是因为社会主义发展条件的形成是全面而不是片面的，是阶段性而不是"毕其功于一役"的过程。为此马克思写道："为了谋求自己的解放，并同时创造出现代社会在本身经济因素作用下不可遏制地向其趋归的那种更高形式，他们必须经过长期的斗争，必须经过一系列将把环境和人都加以改造的历史过程。"[①]在这里，马克思把共产主义形成的"历史过程"看作是人的主体和自然客体同步改造的过程。更值得注意的是，马克思在《哥达纲领批判》中对共产主义生产力发展也准确地表述为"随着个人的全面发展生产力也增长起来"。可见，全面性既是共产主义形成的起点，也是它发展的条件。

然而，社会主义毕竟是共产主义发展的第一阶段。在它发展的进程中，不可避免地要带有旧社会留下的片面发展的"痕迹"。在社会主义初级阶段，由于生产力落后，社会主义国家还不能拒绝产生于资本主义片面发展的诸如利润、货

① 《马克思恩格斯选集》第3卷，人民出版社1995年版，第60页。

币、商品经济等与共产主义格格不入的手段。不同的只是，这些手段在公有制条件下受到相应的限制罢了。毫无疑问，这种限制和对这些手段的运用，随着社会主义从初级阶段向中级阶段和高级阶段的发展，其范围将越来越小；随着社会主义高级阶段的日益成熟，社会也就日益从必然走向自由，价值规律将不再对社会发生影响，整个社会及个人也将自主地把属于人类的生产力充分运用起来，并使社会因此获得全面发展。

共产主义形成过程的全面性和整体性的条件还在于它同时也是一个社会主义在国内和国际协同发展的过程。"协同发展"在这里首先是和平发展。就其国内发展看，社会主义转变为共产主义已不像从资本主义转变为社会主义那样需要激烈的阶级专政，相反，当社会主义高级阶段发展成熟并开始向共产主义转变时，私有制已成为遥远的过去，商品、货币也改变了其原本的意义(很可能转化为一种普通"证券"，只具有某种暂时的象征性的意义)。这样，社会的进程也就不会采用"不是战斗，就是死亡"[①](乔治·桑)的方式，而是像马克思预言的那样，"社会进化将不再是政治革命"[②]，政治已失去了意义。这时，社会还有矛盾，还存在生产关系和生产力之间的矛盾，存在着唯物主义和唯心主义、形而上学和辩证法的矛盾，但这些矛盾已不具有对抗性质。这样，社会主义在向共产主义转变的过程将在改革与和平发展的条件下进行。就其国际方面看，共产主义形成还需要一个民族文化重新融合的条件。在社会主义高级阶段，民族的政治性质将基本消亡。随着高科技发展，现代意义上的民族界线将日益模糊，信息传播手段的普及和发展也使民族文化、民族语言乃至民族心理都日益接近；随着公有制在全世界普遍建立和巩固，民族的政治性也消失，但同时，民族在新的融合中仍将保持自己的丰富多彩的历史个性，并在共产主义形成的进程中获得新的生命。

显然，这是一个有待条件日益成熟的整体性和阶段性协同发展的长过程。那么，怎样才算是完成了社会主义阶段性发展呢？在这方面，社会主义至少要赢得高于同期资本主义发展的水平。大体预测，在社会主义初级阶段，它的生产发展低于资本主义同期水平，但发展势头很好；中级阶段则接近同期中等发达资本主义生产力水平；到高级阶段，社会主义将赢得对资本主义的绝对优势，这时，社会主义也有绝对的实力来"和平演变"处于劣势的资本主义残余力量。在社会主义高级阶段，乃至共产主义初级阶段，可能在世界上还有资本主义的残余，但那已属穷途末路，它们的存在只有考古学的意义。

3. 建立在高科技基础上的计划生产和按需分配的经济体系的出现

---

① 《马克思恩格斯选集》第1卷，人民出版社1995年版，第195页。

② 《马克思恩格斯选集》第1卷，人民出版社1995年版，第195页。

这是共产主义形成不可缺少的条件。

马克思创立共产主义学说所基于的前提是对资本主义的批判。但是,马克思批判的并不是资本主义对人类社会所起到的进步作用,而是批判它对人类社会的异化作用。在这里,资本成了人的对立物,资本增殖的副产品是人的贬值。马克思在《1844年经济学哲学手稿》一书中写道:

> 工人生产的财富越多,他的产品的力量和数量越大,他就越贫穷。工人创造的商品越多,他就越变成廉价的商品。物的世界的增值同人的世界的贬值成正比。劳动不仅生产商品,它还生产作为商品的劳动自身和工人,而且是按它一般生产商品的比例生产的。①

在资本主义条件下,劳动的异化是不可回避的现象,而消灭这一现象的办法,在马克思看来只有用共产主义,即对"私有财产即人的自我异化的积极的扬弃"的形式和制度才能解决。他写得很明白:

> 共产主义是私有财产即人的自我异化的积极的扬弃,因而是通过人并且为了人而对人的本质的真正占有;因此,它是人向自身、向社会的(即人的)人的复归,这种复归是完全的、自觉的而且保存了以往发展的全部财富的。②

可见,马克思认为私有财产是使人异化的万恶之源,而扬弃私有制,采用共产主义所有制才是消除异化现象的唯一出路。之所以如此,是因为在共产主义社会中,有计划地组织生产和按需组织分配是共产主义经济的重要存在条件。恩格斯正是这样表述自己的思考的,他说:"只有一种有计划地生产和分配的自觉的社会生产组织,才能在社会方面把人从其余的动物中提升出来,正像一般生产曾经在物种方面把人从其余的动物中提升出来一样。"③

然而,现实的问题是,目前在已建成的社会主义国家的实践中都不可避免地从高度计划的经济体制转向社会主义市场经济,而没有实现这种转轨的社会主义国家的经济实践却出现了绝大的困难。

这是不是说,马克思和恩格斯对共产主义的计划生产和按需分配的思想发生失误?这是不是说,未来共产主义高级阶段将不可能是一种计划生产基础上的按需分配制度?不能这样认为。

现在看来,在东方这样以自然和半自然经济为基础的经济文化相对落后的地区建设社会主义,由于面临繁重的经济建设和相应的社会改造,即把自然经济

---

① 《马克思恩格斯全集》第42卷,人民出版社1979年版,第90页。

② 《马克思恩格斯全集》第42卷,人民出版社1979年版,第120页。

③ 《马克思恩格斯文集》第9卷,人民出版社2009年版,第422页。

改造为社会化的现代经济的任务，因而便不能直接实现完善的计划生产和按需分配的社会管理模式。相反，特别是在其发展的初级阶段，应更多地倚重商品交换和市场手段来达到其社会发展的目的。在一个以自然经济为基础的社会中，切不可认为，只要所有制变为公有制，完善的计划就可以实现了。实际上，公有制的原始形式恰好就是与自然经济结合在一起的，而自然经济又不可能是任何一个现代工业社会的基础。

在人类历史上，真正造成自然经济解体并使现代社会化经济诞生的是市场经济。因此，市场经济是东方自然经济国家走向社会化大经济，继而从社会主义走向共产主义不可回避的道路。

为什么这么说呢？这并不是市场经济有什么特殊的魔力，而是实现完善的计划手段的条件尚不成熟。完全的计划经济只有在两个条件下才能有效地实施:一是战后国民经济恢复时期。这一时期社会需求简单，生产粗放，用计划和集中的手段进行资源配置就会取得最佳效果。二是在信息革命完成的条件下。由于社会经济的迅猛发展，社会需求变得日益复杂和巨大。同时，由于信息高科技的发展，人类已基本具备了接收和处理巨大需求信息变化的技术前提，而其他如自动化、微机技术、信息高速公路、光技术以及生态技术等领域的不断进步，不仅在国内，而且在国际上也能实现，甚至在短期内出现乃至数亿兆计的供求信息及其高频变化的处理手段。只有在这个时候，社会的计划生产和按需分配才是可以设想的事实。相反，尽管建立了实现计划生产和按需分配的生产关系，但没有实现计划生产和按需分配的技术手段，那么，社会主义的计划经济更多地只能陷入善良的空想。可见，在人类还不具备处理日益繁杂的需求信息及其高频变化的技术手段的情况下，运用市场的自发力量来(有限度地)调节人的复杂的需求供给关系，并以此实行有效的资源配置，就成了社会主义国家可能作出的选择。从这个意义上说，目前社会主义国家采用的社会主义市场经济模式是对昨天粗放经济发展条件下的计划经济的一种否定式的进步。社会主义国家还将通过这种“否定”，大力发展生产力，并由此最终实现“否定之否定”，即对计划经济的再次肯定。这次肯定，恰好就为社会主义转变为共产主义奠定了必要的条件。生产决定分配，只要计划生产成为现实，那么，按需分配也就成了必然结果。届时，货币也就失去了它的原始意义。货币对人的异化作用一旦消除，人也就成了自己的主人。

4. 共产主义政党的作用

不断完善工人阶级执政党的领导核心，是共产主义形成过程的重要条件。这是因为，社会主义向共产主义的转变过程，既是工人阶级执政党自身素质不断完善和成熟的过程，又是党为自身最终消亡积极准备条件的过程。

共产主义运动，自从1848年兴起迄今，首先是工人阶级为解放自身，从而通过解放自身来最终解放全人类的运动。为了实现这个运动所要达到的既定目标，工人阶级就必须组织起自己的政党，与此同时，工人阶级政党就成为共产主义运动的先锋力量。为此，马克思和恩格斯在筹建第一个工人阶级政党时就把共产主义事业与党的名称密切联系在一起，称它为“共产党”。从此，工人阶级政党在共产主义运动发展的各个阶段上始终代表着整个运动的利益。历史证明：国际共产主义运动的每次发展都是工人阶级跟随自己的政党共同奋斗的结果，同时，也是工人阶级政党自身建设和不断完善的结果。

在工人阶级夺取政权并走上社会主义道路后，工人阶级政党由在野或地下党变为执政党。在执政条件下，党面临的是与革命时期完全不同的考验。

执政的考验即执政水平的考验。工人阶级政党经过武装斗争，打碎了旧的国家机器，建立了劳动人民政权。这是一种新型的即以最广大人民的民主来实现对少数人专政的政权形式。因此，党的执政水平主要表现为处理人民内部矛盾的水平、把握人民内部矛盾与敌我矛盾比例关系的水平，以及在这种关系中制定实现自己的政治纲领的战略和策略水平，并最终为自身消亡做好准备条件的水平等方面。经验证明，工人阶级执政党的执政水平如何，直接关系到社会主义过渡到共产主义事业的兴衰成败。

执政的考验，还表现在对工人阶级执政党组织和领导社会主义国家经济建设为主要内容的现代化建设能力的考验。经济建设能力包括对社会主义经济发展规律的认识和运用能力以及党对世界最新科学技术和管理方法熟悉和掌握的能力。社会主义建设的经验表明，仅凭对共产主义的热情而缺乏实现共产主义物质条件的能力，是不能把社会主义推向共产主义的。

为了能够经受执政条件下出现的新的考验，工人阶级政党必须首先加强和不断完善自身的建设，包括思想建设、政治建设、组织建设和作风建设。思想建设和政治建设的关键就在于保证无产阶级执政党在执政条件下继续保持一条马克思主义的思想路线和政治路线。没有这条路线，社会主义不仅不能顺利实现向共产主义的过渡，而且还可能出现某种程度或某一时期的复辟现象；如果坚持了这条路线，社会主义就能在国际社会主义因素不断发展壮大的同时使社会主义从初级阶段进入中级和高级阶段，并最终在实现共产主义的进程中完成党自身消亡的历史任务。

第二节　为实现共产主义远大目标而奋斗

一、实现共产主义远大目标是人类最崇高的理想

理想是人们追求的人生目标，也是为着这个目标而努力奋斗的信念。共产主义理想是为在全世界实现共产主义，使整个人类都得到解放的人生信念和目标。共产主义社会并不是沙漠上出现的海市蜃楼，而是经过伟大的思想家马克思和恩格斯毕生研究得出的科学结论；共产主义的实现也是被一百多年共产主义实践证明了的真理。因此，为共产主义奋斗，对一个人来说，首要的问题是应该具有共产主义理想和信念。没有坚定正确的政治方向就等于没有灵魂。邓小平说得非常正确："人的因素重要，不是指普通的人，而是指认识到人民自己的利益并为之而奋斗的有坚定信念的人。"[①]在共产主义理想的召唤下，中国共产党人把一个半殖民地半封建的贫弱大国改变成一个初步富强的社会主义国家，同样，只要我们坚定共产主义信念，我们就会在中国特色社会主义理论体系指导下，取得社会主义建设的新胜利。

人是要有点精神的，而人的精神中最强调的就是理想和奋斗目标。人只要有了目标，就会产生强大的精神动力。资产阶级发财致富的人生目标造就了整整一个资本家阶级，共产主义理想则造就了像雷锋、焦裕禄、孔繁森这样一大批全心全意为大多数人谋福利的共产主义战士。之所以如此，这是因为共产主义理想是以解放全人类并在解放全人类的实践中最后解放自己的崇高理想。

革命者是要有点信念的。资产阶级信念使资本家阶级取代封建阶级成为统治者，共产主义信念则会使整个劳动者阶级最终摆脱一切奴役从而成为自己命运的主人。然而，应该指出的是，检验共产主义战士的信念坚定与否的界碑并不在于共产主义运动的高涨时期，而在于它的低落时期。共产主义运动与历史上一切曾发生过的对历史起进步作用的运动一样，在其发展的进程中也会有高潮和低潮，甚至还会有暂时的倒退现象。在这样的时期，信念坚定与否，对一个共产主义者就极为重要。信念坚定就可以闯过危机时期的思想迷茫和政治难关，最终在坚定的探索中找到新的道路；相反，信念不坚定就很容易动摇、彷徨，最终为共产主义大潮所淘汰。在中国革命和建设的进程中，正是中国共产党人那坚定的共产主义信念所激发出的进取的力量和勇气，才使中国的共产主义运动经过许多挫折后获得一系列历史性的伟大胜利。

---

① 《邓小平文选》第 3 卷，人民出版社 1993 年版，第 190 页。

有了理想，人类就与动物有了区别；有了共产主义理想，人类就有了超越自我的升华，就有了超越私有意识的远大目标。正是共产主义制度的合理性，才激发起人类社会历史从必然王国向自由王国的进步和人类自觉为共产主义奋斗的决心。

二、树立共产主义世界观是实现共产主义理想的首要前提

要为共产主义理想奋斗，在确立自己的奋斗目标之后，首要的任务就是通过学习和实践树立起共产主义世界观。所谓世界观，是人对整个世界的总看法。世界观决定着人的实践所必然选择的方向。进步的世界观可以给人生实践以巨大的指导意义，而落后的世界观则往往使人迷失方向。在阶级社会里，世界观不可避免地要具有阶级性。不同阶级的人，由于在社会经济生活中所处的地位不同，特别是阶级地位不同，世界观也就不同。共产主义世界观就是无产阶级对世界的总看法，它是先进的无产阶级意识的反映。因此，共产主义世界观是指导共产主义实践的理论武器和行动指南。

但是，共产主义的世界观并不是自发地产生的，它只能在学习马克思主义理论和参加共产主义运动的实践中逐渐培养起来。这是因为，共产主义不仅是建立在科学理论基础上的世界观，同时，也是无产阶级变革现实社会的思想武器。这种理论与实践相统一的特点，必然要求一切愿意为共产主义事业奋斗的人把树立共产主义世界观作为实现共产主义理想的前提。有什么样的世界观就会产生什么样的社会实践，只有科学的世界观才能经得住实践的最终检验。共产主义运动是建立在马克思所发现的、由资本主义基本矛盾决定的资本主义必然为社会主义所取代这样一个社会运动基本规律之上的历史性运动。因此，反映这一运动的世界观是经得住人民群众创造历史的伟大实践检验的真理。也正因这一点，共产主义世界观才与费尔巴哈式的“爱的宗教”脱离开来，并对共产主义实践产生巨大的指导意义。

没有革命的理论就不会有革命的运动，只有用先进理论武装的人才能起到先进战士的作用。在中国旧民主主义革命的进程中，由于没有先进的世界观和先进的理论，中国革命受到无数的挫折并且长期在黑暗中徘徊。1917 年十月革命一声炮响，给中国送来了马克思主义。自从中国有了马克思主义的理论和世界观，中国就有了共产主义政党。自从中国有了共产党，中国革命就取得了胜利，中国的历史就在建设有中国特色的社会主义道路上获得了巨大的进步。同样，可以肯定，只要我们牢固树立马克思主义的世界观，就会产生更多的共产主义战士和具有社会主义情操的人，在先进的工人阶级政党领导下，中国人民就会战胜任何挑战，使中国的社会主义在持续的改革、发展和稳定的环境中，稳步地

成长为共产主义。

三、完成现实任务是实现共产主义远大目标的根本前提

如果只把共产主义当作未来必然要实现的美好的社会制度，这并没有全面反映共产主义的意义。这里应当强调的是，共产主义同时还是现实的运动。马克思和恩格斯携手创立科学社会主义的初期，就在《德意志意识形态》一书中明确指出："共产主义对我们来说不是应当确立的状况，不是现实应当与之相适应的理想。我们所称为共产主义的是那种消灭现存状况的现实的运动。"①在社会主义建成以前，这种"消灭现存状况的现实的运动"具体表现为工人阶级反对资产阶级的阶级斗争，表现为推翻旧社会制度的社会主义革命；在进入社会主义社会之后，就具体表现为一切为发展经济和社会进步所作出的努力。共产主义是美好的未来，但美好的未来是靠一代又一代人的现实奋斗争取来的。因此，一切有利于今天社会主义建设的实际努力步骤，都可视为为共产主义理想奋斗过程不可缺少的一部分。毛泽东说得好："现在的努力是朝着将来的大目标的，失掉这个大目标，就不是共产党员了。然而放松今日的努力，也就不是共产党员。"②可见，目标与现实的统一，放眼未来与完成现实任务的统一，是实现共产主义的首要保证。而着眼于现实，从我做起，完成工人阶级政党制定的旨在推进社会主义进程的现实任务，则是实现共产主义的根本前提。

完成现实任务不仅要有热情，还要有完成任务的科学知识。列宁说得好："只有掌握了一切现代知识，善于把共产主义由背得烂熟的现成公式、意见、方案、指示和纲领变成能把你们的直接工作统一起来的活生生的东西，把共产主义变成你们实际工作的指针，那时才能完成这个任务。"③而要掌握一切现代知识，唯一的办法就是虚心地学习，学习中国的优秀文化，也学习外国有用的现代技术知识。总之，"只有了解人类创造的一切财富以丰富自己的头脑，才能成为共产主义者"④。可见，学习，是一切坚信共产主义并愿为共产主义奋斗终生的人应具备的起码素质。只有学习，才能在反复比较、鉴别中更加坚信共产主义事业；只有学习，才能把共产主义理想与实际行动结合，并在这种结合中学会做好本职工作、完成现实任务的本领。九层之台，起于垒土；千里之行，始于足下。坐而论道，莫如身体力行。世界上没有一项事业不是不经过实际努力而完成的。同样，

---

① 《马克思恩格斯选集》第1卷，人民出版社1995年版，第87页。

② 《毛泽东选集》第1卷，人民出版社1991年版，第276页。

③ 《列宁选集》第4卷，人民出版社1995年版，第288页。

④ 《列宁选集》第4卷，人民出版社1995年版，第285页。

只要我们从自己做起，从现实做起，把实现共产主义远大理想同实现党在各个时期的任务结合起来，脚踏实地地奋斗，就一定能在现实的共产主义运动的进程中逐步建成美好的共产主义制度。

四、艰苦奋斗是实现共产主义理想的必备条件

人类的历史，是自然的过程和自觉奋斗过程的统一。我们已经知道，共产主义是人类最崇高的理想，树立共产主义世界观是实现共产主义理想的首要前提；完成现实任务是实现共产主义的直接道路。这是不是足够了呢？显然不够。因为，再好的事业没有人的自觉奋斗也是不可能完成的。马克思曾经说过："在科学上没有平坦的大道，只有不畏劳苦沿着陡峭山路攀登的人，才有希望达到光辉的顶点。"[①]共产主义制度就是这种光辉顶点，而要实现共产主义制度，没有一种"不畏劳苦沿着陡峭山路攀登"的奋斗精神，没有人的自觉奋斗的热情，共产主义的必然性只能是片面的和最终不能实现的。

艰苦奋斗，绝不是强调人人都过一种低消费的穷困生活，而是强调奋斗不怕艰苦、艰苦仍要奋斗的人生态度。大凡伟业，都不可避免地要遇到极端艰苦的时期。比如，中国共产党经过的二万五千里长征就是艰苦奋斗精神最卓越的例证。没有这段奋斗的经历，就不可能有后来的新中国。同时，我们也看到，在社会主义革命胜利后，由于我们党内的某些同志缺乏长期艰苦奋斗的思想准备，却在资产阶级的糖衣炮弹的攻击下失去了革命的精神，结果沦落为党内的腐败分子。

在当前，我们国家正面临着改革和开放的新的历史时期。一方面，对外开放使我们在学习国外先进科学技术的同时也不可避免地受到腐朽事物的侵蚀。另一方面，我们国家的社会主义还处在初级阶段，各方面还比较穷。在这种条件下强调艰苦奋斗的精神，对党的发展就具有生死存亡的意义。我们的党是执政党，执政党手中有了权力，如果失去了艰苦奋斗的精神，就会失去人民；失去了人民，就失去了依托和奋斗目标；失去了依托和奋斗目标，党就失去了存在的意义。

总之，共产主义是人类历史上全新的社会制度，它必然代替资本主义，这是社会历史发展的总趋势。任何新社会制度的产生、巩固和发展，必然是充满牺牲奋斗，交织着困苦失败和成功前进的曲折过程。在我国，我们已经用艰苦奋斗的精神破坏了一个旧世界，也要用同样的精神再建设一个新世界。我们知道，完成这样一个历史性的工作还需要很长的历史阶段，需要我们几代人、十几代人，甚至几十代人的坚持不懈的努力奋斗。只要我们坚持发扬新时期伟大的艰苦创业的精神，有中国特色的社会主义事业就会发展，中国必将对全世界实现共产主义

① 马克思：《资本论》第1卷，人民出版社1975年版，第26页。

作出重大贡献。

奋斗吧，共产主义是人类社会的必然归宿，她必定要到来，不管时间会多么漫长，也不管她还会经历多少胜利与失败的反复，她一定能够到来！

参考文献

《圣西门选集》,商务印书馆1962年版。

《傅立叶选集》,商务印书馆1962年版。

《欧文选集》,商务印书馆1962年版。

《马克思恩格斯选集》第1～4卷,人民出版社1995年版。

《马克思恩格斯全集》第1、2、3、4、7、18、19、21、23、25、26、27、36、42、46卷,人民出版社1956～1976年版。

《马克思恩格斯全集》第3、34、44卷,人民出版社2001、2008、2002年版。

《马克思恩格斯文集》第1、9卷,人民出版社2009年版。

马克思:《1844年经济学哲学手稿》(单行本),人民出版社1985年版。

《列宁选集》第1～4卷,人民出版社1995年版。

《列宁全集》第2、7、8、9、10、12、13、17、21、24、26、27、28、29、34、36、37、38、39、40、41、42、43、44、55卷,人民出版社1984～1990年版。

《斯大林选集》上、下卷,人民出版社1979年版

《斯大林全集》第1、6、9、10卷,人民出版社1953、1956、1954、1954年版。

《联共(布)党史简明教程》,人民出版社1975年版。

[苏]季诺维也夫:《列宁主义——列宁主义导论》,郑异凡、郑桥译,东方出版社1989年版。

[德]威廉·李卜克内西:《不要任何妥协,不要任何选举协议》,姜其煌、张舆、毛韵泽译,三联书店1964年版。

中共中央著作编译局国际共运史研究所编:《德国社会民主党关于伯恩施坦问题的争论》,三联书店1981年版。

[法]拉法格:《财产及其起源》,王子野译,三联书店1962年版。

《普列汉诺夫哲学著作选集》第3卷,三联书店1962年版。

[苏]普列汉诺夫:《社会主义与政治斗争》,刘若水译,三联书店1957年版。

中共中央著作编译局国际共运史研究所编:《布哈林文选》上、下册,东方出版社1988年版。

中共中央著作编译局国际共运史研究所编:《卢森堡文选》(上),人民出版社1984年版。

[德]卡尔·李卜克内西:《军国主义和反对军国主义》,易廷镇译,三联书店1962年版。

[意]安东尼奥·葛兰西:《狱中札记》,葆煦译,人民出版社1983年版。

《季米特洛夫选集》,高宗禹等译,人民出版社1953年版。

《毛泽东选集》第1~4卷,人民出版社1991年版。

《毛泽东选集》第5卷,人民出版社1977年版。

《毛泽东著作选读》(上、下),人民出版社1986年版。

《毛泽东文集》第1~7册,人民出版社1993~1999年版。

《毛泽东读社会主义政治经济学批注与谈话》(上、下),中华人民共和国国史学会1998年编印。

《刘少奇选集》(上、下),人民出版社1980、1984年版。

刘少奇:《论党》,人民出版社1980年版。

《邓小平文选》第1~2卷,人民出版社1994年版。

《邓小平文选》第3卷,人民出版社1993年版。

《邓小平年谱》(上、下),中央文献出版社2004年版。

《江泽民文选》第1~3卷,人民出版社2006年版。

《江泽民论有中国特色社会主义》(专题摘编),中央文献出版社2002年版。

※ ※ ※ ※

《中共中央文件选集》(1921~1949年)第1~14册,中共中央党校出版社1982~1987年版。

《中国共产党党章汇编》,人民出版社1979年版。

中共中央文献研究室编:《三中全会以来重要文献选编》(上、下),人民出版社1982年版。

中共中央文献研究室编:《中国共产党第十二次代表大会文件汇编》,人民出版社1982年版。

中共中央文献研究室编:《十三大以来重要文献选编》(上、中、下),人民出版社1991、1993年版。

中共中央文献研究室编:《十四大以来重要文献选编》(上、中、下),人民出版社1996、1997、1999年版。

中共中央文献研究室编:《十五大以来重要文献选编》(上、中、下),人民出版社1996、2001、2003年版。

中共中央文献研究室编:《十六大以来重要文献选编》(上、中、下),中央文献出版社 2005、2006、2008 年版。

中共中央文献研究室编:《中国共产党第十七次全国代表大会文件汇编》,人民出版社 2007 年版。

中共中央党史研究室:《中国共产党历史》第 2 卷(1949～1978)上、下册,中共党史出版社 2011 年版。

李长春:《正确认识和处理文化建设发展中的若干重大关系 努力探索中国特色社会主义文化发展道路》,载《新华文摘》2010 年第 17 期。

戴秉国:《坚持走和平发展道路》,载《新华文摘》2011 年第 7 期。

中共中央编译局译:《苏联共产党代表大会、代表会议和中央全会决议汇编》,人民出版社 1964 年版。

辛华编译:《苏联共产党第二十七次代表大会主要文件汇编》,人民出版社 1987 年版。

《戈尔巴乔夫言论选集》,苏群译,人民出版社 1987 年版。

《苏联共产党章程汇编》,求实出版社 1982 年版。

中共中央对外联络部编:《各国共产党总览》,当代世界出版社 2000 年版。

吴彬康等主编:《八十年代世界共产党代表大会重要文献选编》(上、下),中国广播电视出版社 1989 年版。

※ ※ ※ ※

《马克思恩格斯列宁斯大林论科学社会主义》第 1～5 册,中国人民大学科学社会主义系 1980 年编印。

《当代社会主义问题(资料选编)》第 1～5 册,山东大学科学社会主义系 1982～1987 年编印。

高放、黄达强主编:《社会主义思想史》上、下册,中国人民大学出版社 1987 年版。

萧贵毓、张海燕:《社会主义思想史纲》,中共中央党校出版社 1998 年版。

高放、李景治、蒲国良主编:《科学社会主义的理论与实践》(第五版),中国人民大学出版社 2008 年版。

高放:《社会主义在世界和中国》,云南人民出版社 1993 年版。

高放主编:《当代世界社会主义新论》,中国人民大学出版社 1998 年版。

郑必坚等主编:《邓小平理论基本问题》,中共中央党校出版社 2001 年版。

石仲泉:《我观邓小平》,中共党史出版社 2004 年版。

冷溶主编:《中国特色社会主义年鉴(2003～2004)》,中国法制出版社 2006

年版。

赵明义主编:《科学社会主义》,山东人民出版社 1980 年版。

北师大等九校《科学社会主义》编写组编:《科学社会主义》,吉林人民出版社 1980 年版。

高原主编:《科学社会主义》,湖北人民出版社 1981 年版。

范若愚、江流主编:《科学社会主义概论——中国社会主义基本问题》,江苏人民出版社、中共中央党校出版社 1983 年版。

郑建邦主编:《科学社会主义原理》,中国人民大学出版社 1992 年版。

李慎明主编:《世界社会主义跟踪研究报告——且听低谷新潮声》(之一),社会科学文献出版社 2006 年版。

李慎明主编:《2005 年:世界社会主义跟踪研究报告——且听低谷新潮声》(之二),社会科学文献出版社 2006 年版。

刘克明、吴仁彰主编:《从列宁到戈尔巴乔夫:苏联社会主义的演变》,东方出版社 1992 年版。

王正泉、刘艺文、姚洪芳编:《从列宁到戈尔巴乔夫——苏联政治体制的演变》,中国人民大学出版社 1989 年版。

薛汉伟、王建民:《制度设计与变迁——从马克思到中国的市场取向改革》,山东大学出版社 2003 年版。

中国社科院情报所编译:《苏联理论界论社会主义》,人民出版社 1983 年版。

[美]兹·布热津斯基:《大失败——二十世纪共产主义的兴亡》,军事科学出版社 1989 年版。

[美]约翰·奈斯比特:《大趋势——改变我们生活的十个新方向》,中国社会科学出版社 1984 年版。

[美]阿尔温·托夫勒:《预测与前提——托夫勒未来对话录》,国际文化出版社 1984 年版。

[美]理查德·尼克松:《1999 不战而胜》,中国人民公安大学出版社 1988 年版。

[美]兹·布热津斯基:《大失控与大混乱》,中国社会科学出版社 1995 年版。

[南]普里比切维奇:《社会主义是世界的进程》,新华出版社 1984 年版。

赵明义主编:《科学社会主义》(增订本),山东人民出版社 1983 年版。

赵明义主编:《科学社会主义》(新版本),山东大学出版社 1996 年版。

赵曜、张式谷、秦德芬主编:《科学社会主义新论》,中共中央党校出版社 1996 年版。

赵明义主编:《马列著作〈科学社会主义〉释义》,山东大学出版社 1990 年版。

赵明义等主编:《马克思主义原理》,山东大学出版社 1991 年版。

赵明义主编:《社会主义:传统模式与改革》,黄河出版社 1993 年版。

赵明义主编:《社会主义的历史命运》,人民出版社 1997 年版。

赵明义等:《有中国特色社会主义的真谛》,山东人民出版社 1999 年版。

赵明义主编:《当代国外社会主义问题纲要》,山东人民出版社 1987 年版。

赵明义等:《当代社会主义》,山东大学出版社 2001 年版。

赵明义等:《科学社会主义中国化问题研究》,山东大学出版社 2002 年版。

赵明义等:《理论与实际结合:马克思主义·科学社会主义当代化与本国化研究》,山东人民出版社 2009 年版。

赵明义、孔令栋主编:《20 世纪社会主义的抉择——科学社会主义与民主社会主义》,黄河出版社 2000 年版。

崔桂田:《当代社会主义发展模式比较研究》,山东人民出版社 2005 年版。

徐艳玲:《整合发展——当代中国发展新视角》,济南出版社 1998 年版。

徐艳玲:《马克思主义视野中的全球化》,大连出版社 2005 年版。

杨鲁慧:《重点与全面:当代中国辩证发展理论研究》,山东人民出版社 2005 年版。

刘廷合:《苏东剧变主要原因探析》,山东大学出版社 2008 年版。

纪培荣:《社会主义初级阶段与共产主义》,山东大学出版社 2001 年版。

方雷:《邓小平理论历史地位和科学价值研究》,山东大学出版社 2003 年版。

郭桂英、吕连仁、李青主编:《毛泽东对中国社会主义建设道路的探索》,山东大学出版社 2002 年版。

于光远:《论时代问题》,载《学海》2001 年第 3 期。

奚广庆:《正确认识大的历史时代》,载《社会科学研究》2003 年第 2 期。

董云虎:《积极推动建设和谐世界》,载《求是》2007 年第 17 期。

云杉:《文化自觉　文化自信　文化自强——对繁荣发展中国特色社会主义文化的思考》,载《新华文摘》2010 年第 20 期。

赵明义、方雷:《科学社会主义:不断发展和创新的理论》,载《马克思主义研究》2000 年第 1 期。

赵明义:《当代社会主义学科的若干问题》,载《当代世界社会主义问题》2000 年第 3 期。

赵明义:《"马克思主义中国化"与"使马克思主义在中国具体化"辨析》,载《当代世界社会主义问题》2003 年第 2 期。

赵明义:《马克思主义中国化形成中两种传统:实事求是与教条主义》,载《理论探讨》2004 年第 5 期。

赵明义:《论科学社会主义的本性与品格》,载《当代世界社会主义问题》2002年第2期。

赵明义:《马克思主义中国化理论成果之命名、名称演变的思考》,载《文史哲》2004年第1期。

赵明义:《马克思主义科学性与阶级性的有机统一体》,载《马克思主义研究》2006年第4期。

赵明义:《论社会主义的历史命运》,载《山东大学学报(哲社版)》2001年第11期。

赵明义:《中国共产党识别与克服"左"右错误倾向的历史经验》,载《科学社会主义》2006年第5期。

赵明义:《论有中国特色社会主义的真谛》,载《当代世界社会主义问题》1999年第4期。

赵明义:《关于俄共重评斯大林问题的几点思考》,载《当代世界社会主义问题》2006年第2期。

崔桂田:《越、老、朝、古四国经济改革比较》,载《当代世界社会主义问题》2004年第2期。

崔桂田:《越、老、朝、古政治体制改革的主张及进展》,载《当代世界社会主义问题》2005年第3期。

徐艳玲:《多维视角中的社会主义》,载《科学社会主义》2001年第1期。

徐艳玲:《论世界社会主义在"多维"空间进行的合规律性》,载《当代世界与社会主义》2007年第1期。

杨鲁慧:《和谐世界理念的价值取向及理论资源》,载《当代世界与社会主义》2008年第4期。

杨岭华:《毛泽东邓小平社会主义改革观比较》,载《山东大学学报(社会科学版)》1997年第1期。

赛晓序:《社会主义与市场经济相结合:从理论禁区到现实实践》,载《文史哲》2000年第1期。

孟宪霞:《略论新时期的农村文化建设》,载《理论观察》2008年第5期。

图书在版编目(CIP)数据

科学社会主义/赵明义主编.—2版.—济南:山东大学出版社,2011.6(2015.8重印)
ISBN 978-7-5607-1632-9

Ⅰ.科…
Ⅱ.赵…
Ⅲ.科学社会主义理论—高等学校—教材
Ⅳ.D0-0

中国版本图书馆CIP数据核字(2000)第54062号

山东大学出版社出版发行
(山东省济南市山大南路27号　邮政编码:250100)
山东省新华书店经销
济南景升印业有限公司印刷
720毫米×980毫米　1/16　42印张　775千字
2011年6月第2版　2015年8月第7次印刷
定价:58.00元